Un duelo interminable

José Enrique Ruiz-Domènec

Un duelo interminable

La batalla cultural del largo siglo XX

taurus

Papel certificado por el Forest Stewardship Council®

MIXTO
Papel | Apoyando la silvicultura responsable
FSC® C117695

Penguin Random House Grupo Editorial

Primera edición: octubre de 2024
Segunda reimpresión: marzo de 2025

Travessera de Gràcia, 47-49. 08021 Barcelona

Printed in Spain – Impreso en España

ISBN: 978-84-306-2714-1
Depósito legal: B-12.814-2024

Compuesto en MT Color & Diseño, S. L.
Impreso en Rotoprint by Domingo, S. L.
Castellar del Vallès (Barcelona)

T A 2 7 1 4 1

ÍNDICE

Compadre, quiero cambiar
mi caballo por su casa,
mi montura por su espejo
mi cuchillo por su manta

FEDERICO GARCÍA LORCA, *Romancero gitano*, 4

PRÓLOGO

La batalla cultural no es una guerra ideológica: es mucho más. Es un debate de ideas para sostener un modelo de civilización. Por eso he creído que *Un duelo interminable* es el título apropiado para el presente libro que está orientado a describir la batalla cultural del largo siglo xx (1871-2021). Es una confesión al verme yo mismo como uno de los duelistas citados como testigos de este ejercicio intelectual de tan vastos horizontes. Desde los inicios en la primavera de 1871, coincidiendo con la Comuna de París, el aspecto de búsqueda de una razón de la historia se ha considerado con repetida insistencia: hace menos de un mes leí un libro dedicado a renovar la idea de Occidente y descubrí que era un producto más de una batalla cultural que no parece tener un final. De momento, me detengo a describir ciento cincuenta años llenos de una increíble animación por saber si la verdad anida en la vida humana y no es una ilusión necesaria a la hora de irnos a dormir y poder así soñar. Se trata por tanto de una época comparable, por su intensidad y repercusiones, a algunas otras, e igualmente perturbadora por los cambios profundos producidos en los diferentes planos de la realidad, desde la ecología a los juegos del intercambio económico, desde la demografía a la técnica, desde el trabajo agrícola a la poética.

El paralelismo más atractivo con nuestro tiempo lo ofrece la época del gótico europeo, entre 1170-1320. Ciento cincuenta años también. Mientras que la batalla cultural entre 1871-2021 se centró en saber cómo se podía pasar de un concepto universal de inspiración hegeliana a la provincialización creada por los estudios culturales de las universidades estadounidenses, una idea opuesta llevó, setecientos años atrás, de la pluralidad de la cosmovisión basada en el orden feudal a la creación de un hábito mental único que sumaba filosofía escolástica, novela cortesana, espíritu de la caballería y arte gótico. Lo que significa que, a la inversa que entre nosotros, donde el saber se ha dividido en disciplinas cada vez más especializadas, punto de partida de una fase desintegradora que ha llegado a su exaltación tras la COVID-19, en los siglos XII y XIII los múltiples cosmos, que nunca habían concebido una civilización común, entraron en una agonía afanosa y unieron todas las propuestas en una manifestación del espíritu humano que va desde la catedral de Chartres a la *Divina comedia* de Dante.

Vicisitudes análogas, aunque con destinos opuestos y sin embargo similares: tanto entonces como ahora germinaron organismos nuevos sobre un horizonte abierto al futuro que exige el derrumbe de lo antiguo. Nadie permaneció sin temblor en el ánimo: la vida en ambos casos se agitó entre lo viejo y lo nuevo, entre el desencanto y la esperanza. Por ello, ante los llamados a seguir el curso de los acontecimientos, se propone una pregunta crucial: ¿el desafío tendrá una respuesta a su altura? Aquí está la génesis de la idea que ha motivado este libro, coincidente con la observación del poeta del siglo XII Bernardo Silvestre cuando argumentó que el cosmos es un ser vivo dotado de alma. Pero, en el caso del origen del gótico, hay un personaje central al que se le canta con respeto, la naturaleza, que contiene todos los misterios a desvelar. Una admonición que incluye la clave para la interpretación de la actitud actual sobre la necesidad de salvaguardar lo único que merece la pena de todo lo que tenemos, y eso no es otra cosa que una naturaleza sostenida por el respeto y no por la codicia. Por eso también puede resultar interesante la comparación de los ciento cincuenta años de cultura occidental aquí estudiados con la crisis del Imperio romano, tantas veces citada, que se extiende desde la batalla de Adrianópolis el 378 (el Sedán de los romanos) hasta el 529, cuando el emperador bizantino Justiniano ordenó cerrar la Academia de Atenas. En total, también ciento cincuenta años.

El paso de un Estado universal regido por la controvertida dinastía de los Valentinianos a los pequeños Estados bárbaros fue acompañado de una intensa batalla cultural entre quienes consideraron la nueva época una decadencia de los valores clásicos y quienes la veían como una remodelación de lo antiguo en lo nuevo. La interpretación dada por el historiador Amiano Marcelino a la crisis que sacudió de la cabeza a los pies el Imperio romano, creador de altos valores literarios y artísticos, miraba, pues, al pasado. Él creyó encontrar las causas del ocaso en la corrupción de la clase dirigente, de los terratenientes, sobre todo, sostenidos por el régimen del colonato (una esclavitud rural disimulada); y advertía que el triunfo de los reyes bárbaros se debía a su afán de poner fin a las injusticias, restituyendo el orden natural al trabajo agrícola y obligando a la clase senatorial a renunciar a sus enormes privilegios en bien de una administración al servicio del Estado.

La idea de un imperio universal, que los Valentinianos no pudieron aplicar en Occidente entre 378-529, es la idea que el Oriente bizantino realizó, a través de los siglos, en varias formas de gobernanza, desde la ciudad de Constantinopla hasta 1453 y, después de ella, desde Moscú, con las dinastías de los Ruríkidas y de los Románov hasta 1917; la misma que quiso consolidar la dinastía de los Omeyas, primero desde Damasco y luego desde Córdoba, como una estructura fiscal y administrativa *encajada* en las ciudades-estado y en las *nationes* del mar Mediterráneo. En el odio o en el amor, era el sentido de la batalla cultural lo que dio sentido al curso de los acontecimientos cada vez que se planteaba el motivo por el que el emperador Valente fue derrotado en Adrianópolis y el godo Alarico saqueó Roma. Así, en la memoria social de quienes viven del legado clásico, la caída de Roma constituye el referente ideal para valorar las formas antiguas que dan paso a las nuevas.

El legado clásico me proporciona un tercer momento comparativo: los ciento cincuenta años que le fueron dados a la cultura barroca europea para demostrar las posibilidades de una armonía universal: entre 1648, con la firma del tratado de Westfalia que puso fin a la guerra de los Treinta Años, y 1789, con la agitación política en la Sala del Juego de la Pelota de Versalles que anunciaba una revolución a favor de la libertad, la igualdad y la fraternidad como principios políticos. A través de la música de Purcell o Bach, de la pintura de Velázquez o Rembrandt, de la filosofía de Descartes o Leibniz, de la literatura de Gracián o Molière, de la física de Newton o Laplace, o de la historia de Vico o Voltaire, se alcanzó la conciencia estética de que todo lo que vendría después no dejaría de ser un largo crepúsculo. Cuando sostenían esa inigualable cultura las casas ducales italianas, alemanas, austriacas o danesas en competencia con las cortes de los reyes de Francia, España, Inglaterra, Nápoles, Sajonia o Prusia. Pero por la avidez intelectual del siglo XVIII, próximo a llegar tras la Revolución inglesa de 1688 y último de esta época de armonía universal, los ilustrados, con triste culpa, violaron las ideas sintetizadas en la *Encyclopédie* y las envolvieron en exigencias doctrinales. Si eso llegó a acontecer en nombre de la Razón, fue porque situaron la naturaleza a la sombra del poder. Por el empuje y por la tormenta, lo que habían sido guerras dinásticas se convirtieron en guerras nacionales. Hubo entonces disentimiento del pueblo, sobre todo en los márgenes de Occidente, en las tierras de frontera donde habitaban sociedades sin escritura. Las quejas de los exploradores y de los pioneros hablan del ocaso de la armonía en el universo por el empuje de ambiciosos planes de desarrollo y, por tanto, de la sensación de que el tiempo decae, ya que las mieses, antaño alegres, ahora eran el producto de la fatiga. El devenir condujo a lo que los ilustrados llamaron una nostalgia de la Arcadia a la que una vez Goethe acudió para reubicar la amargura de la sociedad que sentía el peso de un insoportable conflicto entre siervos y amos. Edward Gibbon, el gran historiador del círculo ilustrado británico, decidió tras el Grand Tour por Italia, con especial dedicación a Roma, que había llegado el momento de explicar las causas de la decadencia y caída del Imperio romano, ejemplo definitivo de una civilización incapaz de perdurar por la avidez de su clase dirigente. Para Gibbon, Roma debía ser el referente en el momento en que las colonias británicas entre Virginia y Massachusetts se alzaban en armas contra el rey en nombre de la equidad fiscal que identificaron con el ideal de la independencia; por eso, describió los acontecimientos con el fervor de quien sabe que asiste a un momento clave de la humanidad.

Estos tres ejemplos del pasado permiten seguir seriamente, en cada uno de los detalles que lo componen, la batalla cultural acaecida entre 1871-2021. La secuencia del trabajo tiene dos características estrechamente unidas entre sí. La primera se relaciona con el hecho de que en el centro del periodo histórico analizado tuvo lugar una guerra de treinta años, comenzada en agosto de 1914 y concluida en agosto de 1945, que minó Occidente y, por extensión, el resto del mundo, y que su efecto responde a lo dicho siglos atrás por el maestro de historiadores Tucídides en *La guerra del Peloponeso*: comprender de verdad, cada vez, lo que está en juego, lo que puede ocurrir, aquello con lo que cada uno cuenta, es también sensibilizarse ante el valor de cada detalle.

La segunda característica es un corolario de la primera: la crisis de la civilización occidental fue advertida, y diagnosticada, desde el comienzo mismo del periodo por Friedrich Nietzsche a través del estudio de la genealogía de la moral. Signo y consecuencia de un estado de ansiedad que presagiaba la angustia son los diseños geométricos creados para entender el mundo con Cézanne, aunque la fama se la llevó el cubismo de Picasso. Y así, la antigua idea vanguardista *fin de siglo* de la búsqueda del tiempo perdido, que dio paso a la obra literaria de Marcel Proust, me ha provisto del esquema para encontrar el imaginario de la batalla cultural que definió el largo siglo XX. Orientarse entre los acontecimientos que tuvieron lugar en esos ciento cincuenta años no sólo resulta una tarea necesaria para entender las oscilaciones del oficio de historiador, porque los hallazgos fortuitos, las noticias, las investigaciones o las experiencias debían relacionarse entre sí (como encontrar, por ejemplo, un nexo entre la centelleante llamada a hacer una historia comparada de las civilizaciones y la persistente pasión por exaltar las glorias nacionales), sino también porque todas las grandes novedades de este periodo histórico parecían reclamos a los que creían en un eminente colapso de la civilización occidental en medio de una generalizada apatía trufada de obligada resignación.

En la primavera de 1871, al calor de la Comuna de París, donde el pueblo se distanció del porvenir augurado por el capitalismo liberal, asentado en el atroz colonialismo, la ciudad tomó distancia del entorno rural; la emigración se intensificó en los suburbios industrializados de Londres, Berlín, París, Barcelona o Milán. El crédito animó a la sociedad a vivir de prestado, aunque la verdadera riqueza seguía estando en la propiedad privada, tras varias décadas de debates sobre si se trataba de un contrato social o de un robo. La polarización social se centró en los oficios propios de un estilo de vida burgués que afectaba desde la vivienda a la moda. Poco a poco, el dinero se convirtió en un instrumento del poder, y su manejo enriqueció a unos banqueros que ejercieron de mecenas en el campo del arte o la literatura. Durante estos ciento cincuenta años, el Estado ha luchado por crear un armazón administrativo lo bastante sofisticado como para controlar el flujo del dinero mediante agencias tributarias.

Las escenas de *Germinal* de Émile Zola pertenecen a un ayer cuyo regreso se quiere evitar por todos los medios debido a un interés mutuo de patronos y obreros, y no sólo por la presión de los movimientos de huelga. Ese periodo histórico ha conocido el desarrollo y el fracaso de los nacionalismos y los totalitarismos, cuya hegemonía en diversos momentos fue el detonante de dos guerras mundiales que afectaron el curso de los acontecimientos. Como también lo ha hecho la difusión del nihilismo con su propuesta de una ruptura del pacto social, pues sus vías para conseguirlo han sido bloqueadas poco a poco por el efecto de un consumo asimilado por la sociedad a costa de alterar el tradicional sistema de valores de una vida por y para el trabajo. Este periodo, finalmente, ha conseguido recorrer en el mundo de la estética un camino que conduce del impresionismo y del modernismo al rock y al pop, de los proyectos urbanísticos de Le Corbusier al metabolismo circular de Abel Wolman y la arquitectura verde; del cromatismo de Mahler a las disonancias de John Adams. Ideas totalmente nuevas e imágenes y sonidos inauditos que hicieron tambalear todas las escalas de la continuidad. No trato de hallar una edad de oro, sino siglo y medio de renovación constante y acelerada, y tanto los historiadores como los otros oficiantes cultos se pusieron a escribir y a pensar sobre lo que entre ellos se llamaba una emancipación. ¿Emancipación en qué sentido? ¡Ah! Eran personajes eruditos, lo habían leído todo, eran doctos, hábiles en sacar provecho de las ideas nuevas que iban proponiéndose para estar a la altura de la renovación en el campo de la física, la matemática y la medicina. Aquí están los impulsos, ya que el pasado fija gloriosamente el presente.

El espíritu crítico fijado en 1871, al denunciarse el antisemitismo, el colonialismo y las injusticias sociales, afronta lo que los intelectuales califican de propaganda. Para entender cómo y por qué se planteó la necesidad de hacer historia para sostener una civilización que apostó por los derechos humanos, deben registrarse los juegos peligrosos que describen la realidad desde una de las partes en conflicto y las manipulaciones de la ética mundana. Y así cuestionaron los principios de similitud. La mentira se extiende por todas partes: es una industria permanente, que comparte con la pasión por el relato el privilegio de ser un bien comercial de fácil consumo. La música ligera acompaña el camino fácil, pretendidamente alegre, que une caramelos y bombones con palabras vacías, como le decía Mina a Alberto Lupe en la famosa canción.

La globalización es un almacén de objetos que dejan de ser cosas que en el mundo intelectual suelen provocar cierta ironía. No emite otra señal que no sea la adhesión sin esfuerzo ni disimulo al dogma consumista. Sin duda se ha liberado de la inmensa maquinaria *kitsch* al mostrarse con un rostro nuevo, comparado con el de ciento cincuenta años atrás, un rostro libre de las ataduras ideológicas que impulsaron las vanguardias para demoler una historia elitista, sin miramientos fuera de los círculos íntimos de la alta sociedad. No obstante, estas formas de vida llaman la atención hoy en las series televisivas, gustan por su cuidada escenografía, sin preguntar por la encarnación de la injusticia social de esa nostalgia. Lo que aparece más claramente, en los terrenos del consumo global, en la tecnología de los juegos, sobre todo, es lo que sostuvo el deseo del poder por vender cualquier cosa, desde lencería hasta viajes exóticos: una técnica de crear una morfología social para una historia que aún desconoce cuál será su imperativo moral más allá de una crítica de los objetivos sociales heredados del pasado.

Durante estos ciento cincuenta años se ha pasado de la envidia social al cliché comercial vía sentimiento de culpabilidad. La exigencia moral dominada por una situación insostenible en el seno de la sociedad en 1871 ha traído consigo un universo de queja que libera del peso de la injusticia a cambio de perder el valor del esfuerzo. El menor de los argumentos balbuce en el pesebre mágico de la fuerte intelectualidad con el que han sido tratados durante el largo siglo XX. «Brothers in Arms», cantaban los Dire Straits, unidos en la reclamación colectiva. Ya no existe retorno posible: hay que hacer historia para explicarlo. No hay otra solución.

En la planta de libros de unos grandes almacenes, ojeando novedades, me llega la iluminación de lo que es una realidad innegable. Estamos al final de la desviación del curso de los acontecimientos comenzada en 1871, sin que aún esta constatación sea un objetivo para emitir en *prime time* sus efectos en la sociedad. Demasiada disonancia intelectual respecto al orden mundial del consumo; las ideas no cotizan en bolsa. Peligro. Pero da igual.

La conciencia social y la responsabilidad intelectual, ¿a cuántos representa hoy en día? Es la pregunta que a menudo me hacía mientras reunía los materiales para escribir este libro. Para aquellos que reflexionaron hacia 1871 sobre la necesidad de los dos valores surgidos del humanismo, la historia de su tiempo no se veía como un bloque homogéneo donde el futuro respondía a la fuerza del pasado para sostener un presente que se alejaba cada vez más de la tradición. Cuando el historiador de la cultura alemán Karl Lamprecht explicaba a sus colegas en la Exposición Universal de St. Louis en 1904 que el punto de vista progresista es social y a la vez psicológico aspiraba a encontrar respuestas al positivismo en el análisis de los acontecimientos. Hacer historia devino un imperativo moral para los grandes historiadores Johan Huizinga y Lucien Febvre. Entretanto, el descubrimiento de la complejidad de los fenómenos percibidos obligaba a Edmund Husserl a proponer la fenomenología como puerta de entrada a una epistemología capaz de conducir a la humanidad de una historia a otra. Del mismo modo la física de Max Planck o de Albert Einstein enseñó la dificultad de absorber lo que se había heredado para diseñar un futuro sostenible.

Al contrario de lo que se había pensado, desde un principio se dijo que hacer historia exigía una nueva relación entre la naturaleza y la creación. Los intelectuales *fin de siglo* rechazaron las exhortaciones a un universo sometido a los dictámenes de la industria y el consumo y por eso criticaron los modelos coloniales de apropiación de la naturaleza, incluida la dignidad humana, que durante décadas habían sido los valores de la burguesía. Por tanto, referido al mundo de la cultura, las posturas fueron menos consensuadas que la actividad económica, el desarrollo tecnológico o los juegos del poder. De todos modos, el cambio de la historia se producía sin prisas y sin conmociones, incluso en los ambientes de las vanguardias artísticas, cuya función principal consistió en el ajuste de las nuevas ideas tomando cierta distancia de las diatribas y las controversias que tenían su espacio en los medios de comunicación, especialmente las columnas de opinión de los periódicos. El anhelo de cambio aparece por todas partes en las salas de concierto, en las exposiciones, en las librerías que sitúan en las vitrinas los libros que deben leerse, en los almacenes que difunden una moda agresivamente moderna. Es constante el reclamo de una celebridad para apuntalar una postura, y eso provoca debate.

¡Y de qué manera! De una realidad incesante y movediza surge una sólida industria cultural. Las editoriales son sin duda alguna los pilares de las maneras de hacer historia que estaban por llegar (aún así tardó siglo y medio en hacerlo); también están las academias y las universidades, pero no se acercan ni de lejos a su efecto en la sociedad, siempre refugiadas en unos privilegios gremiales, medrosas ante las innovaciones.

La función del intelectual ha consistido en proponer explicaciones de amplio espectro frente a las páginas y páginas acribilladas por una lluvia de notas a pie de página, citas, comentarios, justificaciones ante el miedo a proponer cosas difíciles de aceptar. Esta actitud le lleva a ser sensible ante las vanguardias para sacar la cultura de las rutinas que la rodean en el curso de la vida, privilegiando la lógica de la necesidad sobre la lógica del azar. De este modo los intelectuales consiguen superar la tendencia a la ralentización que surge siempre del ruido y la furia. Y lo hacen sobre un fondo de estupor. La aceleración de los acontecimientos es la expresión de la alegría de vivir, el descubrimiento de la relatividad y el impulso de enmarcar el ser en el tiempo. Sin embargo, no consiguen que los prejuicios obstruyan el horizonte de expectativas, salvo en contadas excepciones que anotaré con cuidado a lo largo del libro, donde el talento individual, conscientemente o no, proporciona nuevas ideas. El modo de hacer historia promovido durante estos ciento cincuenta años corre el riesgo de quedar reducido a un montaje tecnológico sostenido por los algoritmos creados por la inteligencia artificial.

La previsión y la libertad, ante todo. En febrero de 2020, la sociedad occidental descubre la causa de su marcha fatal y, en un punto destacado de su morfología social, arroja luz sobre el desafío que supone la llegada de una pandemia. En todo el mundo, el optimismo hacia el futuro muda de rostro; la propaganda dirige los movimientos de opinión sobre el futuro esperanzador.

En suma, propongo seguir los pasos de una batalla cultural con múltiples caras durante ciento cincuenta años, desde 1871 a 2021, que nos permita una renovación en profundidad del curso de los acontecimientos del largo siglo XX y una lectura prometedora de los principales dualistas que se enfrentaron con claridad y carácter a un duelo interminable por definir en la nueva era que está por llegar si la historia debe cambiar o, por el contrario, ha de continuar.

Tres Torres, Barcelona,
A finales de la primavera de 2024.

1

EL VUELCO

(1871-1887)

> Antaño, mi vida era un festín donde se abrían los corazones, donde los vinos fluían.
>
> ARTHUR RIMBAUD,
> *Una temporada en el infierno* (1873)

JACOB BURCKHARDT ANTE JULES MICHELET

Los dos primeros dualistas de la batalla cultural que define el largo siglo XX son dos historiadores, uno suizo de Basilea, otro francés de París. Orgullosos ambos por el arrobo que provocaban sus escritos. Hay quien los ha puesto en un dorado pedestal como las figuras emergentes de una nueva concepción de la manera de hacer historia. Henos aquí en un mundo nuevo un poco elitista, un mundo en que los estudiosos del pasado son serios profesores universitarios, socialmente aceptados como referentes. También es un mundo en que el duelo intelectual se lleva con suma elegancia en las formas. Ambos vestían levita a la hora de subir al estrado.

Al prologar la segunda edición de su libro *La cultura del Renacimiento en Italia*, publicado nueve años antes, Jacob Burckhardt se percata de que en su mundo todo se mueve impulsado por una corriente profunda y desde una distancia inmensa. Estamos a finales de 1870. De momento, Europa está de nuevo en calma, pero expectante por el efecto que puede tener en la vida económica la apertura del canal de Suez. Verdi ultima la ópera *Aida* junto al egiptólogo Auguste Mariette.

Burckhardt es un punto de referencia en todas partes y a la vez en ninguna universidad. Y en ese momento se halla ante un difícil dilema: someterse a las ideas de los guardianes de la academia liderados por Leopold von Ranke, que describen el pasado tal como se supone que fue, o disentir del mantra positivista. Lo resuelve con la definición a modo de un historiador comprometido de los contornos espirituales de una época cultural, el siglo XV en Italia. La decisión le lleva a elegir el término Renacimiento, empleado en 1855 por Jules Michelet en el volumen de la *Historia de Francia* dedicado al siglo XVI. Se da cuenta así del peso de la deuda que va a contraer, pues se introduce de lleno en un duelo con él sobre la diferencia entre Edad Media y Edad Moderna.

De entrada, Michelet sitúa de referentes del Renacimiento a tres escritores franceses, Ronsard, Montaigne y Rabelais, lo que significa que es en la literatura, y no en el arte, donde deben buscarse las claves para afrontar la necesidad de cambiar de historia. Vivir en los textos es respirar en las palabras, como vivir en las imágenes es respirar en las artes plásticas: Rabelais o Leonardo, hay que elegir. Aquí surgen las disciplinas, filología e historia del arte, separadas, distantes, en conflicto. Burckhardt es el mayor revulsivo a la hora de fomentar una historia de la cultura, en alemán *Kulturgeschichte*; también de dejar la Edad Media a un lado y apostar por el Renacimiento.

Enseñanza humanista y tensión cultural ante todo. Aparecen los testigos que dan sentido a un mundo en busca del futuro. Si hacia 1400 la escritora Christine de Pizan publica *La ciudad de las damas* para responder a las imágenes del *Decamerón* de Giovanni Boccaccio, cien años después Margarita de Navarra en el *Heptamerón* afianza la explicación de por qué el Renacimiento conduce a la Reforma. Para Michelet ese paso es obligado si se quieren fijar los nexos entre Rabelais y Martín Lutero, lo que a Burckhardt le lleva a darse cuenta del territorio que ha decidido visitar, porque estudiar el Renacimiento exige plantear de entrada la periodización en historia, que en el positivismo se relaciona con un hecho concreto, la caída de Constantinopla en 1453 o el descubrimiento de América en 1492. Fin y comienzo al modo habitual que chocaba con la idea de que el cambio se relacionaba con un proceso cultural que afecta a las actitudes mentales y a las obras literarias y artísticas. Al llegar a esa conclusión divisó otro problema al que el temperamento progresista de Jules Michelet no había encontrado una explicación.

La asunción en el humanismo de la idea del hombre providencial forjó en Francia (también en España, Inglaterra, Austria, Alemania y Hungría) durante todo el siglo XV monarquías basadas en la *autoridad* del príncipe. La clase dirigente europea del Renacimiento ve desaparecer la libertad de las ciudades en su función de repúblicas plutocráticas de mercaderes y hombres de negocios. Un brusco giro se produce en tiempos de Francisco I de Francia, Enrique VIII de Inglaterra, Carlos V de España o Luis I de Hungría. La añoranza del aire de la ciudad, relacionada con la convicción de que el régimen monárquico moderno era una mimesis del cesarismo romano, produjo las páginas más amargas de Erasmo, escritor nacido en Róterdam en 1466 y muerto en 1536 dejando un legado imperecedero, el erasmismo. Desde el fondo de su perplejidad, que él calificó de elogio de la locura, este avejentado profesor sueña con la armonía universal de Pico della Mirandola, clave para sostener la dignidad humana, y su mirada triste evoca la tragedia de las guerras de religión que entre sus amigos se llevó a Tomás Moro, canciller de Inglaterra.

Burckhardt vislumbra así el ideal de la *cultura animi* ciceroniana como razón de ser de una época marcada por la perenne cacería del conflicto religioso (idea que retomó Michel Foucault mientras escribía su último libro, *La inquietud de sí*, en 1984 con el fin de bosquejar una moral para la época nietzscheana), pero para un historiador hacia 1871 la idea de época desvanecida es una llamada de atención y a la vez una exaltación de la libertad: de la libertad revolucionaria ligada a la fraternidad del corazón, no de la guillotina, se entiende. Una lógica aplastante, porque basta recordar a Séneca cuando empareja la *inclinatio* romana al régimen imperial de Nerón para hacer del régimen de Luis Napoleón Bonaparte el ejemplo de un imperio que se ha situado en el lado equivocado de la historia. Eso piensa Michelet (también su amigo Quinet); Burckhardt, en cambio, no lo tiene tan claro, de modo que no entendió el escándalo en Francia al publicarse el libro *Le Prêtre, la Femme et la Famille*, aunque compartía la tesis de que la Edad Media estaba *sombré dans les tènèbres* y el Renacimiento significaba el *retour* a la vida y la recuperación de la *clarté*. Esa matriz progresista, que gustó a George Sand, proponía un humanismo atrapado entre dos propagandas lesivas para la vida: la católica y la comunista.

La idea de recuperación de la cultura de contenido humanístico es refrendada con una crítica al peso negativo del hecho religioso en el porvenir de las naciones modernas: un territorio de la historia enorme al que Burckhardt se asoma con menos bagaje ideológico que Michelet, motivo por el que su concepto del Renacimiento fue aceptado mucho mejor.

El Renacimiento se impuso como objeto de reflexión fundamental para los escritores que se acercaban a la historia con intención de entender los pasos que se iban a dar en la construcción del futuro. Esta obra, por tanto, fue revisada muchas veces hasta alcanzar su versión definitiva en 1878, en la tercera edición. Y lo fue porque abordaba un argumento complejo en su tiempo y en el nuestro, unir el concepto de Estado y el de individuo, sin necesidad de recurrir a Hegel, sino a una idea que se convierte en el eje de su trabajo: la cultura del Renacimiento es la figura principal de la historia moderna forjada como respuesta al desafío provocado por la peste negra que arponeó sin piedad a la sociedad europea a mediados del siglo XIV.

En la propuesta de Burckhardt se funden dos motivos. Por un lado, el análisis de la subjetividad del *uomo universale*, o sea, una lectura del individuo artífice de la historia con colorido humanístico (sobre todo petrarquista), con motivos estéticos (la arquitectura de Leone Batista Alberti, cuyos *Diálogos familiares* plantean el orden del tiempo), notas sobre la idea de la fama y el valor del triunfo; por otro lado, la idea del retorno de un pasado glorioso, el grecorromano, capaz de regenerar al mundo después del rudo conflicto nutrido por los dogmas religiosos.

Dos expresiones de la angustia del europeo. La primera aplica categorías sobre el choque de civilizaciones que se avecinaba; la segunda, transforma el asalto al Segundo Imperio y la consolidación del reino de Prusia por la política de Bismarck en una batalla cultural que deja tras de sí el inmediato pasado como un falso movimiento. Todo eso ocurre a finales de 1869, en un París agitado por la guerra que conduce al desastre de Sedán, y con Jules Michelet llegando a Montreux junto a su familia para instalarse en Glion y pensar en lo que iba a suceder en su país, desgarrado por la pasión política; mientras, en esas mismas fechas, Jacob Burckhardt le abre las puertas de la Universidad de Basilea a un joven profesor de griego clásico llamado Friedrich Nietzsche.

EL CASO NIETZSCHE CONTRA WAGNER

Friedrich Nietzsche y Richard Wagner en la misma habitación: no deja de ser una audacia para un observador de esta época, siempre que se interese por el carácter de ambos personajes o, al menos, que tome conciencia de que ellos protagonizan el gran debate de esos años sobre el arte adecuado para su época. Nunca se les pensó con cariño, se les elogiaba y se les envidiaba por igual, se sentía hechizo a la vez que rechazo por su modo de encajar la filosofía en el espíritu de la música. Pero se les negaba el amor que se sentía por otros personajes de la vida cultural, como Hugo, Bizet o Wilde. Ambos vivían bajo el peso de su propia genialidad, porque su destino quedó sellado en el momento de sentirse conectados al descubrir que les aguardaba un futuro lleno de éxitos. Para convencernos de que eso es cierto basta seguir sus pasos durante los siguientes dieciocho años. ¿De dónde sacan, en un mundo crepuscular como el de entonces, la fuerza de escribir uno y de componer el otro?

Misterio, o quizá no. Veámoslo.

Basilea, febrero de 1871: Friedrich Nietzsche, con veintisiete años, profesor de Filología Clásica en la universidad, ha terminado el borrador de un libro problemático que, con el título *El nacimiento de la tragedia en el espíritu de la música*, constituye el punto de partida de un manifiesto: «El Estado es la nueva estrella que guía la cultura».

¡El Estado cultural al descubierto! O acaso sólo era un sarcasmo de los habituales en este pensador que avanzaba siempre ligado a su sombra. Hay que recordar el momento, naturalmente, pero en ese año lo que hay es el resto de un neogótico que se resiste a morir, los últimos pintores nazarenos que sacan a pasear leyendas medievales, confiados en el impulso que han dado a su estilo los prerrafaelitas ingleses y en el control total que sus adeptos tienen de situar el pasado en los museos. Hasta podrían verse un poco los primeros pasos del historiador Karl Lamprecht buscando en un trabajo sobre economía francesa del siglo XI «los enigmas como la forma favorita del diálogo germánico». En ese ambiente se mueve Nietzsche, que acaba de iniciar la relación que mantuvo con la mayor celebridad de aquel tiempo, el músico Richard Wagner: ¡cómo lo recibió en su casa y cómo se distanció bruscamente de él en la primavera de 1888 al publicar dos opúsculos, *El caso Wagner* y *Nietzsche contra Wagner*!

Hay ocasiones en que uno se sitúa dentro de una batalla cultural y se dispone a desvelarla. Es un anzuelo, lo reconozco. Piqué en él desde que en 1966 leí el libro de Eugen Fink sobre *La filosofía de Nietzsche* cuando trataba de entender el aire mistral. ¡Qué fascinación retornar a ese año ya perdido! Hay que leer, naturalmente, a Iris Almenara para ello. Porque en su reciente obra lo que hay es una guía para trazar el camino de la batalla cultural que sostiene las ilusiones como si fuese un decorado rococó de falso estuco. Grácil ironía sobre lo que podemos y no podemos hacer.

¿Cómo y por qué Nietzsche acusa a Wagner de asumir la decadencia, corriente filosófica surgida con Schopenhauer y su visión del mundo como voluntad de representación? ¿Qué prueba tengo para sostener tan ácida acusación? No otra que la música de la compasión presente en el *Parsifal* y que había quedado visualizada en *El idilio de Sigfrido*, compuesto por Wagner en la Villa Tribschen el 4 de diciembre de 1870 para celebrar el nacimiento de su hijo Siegfried y el aniversario de boda con Cósima Liszt. Ciertamente, al escuchar esa música se percibe —es lo que dice Nietzsche— un disfraz escénico vendido al drama. ¿Qué quiere decir con eso? Quiere decir que Wagner no es el músico que, por instinto, iba a recuperar el espíritu dionisiaco para hacer frente a la seriedad de la existencia, sino el que apostaba por el espíritu apolíneo para sostener la redención humana.

Nietzsche abre así la caja de los truenos y no puede terminar sino con una queja: «Abomino de cualquiera que no sienta el *Parsifal* como un atentado a la moral». Se ha puesto dramático por un instante. Lejos de hablar de compasión por una época de ruptura, habla de progreso y del papel que en él iba a tener el superhombre, esa figura de la cultura universal capaz de hacer historia por sí solo. Es una cuestión de buen gusto, añadiría poco después uno de sus continuadores, el crítico de arte británico Walter Pater, anhelante al modo de Ovidio de recuperar «la edad prolífica en personalidades, polifacética, equilibrada, completa, en la que los artistas, filósofos y demás hombres de espíritu elevado no viven aislados, sino que respiran un aire común y perciben la luz y el calor de los pensamientos ajenos». Al llegar a este punto, al borde extremo del debate, estalla el combate por la cultura, el futuro parece escapar del pasado.

Nietzsche contra Wagner es el mejor icono del ambiente cultural entre 1871-1887. Ahora está claro por qué se dijo entonces que Europa perecería si el arte musical se interesaba por el éxito para contentar a las masas, porque, según Nietzsche, esta actitud ante la cultura convierte al espectador en un adolescente, en un idiota, y por tanto en un wagneriano seguidor del *Parsifal*. Desde el punto de vista estrictamente filosófico podría estar conforme con él; pero ¿y desde el punto de vista del valor concedido al trabajo del mito en el mundo de la cultura? De eso ya no estaría tan seguro.

Esto me lleva al programa de mano del Festival de Bayreuth de 1975, para un *Parsifal* bajo la supervisión de Wolfgang Wagner y dirección de Horst Stein, escrito por Claude Lévi-Strauss. En este texto se sitúa al protagonista en una encrucijada donde debe saber cuanto se ignora: *Durch Mitleid wissend*; y lo hace no por un acto de comunicación, sino por un impulso de piedad que permite la salida al dilema en el que un intelectualismo extremo había encerrado al pensamiento mítico. El *Parsifal*, pues, es un alegato a favor de ese factor de verdad que el mito lleva en su seno. Pasa así, en medio del debate con su amigo Nietzsche, de una discrepancia crucial, pues él no se ve como el poeta del crepúsculo (de los dioses), a reclamar el derecho a que su música sea predicción de futuro, *Wahrsagung*.

¡Cuántos comentarios en torno a esta ópera estrenada el 24 de julio de 1882! Todos se hicieron eco del misterio revelado por Gurnemanz al afirmar que hay un lugar donde el espacio y el tiempo se confunden, un lugar donde aparece el Grial, un lugar guardado por los caballeros templarios. Nunca se olvidará el debate como no se cancela la selva de los símbolos. Todos somos en cierto punto sus fieles, sus emisarios, sus cómplices. La iniciación de un joven inocente es un cliché mítico desde que lo introdujo en la literatura Chrétien de Troyes. Wagner debía ser críptico con esa iniciación como lo fue con todo *El anillo del nibelungo*. No en la línea del *Tannhäusser*, pero lo es de todos modos. Podemos estar seguros de que ese Parsifal, de no haber sido el personaje operístico creado por Wagner, hubiera sido lector de Édouard Schuré y asiduo a las sesiones de espiritismo de Helena Blavatsky.

Wagner, sí, el músico que defiende el lado oculto en la lectura de los mitos; un detalle que incomoda a muchos hoy como incomodó a Nietzsche en su tiempo. Un combate por la cultura que debe inspirar el siglo XX con fondo del Grial y de los grandes iniciados. ¿Qué más decir?

Me detengo aquí. La división de los europeos volvió a hacerse sentir en la guerra franco-prusiana. Conflictos diplomáticos entre Austria y Rusia por los Balcanes aumentan la tensión internacional. La alta política puede ser *también* cultura. Nadie lo hubiera dicho entones ni lo diría ahora.

Da capo.

DEL ORGULLO NACIONAL AL NACIONALISMO

El 18 de marzo de 1871 comienza una batalla cultural en Francia, al inicio de la Tercera República, y relacionado con el ismo que corteja al orgullo nacional, el nacionalismo.

Seis meses antes el emperador Luis Napoleón Bonaparte había sido derrotado en Sedán por el ejército prusiano, cuyo rey Guillermo I, a sugerencia de su canciller Otto von Bismarck, se coronó emperador de Alemania en la Sala de los Espejos del Palacio de Versalles: fueron seis meses para reflexionar sobre el fin de un proyecto político reflejado en las grandes «N» que la Tercera República trataba de suprimir a toda prisa. Ese día de marzo, los clientes del Café Anglais, cercano a la Ópera, diseñado por el barón Haussmann y uno de los cafés más famosos de París, comentaban (pensando desde luego en Sedán) lo acaecido el año 612 a. C. en Nínive, la ciudad de la leyenda de Semíramis y los jardines colgantes, asolada en el apogeo de la cultura asiria de Asurbanipal, y cuyo perfil se podía evocar en el palacio de Sargón II que el cónsul Paul Émile Botta había llevado al Museo del Louvre. Se trataba de honrar de paso el paralelismo entre periodos históricos tan alejados entre sí: el final del Segundo Imperio francés y la derrota de los asirios ante los medos tenían algo en común: el vencedor en ambos casos era un pueblo de cultura indoeuropea, ario, decían entonces los seguidores del conde de Gobineau. Al contemplar lo que quedaba de esa civilización, se debatía sobre la desigualdad de las razas humanas y el porvenir de los valores burgueses.

El 18 de marzo de 1871, sin embargo, los franceses en su mayor parte estaban aún lejos de pensar en los impulsos destructivos que les condujeron a dos guerras mundiales. Sólo parecía preocuparles si el espíritu nacional iba a ser capaz de contener el nihilismo. Y así, mientras Victor Hugo se dirigía al cementerio de Père-Lachaise para enterrar a su hijo, la clase obrera declaraba desde Belleville un levantamiento popular al grito de viva la Comuna.

Se trataba de cantar y de alegrarse, de modo que el júbilo insurgente resonara en las calles y penetrara hasta el último de los comedores de los parisinos. La revolución es una idea eje de la cultura francesa desde el 14 de julio de 1789, lo prueban los colores de la bandera y los sonidos de *La marsellesa.* Una aventura humana en medio de acontecimientos que, de repetidos, no plantean otra amenaza que la de convertirse en el contenido de un relato.

Seda y acero.

EL TIEMPO DE LAS CEREZAS: LA COMUNA Y LOS PRECEDENTES

Del 18 de marzo al 28 de mayo de 1871, París fue gobernada por un grupo de revolucionarios en nombre de la clase obrera. Durante setenta y dos días la historia fue la materia de un recuerdo poético, ligado a *les temps de cérises* del poema de Jean-Baptiste Clément: un poema que cantan a menudo Yves Montand o Cora Vaucaire. Pocas veces hacer historia ha sido tan necesario.

El pueblo acudió a las barricadas para enfrentarse a las tropas enviadas por Adolphe Thiers, un historiador que ejercía de presidente de la Tercera República, la denostada república burguesa. Fue un tiempo en el que se refutó la vida disipada del Segundo Imperio con su mezcla de *charme* y cinismo descrita por Charles Baudelaire en *Spleen en París*; un tiempo en el que se dejó de lado el ambiente del *faubourg* Saint-Germain y en el que el deseo de vivir fue más allá de las picardías de las *grisettes*. Con todo, la Comuna blandeó por la división creada en la revolución de 1848 entre los partidarios de Proudhon y los de Marx, por las broncas sobre el derecho de huelga aprobado en 1864 y por las diferencias expuestas en la Primera Internacional de los Trabajadores. El debate se centró entre los valores populares y el modo de entender la historia que, tras la publicación en 1867 de *El capital,* debía basarse en las relaciones de producción, la plusvalía y la lucha de clases.

El 18 de marzo de 1871, el pueblo eligió la insurrección acudiendo a las barricadas sin decidirse por el camino a seguir, si el libertario o el comunista. Con una clase política colapsada por la derrota militar, el reclamo de los momentos estelares del espíritu revolucionario se consideró la solución a los males de la patria. Cierto: en la Comuna, los internacionalistas eran minoría, pese a que los mensajes hablaban de «la tierra para el campesino, la herramienta para el obrero y el trabajo para todos». Faltaba decir para «todos los franceses», y el mensaje hubiera estado completo. La clave residía en el control de la opinión pública. El escenario cambiaba en función de los líderes obreros: para unos el debate debía mantenerse en las barricadas junto a la gente; para otros, en las asambleas que iban a organizar el gobierno de la ciudad. Ni siquiera estaban de acuerdo en valorar la *rêverie* de los burgueses que huían en dirección a Versalles para ponerse bajo la protección del ejército. El conflicto entre los dos modos de valorar Francia era una sublimación del pasado. No sólo del 14 de julio de 1789, sino también de las tres gloriosas de 1830, e incluso de las revueltas de 1848.

Recordemos. No hay más remedio, pues la comprensión del pasado es lo que nos hace libres. A ver, ¿qué *storyteller* es ese que legitimaba las barricadas de los comuneros?

Da capo!

Y llegamos así a los precedentes.

En septiembre de 1715, mientras observaba como un francés más el cortejo fúnebre que conducía los restos de Luis XIV hasta la abadía de Saint-Denis, Voltaire advirtió que estaba ante un momento clave de la historia, en el cual se iba a hacer realidad una sociedad de sabios que se extendería por todas partes y en todas partes sería independiente. La Ilustración reside tanto en las ideas que propone como en el efecto social que produce. Y así fue hasta la representación de *Las bodas de Fígaro* el 17 de abril de 1784 en el Theâtre Français, en presencia de María Antonieta, pese a la prohibición expresa de Luis XVI. Pierre-Augustin Caron de Beaumarchais le había ganado el pulso a la Corona; luego todo fue fácil cuando Wolfgang Amadeus Mozart puso música a esa subversiva historia. La revolución estaba ahí. Desde la obertura se nota que se ha abierto una ventana para que entren las voces de la gente de la calle reclamando *liberté*. Todos los personajes son importantes para fijar el hecho revolucionario: Fígaro, Susana, el conde, la condesa y sobre todo Cherubino, un andrógino adolescente (a menudo lo interpreta una mujer) que sostiene el pálpito amoroso de todos ellos. El mensaje es claro para unos pocos entendidos, primero en el Teatro de la Ópera de Viena el 1 de mayo de 1786, luego en la sala del Juego de la Pelota de Versalles el 20 de junio de 1789. *Il resto capirà...*

Corto siglo XVIII (1715-1789). Los ilustrados aspiran a una moral universal sin preocuparse del grupo de aristócratas impacientes que irrumpen en el escenario de la historia, ni en el sofisticado ejército que se está formando en Prusia, ni siquiera en la posibilidad de que las viejas rencillas entre católicos y protestantes alteren el maravilloso futuro que ellos advierten para una sociedad guiada por las luces. La regencia del duque de Orleans constituye el prefacio y el sumario de esta fascinante época de salones, academias y cafés (el más famoso el Café Procope de París) donde se libraron grandes debates culturales, sólo comparables a los de finales del siglo XX sobre el canon occidental. Los ilustrados se conjuraron para hacerla posible, pese a la diversidad de sus puntos de vista sobre la naturaleza humana: jansenistas salidos de la cárcel por haber seguido demasiado de cerca las enseñanzas de Pascal, nobles privados de la voz en los consejos reales u obligados al exilio por discrepar de la deriva impuesta en la corte por Madame de Maintenon y los confesores jesuitas, con el padre Le Tellier a la cabeza, funcionaros de Estado convencidos de que su misión en la vida era hacerse parlamentarios para controlar el Gobierno de la nación. Estos años iniciales del siglo fueron los de todas las audacias tras dos décadas bajo el «oficio de tinieblas» descrito por la música de Marc-Antoine Charpentier. Fue en esos años cuando los ilustrados toman posición en el entramado social, cada uno con sus propias ideas sobre el orden justo, pero todos ellos decididos a sostener una moral universal y la lengua francesa como punto de partida de una república de las letras. Su referente era París, luz del mundo, ya que sólo en ella se vivía, como dijo el veneciano Giacomo Casanova, en las demás se vegetaba.

Para una Europa así, cosmopolita gracias al universalismo del saber, que se aprecia por igual en París, Venecia, Londres, Berlín, Madrid o San Petersburgo, la decisión del barón de Montesquieu de publicar las *Cartas persas* resultó especialmente polémica. No fue para menos. La sátira sobre religión, gobernantes, costumbres y hábitos sociales se convirtió en un habitual tema de conversación. Las ideas allí expuestas se mezclaron con las habladurías a un ritmo tan acelerado como la vida misma. Respecto a su contenido, los lectores se dividieron en dos mitades. Incluso hoy sigue existiendo esa misma división: los que aceptan con naturalidad que es una verdad experiencial perfectamente obvia y los que se lo toman como un desafío y ven en ella una invitación a promover el totalitarismo. Para los primeros, Montesquieu es además el autor de una obra imprescindible, que aúna historia, ciencia política y sociología, *El espíritu de las leyes*, en donde se propone una separación de poderes (legislativo, ejecutivo y judicial) como garantía del progreso, la libertad y los derechos civiles. Sus lectores siempre se adentran en los ideales ilustrados con audacia, sin llamar a la puerta, sólo respetando al autor que le muestra el camino. Les gusta el tono de los *philosophes* que ensayan sobre las *moeurs* como Voltaire, el contrato social como Rousseau o la honestidad de la clase política como Saint-Simon, e invitan a celebrar el advenimiento del espíritu científico que avanza en la cosmología con Laplace, en la química con Lavoisier o en la biología con Georges-Louis Le Clerc, conde de Buffon, sin olvidar que la mayor atracción procedía del control futuro de la energía eléctrica que Benjamin Franklin detectaba en los rayos (no en vano inventó el pararrayos). Mientras tanto, en el lado opuesto, los críticos de Montesquieu se mantienen firmes en que las ideas ilustradas no sirvieron para evitar dos importantes guerras (la de Sucesión austriaca y la de los Siete Años) y dos revoluciones, la americana de 1776 y la francesa de 1789, que recurrieron a las armas, no a la palabra, para dirimir las diferencias: los héroes son generales, Washington en la primera, Napoleón en la segunda. Les enardece añadir que la Ilustración con Holbach, Helvecio o Raynal condujo a la creación del binomio terrible de nuestros días, Occidente frente al resto.

Observar estas dos reacciones ante las *Cartas persas* resulta instructivo para entender no sólo la historia del siglo XVIII, sino también la política del siglo XXI, ya que revelan dentro de un debate ideológico una cuestión más íntima e importante relativa a la confianza ilustrada en la razón e incluso en el perfeccionamiento moral y espiritual del que habla Kant. Puede que en la actual sociedad líquida este debate no termine en sangre como en otras ocasiones; al cabo, lo que hoy nos interesa es promover, como le gustaba decir a Walter Benjamin, unas *iluminaciones* sobre el pasado para fijar las sendas del futuro. Pero puede que no, y regrese la guerra como una forma de hacer política por otros medios. Pensar en Montesquieu es profundizar en el sentido de las constituciones y de las formas de gobierno, lo que él llama *lois* (que no debe traducirse simplemente por leyes) para orientar el sentido de la libertad de la persona, incluso en sentido legal con el *habeas corpus.* Motivo por el cual su obra fue tan apreciada en Filadelfia por los redactores de la Constitución estadounidense. Por tanto, sus ideas suponen un duro revés para aquellos que hoy sitúan la voluntad de un pueblo por encima de las *lois.*

La rápida difusión de estas ideas indica la existencia de un público lector ávido de noticias y de una sólida industria editorial capaz de resistir las presiones de los poderosos. En este contexto aparece la titánica figura de Denis Diderot, en mi opinión el personaje que mejor define la Ilustración, con permiso de Isaiah Berlin, que prefería a Bernard Le Bovier de Fontenelle por su decidida pasión por la geometría. Diderot, con sus ideas revolucionarias sobre el valor del conocimiento, con su inversión de las jerarquías tradicionales, capaz de unir en su contra a jesuitas y jansenistas, es la mejor prueba de que la Ilustración significó una profunda brecha en la historia. Quizá sea el azar, pero el encargo de realizar una enciclopedia de los nuevos saberes se adapta a su personalidad. El editor Le Breton le confió una labor sencilla, traducir y adaptar al público francés la *Chamber's Encyclopedia,* y él la convirtió en la obra por excelencia del Siglo de las Luces: la *Encyclopédie*, que, en la versión definitiva de 1777, consta de treinta y cinco volúmenes. Sólo un editor valiente en una época favorable a la imaginación creadora pudo atreverse a aceptar el cambio propuesto por Diderot, que contó para llevarlo a cabo con la ayuda del conocido matemático D'Alembert y del modesto *chevalier* Louis de Jaucourt.

La obra se hizo con grandes dificultades, pero nunca estuvo en peligro, entre otros motivos porque el censor Malesherbes creía seriamente en la libertad de prensa. Pero Diderot era algo más que un gestor cultural. Su sensibilidad, sus emociones, sus recuerdos y su manera de ver el mundo quedaron mejor reflejadas en sus escritos sobre las exposiciones de arte que anualmente se realizaban en el Salón de París. Tan especial en sus interpretaciones, tan orgulloso de sí mismo, Diderot alcanza la categoría axial de la Ilustración porque su pensamiento evolucionó al ritmo de la historia del siglo XVIII, pasando de ser una excepcional interpretación de la razón al hombre que acepta el impulso, el instinto y el sentimiento como motores del ser humano. La visión de ese estilo de vida resulta fácil de desarrollar en el emocionante espacio de la novela, como él hizo con *Jacques le Fataliste*.

La Ilustración es una nueva (y revolucionaria) concepción del arte de la novela, pues es el siglo de Fielding, Sterne, Goethe o Laclos. Pero para comprender bien las novelas de estos grandes autores hay que entender los objetivos de la Ilustración, donde los individuos singulares piensan los límites de sus actuaciones. Eso significa que leer *Tom Jones, Tristam Shandy, Werther o Las amistades peligrosas* exige interrogarse por la especificidad histórica. El signo de interrogación dentro de un relato expresa la duda o la negación de una verdad social; convierte el relato en «prosa interactiva» en abierto coqueteo con una estética casi romántica. Allí donde estas novelas ven el principio mismo de la libertad individualizada, la sociedad política ve lo mismo, pero lo desvía como una necesidad de las masas en las calles.

Situación crítica la vivida entre el verano de 1789 y el de 1793. El individuo, que se había forjado en la Ilustración, pero que era sensible a la revolución, se convierte en un radical empirista que abre las puertas al *Sturm und Drang* alemán o a la *víe romantique* francesa. Era la forma de tomar distancia definitiva del Antiguo Régimen, del racionalismo, del empirismo y de la fe en la Reforma. Lo importante es la persona humana, con sus dudas y sus indecisiones, libre, que no tiene reparos en abrazar la solidaridad con sus iguales.

Aquí está el legado de la Ilustración, que choca frontalmente con el efecto en nuestros días del análisis posmarxista donde el lector es un consumidor de consignas utópicas y no un crítico del orden social. Como dijo Diderot, «yo soy un hombre y quiero causas apropiadas para un hombre». Gesto nada dogmático que define un compromiso ante el mundo, que se aleja por igual del insufrible peso de los doctrinarios como de la levedad de los mediocres. Pero repentinamente surge una erupción violenta que cuestiona ese *plaisir de vivre* geométrico y elegante. Las protestas llegan a las calles el 14 de julio de 1789, se percibe el descontento popular. Tras la toma de la Bastilla nadie puede detener la deriva turbulenta. Se decapita al rey y a su esposa austriaca, comienza el Terror.

Mientras tanto, se revisa la Ilustración, a la que se juzga como una edad artificial, elitista, insensible a la justicia social. Un pasado sin futuro.

¿Y hoy qué se piensa de todo aquello? Volvamos a Voltaire, el *philosophe* por excelencia de la época, el primero en advertir el sentido de la nueva era como el impulsor de una serie de reivindicaciones revolucionarias que cuestionaron el papel de la religión en la sociedad; pero cabe recordar que también es el autor de *Candide ou l'Optimisme*, la novela que le revela como un robusto historiador. En eso reside su efecto todavía hoy. La historia no es un gabinete de curiosidades, es un procedimiento de análisis del pasado. Su principal objetivo consiste en reunir pruebas susceptibles de ser proposiciones generales. ¿Por qué hacerlo? Sencillamente porque, en opinión de Voltaire, las mismas causas producen los mismos efectos. Una tesis que consideró una seria advertencia sobre la estupidez, esa manera de ser que a menudo ejercita la sociedad iletrada.

¿Quieren saber qué fue la Revolución francesa? Lean *Ciudadanos* de Simon Schama. Un libro para tomárselo con calma, y no sólo por sus más de mil páginas: también por su composición y su estilo. Un prólogo, cuatro partes y un epílogo. No se puede pedir más. En el prólogo, planteado como una evocación cuarenta años después de la Revolución, en las puertas de otra «revolución», la de «los tres días de julio de 1830», el autor se permite el reto de referirse, sin citarlo, a Plutarco, pues de dos *vidas paralelas* trata su trabajo, la de Gilbert de Lafayette y la de Maurice de Talleyrand. Es un modo original de abordar el *gran acontecimiento* de la historia reciente de Europa.

Una vez presentados los dos protagonistas, se abre el telón, consciente de que la memoria social es más favorable al inicio de este acontecimiento, lo ocurrido el 14 de julio de 1789 con la toma de Bastilla, que al final, el golpe de Estado de noviembre de 1799, el 18 de Brumario de Napoleón.

Acto primero: las alteraciones que pusieron fin al Antiguo Régimen con los personajes que trataron de evitarlo porque creían en la reforma del sistema, Luis XVI, Necker o Malesherbes, sin olvidar a Chateaubriand.

Acto segundo: circunstancias; elaboración del escenario social con un apólogo sobre «el collar de María Antonieta», en nada inferior al clásico de Stefan Zweig; una descripción del perfil de Mirabeau, al que considera «el producto de un inteligente vagabundeo, una especie de heterogéneo cosmopolitismo»; y una presentación de Necker en su famoso discurso ante los Estados Generales, donde, en lugar de seguirle, se desplaza a la galería de invitados donde estaba la hija del orador: «Germanine de Staël, para quien la ocasión debía ser la apoteosis de papá, estaba cada vez más deprimida y con los ojos perlados de lágrimas».

Acto tercero: decisiones. Los hechos han revelado la situación del país; no es posible olvidarlos. Los líderes se organizan para evitar el Terror. Nadie quiere estar por debajo de las decisiones que el pueblo está exigiendo, pero sin llevar las cosas demasiado lejos. Revuelta sí, pero no cambio de régimen. El azar se interpone a la voluntad política. En septiembre de 1791, el rey acepta la Constitución. Parece el final del drama revolucionario, pero no es así.

El ambiente revolucionario persiste trufado de patriotismo cuando se anuncia la llegada de ejércitos extranjeros a las fronteras. Se habla de traición y se preparan las tropas para una suerte de «cruzada por la libertad universal». Ahí halla su protagonismo la guarnición de Estrasburgo. Al ingeniero Rouget de Lisle le piden a toda prisa que componga una marcha para su partida. Durante la noche del 15 al 16 de abril, con el único sostén de un buen champán, compone una pieza sobre la *patrie* en peligro por las hordas que manchan de sangre *les sillons*. No hay más remedio que, a toque de clarín, llamar *aux armes, citoyens*, repetido en coro cinco veces. La pieza musical la lleva consigo un destacamento que se dirige a Marsella. Ante la entrada en la ciudad, deciden cantarla. Así nace *La marsellesa*, el himno de la Revolución. Ya no hay marcha atrás. La patria está en peligro, canta todo el mundo, el enemigo es real, y todo se llena de imágenes, sonidos y palabras que colman los corazones.

Acto cuarto: virtud y muerte. Llega lo que no se quería, pero que es inevitable: llega el Terror con la guillotina para los miles de franceses que simplemente no estaban por la causa. La guillotina en la plaza de la Concordia. La paradoja es el alma de la historia. ¡Bienvenidos a la revolución!

Schama se muestra prudente: sabe mucho más de lo que expone en este acto cuarto, aunque el dramatismo crece a medida que avanza en el relato de los personajes que esperan en la Conciergerie la madruga en la que les conducirán a la guillotina: desde la reina María Antonieta a seres anónimos, todos son tratados por igual: todos son llevados al patíbulo, de ahí el título del capítulo, «El terror en el orden del día». No hay buenos ni malos. Hay muertos. Para explicar la situación se recuperan en el epílogo las vidas paralelas de sus dos protagonistas, el infierno carcelario al que es sometido Lafayette por los austriacos y el ambiente de enredo constante de Talleyrand hasta alcanzar el Ministerio de Asuntos Exteriores. En ambos «los recuerdos revolucionarios eran su alimento», al contrario de lo que le sucedió a Théroigne de Méricourt.

En apretada síntesis, esta es la historia que tienen detrás de sí los comuneros que se han echado a las calles.

LA COCINA DE LAS PETROLERAS Y EL MACUTO DE LOS SOLDADOS

En la primavera de 1871, el fervor político incendia París. Las petroleras se encargan de ello; los soldados también.

La mañana del 18 de marzo, los parisinos de Montmartre se despiertan al escuchar los disparos de las tropas del ejército, que buscan hacerse con las piezas de artillería emplazadas en lo alto de la colina. La reacción popular no se hace esperar en los barrios donde arraigó el ideal de la Comuna, Montmartre, Buttes-Chaumont y Belleville. En esas horas, la joven anarquista Louise Michel enarbola la bandera negra, mientras grita a la gente para que se levante contra el ejército. Louise había llegado a París en 1856, entablando amistad con Victor Hugo, quien se inspiraría en ella para uno de los personajes de *Los miserables.* Se acerca a los ideales del *vieux* luchador obrero Auguste Blanqui y entra en la Guardia Nacional gracias a la relación con Théophile Ferré, ferviente blanquista. Desde el primer momento, sus palabras y sus gestos transmiten las señales de lo que es la Comuna y cada folleto que sale de sus manos lo consumen con avidez las masas que veían en esas semanas una ocasión inmejorable para cambiar de historia.

Varlin, Courbet, Delescluze y Rossel, los líderes del movimiento, demuestran al mundo que los obreros son capaces de gobernar. Ni siquiera las reservas del Banco de Francia han sido afectadas. Todo se hace correctamente, pero Thiers no quiere negociar; deja el asunto en manos del ejército, aunque eso suponga una *masacre*, como titula John Merriman su más que notable acercamiento a ese suceso de la historia: cien mil es el número de parisinos afectados por la represión. De nada sirven las justificaciones de los vencedores, actos de vandalismo, quema de las Tullerías, saqueo de la casa de Thiers, porque nadie puede olvidar a las víctimas que cayeron desde la calle Rivoli al cementerio de Père-Lachaise, en cuyo «muro de los federados» hay una inscripción en homenaje a «la lucha heroica del proletariado».

¡Pronto, pronto, una explicación plausible!

Durante la semana del 21 al 28 de mayo se prepara la trama que organizará el futuro, aceptando el poder de los hechos y dando paso a la Francia positivista, la de la Tercera República, con su orden desde los cimientos, la escuela elemental, hasta el vértice, la escuela normal superior: escuelas al servicio de la nación y para la reconstrucción del Estado. Y así permaneció, oculto en el sueño de la fraternidad universal, el deseo de recuperar *le souvenir que je garde au cœur* al evocar los sucesos entre marzo y mayo de 1871.

Claro que ante la memoria de la Comuna no hay unanimidad. A la sublimación de Marx en su *Guerra civil en Francia*, se opone Flaubert recordando, en la famosa carta a George Sand, que la colaboración con las clases privilegiadas en los momentos críticos es una palanca de la historia y que es preciso situar el error de los comuneros en el contexto antes de valorar los motivos de los fundadores de la Tercera República de utilizar la represión para afianzar uno de los mejores regímenes de la Europa contemporánea. *La Débacle* de Zola lo afronta en modo novelesco. Aquí, la vida de dos hermanos enfrentados, Maurice y Jean: uno que apoya a los comuneros, el otro al ejército, y un final predecible: uno mata al otro. La forma de describir un litigio sin solución. El destino trabaja mientras los protagonistas se quedan sorprendidos de lo que les ha deparado la vida. Bien vale el tiempo que se dedica a su lectura, el acceso a un retablo humano, demasiado humano, de radiante belleza. Zola debió de pensarlo antes de poner en boca del comunero Jean la confesión de cómo se ha sentido «encerrado en un París de demencia y miseria». Insertó ese juicio en la letanía de opiniones sobre el sentido de la Comuna.

De todos los escritores que hablaron de la Comuna, el que pensó en sus dañinos efectos fue Victor Hugo al reclamar la amnistía para los vencidos, a los que sin embargo censura los excesos que les habían llevado a enfrentar orden y libertad. Durante sesenta y dos días, las calles se llenaron de una muchedumbre entusiasta incapaz de valorar el sentido del compromiso. Hugo, el orden y la libertad en el mismo plano, no deja ser la postura de un escritor que trabaja en crear puentes para evitar conflictos de sangre. La gente admira *Los miserables* con la misma intensidad que su petición de amnistía para los comuneros ante la Asamblea Nacional con el apoyo de Léon Gambetta y Louis Blanc.

¿Conflicto superado? Para convencerse, basta seguir la conmoción pública provocada por el Salón de París de 1874 con una exposición de siete afamados pintores (Manet, Monet, Pissarro, Soley, Degas, Morisot y Renoir), que coincidían en crear *impresiones* de la realidad, dijo un crítico, lo que permitió llamar al movimiento «impresionismo».

BALANCE HISTÓRICO DE LA TERCERA REPÚBLICA FRANCESA

León Gambetta cree a todas luces, como Jules Ferry, que en su política radical tiene la verdad de su lado. No le falta razón si aspira a imponer en la Tercera República los principios de justicia e igualdad social. A veces no tiene más remedio que dejar a los operarios municipales que rompan a martillazos las «N», símbolos del Segundo Imperio de Luis Napoleón Bonaparte. La clase obrera, sin olvidar los fusiles del ejército, avanza por su cuenta para crear un lugar de la memoria de la gente oprimida por los intereses del capital, que es invisible ya por entonces, al que nadie admira, pero que todo el mundo necesita.

Adentrémonos en la Tercera República, un régimen sin prestigio convertido en las bases de una nación libre, para así seguir los pasos de una nación capaz de convertir el acto creador en el desafío de futuro. La clave está en el cuadro de Monet *Estación de Saint Lazare*, punto de partida de la emancipación del arte (y de la literatura que lo interpreta) de las normas del realismo. Flaubert habló de eso en *La leyenda de San Julián el Hospitalario*, el segundo de los *Tres cuentos* empezados en 1875. Abarca la vida trágica de un noble al que sigue en una vidriera de la catedral de Caen, el difícil camino a la santidad y la angustia de esa década —disfrazada de delicada preocupación— por la vida entre dos mundos, ideas, culturas, voces: ¿qué será de los europeos que han abandonado las costumbres de provincia que amargaron la vida de Madame Bovary, sin encontrar una alternativa mejor? Lo que es un desapego del pasado se convierte en una duda sobre el futuro. Pero esto, la aparente moraleja didáctica de la obra de Flaubert se centra en el paralelismo entre la destrucción de la civilización púnica por Roma y la situación vivida tras el hundimiento del Segundo Imperio, entre el destino de la princesa Salambó y de la emperatriz Eugenia de Montijo. E invito a valorar ese paralelismo a través de la figura de la mujer que eclipsa a ambas. Georges Bizet convierte la novela *Carmen* de Mérimée en el libreto de una ópera. La habanera «L'amour est un oiseau rebelle», además del efecto del «arreglito» de Iradier, es un canto de liberación para un nuevo inicio. Bizet vivencia la batalla cultural asumiendo la gaya ciencia de los trovadores.

El aire mistral llega al Gran Teatro del Liceo de Barcelona en agosto de 1881 tras el éxito obtenido en Viena y la favorable opinión de Johannes Brahms en contra de los seguidores de Wagner, que entendían que era una ópera de poco valor. Sin embargo, la cigarrera gitana, el cabo navarro de dragones y los contrabandistas irradian el poder de la vida humana para hacer visible el *da capo* de la cultura atisbado en París el 18 de marzo de 1871. Carmen, ¿diosa del amor o reina de la muerte? ¿O ambas cosas? Ambigüedad. Ese gesto de mujer, esa risa inmortal ante la desgracia, suenan hasta nuestros días en parte por la voz de Maria Callas. ¡Que lejos está Carmen de la valkiria ideada por Wagner! Una batalla cultural sobre la música, en definitiva.

Me produce una sensación extraña pasar de la melancólica leyenda de san Julián el Hospitalario a otra visión del mundo, infinitamente más prosaica, la que se está gestando en Berlín bajo el manto protector de la dinastía de los Hohenzollern. Por supuesto, tampoco tiene mal cariz, ni mucho menos. En *Los Buddenbrook* (1910), el novelista Thomas Mann hace gala de una facilidad envidiable para describir la historia de una familia de comerciantes de Lübeck durante cuatro generaciones: la primera, que abarca la forma del imperio, emplea bien su pietismo para encauzar el crecimiento económico y el bienestar social, mientras que las generaciones que siguen se deslizan hacia una decadencia, al fin y al cabo la del propio proyecto político imperial. Veamos el motivo.

LAS DOS CARAS DE UN IMPERIO CON CASCO PRUSIANO

El principal rasgo del Segundo Imperio alemán fue su fundación a costa de la derrota de Francia, un momento recordado demasiado a menudo y que envenenó las relaciones entre ambos países; tampoco ayudó la anexión de la Alsacia y la Lorena y la propaganda chovinista. Pasamos así de los ecos de la Comuna a la creación de un Estado alemán basado en una lengua, donde los latifundistas prusianos, los *junkers*, con Otto von Bismarck en calidad de canciller de hierro, propusieron un impulso cultural para alcanzar sus objetivos: la *Kulturkampf*, para decirlo a su modo, es un fenómeno nuevo en la historia, una especie de poder nihilista imitado luego por Lenin, Hitler y los líderes de la liberación nacional; ligado a Darwin, quien consideraba la supervivencia del más apto como la principal arma de la historia. Dejo este punto para la reflexión como se deja un paquete en consigna, a la espera de recuperarlo más adelante, y me pregunto cómo la conversión del Estado en una estrella cultural afectó al proyecto crear un modelo de civilización.

La imagen de los alemanes muda de repente: dejan de ser los poetas soñadores, los magníficos rebeldes de los que habla Andrea Wulf, para convertirse en unos tipos inducidos a renunciar a la tempestad, *Sturm,* y al impulso, *Drang*, creadores del espíritu alemán un siglo antes. Por la avenida berlinesa Unter den Linden pasean nobles y militares con el orgullo de sostener el Estado prusiano, en cuyo vértice estaba un canciller deseoso de acabar con las reglas de juego creadas unos años antes por el príncipe de Metternich. La nación alemana es un territorio irracional forjado por unos pensadores románticos, con Fichte a la cabeza, revisado a fondo para modernizarlo según la voluntad de unas élites apasionadas por lo suyo. Se estaba a la puerta de un combate en los clubes ideológicos, que hacían las veces de partidos políticos, para fijar el valor de la cultura alemana. Un momento de espera, pues tanto Guillermo I como su hijo Federico III aguardaron una señal al no tener claro el camino a seguir.

Nietzsche balbucea en la universidad y deja escrito: «En el lugar de las verdades fundamentales, yo pongo probabilidades fundamentales: *directrices* fugazmente asumidas con las que se vive y se piensa». Una apuesta a favor de la individualidad contra la regulación de la cultura promovida por el canciller Otto von Bismarck. Esa manera de posicionarse es contraria al recurso a las masas de los escritores, pues, al fin y al cabo, lo que hacen es sostener el carácter despiadado del Estado en el apogeo del colonialismo y la industrialización. Hay ocasiones en las que la historia descubre a un ser honrado y moral. Es una debilidad de la sociedad en tiempos de espera, los años entre 1871-1887.

¡Qué sueño, la voz de Zaratustra! Hay que situar esta apología del espíritu aristocrático en el contexto de la vida europea de la década de 1870. No hay en ella ningún rastro que hable de la evolución de la especie o el destino de un pueblo: postureos retóricos que llevan el juego filosófico al territorio donde alcanzan protagonismo las masas anonadadas por el derroche de la burguesía durante la fiebre del oro que afectó por igual a Berlín, Londres, París o Barcelona. La crítica social puede ser también filosófica. Intempestiva. ¿Y musical?

Con Wagner todo es posible. El 13 de agosto de 1876 se inauguró el teatro de Bayreuth con la puesta en escena de *El anillo del nibelungo*, primera parte de una robusta tetralogía sobre el sentido de la cultura alemana. Se trataba de hacer una obra de arte total para salir del Romanticismo de una vez por todas. El texto del *Anillo* es una muy personal elaboración de mitos germánicos, pero la música, evidentemente, está muy por encima de él. Se trata de cantar para responder a los desafíos de la orquesta hasta que el auditorio quede absorto por el sonido del alma alemana. Wagner le había dado la vuelta a Beethoven y no sólo al cuestionar la armonía basada en seis acordes dependientes de una nota fundamental, sino al crear la idea de que la música es el síntoma de la ascensión de Alemania al lugar que el destino le tenía preparado. El teatro de Bayreuth se convirtió ese día en un templo donde la música demostró que lo alemán es un rasgo de identidad de seres superiores. De este modo, Wagner puso la música al servicio del impulso cultural auspiciado desde Berlín por el canciller Bismarck, con el apoyo del ministro liberal de Cultura Adalbert Falk, que pensaba que era una música con excesivas disonancias. En fin, todo valía para convencer de la necesidad que el Estado tiene de imponer la seguridad social.

AIMEZ-VOUS BRAHMS?

Ese debe ser el motivo por el que en estos años no hay un canon fijo: sólo hay una batalla cultural por imponer la línea a seguir en el futuro. Wagner, en Bayreuth, hacía de águila cautivando a los jóvenes, a Gustav Mahler y tras él a los que le seguían convencidos de crear la segunda escuela de Viena dedicada a la música (la primera la dirigió Joseph Haydn hasta la llegada de Mozart). Vemos cómo sus partidarios intimidan verbalmente a sus oponentes. Nos inducen a pensar que las ideas fluyen por doquier. Wagner sospecha del público de Viena en los años en los que un psicólogo, experto en hipnosis, llamado Sigmund Freud, le quita la máscara a la buena sociedad a través del estudio de la histeria femenina. Y eso parece un paso adelante, un gesto progresista diríamos hoy. Con todo, uno se lleva una decepción al entrar en los ambientes musicales centrados en esos años en oponer a Wagner con Brahms, y no con la del último Verdi y su *Otelo* o con la Anton Bruckner y sus motetes de carácter religioso. Podían haberse creado zonas grises de consenso. No se hizo. Cuando los wagnerianos quieren su música como la única expresión estética válida de su tiempo y los otros piensan del mismo modo, es una clara señal de que las cosas van mal.

Veámoslo.

Viena, 2 de diciembre de 1883, estreno de la *Tercera Sinfonía* de Brahms bajo la dirección de Hans Richter. La tormenta está ahí, en unos acordes sinfónicos para la armonía universal. Al finalizar el concierto los aplausos quedan ahogados por gritos de desaprobación. El público está dividido, enfrentado. Muchos creen que han vuelto los tiempos del Burgtheater, donde sonó por primera vez *Las bodas de Fígaro* de Mozart midiendo el pulso cultural del Imperio de los Habsburgo; un francés en la sala comenta que algo parecido se había vivido en París al estrenar Berlioz la *Sinfonía fantástica*, expresión de lo que ocurrió en la calle durante los tres días de julio de 1830, cuando Libertad condujo al pueblo a las barricadas según inmortalizó Delacroix. Lo sucedido en Viena va más allá. La música de Brahms cuestiona la unidad del impulso cultural alemán mediante el elogio del alma musical vienesa.

Tercer movimiento, *poco allegretto*, un grito ahogado de dolor por la pérdida de los sentimientos que garantizan la libertad. ¿No es eso lo que quiere decir Françoise Sagan en *Aimez-vous Brahms*, llevada al cine con el mismo objetivo? El *poco allegretto* avanza en la dirección de una búsqueda que afine el valor del yo en medio de la angustia, la palabra de moda en esos años. Se trata sin duda de un yo sin atributos en medio de la confusión existente en el Imperio-Reino, *Kaiserlich-Königlich* (la K & K que dio lugar al nombre de *Kakania* en la novela de Robert Musil) y que se advierte en el ambicioso proyecto de unificar tierras diversas entre sí, pues además de los territorios alemanes y checos, Austria poseía lo que hoy es Hungría, Eslovaquia, el sur de Polonia, Eslovenia, Croacia, el noroeste de Rumania (Transilvania), Bukovina, el sur del Tirol y Bosnia en los Balcanes. Busca así la simultaneidad entre lo que se ha tenido y lo que se puede tener, futuro y pasado como expresión no de un acto de negación trágico (como el *Tristán* de Wagner), sino de un anhelo por vencer las tormentas de acero vislumbradas en el horizonte de expectaciones (otra palabra de moda): un anhelo azul, para enlazar con Novalis y Jean Paul, es decir, con la poesía alemana ajena al impulso cultural de Bayreuth.

El griterío llega al Salon Bösendorfer, inmejorable lugar en Viena para escuchar música de cámara. Aquí, círculos selectos de aficionados se daban cuenta de inmediato cuando faltaba una nota o un pasaje se hacía demasiado rápido, discutiendo a menudo sobre el tono, el ritmo y el *tempus*. Brahms presentó en ese salón el *Cuarteto para cuerdas* opus 51 núm. 2, pequeña obra maestra en la menor, para determinar si la expresión musical se nutre de los mitos o lo hace de los estados de ánimo, *Stimmungen*. Un cuarteto trágico y grandioso, de ritmos puntuados y extraña lucidez sobre la historia que acaece a su alrededor. Estrenado en 1873, se convirtió en el referente de las posibilidades de la «variación desarrollada» para allanar el camino al lenguaje musical sin restricciones. Estuvo claro cuando desde otros lugares algunos músicos se interesaron por el problema con la intención de saber si la sociedad estaba preparada para cambiar de historia.

A capo.

VICTORIANOS EMINENTES FRENTE A SUS DIAMANTINOS ANTAGONISTAS

Londres, primavera de 1871. Mientras Henry James se abre camino para definir el futuro de la novela a base de reseñas en revistas como *The Galaxy*, la ciudad exhibe un aspecto imperial al modo de un desafío a la Europa francesa y alemana y una legitimación al *splendid isolation*. Junto a los soberbios edificios del Gobierno en el centro, cercados por las no menos impresionantes construcciones de la City, se levantan las mansiones al este y al oeste de los barrios ricos de Knightsbridge, Hyde Park y Mayfair; escenario perfecto para un debate entre victorianos eminentes de pompa y circunstancia y sus diamantinos adversarios, que comparten con ellos el desapego por *Middlemarch* de George Eliot, la novela que un neoyorquino como James consideraba «una tesorería de detalles, pero en un todo indiferente». Una observación que resume en cierto modo el estado de la batalla cultural a punto de producirse en el seno de la sociedad británica para pasar del realismo al modernismo.

Sin embargo, tanto unos como otros no previeron que la fama póstuma de su estilo de vida enviaría la dualidad de posiciones al territorio del mito universal de la doble personalidad gracias a un librito publicado en 1886 con el título *El extraño caso del Dr. Jekyll y Mr. Hyde*. R. L. Stevenson, su autor, tiene el acierto de trasladar el problema a la intemporalidad de la enfermedad mental. El severo doctor Jekyll convertido en el soporte de un Mr. Hyde capaz de realizar las más perversas acciones. Llueve suavemente sobre Londres. Sí, claro, es preciso situar en su ambiente la crisis moral final de una moral incapaz de entender lo que sucedía en los sótanos de sus casas, el caso de Jack el Destripador del barrio de Whitechapel, del que se habló y se seguiría hablando, y sobre todo de ese final barrocamente descrito en la novela de Oscar Wilde *El retrato de Dorian Gray*, para confirmar la sentencia de Walter Benjamin sobre una época donde «hacer historia no se descompone en relatos sino en imágenes». Y así, en las vitrinas de las tiendas de moda, se hacen visibles las señales de cambio que parece exigir la convulsa sociedad londinense dividida entre los seguidores de John Ruskin, los acólitos de Edward Bulwer-Lytton, los admiradores del poeta W. B. Yeats y los apasionados del fabiano George Bernard Shaw.

Los británicos del periodo comprendido entre 1871-1887 tienen sueños imperiales y una literatura que los legitima, pero necesitan de la música para limar asperezas. El impulso cultural de Otto von Bismarck les llama la atención, pues podría orientarles hasta dónde serían capaces de llegar si supieran, gracias a Rudyard Kipling, apasionarse sin llegar a ser tan distantes como para resultar odiosos. Una vez más, el disenso cultural incide en la política. Fue durante los debates en los periódicos sobre lo acaecido en Rorke's Drift, la batalla del 22 al 23 de enero de 1879 contra los zulúes. Si leemos las crónicas del *Times* de esos meses o si atendemos a las películas que lo han recreado, nos daremos cuenta de lo que los ingleses tenían en la cabeza cuando se consolidaba ante ellos la Tercera República francesa y el Segundo Reich alemán. Al final, esos debates sobre el sentido de esa batalla, heroico para unos, suicida para otros, incide sobre lo que quedaba de la moral victoriana entre las élites intelectuales. ¿Explica eso que George Eliot comparta con Jane Austen la supremacía del gusto por la novela en la sociedad británica? Los debates se han diluido con el paso del tiempo, no así las obras literarias que los favorecieron y que aún muestran una verdad que cuesta entender. Siempre me ha llamado la atención que la novela de esos años fuera la responsable de levantar el secreto de una sociedad cuya moral pública no correspondía con la moral privada.

Igual sensación he tenido siempre ante los efectos de la geografía imperial en el modo de pensar británico. Baste señalar que fue en Bangalore donde un joven Winston Churchill, con veintidós años, en calidad de oficial de húsares, llegó a la conclusión de que era preciso consolidar el Estado con un impulso cultural a fin de superar la debilidad del Reino Unido, que no era más que una unión forzada de nacionalidades extrañas entre sí. Al fin y al cabo, ya lo había dicho lord Palmerston al inicio de este periodo de la historia británica cuando decidió apoyar la causa de la joven reina Victoria: «Las opiniones son más poderosas que los ejércitos».

¿El verdadero nombre de toda esta trama política? El gran juego por el control de Asia Central. Vamos, el control de Afganistán y de los países del entorno. Un tema de largo recorrido hasta hoy.

En el fondo, cuando pensamos que Londres vivió los mejores años de vida entre 1871 y 1887, nos referimos a que la esperanza de una nueva época se dio con más convicción entonces que en cualquier otro momento. Fueron los años en los que el joven Edward Elgar viajó a París y Berlín para imbuirse de lo que componían Saint-Saëns y Dvořák a fin de encontrar una tercera vía entre Wagner y Brahms. Una vez más la música atraviesa el sentir de los europeos de entonces, pues mientras escuchan nuevas melodías sus ojos aspiran a entender la revolución pictórica auspiciada por el impresionismo. Un recuerdo especial para Lytton Strachey y su libro *Victorianos eminentes* (1918), y para su hermano James, menos conocido, que se dedicó a traducir a Freud al inglés, por el esfuerzo de ambos de hacernos entender lo que sucedió y por qué sucedió.

LA FIEBRE DEL PASADO ÁUREO LLEGA A BARCELONA ENTRE ALGARADAS

La fiebre de un pasado áureo se apoderó de muchos lugares de Europa bajo el signo del neogótico. Decenas de testimonios lo demuestran. Así se consolida el espíritu de la sociedad burguesa convencida de que el gusto es el producto de la casualidad de que el dinero no cesa de fluir en su esfera privada, pues esas casualidades existen en la historia, y hay que aprovecharlas cuando llegan, al fin y al cabo el crecimiento urbano se vincula a ese arte en Londres, Ámsterdam, Brujas, Múnich, Liubliana o Barcelona. En esta última ciudad, en una de sus más famosas vías, las Ramblas que conducen del área de expansión al mar, se construye el Círculo del Liceo para apuntalar el efecto social del Gran Teatro del Liceo y darle un sentido de club a la pasión por la ópera que se había apoderado de los ricos burgueses de la ciudad. Pues acudir a la representación de las óperas de Wagner o Verdi era participar de un ambiente selecto, exclusivo, sostenido por la afirmación de Paul Verlaine en *L'art poétique*, «La musique avant toute chose». Pero de igual manera asumir de forma colectiva el ambiente musical es participar de la regeneración de la vida económica que llevó a la sociedad burguesa a pensar que las diferencias sociales eran una simple metáfora, una abstracción de teóricos imbuidos de los ideales del anarquismo, hasta que los acontecimientos mostraron con toda la crudeza de la que son capaces que las diferencias sociales eran una realidad física: una constatación que para colmo demostró el peligro de afrontar el futuro desde una lectura errónea del pasado.

Consideremos este momento. Enseguida se produjo el arrepentimiento de esa mirada áurea de una época sólo existente en la fantasía de los arquitectos convertidos en faros de la cultura nacional y se pasó a buscar en la historia una explicación que permitiera comprender las algaradas callejeras que, si bien no eran el preludio de una revolución, mostraban el desasosiego de la gente ante el aumento del coste de la vida. Y esa realidad física se descubría no sólo en las páginas de los historiadores que analizaban con precisión, lejos de los mitos burgueses, la sociedad medieval, sino en las callejuelas que rodeaban el teatro donde se representaban las óperas. Una gente que le daba la espalda a los valores que habían cubierto la ciudad de esas maravillas arquitectónicas que hoy miran boquiabiertos los turistas, en su amor en parte descendiente del de aquellos que las rechazaron por ser los emblemas de una injusta diferenciación social.

La historia enseñó cómo aquel ambiente envolvía a los que estaban fuera de él en una red de justificaciones, narcotizando la protesta hasta volverla absurda, pues lograba quitarle toda la fuerza moral que llevaba dentro de sí para convertirla en una agitación sin sentido y sin tregua. Así fue a grandes rasgos la lectura crítica del pasado áureo sobre el que la sociedad burguesa quiso construir una nueva estética, que, como veremos más adelante, se impuso con el nombre de modernismo, y cuya mirada hoy resulta más fascinante que toda aquella agitación que en nuestros días ha quedado reducida a un eco árido y nostálgico de la defensa de la dignidad humana en un tiempo de cambios profundos. Basta seguir el inquietante cuento de László Krasznahorkai titulado «Así nace un asesino», que forma parte de su libro *Y Seiobo descendió a la Tierra*, para darnos cuenta de que la batalla cultural entre la sociedad burguesa y sus adversarios consolidó la unidad nacional catalana a través del acuerdo entre industriales, ejército y el Estado.

EL MAL SE IMPONE. DONDE CONCLUYEN TODAS LAS IDEAS

La sensación de vida, que el joven Paul Claudel descubre en 1886 leyendo a Arthur Rimbaud, agita la conciencia de los historiadores Burckhardt o Sombart. Un rasgo del Segundo Imperio alemán. Pero, en 1888, la seda del estudio se convierte en el acero de los cañones: el káiser Guillermo I muere el 9 de marzo y su sucesor, Federico III, el 15 de junio. Con esas dos muertes, la generación liberal queda relegada a un segundo plano y la nueva generación impone el ansia de incidir en el curso de los acontecimientos para transformar Alemania de arriba abajo. El káiser Guillermo II se hace famoso pronto por su arrogancia y por su vanidad, dos cualidades necesarias según él para evitar el declive de las formas de vida alemanas ante el empuje nihilista. Un orgullo se extiende lejos de las élites entre la gente de la calle, que se reconoce como un pueblo elegido.

La torre del orgullo es el título de un libro de Barbara W. Tuchman. En el fondo, gestos precipitados que conducen a una deriva cuyo final no podía ser otro que la guerra. El incidente de Nietzsche el 3 de enero de 1889 en Turín es la metáfora de lo que está por venir. Explicar el triunfo de la insensatez cuando sale en defensa de un caballo que está siendo maltratado por un cochero y al abrazarlo exclama, *mutter ich bin dumm*, madre, soy tonto; luego, se hunde en la noche.

El increíble poder del ejemplo, la caída del hombre que había intentado evitar que el heroísmo se limitara a la carrera militar. A pocos parece importarles su testamento filosófico. Entre esos pocos estaba el conde Harry Kessler, famoso hoy por su formidable *Diario*, pero que en 1888 buscaba, junto a Hofmannsthal, Strauss y otros, que el conflicto nacional no dejara de ser una batalla cultural. No se ha escrito nada más arrebatador sobre la mentalidad de estos años que la visita del conde Kessler a la casa de Nietzsche, donde estaba al cuidado de su hermana en calidad de responsable de su salud mental y de su obra. ¿Por qué me gusta tanto esa visita? Porque es claramente humana, muy humana. Conmueve que a Kessler le duela tanto perder al filósofo del límite, que no se pueda contar con él en un año de transformaciones aceleradas e irreversibles, que esté en un obligado silencio cuando se necesita más que nunca un líder capaz de desvelar la genealogía moral del impulso nacional sostenido en el entorno del káiser Guillermo II. Hay que sentir esa iluminación del conde Kessler sobre un fondo de intrigas diplomáticas y reclamaciones en nombre de Alemania. Burckhardt, en los apuntes de sus cursos de 1888, luego publicados en 1905 con el título de *Reflexiones sobre la historia universal*, califica el momento como un ejemplo señero de lucha prometeica. De ahí que la moral esté relacionada estrechamente con ella; y eso le permite decir: «La misión del Estado es asegurar una tregua en los conflictos de las fuerzas desordenadas, superponiéndose como una fuerza mayor: nunca prescribir el pensamiento. Pues la fuerza en sí es el mal, y su única justificación es encadenar la brutalidad por el temor».

La advertencia del periodo por llegar con el káiser Guillermo II exige un mayor empeño, afirma Burckhardt, levantando la voz en una de esas lecciones semanales a las que acudían personajes de lo más diverso, por ejemplo Nietzsche. La expectación del texto es enorme, y así lo valora Alfonso Reyes —que fue, en lengua española, el mejor a la hora de entender su legado— en la introducción a las *Reflexiones*, y lo hubiera dicho incluso estando él presente, porque esa verdad es el resultado de un pensamiento concienzudo sobre la razón de por qué y cómo entender el futuro desde un concienzudo a la vez que severo estudio del pasado.

2

MOMENTOS SINGULARES (1888-1906)

Qué distinto es todo esto y qué vida más vulgar he llevado hasta ahora en casa de mis padres! No ocurría allí nada singular.

THEODOR FONTANE, *Effi Briest* (1895)

ENTRE PATER Y VALLE-INCLÁN

El azar es invocado más de una vez en los ochenta y nueve días que duró el reinado del káiser Federico III de Alemania, del 9 de marzo al 15 de junio de 1888, y fue el azar el que midió la fragilidad de las decisiones humanas al liberar al tiempo histórico de su corsé positivista, lo que permitió que la sociedad fuera capaz de percibir la angustia instalada en ella. Uno de los momentos singulares de esos años fue cuando el Imperio alemán integró los valores liberales para evitar el extremismo político en la nación, que se balanceaba como la joven Effi Briest, protagonista de la novela de Theodor Fontane, entre un militarismo conservador y un espartaquismo subversivo que en Berlín o en otras ciudades tendían a ir más allá de lo que dicta la prudencia. De momento, entre marzo y junio de 1888, mientras el káiser Federico III consolida su política, existía la posibilidad de llegar a un acuerdo entre los dos ejes de la cultura europea, el anglosajón, regido por impulsos cada vez más alejados de la moral victoriana, y el alemán, que deseaba dejar atrás la *Kulturkampf* de Bismarck en beneficio de un acceso más plural al pasado que definiera el futuro siguiendo la pauta del *laissez-faire* liberal. El oro del Rin transformado en el capital financiero del *show Business*. Esta batalla cultural se puede seguir en el partido a ultranza entre Pater y Valle-Inclán, el mayor de esas décadas. La verdad de la época debe ser contada.

Walter Pater y Ramón María del Valle-Inclán se posicionan ante la sociedad europea *fin de siglo* al considerarla efecto del saint-simonismo industrial y del simbolismo modernista. La convicción de que, según creencia generalizada en esos años, el desarrollo tecnológico reina también sobre el mundo interior de la imaginación creadora, una suerte de réplica moderna de los ritos de iniciación celebrados en la ciudad griega de Eleusis a la sombra del estilo dórico. Los mecanismos de la inspiración o de los peligros que supone que el espíritu griego se sumerja en las simas del misticismo religioso de Pater dialogan con las andanzas *a media noche* del Max Estrella de Valle-Inclán; mientras uno indaga sobre los protagonistas del Renacimiento italiano, el otro se interesa por los personajes de *Luces de bohemia* o por las *Memorias del marqués de Bradomín*. En ambos casos estamos ante un despliegue de buenas ideas para desenmascarar ese momento de la cultura europea que se forjó con la llegada al trono alemán de Guillermo II y sus amigos, a quienes no les gustaba la doctrina económica del dejar hacer, sino que aspiraban a imponer sus convicciones estatales con las armas que les proporcionaba Alfred Krupp, el «rey del cañón».

¿Por qué el joven káiser —preguntaban al unísono Pater y Valle-Inclán— se empeña en mortificar a los europeos con su política cultural sostenida por la siderurgia militar? ¿Por qué no sigue los pasos de sus venerables abuelas Augusta de Sajonia y Victoria de Inglaterra? Queda por saber que en esos años aparece un movimiento artístico que resulta difícil definir con palabras, pese a que cuantos participan en él perciben un dulce peso en el alma, una devoción realmente solemne en la atmósfera cultural, como si el futuro estuviera allí, y se nota en particular en los incrédulos, en los curiosos, en los viajeros de clase acomodada. Quizá por ello esta tendencia artística tiene tantos nombres como los países que la adoptan: *Art Nouveau*, *Jugendstil*, *Modern Style*, *Nieuwe kunst*, *Secesija*, *Liberty* o *modernismo*. La innovación consistió en fusionar arquitectura, diseño, escultura, orfebrería y pintura en un estilo que cautivó a la sociedad burguesa de entonces, como a los turistas de ahora que se acercan a un edificio de Antoni Gaudí completamente extasiados.

El modernismo es el arte de un momento singular de la vida europea que fue capaz de convertir el retorno a lo sagrado en un paso obligado hacia el futuro. Ese objetivo queda claro en la Exposición Universal de París, inaugurada el 15 de abril 1900. Allí se pudo ver que la esencia de la fiesta pagana se había trasladado a la Gare de Orsay, al Grand Palais o al Puente de Alejandro III; pero también a la Gran Noria. El retumbar dionisiaco se había apoderado del espíritu europeo, como si fuese la brisa marina de la que habla el poeta Stéphan Mallarmé. Todo responde a la estética de una naturaleza elaborada, estaciones de metro, farolas, papeleras, estanterías, quioscos para la prensa gráfica. He aquí la propuesta: tiene el mismo valor artístico un edificio que una joya, un cartel que un cuadro; la tela que el marco. Una pizca de modernismo en cualquier parte.

El preludio a la siesta de un fauno de Claude Debussy detalla este estado de ánimo hasta la última nota. Ahí comienza la música moderna, dijo Pierre Boulez, que de eso sabía más de lo que se dice. En el *Cuarteto de cuerdas* también; y, por supuesto, en *Pelleas y Melisande*; o en *La Mer*. Esta música es un remedio para la angustia, como *Khamma* lo es para la soledad; o las *Gymnopédies* de Satie para la tristeza.

La inspiración eleusina que veo en Oscar Wilde y que le llevó a decir que la vida imita al arte, la veo en el libro *El arte futuro* de Henry van de Velde y en la Casa del Pueblo de Bruselas de Victor Horta. Cuando los arquitectos modernistas hacen las casas, las hacen a fondo. Y así, Maks Fabiani construye en Liubliana la escalera de la casa Otomar Bamberg y el interior de la Escuela Mladika con formas que anticipan la Bauhaus: es para sorprenderse, sí, ha habido artistas altamente cuestionados capaces de hacer *eso*.

Época de ruptura donde se evoca con desdén a los positivistas que insisten en las imágenes del mundo rural de Millet o Carot y en la lucha heroica del proletariado, coligándola con la costumbre de la revolución social asentada en los tres colores de una bandera, azul, blanco, rojo en Francia; verde, blanco y rojo en Italia; negro, rojo y amarillo en Alemania. Colores desteñidos por el legalismo y por los efectos de la plusvalía en la conducta social que buscan a alguien (o algo) que permita hablar de los vastos horizontes que se adivinan en el futuro. Desde los inicios del movimiento, los modernistas ven que la levedad de la primavera artística entra en conflicto con el peso otoñal de la política internacional; y sienten entonces una desazón indecible al comprobar que, finalmente, después de conversar sobre esto y lo otro y lo demás allá, tienen que prestar atención a lo que se dice de ellos. Se suele hablar a la ligera con demasiada frecuencia de esos modernistas, como Pater o Valle-Inclán, que la prensa aireó hasta hacerlos famosos, o al menos hasta convertirlos en tema de debate en los cafés, los centros literarios por excelencia de la época, decía George Steiner en su bello panfleto *La idea de Europa,* en su origen el texto de la conferencia en el Instituto Nexus: hace poco discutía con un afamado crítico literario que se había llevado una gran decepción al leer *Sonata de primavera* de Valle-Inclán y descubrir que era una búsqueda larga y lastimera del hecho singular español por el camino de la caricatura y el humor. Le sugerí que si la leía de nuevo y la situaba en 1904, año de su publicación, quizá entendería que se trata de una mirada crítica sobre el riesgo del modernismo de olvidar el mundo vital en el que se asentaba. Valle-Inclán da a entender en esas ficticias memorias del marqués de Bradomín la tenebrosa y horrible trivialidad de la alta sociedad que sigue apostando por un mundo que está en trance de desaparecer para siempre. Qué más da si no se preocupa por la textura del tiempo, sino por la razón de una vivencia. Lo que trata de señalar es que la realización personal se hace mediante la invocación del tiempo histórico, no de su olvido. Rubén Darío reclama la atención, en célebres versos, de que aquel otoño donde él venía de un Versalles doliente, en el que hacía mucho frío y erraba vulgar gente, sabedor de que «el chorro de agua de Verlaine estaba mudo». Porque en efecto se trata de saber por qué el modernismo intentaba crear una pantalla sobre un hecho clave en la vida cultural europea de la década de 1890. Los historiadores son los héroes del momento: Lucien Lévy-Bruhl, que seguía a Émile Durkheim, que se opone a Auguste Comte, o Maurice Barrès que lleva la ciencia al debate político. Unos son agitadores inofensivos desde una cátedra en la universidad; otros son serios eruditos que simplemente registran los hechos del pasado conformen los hallan en los documentos de los archivos; pero todos se sienten alquimistas de la palabra. ¿Por qué de pronto tanto interés por lo que dicen? La respuesta está en el caso Dreyfus. Vayamos a él. Nos conviene entenderlo.

EL CASO DREYFUS. LOS INTELECTUALES A ESCENA

El caso Dreyfus es una grieta profunda en la vida intelectual de la década de 1890, pues zarandea el orden moral al comprobar que la opinión de unos y de otros dependía del lugar ocupado en el laberinto de la vida política. Sobre este singular momento de Francia, William Butler Yeats escribe en *Autobiografía*: «Acudo al estreno de *Ubú Rey* de Alfred Jarry en el Théatre de l'Oeuvre; los espectadores se amenazan con los puños unos a otros, y oigo decir: "es habitual los duelos tras las representaciones". Al sentirme obligado a apoyar al bando más fogoso, he gritado a favor de la obra».

Al evocar ese recuerdo, Yeats vuelve la mirada hacia el París de la década de 1890 y al espasmo que le recorrió el cuerpo aquel día en el que pasó del frío al temor incierto de que la batalla cultural terminara en una guerra tradicional con movimiento de tropas y todo eso. Por lo demás, destaca el aura que empuja a la sociedad a debatir insignificantes menudencias, porque sólo se puede ser modernista si se atiende a la descripción de los símbolos en el orden fijado en *La rama dorada* por James Frazer: en primer lugar, por tanto, sobre la materia inconsciente de la que están forjados los actos, pues se aspira a conocer los secretos de lo que sucede en los talleres donde se realizan vidrieras, pinturas en tabla, esculturas u orfebrería. Los visitantes comprobaban desde la primera impresión que ese arte era una narcosis ante la dura realidad de la vida. Sin embargo, para quienes reflexionan sobre el compromiso intelectual no hay más remedio que entenderlo como un bloque homogéneo en el que el pasado y el futuro se explican desde el presente. Por eso, los historiadores giran en torno al extraordinario potencial del argumento de Gaston Paris de que la *Chanson de Roland* es la expresión de la *nationalité française*. Lo cual es bastante revelador de la mentalidad del momento. Así, en la segunda edición de *La Poesie du Moyen Âge* (1887), el influyente Paris deja claro realmente la necesidad de entablar un debate, aunque sea sobre la literatura medieval, al no estar muy seguro de que lo que plantea el romanista Joseph Bédier de la épica medieval es en realidad un medio propagandístico de las rutas de peregrinación. Estas discrepancias eruditas, lejos de ofrecer sosiego, obligan a los más lúcidos a pensar por qué se peleaban los unos con los otros, y el caso Dreyfus no es menor, porque se trata del hecho nacional convertido en sujeto de debate político.

Veamos primero los detalles del caso Dreyfus y luego sus efectos sociales.

Estamos en París, a 18 de enero de 1898: en la primera página del periódico *L'Aurore* aparece un manifiesto bajo el desafiante titular *J'acusse,* yo acuso, firmado por Émile Zola, Léon Blum, Anatole France, Charles Seignobos y algunos más. Novelistas, políticos, profesores, gente del teatro y de la música son reunidos bajo una palabra que marcaría para siempre el acontecimiento y con él la vida política europea hasta agosto de 1914. Esa palabra es intelectual.

Los periodistas introducen la palabra intelectual en el lenguaje de la gente y de ese modo se puede afirmar que cualquier persona de cualquier época es un intelectual si interviene en un debate de ideas. Entonces se da el paso que los conservadores evitan por todos los medios, pues describir un debate de ideas sitúa en primer plano a los nuevos protagonistas de la historia. Ciertamente, ya no se habla de reyes o militares de fortuna, sino de escritores y profesores, maestros de la palabra escrita. Se habla de intelectuales.

Remito a un libro de 1957, básico en el amplio espectro de mis lecturas, *Los intelectuales de la Edad Media*, del gran medievalista Jacques Le Goff: ahí se estudia a los *magistri* de las escuelas catedralicias y a los teólogos de la Sorbona en calidad de protagonistas de la lectura crítica de la Biblia y califica de intelectuales a todos los personajes que cultivaron el humanismo cristiano en los siglos XII y XIII. ¿Por qué? No por presentismo, sino como homenaje a unos individuos que afinaron sus garras para cuestionar visiones retrogradas de la religión. Yo tenía mis propias ideas sobre el papel de estos laicos letrados en el devenir de la historia cultural gracias al clásico libro de Charles Homer Haskins *El Renacimiento del siglo XII* (1922). Desde el punto de vista académico, me mantuve en guardia respecto a la propuesta de Jacques Le Goff, y entonces leí la primera página:

> La danza macabra que a fines de la Edad Media arrastra a los diversos «estados» del mundo —es decir, los diferentes grupos de la sociedad— y los lleva hacia la nada en que se complace la sensibilidad de una época en decadencia pone muchas veces junto a reyes, nobles, eclesiásticos, burgueses y gentes de pueblo a un clérigo que no siempre se confunde con los monjes y los sacerdotes; se trata del descendiente de un linaje que se origina en el Occidente medieval, el de los intelectuales. ¿Por qué es justamente este nombre el que sirve de título a este pequeño libro? Por cierto, que no es el resultado de mero capricho. Entre tantos otros términos —sabios, doctos, clérigos, pensadores (la terminología del mundo del pensamiento ha sido siempre vaga)—, el de intelectuales designa un medio de contornos bien definidos, a saber, el de los maestros de las escuelas.

Era una declaración de intenciones, y sin embargo me dejó clavado en el pupitre, incapaz de negar su impacto. El uso de la palabra «intelectual» no era el resultado de ningún capricho. La justificación de su función en el vasto mundo del pensamiento dio en el blanco. Me sigue pareciendo la descripción más precisa de lo que es un intelectual y por eso creo que Zola la utilizó, aunque no fuera muy consciente de la profundidad histórica del concepto con el que se identificaban él y sus amigos para denunciar un caso de antisemitismo, bien visible en el proceso judicial al que sometieron al capitán Alfred Dreyfus. Bueno, vale. Así lo pensé aquel día de otoño de 1969 mientras preparaba la clase que debía impartir sobre los maestros de las escuelas catedralicias del siglo XII, en concreto el papel de Abelardo. Entonces devoré el libro de Le Goff, y lo puse en la bibliografía a pesar de que era consciente de que recibiría una amonestación de mis tutores. El día que acepté el argumento de Le Goff perdí muchas ventajas académicas, pero gané pulso historiográfico. Me vi en la tesitura de reconocer que a veces las buenas ideas tienen un coste en la vida social. Renuncié a la zona de confort del conservadurismo académico de izquierdas y admití que la renovación de la historia pasaba por entender el uso de los conceptos. Mi disposición a entrar en esa forma de *faire de l'histoire* (fomentada por Georges Duby, a quien idolatraba) forcejeó un momento y se incrustó en mi ánimo adolescente para captar el sentido del pasado. La mentalidad de otras épocas obligaba a cambiar de historia. Y así lo hice.

Sobre todo, porque me permitió valorar ya desde entonces que el caso Dreyfus hizo que Francia se sumergiera en una conmoción pocas veces vista (cercana a la de 1789 y bastante parecida a la de 1940, por citar las dos más famosas); durante varios meses puso en jaque a la Tercera República y con ello la ilusión de ser el sistema político capaz de amparar la libertad, la igualdad y la fraternidad. Constituye, en última instancia, la elección entre distintos valores, posibilidades, futuros, esperanzas, argumentaciones, lenguajes. El país quedó fracturado en dos. En los salones de la burguesía y en los cafés literarios se escenifica un debate entre los que defienden la dignidad del ejército de la coraza y el sable, el quepis y el pantalón rojo, y los que censuran la cadena de vilezas, que iban desde la coacción a la falsificación de pruebas pasando por el perjurio, para condenar a un militar por alta traición. Nadie queda al margen. Romain Rolland, el día del estreno de *Danton y los lobos*, escribe con el gesto de estar *au-dessus de la melée*: «Francia se halla atenazada por uno de los problemas más temibles en que puede verse envuelta la conciencia humana, un dilema digno de Corneille, si debe sacrificarse el país o la justicia». Se jacta del embrollo creado, pero no era un sarcasmo tenso, ya que estaba demasiado ocupado averiguando si existe una relación entre el escándalo y la apuesta por cambiar de historia. En esos dos mundos diferenciados, ¿quién se atreve a hablar de la dignidad humana? A efectos prácticos es lo que hizo Gustave Flaubert.

La leyenda de san Julián el Hospitalario, el más intenso de los *Tres cuentos,* cuyo final, el protagonista abrazando al leproso, es una metáfora sobre la relación del hombre modernista con el mundo. Una jactancia surgida del corazón, pues nadie hacía nada pese a que la futilidad y el desprecio oprimían a la sociedad. Por eso, entender el trasfondo del caso Dreyfus nunca ha sido fácil. Lo que se deja entrever es que el motivo permanece oculto, lo que constituye una invitación a entrar en ese espacio del conocimiento que fascina a la sociedad donde lo que cuenta es lo que no se ve. Oculto no quiere decir inexistente: es un registro diferente del conocimiento. Los ocultistas proponen un arte de la memoria para descubrir las razones de apoyar el *Art Nouveau*. Uno de los motivos es el gusto por las máquinas: los automóviles que sustituyen al landó y los aeroplanos.

Una época presidida por el *elan vital* (el concepto es de Henri Bergson) es capaz de convertir el maquinismo en el motor del éxito mundano en el momento en que consigue superar el bloqueo mental para fomentar ese «impulso generoso del corazón que tiende a disminuir las penas y los trabajos de los hombres después de haberse apiadado de sus miserias y sufrimientos». Así rezan las palabras de Pierre-Maxime Schuhl al inicio de la tercera edición de *Maquinismo y filosofía*, que hieren el orgullo de una clase ajena al dolor humano.

Hacia 1898, los intelectuales concentran la vitalidad de la sociedad; su tarea reside en encontrar salidas positivas, por ejemplo, convertir el caso Dreyfus en contienda política. La nueva civilidad interpreta la vida social en forma de un juego donde las mentiras conviven con las extorsiones y las medias verdades con los intereses creados. Y todo ello sobre un fondo de propaganda. Hay que debatir en la vida pública como en el teatro, de manera que no se cuestione la Exposición Universal programada para 1900, como esta primavera se hace con las Olimpiadas de 2024. La Tercera República adoptó un toque de clase esnob, aunque presentado tan tentadoramente que le dio color a una época altiva y flexible que Stefan Zweig denominó, siguiendo a Hugo von Hofmannsthal, el mundo de ayer.

LLEGA RICHARD STRAUSS CON EL IMPULSO CULTURAL ALEMÁN

El acontecimiento clave en el mundo de ayer fue la coronación del káiser Guillermo II el 15 de junio de 1888, con el tono de charco espeso que le acompañó desde el primer instante. La música de Richard Strauss, insondable como el dolor que expresa, llega a nuestros oídos hoy como la expresión más acabada de las maneras que tuvo la sociedad alemana en la década de 1890 de expresar la ardiente necesidad de crear un modelo de civilización. No tiene nada que ver con lo sucedido antes, con Mozart, Beethoven y Wagner, o después con Mahler, Schönberg y Berg. Bien es verdad que *Don Juan* o *Así habló Zaratustra* no exaltan el Segundo Reich en oposición a la Tercera República, sino que le buscan un significado a la política de Rusia en los Balcanes al involucrarse en los asuntos europeos. Son poemas sinfónicos de éxito y de excelente resolución, aunque no alejados del *kitsch* tan querido por una parte de la sociedad guillermina, en los que se tienen en cuenta los planes estratégicos de los mariscales de campo prusianos tanto como las formas musicales. Hay que recelar de los sentimientos extraliterarios como de las consignas de la camarilla que rodea al káiser.

Ese es el camino que llevó a Strauss a componer *Una vida de héroe*, estrenada en Frankfurt el 3 de marzo de 1899, mientras en París se debatía el laudo del tribunal de casación de revisar el caso Dreyfus. Y la pregunta que de inmediato sale al paso: ¿Cuál es la verdadera razón del escándalo del estreno de *Una vida de héroe*? Y la única respuesta que puedo transmitir: la política internacional. Se trata de un debate serio sobre los patrones que definen la estrategia, el tiempo, el espacio y la escala, en la línea de Clausewitz o Tolstói, no un sensiblero pacifismo.

Una vida de héroe está afectada por la tensión creada en el Reichstag ante la tesis de Bernhard von Bülow, ministro de Asuntos Exteriores, que valora Alemania como la potencia mundial, *die Weltmachtstellung*, del momento. Un sector importante de la platea se ofendió porque creyó ver en la descripción de la batalla un apoyo a esa tesis, aunque el poema sinfónico no se inspira en el nacionalismo de los *junkers* con influencia en la cancillería, sino en el coste humano del uso de las máquinas en la guerra, que deja de ser un juego entre caballeros de sobrada dignidad. Discute la industria armamentística al verla situada en el centro de la vida cultural alemana. Su obra evoca un futuro inquietante para su país y, por extensión, para Europa al descubrir que «ha vuelto» la pasión por la guerra, y todos los alemanes se muestran conformes, es más, contemplan embelesados a los jóvenes reunidos en los grandes cafés para definir la vida cultural: una mirada de quienes se creen expertos en marcar con honor la vida diaria y no necesitan esperar a que los mariscales de campo les ordenen marchar al frente, a que concluyan su proceso armamentístico, y así se muestran en público como la parte decisiva de la restauración del espíritu militar, porque todo se acelera a partir de ese año de 1888 en las calles, en las escuelas, en las fiestas, donde cada oficial sentencia el deseo de solucionar los problemas del inmediato futuro *manu militari*. Todo un patrimonio cultural, si se me permite decirlo, y no se vea como un reproche sobre ese lado de la vida señalado por el triunfo del instinto sobre la razón, de la fuerza sobre el equilibrio emocional en medio de una calma aparente y, sin embargo, enigmática, pues nunca se había visto nada igual, ni siquiera en las campañas de Götz de Berlichingen en la guerra de los campesinos alemanes del siglo XVI.

Tiempo de tormenta, dice Jacob Burckhardt. El mundo que llega con la música de Strauss, en su forma fluida, resplandeciente, no es más que el acceso a eso que sólo la leyenda dice que una vez fue, el imperio radiante de los héroes trágicos, pues es el escenario, sea con el fondo de la puerta de Micenas o el salón de banquete de Herodes, en el que se puede pensar quc la cultura alemana recupera el pulso de una lectura precisa del pasado para situar el futuro o, como escribió el ilustre historiador Wilhelm Dilthey, «sólo de Alemania puede venir el procedimiento empírico auténtico en sustitución de un empirismo dogmático de prejuicios». Y añade como sólo puede hacer uno que sabe lo que se juega la sociedad europea en ese instante: «John Stuart Mill es dogmático por falta de formación histórica».

Pocas veces se ha estado más cerca de precisar un oficio para orientar el proceso de civilización que en la propuesta de Dilthey del concepto de formación, en alemán *Bildung*, pues significa la cultura que posee un individuo como resultado de su aprendizaje en los contenidos de la tradición de su entorno social y cultural. A eso se llega con la música de Strauss, si sabemos quitarle el disfraz de la época con la que la recubre. Ahora entendemos por qué los primeros compases de *Así habló Zaratustra* fueron utilizados como una llamada de atención en la película de Stanley Kubrick *2001: Una odisea del espacio*. Cuando el hueso cae y el gesto humano de utilizarlo contra el adversario ha terminado, el espectador siente el anhelo de obtener la razón de su existencia y la calma infinita de ocultar el cansancio que también se halla en ese momento de la historia. Sobre ese particular proyecto político se pronunciaron los historiadores de profesión. No tenían más remedio.

De entrada, los historiadores de la economía, como Werner Sombart, que analizan las relaciones entre lujo y capitalismo, a los que siguen los historiadores de las instituciones, como Rudolf Kötzschke, que razonan en términos jurídicos la superioridad alemana; los historiadores sociales, como Karl Lamprecht, que fijan las raíces alemanes en la Edad Media; y culminan los historiadores como Friedrich Meinecke, discípulo de Wilhelm Dilthey, que fijan los pasos en la construcción del Estado como el meollo del espíritu alemán. Estos son ejemplos elegidos entre los muchos profesores que ocupaban las cátedras universitarias o que esperaban ser admitidos en ellas mientras ultimaban sus trabajos de investigación y publicaban en revistas como la *Historische Zeitschrift*. Todos ellos pretendían ver en sus trabajos la promesa de nuevos cánones interpretativos sobre el pasado para definir el futuro. Significaron para el Segundo Reich alemán lo mismo que los centros abiertos por la Tercera República francesa o los *Colleges* angloamericanos: un inmenso almacén de nuevos modelos para el mundo que se percibía en el horizonte. Los historiadores parecen, por contraste progresivo con los escritores de novelas, los guardianes de un procedimiento acerado, erudito y altamente académico, una actitud análoga a la de los músicos que, para estar más cerca de sus notas, no se dejaban distraer por el menor objeto que les alejara de sus fines. De ese modo se asiste hacia 1888 a la culminación del vuelco iniciado dos décadas antes sobre el continente y el contenido del estudio del pasado a la hora de definir los pasos para entender el futuro. Naturalmente, eso obliga a los escritores de la literatura de evasión a incrementar la distancia entre creación y erudición. El mejor laboratorio estuvo en el mundo anglosajón, en Londres y alrededores. Allí comenzó el largo debate entre estudiosidad y creatividad.

SIETE MAGNÍFICOS PARA UNA VISIÓN DEL MUNDO MUY BRITÁNICA

Entre 1889 y 1899 vivir en el acaudalado West End londinense, en Mayfair, Knightsbridge, Bayswater, deja de ser un oasis aislado de los pobres que no forman parte del servicio doméstico, pues el metro y otros medios de transporte ampliaron los límites de los espacios urbanos. Homenaje al mundo moderno con aroma británico. ¡Cuántos avatares de la condición social de los de arriba a los de abajo! Todos a la espera de una explicación que tarda en llegar; lo hará en 1910 con *Howards End* de E. M. Forster, después de que Lord Acton, editor de la *Cambridge Modern History*, invitara a los jóvenes historiadores a ocuparse de un problema, no de un periodo. Sin embargo, el deseo del venerable profesor pierde adeptos cuando penetra en la tela de araña de la burocracia universitaria con sus incontables especialidades en forma de cátedras. Las élites crecen sin parar. Simultáneamente se les está haciendo un flaco favor en el sentido opuesto, con una pauperización de los trabajos manuales. A los historiadores les deprime el hecho de que las investigaciones no interesan a los ciudadanos, que sin embargo se apasionan por el teatro, la ópera o las novelas de George Eliot. Una sonrisa socarrona no zanja el tema. Hay que ir más lejos.

Los británicos se preparan para dejar atrás la moral victoriana provocando un vuelco en la vida política que llevó al liberalismo tory a colisionar con el socialismo laborista en el Parlamento sobre las medidas adoptadas por el canciller Bismarck en Berlín: pensiones de jubilación y ayudas sociales a ancianos, enfermos y desempleados. Un eco de esa colisión política aparece en la obra de los siete magníficos de la literatura británica de esos años: Stevenson, Wilde, Shaw, Conrad, Wells, Kipling y Yeats. Todos ellos se atrevieron a explicar lo que estaba sucediendo con un toque de humor corrosivo, humor inglés *of course*.

Aquí se desarrollan las marchas de *Pompa y circunstancia* de sir Edward Elgar, compuestas en honor de Eduardo VII como voto a favor de una tierra de esperanza y gloria. No importa que esas marchas, en especial la primera, quedaran en el territorio de los deseos, o mejor dicho sí que importa: se llega a los famosos acordes que suenan en todo acto festivo y que dignifican una tierra envuelta en viejos anhelos imperiales. La misma impresión deja la lectura de los dos guías, Oscar Wilde y George Bernard Shaw, que describen el tránsito hacia el socialismo en contra del parecer del joven liberal G. K. Chesterton, que, a través del padre Brown, no sólo divirtió al gran público tibio ante las utopías sociales, sino también creo un stock de materiales sobre los mitos de la vieja Britania, un arsenal narrativo que la nación necesitó cuando en pocos años se pasó de las palabras a los hechos en las trincheras de Flandes.

Wilde y Shaw son dos intelectuales de su tiempo, irlandeses, es decir, educados en un ambiente católico que sin embargo no profesan: son casi de la misma edad, dos años más o menos de diferencia: en 1889 tienen treinta y cinco y treinta y tres años. Los presento uno tras otro, a Oscar primero y luego a Bernard, para situar los debates entre liberales y socialistas iniciados en esos años y que no parecen haber acabado.

La importancia de llamarse Ernesto de Oscar Wilde es una obra estrenada en febrero de 1895 en el St. James Theatre, donde se analiza el vuelco de la conducta social, comenzando con el juego de palabras del título de la obra: para el protagonista lo importante de llamarse Ernesto no es ser sincero (*earnest* en inglés), la virtud moral victoriana por excelencia, sino que ese nombre le gusta a la mujer de la que se ha enamorado. En este sentido a Wilde no le basta con ironizar sobre los hábitos victorianos, quiere ser considerado la autoridad espiritual de Inglaterra, para lo cual expuso sin rodeos las taras de una sociedad complacida de ser como era, vale decir, hipócrita, pues escondía con su homofobia el verdadero rostro de los grupos dirigentes, miembros relevantes de la Cámara de los Lores. Wilde hizo mucho teatro, pero alcanzó la fama por su actitud ante el tabú de la sexualidad victoriana. Le importaba poco la continencia. Tenía el deleite por el elemento clave del orden social moderno. Y así lo expuso en *El retrato de Dorian Gray*, la más moral de las historias inmorales que uno pueda imaginar.

George Bernard Shaw no fue denunciado como lo fue Oscar Wilde, aunque algunos contemporáneos suyos se esforzaron sin embargo por hacerle pasar por un fabiano radical, para evitar que la posteridad viese el formidable polemista que era en persona y por escrito. El esfuerzo por anular su personalidad describe el temor que provocó su genio desde que estrenó en 1892 *Casa de viudas*, a la que siguió *Cándida*, *Trata de blancas* y algunas más. Fomentó el interés por Ibsen, Wagner y el socialismo de Jaurès, pero al tiempo señaló el riesgo de que el Estado guiase la cultura. La ambigüedad del intelectual aparece en 1902, Jacques Barzun lo ha demostrado, en un episodio (el tercer acto) de *Hombre y superhombre*: la confesión de Don Juan al diablo: «Tus amigos no son religiosos: sólo arrendatarios de bancos de iglesia; no son morales, sólo convencionales; no son virtuosos, sólo cobardes; ni siquiera son virtuosos, sólo frágiles; no son artísticos, sólo lascivos; no son prósperos, sólo ricos; no valerosos, sólo pendencieros; no magistrales, sólo dominantes». Así aspiró a redimir la torre de orgullo de la época, el rasgo característico de una clase dirigente incapaz de dialogar. Esa torpeza se percibe en *El dilema del doctor* y acopla el material con el que escribe la obra que le lleva a la inmortalidad: la melancólica historia de *Pigmalión*, que el lector de nuestros días reconoce como la base del musical de 1964 de George Cukor, *My fair lady*, con Audrey Hepburn como Eliza Doolittle y Rex Harrison como el profesor Higgins en los papeles protagonistas.

De creer a Shaw, solamente los asiduos al hipódromo de Ascot dudan, antes de la Gran Guerra, del peso de la clase obrera en la toma de decisiones políticas; y aun así, sólo murmuran a propósito de las tendencias de la sociedad, tan entusiasta de los entretenimientos como desinteresada en la distancia entre ricos y pobres, aunque fuera visible en la forma de hablar, de vestirse o de alimentarse. La solución llega más tarde, una vez han pasado los entusiasmos bélicos y, procedente de las trincheras, se extiende la necesidad de una revolución social para depurar el mundo social británico de las viejas lacras. En ese momento la pareja formada por Sidney y Beatrice Webb, amigos de Shaw, difunden la leyenda del líder carismático que la haría posible, no otro que Lenin.

¿Un elogio a la solución bolchevique? No importa, los académicos ingleses se abren al proyecto rojo. Mañana llegará el día de la gloria proletaria que supere la prepotencia de Higgins, los remilgos de la clase media de la señora Pearce o la placidez aristocrática del coronel Pickering, aunque en ningún caso doblegan el espíritu nietzscheano en versión galesa *cockney* de Alfred Doolittle. El futuro será una caja de sorpresas.

DE LA *NOUVELLE REVUE* A LA *NOUVELLE REVUE FRANÇAISE*

Al otro lado del canal de la Mancha, la decepción por las disputas entre socialistas y liberales sobre el Estado del bienestar de Bismarck se vivió intensamente debido a Georges Sorel y a la idea de usar la violencia para derribar el sistema capitalista, abandonando la solución de *Germinal*. La novela de Zola se había convertido en el espejo de las múltiples facetas de la sociedad, aunque en opinión de Sorel era demasiado tarde para aplicar el programa de consenso social republicano. Francia estaba condenada, entre la opulencia de los ricos y la miseria de los pobres, a convertir los programas de la Tercera República en una invitación a la decadencia. Si se acentúa hasta el extremo la gravedad de esta situación, se podrá concluir con Charles Maurras, príncipe de los nacionalistas, que sólo la demagogia y el populismo, más que una crisis de conciencia nacional, destruirán la sólida estructura de la civilización francesa. En esta estrategia imitativa de lo que en Italia propondrá Gramsci (un gramscista de derechas *avant la lettre*, dice de él Michel Winock): asumir la batalla cultural es un reto intelectual para salvar la patria.

En este ambiente entre crispado y combativo, la voz de una mujer modula las sutilezas del conocimiento literario para los que se oponen a la Alianza Francesa: la voz de madame Adam, de soltera Juliette Lambert. Sostiene *La Nouvelle Revue*, cuyo éxito inicial se debe a que Flaubert le ha entregado dos capítulos de *Bouvard et Pécuchet*; y luego se hace célebre por crear una plataforma contra Léon Gambetta, tan admirado por ella al principio, deslizándose así en un antisemitismo liberal y un nacionalismo en política exterior; al final, la revista apoya las ideas de Paul Bourget, una etiología de la decadencia para explicar la deriva de Francia a través de conceptos muy difundidos en esos años, disolución, disociación, anomia (dice Émile Durkheim) que asumen un doble aspecto: la decadencia de las costumbres francesas y la ausencia de grandes hombres.

En los años finales del Segundo Imperio, en los tiempos del *Orfeo en los infiernos* de Jacques Offenbach, anota Bourget, se deja sentir el efecto del dandismo, del cosmopolitismo y del exotismo; mientras que, pasado 1888, con el escándalo Dreyfus, el Estado se ve incapaz de restituir los colores de la cultura francesa, incluso de conservar lo poco que queda de ella. También el íntimo de Zola, Joris-Karl Huysmans, en sus trepidantes análisis de arte en la revista *Le Voltaire,* insiste en salir de la decadencia con la defensa de la pintura de los impresionistas y de Gustave Moreau. En *Salomé,* Moreau crea visiones de una hechicera surgida en el cerebro de un habitual bebedor de absenta y fumador de opio: esta poderosa imagen flota sobre la experiencia mística, teje y trama con su danza una idea del mundo que necesita sacrificar la cabeza del Bautista; sus manos son un arrullo previo al acto de gritar el arrepentimiento. ¿Basta con eso para salvar a la civilización de su atroz deriva hacia la vulgaridad? Algo parecido ocurre con el advenimiento de la lujuria sexual tras el éxito del cancán de las bailarinas de Moulin Rouge, La Goulue o Jane Avril. Ellas tienen para Bourget y para los miembros de la *Nouvelle Revue* de madame Adam una clara consecuencia política, lejos de las personas y cosas que importan de verdad, representando tan sólo las ideas y convicciones de sus adictos, distorsionadas por la lasciva mirada de estos. En un mismo y único gesto social, encontramos la decadencia de Francia con un fondo de tristeza: la fórmula de los clásicos romanos, de que todo aquello que nace tiene un fin, se sitúa en el centro de la batalla cultural. Aquí aparecen los primeros indicios para la creación de la *Nouvelle Revue Française:* la NRF, la revista del futuro, dijo Gide, porque sólo el futuro será capaz de fraguar la magna operación de cuestionar la nación y a su sostén retórico, el nacionalismo. Antes de que ese futuro llegara pasaron muchas cosas en la laberíntica vida cultural de la década de 1890.

LA TRADICIÓN OCULTA EN PARÍS Y EN OTROS LUGARES

Henos aquí en un laberinto un poco banal, el modernismo en busca de los orígenes de la civilización; también es un laberinto el ocultismo con su irreprochable deseo de verdad. En París entran en él, con la decisión que surge del simbolismo tradicional, Alexandre Saint-Yves d'Alveydre y su esposa Marie Victoire de Riznitch-Keller, cuyo retrato realizó Alexandre Cabanel en los tiempos de amistad cón Eugenia de Montijo.

Por gratificante que pueda ser el estudio de esta pareja singular de la vida parisina, resulta arduo saber qué pensaba realmente esa enigmática mujer de *El arqueómetro* construido por su marido: el instrumento que hace que el cielo hable, pues en él cada estrella, cada constelación viene a ser una letra, una frase o un nombre divino que da nueva luz a las antiguas tradiciones de todos los pueblos. Es la traducción material del Verbo en forma, color, gusto y sonido. Mientras las verdades ocultas se disolvían en círculos exotéricos, los martinistas de Gerard Anaclet Vincent Encausse «Papus» y de Augustin Chaboseau, la verdad oficial se volvía el fetichismo de los tiempos modernos. Los intelectuales comprometidos con lo social (la idea es de Marcel Mauss, un antropólogo) se presentan de una manera reconocible como modelos de conducta que orientan la cultura para complicar cosas aparentemente obvias: son magníficos, son perfectos; triunfan en exceso.

Mallarmé, por ejemplo, recomienda ceder la iniciativa a las palabras: *Alma, mi centinela*. Alguien logra por fin expresar la idea que ronda en los ambientes culturales, el imposible regreso a las fuentes originales, en el caso de Francia a recuperar el mensaje de la Aurelia de Gérard de Nerval, para cambiar de historia. Bueno, al menos se intentó haciendo ver que desvelaban un misterio. Es comprensible que la Exposición Universal organizada en 1900 bajo el signo del modernismo represente un momento singular en la tradición oculta en el martinismo y en la sinarquía. Aun así, se necesitó una defensa neutra de su efecto en la sociedad, es decir, algo sencillo que cautivara al público, como hizo en 1830 el *Hernani* de Victor Hugo. Como aficionados al teatro, desearon reivindicar una comunión sin límites con el mundo del secreto. Era la clase de teatro que triunfa con *Los alimentos terrenales* (1896) de André Gide. ¿Cómo puede alguien negarse al placer de la palabra? Todo joven intelectual quiere ser Gide. Hasta en sus secretos más íntimos todos anhelan parecérsele.

EL TRIUNFO DE CYRANO ANTE UN PROMETEO MAL ENCADENADO

No he descrito la situación teatral en París en la década de 1890. Lo intentaré, aunque sólo sea para dejar claro el motivo de tanto interés por querer ser Gide. Es una ciudad de múltiples caras, donde la vida intelectual va por barrios. A cada uno le gusta el suyo. Pero a todos les encanta el teatro de Edmond Rostand. ¿De qué trata para que su obra siga siendo tan actual?

El 27 de diciembre de 1897 en el Théatre de la Porte Saint-Martin se estrena *Cyrano de Bergerac*. Un drama en cinco actos basado en la vida del escritor del siglo XVII Hercule-Savinien de Cyrano, un cosmógrafo libertino de nariz tan prominente como sus ingeniosas ideas, que nunca fue noble ni espadachín ni gascón, sino un burgués de París convencido de que era mejor el sexo que el florete. Sin embargo, Rostand lo convierte en el protagonista de un conflicto entre el hombre educado y el sandio haciendo que sus poesías las recite un joven sin talento literario. Pero bueno, ¿tan bajo había caído la educación en Francia que se requiere seguir las andanzas de un impostor en el escenario llevándose a la chica mediante un engaño infantil? El público saboreó la obra acerca de un amor desgraciado, descrito con precisión trágica y sentido del humor. Si hay que extraer una moraleja del éxito de Rostand es que su obra llegó en el momento oportuno, cuando una sociedad dividida necesitaba un vínculo que sólo encontró en el alegre y punzante espadachín de prominente nariz.

La imaginación visual exhibida en *Cyrano de Bergerac* comparte su carácter icónico con otra obra de teatro, *Prometeo mal encadenado*, naturalmente de Gide: dura sátira sobre el peso de la conciencia en la sociedad europea. Estamos en 1899, y no es un divertimento para una burguesía que acude al teatro en landó, sino de un «ensayo» sobre las posibilidades de la vida intelectual en el futuro. Gide la escribió al mismo tiempo que *Betsabé*, *Filoctetes* o *El Hadj*, aunque en este caso, y esto es lo más importante, el argumento procede de la manera que tiene de entender el mito de Prometeo. El espectador medio y los críticos de la prensa vespertina no esperaban semejante audacia dramática para mostrar de repente a un personaje, llamado Prometeo, que entra en un restaurante y se sienta a la mesa, desde donde escucha a dos hombres, que responden a los nombres de Cocles y Democles, uno protegido y otro víctima de un rico banquero que el camarero reconoce y al que llama Zeuz. Acto siguiente: mientras el espectador razona la metáfora, Prometo llama a un águila y le ofrece su hígado para que lo roa un rato. Escándalo. Luego llega la afirmación salvadora, el águila es la conciencia y se trata de ver el peso que tiene en el mundo contemporáneo. Los remordimientos siguen siendo el fundamento moral de los individuos, son precisos y necesarios. Los seres humanos no son santos, son simples intérpretes de una realidad que no entienden. Un agudo crítico de la obra, Charles du Bos, acertó al definir el objetivo de Gide: «La materia, el asunto propio de su obra es la inquietud; pero la palabra inquietud no basta, ahora no es suficiente... El trastorno —palabra grave, pesada, que tiene el son oscuro y opaco de lo mismo que expresa—; he aquí la palabra que mejor traduce el estado permanente de Gide». El de Gide, y el de toda la sociedad europea, pues resume en una sola palabra la naturaleza de su angustia. Y esa palabra es trastorno.

¿O no había otra salida? En el caso de Gide hay que procurar —lo mismo que ocurría con Jarry, según Roger Shattuck— no buscar la veracidad psicológica de la sátira, sólo el tono negro de un humor que nos libere del peso de la necedad, que se había convertido en la norma principal de la política de aquellos años. La broma es sacar de su quicio a la realidad como aquel condenado a la guillotina que pidió como último deseo un pañuelo para proteger el cuello del frío. Y si esa broma deviene un cuento de terror es porque la sociedad estaba más cerca de los cuentos de Edgar Allan Poe de lo que ella misma creía. El mundo se había convertido en una alucinación. Más absenta, por favor, se decía. Y así...

DONDE LOS ÁNGELES NO SE AVENTURAN

¿Qué hacer con las heridas de la experiencia? ¿Olvidarlas o por el contrario curarlas con ideas renovadoras? Un debate así recuerda a las controversias literarias del paso del siglo XVII al XVIII, con Charles Perrault, el de los cuentos de hadas, pues atiende por igual la máxima *veritas temporis filia est*, la verdad es hija de su tiempo.

El espíritu crítico de una sociedad en plena alegría de vivir afronta una vez más, hacia 1905, lo que los intelectuales de la época llaman las falsas apariencias, es decir, la sumisión de los políticos a las señales procedentes de la industria armamentística, los privilegios de sangre visibles en las reuniones sociales en París, Berlín o Londres, los excesos parlamentarios y las adulteraciones de la ética mundana. En el campo de las relaciones internacionales se adivina el valor de la relatividad en el acuerdo firmado el 8 de abril de 1904 entre Francia e Inglaterra, conocido como Entente cordial. Con ese acuerdo se ponía fin (eso se dijo) a mil años de conflictos, desde la batalla de Hastings en 1066; mientras que, en el campo de la cultura, el valor de la relatividad sirvió para salir del modernismo, considerado la expresión de displicencia de las clases ricas ante la miseria de las clases populares.

Lo que aparece más claramente a la hora de salir del modernismo es el deseo de comprender el futuro, un deseo que se agudizaba por la imaginativa visión del universo basada en refinados análisis científicos, desde Einstein a los esposos Curie o con Max Planck. Los escritores se toparon entonces con una necesidad nueva, que a la vez explica la época en la que vivían, y se interesaron por ella, obteniendo un efecto fabuloso. Sin ella, hoy nos sentiríamos desnudos.

El primero en proponer salir del modernismo fue Joseph Conrad al situar el horror dentro del juego del mundo en *El corazón de las tinieblas;* le siguió E. M. Forster con *Donde los ángeles no se aventuran,* el retrato de una mujer inglesa de clase media huida a Toscana, en concreto a San Giminiano, el famoso pueblo de las torres, para rehacer la vida que sin embargo le lleva a la muerte (hoy se puede ver la adaptación cinematográfica de Charles Sturridge); luego se planteó en Dresde, con el estreno sucesivo de dos óperas de Richard Strauss, *Salomé* con texto de Oscar Wilde y *Elektra* con libreto de Hugo von Hofmannsthal, donde dos damas muy serias sacian su sed de venganza ante el poder patriarcal, el de Herodes y el de Agamenón. Desfile de maravillas: Elektra ante la Puerta de los Leones de Micenas. En efecto, la arqueología ha descubierto civilizaciones perdidas en el remoto pasado del mundo mediterráneo, la minoica por Evans con su laberinto de Cnosos y sus palacios restaurados en la mejor convicción modernista, la micénica por Schliemann, llena de nombres que sólo se conocían por la épica y la tragedia griega. Hasta tumbas bajo su palio de noche mostrando con la máscara de Agamenón lo que fue la última gran civilización de la Edad del Bronce.

> *Quítate esa máscara de oro en llamas*
> [...]
> *Sólo quiero encontrar lo que allí hay*
> *Si el amor o el engaño.*

He aquí una iluminación de Esquilo, pero es Yeats. Y continúa:

> *Para que no se hunda la civilización*
> *Y pierda su gran batalla,*
> *Calla al perro y ata al caballo*
> *De una estaca bien lejos:*

Nuestro señor el César está en su tienda
Ante los mapas desplegados
Sus ojos fijos en la nada
Su cabeza apoyada en la mano
Como una libélula en el río,
Su mente se mueve en el silencio.

Acabo de llamar a Yeats como testigo, pero igual podría haber sido al Valle-Inclán de *La lámpara maravillosa.*

Esa obra es única. Una nota de la periodista Esperanza Bigas Núñez: «le dijo Valle-Inclán: "Una vez Unamuno me preguntó, '¿qué es lo que usted se propuso al escribir este libro?' 'Que para cada lector despierte una emoción', le contesté"». Declaración hecha a *El Heraldo de México* el 21 de septiembre de 1921. ¿Una nueva sonata, esta vez para perplejos? Parecen más bien unos ejercicios espirituales. Ejemplos prácticos en el camino de la meditación que permita entender la Belleza. Entrada en la dimensión del instante, ese infinito regulado por la evocación erótica.

Y así puedo regresar de nuevo a Yeats, pero esta vez a *Los cisnes salvajes de Coole.* Los consejos son intencionados, como el siguiente:

> Son las palabras espejos mágicos donde se evocan todas las imágenes del mundo. Matrices cristalinas, en ellas se aprisiona el recuerdo de lo que otros vieron y nosotros ya no podemos ver por nuestra limitación mortal, aun cuando todas las imágenes y todos los verbos sean eternidades en el seno de la luz, como explicaba el mago Apolonio de Tiana. Para el iniciado que crea todas las cosas y ninguna recibe en herencia, la luz es numen del Verbo.

Salir del modernismo es una necesidad para él y para su tiempo, y no tarda en sustituir la fantasía decorativa inherente a ese arte por un severo apotegma: «La creación estética es el milagro de la alusión y la alegoría». De este modo un gran escritor español cierra una etapa de la vida cultural europea consciente de que se necesitan nuevas herramientas para lograr que salir del modernismo sea al mismo tiempo entrar en el mundo de las vanguardias artísticas sin que ese gesto suponga un esperpento.

El ornamento es un crimen, declara Alfred Loos dando entrada así a unos severos ajustes en el mundo de la arquitectura urbana. Nada hay más engañoso, a veces, que un genio en sus delirios. Una chimenea la toma por un guerrero, un tejado por un dragón, un pasamanos de escalera por una serpiente multicolor, un templo expiatorio por una catedral gótica que nunca se pueda terminar, un sillón por un sillón donde es imposible sentarse; una reja por un laberinto. Mientras tanto una reflexión sobrevuela todo el año 1906, referente a si los anarquistas tenían razón y la Vieja Europa iba a ser devorada por su inmensa vanidad y, por tanto, qué importaba si debía seguirse el camino de la ornamentación modernista o había que denunciarlo como el mayor crimen contra la arquitectura, qué importaba la agitación cultural, pronto llegaría la Gran Guerra que lo resolvería todo.

¿No había manera de salir? Es el momento de pasar a una moral pragmática. *Soft power.* Curiosamente, es el argumento esgrimido en febrero de 2022 por Olena Zelenska al convertirlo en una herramienta diplomática sin reglas específicas basada en la cortesía y las relaciones personales entre los líderes políticos y sus parejas. *Poder blando*, un modo de llevar la guerra a la esfera de la cultura.

En 1906, la propuesta procedió de un psicoanalista estadounidense, William James, cuyo hermano menor, Henry, era el conocido novelista, que planteó la necesidad de recurrir al pragmatismo como un nombre nuevo para viejas maneras de pensar, que se alejara de los dogmas idealistas y materialistas que habían entrado en colisión y podían destruir la Vieja Europa. Pero al hacerlo intensificó la batalla cultural. Una paradoja más del proceder en 1906.

El mundo intelectual dividido en dos partes diferenciadas perfectamente: a la izquierda los procedentes del idealismo (y en parte del materialismo) y a la derecha los procedentes del pragmatismo. Y así da racionalismo *vs.* empirismo; optimismo *vs.* pesimismo; religiosidad *vs.* agnosticismo; defensa del libre albedrio *vs.* fatalismo; dogmatismo *vs.* pluralismo; nacionalismo *vs.* cosmopolitismo. Pero en 1906, todos coinciden en estar descalzos ante los grandes desafíos que exigían para su resolución botas de siete leguas.

El siglo de los niños de Ellen Key se estaba escribiendo. Y con él un cambio en el concepto de la enseñanza, que hasta ahora se basaba en la explicación ordenada de verdades establecidas. La última oportunidad iba a ser el lugar del aprendizaje, que sin embargo Robert Musil, en el mismo 1906, denunciaría en una obra de significado político con el sorprendente título de *Las tribulaciones del estudiante Törless.* Lo curioso es que este gran testimonio sólo se entendió del todo cuando en 1965 lo adaptó al cine el cineasta alemán Volker Schlöndorf. Y luego no ha parado de aparecer como la mejor explicación de lo sucedido en 1906, al final del sueño eleusino de la cultura contemporánea europea. ¡Vaya historia!

Angustia es la palabra, puesto que no hay otra forma de expresar el absurdo de una época que avanzaba hacia su destrucción al acelerado ritmo de la creación artística y literaria. El cementerio de las antiguas ideas se abarrota demasiado deprisa. Colmo de la ironía histórica, todavía faltaban catorce años para que Paul Valéry diera a conocer *El cementerio marino*. La obra que en 1920 explicó lo que debía haberse hecho en 1906.

Empezar con Pater y Valle-Inclán en pleno conflicto por salir del modernismo y terminar con Valéry, que aún no había escrito lo que sin duda hubiera sido necesario, es una invocación a un dios sutil incapaz de impedir que los grandes momentos de la historia desaparezcan por acciones burdas de personajes vulgares. En 1906 se andaba, pues, por unos recintos abandonados que parecen los parques llenos de maleza de las ricas mansiones de familias arruinadas. Proliferación de ideas contradictorias, exceso de planes secretos en la diplomacia o en la música mientras el mundo sigue su inexorable ascensión a ese lugar donde la muerte le espera. Los restos del arte modernista empiezan a ocupar las vitrinas de los anticuarios o de las mantas de lona barata de los *vide greniers* a la espera de ser recomprados en las mañanas de verano. Aquí está el final de un sueño convertido hoy en un reclamo para turistas sin otra información que el confuso deseo de admirar un ayer del que se ignoran sus razones. Una mesa, varias sillas o una columna salomónica junto a lámparas, cubertería, ropa de cama. Lo que queda del pasado; luego lo que ha sido restaurado y no refleja para nada lo que una vez fue. Un falso de la historia.

Y hablando de lo falso en la historia. Nada más propio de una época eleusina que ese sucio cuento de 1902 titulado *Los protocolos de los sabios de Sion*. Trama sencilla, texto directo. Los servicios secretos del zar Nicolás II descubren una conspiración. Influyentes personajes del pueblo judío aparecen implicados. Su objetivo: el control del mundo después de la decadencia y caída de los imperios rusos, alemán, austrohúngaro y otomano. Eso es todo. Está bien para ingenuos, que los hubo, y los hay, a decenas. Sin embargo, la visión del futuro no está aquí. ¿Dónde, entonces? Quizá en *Chaos*, de Hilma af Klint, donde los símbolos visionarios son puertas a una dimensión desconocida. Es el primer paso hacia una pintura capaz de arrojar luz sobre los grandes problemas existenciales del momento. Lienzo de una estructura de doble hélice: parece la forma del ADN, si no fuera porque esa forma fue descubierta por los científicos Crick y Watson en 1953.

Una aclaración de Helen Molesworth: Hilma af Klint trata de hacer una imagen de cómo todas las cosas están conectadas. Necesito creer que las visiones de esta pintora se adelantan a su tiempo; sin embargo, lo que me viene a la mente, mirando esas pinturas, es el recuerdo de un visionario muerto durante el sitio de París el 24 noviembre de 1870, semanas antes de la Comuna. Era natural de Montevideo, se llamaba Isidoro Ducasse, pero era conocido como el Conde de Lautréamont.

Una de las razones de que *Los cantos de Maldoror* sigan siendo el referente cuando se trata de fijar la responsabilidad del Creador a la hora de engendrar la abominable basura del hombre es que Lautrémont tuvo la más acabada revelación del futuro de la humanidad que se abría tras su muerte. Una mente imparcial que encuentra una explicación lejos de la angustia, sólo con la capacidad de entender los grandes designios. ¿La civilización fenece de una bella muerte o es asesinada? Ya tenemos la duda que convulsiona a una sociedad atrapada entre la crisis o el evento fatal.

MONT SAINT-MICHEL Y CHARTRES. HENRY ADAMS TOMA LA PALABRA

En 1902, Henry Adams imprime una mirada nueva a imágenes tan antiguas como dos obras de estilo gótico, Mont Saint-Michel y la catedral de Chartres; despierta la conciencia de su generación, a la que sin embargo primero sorprende y luego irrita, al mostrar ensoñaciones mucho más profundas de las que se atisban en el horizonte de expectaciones del futuro. Su trabajo de historiador representa una lectura universal del encuentro del futuro con el pasado, sobre todo porque no se amedrenta ni se cohíbe ante el peso de los orígenes de un modelo cultural de tanto peso en Francia y Alemania como el gótico.

El historiador Adams habla del futuro de la humanidad analizando el pasado, el siglo XII, a través de sabios como Bernardo Silvestre, Hugo de San Víctor o Bernardo de Chartres, el que creo la metáfora de que la cultura se hace siempre por enanos subidos en los hombros de los gigantes precedentes. Se trata de definir la unidad espiritual de una época y el valor que tiene para conocer el arte que la hizo posible. En fin, la primera frase del capítulo primero es esclarecedora: «El arcángel amaba las alturas; estaba situado de pie sobre lo alto de la torre que coronaba su iglesia, con las alas desplegadas, la espada alzada, el diablo arrastrándose a sus pies y el gallo, símbolo de la eterna vigilancia, posado en su pie protegido con cota de malla». El objetivo de la obra es describir la belleza del siglo XII, y la aplaudía allí donde la veía.

El arte gótico y la extrema lucidez espiritual están en el polo opuesto de la emancipación de la forma promovida por las vanguardias y el desgaste de energía. Esta oposición marca la distancia del siglo XII y el siglo XX. Frente al equilibrio de un mundo abierto y ordenado, se erige un mundo asentado sobre la opinión pública y, si eso no basta, llegar a la sumisión a unas fuerzas a las que resulta difícil entender del todo. La historia tal como la cuenta Henry Adams quizá se esté convirtiendo en una curiosidad ideológica. Sus frutos no son, empero, únicamente poéticos. En este sentido, el deseo de ciertos académicos de finales del siglo XIX de trazar una historia continuista de sus disciplinas, podando los brotes que se iban dando, extendió al territorio de Clio una forma de proceder que se acerca a la tiranía que empiezan a ejercer los regímenes totalitarios que aparecen en el horizonte cuando proponen reescribir el pasado conforme a sus principios ideológicos. Las cortapisas y las fotos trucadas, las purgas y las ejecuciones no solamente existen en el mundo de la política, también empezaban a darse en el aparentemente apacible mundo académico.

Henry Adams se adentra en la realidad del gótico gracias a un credo abierto, aunque alejado del progresismo social. Analizar unos edificios singulares de estilo gótico significa para él profundizar en las vacilaciones de los creadores que preceden a las obras. Como dijo el historiador de la ciencia Alexandre Koyré: «Copérnico no es copernicano». Cuando Adams pone punto final a su trabajo analizando la figura de Tomás de Aquino vemos un análisis perfecto de un momento singular. La aceptación de los debates escolásticos del siglo XIII añade un par de matices a lo que estaba a punto de suceder en Europa en 1906. Primer matiz: un momento singular es un sentimiento de que es necesario seguir adelante; una alquimia de la zozobra que vive la sociedad cuando observa cómo el futuro le aleja del pasado. Otro matiz: un momento singular es la aceptación del desafío de ir allí donde te lleve el curso de los acontecimientos, y no enrocarte. Por eso, cuando vuelvo a leer el libro de Adams me veo en la misma tesitura que los contemporáneos de Santo Tomás cuando tuvieron conocimiento del texto con el que Jean de Meun termina el *Roman de la Rosa* de ese modo tan cercano, tan fraternal. Como metacomentario sobre la carrera del joven que busca la Rosa en el Jardín es la broma más cruel. Y sí, ya sé, que esta novela de Meun no se hizo para agradar a las muchachas en flor, pero me sigue preocupando la carga de misoginia con la que acaba la aventura del amor mundano. Hoy, entre los que buscan una cita por internet, estas tenues criaturas son legión y se defienden de la misoginia reinante con palabras vacías de contenido. Esas son las cosas de las que alertó Jean de Meun, pero que aún no hemos resuelto. Si algún alocado príncipe de aquellos tiempos hubiera dado un reino por un caballo, hoy se cambia dignidad por un bolso de Louis Vuitton.

3

TRAMA CAMBIANTE (1907-1916)

> En el oleaje de la vida, en el torbellino de la acción, subo y bajo con el reflujo, agitándome de un lado a otro. Nacimiento y muerte, mar sin fin, trama cambiante, febril vivir.
>
> GOETHE, *Fausto*, I, 505

GUILLAUME APOLLINAIRE ATEMPERA A ERRICO MALATESTA

El dilema sobre si el modernismo era capaz de atemperar el conflicto social se hizo visible en los dos dualistas que cito como testigos en este momento: Guillaume Apollinaire que en la novela *Que faire?* busca atemperar la actitud de Errico Malatesta, un famoso líder obrero que proponía la insurrección social siguiendo a Bakunin: «A mi llegada a la tierra, encontré a la humanidad titubeante, fetichista, limitada, apenas capaz de discernir el bien del mal, y la dejaré inteligente, ilustrada y regenerada».

Belle Époque, tiempos de los banquetes, la califica Robert Shattuck, y no es por la sucesión de divertimentos para burgueses tifos de modernismo, sino por el fomento de las reuniones para diseñar el gusto estético. El arte convertido en el arma para afrontar la batalla cultural en abierta colisión con la idea de que para ese fin lo mejor es la exaltación de la lucha de clases.

He aquí la apuesta de este momento: la negación se vuelve positiva. Por eso, la burguesía paga el arte que cuestiona su hegemonía cultural. Desfile de maravillas exaltado por relatos cada vez más sedantes, nación, justicia social, democracia. Hasta erigir los decorados por donde se cuela el verismo de Puccini, Leoncavallo y Mascagni, llevando al escenario los caprichos de princesas heladas por el odio, payasos en un orden infernal o campesinos atrapados en rencores centenarios. Una ilusión de la realidad, y no es un líder obrero quien la pregona, es Henri Matisse, el pintor que lidera a las «fieras» (los *Fauves*) impulsando una distorsión del arte para alcanzar un efecto estético. ¡Con qué estupefacción contempló el burgués de Barcelona la compra en 1907 de la *Sargantain* de Ramón Casas para colgarla en el salón principal del Círculo del Liceo! Con una estupefacción tanto más profunda cuanto que a ella se añade el hecho de que los obreros de *sus* fábricas se manifiestan gritando eslóganes anarquistas contra los patronos, cuyas aficiones musicales ocultaban ese mundo convulso cual velo. Hasta el punto de que, en el verano de 1909, el enojo social culmina en una Semana Trágica.

Si se desea comprender la propuesta de Apollinaire para atemperar el anarquismo hay que tener en cuenta el esfuerzo a la hora de desmontar piedra a piedra el edificio social que sostuvo el modernismo como expresión de una época. Lo primero fue el impulso de apuntalar los debates culturales de esos años sobre las vanguardias artísticas, erigidas como expresión de un futuro que negaba, según Hugo von Hofmannsthal, el *ayer*; luego hubo que posicionarse para imponer en el cosmopolita *demimonde* de la Costa Azul un carácter crítico; finalmente controlar el instinto: «Estoy aquí delante de todos, un hombre con sentido común, que conoce de la vida y de la muerte lo que un hombre puede conocer», dijo al comienzo del poema «La linda pelirroja».

Aun así, como todos los franceses destacados de esta época, Apollinaire tenía su intríngulis. En su función de empresario de las vanguardias y en sus habituales crónicas en el *Mercure,* apoya los ismos que demolieron el arte modernista —cubismo, dadaísmo o surrealismo— creyéndose el nuevo Giorgio Vasari. En sus alegatos nunca evoca el socialismo o la lucha de clases; tampoco las demandas obreras de justicia social: sólo se interesa por la actitud combatiente de quien defiende las vanguardias artísticas, las buenas y las malas, pues de ambas había. En los *Caligramas,* enfatiza el sujeto múltiple, la espacialidad del poema y la poética del silencio. Y con esa actitud califica algunas pinturas de «cubistas», y aunque el concepto era insolente, con él llega el escándalo a la adormecida buena sociedad: pintura enloquecida, gritan algunos cuyo eco llegaría hasta las páginas de *Le Figaro*; arte progresista, replican los espectadores que aspiran a un futuro prometedor. Cualquier cosa que contribuyera al arte debía ser alimentada y preservada.

Anarquistas como Malatesta se defienden del éxito inaudito de Apollinaire, o bien presentándolo como un continuador del decadentismo burgués con menos talento que Baudelaire y Victor Hugo, o bien, aunque viene a ser lo mismo, sublimando sus andanzas por la vida parisina como el *flâneur* que roba la *Mona Lisa* el 21 de agosto de 1911 (el responsable fue Géry Pieret). En realidad, todo el mundo había comprendido que sus artículos de regeneración social colisionaban con las creencias anarquistas de que Europa estaba minada por la corrupción. A Apollinaire no le gustaba la idea de degeneración, por motivos obvios (¿acaso hay una sensación menos vanguardista que esa?). Pero ¿a quién le gustaba realmente la vía anarquista que lleva al asesinato de los líderes políticos? Digo gustar, no admirar. Así, ¿el verdadero revolucionario de 1907 es Apollinaire? Me lo parece cuando leo sus artículos de ese año en *Mercure* sobre la experiencia plástica. Son un compendio de los ideales, por lo demás bastante extendidos, de las vanguardias, sin necesidad de recurrir al fervor del fanático, cuyo actitud ante el mundo es nerviosa, por no decir febril. Leer a Apollinaire es reconciliarse con lo mejor de una tradición crítica que entiende que afrontar la batalla cultural desde la estética es el camino más adecuado para sumir los retos del futuro.

RAPSODIA ESPAÑOLA PERO NO EN AZUL

1907 es el año de la *Rapsodia española* de Ravel; su estreno debió esperar varios meses hasta que Édouard Colonne consiguió hacerlo en el Théâtre du Châtelet, lugar que a Ravel siempre le había deparado demostraciones de cálida amistad por parte de los músicos de París, salvo Édouard Lalo. Enseguida nos damos cuenta de que estamos en un mundo legendario a la vez que dramático que suena en la tonalidad de re menor. Es la música apropiada a la recepción entre los círculos de iniciados de la obra de Apolonio de Tiana, un autor del helenismo tardío, que tanto entusiasmó a Richard Reitzenstein en 1911.

Una nueva batalla cultural: para unos se trata de un momento clave en la creación artística que va más allá de los *Fauves* de Henri Matisse, ya que describe las maravillas de la naturaleza escondidas en la geometría que conduce al pitagorismo; para otros, como el mordaz Louis Vauxcelles, se trata de unos ejercicios banales a los que dio nombre al aludir a los «cubitos» con los que explayan sus pinturas. Apollinaire, portavoz oficioso de los artistas de vanguardia, fue el primero en aceptar en positivo el nombre de «cubistas» para algunos de ellos, los más atrevidos. Desde luego, se adecua al gusto por la controversia, pero exagera un poco. Tanto si se trata de describir los placeres en *Las once mil vergas* como de ofrecer una explicación sobre la pintura cubista, Apollinaire ridiculiza el compromiso de sus oponentes. En su función de gestor cultural y de quien «da la cara» por los pintores cubistas, crea una situación sin precedentes: el poeta más popular de las vanguardias también es el teórico que más quiere agitar la vida cultural con sus inflamados artículos.

En 1907 la Vieja Europa queda afectada por la batalla cultural a favor o en contra de la pintura cubista. El ambiente es pródigo en jactancias eróticas tan propias de París (la primera vez que se vio algo parecido fue en 1186, cuando Andrés el Capellán —del rey Felipe Augusto de Francia— escribió un *Tratado* de corte escolástico sobre el amor cortés): ese ambiente facilitó que los hermanos Robert y Georges Briffault encargaran a Apollinaire unos libros bajo el epígrafe de *Les maîtres de l'amour*. Así se entienden mejor las intrigas dirigidas a consolidar una pintura que fusiona escándalo y fama para obtener el favor de un público deseoso de que en una tela se refleje la teoría evolucionista de Darwin, el *elan vital* de Henri Bergson o los sueños analizados por Sigmund Freud, con unas pequeñas gotas de los sacrificios ancestrales descritos por James G. Frazer en *La rama dorada*. En fin, quizá una nueva pintura, pese a contener un tema polémico, puede marcar un hito en la historia del arte, como hizo El Greco en 1607 con la *Inmaculada*, o Goya en 1807 con *La maja vestida*. Llegamos así a *Les demoiselles d'Avignon*, la propuesta de un pintor errante de Málaga a París pasando por Barcelona, capaz de entender hasta qué punto la rapsodia española dirige el arte del futuro. Rara vez en la historia de la pintura se ha dado tan buen uso del encanto personal trufado de ideología política.

Cinco mujeres desnudas, maquilladas, a la puerta de un burdel miran con descaro al espectador. Sus rostros son máscaras primitivas y forman parte de los recuerdos de Picasso, pues algunas mujeres así las había visto en una esquina de la calle Avinyò de Barcelona: ese *carrer Avinyò* se afrancesó en Avignon y dio lugar al equívoco. A menos que uno piense con naturalidad las intrigas políticas y económicas del capitalismo mundial en todo lo referente a la sexualidad, no entiende gran parte del mensaje de esta pintura al verla por primera vez. En todo caso con ella comenzó un nuevo juego de representación del mundo; pero ahora se trataba de situar el nuevo arte, el cubismo, estableciendo un vínculo entre el anonimato alienante del gran poder empresarial y su coste humano en la vida de unas prostitutas. Pero, mientras Picasso era críticamente didáctico, la reacción sobre su obra fue temerosa y confusa como sucede hoy con muchas propuestas artísticas que no son sostenidas por los entramados publicitarios. La historia en 1907 gira en torno al papel de la educación en la vida social, se adelanta a decir Henry Adams. Y con él llegó el escándalo.

Ciertamente, ¿podría ser de otro modo con alguien capaz de confesar que «cuando las nieblas y heladas interrumpieron su matanza de siglos y lo encerraron en su ático, se sentó como si volviera a ser un muchacho en la escuela para trazar, según sus necesidades, los valores de una teoría dinámica de la Historia»? Ciertamente no. Para muchos la confesión de Henry Adams debió de parecer que por un momento se le había caído la máscara de un hombre de clase alta de Boston. ¿Ese hombre quién es en realidad? Se preguntaban los lectores de su imponente libro sobre su educación. Incluso hoy se hacen la misma pregunta al comprobar, como hizo el gran historiador alemán Reinhart Koselleck, que cualquier ejemplo del pasado, aunque se haya aprendido, llega siempre demasiado tarde.

EL HOMBRE DE BOSTON, CLIO Y LA EDUCACIÓN

En 1907, con sesenta y nueve años, Henry Adams publica el libro *La educación de Henry Adams*. De inmediato lo envía a sus mejores amigos, Henry James, Theodore Roosevelt, Henry Cabot Lodge y, por supuesto, a su hermano Brooks con una nota que dice: «I fear it is wicked» («temo que es malvado»). Algunos sospechan del libro nada más leerlo: ¿no habrá algo de artificio en esa puesta en escena? Examina él mismo las críticas y envía un informe a la American Academy of Arts and Letters, de la que forma parte desde 1904. Confía en alguno de sus miembros, como Charles Eliot Norton y, por supuesto, Henry James, que acaba de publicar *The American Scene*, una visión panorámica sobre cómo se ha llegado hasta ese momento, pero también preludio de una teoría general de la historia. Adams propone profundizar en las ideas clave del libro. Lo hace en una carta abierta a todos los enseñantes de historia que envía a las bibliotecas universitarias del país: *A Letter to American Teachers of History*. Postula ahí que el conjunto de energía es la fuerza impulsora de la historia, y para demostrarlo recurre a un principio de la termodinámica que en su opinión explica el curso de la civilización: el principio según el cual la energía no se pierde, simplemente se va haciendo cada vez más desorganizada y menos utilizable en la práctica. Esa pérdida de energía caracteriza al siglo xx, y predijo que en 1917 una explosión produciría la máxima desorganización y la muerte de la civilización.

¿Un gesto irritado? En retrospectiva, hoy vemos que no. Tomemos su ley de la aceleración, por ejemplo, el robusto argumento de que al acelerarse la historia el futuro acorta de modo continuo el recurso al pasado. ¿Qué hacer en tal caso? Sólo una propuesta aparentemente modesta: «Todo lo que cabe esperar de un profesor de historia no es enseñar lo que hay que hacer, sino a lo sumo cómo reaccionar». Ha elegido para salir del problema un gesto de su viejo oficio de *teacher* universitario. Toda la paradoja de siglo XX queda ilustrada en este comentario. Intenta seguir por esa senda en busca de una mejor definición del pasado. La historia primero, los sentimientos y las emociones después. Por eso mismo, en 1907 este hombre de Boston reconoce que decapar la historia de las ideas para conservar únicamente las que validan por un momento el presente equivale a negar su uso en el mundo intelectual y por tanto a facilitar que se venga abajo y la sociedad decida entonces repetir alguna terrible experiencia. En eso se estaba. En la querella que opone a los defensores de la historia como la disciplina que razona el futuro al estudiar el pasado y a los partidarios de avanzar rápidamente sin mirar hacia atrás. El vanguardista prefiere de forma espontánea al segundo grupo, sin pararse a pensar que la clave de su imaginación creadora está en situarse críticamente ante la historia en tanto la única forma de entender lo posible y lo necesario.

¿Y la teoría dinámica de la Historia? Adams espera al capítulo XXXIII, antepenúltimo, del libro sobre la educación de Henry Adams para exponerla. Es una apretada síntesis del proceso de civilización que lleva al ser humano, como fuerza de la naturaleza que es, a asimilar otras fuerzas igual que asimila el alimento que le mantiene con vida. Luego expone el momento de plenitud, cinco mil años atrás, para preguntarse a renglón seguido «en qué momento, entre el 3000 a. C. y el 1000 d. C. fue mayor el impulso de la historia», ese que detecta que está a punto de fraguarse en 1907 en otra inflexión análoga a la vivida el año 305 de nuestra era cuando el emperador romano Diocleciano, tras resolver los problemas inherentes a su civilización, descubre el abismo de su fracaso y se retira a su palacio de Spalato, en la costa de Dalmacia, para que sean sus herederos quienes se pongan a ver qué deben hacer para salvar la civilización romana. El problema no es la carencia, ni la supuesta crisis de la economía (en realidad una civilización no sucumbe por la aparición de mercados adversos o el agotamiento de minerales fósiles), el problema está en que el imperio había desarrollado demasiada energía y con demasiada rapidez.

Aquí Adams se muestra críptico, como buen vanguardista: es su forma de pensar la que explica que los millonarios estadounidenses en París apuesten por Picasso y compren sus obras a precios desorbitados (la leyenda dice que fue Gertrude Stein el alma de este hecho tan decisivo en el devenir de la historia de la pintura). Porque Adams deja claro los hechos claves de la historia, sujetos a debate constantemente. Aún recuerdo la censura que recibí al citar (y elogiar vivamente) en una clase a comienzos del curso 1969-1970 en la UAB una frase de Adams que me había llamado la atención y soltarla como un grito de alarma para despertar la conciencia de unos estudiantes ensimismados en la lectura naif del progresismo *whig* que inspiraba al marxismo anglosajón: «Con la lógica implacable que moldeó el pensamiento romano, el imperio, que había establecido la unidad sobre la tierra, no podía dejar de establecer la unidad en el cielo. Fue obligado por sus necesidades dinámicas a economizar el número de dioses». Acababa de leer el libro de Lynn Townsend White, *Dynamo and Virgin Reconsidered: Essays in the Dynamism of Western Culture* (1958) —que tanto le gustó a Martín de Riquer cuando se lo dejé, en una edición muy bonita, de la MIT Press— y quería convertirlo en el centro de mi lectura del paso del mundo antiguo al mundo medieval. La censura no me hizo mella y continúe los días siguientes con la tarea de esbozar a través de White el pensamiento de Adams sobre el siglo IV de nuestra era. Para mantener el escándalo, un par de veces aparecí en el aula como hacían los surrealistas que había tratado Guillaume Apollinaire, con traje gris oscuro, camisa blanca y corbata rosa. ¡Fue el colmo!

Puede que digan que lo intenté mal, pero nunca podrán decir que no lo intenté. Aquellas tardes eran gloriosas. Pensemos una frase que aún se repite en mi conciencia. La siguiente (es de Adams):

> La Iglesia no ha dejado nunca de protestar contra la acusación de que el cristianismo arruinó al imperio y, con su fuerza acostumbrada, ha señalado que sólo sus reformas lograron salvar el Estado. Cualquier teoría dinámica lo acepta de buen grado. Lo único que pide es encontrar y seguir la fuerza de atracción. La Iglesia señala en la cruz esta fuerza, y la historia sólo ha de seguirla. El imperio reafirmó ruidosamente su impulso. El buen gusto impide decir que Constantino el Grande especuló, con tanta audacia como un moderno corredor de bolsa, con valores de los que, a lo sumo, conocía sólo el volumen, o que fundió todas las fuerzas inciertas en un sólo Consorcio, exagerando el valor nominal de su capital, y forzó el mercado; pero esa es la sus-

tancia de lo que el propio Constantino dijo en su Edicto de Milán en el año 313, que admitía el cristianismo en el Consorcio de las Religiones del Estado.

Además, cuando Adams nos habla de la ley de la aceleración, desde luego parece que es alguien que vive en la década de 2020, pero a nuestra espalda nos aconseja algo cuya dignidad ya hemos perdido: «todo lo que cabe esperar de un profesor de historia no es enseñar como hay que actuar sino, a lo sumo, cómo reaccionar»; o en su lengua: «all the teacher could hope was to teach (the mind) reaction».

Esta observación, que es perfecta, según Koselleck, tiene gran importancia si se quiere convertir el oficio de historiador en una actividad intelectual como pintar o componer. Una mezcla de espíritu de las vanguardias y de sentido común alimenta el trabajo de Adams, y el comentario sobre él de Lynn White. ¡Cómo tuve en cuenta este momento cuando mi editor Miguel Aguilar me pidió presentar en Barcelona el libro de Catherine Nixey sobre *La edad de la penumbra*! Consideraré el intelectualismo congénito a la historiografía inglesa, que en este asunto obedece a las orientaciones del insigne Arnaldo Momigliano, desde un punto de vista de lo que en pleno éxito del cubismo había planteado al mundo Adams en su calidad de historiador que representa ese momento dinámico en el que se comienzan a decidir muchas cosas. Hoy se lo valora como una llamada de atención moderada pero seria dirigida democráticamente tanto al lector de este ensayo como al profesor bajo cuya responsabilidad recae enseñar historia. Y así, me veo delante del guante de seda que recubra el puño de hierro que me permita defender una idea que en ningún caso debemos cancelar.

EL CUBISMO Y EL VALOR DE LA VIVENCIA CON WILHELM DILTHEY

El inicio del cubismo es una leyenda parisina. Esa leyenda sostiene que un grupo de pintores (Georges Braque, Juan Gris, Jean Metzinger, Albert Gleizes y Marie Laurencin) cercanos a Picasso, que ejercía de rey Midas, promovieron un estilo pictórico fundamentado en las normas de la geometría imaginaria de Paul Cézanne. Apollinaire se encargó de señalar la paradoja de llamar arte de vanguardia a la construcción geométrica de planos para desafiar la armonía y con ella el canon clásico.

El juicio público hacia ese estilo es un momento clave en el devenir de las vanguardias. Se mire por donde se mire, el severo sistema pictórico creado por Picasso ganó credibilidad ante el estilo modernista considerado vetusto por él, vale decir burgués, demostrando con ello su talento para una explicación marxista de la historia donde un solo elemento contiene todo el sistema que lo sostiene. La demostración la ofreció Marcel Duchamp, mientras le duró el deseo de ser cubista (le duró poco, es verdad, tal era su carácter), en las versiones del *Desnudo bajando una escalera:* con esta pintura nos adentramos en el corazón de un coro de artistas de última hora, donde destacan, como teóricos, Gleizes y Metzinger al escribir *Sobre el cubismo y cómo entenderlo*, en cuanto genuino punto de partida de la demolición del modernismo, incluso en la vida onírica, como acabó por demostrar Carl Gustav Jung, el alumno más aventajado de Freud, que convirtió la libido en símbolo de transformación.

La pintura cubista encuentra a un aliado inesperado en el gran historiador Wilhelm Dilthey. Es la vivencia (*das Erlebnis*) la que marca el sentido de las cosas, y así la obra de arte se entiende desde la vida: en el Yo de cada artista se elaboran los modelos de su oficio. El único obstáculo estaba en que el cubismo deforma la realidad, atrapando al espectador en una percepción que depende más de lo que se sabe que de lo que se ve. En 1905, Dilthey publica *Vida y poesía* (en alemán *Das Erlebnis und die Dichtung)*: un ensayo sobre los efectos de los días más tempranos en la concepción de la teoría y de la obra de arte.

El cubismo enseña que la existencia precede a lo que se hace, y Dilthey analiza el marco donde ese proceso tiene lugar. A la imagen estática de un pasado reducido a hechos conmensurables, Picasso y Dilthey, cada uno en su territorio, oponen *lo vivido* surgido de la angustia de una sociedad cercenada por las máquinas. En la inquietud producida por esta situación en el trienio 1905-1907, un pintor español y un historiador alemán tienden a dar muchas cosas por sentadas. Las propuestas pecan de una aquiescencia empática: Picasso está seguro de que el futuro tiene que aceptar el cubismo como punto de partida de una genealogía del gusto, y por su parte Dilthey se reconforta al comprobar que la liberación de la escala tonal en la música de Schönberg descansa en el concepto vivencia. ¿Por qué se teme tanto la idea de la batalla cultural como para necesitar que se la legitime con las vanguardias artísticas?

Las palabras y las notas musicales en esos años hacen pensar en dos personajes que no paran de trabajar para alcanzar una explicación a lo que estaba a punto de suceder. Me gustaría dedicarles un apartado, porque así su esfuerzo llegará a un mayor número de personas. En realidad, a veces me pierde haber sido profesor tantos años.

LA ATONALIDAD DE SCHÖNBERG Y LOS POSTULADOS DE WORRINGER

¿Quién siente (tanto) miedo por lo que pueden decirnos —lamentablemente al unísono— *Pierrot Lunaire* y la *Esencia del gótico*? Un ciclo de canciones y un libro de arte. Digo lamentablemente porque serán pocos los que habrán adivinado las relaciones existentes entre ambos, así que no captarán el espíritu de la época anidado en ellas. Hay que prepararse para las sorpresas.

El ciclo de canciones que, con el título de *Pierrot Lunaire,* compuso Arnold Schönberg en 1912, resulta sublime a los oídos de los vanguardistas (lo dijo Anton Webern), pero fue claramente refutado por el público que acudió a la sala berlinesa el día de su estreno. Los temas tratados (amor, sexo, crimen, religión, violencia, blasfemia) no son los motivos del rechazo, sino las melodías. Los gritos de júbilo sexual se deslizan entre sonidos atonales, que responden a las formas plásticas desarrolladas en esos años en Múnich y Berlín por Vasili Kandinski para demoler la figuración y abrir la puerta a la espiritualidad del arte, mientras se deja atrás la estética *Der Blaue Reiter* y se promueve la abstracción.

Avanzar hacia el futuro pensando de otra manera el pasado y no según la idea de iluminar el pasado en función del futuro. Aquí es preciso citar a Wilhelm Worringer en *La esencia del gótico*:

> El hombre primitivo sustrae al ininterrumpido flujo del devenir los objetos del mundo exterior que quiere retener y fijar en la intuición; luego los despoja de sus contigüidades falaces, de su inmersión en el espacio, y reduce sus formas cambiantes y diversas a las notas decisivas y permanentes; por último, traduce esas notas a su idioma lineal abstracto, las incorpora a su ornamentación y las hace de esta suerte absolutas y necesarias.

Esta afirmación nos lleva a la tesis de que la abstracción de Kandinski como la forma de asumir la atonalidad en la plástica es un retorno. Lo que cuenta es que el origen está al final.

Ahora las vanguardias van a provocar a su público con los nuevos estilos: primitivismo, art decó, futurismo, dadaísmo y surrealismo despiertan el ritmo de lo orgánico. Wilhelm Worringer lo resume así en su calidad de historiador del arte: «Libre ya de todo recuerdo dualista, el hombre celebra en el arte, como en la religión, el cumplimiento de un venturoso equilibrio del alma». Esta es la declaración más acertada acerca del desarrollo de las vanguardias desde 1907. No se sabe muy bien aún cuál es el orden eterno de las cosas, ni siquiera el alcance que tiene la fórmula $E=mc^2$, pero este estremecimiento supremo ante la fuerza de la naturaleza está en el base del libro de Sigmund Freud *Tõtem y tabú* y del refrendo de Franz Boas como intelectual de perfil público.

ANTROPOLOGÍA ES EL DESAFÍO, HISTORIA DE LA DEFINICIÓN

Mientras el medievalista estadounidense Henry Osborn Taylor publica en 1911 *The Medieval Mind*, un estudio sobre las emociones, el antropólogo alemán Franz Boas funda la antropología como disciplina universitaria desde la cátedra de la Universidad de Columbia en Nueva York. Ambos parten de los condicionamientos que encierran al individuo en una red de mandamientos y prohibiciones que define la personalidad; aunque uno se entrega a profundizar en el legado clásico que fija la mente del hombre medieval y el otro se ciñe a la diversidad cultural. Taylor, medievalista sutil, explicaba las imágenes mentales para contemplar mejor, al revés, el horizonte y el cielo de una cultura que se construía a base de fijar las relaciones de lo humano y lo divino; Boas se interesó por esos rasgos de la civilización, pero avanzó hacia territorios pocas veces advertidos en los pueblos llamados primitivos. Junto a un grupo de alumnas, Ruth Benedict, Margaret Mead, Ella Deloria, Zora Neale Hurston, formó una escuela de rebeldes. Aquí hay que citar a Charles King, cuyo libro reconstruye el mundo vital de unos científicos sociales capaces de introducir el espíritu de las vanguardias en el rígido mundo académico de principios del siglo XX con el fin de definir las ideas de raza, sexo y género.

La lucha contra los prejuicios convertida en la razón de la vida lleva a Boas y a su escuela a situar en primer plano la noción de raza y, a su estela, los elementos diferenciados de esa realidad única que es el ser humano, puliendo las ideas con las que Edward Tylor exploró en *La sociedad primitiva* los mundos de Polinesia y Borneo. Y lo hizo en honesto contraste de pareceres con Bronislaw Malinowski, autor del afamado libro *Los argonautas del Pacífico occidental* y con Marcel Mauss que, desde París, trabajaba sobre las conductas del regalo, no en la universidad, sino en los Hautes Études, donde desde 1888 había una cátedra dedicada a las religiones de los pueblos primitivos.

Boas era un alemán de familia de comerciantes judíos de la zona hanseática del Báltico, que se entregó muy pronto a descifrar el modelo de trabajo que quería para sí y para quienes osaran seguirle; el trabajo de campo como recopilación de materiales sobre civilizaciones o grupos humanos que muestran la riqueza de la diferencia. Lo supo desde sus primeras pesquisas en la gélida isla de Baffin, siendo un atolondrado muchacho que sabía lo que no quería, pero que no había descubierto aún lo que iba a ser. Sólo el amor por una acomodada joven judía de Nueva York le sirvió de guía cuando tomó la decisión más importante de su vida: marcharse a Estados Unidos y crear allí una disciplina que permitiera entender el mundo de las culturas (así, en plural, como le gustaba decir).

Sin embargo, no fue hasta 1911, al publicar *La mentalidad del hombre primitivo*, cuando pudo mostrar al envarado mundo académico la necesidad de crear una disciplina que analizara el comportamiento humano sin los habituales prejuicios de la época, especialmente la idea de la superioridad de la raza blanca, en pleno apogeo tras la publicación del libro de Madison Grant *La caída de la gran raza*. El sueño de un hombre poco jovial (los adversarios decían que era un auténtico cascarrabias), que se sentía a menudo como un forastero, pues se expresaba en un inglés con fuerte acento alemán (arrastraba las erres) en los años que precedieron a la Gran Guerra, un conflicto entre dos civilizaciones diversas, la alemana y la anglosajona: el sueño de que Estados Unidos fuera pionero en el estudio de la antropología, como lo era ya de algunas otras materias de carácter científico. Boas se supo rodear de inteligentes alumnas, Ruth Benedict, Margaret Mead o Zara Neale Hurston. Esta última trabajó sobre el vudú en Haití y es autora de la novela *Sus ojos miraban a Dios*, que tanto impactó a la adolescente Zadie Smith. El futuro avala el esfuerzo de Boas; en 1933 afirmó: «Todas las ideas falsas que llevo décadas combatiendo en mi patria adoptiva, se estaban convirtiendo en dogmas sancionados por el Estado en mi país natal», en clara alusión a la idea de una raza superior que era el mantra de los nazis.

Pensando en la situación de Boas en la década de 1910, cuando publica un libro sobre el hombre primitivo, percibimos que las vanguardias artísticas no sólo producen un giro en el ámbito del conocimiento, sino también argumentos para novelas. *Hijos y amantes* de D. H. Lawrence, de 1913, es una descripción dramática de lo que estaba sucediendo y llegaría a desatar la Gran Guerra (un personaje de la novela la vaticina). Quizá se considera pueril y vana esta analogía de los símbolos inscrita en ese espacio que llamamos la mente del creador. Pero, en 1911, ya nadie pudo negar, tras la publicación del libro de Henry O. Taylor, que tal analogía de elementos simbólicos influye en la idea que se empezaba a tener del acto creador por excelencia en el campo del arte, la música o el pensamiento. Pues nadie dudaba por entonces que el espíritu tenía un cuerpo. La ironía es que lo más avanzado de las vanguardias dio vida al trabajo de un medievalista cercano al ideal filantrópico de su esposa Julia Isham, cuyas observaciones contienen una carga poética rebelde a la cuantificación. Pocos reconocen su trabajo. Es verdad que escribe con sencillez no exenta de categorías difíciles de asumir si no es bajo el influjo de las vanguardias, como la de afirmar que la Edad Media surge «lejos de la confusión en la que había caído el Imperio romano». Entendía así que el periodo investigado estaba presidido por la complejidad. Él era Taylor, un medievalista desde los cordones del zapato al sombrero, y no necesitaba que nadie le mostrase un camino que no fuera el de los materiales seleccionados por él: no necesita otro reconocimiento que la obra bien hecha. Defendía con obstinación el legado cultural de la Edad Media, aunque más el filosófico y literario que el artístico o musical, y trazaba un mapa mental de la época que le conducía directamente a Dante, figura clave en la síntesis de conocimientos. La frase final es representativa: «Y la *Comedia* —verdaderamente la *Divina comedia*— al mismo tiempo que presenta el esquema de salvación para el hombre universal es la salvación que le sobreviene al poeta».

LOS ESTILOS QUE LLEGAN. MARCEL MAUSS ENTRA EN ESCENA

El *Nacimiento de la primavera* de Igor Stravinski consolida el ritmo en la música que se había propuesto al estrenar *El pájaro de fuego* en el Teatro de los Campos Elíseos y luego *Petrushka:* el sonido que abrió el interés por los Ballets Rusos fundados por Serguéi Diáguilev y su aprecio por la movilidad, que embriaga a los espectadores de 1910 como la verticalidad gótica lo hizo en 1170 con los contemporáneos de Perotinus Magnus.

Stravinski se suelta por fin con el fagot que acaba la frase de apertura. La música es sublime, aunque no todos están de acuerdo, y comienzan a gritar y a silbar. Escándalo. Lo siguiente es todavía peor. La danza de las adolescentes provoca reacciones encontradas: Saint-Saëns abandona la sala con gestos de indignación; Ravel se levanta para gritar ¡genio! La sala se divide en medio del alboroto. Algunos exaltados se retan en duelo como en los viejos tiempos; otros, en fin, se dan cuenta de que el futuro de la música es cuestión de ritmo. Eso es lo que andaban buscando los empresarios a la moda del momento. Las vanguardias son un buen negocio. Tienen por tanto asegurado el éxito.

Los espectáculos más concurridos contaban con artistas famosos como Isadora Duncan, que reta al ballet clásico con danzas de movimientos libres y con piezas musicales de Debussy o de Ravel (*Gaspard de la nuit*, la *Rapsodia española*) y avanza hacia el ragtime y el blues. Todo anuncia la llegada de un tiempo-eje, augurado por Gertrude Stein para 1913, que liberaría a la humanidad de la angustia de la que habla Pär Lagerkvist en sus poesías. Apoteosis de un momento en el que triunfa por igual la rebelión de la imaginación y el pastiche publicitario, la observación lúcida y la ambigüedad moral que Luigi Pirandello presenta en el escenario para fijar la distancia entre el yo y los hábitos sociales.

¿Propuestas para asumir la batalla cultural como puerta de entrada a una nueva época de la historia? Aquí hay algunas famosas. Marcel Mauss, sobrino del sociólogo Émile Durkheim, entra en escena, llamado a ser una celebridad mundial por su cercanía a las ideas socialistas que, con Léon Blum, alumbran un espacio de lo social a través del movimiento de las cooperativas. Desaparición de los clichés académicos, pero que tuvo que hacerse no en la universidad, sino en los Hautes Études, donde se propone enseñar una etnología comparada de las religiones de los pueblos primitivos.

Otras propuestas vienen del teatro. Las obras de teatro retratan la realidad; con Sarah Bernhardt, o si se prefiere con Eleonora Duse, en papeles estelares. Otras del cine, cuando Segundo de Chomón saca a pasear al diablo en *Satán se divierte*, una figura ficticia que guarda con el hombre cultivado la misma relación que las vanguardias respecto al modernismo. He aquí el efecto inmediato de un modo de entender el mensaje onírico como materia para hacer cine al modo de Georges Mélies en su lectura de *Veinte mil leguas de viaje submarino,* el relato de un pescador cuya acerada mirada penetra en la terrible tendencia destructiva de la historia universal, así como en la profusa crueldad de la naturaleza, hasta el punto de correr el riesgo de anhelar la negación de la voluntad para vencer al destino (algo parecido a lo que hace Herman Melville con el capitán Ahab). Al pescador lo salva el arte, y a través del arte descubre el abismo que separa el mundo cotidiano de la gente humilde, trabajadora, de ese otro mundo (el de la alta sociedad) presidido por el juego, la belleza de las formas, el vestir y las maneras de la mesa: al cabo los elementos de una distinción social asentada en el dinero que se explica como una cuestión de gusto.

LA MODA AL RESCATE. EILEEN POWELL PIENSA, COCO CHANEL DISEÑA

Justo hasta el último momento no se supo que la moda llevaba consigo un cambio en la apreciación de la vida social. El despertar de las mujeres, para seguir el ejemplo de Kate Chopin, provocó muchos recelos en la generación educada en el modernismo. ¿Cómo pueden ser honestas mujeres que aspiran a ocupar lugares que parecían exclusivos de los hombres? ¿Por qué no aceptan su condición? Estas fueron preguntas frecuentes. La gran medievalista Eileen Edna LePoer Power entra como profesora en Girton College a los veinticuatro años (había nacido en Altrincham, al suroeste de Manchester, en enero de 1889) y es el comienzo de una brillante carrera académica interrumpida sólo por un trágico ataque al corazón a los cincuenta y un años. Encuentra una razón para dirigirse a sus estudiantes y la reserva para su obra más celebrada, un estudio sobre la mujer en el volumen colectivo sobre *El legado de la Edad Media* que publicó la Universidad de Oxford:

> La posición de la mujer ha sido llamada la piedra de toque en virtud de la cual puede ser juzgada la civilización de un país o de una edad, y aun cuando es esto cierto en muchos aspectos, es una prueba que resulta de aplicación extraordinariamente difícil por ser casi imposible decir qué es lo que constituye la posición de la mujer. Su posición en la teoría y ante el derecho es una cosa; su posición práctica en la vida diaria es otra muy distinta. Reaccionan las dos, la una sobre la otra, pero nunca coinciden enteramente, y la posición exacta de la mujer en cualquier momento particular es una mezcla insidiosa de ambas.

¿Es el efecto del debate sobre *Mansfield Park* de Jane Austen lo que le lleva a programar ya desde el primer momento el estudio de las mujeres medievales o una postura crítica hacia la idea de que esta obra tan emotiva, exquisita y asombrosa sea el resultado del trabajo de una dama y el juego de una niña, según calificativo de Vladimir Nabokov en su celebrado *Curso de literatura europea*? Mejor sería, en mi opinión, la sana obstinación por saber de ellas, en la línea que llevara a cabo Virginia Woolf desde 1925 con *La señora Dalloway*, vale decir, una batalla cultural contra el tópico. Y no hay mayor tópico en esos años que el hecho de que ser mujer es incompatible con la vitalidad intelectual. Power dedicó la vida a ir contra esos lugares comunes, consciente de que sólo habría futuro si se lograba cambiar de historia, y eso pasaba por la emancipación de las mujeres.

Es la oportunidad de Coco Chanel. «La moda no existe solamente en la ropa; la moda está en el aire, la trae el viento, se la presiente, se la respira, está en el cielo y en las calles, nace de las ideas, de las costumbres, de las noticias», escribió para sus muchos admiradores. Escándalo. El origen está en el cuerpo; mejor, en la idea que se tiene del cuerpo femenino, y sin saber cuál es, Chanel sabe lo que no debe ser. Todas las prendas que para su bien son halladas en los paseos por los hipódromos, siguiendo los caballos de su amigo Étienne Balsan, le resultan anodinas. Insulsas. No le interesan. Empieza a adelantarse al tiempo. Chanel mira al futuro desde que se presenta ante la mirada de quienes creen que es una *cocotte* con uno de los *canotiers* que ella misma realizaba.

Acabo de llamar a Coco Chanel como testigo entre 1911-1913, pero igual podría haber recurrido al triunfo de la moda sport en la costa normanda en esos mismos años. En todo caso ella se construyó su imagen, dijo Paul Morand, como Robison Crusoe su cabaña. Se lanza un estilo vago, más veloz que cualquier otro, capaz de entusiasmar al caricaturista Sem, que la convierte en la dama del galgo. Ya parece estar todo dicho, como en el primer número de la revista que sacará en marzo de 1914, *Le Vraie et le Faux chic*.

Coco Chanel, joven delicada y sensible, se da cuenta de que la sociedad elegante está en una deriva peligrosa: comienza a pensar que su mundo será rápida e irresistiblemente devorado si llega la guerra. Hay poco tiempo para recrearse en el ayer dejado atrás. En la primavera de 1914, París bien vale un traje de chaqueta, un traje de Chanel, naturalmente. Y a modo de posdata, una pregunta que absorbe toda la angustia que brota en la gente que llega de las vacaciones: ¿por qué no es posible la paz?

Pensando en eso, a Coco le cuesta imaginar la nueva colección.

LA PAZ QUE SE PIERDE EN ALGÚN MOMENTO

¿Por qué no es posible la paz? Más de una vez esta pregunta aflora en el verano de 1914, y no hace sino asquear a la gente cuando se dan cuenta de que el tiovivo de la guerra es el fruto de un irresponsable juego político, capaz de aniquilar la voluntad creadora mediante una propaganda prolongada a favor del espíritu militar. Los europeos muestran cierto parangón con la figura de Hamlet, pues en la duda de ser o no ser descansa su aniquilación. Sienten asco por lo que sucede a su alrededor, ya que sus acciones individuales en modo alguno pueden modificar el terrible futuro; y sienten asco por sí mismos porque es ignominioso que se les exija arreglar un mundo sacado de quicio. El conocimiento de la historia evita la posibilidad de actuar; el momento requiere dejarse tapar por el ilusionante velo de las vanguardias artísticas, no la fallida estrategia de los dirigentes políticos, incluido el lúcido Jean Jaurès, que seguía con su campaña de prensa desde *L'Humanité* en favor de la paz.

¡Le mataran!, decía la gente a diario. Y así fue. Un editorial sobre un comentario de Raymond Poincaré: «Me pregunto angustiado si realmente Europa será víctima de una guerra general sólo porque a Austria se le haya antojado buscar camorra con la espada de Guillermo II».

Contra todo pronóstico, las movilizaciones de Alemania y del Imperio austrohúngaro estaban aprobadas desde tiempo atrás. Su razón de ser, la de acabar con Francia y Rusia en una guerra en dos frentes, sedujo a millones de alemanes y austriacos hartos de las crisis económicas y de la diplomacia internacional que se había quedado sin respuestas. ¡Caramba! Es lo mismo que se decía en París, Londres y San Petersburgo; pero en esos lugares decirlo no parecía tan incendiario. Guillermo II era hasta hacía sólo unos pocos meses un pintoresco káiser con casco en punta e ideas extravagantes sobre el concierto de las naciones referente al reparto de África por Inglaterra y Francia, que defendía la necesidad de que su país tuviera una marina de guerra de importancia y se oponía al colonialismo del rey de los belgas en el Congo. La prensa británica y francesa decía de él que no era un demócrata, pero tampoco había que perder las formas, pues tampoco lo era el zar, y la misma prensa lo consideraba un amigo de Occidente. El caso era que su popularidad crecía rápidamente entre los jóvenes oficiales encuadrados en los regimientos de Berlín y también entre las clases altas de la aristocracia prusiana con tanta necesidad de resolver la cuestión del Este. Estamos ante un dirigente político de carácter que nadie percibió a tiempo. ¿A tiempo para qué?

¿A tiempo para evitar la guerra? Se trata de la pregunta clave para entender la sucesión de acontecimientos que condujeron desde el asesinato del archiduque Francisco Fernando de Austria y de su esposa morganática en Sarajevo el 28 de junio de 1914 a la apertura de hostilidades en el frente occidental el 4 de agosto de ese año. Se trata de una ley de la historia ajena al sentido común, pero demasiado extendida para no tenerla en cuenta. Nada hay más engañoso, a veces, que la ilusión de que la guerra es la mejor solución a un problema político. Un gesto de orgullo se toma como la defensa de una nación; una falta de imaginación, por un acto patriótico; el Estado Mayor, por un consejo de administración; un adversario, por un enemigo; un garrulo, por un encendido patriota; un sargento, por un líder capaz de sacarte vivo de las trincheras; un político, por un político. Mientras tanto, en los treinta y un días de julio de 1914, se apoderó de la gente una paciente inquietud, qué importaba el ruido en las calles de las masas con ganas de acudir al frente para morir por la patria, las conversaciones nerviosas en los cafés literarios sobre qué se podía hacer, los desdenes ante los artículos de opinión en los principales diarios instando a defender el honor mancillado, la agitación cultural entre amigos que se despedían para siempre. Pronto llegaron las tinieblas, y la historia del soldado de Stravinski para denunciarlas.

¿Todo está preparado para impedir cualquier opción que no fuera llevar a los muchachos al frente? ¿No hay manera de parar la medida? ¿Por qué se evitan los debates sobre el poco valor del conflicto bélico para dirimir un problema? La excitación, decía Émile Durkheim, preside la vida en esos momentos, y su inevitable secuela del poder de los bajos instintos, masificación, *kitsch*, falsificación, propaganda, fabricación de cadáveres. Sin duda, sin duda: ese fue el ambiente en el que rugieron «los cañones de agosto», según reza el título del libro de Barbara W. Tuchman, por cierto, el libro que leía John F. Kennedy durante la crisis de los misiles en octubre de 1962.

Estamos ahora, pues, alertados, como lo estuvieron en 1914, en 1939 o 1962, cuando un historiador se encuentra con las leyes de la historia que no es capaz de comprender. Se trata del temperamento humano, capaz de lo mejor y de lo peor. Cada uno a partes iguales. No hay que engañarse. Así está claro que leamos cosas como la siguiente: «Resulta cómodo encogerse de hombros y decir que la Gran Guerra fue inevitable; pero se trata de una conclusión peligrosa, y más teniendo en cuenta que nuestro mundo se asemeja en algunos aspectos, aunque no en todos, al de los años previos a 1914, es decir, al mundo que fue barrido por la guerra».

El comentario es de Margaret MacMillan en *1914. De la paz a la guerra*, que entiendo como el punto de llegada de una serie de debates sobre los motivos y los efectos de la Gran Guerra (o Primera Guerra Mundial, para quienes gustan enumerarlas). He aquí un juicio certero de que la historia indica el camino a seguir si se tiene en cuenta la cercanía de la situación que se vive hoy con la vivida a comienzos del siglo XX. En el trasfondo está la cuestión de saber por qué fracasó la paz.

Abramos el *Diario* de Harry Kessler por los días previos a la contienda y leamos los comentarios de excitación y de fastidio que registra en su círculo de amigos este alemán de madre irlandesa y corazón cosmopolita a punto de entrar en filas en el regimiento de ulanos de la Guardia Imperial acantonada en Berlín. Es una visión del apocalipsis que se avecinaba. Una disonancia. Un combate cultural en una Europa que, tras haber aceptado el mundo de las vanguardias, no puede darse el lujo de tirarlo todo por la borda. Sus dirigentes políticos deben volver a persuadir a la gente con un proyecto de largo plazo, creíble y sostenible. Así se recupera la sabiduría de antaño y se evita dejarse llevar por aventuras políticas de incierto final.

DOS MANERAS DE VER EL MUNDO, UN ATENTADO Y UN FUNERAL

Mucho se ha dicho —y poco se ha pensado— de lo sucedido la mañana del 4 de junio de 1914. Días antes, tres serbobosnios llegaron a Sarajevo tras un accidentado viaje que incluso les obligó a separarse.

Entre Belgrado y Šabac, Gavrilo Princip, Nedeljko Čabrinovič y Trifun Grabež hablaron mucho del control policial y consumieron abundantes panfletos contra la política del Imperio austrohúngaro en los Balcanes. La tensión entre el Gobierno de Viena y los nacionalistas serbios de Nikola Pašić alcanzaba su máxima expresión. Al acercarse al río Drina, un silencio tácito les hizo aceptar que Bosnia, Herzegovina, Dalmacia, Istria, Croacia y Eslovenia debían formar parte de la Gran Serbia, como países yugoslavos que eran, al margen de que unos eran ortodoxos, otros católicos y otros musulmanes; y al cruzar el famoso puente se dieron cuenta del alcance de su viaje: atentar contra el archiduque Francisco Fernando de Austria, el heredero al trono imperial, de viaje en esas fechas por diversas ciudades de Bosnia. Los tres formaban parte de un grupo de siete que había preparado la organización Crna Ruka, «Mano Negra», con la ayuda de los servicios secretos de Serbia.

Al pasear por Sarajevo se disiparon las pocas dudas que les quedaban (a los otros cuatro, al parecer, ninguna). Entre el perfil otomano de la mezquita de Baščaršija, construida por Havedža Durak en 1528, y el *Secessionsstil* de algunos edificios singulares, el misterio y la tristeza de la ciudad se consuman en los nexos entre las piedras de su historia y el río Miljacka que la atraviesa. Los tres jóvenes iban a hacer realidad el espectro fratricida del que habla Ivo Andrić en su novela póstuma (e inconclusa) *La casa aislada*. Miramos hoy sus andanzas de aquellos días y nos interesamos por la anexión austrohúngara de 1908, los conflictos entre las potencias y el declive del Imperio otomano. Entre Princip y Čabrinovič, entre el hombre que al final pasaría a la historia como el ejecutor del atentado y el olvidado que arrojó una bomba que rebotó en el suelo al acelerar el chófer que la vio venir, el destino de Sarajevo iba a ser el mismo que el destino de la Vieja Europa: un mundo cargado de fatalidades, de advertencias no atendidas, a la espera de garantías que nunca llegaron para evitar lo que la historia tenía preparado: dejar de hablar y empezar a matar, maldecir al contrario para recordar luego lo inútil que resulta, querer escapar sin conseguirlo del maleficio que invita a la desolada confrontación por unas ideas que alguien creyó alguna vez y que ya nadie recuerda por qué ni para qué.

Si la historia tiene un sentido, los tres jóvenes serbobosnios que llegaron a Sarajevo en junio de 1914 se lo otorgaron: a partir de la decisión tomada en una taberna de Belgrado (la Beluga Dorada), desde dentro de la maquinaria política del nacionalismo serbio, ellos tres dieron el paso de más que, irónicamente, al cumplir las promesas de la lucha armada generó el conflicto más destructivo de la historia reciente. Si es cierto (y lo era) que el ocaso de la Vieja Europa es el resultado de una actitud descuidada de la clase dirigente, que no se preocupó por mostrar el valor de la cultura ante el empuje de las mercancías chabacanas, entonces también es cierto (y lo fue) que el siguiente paso consistió en demoler los valores forjados por esa cultura a lo largo de los siglos. Y así, individuos como Dragutin Dimitrejević, dispuestos a sacrificar su vida, la de su familia y amigos, por la causa nacionalista, ocuparon los espacios de la política; la propaganda sustituyó a las reflexiones críticas y las manifestaciones callejeras ahogaron las voces que invitaban a la prudencia. En esta deriva hacia el abismo nadie se acordó de la invitación hecha años atrás por Marie «Mimi» von Schleinitz-Wolkenstein en su salón de Berlín de entender *El ocaso de los dioses* de Wagner como una alegoría de algo que podría llegar a suceder: el fin de la Vieja Europa por el triunfo de personajes encantadores, implacables y siniestros.

El 4 de junio de 1914, en Sarajevo, tres jóvenes se tomaron en serio las palabras de sus líderes: el cambio en su país llegaría por un acto definitivo. No había vuelta atrás, le confesó Princip al juez, ya que «un anhelo morboso se había despertado entre todos nosotros». Fue el comienzo del fin. Y nadie lo quiso ver. Esa sensación se volvió a sentir el 22 de febrero de 2022 y, sin embargo, ahora, como en aquel trágico entonces, muchos de nosotros nos conformamos con mantenernos en un mundo sin escrúpulos, estemos en la basura o en la pulcritud.

AQUEL EXTRAÑO PRIMER DÍA DE AGOSTO DE 1914

«Por la tarde, hacia la seis, se anunció la movilización. Se respiraba al fin: retrocedieron la tensión y el sofoco, mientras una gélida jactancia se introdujo en su lugar», escribe Kessler en su *Diario* el 1 agosto de 1914.

Durante la mañana, las cancillerías de las grandes potencias estuvieron a la espera de la respuesta de Rusia al ultimátum enviado por Alemania. De esa respuesta dependía la paz o la guerra. Fueron horas para pensar el efecto de un conflicto bélico en la batalla cultural pendiente de resolver; también eran horas de reflexionar por qué resultaba difícil el acuerdo político entre naciones enfrentadas. Desde mediados de julio se presagiaba la tormenta que ahora por fin descargaba sobre una sociedad medio dormida por el efecto de las vacaciones y del calor estival; el pretexto para dirimir viejos desacuerdos seguía siendo el asesinato en Sarajevo del archiduque Francisco Fernando de Austria y su esposa Sofía por Gavrilo Princip, terrorista para unos, héroe nacional para otros. Así iba a ser imposible el acuerdo. El hecho y la trama eran mucho más complejos.

Europa llevaba años organizada para esa forma *especial* de afrontar la historia que es el recurso a la guerra. Todos temían el rugir de los cañones, pero al mismo tiempo no descartaban usarlos si con ello se aliviaba la tensión entre Inglaterra y Alemania por el reparto del mundo, en el que Francia y Rusia se habían posicionado abiertamente a favor de la primera, y Austro-Hungría de la segunda. Las potencias menores, España entre ellas, debían optar por uno de los dos litigantes o permanecer neutrales; en términos de cultura y de lengua, consistía en apostar por el inglés o por el alemán. El país clave era Francia, que contaba con el mayor ejército de tierra del continente y con su propia cultura y lengua, el francés, que hasta ese momento era el que ofrecía el glamur a la sociedad. Las conversaciones en la cumbre, de las muchas que se mantuvieron en aquellas semanas, no advirtieron el peligro de tensar las cosas hasta la división de dos esferas de influencia, de dos grupos dispuestos a dirimir sus diferencias en el campo de batalla.

La diplomacia dimitió de sus funciones; pudo más el peso de la opinión pública orquestada desde los periódicos, que marcaban la línea a seguir. La industria apostó por sanear la economía a base de producir artefactos cada vez más sofisticados en el arte de matar a las personas: cañones de gran calibre, ametralladoras, fusiles de largo alcance, cuyo fin era sostener una guerra de desgaste del adversario, entendiendo por desgaste la matanza indiscriminada de los soldados. Los pacifistas fueron marginados; los cosmopolitas también. El espíritu de tolerancia no contaba en la mañana de aquel 1 de agosto. Por el contrario, la incertidumbre oprimía el estado de ánimo de la gente; la atmósfera era sofocante. Había que tomar una decisión.

En Berlín, las masas se echaron a la calle; exigían con cánticos patrióticos que el Gobierno se decidiera. ¡Guerra! La palabra gustaba. Comenzaron los rumores; se decía que el asesinato de Jaurés había provocado la revolución en París y que los *enfants de la Patrie*, entonando *La marsellesa*, marchaban hacia la frontera con Alemania para recuperar Alsacia y Lorena, perdidas tras la derrota de Sedán en 1870 durante la guerra franco-prusiana. Bulos, por supuesto. Sin embargo, los bulos son el lado oscuro de la democracia. Desde Viena se valoraba la situación como un desquite sobre Serbia, aunque eso condujera a una guerra con Rusia. Todo estaba a punto. Pero, durante la mañana, la esperada noticia tardaba en llegar. Rumores. Sólo rumores. Uno en especial. Un alto empleado del Reichbank daba por hecho que antes de que se acabara el día se declararía la guerra. No había más que esperar a la movilización. El káiser abrigaba dudas. El sector moderado de su Gobierno le pedía aplazar la decisión; los halcones, con Hindenburg y Ludendorff a la cabeza, le exigían dar la orden cuanto antes. Sin embargo, los regimientos de ulanos de Potsdam no habían llamado aún a sus oficiales, que ese 1 de agosto comieron en sus casas o en el restaurante de algún lujoso hotel, el Kaiserhof, por ejemplo.

A media tarde comienzan las manifestaciones, la de las cuatro es la más masiva. Todos gritan a favor de la guerra en medio de cánticos de ardoroso patriotismo. ¡Guerra! ¡Guerra! El deseo era unánime; los que no querían eso permanecieron en sus casas, amedrentados, en silencio. A la hora del té, el Gobierno toma la decisión. Sobre las seis la noticia se extiende por la ciudad como un reguero de pólvora, se ha decretado la movilización general. Un estallido de entusiasmo acompaña a la noticia en Berlín, pero también en Viena, Moscú, París, incluso Londres. ¡Ya era hora! Se escucha en las plazas, en los cafés. Nuevos rumores. Los rusos han invadido Prusia oriental. Ya no hay marcha atrás.

Habrá dos frentes; no lo quería el general Erich von Falkenhayn. Se ejecuta el plan atacando la frontera belga por Lieja, la verja que lleva a Francia, a París. La tierra tiembla, escribió Marguerite Yourcenar sobre ese momento en *¿Qué? La eternidad.* Los cosmopolitas son sospechosos. Hay que barrerlos de la faz de la tierra; se ha decidido resolver los problemas mediante la guerra.

Al atardecer del 1 de agosto. Miles de muchachos llevando flores en los fusiles marchan por el bulevar Unter den Linden en dirección a la Puerta de Brandeburgo. Les han prometido que regresarán antes de que caigan las hojas de los árboles. Son ingenuos que han cambiado la gorra de la universidad por el casco con pincho, y la cartera con libros por el macuto con la munición. ¡Guerra!

Comienza el 1 de agosto de 1914. Cuarenta y ocho horas más tarde todos estaban luchando contra todos. Los muchachos no regresaron antes de la caída de las hojas; de hecho, muchos no regresaron nunca. ¡Guerra! Sí, esa fue la forma de hacer historia adoptada por el orgullo de unos dirigentes ensimismados por el efecto que las ideas bélicas tenían en las naciones.

SIN NOVEDAD EN EL FRENTE Y KRAUS ENCIENDE LA ANTORCHA

Llega el momento de pasar página sobre las razones de la Gran Guerra. ¿Qué más se puede decir de lo que ya se ha dicho? Sucedió, y se ha olvidado a quienes pudieron evitarla hablando en pro de la educación para todos, los derechos humanos y los peligros de la destrucción. Pero nada de eso se hizo, o si se hizo no sirvió para nada. ¿Quiénes, por tanto, fueron los culpables?, se pregunta Margaret MacMillan, y llega a la melancólica conclusión de que «fue el éxito de Europa al haber sobrevivido a diversas crisis anteriores el que condujo, paradójicamente, a la peligrosa seguridad, en el verano de 1914, de que una vez más surgirían soluciones en el último momento y se lograría preservar la paz».

Los líderes europeos de entonces, como los de ahora, que miran a Ucrania, muestran una arrogancia insospechada en situaciones límite. Se duermen pensando en que las discrepancias ideológicas nunca dejarán el humanístico territorio de las palabras. Al despertar, en septiembre de 1914, descubren que las ideas han adoptado la forma de ráfagas de ametralladora con la que se segaron la vida de los jóvenes que fueron al frente entonando cantos patrióticos, con un aire de alegría que se heló a las pocas semanas. En esos momentos terribles, surgen los fanáticos que llevaron a Europa a la catástrofe. Y aun así se conservó la fe en la cultura. En la mayoría de las veces con un elogio al heroísmo y, en el campo de la erudición, buscando un comentario que valiera la pena resaltar, tal como la valoración del káiser Guillermo II en una carta a Houston Stewart Chamberlain: «La guerra es una lucha entre dos *Weltanschauun-*

gen, dos visiones del mundo, la germánica y la anglosajona. Una debe vencer y la otra, morir». Eso es todo. Ya sólo queda el pesimismo ante tanta estrechez de miras.

La redención mediante el heroísmo en los campos de batalla era una reliquia de la memoria de los europeos que se mostró una falacia ante la actitud de los cobardes y los bribones, los únicos que sacaron provecho de la Gran Guerra. Las matanzas en las trincheras dieron paso a una literatura de refutación de los anhelos de victoria, como *Los últimos días de la humanidad* de Karl Kraus o *El fuego* de Henri Barbusse. ¡Qué diáfano resulta todo cuando se lee lo adecuado! Aun así hay en ello una injusticia flagrante respecto a lo que cabía hacer en el mundo de la cultura mientras los muchachos morían a miles en las trincheras. Donde, por supuesto, no había ninguna novedad en el frente occidental, para decirlo con Erich Maria Remarque. Sea como sea, he aquí lo que dice bruscamente Karl Kraus:

> Este drama, cuya extensión equivaldría a más o menos diez veladas según la medición humana del tiempo, ha sido ideado para su puesta en escena en un teatro del planeta Marte. El público de este mundo no sería capaz de soportarlo. Pues es sangre de su sangre, y el contenido es el de todos estos años irreales, impensables, inasibles para una mente despierta, inaccesibles para la memoria y sólo conservados en algún sueño sangriento, años en que personajes de la opereta interpretaron la tragedia de la humanidad.

Kraus está pensando ya en su obra *Los últimos días de la humanidad* al tiempo que le reclama a su amigo Ludwig Wittgenstein una opinión de las suyas ante su tesis más atrevida, la más cercana al espíritu vienés de esos años, la que más duele hoy a la hora de rescatar su revista *Die Fackel* («La Antorcha»), aquel comentario de que «la emancipación de la mujer responde a una reacción histérica ante una neurosis sexual». Una idea que conecta con el libro de 1905 *Sexo y carácter*, de Otto Weininger, pero que crece, se desarrolla y se aclara en los «últimos días» llenos de humillaciones auténticas en ambos bandos, que de algún modo explica la frase del káiser Guillermo II al comienzo de la contienda: «No era mi intención»: al recordarla ahora sólo cabe llorar ante tan insípida manera de entender la historia. Una vez más. Y no sería la última.

Por regla general, interpretar la afirmación de Kraus sólo mediante la psicología dominante en esos años (el debate entre Freud, Jung y Adler), no ver en ella más que una *boutade* vanguardista, sería comprenderla mal.

Esa afirmación nos enseña que Kraus fue uno de los que mejor supo anticipar el futuro que nacía de la Gran Guerra: fue, es decir, que lo sigue siendo hoy. Bienvenidos al debate abierto por Melanie Klein sobre la necesidad de cuidar la mente del niño, donde se origina todo, incluso las ideas que cuestionan la armonía de la naturaleza creada por Dios.

Sería demasiado fácil señalar aquí que Melanie Klein descubrió la posición esquizo-paranoide en esos momentos, pero sí utilizó muchos elementos de la experiencia de los «últimos días» para fijar el carácter de los niños de la guerra que se volvieron maniaco-depresivos. Las ideas surgen en abundancia en 1916: surgen tanto mejor cuando que el mundo está absorto ante el porvenir.

EL CÍNICO *VERSUS* EL INGENUO. PERO QUIÉN ES QUIÉN

Un mundo *absorto* ante el peligro que se cierne sobre él cuando se aproximan para salvarlo, cual hechiceros, dos figuras del destino: el cínico y el ingenuo.

Reuniendo sus antagonismos viscerales, el largo siglo XX es capaz de darle la vuelta a las ideas en torno al carácter espantoso y absurdo de la existencia que se empezaron a fraguar en las trincheras. Estas figuras representan dos ideas de la sociedad futura: la sublimación de un acto diestro en acrisolar lo terrible y la irrisión del relato social donde el asco por las decisiones miserables se convierte en una broma (Chaplin como Charlot está al acecho para convertirlo en arte). El coro que observa el debate entre el cínico y el ingenuo necesita de los medios de comunicación, prensa en ese momento (luego la radio, luego la televisión y luego las redes sociales) para entenderlo. Cura su miedo banalizando la disputa.

La escena que mejor retrata el debate entre el cínico y el ingenuo que tuvo lugar en la Gran Guerra la encuentro en la película *Lawrence de Arabia* (1962), la epopeya hollywoodiense que describe la tensión explosiva en Arabia bajo la ocupación otomana. En El Cairo, un general británico (Jack Hawkins) persuade al capitán Lawrence (Peter O'Toole) para que se involucre en la revuela árabe, prometiéndole un lugar en la historia. Un espectador de la escena, el asesor Dryden para asuntos de Oriente Próximo (Claude Rains) exclama mientras hace mutis por el foro: «¡Vámonos raudos! Aquí tiene lugar un combate entre dos hombres, uno está loco y el otro es despiadado». Pero ¿quién es quién?

Una batalla cultural tiene lugar en el polvo y el clamor del desierto. Las quejas de uno se convierten en la carnaza para seguir una guerra sin otro fin que la guerra misma. La noble metáfora de la libertad del pueblo árabe es brutalmente destruida por el asesor al revelar los planes secretos de las cancillerías de Inglaterra y Francia, en lo que la historia conoce como el acuerdo Sykes-Picot. La adusta elegancia de Dryden era inconcebible en los bulliciosos escenarios de la política internacional. Bajo la moral victoriana, un hombre como él había aprendido a sobrevivir a la inestabilidad cultural. Pero en aquel momento, como sucede ahora en nuestros días, no había vuelta atrás. Los paradigmas estoicos de la alta política merecen nuestro respeto (y así aparece constantemente en las películas de época), pero también que los veamos como anhelos nostálgicos de un pasado más simple y completamente perdido.

El debate entre el cínico y el ingenuo surgió en plena Gran Guerra y evolucionó a las formas que han llegado hasta hoy, las malas artes para quitarle la posición al adversario. Esta ha sido nuestra herencia. Debemos aceptarla y concebir una historia donde personajes como Dryen no pueden existir entre los actuales combatientes a la hora de definir la cultura que es necesaria para avanzar. Desde ese momento, felizmente evocado por la maestría habitual de David Lean para leer la moral británica que se perdió en las trincheras, el tema, la trama y el imaginario de la cultura occidental no pueden y no deben ser observados desde una posición neutral; eso significaría una intrusión en el orden político fijado y aprobado en las urnas y, por tanto, un gesto proclive a ser calificado de totalitario. Lo que Louis Massignon vio con sus propios ojos en el debate entre el general Allenby y el capitán Lawrence no fue otra cosa que los viejos *intersignes* del simbolismo tradicional, cuyos cerrojos todavía no habían sido forzados por las vanguardias a la hora de identificar el origen con el punto de partida de la evolución planteada por el darwinismo.

La verdad del debate entre el cínico y el ingenuo, aunque nunca sepamos quién es uno y quién es otro, es la decisión de dejar la responsabilidad personal en manos de un colectivo incapaz de entender la integridad personal como uno de los pocos atributos humanos dignos de mención. En el verano de 1916, mientras los lectores desentrañaban las claves del libro de Edgar Rice Burroughs *El continente perdido*, comenzaron a saber que la guerra les estaba llevando a la incapacidad de desenvolverse solos, dejando su seguridad en manos del Estado y sus representantes. Se iba imponiendo la cultura de la excusa más que de la culpa, cuya ética es la lealtad al grupo más que el valor. La integridad se vende por muy poco, un ascenso, una medalla, un camarote de primera clase, el elogio de un periodista. Todo está perdido en la densa narración de la revuelta árabe. En medio de este sombrío momento de la historia aparece una agitación cultural en una ciudad suiza alejada de la épica del conflicto llamado Gran Guerra. Hay que verlo, porque demuestra una vez más que las ideas surgen donde menos se espera que lo hagan.

AGITACIÓN O REVOLUCIÓN EN UNA CALLE EMPINADA DE ZÚRICH

Zúrich, otoño de 1916, Café Voltaire, en la empinada Spiegelgasse, los amigos de Hugo Ball y Tristan Tzara, los dadaístas, promueven una agitación cultural para salir del modernismo, que para ellos es el arte de la burguesía; y, a pocos pasos de allí, está el piso donde Lenin vive con su esposa, Nadezhda Krúpskaya, dedicado a implantar en Rusia el poder de los soviets antes de exorcizarlo bajo la égida bolchevique.

Dos estampas, un mismo objetivo: hacer de la batalla cultural el camino de la historia con vistas al futuro.

Lenin está al corriente de cómo los muchachos que meses después formarían parte del Komsomol (acrónimo de la Unión Comunista de la Juventud creada el 29 de octubre de 1918) agitan las calles siguiendo los pasos de los grupos de izquierdas que creían en los valores de la Segunda Internacional. Se opone a ello, sin lograrlo, a pesar de que tiene el control del Comité Central del Partido. Vive entre su casa y las bibliotecas públicas de Zúrich redactando febrilmente proclamas y arengas para el combate cultural que ponga fin al imperialismo, que es el modo que él tiene de denominar lo que los dadaístas de su calle llaman modernismo. Está seguro de que la clase obrera sólo vencerá si logra destruir el sistema social que la oprime. Es imposible la reforma del capital; hay que acabar con él. Estas ideas las insertó en la letanía de mensajes lanzados en las reuniones de la izquierda europea. En una de ellas, inesperadamente, Inessa Armand le alerta de las negociaciones entre el zar y el káiser para firmar la paz. «Rugió como un león», ya que el acuerdo debilitaba su estrategia de asaltar el poder en Rusia, y de ahí que opte por insistir en sus clásicos argumentos y, así, en noviembre de 1916, escribe: «Una guerra imperialista no puede acabar de otra manera que no sea con una paz imperialista, a no ser que se transforme en una guerra civil del proletariado contra la burguesía por el socialismo». Y añadió en otra arenga de las suyas digna del mejor *agitprop* comunista, en el que no creía:

«Sólo cuando hayamos derrocado, finalmente vencido y erradicado a la burguesía del mundo entero será imposible que haya guerras». Y así llega a la conclusión de la necesidad de la revolución, la palabra que el mundo llevaba arrastrando desde 1871, 1848, 1830, 1789, 1688, 1640...

Mientras, sus vecinos del Café Voltaire proponen inundar el mundo de *collages*, telas donde se pegaban aleatoriamente billetes de autobús, trozos de periódicos, botones, cualquier cosa que facilitara el asalto al arte burgués. La ironía está en que quien lideraba esta propuesta era un dadaísta expulsado de la pandilla del Café Voltaire, justo en los días en que Lenin tomó el tren con destino a la Estación Finlandia, en Petrogrado. Se llamaba Kurt Schwitters, oriundo de Hannover. Es más conocido por ser el artista que probó el exilio.

Un dato más para la ironía de este momento. Lo que se supuso iba a ocurrir el año 1913, el acontecimiento que haría girar el curso de la historia, sucedió en 1917. Y no tuvo lugar en Londres o París, ni siquiera en Berlín o Viena. Como si se tratase de una broma de Clio, la musa de la historia, el escenario de la gran historia se trasladó por unos meses al eje de dos ciudades rusas, Petrogrado y Moscú. Y así, como si fuese uno de los apotegmas de Wittgenstein, cada cosa ocurre en el lugar que debe ocurrir. Esa es su razón de ser.

En 1917 el mensaje parece claro: la batalla cultural es el buen camino para dirimir las ideas. Sólo hay que ver cómo se intentó hacer. Si sigue interesando es porque aún hay esperanza de que el futuro responda al conocimiento del pasado.

4
LA PISTA VERDADERA
(1917)

Perdemos un tiempo precioso en una pista absurda y pasamos sin sospecharlo al lado de la verdadera.

MARCEL PROUST,
En busca del tiempo perdido, *La prisionera*, vol. III, p. 100

FERNANDO DE LOS RÍOS VISITA A LENIN

En la Navidad de 1916, a punto de declararse la «guerra total» en el frente occidental, se hizo consciente la necesidad de recurrir a la batalla cultural para orientar las posturas políticas. Dos opciones se abrieron paso entonces como guía y método para hacerlo: sostener la lucha por la libertad o aceptar el hecho revolucionario. El dilema se pone de manifiesto en la visita del líder socialista español Fernando de los Ríos al líder bolchevique ruso Vladimir Ilich, Lenin. No tengo palabras para expresar la maravillosa sensación que experimento cada vez que me enfrento a estos dos magníficos duelistas, tan refinados como auténticos cada uno en lo suyo, naturalmente.

Tras un largo viaje que le llevó a París, Berlín, Tallin, Petrogrado y Moscú, De los Ríos se encontró con Lenin en el Kremlin a mediados de octubre de 1920. La conversación entre ellos fue fluida, aunque la verdad es que uno de ellos sólo habló de los logros conseguidos por la revolución bolchevique y el otro escuchó como si de esas palabras dependiese el futuro de su país (y en verdad era así). Al señalarle, en una pausa, que encontraba Moscú bajo un excesivo control y percibía una ausencia de libertades en el pueblo, Lenin afirmó que eso no era prioritario en el contexto revolucionario; y, sin dejar tiempo a la réplica, añadió: «¿Libertad para qué?», ante un hombre estupefacto y maravillado de lo que sucedía.

«No puedo compartirlo», dijo al fin, contento de haber visto a un bolchevique sincero, al menos una vez en la vida.

Fernando de los Ríos era un político sobrio afectado por el efecto de la laceración revolucionaria que en 1917 transformó el mundo. Lamentó ver en la respuesta de Lenin la renuncia a los valores que habían situado a Europa «allá donde estaba»; por tanto, pensó que la Gran Guerra había hecho desaparecer la cordura política: un juicio propio de un espíritu ciceroniano que valoraba ante todo la *cultura animi*, la inquietud de sí, no como una moral social sino como un arte de vivir. «Mi montura por su espejo» (por usar el conocido verso de Federico García Lorca, amigo de Fernando de los Ríos) es un alegato sobre la batalla cultural en los que se contrapone cuchillo y manta.

Las *causas* de la Gran Guerra fueron materia de una disputa política; en suma, el origen de una manera de ver el mundo al comprobar que no se podía morir decentemente en la cama. Todo esto está casi olvidado en medio de una aridez tremenda, montañas de ideas sin valor, manuales equívocos con poco o ningún efecto social, porque el transcurso del pasado al futuro se tiñe de un presente de profunda miseria en un mundo de ricos. No estar a la altura de los tiempos es la basura de ese año de 1917, y este pensamiento ha destrozado más de una vida, por eso su imagen perdió valor en el curso de los últimos años, se fue hundiendo y hundiendo más y más a medida que se iba conociendo la realidad de lo que entonces ocurrió, primero en las cátedras universitarias, después en libros de éxito y, finalmente, en la conciencia colectiva.

LIBERTAD, TESORO ESCONDIDO

Libertad es el valor de un momento revolucionario, el que se expresa en la toma de la Bastilla y *La marsellesa*. Con ese valor como bandera se dirigió al pueblo a las barricadas en julio de 1830, en febrero de 1848 y en marzo de 1871. También marcó el protagonismo de las clases sociales emergentes, que encontraron un manifiesto comunista para discutir su papel en la historia futura que no fuera el señalado por François Guizot, que no gozó nunca del aprecio de los bolcheviques: su obra abogaba por el compromiso y por excluir todo espíritu de revancha. Como un lejano recuerdo de sus ideas, la Tercera República francesa convirtió la libertad en norma legislativa para encauzar a los campesinos, a quienes el Estado integró en un mundo ajeno a sus costumbres ancestrales.

La nación como garante de la libertad en una sociedad democrática es lo que estaba en juego al comienzo de la Gran Guerra entre los aliados y los imperios centrales. Pero, en los campos de batalla, por una de esas ironías de la vida, surgió otra interpretación del hecho revolucionario en la que la libertad (y la democracia) no es apreciada ni necesaria. Lo ineludible es la creación de un Estado cultural basado en la doctrina de un partido único. Mientras el profesor de Derecho Político de la Universidad de Granada Fernando de los Ríos aspira a la liberación de las clases sociales al finalizar la Gran Guerra, el agitador bolchevique ruso Lenin proyecta alcanzar la paz para promover una revolución donde la libertad quede fuera de contexto. Fue cuestión de meses. En la puerta de la historia golpeaban con ahínco los miedos de quien sabía, gracias a la voz del poeta García Lorca, «que yo ya no soy yo, ni mi casa es ya mi casa».

Así.

¿Qué es la libertad? Nadie se pone de acuerdo en su definición, pero se sabe que posee una estatura moral indefinible y exhala un aroma a derecho fundamental del ser humano. En nuestros días es un valor esencial de la conducta social, aunque no se ha resuelto aún el dilema surgido en la década de 1830 de si la libertad consiste en lograr derechos políticos al pueblo o en la independencia nacional de un territorio. ¿Encontraremos alguna vez los motivos para afirmar que la libertad es la capacidad de aprender cómo utilizar ese derecho? Por tanto, un valor que se obtiene ya sea por un gesto de generosidad del Estado, ya como resultado de una lucha de las clases poco favorecidas para alcanzar las condiciones justas que permiten elegir gobernante o patria. Turbadoras consideraciones con las que De los Ríos salió del Kremlin con la pregunta de Lenin aún resonando en sus oídos: ¿Libertad para qué?

La cultura anglosajona afrontó la Gran Guerra vinculándola a una lucha sin cuartel por la libertad. ¡Cuántos personajes se manifestaron en favor de esa idea! Y en general provistos de las cualidades humanas más excelentes para defenderla. Una figura destaca en el centro de todo debate: el filósofo político John Stuart Mill, autor de un excelente manifiesto con el título *Sobre la libertad* (1859). Allí dejó escrito: «La libertad consiste en poder hacer todo aquello que no cause perjuicio a los demás». Es sobre la forma política de aceptar este principio, no otra que la democracia, en lo que era necesario insistir en 1917. Al considerar la democracia como la forma de gobierno menos mala de todas las conocidas, sus partidarios, que se autocalifican de aliados, presuponen que deberían centrarse los debates de por qué la guerra y cuáles serían las condiciones para una paz honrosa. Y la pregunta clave de todo ello: ¿hay que utilizar la fuerza para exportar la libertad, es decir, la democracia? Es la pregunta que se torció en el camino, pese a que en 1917 constituyó el gran dilema por resolver.

UN LUGAR SEGURO PARA LA DEMOCRACIA

En enero de 1917, mientras los generales insistían en que el frente occidental era el terreno donde podía obtenerse la victoria, se empieza a delimitar la distancia moral entre los dos bloques, los aliados y los imperios centrales. David Lloyd George tiene una idea tras la batalla de Verdún: convencer a Woodrow Wilson de entrar en la guerra y de ese modo convertir a su país en la gran potencia que merecía ser. El motivo para convencerle es que solamente Estados Unidos es capaz de hacer del mundo «un lugar seguro para la democracia».

Esta atractiva invitación la ofrece con el entusiasmo de quien cree estar en el lado bueno de la historia. Wilson tiene dudas: por mucho que asombre a los suyos, a veces se pierden votos al hablar de los asuntos europeos entre los americanos de origen alemán.

El káiser Guillermo II mira con recelo la invitación de Lloyd George a Wilson, convencido de que el frente occidental es el terreno en el que se alcanzaría la victoria, y por eso insiste de nuevo en su argumento de que lo que está en juego es una batalla cultural, ya que la democracia de los americanos a los que se les pide entrar en la guerra es un sistema político ajeno al espíritu aristocrático de la Vieja Europa. Eso le hizo perder de vista lo que sucedía en el Este, en el frente ruso, donde parecía claro que el camino de la revolución no pasaba precisamente por la democracia.

El subtítulo del folleto de Lenin *¿Quiénes son los amigos del pueblo?*, escrito en la primavera de 1894, es sumamente revelador: «Cómo luchar contra los socialdemócratas». Es un compendio, por lo demás bastante leído, de una batalla cultural. Un folleto sobre la previsión, un folleto sobre el marco morfológico de la humanidad del futuro, analizado por Antonio Labriola en sus *Ensayos sobre el materialismo histórico*, recia poética del modo de fomentar una idea para construir el futuro socialista. A partir de este momento, todo fluye con la inevitabilidad y el didactismo moral del relato progresista de la historia. Es una alquimia que deja a un lado el dolor de la gente

COINCIDENCIAS CON SAM MENDES

1917 es el título elegido por Sam Mendes para hacer una película, con guion de él mismo y Krysty Wilson-Cairns, sobre la Gran Guerra, con la que obtuvo el Globo de Oro en 2020. Los cabos Schofield y Blake atraviesan las trincheras del frente occidental y entran en la tierra supuestamente abandonada por el enemigo con el fin de culminar una misión consistente en llevar un mensaje al mando para que suspenda un ataque al día siguiente y así evitar la masacre de mil quinientos soldados.

Enseguida percibimos que estamos ante un relato que trasciende lo bélico. En realidad, no es una película de guerra, pese a que la acción se sitúa en un paraje desolado por los obuses de la artillería. Mendes, que plantea planos múltiples gracias a la fotografía de Roger Deakins, frecuenta la cercanía del horror (hay algo de Conrad en eso, como hizo Coppola en *Apocalypse Now*), y desde esa cercanía observa a los soldados rasos en homenaje a su propio abuelo, que estuvo en las trincheras. Desde luego, va al motivo para alimentar la memoria de 1917, pero, en cualquier caso, necesita controlarse un poco. Tanto si se trata de denunciar las matanzas de la Primera Guerra Mundial como de crear una obra de arte sobre el recuerdo de un ayer perdido, *1917* es un reclamo a la conciencia. Una parte del relato se dedica a describir la odisea de dos muchachos por unos paisajes macabros llenos de cadáveres; el resto es una larga secuencia para definir la existencia humana en los confines junto con la grandeza heroica, la tristeza de su repliegue, casi caída, sobre sí misma. ¿Por qué nos presenta tal plenitud de detalles sobre estos jóvenes con tribulaciones propias de su generación (las que vemos en la novela de Robert Musil sobre el estudiante Törless) y un egotismo marcado por el miedo a una muerte sin sentido? Esta narración fílmica tiene su lógica porque sus protagonistas tienen un total desconocimiento la realidad en la que están inmersos. ¿Por qué llevan a cabo la misión? ¿Fue acaso por asegurar el deber de soldados o por simple rutina militar?

A menudo, las preguntas relativas a la gestación de una película no tienen respuestas convincentes, pero *1917* es una excepción. El propio Sam Mendes, en declaraciones a *The Times* del 7 de agosto de 2019, dijo: «Es la historia de un mensajero que tiene un mensaje que llevar. Y eso es todo lo que puedo decir. Esta historia la escuché cuando era niño y la he ampliado significativamente, por supuesto. Pero tiene eso en su núcleo». Ya se ve que es un plan deliberado para pasar de los hechos y entrar en el difícil ámbito de los sentimientos.

REVOLUCIÓN EN UNA PARTE, TERROR EN OTRA

La película de Mendes me permite hacer un relato alternativo de 1917 cambiando el espacio de la Gran Guerra europea por el tiempo de la revolución en Rusia. Detrás de esta experiencia compleja hay un profundo cambio del sentido del tiempo. El positivismo lo valoró en el análisis del pasado, el bolchevismo lo giró hacia el futuro y se planteó toda una utopía social: un mundo de obreros gobernado por obreros.

De aquí, en primer lugar, el problema de la excepción proclamada a propósito del alma rusa, desde Pushkin a Tolstói, que se hace visible sin embargo en el modo de abordar la crisis política provocada por la Gran Guerra. En el país de Gógol y Chejov, las propuestas para mejorar la sociedad no nacieron con las últimas lluvias; tenían una tradición vinculada a la defensa patriótica ante la invasión de Napoleón. Y, en segundo lugar, la exigencia de la periodización, al ser un proceso articulado en ocho etapas, sin fisuras de enero a octubre de 1917. La vía bolchevique crea la morfología del acontecimiento revolucionario al servicio de lo que Lenin —no podía ser otro— entendió como el inevitable paso que transformó Rusia en la Unión Soviética.

(Las fechas responden a los calendarios vigentes entonces, el juliano en Rusia, el gregoriano en Occidente).

Ocho etapas, pues.

Primera etapa. 16-17 de diciembre /29-30 de diciembre de 1916.

Amanece cuando se difunde la noticia de la muerte de Grigori Rasputin: el cadáver aparece en el río Neva. Hay que aprovechar el momento, aunque se trate de un acto llevado a cabo, según Trotski, «a la manera de un guion de teatro destinado a gente de mal gusto». Hay que mostrar desprecio a los sediciosos, ante todo. Tras los primeros comentarios, llegan las malas noticias sobre la corte, que resume la zarina madre: «Estamos metidos en un buen lío». No exagera. Joshua Sanborn ha demostrado que Rusia se encaminaba a la guerra civil. Los revolucionarios están organizados, los reservistas vagabundean por la ciudad sin soldada, los generales se quejan de la lasitud del zar, todos están convencidos de que la historia va a cambiar, como dice el embajador Buchanan a Samuel Hoare, jefe del servicio secreto británico. Y se comienzan a ver muchas cosas que el celo de la guerra había dejado en la sombra: se creía que lo importante eran las ideas de cambio, y esas ideas las tenían delante en labios de los miembros de la Duma (el Parlamento). No sirvió para nada la conjura de los miembros de la familia Románov, ya que el zar Nicolás II no estaba dispuesto a sacrificar a su esposa Alejandra para defender el país. ¿Había otra salida? Una sentencia de Simon Sebag Montefiore: «Lejos de salvar la monarquía, el asesinato de Rasputin lo que hizo fue castrarla». En las calles de Zúrich, Lenin es de la misma opinión. ¿Sencillo? ¿No? Un bolchevique consciente del peso de la historia.

Segunda etapa. 9 de enero/22 de enero.

El proceso necesita de un estímulo más. «Nosotros, los de la vieja generación, no veremos las batallas decisivas de la revolución que está por venir», escribe Lenin, al comprobar que no se había hecho nada importante en el duodécimo aniversario del domingo sangriento de 1905. Las masas parecen paralizadas, aumentando su desconfianza de que los obreros pudieran ser *la* clase revolucionaria. Esta distinción entre política de izquierdas y activismo resultó explícita durante la crisis social desencadenada por la falta de alimentos. Una vez más, las protestas populares hicieron estallar el orden social. Imaginemos la escena, un falso amanecer, dice McMeekin.

Aquí surge la polémica figura del zar. No era la primera vez que sucedía, pero todo indicaba que iba a ser la última. Nicolás II, al que en la intimidad llamaban Nicky, nunca había suscitado respeto. Desde el día de su boda con Alejandra de Hesse, cuando acudió al altar con una guerrera roja de húsar y un sombrero de castor adornado con una pluma de avestruz, hasta las horas de la agonía, se arrojan sarcasmos, maldiciones, incluso insultos sobre él. En las semanas que siguieron a su última Navidad como zar, todo el mundo se burlaba de él al verle sumido en una depresión que se reflejaba en su ceño fruncido y su mirada sin expresión. Molestaban tanto su desidia como sus paseos al caer la tarde o su afición a leer los clásicos rusos tras la cena, las noches que no jugaba al dominó, armaba puzles o veía películas (la última fue *Madame du Barry)*. Mientras el resto de la corte acudía a ver el Ballet Imperial en el teatro Marinsky o se deleitaba escuchando a Glinka, Mussorgsky o Rimsky-Kórsakov. Estaba claro que, para el zar, escribe Richard Pipes, el poder más que corromperlo lo aisló. A comienzos de febrero todo el mundo estaba de acuerdo en que la única manera de salvar la monarquía era deponerlo, ya que de seguro nunca abdicaría. Las conjuras contra Nicolás II fueron los pasos obligados en las negociaciones para la alianza entre la alta sociedad y el ejército, una premonición de aquel embotamiento de la sensibilidad que avanza del febril febrero al espectral octubre.

Tercera etapa. Jueves, 23 de febrero/8 de marzo.

Primero, hay que salvar la dignidad de las mujeres. En cuanto a lo demás, ya se verá. «Si la mujer es una esclava no habrá libertad. Vivan la igualdad y los derechos para las mujeres», decía el cartel que encabezaba la manifestación de Petrogrado en el Día Internacional de la Mujer, abriendo con esa proclama las puertas de lo que la historia llamó después la revolución de febrero. A la entrada, los ecos de las doscientas mil personas protestando en las calles por la escasez de alimentos bajo un frío glacial, aunque aquel día amaneció soleado; a la salida, la formación del Gobierno provisional. En el centro, la abdicación del zar. Y, en paralelo, la creación del Soviet de obreros y soldados aprobando la orden que facultaba a la tropa desobedecer las órdenes de los oficiales. Como telón de fondo, en el Palacio de Táuride, la Duma elevando el tono contra el régimen zarista. De todos los rincones de la ciudad, no sólo de los barrios industriales al otro lado del Neva, llegaban rumores de rebelión. Incluso el regimiento Volinski se amotinó y se unió a los manifestantes. El fervor popular alimentaba la insurgencia. No había marcha atrás, para desespero del bolchevique Shliápnikov, que repetía sin que le hicieran mucho caso: «¿Qué revolución? Dadles un kilo de pan a los trabajadores y el movimiento se acabará». El teniente-general Serguéi Khabalov retiró las tropas del Palacio de Invierno. El 28 de febrero se colapsó la Duma y la mayoría de los ministros fueron arrestados. Llegó el momento de Aleksandr Kérenski. De entrada, mantiene la calma mientras ordena a las masas que controlen el ferrocarril, las oficinas de correos y las telecomunicaciones; luego, se dedica a coordinar el Comité Provisional de la Duma y el Soviet de obreros y soldados, algo que sólo él podía hacer como miembro del primero y presidente del segundo. Así, esos gestos, envueltos en sonoras palabras, atravesaron los años como si fueran un infolio sobre el modo de conducir una revolución. Ciertos políticos tienden a parecerse entre sí en sus acciones. Kérenski se convertirá en las semanas siguientes en el maestro de ceremonias de lo que se convino en llamar «Gobierno provisional», custodio de un ideal de equilibrio imposible de mantener en aquellos días, un guía de las causas perdidas. Las acciones del Gobierno provisional se prestarán a servir de marco a una representación del choque entre dos bandos opuestos donde siempre triunfa el bando más organizado, aunque esté en minoría.

Cuarta etapa. 27 de marzo-3 de abril/9-16 de abril.

Nadie se lleva a engaño: la revolución de febrero no es el final del acontecimiento revolucionario por mucho que lo quisiera Rosa Luxemburg en su celda de la cárcel de Breslau, donde escribió para la revista de la Liga Espartaquista: «La Revolución rusa constituye el acontecimiento más poderoso de la guerra mundial». Sin embargo, ese artículo no se publicó; no era oportuno. Alguien impidió que se aireara el conflicto entra la Duma y el Soviet; y menos adecuado aún era posicionarse en contra de la consigna que había lanzado Lenin en su panfleto *Tesis de abril*: «Todo el poder para los soviets». Los caminos de la política a menudo aparecen envueltos en la penumbra de las razones de Estado. El conflicto ruso despertó el interés de las agencias de inteligencia alemanas. Podía significar que Rusia abandonara la guerra y de ese modo el Imperio alemán concentraría todas sus fuerzas en el frente oeste, donde eran necesarias tras la llegada de las tropas estadounidenses al mando del general John J. Pershing. No se trataba únicamente de intrigas y de lo que luego los libros de historia denominarán el concierto de las naciones. Se planteó una cuestión antes y después que ninguna otra: poner fin al Imperio ruso, aunque eso exigiera un acuerdo con los bolcheviques, al fin y al cabo, los únicos que habían manifestado la necesidad de salir de la guerra. ¿Qué hacer para que esta posibilidad se convirtiera en un hecho? Simplemente trasladar a Lenin desde Zúrich a Petrogrado. Para tal fin los generales alemanes pusieron a su disposición un tren sellado, El tren de Lenin lo denomina Catherine Merridale. Estaba claro que era el momento de cuestionar al Gobierno provisional, sacar a Rusia de la guerra y pactar con los alemanes al precio que fuera. El gambito era intercambiar al líder bolchevique por la salida de Rusia de la guerra. Una apuesta bolchevique que no aceptaban el resto de las fuerzas políticas de la Duma, sobre todo los mencheviques. El choque de ideas presagiaba un futuro tormentoso.

Quinta etapa. 23 y 24 de abril/6 y 7 de mayo.

Desde Europa se veían los sucesos de Rusia con cierta incredulidad. El sociólogo Max Weber escribió: «Hasta ahora no ha ocurrido una revolución, sino sólo la eliminación de un monarca incapaz». Es la opinión de un convencido socialdemócrata que ha decidido tomarle el pulso a la pálida Clio. Nadie se lleve a engaño. El Gobierno provisional estaba decidido a continuar la guerra para dar legitimidad a lo que consideraba un proceso revolucionario. La respuesta no se hizo esperar. El día 23 de abril la gente se echó a la calle al grito «abajo el Gobierno burgués», una forma de decir «no a la guerra». Pero detrás de esa manifestación se ocultaba el plan de los bolcheviques, cuyos miembros eran muy activos en las fábricas y el ejército. Hasta entonces habían sido una robusta minoría (al Congreso de los soviets del 3 de junio llevaron 107 delegados, contra los 248 de los mencheviques y los 285 de los social-revolucionarios), pero su disciplina y organización le daban una influencia muy superior a su importancia. Para imponer sus ideas había que socavar el prestigio del Gobierno provisional y asegurar que en sentido estricto sólo los bolcheviques eran los únicos revolucionarios. Estaba claro que se trataba de una lucha política por el control del poder ejecutivo con la guerra contra Alemania como pretexto. La primera coalición gubernamental, del 5 de mayo al 2 de julio, presidida por Kérenski, se enfrentó duramente a los bolcheviques; el ministro de Justicia Pável Pereverzev afirmó que tenía pruebas de que Lenin era un agente secreto al servicio de Alemania. Con el nombramiento del general Lavr Kornílov como jefe de las Fuerzas Armadas, Kérenski evocaba el fantasma de la guerra ilimitada, atraída por un fin incontrolable, una salida con una campaña exitosa. Los pasos siguientes, segunda coalición de julio-agosto, directorio del 1 al 27 de septiembre y tercera coalición del 17 de septiembre al 25 de octubre, confirmaron que todo era cuestión de tiempo para ceder el Gobierno de Rusia a la única fuerza que prometía llevar a su fin el proceso revolucionario: los bolcheviques, que con Lenin venían afirmando desde abril que era preciso «dar todo el poder a los soviets». Desde el 4 de mayo, Trotski vagaba con los suyos en las calles de Petrogrado. Para la mayor parte del mundo que le rodeaba, él seguía siendo la única autoridad legítima de la revolución. Las asambleas de obreros y soldados se extendían por las vastas y numerosas tierras rusas, profundamente aleccionadas de que no había más salida que asaltar el Palacio de Invierno.

Sexta etapa. 10 de octubre/23 de octubre.

«Menos palabras y más acción», había escrito Lenin a finales de septiembre desde Finlandia, donde se había escondido; pero el 10 de octubre concretó la consigna a los doce miembros del Comité Central: era preciso tomar el poder cuanto antes. No todos los bolcheviques estaban de acuerdo, comenzando por Kámenev y terminando por Trotski, que deseaba una acción conjunta de todos los miembros del Soviet. Pero Lenin supo maniobrar como el gran táctico que era. No se trataba de confiar en el futuro, sino simplemente de actuar en nombre del futuro. Aquí comenzó a fraguar la idea bolchevique del proceso revolucionario a la luz del análisis materialista histórico. No había más que una línea de actuación, un juicio sobre el destino de Rusia en nombre de un futuro tal y como lo veían los bolcheviques, un futuro que no compartían el resto de las fuerzas políticas, incluidos social-revolucionarios y mencheviques. Pero eso daba igual, ya que sólo los bolcheviques poseían una información exclusiva y perfecta sobre el futuro que Rusia necesitaba. Se maduró esos días una doctrina de que todo era o una cosa o la otra, pero no las dos al mismo tiempo, que si la situación exigía el control político por el partido era por simple necesidad histórica, no por un hecho político que podía ser juzgado bueno o malo en función de sus resultados. Esta idea es contraria a la doctrina bolchevique, que la considera «revisionismo», y por tanto castigada. Estaba claro que Rusia se dirigía hacia un totalitarismo de Estado. Así, la toma de poder exigida por Lenin iba a producir un profundo y duradero cisma entre aquellos que no eran capaces de asumir las consecuencias humanas de las teorías leninistas y aquellos para quienes dichas consecuencias eran desagradables pero inevitables, ya que cualquier viraje era «científicamente» imposible. En otras palabras, el asalto al poder era un objetivo primordial, y la represión que le acompañaba, un mal necesario: era preciso enviar al basurero de la historia a los oponentes de esa concepción totalitaria de la verdad, fueran de matriz liberal, demócrata revolucionaria, menchevique o incluso bolcheviques de los que se calificaban de revisionistas. Ese paso es el que temía Rosa Luxemburg, que el leninismo construyera una visión holística de los relatos históricos como actos de fe revolucionaria. Cualquier mirada que analice los movimientos de Lenin para hacerse con el partido y desde ahí promover el asalto al poder se entiende como una teoría de juegos propia de la historiografía de matriz liberal o de las narrativas novelescas. El plan de Lenin ha exigido durante décadas una fe inquebrantable en su proyecto revolucionario. Lo demás apenas cuenta, aunque ese «lo demás» sea realmente lo atractivo de los sucesos del Octubre Rojo.

Séptima etapa. 24-25 de octubre/6-7 de noviembre.

¿Cómo fue posible que la revolución encontrara a Kérenski? Desde que se hizo cargo en febrero de la dirección del proceso revolucionario, no cesó de encontrar dificultades. Huelgas obreras, disturbios callejeros, presión de los bolcheviques para que todo el poder fuera a parar a los soviets y por tanto que se disolviera el Gobierno de la nación, enfrentamientos entre manifestantes y policía con decenas de muertos en las calles, propaganda a favor de salir de la guerra. Sin embargo, Kérenski tenía una excelente perspicacia para captar el curso de los acontecimientos; en eso residía toda su inteligencia política. Por tanto, era el hombre a batir por Lenin. La autoridad de la que disfrutaba, y que la historia afín a los bolchevique le niega convirtiéndolo en el Bonaparte ruso, le fue arrebata por la fuerza de los acontecimientos. El golpe de Estado bolchevique se preparó a plena luz del día. Tras la creación el 9 de octubre del Comité Militar Revolucionario por el Soviet, y tras su control por Trotski, no resultó raro que el día 21 miles de rifles fuera entregados a la Guardia Roja. Mira Milosevich escribe con ironía que Kérenski no reaccionó hasta el 24 por la mañana, uno de sus rasgos era olfatear el peligro cuando estaba demasiado cerca. No quiso ver la insurrección; no quiso creer en ella. La decisión de un político revolucionario que cree en la ley, y a quien no le hubiera importado debatir los planes de gobierno de los bolcheviques. De hecho, confiaba en que el Segundo Congreso de los Soviets, convocado para el día 25, le diera la razón. De hecho, los bolcheviques estaban en minoría; no podían hacer nada, salvo dar un golpe de Estado. Kérenski no podía admitir que se llevara a cabo algo en contra de la voluntad revolucionaria de los soviets; incluso creía que la proclama de Lenin «todo el poder para los soviets» iba en esa dirección, no en la dirección de que una minoría se convirtiera en mayoría. Estaba atrapado en el espejismo de la legitimidad. Todo se precipitó al caer la noche del día 24. Trotski dio la orden de atacar, y la Guardia Roja bajo su mando se apoderó de las estaciones de ferrocarril, de las telecomunicaciones, de las oficinas postales, de los bancos y del Palacio de Táuride (el Palacio de Invierno). Lo mismo que él había hecho en febrero, pero en esta ocasión lo hicieron por y para los bolcheviques. Kérenski quedó perplejo. Escapó en un coche que pertenecía al parque móvil de la embajada americana, incluso dejó el banderín puesto para evitar así los controles de la Guardia Roja. Se dirigió al frente para pedir ayuda al ejército.

Octava etapa: 25 de octubre/7 de noviembre.

El día se había iniciado con la toma del Palacio de Invierno; luego siguió con el control del Congreso de los Soviets en el instituto Smolny, donde Lenin hizo la alocución inmortalizada por el pintor Vladimir Serov. Momento insurreccional en un ambiente cargado de tensión, anotó John Reed. El Estado se siente débil ante un supuesto complot, y esa debilidad ha terminado por vencerle. El presidente del Gobierno está huido. La voluntad de los bolcheviques se impone ahora que son mayoría en el Congreso: de un total de 650 diputados contaban con 390, frente a los 80 mencheviques y los 180 social-revolucionarios. La votación es una coartada. Los bolcheviques siguen intentando inventarse una legitimidad (en tanto que un partido marcado por la voluntad de poder puede inventárselo todo). El Congreso saca el titular. Es de Trotski, una frase dirigida a los mencheviques y los social-revolucionarios: «¡Id a donde pertenecéis, al cubo de basura de la historia!».

El discurso de Lenin sobre la revolución de trabajadores y campesinos y su llamada final sobre «la construcción de un Estado socialista proletario» no consigue ni por un momento ocultar que se está instaurando una dictadura, del proletariado sin duda, pero dictadura al fin y al cabo. Lenin: sobre la máxima precariedad imprime el sello de la máxima fijeza. Luego la historia arrastrará todo ese exaltado momento emocional hacia su realidad. Encuentro entre las imágenes de la película *Octubre* de Serguéi Eisenstein (que es de 1927) y los iconos del realismo socialista de Serguéi Lukin. Una iconología que sigue renovándose cada vez que se crea una trama para asaltar el poder en nombre del pueblo. En cuanto a los demás, ya se verá qué se puede hacer. Antes que nada, hay que asegurar el golpe de Estado, la revolución, dicen los bolcheviques.

Llega así la hora del debate del siglo.

OCTUBRE ROJO: EL DEBATE DEL SIGLO

¿Golpe de Estado o Revolución de Octubre? La pregunta se inserta en un gran debate que no ha cesado desde que se formuló.

Es la pieza clave de una historia inmortal. Hay muchas lecturas de ella, algunas míticas, desde la clásica del reputado historiador británico E. H. Carr de 1950 hasta la reciente de 2021 del altamente preparado Orlando Figes bajo el siglo de la tragedia de un pueblo. Pero de momento prefiero detenerme en el efecto narrado por John Reed, cuyo libro *Diez días que sacudieron el mundo* ofrece el tono de lo que los bolcheviques piensan de octubre de 1917: «Un fragmento de intensa historia». En todo caso es un reportaje que ha generado muchas de las impresiones que tenemos sobre los días de lucha, en los que, dice Reed, «mis sentimientos no fueron neutrales», pese a que «busqué consignar la verdad».

Respecto al miércoles 25 de octubre (7 de noviembre en el calendario juliano), día frío y desapacible en el que se produjo la caída del Gobierno provisional, se interesa por la nota que le pasó Kámenev, en la que se menciona la «victoriosa revolución proletaria». Para los bolcheviques no había duda, porque su asalto al poder «había sido precedido por la sublevación de obreros y soldados». Sin embargo, en el interior del Smolny preocupaba si tras la toma del poder de los bolcheviques seguiría una guerra civil. ¿Podría Rusia dejar de existir sin quejarse? Mientras se elaboraban las listas de una especie de Gobierno, se hablaba de exportar la revolución por todo el mundo, de precisar cuál sería la respuesta del ejército y de las fuerzas políticas contrarias a los bolcheviques. En el horizonte se alzaba una marea roja: así pues, Reed encuentra el titular: *Octubre Rojo.*

El acontecimiento clave de ese día ocurrió en el secreto de una «claridad lechosa y fantasmal», y todos tuvieron claro que «una aurora terrible amanecía sobre Rusia». Así pues, ¿revolución proletaria como respuesta a las exigencias de las masas que ocupaban las calles o golpe de Estado de los bolcheviques? Las descripciones de Reed siguen marcando a los historiadores actuales, Christopher Read, S. A. Smith o Rex A. Wade, por citar los más relevantes, que insisten en el apoyo popular a los lemas bolcheviques, otorgando legitimidad a la reunión del 25 de octubre (7 de noviembre). Esa tesis ha sido analizada por Julián Casanova, quien se pregunta si la Revolución rusa es un hecho histórico único (aquí se justificaría el rescate de *La historia de la Revolución rusa* de León Trotski) o si se trata de un caleidoscopio de revoluciones. Pero, al margen del debate sobre los hechos ocurridos en Rusia de 1917, debemos saber lo que ocurrió, en qué orden y con qué resultados; vale decir realizar una narrativa histórica que siga el hilo cronológico de los hechos, contando cómo se amontonaron los acontecimientos en un corto espacio de tiempo.

A esta necesidad responden los libros de McMeekin y Faraldo que, en mi opinión, están llamados a ser referentes en los próximos años por el encomio al analizar los tópicos creados por la propaganda bolchevique. Resumo sus argumentos considerando once tópicos que aún perduran entre nosotros.

1. El concepto de Revolución rusa aplicado a los sucesos de 1917. Un tópico. En 1917 hubo dos revoluciones en Rusia. En la Revolución de Febrero se derrocó al zar Nicolás II y se abrió un periodo de Gobiernos de coalición entre liberales y socialistas. Los bolcheviques no desempeñaron un papel clave en este suceso. En la Revolución de Octubre, los bolcheviques, con Lenin a la cabeza, crearon un Estado soviético.

2. El anhelo democrático de las masas fue una idea dominante en 1917. Un tópico. Los documentos de los archivos rusos demuestran que la idea dominante en Rusia en 1917 era que el país estaba en guerra.

3. La pésima situación económica en Rusia, sobre todo en el mundo rural, exigía un nuevo orden, que sólo los bolcheviques eran capaces de proporcionar. Un tópico. Rusia crecía a un ritmo del 10 por ciento anual: era un caso de economía emergente tan espectacular como el de China en el siglo XXI.

4. La revolución se asentó en la idea de la lucha de clases entre proletarios y clases gobernantes capitalistas y fue un proceso dialéctico que empezó con una revolución burguesa y terminó con una socialista. Un tópico. Ha sido el lenguaje marxista el que ha dado color a la forma de entender la Revolución rusa mediante un ejercicio en el que se muestra el pasado conforme a los valores de quien los analiza.

5. La revolución fue una transformación que hizo época al liberar a los obreros y campesinos oprimidos de Rusia mediante el programa paz, tierra y pan. Un tópico. Por edificantes que sean estas palabras, no tienen nada que ver con los sucesos reales de 1917, hoy bien conocidos con la documentación.

6. La revolución se vio favorecida por la profunda insatisfacción entre las tropas en el invierno de 1916-1917, que ha fraguado imágenes en películas con soldados en las trincheras doblegados por el hambre, el frío y la moral. Un tópico. Los informes de los censores militares sostienen que la moral de la tropa era alta, entre otros motivos porque los soldados rusos estaban mejor alimentados que sus enemigos alemanes.

7. La Revolución de Octubre responde al colapso al que había llegado el Gobierno provisional surgido de la Revolución de Febrero. Un tópico. No hubo tal colapso, lo contrario: las cifras reflejan un gran (aunque inflacionario) boom de la economía de guerra. No existió escasez de pan en Petrogrado en 1917.

8. La Revolución de Octubre puso fin a un reinado autocrático del zar. Un tópico. Lenin y los bolcheviques no desempeñaron ningún papel relevante en el derrocamiento del zar: este fue un regalo inesperado del destino que les pilló por sorpresa y que parece una ironía, habida cuenta de las pretensiones de determinismo histórico del marxismo; pero del que, en último término, fueron beneficiarios.

9. Las imágenes en movimiento del Palacio de Invierno, con heroicos obreros y soldados armados subiendo las escaleras y echando de malos modos a unos corruptos burgueses, o el disparo del crucero Aurora dando la señal son un tópico sublimado por el cine propagandístico. Forma parte de la ficción de aquellos días: nunca sucedieron.

10. La toma de conciencia de los soldados en la guerra hizo que muchos se aliaran con los bolcheviques y compartieran con ellos la necesidad

de poner fin a la guerra. Un tópico. Los bolcheviques se hicieron violentamente con el control del ejército en 1917. Fue una jugada audaz, arriesgada y difícil que estuvo a punto de frustrarse en muchos momentos críticos.

11. Una revolución incruenta provocó la liberación del pueblo campesino y las medidas económicas lo sacaron de la miseria. Un tópico. Cuando en 1922 el partido permitió a algunos campesinos vender su excedente de trigo, fue inevitable la pregunta en el mercado donde se realizaban esas operaciones. ¿Había sido necesaria la revolución para llegar al punto en que estaba en 1917? Las convulsiones generadas por la toma de Lenin y la guerra civil rusa habían costado unos veinticinco millones de vidas en todo el territorio del antiguo Imperio zarista; y la sensación que se tenía ya entonces es que se había sustituido a un autócrata por otro.

En suma, el *Octubre Rojo* polarizó la estrategia mundial con la misma intensidad que dividió a los intelectuales europeos entre los que creyeron en sus objetivos —aunque algunos se desengañaron muy pronto, como fue el caso de André Gide— y los que apoyaron la causa de los exiliados al ver cómo los bolcheviques dejaban la revolución a un lado para imponer el terror, aunque algunos supieron aguantar, como el músico Dimitri Shostakóvich. Algunos testimonios son reveladores al respecto, como el de las nueve mujeres que Monika Zgustova rescata del olvido. Queda aún mucho por saber, pero hay que insistir, porque en el testimonio de las víctimas se halla la verdad. O como dijo Anna Ajmátova:

En las peripecias del pasado
Y los años de guerra y pobreza
En silencio llegué a reconocer
Los rasgos únicos de Rusia.

LO QUE EL SILENCIO OCULTA

No está muy claro qué papel tuvo en el otoño de 1917 este gran debate en la historia de Rusia, pero los comentarios en la prensa son interesantes para valorar las decisiones que se tomaron entonces por unos y por otros. Es un combate por la cultura, naturalmente, el que termina enfrentando a Shostakóvich, que apoya la solución soviética, y Stravinski, que se aleja de ese mundo para no dejar de ser ruso. Pero Lenin dicta la ley

(Trotski y Stalin lo saben). Una primera norma bolchevique indica el camino hacia el futuro: «El derecho a la propiedad privada de la tierra queda abolido para siempre». Y con la norma se difunde el eslogan preparado por los propagandistas del partido: «paz, tierra y pan».

Las protestas por lo que la mayoría de los trabajadores creían una usurpación del poder dan lugar a una huelga general que electriza a los líderes del poderoso sindicato ferroviario y mantiene sobrecogida a la gente. Algo parecido a la angustia que se apodera de Proust cuando define la situación de la vida ante un futuro erróneo. Sin embargo, en Petrogrado y Moscú no es como en París o Londres, incluso Berlín, porque la discrepancia es un gesto heroico que conduce a la prisión o al paredón. Un Gobierno proletario aplasta la huelga proletaria con el pretexto de que sirve a las fuerzas oscuras, es decir, a los banqueros. Ahora Lenin aterroriza al pueblo ruso con el recurso a las checas. Felix Dzerzhinski lo razona: «Habrá que adoptar medidas excepcionales para combatir a los saboteadores y a los contrarrevolucionarios».

¿Quién en Rusia durante el otoño de 1917 no sintió en su corazón un estremecimiento de miedo y de voluptuosidad? Es el sentimiento que se experimentó el 28-30 de octubre/10-12 de noviembre ante dos medidas tomadas por el Gobierno bolchevique y que condujeron a la guerra civil: firmar la paz con Alemania y confiscar la tierra. Stalin es el hombre clave en estos asuntos al diluir el sentido nacional de los territorios.

Los generales se disponen a frenar esas medidas. Cheremisov, el de los uniformes demasiado atildados y la excesiva cortesía, ávido de solventar el golpe de Estado, aunque detrás de su voluntad había poco interés. Sus tropas se pasaron a los bolcheviques. Una parte del pueblo había decidido en nombre de todo el pueblo. Una decisión así fue el origen de serios problemas. Los bolcheviques desarrollaron un sentimiento intenso de comunidad con sus correligionarios, al mismo tiempo que sospechaban de todo el mundo. Comenzaron las luchas por el control del Comité Central porque al fin y al cabo un Estado bolchevique exigía instituciones gubernamentales (ejército, policía regular y burocracia) que hicieran viable un Gobierno de partido único bajo el eslogan de la «dictadura del proletariado». Y aquí se suscita la pregunta hoy tan debatida: ¿la formación de ese Estado trajo consigo una represión a gran escala en forma de terror político, o fueron los modos de ejercer la resistencia por parte de los revolucionarios de febrero los que le obligaron a responder con sus mismas armas, es decir, con el terror? Vale decir, se trata de saber quién lo empezó. El resultado es conocido. Millones de muertos. Pero la cuestión consiste en saber si ese terror es inherente al modelo político bolchevique (y sus imitadores) o es una respuesta al sentirse acosado. No hay ni que decir que los bolcheviques ganaron la guerra de las palabras, ya que se conoce como contrarrevolución todos los actos de defensa del orden institucional creado en febrero de 1917; incluso los más ignorantes llegan a pensar que en el Octubre Rojo se seguía luchando contra el zar. En fin. Lo que sucede cuando no se atienden debidamente los detalles. El terror tendrá tres momentos cruciales meses más tarde. La creación de la Checa (servicio de seguridad) el 20 de diciembre de 1917; el asesinato del zar y su familia en Ekaterimburgo el 16 y 17 de julio del año siguiente y el Decreto del 5 de septiembre que faculta el aislamiento de disidentes del régimen en campos de trabajo, con lo que se inaugura el gulag, una remodelación a fondo de los antiguos campos de concentración zaristas. Como escribe Catherine Merridale con un toque de dolor: «La dictadura soviética, un Gobierno que prometía libertad para todos los trabajadores, había creado una tiranía». Se fomentó un clima de delación que generó terror; nadie podía sentirse seguro ante las denuncias de los vecinos. Casi todo se podía considerar contrarrevolucionario y eso traía consigo la muerte.

La anécdota siguiente ofrece quizá un principio de explicación. Entre el 30 de noviembre y el 12 de enero 1918 los bolcheviques enviaron a Adolf Joffe a Brest-Litovsk para que negociara con el general Max Hoffmann y el barón Richard von Külhmann los puntos centrales del armisticio, previo a la firma de un tratado de paz. A finales de año se incorporó Trotski con la intención de alargar las negociaciones bajo el pretexto de mostrar al mundo el tono del nuevo Gobierno de Rusia, en especial su anhelo de paz entre los trabajadores de la tierra. La dilación era el arma esotérica de su política. ¿Quién había para negárselo? Trotski decidió llevar la dilación al límite para hacerla coincidir con el 14 de febrero de 1918, fecha en la que terminaba el armisticio y en la que Alemania estaba legitimada para volver a la guerra. El ardid dio resultado en cuanto al tiempo, no en cuanto a resultados. Los bolcheviques perdieron un tercio de su población, un tercio de sus tierras cultivadas y el 75 por ciento de las zonas industriales. El 10 de marzo Lenin trasladó la capital de Petrogrado a Moscú, y una vez allí lo primero que hizo fue firmar el tratado de paz. Fue otro gambito, tierras de Rusia a cambio de salvar la revolución.

Muy distinta es la situación de los bolcheviques con el resto de las fuerzas políticas rusas. El 14 de diciembre/26 de diciembre comenzó la guerra civil. En ella el Ejército Rojo, formado con los restos del ejército imperial más algunas milicias entusiastas, se enfrentó a los blancos, abigarrada formación compuesta de partidarios del zar, demócratas liberales inspirados en 1905, socialistas revolucionarios y algunos mencheviques. Junto a ellos, los restos de la legión checa, que se hizo con el control del Transiberiano, y algunas fuerzas de Gran Bretaña, Francia, Japón y Estados Unidos, poco motivadas y dispersas en un radio de acción inmenso.

Recordemos que fue una guerra en dos fases, con dos partes en cada una de ellas; muy cruel, pues ambos bandos se jugaban su ser en la historia. Una guerra que duró tres años, hasta 1921 con el triunfo del Ejército Rojo.

Normal.

La gran estrategia y la extrema lucidez de la política internacional están evidentemente en lo opuesto al *agitprop*, esa mezcla maniquea de agitación y propaganda. Esta oposición es reveladora del sentido que le demos a 1917. El instruido bolchevique Anatoli Lunacharsky, a instancias de Lenin, propone precipitarse sobre la información, el bulo, el rumor, el cotilleo, y, si eso no bastaba, llegar a la confección de la Gran Enciclopedia Soviética bajo el lema «el conocimiento es poder». El buen bolchevique lo entendió desde el primer momento: destruir al adversario mediante la purga y ser fiel al partido son ahora ingredientes del mismo asunto. Ni siquiera es preciso ya promover el espíritu revolucionario ni abrirse a las vanguardias, se reciben las consignas y se las ejecuta.

Escuchemos a una voz sincera, a Anna Ajmátova, dejando clara la situación: «La revolución no trajo esperanza, sino miedo». Y eso ella lo supo desde el primer día del Octubre Rojo, pero lo comprobó cuando acudió a la checa de Petrogrado donde estaba detenido su primer marido, el poeta Nikolái Gumilev (padre del gran medievalista Lev Gumilev), y donde lo fusilaron por ser quizá un idealista menchevique. Nadie se encontraba a salvo de las acusaciones. Más allá estaba la sensación física, la delación te quita toda humanidad y te dejas llevar por una ilusión sin fundamento, como le sucedió al insigne músico Serguéi Prokófiev, cuya esposa española fue llevada al gulag sin que él perdiera la esperanza de ser reconocido como el gran músico que era.

Todo eso es lo que el silencio oculta. Una división de la sociedad donde, en la parte bolchevique, los libros eran el símbolo burgués por antonomasia, y en la de los rusos blancos, un signo de distinción, tal como lo dejó escrito Zinaída Guipius en su diario.

La atmósfera del *Octubre Rojo* narrada por John Reed, como hoy se reconoce, es un ejercicio de *agitprop* que refleja perfectamente la situación de un proyecto político donde no faltaban artistas, pero sí bronce para hacer todas las estatuas que querían sobre la memoria revolucionaria. El diagnóstico de Lunacharsky se verifica: hay que crear un arte del pueblo, barato y al alcance de todos. Pero Kazimir Malevich, profesor en la Escuela Estatal Superior de Arte, dirigida por Marc Chagall, decía: «El constructivismo busca imponer un mundo sin objetos». Primer paso hacia lo que luego el pintor Aleksandr Rodchenko convirtió en un objetivo político: la propaganda se convirtió en un arte elevado.

¿La propaganda como forma de arte?

Es uno de los legados que dejaron los bolcheviques en 1917.

TOQUE FINAL PARA 1917: LA POESÍA DE LOS NOMBRES

A lo largo de 1917 se adivina una preocupación por fijar con precisión la memoria del pasado. Marcel Proust buscaba la manera de responder al gusto del público lector de novelas, el más refinado y el más apasionado de ese año. Examinando el cuidado que puso para entrelazar la evocación del ayer que parece disiparse y la sucesión de acontecimientos en el relato construido bajo el epígrafe general de *En busca del tiempo perdido*, ¿no se capta 1917 en su deseo de cambiar de historia? Más allá del brusco viraje dado en *Por la parte de Swann*, bajo la apariencia de una nostalgia de las vivencias inolvidables hay un juicio sobre la doble revolución en Rusia, la de febrero y la de octubre. La lealtad al principio objetivo del saber que se asienta en una narrativa sólida, sin fisuras, y el dominio de una moral son valores intelectuales que garantizan la mejor comprensión de las protestas de la clase obrera; por eso la obra se dilata en virtud de una justificada duda sobre el futuro.

El joven dandi que responde por Charles Swan se aventura en el jardín en el que vive Odette de Crécy. El recuerdo da lugar a uno de los pasajes más famosos de la literatura universal:

> En el preciso momento en que me tocó el paladar el sorbo mezclado con migas de bizcocho, me estremecí, atento al extraordinario fenómeno que estaba experimentando. Me había invadido un placer delicioso, aislado, sin que tuviera yo idea de su causa. Al momento me había vuelto indiferentes —como hace el amor— las vicisitudes de la vida, sus inofensivos desastres,

> su ilusoria brevedad, colmándome de una esencia preciosa: o, mejor dicho, esa esencia no estaba en mí, sino que era yo [...] y de repente me vino el recuerdo: aquel sabor era el del trozo de magdalena que, cuando iba a darle los buenos días los domingos por la mañana en Combray —porque esos días no salía yo antes de la hora de la misa—, me ofrecía mi tía Léonie, después de haberlo mojado en su infusión de té o tila.

Y Proust recupera ese recuerdo con un objetivo claro: hacer del deseo de Odette una lectura del mundo que se ha roto en 1917 por un equívoco que nadie ha sabido advertir, un equívoco como el que el protagonista siente cuando afirma, en frase famosa, «y pensar que he desperdiciado años de mi vida, he querido morir y he sentido mi mayor amor por una mujer que no me gustaba, que no era mi tipo».

A Lenin no le atrajo *Por la parte de Swann*, por motivos obvios (¿hay algo más alejado del amor enfermizo trufado de celos allí planteado que la vía bolchevique para la liberación de la humanidad?). Pero ¿a quién le atrae realmente *Por la parte de Swann?* Digo atraer, no admirar. Pues la admiración se obtiene con la segunda edición, la de Gallimard de 1919, que responde al efecto obtenido por la primera, la de Grasset de 1913, no a la convicción literaria. Este es el toque final del didactismo moral de 1917, provocado, en opinión de Geoffrey Barraclough, «por un dilema ineludible, del que nunca ha podido verse completamente libre ningún país cualquiera que fuera la ideología».

5

REMENDAR LOS DESASTRES (1918-1922)

There died a myriad,
And of the best, among them,
For an old bitch gone in the teeth
For a botched civilization

Murieron a millares,
los mejores murieron,
por una vieja ramera desdentada,
por una civilización llena de remiendos.

EZRA POUND, *Hugh Selwyn Mauberley, V* (1920)

BLOK ANTE VALÉRY: CONSTRUIR PARA CREER

Aleksandr Blok tiene treinta y ocho años cuando escribe *Los doce* en enero de 1918: gesto espontáneo, confiesa, exaltación de la vida bolchevique que está dispuesta a asumir la batalla cultural al precio que sea, incluso si es preciso con una apología de la esclavitud en el trabajo. Yury Pavlovich Annenkov, que observa lo que ocurría en ese año, anota en *Diario de mis encuentros*, escrito en Nueva York en 1966 y revisado en 1991:

> Según las historias, la mayoría de las veces malévolas y sarcásticas, Trotski era una persona débil y de baja estatura («menchevique», bromeaban sobre él). Trotski estuvo muy cerca de los mencheviques en su juventud, pero esto no tenía nada que ver con su apariencia externa: era de buen crecimiento, fornido, de hombros anchos y bien formados. Sus ojos brillaban con energía a través de los lentes. Me recibió muy amable, casi amigablemente, y de inmediato dijo: «Te conozco bien como artista. Sé que antes de la guerra trabajabas en París. Conozco tus ilustraciones para *Los doce* de Blok y tengo un

> libro sobre tus retratos. También sé sobre tu participación en espectáculos masivos. Espero que también hayas escuchado algo sobre mí, eso significaría que somos viejos conocidos. Toma asiento.

Lo que Annenkov quiere decir con esa evocación se puede resumir en lo siguiente: Blok es el poeta del progreso y por eso plantea la disolución del imperio de los zares como una feliz catástrofe, a la vez que razona sobre el constructivismo de cara al futuro y sorprende al sentir como algo propio la vida en las fábricas. Objetivo bolchevique: un Estado socialista capaz de nacionalizar la economía y de reescribir el pasado.

El poeta francés Paul Valéry tiene sobradas sospechas sobre todo eso. ¿No habrá superchería en la puesta en escena bolchevique sobre el modo de fomentar una civilización comunista? Decide responder él mismo a la cuestión y envía en 1923 un texto a la revista gráfica *Architecture*: *Eupalinos o el Arquitecto* es un texto magnífico. A veces son las pequeñas cosas las que importan. El diálogo entre Sócrates y Fedro sobre un edificador de templos de Megara asienta la más generosa fuente de donde saco información sobre el estado de ánimo en 1918. Revela que la vida de Eupalinos debe verse como una metáfora de la crisis europea, en medio de la pavorosa pandemia llamada gripe española. Un texto brillante que permite ver a Blok como un moderno Polícrates, el poeta que legitima el modelo cultural bolchevique, sin importarle que esté en la base del destierro forzoso o del exilio interior de los que no se muestran dispuestos a aceptarlo. *Eupalinos* es el incunable de la cuestión soviética, tal como se presentó en la historiografía del siglo XX: el problema de la personalidad del bolchevique, de su apasionamiento ideológico, que hizo tanto más oscuro el golpe de Estado de octubre de 1917. Por otra parte, el Estado cultural soviético (que tanto fascinó a André Gide, aunque por poco tiempo) colisionó con el corolario americano que se difundió al calor de las propuestas del presidente Woodrow Wilson, donde la acción cultural era una forma de sentir el valor de la libertad.

Un poeta ruso, el primero, casi olvidado; un poeta francés, el segundo, famosísimo, litigando por lo que, en noviembre de 1918, la humanidad pedía: albergar nuevas esperanzas. Gran parte de esas esperanzas estaban puestas en superar el embrollo creado por la Revolución rusa y la necesidad de extenderla a España, a Baviera, a México, creando las condiciones que hicieron posible que un país como Rusia se transformara por decisión de un grupo de bolcheviques en la Unión de Repúblicas Socialistas Soviéticas (en su acrónimo, URSS).

Entre 1918-1923 destacan dos grandes y opuestas personalidades de la poesía mundial: Blok, el poeta de la Revolución de Octubre, y Valéry, el poeta de lo posible; uno supone el constructivismo como la expresión de una fe regenerada en la eficiencia de la acción cultural, el otro conjura las formas de la novedad que nutrirán los arriesgados años veinte. Una visión global del mundo entre versos. Estos dos poetas fueron testigos del brusco giro que se había producido, tratando de entender, cada uno a su manera, las razones históricas y las más inmediatamente políticas del cambio, iniciando un atractivo debate sobre los motivos del fin del mundo de ayer.

¿El fin del mundo de ayer? ¿Me refiero a la obra de Stefan Zweig?

Sí. Porque se trata de una reflexión humana y no de un artificio intelectual.

EL PRECIO DE LA PAZ

El 11 de noviembre de 1918 el alto mando alemán firmó el armisticio en nombre del káiser Guillermo II, convencido de que no se trataba de una rendición; sin embargo, los Gobiernos de Francia, Inglaterra, Italia y Estados Unidos pensaban de otro modo. La paz provocó la desaparición de los imperios centrales: alemán, austriaco y otomano. Había unos vencedores y unos vencidos; cualquier otra lectura carecía de sentido tras conocerse el texto del Tratado de Versalles. Para sobrevivir a las consecuencias de lo acordado, debían asumirse nuevas reglas de juego. Se trataba de una imposición existencial que pertenece a la estrategia política de las grandes potencias y a la que era imposible poner coto. Aquí debe citarse *París, 1919. Seis meses que cambiaron el mundo*, de Margaret MacMillan: la conferencia de paz de París se recuerda sobre todo porque dio paso al tratado de la Entente con Alemania firmado en Versalles en junio de 1919. Fueron decisiones veloces realizadas con una fuerte presión desde las bolsas de valores.

La actitud contraria ante la Gran Guerra se entiende. Los acuerdos de Versalles se forjan sin un horizonte de paz universal, salvo el que sueña el presidente Woodrow Wilson al regresar a Estados Unidos, convencido de haber cumplido con su deber. Europa, sin embargo, no tiene intención de cumplir el acuerdo. Los detalles del tratado resultan altamente desalentadores. Dan paso a la conciencia de que los muchachos murieron, escribió Ezra Pound, por una *old bitch*, dejando tras de sí una civilización para ser torpemente remendada por burócratas que se rieron a mandíbula abierta del trágico y vano sacrificio de millones de personas. Aquí comenzó todo, pues ¿acaso el sentido de su sacrificio no es apartado con desdén por aquellos que creen hoy en día en la necesidad de poner fin a esa civilización, aunque sea a base de bombas en las cafeterías o en los edificios más emblemáticos de una ciudad?

¿Venganza organizada? ¡Cómo no! Demos la palabra a John Maynard Keynes, el célebre economista, que lo percibe en 1919 al escribir el folleto *Las consecuencias económicas de la paz*. ¿Pide cordura? Ciertamente; y encuentra rencor. Que no quede por eso; los vencedores proponen tres disposiciones letales para los vencidos, preludio de una época de furor: primero, transferir los yacimientos de carbón y acero a Francia ocupando el Sarre junto a la devolución de las provincias de Alsacia y Lorena; segundo, quitarle a Alemania las colonias y la marina mercante; y tercero, el pago de treinta y tres mil millones de dólares en concepto de reparaciones de guerra. Cuando aprueban estos puntos, los vencidos protestan, pero no son escuchados. Entonces eligen para la queja el sonido del blues, pensando en la traición a los muchachos americanos que dieron la vida en los campos de batalla para alcanzar la victoria de unas potencias claramente inmorales a la hora de la paz.

Francia e Inglaterra asumen el papel de vigilantes-explotadores, así como de policía del mundo. A falta de un futuro prometedor, y siempre bajo la sensación de haber perdido, los alemanes, por razones de alta estrategia, se reorganizan dejando de lado el pasado imperial y apostando por la república, que sitúan en la ciudad de Weimar. Pero de momento no hay más remedio que los escritores y los músicos se ganen la vida en Berlín. Allí se encuentran los exiliados rusos. Un universo desolado y triste. ¿Terminal?

Los europeos necesitan dejar atrás la Gran Guerra y centrarse en el hecho de que habían perdido la confianza en sí mismos y no sabían cómo decir al resto del mundo que aún tenían una misión civilizadora que cumplir. La duda derribó Gobiernos y trastornó a los poderosos, cuya vida era un aburrido artificio social. ¿No es lo mismo que sucedió en 1989, al final de la Guerra Fría, cuando los ilusos gestores del capitalismo financiero a escala mundial llegaron a creer que la vía soviética había acabado en el cubo de basura?

Sí, ciertamente, y no es en absoluto el azar el que provoca con su fuerza terrible, inagotable, triunfante e invencible que las cosas sucedan y a la vez desaparezcan, sino que es como si para hacer historia trabajara una intención turbia y demoniaca, integrada tan profundamente en el tejido de la realidad humana que el hedor de esta intención lo inundara todo. El precio de la paz era, pues, en 1918, obra de una condenación y de un desprecio, y esto es lo que llamó la atención de quien empezaba a pensar como el gran pintor Paul Klee que «el arte no reproduce las cosas visibles: lo que hace es darles visibilidad».

BERLÍN, ANATOMÍA DE UNA DESESPERACIÓN

Érase una vez en Berlín, a comienzos de la década de 1920, una sociedad desesperada ante el porvenir al comprobar la inanidad del tratado de paz firmado en Versalles el 28 de junio de 1919 por el presidente americano Woodrow Wilson y el premier británico David Lloyd George, con la aquiescencia del primer ministro de Francia Georges Clemenceau y el de Italia Vittorio Orlando, que, entre otros descuidos, dejó Alemania en manos de los extremistas de uno y otro signo. Una situación que favoreció el desarrollo de una inacabable batalla cultural.

«Estamos en una época como la del helenismo o las guerras civiles en Roma, donde el asesinato político no significa nada». Estas palabras son del conde Harry Kessler, que había sido un famoso *flâneur* durante la Belle Époque. Sería demasiado fácil señalar que Kessler no intervino en política (se presentó una vez y no fue elegido pese a haberse presentado en un partido que contaba con Albert Einstein), pero sí utilizó la vía diplomática, especialmente en lo referente a las ciudades y las naciones de la Europa del Este; mantuvo siempre el espíritu abierto, dialogante, en medio de las tempestades de acero que llevaron a decir a Thomas Mann en *Reflexiones de un apolítico*: «Aborrezco la política y la fe en la política porque hace a las personas arrogantes, doctrinarias, intransigentes e inhumanas»; y además «sólo creo en la humanidad y en el trabajo, el trabajo de uno mismo, y me parece que el arte es la forma suprema, más noble, más severa y más dichosa de hacer ese trabajo».

Frente a Mann, Kessler cree que el compromiso es una necesidad en esos años, lo cual constituye una hazaña personal en pleno apogeo del populismo, que se revela como una trampa. Constatación asombrosa en un mundo de idolatría de la imagen, donde todo se ve a través de la pantalla creada por una ideología determinada, sin escuchar nada que no venga directamente del líder.

Kessler evoca la oportunidad perdida:

> El soleado domingo del 6 de junio de 1920 fue un día histórico para Alemania con poca gente en la calle, y la que había se dirigía con calma a las oficinas para votar. Una de esas oficinas estaba en la Linkstrasse, donde a media mañana la cola rodeaba ya el edificio. Prueba del interés que había despertado la jornada electoral entre los berlineses como en general entre todos los alemanes. La participación fue de un 79,2 por cierto de un censo de veintinueve millones.

La democracia trocada en la razón de ser de la política, el sueño de una civilización que avanza a medida que niega el pasado. Las ideas son oídas todas a la vez y esos instantes donde la gente vota son magníficos, la fiesta de la libertad. Aquel día se mitigaron los rumores del golpe de Estado de la derecha con apoyo de los militares que insistían en el argumento de la puñalada, *der Dolchstoss*, y se olvidaron de la misma manera las algaradas callejeras de los espartaquistas con sus cánticos a favor de una internacional de la clase obrera que limitara el poder del Estado nacional. Había que elegir un Gobierno y hacerlo bien para dejar atrás la polémica sobre el papel de la sociedad civil en el final de la guerra, el tema estrella de la campaña electoral, llena de acusaciones a los miembros del Gobierno por el pacto entre los socialistas del SPD y los populares para atajar la inclinación hacia el bolchevismo de los partidos marxistas; también el peligro que se adivinaba al ceder el partido democristiano ante el DNVP, Partido Nacional del Pueblo Alemán, un partido pangermanista creado con dinero de los grandes industriales; sin olvidar a los separatistas de Baviera y otros *länder*, quienes sugerían acabar con el Deutsches Reich, el Imperio alemán, todavía efectivo pese a la Constitución republicana y a que el káiser Guillermo II estaba exiliado en Holanda.

Breve: el 6 de junio de 1920 estaba en juego la influencia que desde la formación del Imperio en 1870 había tenido en Alemania la burguesía educada y los motivos para ser considerado alguien digno de ser recibido en un salón elegante o en los festivales de Bayreuth, donde Cósima Wagner ejercía de reina. Al avanzar el día, las noticias a pie de urna anunciaban el batacazo socialista. Los resultados lo confirman. El SPD de Hermann Müller saca el mayor número de votos y de escaños, 102, pero pierde 63 respecto a las anteriores elecciones constituyentes. En el lado de su rival, el USPD, Partido Socialdemócrata Independiente de Arthur Krispien, obtiene 84 escaños, 62 más que la vez anterior. Claro trasvase de votos. Pero no se iban a poner de acuerdo para formar Gobierno. En cambio, sí lo hicieron los diversos partidos de la derecha, desde los populares del DVP hasta los nacionalistas del DNVP. El 6 de junio de 1920, el socialismo alemán fracasó debido a la actitud de la izquierda radical y a una opinión pública contraria a las cláusulas del Tratado de Versalles debido a la propaganda nacionalista de que las potencias vencedoras les robaban. Si los partidos de izquierda moderada se mantenían unidos, la Constitución de Weimar resistiría la crisis. No fue así. Después de las elecciones las cosas no pudieron ir peor. En 1923, el Gobierno fue incapaz de hacer frente a la hiperinflación (el dólar se cambiaba por cincuenta mil marcos) y en aras de superarla promovió nuevas leyes, que no evitaron el incremento de la violencia en las calles ni los asesinatos de algunos personajes relevantes. Los mediocres se abrían paso con las pistolas.

Kessler escribió una biografía sobre Walther Rathenau en 1928, seis años después de que fuera asesinado por unos nacionalistas partidarios de la guerra civil para imponer *su* idea de Alemania. En la versión francesa, publicada por las ediciones Bernard Grasset, hay un prólogo del filósofo Gabriel Marcel donde habla del drama de la sociedad capaz de asesinar a los mejores para alcanzar sus hediondos objetivos. De eso trata la biografía, del análisis del recorrido de un político honrado en una época dominada por melifluos personajillos. Queda imaginar qué hubiera pasado de haber sobrevivido al atentado y de haberse consolidado un Gobierno capaz. Pero soñar es gratis. Ese no era el futuro que reclamaban. El final de Rathenau remite a la pintura de George Grosz y a la música de Kurt Weill.

Sabido esto, Thomas Mann toma el pulso de la época y conduce a la cultura a un sanatorio para tuberculosos en una «montaña mágica», mientras en el llano y en las ciudades se acude a los cafés y a los cabarets para seguir los acontecimientos. No todo el mundo. En 1925 Hugo von Hofmannsthal, cansado de todo, emprende un viaje por el norte de África, donde —escribió— «el azul turquesa se convirtió en una delicioso verde». Remite a la tradición de Goethe y su teoría de los colores: es una muestra de comportamiento humano en estados límite como el que comenzaba a vivirse en Alemania en los años veinte con una recuperación irracional de cierta tendencia a lo germánicamente literal.

¿Y qué más? ¡Rápido! Un pueblo tiene derecho a saber por qué entra en una deriva autodestructiva llena de buenas intenciones. La deriva ya estaba diseñada desde hacía cincuenta años, pero ni uno solo parecía considerar el efecto de tan loable fin al fondo del alma alemana en la conducta social. Hubo que esperar mucho tiempo para encontrar un historiador como Fabrice d'Almeida que supiera explicar la situación creada en un libro de 2006 dedicado a la vida mundana del nazismo que se tradujo entre nosotros como *El pecado de los dioses*, con el fin de conocer y comprender lo sucedido. Por esta razón, molesto porque ningún contemporáneo supo enfrentarse a este elevado objetivo sin caer en el recurso a las metáforas poéticas, comunico mi plan de entrar en el laberinto de la batalla cultural del siglo XX para situar luego los motivos de aceptación de una deriva que ha llevado varias veces a las puertas del infierno.

UNA TIERRA BALDÍA

La Vieja Europa se derrumbó en cuestión de meses, aunque la inepcia de los dirigentes era tal que pocos sentían nostalgia por la sociedad que se dejaba atrás. Toda la paradoja de estos años queda perfectamente ilustrada en un poema de 1922, «La tierra baldía», de T. S. Eliot, que rompe en mil pedazos el mito de que la guerra se hizo para cimentar un lugar para la democracia. Las metáforas poéticas primero, los sentimientos y la angustia después. Eliot se inclina sobre el mundo afirmando que «abril es el mes más cruel, porque hace brotar lilas en tierra muerta». Sin embargo, son versos encriptados para una sociedad perpleja a medida que el Tratado de Versalles se aplicaba en un territorio concreto, pues, «bajo la parda niebla de un amanecer de invierno», los europeos comprueban con escasas excepciones que sus señas de identidad se borraban con la misma rapidez que desaparecían las viejas fronteras y la seguridad jurídica de haber pertenecido a imperios seculares.

Los líderes políticos surgidos de la guerra son como niños aturdidos que desempeñan sus papeles en la sociedad sin saber siquiera que son empleos. Todos tienen sus posturas, sus gestos, sus intenciones ocultas, sus *aires* de frívolos paseantes por la historia. La ópera lo demostrará: tiempo al tiempo. Escuchen si no *Katia Kabanová* de Leoš Janáček o *Wozzeck* de Alban Berg para cerciorarse de que en esos años se sabía a ciencia cierta que se estaba en el corredor de las ratas, donde los hombres muertos perdieron sus huesos.

Dicho esto, las respuestas no se hicieron esperar, ya que, al fin y al cabo, es necesario enderezar el curso de la historia. En los primeros meses los soldados que ya no tenían a quien servir, en Alemania o en Austria, comenzaron a reunirse, según decían, para proteger Europa de los bolcheviques que imponían su ley en Rusia y trataban de hacerlo en Baviera o España; junto a ellos, la gente acomodada buscó el modo de recuperar el tono de vida cosmopolita de ciudades como París, Dresde, Viena, Praga, Berlín, Budapest, Liubliana o Czernowitz, confiando en cierta medida en la capacidad crítica de sus élites; sin embargo, todo había cambiado y algunos acontecimientos que parecían no tener la mayor trascendencia hicieron temblar los cimientos de Europa: poblaciones amotinadas contra los barones locales, migraciones forzadas por la aparición de las nuevas naciones, una clase obrera agrupada en sindicatos exigiendo mejores salarios y condiciones de trabajo. Ahí se revela el espíritu de la década de 1920 y lo que siguió, un espíritu basado en la yuxtaposición de una sociedad que aún creía en la capacidad regeneradora de la democracia con la explosión de movimientos de masas que participaron a veces sin saberlo de la creación de los totalitarismos.

Fueron unos tiempos favorables a hombres de negocios con nula solidaridad con sus semejantes, a políticos que a menudo jugaban doble juego y que incluso eran encargados de hacerlo así por los magnates de la industria o de la banca, a corresponsales de prensa interesados en informar a los lectores de América sobre la situación de Europa. Había comenzado la era de los salvoconductos y los visados, auténticos y falsos, con los que una minoría pudo trasladarse de lugares poco favorecidos por la fortuna y con escasas perspectivas de futuro a otros que al menos en principio emprendían una nueva vida, aunque el desencanto estuviese emboscado al final. Un ambiente de tensión creció a medida que la vieja fraternidad de la clase obrera dio paso a una enconada lucha por un puesto de trabajo (el paro era inmenso) o un salario, aunque fuese escaso. La lucha se trasladó a las calles. Allí se dirimió la tensión social, por medio de manifestaciones donde las masas atrapadas en la miseria denunciaban la gran desigualdad entre ricos y pobres. En su delirio, se exponían propuestas para el futuro ante las que, pese a la tristeza del momento, no quedaba más remedio que reírse. Tierra baldía, en suma; o mejor, ciudades irreales bajo la parda niebla de invierno.

Es el momento para *El cuarto de Jacob* de Virginia Woolf, las *Elegías de Duino* de Rainer Maria Rilke o para el segundo volumen de la *Recherche* de Proust, con la que se busca conmover a una sociedad criticando la *adquisitive society*, la sociedad de consumo (el concepto es del historiador de la economía R. H. Tawney), a la que responsabiliza de la guerra y de sus secuelas morales. Cuando el ángel de las *Elegías*, que habla desde Ronda, llama destino «a estar enfrente y nada más que esto y siempre enfrente»,

¿quién no sentiría en ese año de 1919 un estremecimiento supremo de miedo y de esperanza?

Es un sentimiento experimental que se percibe en las *Cinco piezas para piano*, opus 23, de Arnold Schönberg, punto de partida del serialismo, ante la batalla cultural que está a punto de comenzar. Los europeos participaron en ella apretando los dientes. Algunos lo entendieron desde el mismo instante en que vieron *El gabinete del doctor Caligari*, donde el miedo se impone en unas escenas demoniacas con decorados expresionistas. He aquí un paso hacia 1922, cuando *La tierra baldía* de Eliot debió enfrentarse al *Ulises* de Joyce. Difícil asunto. Nadie está seguro de cuál va a ser el canon de la nueva cultura, pero ese estremecimiento ante la lectura y la audición de estas obras llenas de espíritu renovador está en el centro de todos los comentarios. Pirandello con *Enrique IV*, por el mero hecho de haber imaginado la misma encrucijada, es un elegante transgresor de la idea de excepcionalidad querida por el renuente positivismo. Será castigado.

Ezra Pound también será castigado, pero por otros motivos: el suyo, decir que Inglaterra, lisonjeando a Shakespeare, es «una bruja vieja y desdentada». Se pone a hablar del ocaso de su civilización sin que nadie acierte a saber qué quiere decir exactamente. Se salva, es verdad, por la finura de sus poesías. Pero su obra no es otra cosa que el drenaje de los vastos pantanos de la fraseología que tanto abundaba entre los cuatro futuros salvadores de la patria: Hitler, sumergido en el furtivo y turbulento mundo de los veteranos de guerra con los que compartía su resentimiento por la traición al ejército alemán; Stalin, que esperaba agazapado la muerte de Lenin para convertir al bolchevique en agente de un Estado totalitario; Franklin D. Roosevelt, que revoloteó en la periferia de las negociones de paz en Versalles cansado de la estulticia de los aliados; Winston Churchill, que ideaba planes para llevar a Inglaterra a una situación límite donde volviera el Imperio o dejara de ser una potencia imperial.

De regreso al debate de ideas de estos años, aún hay alguien que desafía la tierra baldía: el sociólogo Max Weber y su convicción de que Occidente entraba en una fase de *Entzauberung*, de desencantamiento. Compite durante meses, o años, con los teóricos de la decadencia, que enredaban sobre las dificultades de la Vieja Europa para salir airosa del desafío de los bolcheviques que combatían por la cultura sin respiro.

DESENCANTAMIENTO O DECADENCIA DE OCCIDENTE. SPENGLER

¿Desencantamiento o decadencia de Occidente? El debate está servido. Hasta ahora todo había sido sencillo cuando se reconocía abiertamente que lo que estaba en juego en la Gran Guerra era el control de las colonias que asentaban el imperialismo como la fase final de la economía capitalista, con la clave de bóveda en la industria armamentística. La revolución de 1917 en Rusia completa el panorama porque en el Este se levanta una opción sin precedentes, la bolchevique, inspirada en parte del comunismo, que a su vez había surgido de la lectura de *El capital* de Karl Marx. Hoy es sobradamente conocido que, en el marco geoestratégico surgido tras el armisticio del Segundo Reich, los líderes socialdemócratas alemanes jugaron una partida temeraria habida cuenta del peso de los espartaquistas de Rosa Luxemburg, que proponían darles el poder a los soviets de obreros y soldados en un gesto desesperado cuando no abiertamente una distopía. Eligieron un mal momento para llevar la discordia al centro del alma alemana.

Mucho antes de que pudieran darse cuenta, en enero de 1919, los berlineses se desayunaron con una huelga general que paralizó un país de por sí confundido por la derrota en la guerra. Era el presagio de una lucha de clases enconada, con poco futuro. El primer ministro de la recientemente creada República de Weimar, Friedrich Ebert, ordenó a su ministro de Defensa, el socialista Gustav Noske, que sacara al ejército a las calles pare mantener el orden. Esa decisión dio alas a un oscuro escritor que hasta ese momento apenas había brillado más allá de los cenáculos de sus pocos adeptos. Iba a ser un escritor visionario el que sabría prever en qué dirección soplaría el viento en la Alemania de los años veinte.

Oswald Spengler, que unos años antes había descrito la evolución del conflicto que ahora vivía Berlín (en realidad toda Alemania) en un folleto que pasó casi inadvertido, concluye su reconstrucción de los hechos con una apreciación muy oportuna que le lleva a cambiar el título de la obra del poético *Der Untergang des Abendlandes*, el hundimiento de las tierras de poniente, al comercial *La decadencia de Occidente*, con un lema para la promoción: «La filosofía de nuestro tiempo».

Spengler entró de lleno en la polémica del momento, sin amedrentarse lo más mínimo: la cultura bolchevique es la responsable de los males, incluso de la «puñalada» que tuvo que soportar el ejército imperial alemán. ¿Podría haber hecho un esfuerzo para actualizar un texto escrito en 1911 al ver todo lo que había sucedido en Alemania desde entonces? No lo hizo, a pesar de que se le concedió el Premio Nietzsche a iniciativa de la hermana del filósofo, ante el desdén de Max Weber, que definió el libro como la obra de un diletante ingenioso. Lo que sí hizo, en todo caso, es una descripción expeditiva de la civilización próxima al ardor autodestructivo, nihilista, tras una fase de arrogancia imperialista con el káiser Guillermo II entre 1888 a 1918, y de una fe inquebrantable en la supremacía alemana. En pleno ocaso de los valores de la época guillermina, Spengler se asignó a sí mismo el derecho de preguntarse si la cultura bolchevique era una amenaza real para Alemania en calidad de enemigo interno del *Sonderweg*, la vía que había creado la excepción alemana. Y respondió a su propia pregunta afirmando con mal disimulado alborozo que el caos y la ruina de su país eran responsabilidad de fuerzas ocultas. ¡Esa fue su aportación a lo que vino después entre los que creyeron identificar cuáles eran esas fuerzas ocultas!

El éxito de su libro no se ciñó a Alemania; alcanzó también a España de mano de José Ortega y Gasset, que impulsó la traducción de José García Morente para la *Revista de Occidente*, y la avaló con un prólogo, donde entre otras consideraciones escribió: «Este libro nace de profundas necesidades intelectuales y formula pensamientos que laten en el seno de nuestra época». Por eso gustó tanto. En sus páginas se promete una redención a base de sintetizar un puñado de ideas que corrían en los ambientes culturales alemanes de su tiempo, hasta el punto —sentencia Ortega— de que «Spengler es un poderoso acuñador de ideas, y quienquiera que penetre en las tupidas páginas de este libro se sentirá sacudido una y otra vez por el eléctrico dramatismo de que las ideas se cargan cuando son fuertemente pensadas».

Como narcisista, la falta de Spengler fue abarcar demasiadas ideas, desde la física de Einstein a la biología de Uexküll, lo que finalmente le provocó las mayores críticas. Las más severas llegaron de Inglaterra, donde el joven profesor de historia bizantina del King's College Arnold J. Toynbee no dudó en refutar el determinismo de Spengler (no todas las civilizaciones han de morir) escribiendo un informe sobre esta cuestión que con los años dará lugar a la monumental *Estudio de la historia*, consagrada al flujo y reflujo del proceso de civilización. Lo que en los primeros momentos contó para él fue el desafío a los defensores de la *british identity* para que explicaran los motivos de la declaración del ministro Arthur James Balfour respecto a la necesidad de crear un hogar nacional para el pueblo judío en Palestina. La respuesta de sus colegas fue acusarle de antisemita y de enemigo del pueblo judío, abriendo así la puerta a un debate que no cesará hasta hoy. En todo caso, Toynbee es un pionero a la hora de señalar la necesidad de un cambio en el modo de hacer historia, lo que en Moscú proponía por esos mismos tiempos el marxismo. Sin embargo, reconoce que es demasiado pronto para eso; deja el King's College y acepta el encargo del *Manchester Guardian* de escribir sobre la guerra greco-turca.

¡Vaya!

El historiador Arnold Toynbee hace de reportero, al modo de T. H. Lawrence (Lawrence de Arabia) en *Los siete pilares de la sabiduría,* sobre los acontecimientos de la periferia de los imperios, demolido el ideal de la carga del hombre blanco del que habló Rudyard Kipling. Hay que sustraerse del espejismo supremacista que, en las tres últimas décadas (desde 1871, cuando Arthur Rimbaud lo vio venir), había creado la idea de una idiosincrasia nacional. La mejor prueba de esa toma de conciencia reside en el hecho de que el influyente lord Acton, director de la *Cambridge Modern History*, recomiende a los jóvenes historiadores arremolinados en torno a él que se ocupen de un problema, no de un periodo. Pero ¿qué hacer con la patria en peligro? Ese es el punto nodal: nación obliga.

UN GABINETE PARA HACER HISTORIA (EN ALEMÁN)

En la orilla derecha del Rin se sigue hablando de la excepción alemana, de la *Sonderweg*, como en tiempos del Segundo Reich, a la espera de ver qué hará el Tercer Reich con los modos de pensar cómo asentar una civilización genuinamente germánica. ¡Cuidado! Se prepara otra revolución en el estudio del pasado como eje.

Al repasar el paisaje cultural creado en Alemania tras la Gran Guerra aparecen las figuras insignes que, en medio de un duro debate académico, definen el efecto del pasado en el futuro: Max Weber, Otto Hintze, Georg Simmel o Aby Warburg (con su joven medievalista de guardia, Percy Ernst Schramm) son los nombres que dan a conocer, a estimar y a temer a los alemanes de los años veinte.

De todos ellos se aprende que hay un destino manifiesto muy antiguo, una conciencia de ser un pueblo orgulloso desde la época de los nibelungos, en la que Sigfrido luchaba contra los invasores procedentes del Este y contra los enemigos internos del modo de vida germánico como ese Hagen de Tronje del poema medieval (y de la ópera de Wagner). Hay toda una batalla cultural a la hora de definir lo que la palabra *Deutschland* significa realmente.

Significa de entrada la entidad de un Estado más antiguo y sólido que el Segundo Reich, y que no se cuestiona ser una república diseñada por los socialdemócratas tipo Max Weber (como tampoco una república federal diseñada en 1949 por cristianodemócratas tipo Konrad Adenauer). Lo que no queda claro para los promotores de este resurgimiento de lo alemán tras el armisticio es que el proceso de construcción nacional tenga que ser *manu militare*, con personajes como el mariscal Paul von Hindenburg, para que el nuevo modelo político-social sea aceptado por los dirigentes de los diferentes reinos del antiguo imperio, desde la católica Baviera a la protestante Prusia pasando por la pietista Sajonia. O se opta por escoger nuevas sendas, es decir, ir a un cambio más amplio como proponen los espartaquistas. La idea de restaurar el Estado alemán sin necesidad de que sea un imperio es diseñada por el medievalista Georg von Below en sus debates con Karl Lamprecht, luego pulida por Friedrich Meinecke al elogiar la cultura alemana de Goethe a Ranke, para, finalmente, ser sublimada por el pangermanismo, que hace de la Edad Media el fundamento del mundo moderno, una idea que llega hasta hoy con el bávaro Karl Bosl litigando con su paisano Michael Seidlmayer y el austriaco Otto Brunner.

El archivo, el documento, los orígenes son las vías de estudio abiertas por Leopold von Ranke. La historia política girando en torno a un Estado alemán que había permitido el ascenso de la burguesía a la sombra de la dinastía de los Hohenzollern, como mimesis de lo ocurrido a finales del siglo XII, en los tiempos de los Hohenstaufen y su apoyo a la expansión alemana hacia el este, y de la poesía de los Minnesänger, pero que entre 1918-1923 favoreció un giro republicano que cambiara todo para que nada cambiase. Aun así, la sustancia del juego político alemán no se vio afectada: si acaso la variable se debe a la entrada de nuevos actores procedentes de los márgenes de la sociedad; luego lo veremos. Ahora baste retener que el huevo de la serpiente se gestó en esta batalla cultural por imponer este modelo de civilización germánica entre a quienes les importaba sobre todo la lealtad racial ciega y a quienes les preocupaba la verdad objetiva.

RECONSIDERANDO EL PASADO

Pensar una historia nacional (en alemán) no era fiable del todo. A 1919 se remonta la decisión de André Gide y sus colegas de la *Nouvelle Revue Française* (la célebre *NRF*, sello de Gallimard) de premiar un esfuerzo por purgar la sensación de un tiempo malgastado por la torpeza de la clase política reunida en Versalles. Cuando se siguen sus sumarios en la prensa diaria, los intelectuales parisinos se aburren, y con ellos toda la banda de jóvenes que se han salvado de las masacres en las trincheras de Verdún y otros lugares de la memoria de la guerra. Para entender el sentido de una época afligida, logran que le concedan el Premio Goncourt a la segunda entrega de la saga *En busca del tiempo perdido* de Marcel Proust, que llevaba el título *A la sombra de las muchachas en flor*, una maravillosa manera de reconsiderar el pasado a través de las anécdotas almacenadas en la prodigiosa memoria de su autor. Proust no duda en remontar escalón a escalón la genealogía de un mundo que ha decidido construirse a base de una batalla cultural sobre la hegemonía ideológica y aún no sabe por qué lo ha hecho, pero su escritura envía al lector otro mensaje: los sucesos del pasado son modelos de conducta buena y hermosa que deben ser superados, pero su reconocimiento toca en lo vivo a las personas, hombres y mujeres, que frecuentan las vanguardias, persuadidos de que ahí reside la necesidad del cambio. La historia cotidiana alimenta más que cualquier otra en el entorno de los jóvenes sobrevivientes la preocupación de evitar que se evapore su sacrificio en las trincheras.

Esta exigencia de solemne orgullo patriótico explica que este segundo volumen de *En busca del tiempo perdido* fuera redactado con todos los ornatos de la buena literatura para traspasar el umbral de los recuerdos personales avivados por el proceso de la historia desde la bella evocación del revolucionario tiempo de las cerezas al tiempo de los desastres de una guerra inhumana, y de completar lo que había visto por sí mismo, oído y recogido de sus familiares y amigos más ancianos, y así llegar sin dilación al territorio de lo maravilloso, donde florecieron las *jeunes filles*. Hay algo de cuento bretón en estas evocaciones que, gracias a los estudios de Pierre-Maxime Schuhl sobre lo maravilloso, la afectividad y las imágenes, llegan hasta hoy en *El espejo de nuestras penas* de Pierre Lemaitre, pasando por la deliciosa aventura a la que Jacques Demy, contando con la música de Michel Legrand, sometió a dos muchachas en flor en la ciudad bretona de Rochefort a los peligros de la psicología de la fabulación que ya se habían visto en los famosos *Contes* de Perrault.

La novela de Proust tiene una tonalidad muy particular. Es un lamento, una queja sobre el recuerdo feliz en un día desgraciado. La sensación de pérdida acaba de herir a los vencedores tanto como a los vencidos. No hay una explicación oficial al respecto; acaso por falta de ideas en las esferas elevadas de la política francesa y británica. La función de este relato no es instruir a los sucesores de los vencidos, esos alemanes que se resisten a dejar de ser lo que son, sino captar como último grito la benevolencia de quienes vencieron. Con esta intención, el hábil Marcel Proust hace página tras página el elogio de la necesidad de fijar la realidad sexual del futuro. Pero eso queda en la sombra de momento. Hay que esperar a la tercera entrega, *El mundo de los Guermantes*, y a la cuarta, *Sodoma y Gomorra*, para que lo aborde. Estas dos últimas entregas son la fuente principal del interés que despierta el mundo de la homosexualidad; menos fogoso que el recorrido por Swan persiguiendo a Gilberte y Odette, prudente hasta la lealtad que no consigue de Agostinelli, mal aconsejado, que cae en la desmesura y la pena. Proust fue duramente castigado por ese *affaire*. No es que hubiera amado demasiado a un hombre, pero sí que olvidó los deberes de escritor. Luego regresó por un momento a la tarea, con la sensación de que tenía poco tiempo, y descubrió los senderos de la hipocresía que dominaban transversalmente la vida política y que afectaban de igual modo a los conservadores ingleses y a los bolcheviques rusos.

El 18 de mayo de 1922, Proust advierte la fragilidad de su legado, sin saber que le quedaban pocos meses de vida, en el viaje en taxi con James Joyce tras haber asistido a la audición del *Renard* de Igor Stravinski. Al confesarle Joyce que no había leído nada suyo, sabe que el mundo quedará atrapado en los laberintos simbólicos de un Ulises casi dodecafónico. Se resiste a aceptar que no haya sido comprendido en su hora sideral y se sienta a su mesa del Ritz, que tiene siempre reservada para él, pensando en que vive una mala comedia basada en el engaño. Hoy es un producto cultural entre otros más, alentado por el aniversario de su muerte, causada por una bronquitis mal curada el 18 de noviembre de 1922.

LOS LÍMITES DE LO HUMANO. REHABILITACIÓN DE LA TAUMATURGIA

En 1922, el historiador francés Marc Bloch da por concluido un estudio sobre el carácter sobrenatural atribuido al poder de los reyes en Francia e Inglaterra que, tras la obligada lectura por sus pares Lucien Febvre y Charles Blondel, decide enviar a la editorial Armand Colin para que lo publique con el título de *Les rois thaumaturges*.

Hoy día, en una lectura crítica, no estamos seguros de qué despierta mayor admiración en este bello libro, si el poder que produce la imposición de manos en las dinastías de la Vieja Europa, principalmente en la de los merovingios, o la duración de las creencias en los actos curativos que se extienden desde la alta Edad Media a la época moderna. La verdad esencial escapa por fuerza a nuestros más sutiles análisis, ya que el poder mágico de la imposición de manos sobre un cuerpo enfermo aparece atestiguado en numerosas culturas. Pero las dimensiones mismas de este estudio sólo se pueden hacer conscientes cuando se piensa en la época en la que Marc Bloch lo escribió, el periodo entre 1918-1922, periodo de posguerra, donde es natural que se profundice en un tipo de vivencia, aunque en este caso se deba a una inspiración genial sobre los fundamentos de la cultura europea.

Esta magna obra supuso para los lectores una inmersión en patrones del comportamiento de los europeos pocas veces vividos como experiencia social, más bien aceptados desde la perspectiva de que una vez, en el pasado, hubo mundos enteros de conductas extrañas, como el hecho de que hasta el siglo XVII los reyes franceses e ingleses gozaban del privilegio de sanar a los escrofulosos. Ciertamente toda esa práctica curativa tiene una cierta aura surrealista, aunque no puede evadirse la alarmante sensación de que las fuentes dejan bastante claro los casos sanados por la imposición de manos de los reyes o de algunos personajes enigmáticos que hacían lo mismo, pero en dirección inversa, como los casos que cuenta el monje Elgard, que realizó una imposición de manos al rey Roberto el Piadoso a comienzos del siglo XI con excelentes resultados.

Marc Bloch plantea la necesidad de curación en un momento en que la sociedad occidental había inaugurado la pasión farmacológica para el acto de sanar pequeños malestares o grandes enfermedades. En la toma de estos productos que en el pasado surgían del poder de las plantas y que en el siglo XX caerían en manos de la industria farmacéutica con sus placebos en forma de dictados para la buena salud. La decadencia del valor de la taumaturgia es, pues, consecuencia necesaria de la aplicación de la teoría del progreso al arte de sanar. Por eso el libro de Marc Bloch logró conectar con una red intelectual (la de los años veinte) que unía a determinados historiadores con antropólogos culturales o sociólogos del hecho religioso (seguidores de Émile Durkheim) para familiarizarse con el pensamiento *sauvage* de forma que pudieran actuar como si formaran parte de ella, como si pensaran de la misma manera. Esa forma de saber propia de los antropólogos, según la fórmula de Dan Sperber, es decisiva para una filosofía extrema que reafirma una postura dentro de la convención, lo que exige definir el valor del conflicto y no desviarse de él.

PRESAGIOS DE UN CONFLICTO SIN FIN

A finales de 1922, los europeos descubrieron que estaban en medio de una batalla cultural entre los emergentes Estados Unidos y la naciente Unión Soviética. No era una guerra fría aún; sin embargo, la presagiaba. A los estadounidenses, dolorosamente conscientes tanto de su futilidad como de su desprecio para reconstruir el mundo destruido por la Gran Guerra, se oponen los soviéticos, cargados de certezas absolutas con las que conducen a los nostálgicos de la Revolución de Febrero de 1917 a los campos de trabajo a modo de prisioneros de un pensamiento que no permite la discrepancia. Son años de seres rotos, de inciertos finales y de hedor difícil de soportar. Ambos adversarios terminan con narraciones contrarias sobre lo sucedido y por qué sucedió así, sobre el significado de las muertes en las trincheras y el carácter de los protagonistas. Pero para tener una descripción de lo sucedido es necesario contar con un buen relato. Y por eso la novela se convirtió en un referente.

Desde su residencia en el hotel Stalin, una mezcla arquitectónica entre el estilo Bauhaus y el soviético donde por las noches se recitaba a Baudelaire o se escuchaba *Carmen* de Bizet, Nikolái Antíferov, autor de la insondable *El alma de Petersburgo*, de 1922, recrea la vida de los prisioneros y deportados dispuestos a resistir. La conciencia del hecho cultural les confería en la adversidad el derecho de reclamar el trabajo esclavo como renacimiento. Es por tanto una virtud de resiliencia, y los marginados del partido ocupan el proscenio. La gesta de Antíferov designa por su nombre a muchos de ellos; también a mujeres. Algunas son algo más que simples figurantes: son, precisamente, las que se encargan de la enseñanza. El excepcional interés de este texto es situar en primer plano a personajes excluidos por el modelo soviético ideado por los bolcheviques una vez han ganado la guerra civil contra los «blancos», los rusos que aún pensaban revertir la situación al verano de 1917. La obra paradójicamente es panegírica de la sociedad sovietizada como la sociedad movilizada en contra de la voluntad individual. Pero ¿acaso no es eso lo que sitúa esos hechos en el lado malo de la historia?

El escritor americano de origen portugués John Dos Passos publica *La iniciación de un hombre* (1919), una novela en la que ofrece un mapa completamente distinto de lo que se espera del ser humano en el futuro; y sirve de comparación. Su turbadora tendencia a los blues hace esplendente la virtud de los prisioneros soviéticos que mueren a centenares de miles en los trabajos de construcción de las obras faraónicas ideadas por Stalin. Aquí anida la paradoja de este combate entre la cultura del capitalismo maduro y la soviética. Toda la honra del hombre de Dos Passos emana de su deseo de querer ser lo que es; mientras que la honra de los esclavos que trabajaban en los campos a favor de la llamada Revolución de Octubre emana del olvido del verdadero hecho revolucionario que tuvo lugar en febrero de 1917 y no en octubre.

Hay que leer en paralelo los artículos de Walter Duranty en el *New York Times* en plena Nueva Política Económica de Lenin de 1922 sobre las condiciones de los prisioneros en los campos de trabajo soviéticos, origen del estalinismo, y la novela en ejecución en ese año (sería publicada 1926), *El gran Gatsby* de Francis Scott Fitzgerald, la historia de un misterioso personaje cuya casa en West Egg está siempre abierta a bulliciosas fiestas donde se suele tocar jazz y que muere asesinado por un equívoco en la piscina. Y hay que leerlas en paralelo porque representan los dos modelos culturales enfrentados (el soviético y el estadounidense), pero que son el mismo respecto al valor de la vida humana.

Entendámonos: los esclavos de los campos de trabajo y los invitados a las fiestas de Gatsby, incluido Nick Carraway, que ejerce de narrador, son piezas en un tablero, pero los que juegan están fuera, en los despachos de los bancos de Manhattan o en la sede moscovita del Partido Comunista. En la áspera competición que está por venir, Rockefeller y Stalin simplemente ejecutan un plan que exige a las masas cumplir su papel en el orden económico fijado.

Hablo de las masas. Esto es lo que distingo sustancialmente de este juego de poder ideado en los años inmediatamente posteriores a la Gran Guerra. Mientras la gente se engañaba, la ambición no descansaba. Los efectos de las masas en la vida política son, a mi modo de ver, los siguientes: una sensación de protesta, una actitud glacial ante el peso de la historia y una rebeldía genuina ante las élites económicas. Miran a la cara a los patronos para los que trabajan, ricos empresarios capitalistas o recios funcionarios del Estado soviético, y más que protestar, reaccionan ante ellos. Es ese talento por la reacción colectiva el que le lleva a ocupar un lugar en la historia.

¡Cuidado! Se prepara *otra* revolución, y además en sentido contrario: la que se sirvió por medio de una marcha a Roma dirigida por Mussolini; la que se planteó como un *putsch* en Múnich con Hitler a la cabeza; la que llevó al general Primo de Rivera a exigir al rey Alfonso XIII que nombrara un directorio militar para sacar a España del conflicto social. La vida no se detuvo, sus actores siguieron con su parpadeante mirada en busca de soluciones basadas en la exclusión del adversario, a veces llenos de buenas intenciones. Y así fue.

6

EL ALMA DE LAS MASAS

(1923-1932)

El hombre no tiene naturaleza, lo que tiene es historia.

JOSÉ ORTEGA Y GASSET, *Obras*, V, p. 40

ORTEGA Y ORWELL CARA A CARA

En Madrid, en 1927, en las páginas del diario *El Sol* la batalla cultural obtiene por fin su nombre tantas veces buscado: rebelión de las masas. Es en una serie de artículos de José Ortega y Gasset, filósofo y editor. Frente a él encontramos a George Orwell, periodista y autor de novelas, a la hora de fijar a las masas en el proceso que conduce a una humanidad sin clases. En lo que discrepan es tan básico como en lo que coinciden. Ambos tienen a España como centro de atención preferente, al ver a este país sumido en una deriva que conduce a sus habitantes a no entender nada del pasado ni del futuro, a contentarse con lo que tienen y sanseacabó.

El alma de las masas se revela como un contrapunto en el curso de unos acontecimientos inmerecidos y supuestamente maravillosos; es así porque el hechizo de lo español, si bien no sacaba al país de su profunda oquedad, poseía un encanto especial. Y con esa actitud ante la vida se afrontó la rebelión de las masas, salpicada aquí de infundadas ilusiones sobre un futuro prometedor de la humanidad. A veces las encinas quieren ser robles. Los responsables del capital, furiosos, hacen ruido para impedir que oigamos a las masas, con sus quejas, pues he ahí la esencia del asunto, lo que le permite a Ortega crear puentes con Orwell, a pesar de lo diferentes que son. A los representantes del capital no les importa llevar la situación al límite en forma de crisis financiera: la del jueves 24 de octubre de 1929 es la más famosa a escala internacional. Consecuencia: poca armonía. No digamos que estamos a favor del pueblo, de sus derechos, si no nos gusta el alma de las masas en acción, sus demandas a veces exageradas pero justas, llenas de optimismo, es decir, simplemente esperanzadoras.

Ortega y Orwell coinciden al describir el papel de las masas en la historia de España, aunque discrepan en el modo de valorarlas, y eso se extendió a la hora de encontrar categorías descriptivas para explicar el paso de la dictadura de Primo de Rivera a la Segunda República y de esta a la Guerra Civil y el régimen de Franco. Una tragedia, coinciden en afirmar, sumidos en la duda a la hora de proponer una salida al laberinto español, ya que, al fin y al cabo, es el prólogo a lo que sucedió después en el resto del mundo durante la Segunda Guerra Mundial.

Ortega es un filósofo. Hay que saberlo para sentirlo. Escribió ensayos, dictó conferencias, publicó artículos de opinión en los diarios, y todo ello para describir la vivencia (no en vano había estudiado con el historiador Wilhelm Dilthey) de estar ante la deshumanización del arte que explica la presencia de las masas en la vida social, una presencia en la que atisba la inerte materia del proceso histórico. En el año de la caída de la dictadura de Primo de Rivera y por extensión de la crisis de la monarquía española, 1930, publica un libro célebre, *La rebelión de las masas*. Cuando leemos el argumento sobre el papel del hombre-masa, responsable del fascismo y del nazismo (del estalinismo también), nos percatamos de por qué considera que la ambivalencia es lesiva para la democracia, ya que en su opinión fomenta el espíritu de una parte como si en lo más hondo, en un remoto y oscuro rincón del alma de las masas, existiera un dominio implacable y actuara desde allí, desde lo más profundo, consumiendo todas las energías de una sociedad. Eso era el ayer de España; ¿también el hoy?

Orwell, nacido Eric Blair un 25 de junio de 1903 en India, convierte su condición de reportero y novelista en un arte a la hora de describir un periodo de incertidumbre con gran libertad de opinión; en *El camino a Wigan Pier* anota: «El fracaso es la única virtud. El menor atisbo de realización personal, incluso de triunfar en la vida hasta el punto de ganar algunos cientos al año resulta horrible en lo espiritual, una especie de intimidación». Esa actitud le lleva a separar la historia de los grupos acomodados de la historia de la gente sencilla, de aquellos como él que estaban sin blanca en París o Londres; dos ciudades, la misma condición social (atrae así a lectores de Dickens). Su novela sobre el efecto de las masas en la vida social tiene forma de un cuento de hadas, *Rebelión en la granja,* donde la razón del bolchevismo la explica en forma de alegoría, diseñando figuras de animales a los que distribuye cargos y honores. La descripción disgustó a Sidney y a Beatrice Webb, quienes, en 1935, tras un viaje a la Unión Soviética, publicaron *Soviet Communism: A New Civilization*, donde afirman: «El Gobierno soviético representa una nueva civilización, con una actitud renovada ante la vida, lo que supone un novísimo modelo de comportamiento en lo relativo al individuo y su relación con la comunidad». Dicho esto, queda el vaticinio: «Esa civilización está destinada a extenderse a otros países en los próximos cien años poco más o menos»; es decir, que es esencialmente el futuro.

Ortega y Orwell matizan el exceso de optimismo sobre el efecto de las masas en la sociedad; ambos coinciden en sostener que España es la arena donde mejor se refleja el debate entre los que creen en el porvenir del capitalismo liberal y los que proponen la vía bolchevique como la única realmente a la altura de las circunstancias, y quizá por ello es hoy uno de los pocos países de la zona euro que lo mantiene aún como acción de Gobierno. ¿Existe algún otro país europeo como España sin capacidad de percibir el riesgo de una batalla cultural enquistado en el tiempo? Describir la rebelión de las masas en la década de 1920 en España para luego saber cómo afectó a la ulterior vida política es un ejercicio intelectual que exige radicar la amargura del fracaso. En mayo de 1937, Ortega y Orwell se hallan en la misma situación, uno escribe *Ensimismamiento y alteración*, otro *Homenaje a Cataluña*, y ambos perciben que, en el mundo que ha salido del Tratado de Versalles, la batalla cultural no se desarrolla conforme a las reglas del juego intelectual creado por Zola y sus amigos para defender al capitán Dreyfus, sino en el interior de una deriva ideológica que lo arrastra todo a un torrente de destrucción.

He aquí el sentido del debate sobre la rebelión de las masas en las décadas de 1920 y 1930, en una Europa violenta, retirada en toda regla o, cuando menos, al comienzo de la retirada del juicio crítico. Y, lo que más deprimía a estos grandes ensayistas, una retirada también del oficio de historiador: según todas las señales, los maestros que enseñaban historia se sentían cada vez más inseguros, pues habían llegado al convencimiento de que ya no eran capaces de analizar como antes, y en vano luchan contra lo que Johan Huizinga llamó agüeros de decadencia al comprobar que se empezaba a vivir en un mundo enloquecido, con lo cual adelantó un diagnóstico sobre la enfermedad cultural de ese tiempo que le sirvió de subtitulo a su bello libro *Entre las sombras del mañana*, donde reclama la absoluta necesidad de impedir el naufragio de la civilización occidental por culpa de la loca insolencia de quienes se disponían a difundir una nueva concepción de la verdad y de la belleza ligada a una nueva concepción del trabajo colectivo y solidario.

Esto mismo podría haberlo escrito Amiano Marcelino turbado por la falta de pulso de las élites romanas. Así, lo visto en el siglo IV regresaba en la década de 1920, pues como escribió Ortega, quizá bajo la influencia del insigne historiador de Roma Mijaíl Rostóvtsev: «La historia del Imperio romano es la historia de la subversión, del empleo de las masas, que absorben y anulan a las minorías dirigentes y la sustituyen».

Ortega coincide con Orwell en la fuerza dramática de las masas, aunque él esperaba que su obra demostrara los caminos curativos para los espíritus sensibles, mientras que Orwell llega a una conclusión más pesimista. Con todo, ambos siguen de cerca el drama político que se le echa encima a Europa. Un drama teñido de música, convertido en una intensa experiencia emocional.

«ALABAMA SONG» Y *EL TAMBOR DE HOJALATA*

La vida musical alemana en la década de 1920 es lo opuesto a los cantos bucólicos de jóvenes con una cruz gamada en el brazo, como tuvimos ocasión de ver en una escena de la película *Cabaret* de Bob Fosse. Esta oposición es reveladora de que la quiebra de la conciencia espiritual europea ha afectado al gusto estético con la asimilación del *kitsch* en la vida. La mejor prueba de ello la tenemos en la actitud del dramaturgo marxista Bertolt Brecht, que busca la ayuda del músico Kurt Weill para llevar a los escenarios la *Ópera de los tres peniques*, *Die Dreigroschenoper*. Aquí está encerrada toda la crisis de los años veinte, asentada en que muy pocos se alzaron contra la sarta de sandeces que se extendía por los cafés y las cervecerías, y nadie se preguntó por qué se contaban tantas mentiras, salvo que se debiera a la velocidad con la que bebían; sea como fuere, el caso es que la gente bebía sin parar mientras hablaba con fruición de cualquier cosa.

31 de agosto de 1928, Theo Mackeben dirige la orquesta del Theater am Schiffbauerdamm. Máxima expectación: *Die Moritat von Mackie Messer*, «la balada de Mickey el Navaja», lleva meses en cartel con su lejano sabor a jazz americano. ¿Acaso también el hecho de ser una balada que

eleva a Lotte Lenya a musa de una época? Es probable. Más allá de las sensaciones musicales, llama la atención que es una alegoría de la sociedad alemana de los años veinte: una sociedad sin expectativas, sin ilusiones, donde nada merece la pena, ni siquiera la revolución, porque el comunismo, hecho notable, está secuestrado por el estalinismo que marca la cultura soviética. Sólo queda el dinero, pero se lo lleva la inflación y la desacertada política de los socialistas del SPD. Y el virtuoso del cuchillo haciendo de las suyas en el Soho y otros lugares. Y también el hombre-masa que contempla en silencio los crímenes. Admitámoslo con el cantante granadino Miguel Ríos: da miedo que Mickey el Navaja ande por la ciudad.

Kurt Weill afronta los bajos fondos en *Ascenso y caída de la ciudad de Mahagony* con la descripción de una sociedad corrompida, donde la ley no se aplica a los poderosos, los que están en la tostada, los corruptos. El escándalo es abrumador. Las cuadrillas de las SA atacan la ópera sin decidirse todavía si lo hacen por ser un argumento marxista o porque el autor es judío. Luego sucede lo que siempre ocurre con la música, una pieza de la ópera se hace popular: «Alabama Song». Y con ella la intérprete que mejor la canta, Lotte Lenya, convertida en icono de un mundo sin atributos. El éxito se incrementa a medida que la canción se canta por las calles. Hay que escucharla para hacerse con su significado.

Oh, moon of Alabama
We now must say good-bye
We've lost our
good old mamma
And must have whiskey
Oh, you know why.

¡Oh!, luna de Alabama,
ahora hemos de decir adiós.
Hemos perdido a nuestra
buena y vieja mamá
y debemos tener whisky.
Oh, sabes por qué.

O bien: *Well, show me the way to the next little girl* («Bueno, muéstrame el camino hasta la próxima joven») y seguir canturreando insistentemente *show me the way* («muéstrame el camino»). Y si no, recuerden, *I tell you we must die* («Te lo digo, debemos morir»).

Asoma aquí la cuestión, que parece incomodar a todo el mundo, de la frecuencia de la palabra *muerte* en las canciones de cabaré de los años veinte. La expresión es escatológica, cercana a la idea de Freud en *El malestar de la cultura* de que toda civilización evoluciona merced a la necesidad de controlar (o no hacerlo) los instintos sexuales.

El rey del pop, David Bowie, subido de tono en el escenario, se puso un día el micrófono junto a la boca y cantó la balada que ya había hecho suya el grupo The Doors, y el público básicamente juvenil manifestó un entusiasmo desbordante al escuchar el viejo texto de Bertolt Brecht y el sonido de Kurt Weill lejos de la época en que se crearon. En 1975 escuchaba esa canción a menudo, y me preguntaba por la verdad que llevaba oculta, negándome a creer que fuera una simple pose intelectual: ¡quién puede poner pegas al naturalismo cautivador de alguien que aspira a ser Lotte Lenya! O también alcanzo este mismo clímax al acercarme a la música de Weill, valorando la seriedad de corte marxista alejada del gusto burgués de la época guillermina evocada por Helene Nostitz en 1924. Pero el problema de lectura está en que la obra en sí misma es un absoluto descaro. Eliminada la seriedad marxista, se vuelve al sobrecogimiento que se alcanza en la barra de un bar con un whisky, o dos, en la mano. Pero ¿será toda la música a partir de entonces un conjuro a lo que se hace en los bares con el fin de estrangular al público hasta las entrañas? El joven Theodor Adorno, en Viena, estudiando con Alban Berg, lo dijo alto y claro para que se entendiera: se echa en falta la música culta.

¿A Schönberg? ¿Se echa en falta a Schönberg?

SACAR MEJORÍAS DE LOS MALES

De momento, gracias a las composiciones de Kurt Weill, la música es un elemento clave en el compromiso destinado a definir el papel de las masas en la sociedad. No parece afectarle lo más mínimo la postura de Adorno al escribir una teoría estética sobre el mal gusto presente en los bajos fondos de la sociedad (hoy diríamos en la telebasura). Sigue con su trabajo sobre la ópera *El final feliz*, también con texto de Brecht, que tardará en ser estrenada. ¿Cuándo quedará claro que la música no está sólo para exhibir las formas de vida, sino para hacer evidente que nada referente al arte es evidente, ni en él mismo, ni en su relación con la totalidad, ni siquiera en su derecho a la existencia? Son las palabras con las que Adorno recupera en 1969 la sensación vivida a los veintidós años tras escuchar la ópera clave del dodecafonismo.

En 1925, Alban Berg estrena la ópera *Wozzeck*, que refleja la enorme diferencia de mentalidad y de vida espiritual que separaba su música de la de Weill, más fuerte que cualquier barrera ideológica o social. En esta desgarrada ópera domina el problema de la *disminución*, el hecho de que los movimientos vanguardistas se adentraron audazmente en un mar que no le proporcionó la prometida felicidad a su aventura. Y lo hace con una intensidad sólo comparable a la que Ortega y Gasset había empleado en el diagnóstico de la deshumanización del arte. El soldado que deja las trincheras para convertirse primero en un asesino y luego en un suicida demuestra que el ser humano se estaba convirtiendo en un individuo sin libertad en manos de fuerzas que podían con él. Esa ópera muestra el camino del eclipse de la identidad espiritual y con ella la muerte del arte como vehículo de transfiguración. Las quejas no se hicieron esperar: la música de Alban Berg es inaudible.

«El arte podría sobrevivir en una sociedad que se librase de la barbarie de su cultura». Es la conclusión de Adorno en 1969, bajo el efecto aún, según creo, de *Wozzeck*.

¡Prográmenlo en la próxima temporada de ópera!

O bien: otra solución, la que vio Arnold Schönberg. El maestro de Alban Berg. En cierta ocasión dijo: «Si es arte, no es para todos, y si es para todos, no es arte». Lo subscribo, porque, desengañémonos, ¿puede haber una proclama más acertada que esa para sostener las convicciones musicales analizadas en el *Tratado de Armonía* (1922) a las puertas de la ofensiva que convierte la música en un elemento más del ruido? Así pues, lo que se echa de menos es la voz del maestro como cuando dice: «Definiré la consonancia como las relaciones más cercanas y sencillas con el sonido fundamental, y la disonancia como las más alejadas y complejas».

Así es.

Precisamente en 1923, Schönberg tiene cuarenta y nueve años y acaba de terminar la *Suite* opus 25. El dodecafonismo no es bien recibido en los ambientes musicales pese al apoyo recibido. Alfredo Casella, que le invita a Italia para dirigir *Pierrot Lunaire* con Erika Wagner, anota que Schönberg está entregado a dominar a los personajes y al uso de la palabra. Publica los textos *La mano feliz* y *La escala de Jacob*. Toca, perfecciona el método de los doce tonos, escucha oratorios y toma los primeros apuntes de lo que será la ópera *Moses y Aaron*; sorprende a todo el mundo al interesarse por la novela de Selma Lagerlöf *La casa de Liljecrona*.

También genera algunas sospechas. ¿No será una pose su puesta en escena de maestro de la música del futuro? Schönberg escribe para cerciorarse de si finalmente sustituirá a Ferruccio Busoni en la cátedra de composición de la Academia Prusiana, mientras acaba la *Suite para siete instrumentos de cuerda* opus 29. Al llegar a Berlín tiene una sensación extraña. ¿Acaso también él ha oído demasiado el *Tristán* de Wagner? ¿Recuerda los años en los que compuso los *Gurrelieder* antes de la guerra? Probablemente. El espíritu del Schönberg de *La noche transfigurada*, el rebelde entusiasta de la atonalidad, el espíritu vanguardista que hizo posible *Pierrot Lunaire*. Pero, al llegar de nuevo a Berlín en 1924, es consciente de que la música, toda la música, debe seguir las pautas de las *Variaciones* opus 31 y seducir al público, aunque para ello necesite el apoyo del director Wilhelm Fürtwängler.

Schönberg, en suma, está a las puertas de una nueva época para la música, la que inicia con *Moses y Aaron*, sin darse cuenta de que la sociedad anhela los cánticos patrióticos que le marcan el camino hacia una manifiesta satisfacción de los deseos. No hay nada que hacer, el monstruo acecha. Tiene un nombre: totalitarismo.

(Lo que sugiero es escuchar la *Suite para siete instrumentos de cuerda* opus 29, una obra clave en la transición musical de Schönberg, en la que la seriación llega a ser un desafío sin límites).

Llega el momento de pasar a un pequeño gran testimonio. *Soft story*. Ahí vamos.

Filosofía, testimonio personal, compromiso político, verdad. De hecho, la capacidad para darle sentido político a ideas filosóficas es una clase de lucha por la vida que había planteado en el siglo XVII Baruch Spinoza bajo el concepto *conatus*, ese impulso consistente en ser perseverante para que el deseo devenga en acciones y no se quede en proyectos. Una buena idea nunca está de más; es una necesidad. Sentir la necesidad de construir el futuro en la batalla cultural es impulsar una pasión. Lo que apena es una lectura equivocada del pasado. Lo dice Marc Bloch en una reseña al libro de Edmond Faral *La Légende Arthurienne* (1929): «En toda la historia de la sensibilidad literaria de la Edad Media francesa no existe enigma más inquietante que el de las novelas de Bretaña». Aquí el núcleo del problema. Pero lo dejo para otra ocasión. En cualquier caso, ya he dicho lo suficiente en mi libro *La novela y el espíritu de la caballería*.

LA MALETILLA DE HANNAH

Hannah es Hannah Arendt. Y con esto está dicho todo. Llegó a Marburgo en 1924 con dieciocho años para estudiar filosofía y hermenéutica y se encontró con el profesor Martin Heidegger en un ambiente caldeado en las aulas, donde las SA se las tenían con los jóvenes espartaquistas que aún quedaban de los viejos tiempos. Descubrió a la vez amor y totalitarismo. Una impresión que nunca olvidó. En 1951, ya en Estados Unidos, puso orden en sus recuerdos y escribió dos buenos libros, *Orígenes del totalitarismo* y *La condición humana*. En ellos refleja las vivencias de los casi diez años que pasó en Alemania, hasta 1933, cuando tras ser detenida por la policía política se marchó a París junto a su marido Günther Stern: las vivencias que llevaba consigo en una maletilla de cartón de color beige que imitaba piel, como otras tantas muchachas de su tiempo y de su condición.

Precisamente: estudiante de filosofía con una tesis sobre el amor en Agustín de Hipona donde mezclaba las ideas de su maestro Heidegger con las de Karl Jaspers y algunos apuntes de su condiscípulo Hans Jonas, que estudiaba las ideas gnósticas. Activista, mujer de recursos y muchas otras identidades, virtudes todas ellas puestas al servicio de una cultura que posibilita la filosofía política. La cultura existe *primero* para ella, creando un modelo de ego historia mil veces imitado por las que anhelan ser como ella fue, aunque sea llevando el gesto al territorio de la impostura. Algo que nunca hizo Hannah, que supo reunir en un solo discurso filosofía, ciencia y política. No se niega a nada, lo toma todo, y no es casualidad que lo encuentre en el fondo de la experiencia amorosa con Heidegger, el profesor, el maestro, cuya relación se mantiene tras un opaco velo, sólo rasgado por la correspondencia reunida en nuestros días por Ursula Ludz: «Aún debo ir a verla y hablarle al corazón», le escribe un enamorado profesor que aún recuerda «la imagen de la joven que con un impermeable y un sombrero encasquetado sobre los ojos grandes y quietos entró un día en mi despacho y que, pudorosa y reservada, respondió con parquedad a todas las preguntas —y entonces traslado la imagen al último día del semestre y sólo entonces sé que la vida es historia».

Las notas amorosas en estas cartas devienen reflexiones metafísicas para el hombre que estaba escribiendo *Ser y tiempo* (lo acabaría en 1927): al confesarle que «nunca sabemos en qué podemos convertirnos para los otros a través de nuestro ser» estaba pensando en la armoniosa exaltación del recorrido del ente en busca del ser para evitar la nada. El lenguaje proteico del ensayo responde a las metáforas escondidas en las cartas: «El hecho de que haya usted perdido la *inquietud* significa que ha encontrado lo más mínimo de su esencial juvenil», hasta el extremo de mantener el tono voluptuoso de la investigación sobre la temporalidad de una ontología que se transforma poco a poco en una vasta operación fenomenológica en la que la pregunta por el ser hace las veces de una indagación sobre la existencia, y cuya generación sigue el lector con una pasión igual a la que Martin siente por Hannah: «La proximidad coloca el tú en el sólo ahí transparente».

(Lo ideal, aquí, es seguir la escritura de *Ser y tiempo* a la vez que las cartas a Hannah, en especial una del 21 de febrero de 1925 en la que confiesa que «el amor transforma la gratitud en fidelidad a nosotros mismos y en fe incondicional en el otro»).

Ahora le toca a Hannah indagar el sentido de tres palabras claves: ideología, poder, símbolo. «La ideología difiere de la opinión en que afirma poseer o bien la clave de la historia, o bien la solución de los enigmas del universo o el íntimo conocimiento de las leyes universales ocultas de las que se supone que gobiernan a la naturaleza y al hombre». De ahí la profunda frase con la que desvela el origen del fascismo, del estalinismo, del nacionalsocialismo, las tres caras del totalitarismo: «El poder significa un enfrentamiento con la realidad, y el totalitarismo en el poder está constantemente preocupado de hacer frente a ese reto».

Hannah es un caso de lúcida observación, mucho más que los demás, y desde luego que su maestro, que se deja arrastrar por la parte *oculta* del totalitarismo: «La calidad teatral del mundo político se ha tornado tan patente, que el teatro aparece como el reinado de la realidad», escribe, y añade en lo que es toda una revelación histórica: «La acción revolucionaria, a menudo, es una concesión teatral a los deseos de las masas violentamente descontentas más que una batalla real por el poder». En Alemania, siguiendo el ejemplo ruso e italiano, se ve, en una atmósfera dramática, que la sociedad de masas desemboca en el aislamiento y que por tanto necesita una participación en la vida pública hecha de desfiles patrióticos. Naturalmente, Arendt, con menos de veinte años, lo aprende todo y lo anota («la persuasión no es posible sin el atractivo para las experiencias o los deseos, es decir, para las inmediatas necesidades políticas») como también anota aquello que ve en las calles o escucha en los cafés («tanto Hitler como Stalin formulan promesas de estabilidad para ocultar su intención de crear un estado de inestabilidad permanente»). Cuando se dispone a razonarlo llega a una conclusión demasiado novedosa como para seguir sin involucrarse en la lucha política («el rasgo principal del hombre-masa no es la brutalidad y el atraso, sino el aislamiento y su falta de relaciones sociales normales»). Entonces piensa en París y sólo mucho después decide ir, mientras se sienta a la mesa para escribir la tesis doctoral sobre el amor en san Agustín, mientras en la calle los muchachos gritan demasiado. En cuanto a sus amigos, Hans Jonas ultima las variaciones sobre el gnosticismo de finales de la Antigüedad; Paul Tillich ya sabe que la clave estará en el coraje de ser y Karl Mannheim desarrolla sus análisis de la utopía. ¿Qué espera el ser humano en este ambiente? Y ¿quién será capaz de decirlo aparte de los sesudos historiadores que se parapetaban en Francia en el círculo de Louis Halphen publicando en la colección *Peuples et Civilisation*?

RECUERDOS DE KIKI DE MONTPARNASSE

Americanos en París en los locos años veinte, según William Wiser, responsable de la expresión al ser el título de un libro de merecida fama. Muchos otros han tratado de explicar ese momento. El cineasta Vincente Minnelli situó a Gene Kelly danzando en la orilla del Sena ante una sorprendida Leslie Caron, que no dejaba de preguntarse qué quería de ella ese extravagante pintor; Woody Allen hace ir y venir a su protagonista, un atolondrado Owen Wilson, del presente al pasado en un automóvil a medianoche, cuyo chófer tiene buen ojo, desde luego, porque entre todos los turistas elige justamente a un escritor experto en esos años, y por eso se da cuenta enseguida de que se ha metido en medio de los miembros de la generación perdida, a la que adora, sin saber que el destino le había preparado también una aparición a la que da vida Marion Cotillard, que anhela la Belle Époque.

Cuando se piensa en lo sucedido en París hacia 1923 se compone un momento crucial de la vida intelectual, y cuando se hace eso, se entiende el interés por esa literatura, incluso hoy. No todos piensan con la misma nostalgia. *Clash of cultures* de nuevo a escala literaria y fotográfica, es la presencia de los bohemios que creen tener derecho sobre la gente del pueblo, ajena a sus inquietudes, y que reclaman igualdad de trato y tienen comprados a los sindicalistas y los profesores que se afilian al Partido Comunista. Así lo que fue una diversión se convierte en el germen de una lucha de clases que pondrá fin a la vieja república.

¿Sencillo, no? Pues no.

Tomemos el pulso a los artistas y escritores americanos instalados en el barrio de Montparnasse con el deseo de rehacer la vida bohemia de antes de la guerra gracias a la solidez del dólar. Así, era habitual verlos a todos ellos al caer la tarde en La Closerie des Lilas, La Rotonde, Le Dôme, Le Select o La Coupole. Se conocían bien entre sí y algunos llegaron a ser celebridades: Hemingway, Scott Fitzgerald, Man Ray, Gertrude Stein, Berenice Abbot o Sylvia Beach (la de Shakespeare and Company), James Joyce, Henry Miller o el joven Aaron Copland con sus canciones religiosas. Pero mejor que hablar de sus obras y de sus vidas, que ya se ha hecho bastante a menudo, me interesaré por Alice Prin, conocida como Kiki de Montparnasse, cuyos *souvenirs* son un alegato a favor de ese espacio que, más que un barrio, era un estado de ánimo, según sentenció Man Ray mientras la inmortalizaba en el montaje fotográfico conocido como *Le Violon d'Ingres* (la fotografía más cara de la historia al ser tasada en siete millones de dólares) mientras el eco de su vida se perdía poco a poco en un horizonte descendente.

Concretamente, Kiki definió la era de Montparnasse mejor que la reina Victoria definió la era victoriana, dijo Hemingway en *París era una fiesta*, y queda de manifiesto en el cómic de Catel Muller y José-Louis Bocquet. El rostro más hermoso de la historia, y por eso su legado es más valioso con el paso de los años. Kiki escribe las memorias posando, observando, escuchando, comiendo, canturreando, jadeando. Sueña, vuela, levanta la cabeza. Los recuerdos de su vida son maravillas de una existencia firme desde la miseria al éxito. Se transforma muy pronto en la musa de todos estos escritores y artistas que la admiran; necesita poco de ellos, quizá un poco de alegría. Se la procura Man Ray. Vida templada o ardiente, según el momento y el encanto de los comensales. La pose no es sólo arte, también el gesto del instante feliz. Puro surrealismo. De eso va la creación en esos años: el cuerpo, un instrumento listo para ser tocado.

La simpatía sobre la fiesta en París se extendió como una ola por todo el mundo, incluso en España, en la altamente cultivada generación del 27, cuyos miembros se reúnen en Sevilla para rendir un homenaje a Góngora, el poeta barroco de verso difícil, dejando claro que ya no era posible una vuelta al modelo de la burguesía apasionada por el modernismo. De hecho, el gusto que se imponía era el *art déco* y con él las ideas del arquitecto Le Corbusier de que la casa debía ser funcional, una máquina para vivir. Estos principios decorativos fueron el crisol en que se forjó la coraza de una nueva vida burguesa, de sumisión cuasi patriarcal, o al menos de una benevolencia cuasi paternal, sobre la que se construyó el sistema social que sostuvo el capitalismo maduro, al menos hasta 1948. Contra eso, Kiki irrumpe con el ligerísimo alivio de quien sabe reírse de uno mismo y con su frescura invade el territorio de la cultura. No olvidemos que su espalda libera a la pintura de la representación de la realidad. Lo que vemos en ella es *lo otro*. Los surrealistas entran de lleno así en la polémica tomando conciencia de la necesidad de dar un paso adelante en busca de lo que André Breton y Gérard Legrand denominarán *art magique*.

ESTO NO ES UNA PIPA. MAGRITTE PROPONE, HAZARD INTERPRETA

Esa búsqueda forma parte del ambiente surrealista de los años veinte, pero bastan unas pocas frases de André Breton y Louis Aragon para que se vuelva el centro de la vida cultural de unos jóvenes que, en las grandes ciudades, se esfuerzan por alcanzar los favores de los mecenas que años atrás habían apoyado a las vanguardias. Y precisamente el propio acto de encontrar un sentido al arte condujo a la elaboración de un manifiesto por parte de André Breton el 15 de octubre de 1924 a favor de la escritura automática como vehículo de expresión. Dalí lo creyó a pie juntillas y lo defendió durante toda su vida. Lo que vino después se cuenta como una leyenda urbana tan del gusto de los intelectuales de esos años y se adivina en el efecto conseguido por una pintura de René Magritte de 1926, de una pipa dibujada con celo y, debajo (escrito a mano), una indicación: *Ceci n'est pas une pipe* («Esto no es una pipa»). Y, por supuesto, no lo es.

Y si no lo es, ¿qué es exactamente?

La verdad y su interpretación están inextricablemente mezcladas. La vía surrealista revela cómo afrontaba la crisis de la conciencia europea una generación que no sabía qué decir sobre la propuesta bolchevique de cambiar de historia para liberar a las clases trabajadoras. Y ese sentimiento se apoderó incluso de los historiadores de gran calado intelectual, como Paul Hazard, quien en agosto y septiembre de 1932 señala en la *Revue des Deux Mondes* la dificultad de trazar caminos provisionales en las selvas oscuras, material que con el tiempo dio lugar a su celebrado libro *La crisis de la conciencia europea*, implacable diagnóstico del cambio acaecido entre 1680 y 1715 en una generación consciente de que el deseo de la edad clásica en Francia era evitar la destrucción de un equilibrio milagroso.

Hazard responde en su calidad de historiador a los titubeos llegados de los conocidos embudos académicos, pone orden en todo ello y dice literalmente lo siguiente (utilizo aquí la traducción de Julián Marías):

> Al estudiar el nacimiento de las ideas, o al menos sus metamorfosis; al seguirlas a lo largo de su camino en sus débiles comienzos, en el modo que han tenido que afirmarse y animarse, en su progreso, en sus victorias sucesivas y en su triunfo final, se llega a la convicción profunda de que son las fuerzas intelectuales y morales, no las fuerzas materiales, las que dirigen y dominan la vida.

Estamos pues alertados: cuando un historiador se encuentra con un momento histórico clave, sabe qué decir, aunque no logre convencer a sus conciudadanos como hacen novelistas y artistas plásticos. En pleno desarrollo del surrealismo, Hazard se encuentra con la obra de Magritte en las salas de exposiciones de París y toma conciencia del mundo que le ha tocado vivir. La obra *Esto no es una pipa* es una de las ilustraciones más acabadas del programa surrealista, y a la vez un reto intelectual, como puede apreciarse en el libro de Michel Foucault escrito en 1973. Perdido en el principio de no-contradicción, asume el antagonismo entre palabra e imagen y así, cincuenta años después de que Magritte lo hiciera en su dibujo, denuncia el disfraz bolchevique de la revolución.

¿Qué se puede hacer? Volver a comenzar, como propone Foucault en este libro, para que la verdad, «libre de todo lazo discursivo, flote de nuevo en su silencio natural»; o, por el contrario, darle la palabra a la historia para explicar la sincronía entre las palabras y las imágenes.

Otra vez Kiki:

> Soy la mujer que vuela como una mosca, presta para burlarse aún más; burlándose de volar como una mosca, flor cándida como una flor. Así, de ingenuo en ingenuo, pues el ingenuo siempre está fresco. ¿Estoy realmente más segura de la verdad de esta ingenuidad que de la de [Georges] Sauvage, en sus últimos días? Sabemos bien que el *look* más sincero es el logrado en el escenario. Lo mejor, por tanto, es que sabemos engañar, pues es nuestro placer y un verdadero encanto actuar allí.

Esta forma de decir las cosas será el alma de una época, lo resume todo, ideas, imágenes, sonidos, olores, también colores y formas en la pintura y en la fotografía.

Kiki y Magritte hablan de lo mismo.

El rechazo de algunos renombrados historiadores tanto del positivismo como del marxismo, tan escandaloso en el mundo académico, en realidad es un alejamiento de los valores morales falsos procedentes de un ayer que había dejado de tener sentido. El interés mostrado por las nuevas maneras de entender el pasado es, en términos de Francis Haskell, una forma de culto. Cuando en los años veinte se volvió a descubrir la *Kulturgeschichte* se supo que por fin se había encontrado el modelo de análisis más preciso de las experiencias entre el ser y el tiempo.

LAS FORMAS DE VIDA DEL PASADO. SUBLIME HUIZINGA

Se encuentran reflexiones sobre las formas de vida del pasado en el libro del distinguido historiador Johan Huizinga *El otoño de la Edad Media*. La historia cultural, *Kulturgeschichte*, ocupa aquí un lugar especial. Los acontecimientos vencidos por las formas de vida del pasado, la política sometida a la creación artística y literaria. El pintor Jan Van Eyck por delante de los reyes y los dignatarios y, como colofón, un toque para poner fin a la novela histórica que, con *Quentin Durward* de Walter Scott, había inventado el siglo XV europeo.

El posromanticismo había llevado al arte y a la música esta manera de entender la historia lejana, que ahora los populistas de izquierda y de derecha proponían como solución a sus problemas, unos para negar cualquier elemento positivo de esa época oscura, feudal; los otros para rellenar con mobiliario de estilo prerrafaelita un pasado dorado de cuentos de hadas. Con Huizinga llegó el escándalo. ¿Cómo osaba proponer una descripción de las formas de vida borgoñonas del siglo XV como una metáfora de la situación de Europa? El libro fue un éxito. En España lo publicó *Revista de Occidente* a instancias de Ortega y Gasset; en el Moscú que vislumbraba en el horizonte las purgas de Stalin molestó al Comité Central. Inesperadamente *El otoño* se convierte en el centro de la gran batalla cultural, afirma Francis Haskell, al citarlo de testimonio para liberar el estudio de la historia de las relaciones de producción.

Dignidad de clásico obliga. Indicio de que los seguidores de Huizinga y los seguidores de Lenin pertenecen al mismo mundo, aunque analizan el pasado de modo diferente, sin que sepamos a quién le corresponde la caja de bombones y a quién el cubo de basura. Cuestión de gustos; también de actitudes. Y de latitudes.

Resulta apasionante que Huizinga, años más tarde, en 1926, en *La tarea de la historia cultural*, hable de debate remontándose al tiempo de Pedro Abelardo, a inicios del siglo XII: «En la universidad medieval las disputas constituían el medio natural que permitía formular los problemas del saber»; y concluye: «La universidad medieval es un campo de lucha, una palestra, la armónica contrapartida de los encuentros en los torneos, pues en ella el individuo realizaba una partida importante y, con frecuencia, peligrosa». Es verdad, una civilización se explica a sí misma su pasado, sobre todo los motivos por los que ha muerto y puede volver a morir.

En 1926 se publica la recia *Historia social y económica del Imperio romano* de Mijaíl Rostóvtsev, donde afirma como si silabeara un arbitraje: «La evolución del mundo antiguo es para nosotros una lección y una advertencia». Lo dijo porque era consciente de que el envilecimiento de la sociedad conducía a la ruina de una concepción de la historia que observaba más las disensiones entre culturas que las avenencias por el efecto del hecho nacional. Para situar este problema me parece oportuno invocar aquí a Marc Bloch, a quien todo el mundo venera, a la derecha y a la izquierda, el único capaz de estar alejado hoy de la *clash of cultures*.

En 1928, Marc Bloch invitó a sus colegas reunidos en Oslo a hacer una historia comparada de las sociedades europeas: «Si ustedes están de acuerdo, dejemos de hablar eternamente de historia nacional a historia nacional». Aquí se abre el espacio a lo que su colega y amigo Lucien Febvre llamaría combates por la historia. El mundo se descubría como un territorio de múltiples relatos, y el trabajo del historiador consistía en reconstruir su polifonía. Es el inicio de la *Nouvelle Histoire* de los herederos de Marc Bloch, miembros todos ellos del *équipe* de los *Annales*, parapetados en la École des Hautes Études bajo la dirección de Fernand Braudel.

La historia sale en defensa de una sociedad desbordada por los hechos, y los historiadores descubren entonces que no se le arrebata una disciplina al Estado sin consecuencias en la carrera profesional. ¿Es este el argumento de *Los Thibault* de Roger Martin du Gard? Sí. Lo es.

Hay que volver a 1914, que es una forma de valorar 1871. No se sale del círculo infernal de la repetición, aunque las generaciones pasen. La novela recrea el ambiente del verano de 1914 de la mano de los hijos de Oscar Thibault —un burgués de familia acomodada—, dos hermanos muy diferentes entre sí: Jacques es el socialista revolucionario afincado en Ginebra; Antoine, un médico reconocido y conservador. De inmediato aparecen los juegos de palabras escatológicos cuando se reúnen para enterrar a su padre. Los hermanos Thibault discrepan respecto a las mentiras útiles que razonan la necesidad de la Gran Guerra. Luego, en el Epílogo, escrito en 1939, Martin du Gard narra de qué modo afectó la guerra a la familia. En este punto, estoy bastante de acuerdo con Nicola Chiaromonte cuando afirma que «nadie estaba preparado para el hecho de que la sociedad organizada pudiera ser víctima de un mero automatismo involuntario»; aunque aquí viene, en mi opinión, lo más importante: los historiadores se dieron cuenta de que el mensaje del presidente americano Woodrow Wilson fue una de la últimas ficciones útiles cuando ya no quedaba nada más que decir.

LA TRAICIÓN DE LOS INTELECTUALES. BENDA SALE AL PASO

En 1927 Julien Benda definió el talante que hace del adversario un enemigo como *La traición de los intelectuales*: bueno, él dijo les *clercs*, vale decir, los profesionales de los debates de ideas. Ante el desconcierto generalizado, sitúa los tres temas claves: raza, clase y nación, piezas del juego en busca de un sentido a la vida. Pero esa misión es interesante en extremo, y creo que no es preciso explicar por qué. Benda tiene en cuenta que los *clercs* son escritores y que su empleo está en los periódicos o en las salas de exposición, y no en la universidad ni en los laboratorios. Sí, así es en este mundo, unos poseen la capacidad de debatir en público, otros un puesto de trabajo bien remunerado a la sombra de una solvente institución universitaria. ¿A cuáles se prefiere a la hora de explicar lo que estaba sucediendo? A los intelectuales. Hay un desplazamiento de la erudición al debate intelectual, ya que la mayor parte de los argumentos giran sobre razonamientos de carácter dialéctico, no sobre análisis de contenido científico. Y eso explica la ruptura con un modo de saber que se remonta a mediados del siglo XIII, la época del gótico.

El estudio de Jessie Weston sobre los ritos de soberanía vinculados al mito del Grial y a los caballeros de la Tabla Redonda es revelador. Se titula *Del ritual al romance* (1920). Es una síntesis de las preocupaciones, por lo demás bastante extendidas, de la época. Un relato de idealización que razona cómo y por qué algunas novelas de los años veinte, el *Ulises* de Joyce sin ir más lejos, utilizan la mitología para ajustar la trama. Los estudiosos de Joyce se preguntan con gravedad por qué, en la escena del burdel, aparece en el cono de un reflector la figura barbuda del viejo dios del mar irlandés, «el dios de la gran carcajada», levantándose con lentitud detrás de un cubo de carbón. No se sabe muy bien cuál es la intención del autor; lo que sí es seguro es que Joyce desafió a su mundo, que estaba dejando de lado el conocimiento de la mitología por vulgares cuentos de supercherías sobre la superioridad de la raza. Los símbolos hablan en la literatura de esos años con tanta fuerza como lo habían hecho en las novelas medievales y, sin embargo, la pose intelectual del momento es el hundimiento en la ignorancia, el gusto por el espectáculo de masas, las banderas, los gritos y los saludos. De donde se deduce que la traición de los intelectuales es un gesto tan inflamable como la yesca. Difícil de paliar cuando se enciende. Bienvenidas las ideas políticas cargadas de utopías de futuro que se difundían entonces sin atender a la sensación de estar a las puertas de un mundo alternativo creado en el año 3500 a. C. con la implantación de la escritura como fundamento del orden social.

En 1935, Alfred Weber, por citar a uno de los testigos que más aprecio, lo analiza en *La historia de la civilización como sociología cultural:* una reflexión sobre un mundo sumiso a los parlanchines. De todos modos, lo que sorprende y a la vez conmueve en esta cultura nueva, sea surrealista o bolchevique, es el inmenso interés por el hecho religioso, visto como el origen de las formas culturales o bien como la alienación de la sociedad. ¿Qué hacer ante este dilema ineludible del que hablaba Geoffrey Barraclough como el rasgo característico de los años treinta? ¿Pedir ayuda a los científicos? ¿O seguir recelando de los *clercs*, que durante esos años convirtieron el saber en pequeñas rodajas de los legados de Grecia, Roma, Judea o la Edad Media?

Existían tres razones fundamentales que favorecieron el impacto del surrealismo y del bolchevismo en el plano ideológico entre 1923 y 1932: primera, la necesidad de asumir un credo revolucionario de carácter universal para oponerse al fascismo y al nazismo como formas culturales nacidas del asalto a la razón; segunda, sostener que solamente cambiar de historia liberaría al hombre del cautiverio de los dogmas de carácter religioso, y tercera, el haber encontrado en la creación poética el antídoto para que la civilización de las masas se encaminara a la cultura de la muerte promovida por los grupos que llevaban una calavera en la gorra.

A medida que se fueron consolidando ambos movimientos fue fácil proponer la posibilidad de crear puentes entre ellos como hizo Louis Aragon, ese magnífico *paysan de Paris*. Cuando Aragon empujó a sus amigos André Breton, René Char y Paul Éluard a atacar la Exposición Colonial Internacional de 1931 tildándola de carnaval de esqueletos encontró la expresión más apropiada a la lucha contra el colonialismo. En su vida intelectual y personal, Aragon integró el comunismo como alimento clave para escribir *Fuego de alegría* (1922) y *El movimiento perpetuo* (1925). Lo que expone en estas novelas iniciales serán por azar las claves de todo el movimiento durante décadas. En muchos sentidos, Aragon, con su emocional sentido de la existencia, es el sujeto surrealista ideal.

Veamos aquí un lúcido comentario de Georges Sebbag sobre la revolución surrealista al trasladarse de París a Barcelona, la *ville vivante*, de lo que se hace eco Josep Pla el 25 de febrero de 1925 en *La Publicitat* al presentar el surrealismo como un manifiesto literario, romántico y freudiano. En ese traslado a Barcelona cuentan mucho los pintores Picabia y Dalí, así como los escritores Guillermo de Torre, Vicente Huidobro, Ramón Gómez de la Serna, más tarde J. V. Foix y finalmente J. E. Cirlot, autor en 1956 de la *Lettre de Barcelone*. Tales experiencias agónicas o, según se mire histriónicas (si seguimos las peripecias dalinianas para liberarse de la acusación de admirar a Hitler) son las razones de los verdaderos impulsos emocionales de Aragon: lo que en verdad pide un cuerpo o un alma en el encuentro amoroso. Pues, en definitiva, para los surrealistas el amor posibilita el conocimiento; es una forma de conocimiento. ¿También de concebir nuevas maneras de fomentar la batalla cultural?

He aquí la cuestión que se propone dilucidar Aragon en *Projet d'histoire littéraire contemporaine* (1922), la deslumbrante dramatización de la lucha humana por salir del laberinto de la ignominia, de las falacias del conservadurismo. La compleja lectura de Aragon permite destacar varios ejemplos —cada lector preferirá el suyo— pero hay uno en concreto, hundido en lo más hondo de este ensayo como un guijarro lanzado a un estanque de aguas profundas, el de Pierre Albert-Birot, que me parece sublime por su manera de entender el surrealismo como la ruptura definitiva entre el pasado y el futuro. Al seguir su caso, Aragon dejó de lado lo que no podía usar y llegó a la misma conclusión de Engels: había pasado el tiempo de reestructurar la sociedad con un mero giro político, era preciso cambiar la sociedad en la convulsión de una nueva crisis. No entraré en detalles, pero el positivismo historiográfico aún vigente en el mundo académico estaba en la raíz de la crisis. Aun así el elegante R. G. Collingwood tiene la firme determinación de infundir grandeza a sus tesis en las *Lectures* de 1926-1928 que son el punto de partida de su libro *La idea de la historia*. Y por fabuloso que sea oír las proclamas de Aragon, quien da el verdadero tono de la época es Collingwood cuando dice a su sorprendido lector: «Conocerse a sí mismo significa conocer lo que se puede hacer, y puesto que nadie sabe lo que puede hacer hasta que lo intenta, la única pista para saber lo que puede hacer el hombre es averiguar lo que ha hecho. El valor de la historia, por consiguiente, consiste en que nos enseña lo que el hombre ha hecho y en ese sentido lo que es el hombre». Todo lo que se necesita saber para cambiar de historia está en estas palabras, en la confesión de un viejo maestro.

Pero hay más.

PROCESO Y REALIDAD. CON WHITEHEAD RESURGE LA HISTORIA

Alfred North Whitehead abre las posibilidades de la vía pragmática para afrontar un futuro difícil por el efecto de las masas en el conocimiento científico. *Proceso y realidad* lleva la fecha de 1929, pero es el material de las conferencias Gilford de dos años atrás. Libro apasionado, muy del positivismo científico británico, lleno de futuro, donde se sigue el paso del materialismo al realismo orgánico como una idea básica de la física: «La común evidencia de las cosas surge cuando su aprehensión explícita logra importancia inmediata para propósitos de supervivencia o de goce, es decir: para propósitos de ser y de bienestar». Así, se puede convertir dignamente el pragmatismo en un método de análisis de la sociedad lejos del marxismo y, por tanto, de la influencia bolchevique de la historia, sin necesidad de penetrar en las insondables sendas del *Dasein* que desde 1927 plantea Heidegger en *Ser y tiempo* con su aroma a que callará sobre lo que iba a ocurrir en Alemania. No se puede hablar más a quemarropa ni más a propósito. Vean cómo lo describe Juan Arnau: «Whitehead crea un puente entre la pizarra de las abstracciones y la lava de las emociones». De acuerdo. Fue así. La única realidad sustancial es el proceso. Una de las observaciones más luminosas de la ciencia del siglo XX: el continuo sentir de todo lo vivo en franca oposición a la colonización intelectual de la naturaleza que ha terminado por perturbar el entorno material hasta agotarlo.

El conocimiento especulativo es un método sensible a la lectura de la naturaleza lejos de los deseos de conquista de la ciencia moderna. Es la coneja que caza al lobo a través de una práctica narrativa que permite imaginar las infinitas posibilidades de un acontecimiento. No parece que su planteamiento tenga ningún inconveniente.

Un paso más. Whitehead propone sustituir la causalidad por la creatividad. ¡Rayos y truenos! Las colisiones interminables configuran el universo. Naturalmente, no se inventa nada: la relación es la condición primera para toda posibilidad. Ideas demasiado nuevas para 1927, lo son incluso hoy. Whitehead espera el reconocimiento final. Los *clercs* lo evitan y la política cultural lo impone. ¡Ojalá eso acabe pronto!

A capo.

21 de enero de 1924 es el momento. El turno de los valientes que se levantan contra el gran mago de la noche, el líder bolchevique que acaba de fallecer en Moscú.

O bien: mantener como mensaje eterno «¿qué se puede hacer?», como decía tan a menudo aquel a quien ahora se rinde culto momificado en la Plaza Roja, el que sabía perfectamente cómo hacer y qué hacer para dirigir a las masas hacia el futuro. El difunto Lenin extiende su magisterio desde entonces, aunque sus seguidores litigan entre ellos para dirigir el Comité Central. En retrospectiva, Hemingway diría en 1925 aquello de que «la época demandaba nuestro canto y nos cortaba la lengua; y al final la época recibió la clase de mierda que demandaba».

Sin embargo, aún había alguna posibilidad. La que llegó a través de dos historiadores de altísima reputación, el austriaco Alfons Dopsch y el belga Henri Pirenne.

Todo empieza con la segunda edición del gran libro de Dopsch, publicada en Viena por la editorial L. W. Seidel & Sohn entre 1923-1924, una obra de título largo y prometedor: *Fundamentos económicos y sociales de la cultura europea (de César a Carlomagno)*, que tradujo al español José Rovira Armengol desde México. Libro que aún hoy sorprende ante la lista de requisitos relativos al cuestionamiento del *argumentum ex silentio* de la época formativa de la cultura europea. Y desde ahí, sucesivamente, despliega el análisis de una época difícil, desde la estructura económica hasta el nombre exacto de las figuras sociales que dieron sentido a una civilización que en 1923 mostraba signos de confusión; afirmando o, para ser exactos, describiendo el cambio social basado en el «encumbramiento de las clases humildes» que tuvo lugar en los siglos V y VI, cuya imagen se alejaba de la decadencia tantas veces esgrimida por los humanistas. Y de este modo Dopsch llevó a cabo, como maestro, una revisión del lejano pasado para afrontar un futuro que no parecía excesivamente halagüeño con los bolcheviques en Rusia, los fascistas en Italia, los militares en España, los nazis asomando la nariz en Alemania, un incipiente Frente Popular en Francia y los tory ensimismados en Inglaterra.

El futuro de hacer historia estaba en mostrar en Estados Unidos la encrucijada de la Vieja Europa. El encargado de hacerlo fue el historiador belga Henri Pirenne. Entre octubre y diciembre de 1922 dictó en diversas universidades estadounidenses unas conferencias destinadas a exponer de manera general el despertar económico y el surgimiento de la civilización urbana occidental durante la primera Edad Media. El texto fue publicado en 1925 como libro por la Universidad de Princeton con el austero título *Las ciudades medievales*. Una pieza magistral de la forma de hacer historia al servicio de una sociedad confusa respecto a su futuro al desconocer las claves de su pasado. Baste citar el breve comentario sobre el fin del Imperio romano que suscita aún la misma controversia de aquel entonces, sin que tengamos una respuesta mejor. Escribió Pirenne con su clásica sobriedad:

> El establecimiento de los germanos en la cuenca del Mediterráneo no señala en modo alguno el comienzo de una nueva época en la historia de Europa. Por grandes que hayan sido sus consecuencias, no terminó con el pasado ni quebró la tradición. El propósito de los invasores no era aniquilar el Imperio romano, sino instalarse y gozar de él.

Eso se escuchó en las universidades de Estados Unidos en el otoño de 1922, y lo leyeron miles de europeos en 1927 tras publicarse el libro en versión francesa. Sin embargo, apenas se le hizo mucho caso salvo en los departamentos de Historia, donde Pirenne tenía muchos seguidores. ¿Explica el desinterés por la historia el drama europeo de los años veinte como explica el drama actual? ¿Hay que ver en esta ignorancia sobre lo sucedido en el origen de la civilización europea quizá una característica de la ceguera proclamada a propósito de lo que iba a ocurrir a continuación? En cada rasgo de esos años veinte la situación es más o menos la misma, o al menos comparable, que la que vive el mundo en la década de 2020. En la época de Whitehead, de Dopsch y Pirenne se escuchaban más las frases ingeniosas de las novelas de Hemingway o Dos Passos que el juicioso final de las conferencias de Pirenne: «Laica y mística al mismo tiempo, la burguesía de la Edad Media se halla así singularmente bien preparada para el papel que le ha de tocar en los dos grandes movimientos de ideas del futuro: el Renacimiento, hijo del espíritu laico, y la Reforma, hacia la que se encaminaba el misticismo religioso». El desprecio a una guía para salir de una crisis de civilización no ha nacido en las últimas lluvias. En 1925 Pirenne ya advirtió que el gran debate occidental como herencia de la cultura europea es entre el espíritu laico y la efervescencia místico-religiosa de las corrientes reformadoras. En su tiempo, había que elegir entre los valores liberales de la sociedad civil y los ismos totalitarios sostenidos por bolcheviques, fascistas y nazis.

1929: PLANES EN LOS DOS BANDOS

En octubre de 1929 sucedió lo que nadie esperaba, ni siquiera quienes lo deseaban: la quiebra del mercado de valores. Por una parte, la caída de la Bolsa de Nueva York creó un pánico reservado a los agentes financieros y mostró el lado oscuro del modo de vida americano, donde una feroz miseria convivía con una desesperante riqueza; por otra, los ismos totalitarios convirtieron la política cultural del Estado en un agente de crecimiento económico y de represión social. ¿Qué hacer en medio de este litigio sobre los planes que debían adoptarse tras un crac bursátil que afectó a toda la economía mundial?

Veamos: había que salir de la crisis y para hacerlo era preciso vivir de otra manera, y esa otra manera era la planificada. Rápido, rápido: todo el mundo hacía planes: a dos años, a seis. Como fuera. Y también esto: una aturdidora sensación de ira hacia un mundo que había sido incapaz de solventar el problema económico. *Las uvas de la ira* es la novela con la que John Steinbeck recrea el momento de desesperación conocido como la Gran Depresión. John Ford la llevó al cine en 1940.

¡Adiós, viejo mundo! Lo que era ya no es, pero no se sabe lo que será. Gobiernan merluzos con gafas de concha. Quedan restos de surrealismo en la respuesta de la gente. Yakov Ilyín publica *Historia de un gran plan* y después Carle Clark Zimmerman hace lo mismo con *Consumption*, la otra biblia empresarial. Ideas enfrentadas.

Los dos libros son importantes para entender la cultura empresarial promovida para superar el crac bursátil, si la basada en el capitalismo, que tenía en las fábricas de Henry Ford el modelo a seguir, o la soviética, que lo gestionaba a través de las fábricas de Alexéi Gástev: New Deal o planes quinquenales. También los personajes clave, Franklin Delano Roosevelt en un lado, Josif Stalin en el otro. No importa, en definitiva, lo que hicieron realmente americanos o soviéticos para salir de la crisis económica. Lo importante es la imagen que dejan traslucir de sus actos como señales en el camino del dominio del mundo dividido. De ser dos países periféricos antes de 1929 pasan a ser dos potencias mundiales. Están en camino de tener que vérselas entre sí. Pero la historia les ofrecerá una tregua, que los intelectuales entendieron como una oportunidad. De momento, a veces se intercambian ideas sobre la mejora de las condiciones de vida. El mundo al revés. La economía se adelanta a la cultura.

La responsabilidad es de la prensa, que extrae extraños zumos de los hombres, afirmó el famoso periodista William Allen White, «el sabio de Emporia», según se lo conocía. No se sabe muy bien por qué no censuraron las cadencias del anticuado sistema electoral americano con la misma fuerza que el modo autoritario del Comité Central del PCUS. Stefan Zweig, más tarde, famosamente, en sus memorias, situó a Freud en el camino de haber evitado la llegada al Gobierno de Alemania del «gran intruso» de la historia, Adolf Hitler. Nadie le hizo caso ni en América ni en la Unión Soviética a finales de 1932. El psicoanálisis no se atiende en política.

El malestar de la cultura es el libro que deberían haber leído los políticos. Zweig describe a Freud como «un hombre despierto, pensante, que trabaja al margen de la política, consagrado a su trabajo y dedicado, tranquilo y tenaz, a transformar sus años en obras»; y dentro de esta manera de ser, si queremos ser justos con el maestro del psicoanálisis, deberemos situar a todos aquellos historiadores que en los años veinte afrontaban el futuro desde el conocimiento del pasado. Y así ocurrió que, en 1931, un historiador hoy apenas conocido, Johannes Bühler, llega a la conclusión en el libro *Vida y cultura en la Edad Media* de que no le parece correcto:

> Querer explicar el gusto por las fiestas simplemente como la expresión del instinto de plasmación artística, pues respondía, al igual que este y que toda la vida espiritual y religiosa de la Edad Media, al mismo impulso primigenio del alma: el de contraponer al mundo de la realidad que no da plena satisfacción otro mundo transfigurado por la fe y el arte y exaltada por medio de las fiestas.

En resumen, esa modalidad que explica las formas de vida medievales era la misma que estaba a punto de apresar a Alemania en la exaltación festiva de una ideología política que necesita el control de las masas para hacerse con el poder.

¿El futuro mirando al pasado?, se pregunta la gente. Pues sí, precisamente a eso resulta imperativo responder, porque la cuestión ha interesado a todos los historiadores importantes, sobre todo desde que, a comienzos de 1932, Christopher Dawson descubrió en un libro titulado

The Making of Europe. An Introduction to the History of European Unity que los problemas con los que los europeos se iban a tener que enfrentar en los siguientes años eran el efecto de una historia que arrancaba en los primeros siglos de la Edad Media, cuya oscuridad les había granjeado para los ingleses el llamativo título de *Dark ages*, edad de las tinieblas, ya que le había convencido la tesis de Bertrand Russell de que la historia era el único correctivo posible a la miopía de la sociedad de su tiempo. Dawson eran un historiador católico convencido de la capacidad del espíritu de hacer girar una línea política que llevaba al desastre, siempre que supiera rectificar a tiempo la propaganda anidada en una visión romántica y posromántica del pasado medieval como una edad de la fe. Esta postura es sencilla, pero no baladí, pues ofrece un punto de partida para la investigación genuina de la herencia de los europeos en unos años en que iban a necesitar conocerla con precisión, pues se comenzaban a crear ficciones enormemente peligrosas sobre el pasado.

Habiendo lanzado esta antorcha, no obstante Dawson no supo ir más allá de lo que su propia cautela le marcaba, sobre todo cuando los orígenes de Europa sirvieron para definir las posturas políticas ante el mayor desafío de la cultura en muchísimos siglos: el nazismo.

Hay que ir en su búsqueda.

7

ALGO ARDE ENTRE DISPUTAS (1933-1939)

> Donde queman libros, al final también quemarán a los seres humanos.
>
> HEINRICH HEINE, *Almanzor* (1821)

DISENSO HUSSERL-HEIDEGGER

Antes de describir la situación de Alemania en enero de 1933, un país sometido a un desempleo masivo que activa la desesperación en miles de trabajadores y choques entre pandillas callejeras nutridas por los partidos políticos, me detengo en un famosísimo disenso intelectual. Un maestro obligado a desdecir a un discípulo que ha creado una tortuosa senda conceptual en la definición metafísica del ocultamiento del ser en el ente.

El maestro es Edmund Husserl, fundador de la fenomenología, una de las principales corrientes filosóficas del siglo XX; el discípulo es Martin Heidegger, en boca de todo el mundo por el éxito de su libro *Ser y tiempo* (1927) y por su simpatía con el nazismo. Husserl tiene setenta y cuatro años, Heidegger, cuarenta y cuatro. Uno está retirado de la enseñanza, habla poco y se siente cansado ante la situación de su país; otro está en plenitud, le acaban de nombrar rector de la Universidad de Friburgo en Brisgovia, diserta bien, incluso en los versátiles pasajes sobre qué es la metafísica, el texto que le dio a conocer fuera de su país (el traductor al francés de esa obra es el insigne estudioso del sufismo Henry Corbin). Ambos son sensibles a las galanterías de los colegas que les halagan en exceso cuando acuden a un congreso de filosofía (en eso compiten en más de un sentido). El maestro ha encontrado en Eugen Fink el alumno adecuado para dialogar sobre la fenomenología como método filosófico; Heidegger, por su parte, se ha distanciado de su brillante alumna Hannah Arendt, por ser judía, entre otras razones.

El 23 de mayo de 1933 aparece el motivo del disenso. En el discurso de aceptación como rector de la Universidad de Friburgo, Heidegger señala los rasgos que deben definir la naturaleza del saber en Alemania:

> Tomar posesión del rectorado implica la obligación de dirigir espiritualmente esta alta escuela. El aunarse maestros y escolares sólo es posible si se hallan verdaderamente y en común enraizados en la esencia de la universidad alemana. Mas esa esencia sólo cobra claridad, rango y poder si los conductores mismos, los primeros y siempre, son conducidos por la inexorabilidad de la misión espiritual que lleva al destino del pueblo alemán a imponer su marca a la historia.

Imponer su marca al deseo de hacer de la batalla cultural un camino para la recuperación del ser anegado en el ente: el lector de entonces como el de ahora queda absorto ante esa conclusión y puede recurrir a lo más sencillo, dejar que se pierda en el recuerdo de la gente, o puede echar de nuevo un vistazo al folleto y caminar en una dirección que se le antoje la correcta, aunque sea contraria a la del distinguido rector. Es lo que hace Husserl al leer el discurso en su casa tras haber sido destituido de la dignidad de profesor emérito unas semanas antes, el 14 de abril, en aplicación de las leyes antisemitas del Gobierno que elogia su alumno. ¿Heidegger es ingenuo en lo que dice? En absoluto, sabe que el gran debate sobre la cultura nazi ha empezado y él decide integrarse en él con esa escaramuza retórica *a ver qué sucede.* Y sucederá mucho contra él y contra tantos miles de alemanes. Negarlo después, ay, no ha servido para nada. El discurso no es un mero ornamento retórico para quedar bien en la toma de posesión de un alto cargo académico, es un gesto político de enorme trascendencia.

Husserl puede hacerlo; está bien para su edad: capacidad creadora impecable, convicción de que es injustamente perseguido por su carácter virtuoso, además de por ser judío; un recio filósofo que aún tiene mucho que decir. Espera según su costumbre. El azar le echa una mano. Lleva tiempo pensando responder al fondo de la cuestión planteada por Heidegger en el discurso de toma de posesión de rector, quizá unos artículos sobre la intencionalidad del pensamiento, incapaz de seguir la cuestión del ser del *Dasein* que la precede, consciente de que su alumno se ha perdido por los caminos de un bosque que no van a ninguna parte.

Transcurren dos años del discurso del rectorado, y a Husserl le llega la oportunidad esperada para demostrar que probablemente Heidegger se ha acercado al futuro que define el pasado alemán desde el lado equivocado de la historia. Se le invita a impartir dos conferencias, una en Viena, otra en Praga, sobre la crisis de la humanidad europea. El maestro convertido en una *prima donna*. El tiempo transcurrido desde el provocador discurso rectoral no ha hecho más que refrendar que la política del partido nazi garantiza una Alemania nacional donde los disidentes no tienen cabida, y más si son judíos o intelectuales liberales. ¡Oh! La cosa es realmente seria. En vista de lo cual, se ruega, se suplica a las potencias vencedoras de la guerra, a Inglaterra y Francia, que hagan cuanto esté en su mano para arreglar el asunto, pues llegan noticias de que la cancillería del Tercer Reich está sacando adelante un programa de conquista de los territorios alemanes situados en otros países gracias al Tratado de Versalles.

Hitler habla de crear la *Grossdeutschland*, la Gran Alemania. Decisión apoyada por el historiador de guardia Heinrich Ritter von Srbik, que habla de la necesaria unidad del mundo habitado por alemanes étnicos. Eso lleva a la anexión, *Anschluss*, de Austria, que se haría a través de un plebiscito donde se escucha al secuestrado pueblo austriaco pronunciarse a favor de esa solución. Está en marcha el Imperio de Hitler, dice Mark Mazower: un imperio que se quiso hacer en la propia Europa y a una velocidad de vértigo.

Los impulsores de las conferencias de Husserl en Viena y en Praga se apresuran a añadir una posdata de alerta general en contra de la idea de la casa común alemana que se tiñe de sangre y destrucción como cualquier quimera nacionalista. Es verdad que hablar de «el mundo vital como el núcleo espiritual de una civilización forjada a comienzos de la Edad Moderna» es hablar de Europa y no de Alemania; pero no hay que perder de vista el momento en que la derecha y la izquierda austriaca y checa han decido unir sus fuerzas para «integrarse» en una patria alemana forjada en las tabernas campestres con cánticos a favor de un mañana dirigido por un *führer* con amplios poderes para hacerlo. Husserl invoca la identidad espiritual europea señalando lo que le gusta de ella, su apertura al mundo, y lo que le molesta, no haber sido capaz de superar la historia nacional. Desafía al público de las conferencias a pensar por sí mismo lo que debían hacer ante el último arrebato del nacionalismo, con timbales de opereta bufa, antes de que se transformen en las trompetas del Apocalipsis que acompañarán a los ejércitos en las campañas militares. El título de las conferencias dictadas en la Sociedad Cultural Vienesa y en el Círculo Filosófico de Praga es «La filosofía en la crisis de la humanidad europea». Fueron publicadas en Belgrado en la revista *Philosophia* y luego, en forma de libro, con el sugerente título *La crisis de las ciencias europeas y la fenomenología trascendental.*

Husserl está tan perplejo ante los argumentos de su antiguo alumno que cree que Heidegger ha sido hipnotizado por las liturgias callejeras con las cruces gamadas al frente y su arrogancia racial, que deja sin aliento a cualquiera en Alemania que no esté secuestrado emocionalmente; o sea, que el país se mueve en dirección opuesta a lo que había sido hasta ese momento. Y se enfrenta a la peligrosa pregunta de Heidegger: ¿cómo darle al *Dasein* la posibilidad de aceptar que en un tiempo la cultura alemana estuvo en manos de razas no germánicas? La metafísica no debe basarse en un olvido de la historia. Lo único que parece seguro para Husserl es que la unidad de las culturas romana, germánica, eslava, judía, sajona, finesa y altaica había impregnado la vida social desde los tiempos de Julio César (aquí aparece el legado del viejo historiador Alfons Dopsch, al que tanto se le debe) y engendrado el espíritu europeo; aunque pueda creerse que fue obra exclusiva de Carlomagno, un hecho que carece de importancia, pues lo cierto es que, aunque el creador de la civilización europea fuese el emperador franco desde su trono en la ciudad de Aquisgrán, tuvo que apoyarse en un espacio cultural que abarcaba siglos antes y después de él. Ese es el desafío del maestro Husserl ante las palabras del alumno Heidegger. Ante el aberrante proyecto de unir los pueblos alemanes en un Tercer Reich milenario, cabe la posibilidad de unificar Europa a partir de los principios de la fenomenología. Y esa fue la esencia del gran debate. Para los nazis, Husserl no podía ser el pensador que iluminara el camino en el bosque y el que llevara a Alemania a integrarse en el solar común europeo.

El pasaje más perturbador de la conferencia de Praga está teñido de una fuerte exhalación a favor de poner fin al torturante silencio sobre la historia:

> La humanidad europea produce en el Renacimiento un giro revolucionario. Se dispone contra lo que había sido hasta ese momento su modo de existencia medieval, lo desvaloriza, quiere formarse una nueva mente en libertad. Tiene su modelo admirado en la humanidad antigua. Quiere reproducir en sí misma aquella manera de existir.

Esta recuperación del Renacimiento recuerda lo dicho por Henri Pirenne de que el Renacimiento surgió del espíritu laico de las ciudades medievales. Una idea mucho más considerable de lo que hoy creemos, a pesar de que aún contamos con la posibilidad de seguir leyendo a Jacob Burckhardt.

El disenso es total: Heidegger se arruga. Y resulta difícil entender por qué no entra en el debate intelectual que le propone el maestro Husserl con sus conferencias en Viena y Praga y prefiere el modelo de las listas de apoyo al *führer*, consciente de la deriva del partido nazi hacia la conquista de un espacio vital a través de himnos militares de calidad mediocre o de fragmentos de una literatura esotérica que conducía a las estrategias de la Ahnenerbe, la oficina de patrimonio ancestral de las SS, que buscó en el Tíbet la raíz de la raza aria (*En busca del arca perdida* de Spielberg bromeó sobre esas actividades y nos hizo reír) en escritos de inaccesible lenguaje y símbolos rúnicos. Tal es el universo mental de los años treinta en Europa, entre la necesidad y la agonía de elegir uno de los dos caminos, el que ofrece Husserl de buscar una identidad espiritual europea que vaya más allá de la Europa geográfica (hasta América, Australia o Nueva Zelanda) y el que ofrece Heidegger de habitar en el mundo diseñado por el nazismo como respuesta al olvido del ser del mundo contemporáneo.

¡Menudo disenso!

LAS VOLUTAS DEL NAZISMO

El interés por el nazismo regresa a menudo como el espectro más temido del *pasado próximo*. Leo el testimonio de Hédi Fried y su interrogante final: ¿podría volver a pasar? Y lo hago contrito por la respuesta que da una mujer que ha sufrido y ha perdonado sin olvidar: «Lo que sucedió una vez puede volver a ocurrir, no del mismo modo, pero con resultados similares». He ahí el aviso que las víctimas del nazismo transmiten a la sociedad actual. Danny Orbach, al estudiar las conspiraciones contra Hitler, plantea la culpa junto al torbellino de otras emociones que se contemplan a través de la niebla espesa del mito y el recuerdo y así analiza el componente moral de la sociedad con una ceguera respecto a lo que el régimen proponía: la aceptación de la doctrina nazi o la marginación. No era la primera vez que se veía algo así, ni iba a ser la última.

¿Qué hay, por tanto, de la memoria del nazismo que Ian Kershaw revela en la biografía de Hitler, a saber, «un trauma perdurable para la sociedad alemana y, por supuesto, aunque de forma muy distinta, para los millones de víctimas del régimen»? Hay un legado que tenemos que entender: ¿cómo fue posible Hitler? Pues sólo a través de la historia llegaremos a valorar el legado del nazismo en sus imitadores posmodernos.

Hay dos líneas interpretativas de la historia del nazismo: investigarlo como un complot de un partido político, el NSDAP, para atraer al pueblo alemán a su declarada (se hizo en el *Mein Kampf*) causa criminal. Es el camino elegido por Florent Brayard, que fija los pasos que llevaron a los campos de exterminio como la puesta en práctica de una solución final a la cuestión judía que consistía en aniquilar a un pueblo por el mero hecho de serlo. Esa práctica se sostenía en la mentira, pues, escribe, «cada vez que se hablaba de los judíos se indicaba que la evacuación debía realizarse de forma radical. Himmler usó esa perífrasis (evacuación radical) para hablar del asesinato de los judíos porque preveía su registro en los archivos». El complot del NSDAP cubre así el tejido social de un país sin dejarse ver, oculto tras imágenes de contenido doctrinal, manifestaciones callejeras, insignias, banderas, colores (el pardo, preludio de la cremación de los cuerpos), saludos brazo en alto, comités de defensa del Reich, las SA y las SS, expresiones del poder supremo cedido al Führer. Un mundo atrapado en el caos maligno, un mundo que fija la superioridad racial de los asesinos frente a las víctimas, que son subhumanas.

Hay una segunda línea interpretativa, la de Frank McDonough, que ve en el nazismo una práctica de la policía secreta, la Gestapo, que convierte la delación en el mecanismo de promoción del fanático en funcionario. Las carreras de los ventilados nazis permiten comprender la facilidad con la que se derribaron las barreras morales en Alemania. Todo se hacía por la causa nacional, incluido el asesinato.

Estas dos líneas llegan a la misma conclusión: el nazismo se sostiene por la convicción de que *su* verdad está por encima de cualquier opinión, argumento o prueba: una verdad que provoca el deseo de retornar a un espacio y a un tiempo míticos. Por eso se promueve una historia falsa que arranca de la épica de los nibelungos, una historia que se vuelve tóxica porque favorece la repetición al adoptar otra fraseología, otro escenario: es el recurso al nacionalismo bajo la máscara de la regeneración social con el que se construye un espacio político con un estilo propio. El hecho de que el nazismo destierre de Alemania lo que no se ajustaba a sus valores perfila un mundo propio que se realiza de forma gradual, paso a paso, sin que se note. Primero se asume el fracaso del *pusth* de 1923 con un texto que resume la doctrina, el *Mein Kampf*; luego se legitima el camino de asalto al poder previsto en la Constitución de Weimar (Hitler ganó las elecciones de 1933 porque resultaba simpático); más tarde se exhibe un estado de necesidad para obtener poderes ilimitados tras la quema del Reichstag, y se continua con la escenificación de la maldad de los disidentes en la noche de los cristales rotos, hasta alcanzar su apogeo en la asimilación de todas las tierras de habla alemana: *Anschluss* de Austria, ocupación de los Sudetes de Bohemia y Moravia, creación de un espacio vital al este. Esos hechos tienen vida propia, incontrolable, acuciante, aplastante, hasta que su excesivo peso social acaba por hacerles converger en un único fin: una acción política que conduce al país a la guerra para afianzar unas ideas delirantes pero seductoras en una sociedad perdida en enloquecedoras simetrías entre los mitos germánicos y la conducta social. Proceso taimado, silencioso, poco visible, el complot del NSDAP se parece bastante a lo que sucede ahora en algunas regiones de Europa. Estemos atentos a las señales. Mañana será demasiado tarde.

¿O no es así?

Hemos de definirlo de un modo u otro. Conviene entrar en el gran debate sobre el nazismo como realidad histórica entre 1933-1945 porque no hacerlo no es una opción. Es un peligro.

El nazismo es de algún modo el aceite que engrasó las ruedas de un país destruido por una guerra que se negaba a reconocer que había perdido; en los inicios, el mensaje no suscitó una obediencia ciega entre la población, sólo la simpatía por unas ideas políticas que condujeron a un pueblo aturdido por el coste de las reparaciones de guerra a votar al partido que las representaba en unas elecciones democráticas. Más que una ideología, digamos que los dirigentes nazis, a partir de las reuniones de la Sociedad Thule, extrajeron de la tradición oculta la fraseología legitimadora de sus objetivos: «El nazismo no es otra cosa que la biología aplicada», dijo Rudolf Hess, el segundo del partido detrás de Hitler y el más conspicuo antes de la ventolera que le llevó a tirarse en paracaídas en Gran Bretaña. Al fin y al cabo, la raza era la clave a la hora de definir «las vidas que no merecían ser vividas»: en su apotegma *Lebensunwerts Leben*. Esa era la barbaridad de fondo, pues la eugenesia se convirtió en una práctica médica sostenida por el Estado. Había que recomponer el mundo destruido por la avaricia de la burguesía decimonónica y también había que darle una función a las que denominaron personas de sangre alemana. Y con esas ideas, los dirigentes nazis entraron en contacto con las fuerzas armadas, la Wehrmacht, y sus ilustres generales y mariscales de campo, en su mayor parte procedentes de Prusia oriental.

Si la credibilidad de esta historia racial dependía de sus efectos en el orden social, desde luego nadie podía dudar de ella desde las primeras medidas adoptadas por el Gobierno de Hitler en la primavera de 1933. La separación entre verdaderos y falsos alemanes (judíos, sobre todo) marcó el camino a seguir. Sin embargo, el nazismo no dependía sólo de la segregación social, de ahí que permaneciera envuelto en la bruma del misterio hasta el final, cuando se descubrieron los campos de exterminio en Auschwitz-Birkenau, Cracovia y otros lugares. Aceptar el desafío de entender lo que Primo Levi había descrito en su libro *Los hundidos y los salvados* era entrar en el gran debate sobre el Holocausto, en hebreo la *shoah*. Enseguida seleccioné las lecturas: comencé con Gerald Fleming, como si necesitara pruebas fehacientes sobre ese horror contemporáneo sin explicación plausible; seguí con Arno Mayer y *la solución final* para comprobar de qué modo empezó todo eso. Entonces me llamó la atención el laberinto interpretativo sobre el Holocausto. Viene de lejos, del mundo que había dejado Hitler tras su fracasado intento de convertir el nazismo en la piedra angular de la historia futura. Porque a partir de ese punto en el que se reveló el Holocausto, aunque nada lo hacía prever, dejaba de ser un estridente proyecto político para convertirse en un abyecto proceso criminal. Era la revelación de una suerte de tierra incivilizada, como la peor de las pesadillas posibles, que los alemanes por lo visto sólo conocían de lejos y sin precisión, pensando que los campos de concentración (y de exterminio) eran cárceles de los prisioneros de guerra y los disidentes; pero en el verano de 1945 todo eso acabó cubierto por una espesa sensación de que durante doce años los nazis habían engañado al mundo.

Desde ese punto de reconocimiento se filtró el modo de hacer historia. No se discutió sobre lo sucedido, pues era evidente (demasiado evidente con las filmaciones de los aliados cuando llegaban a los campos de exterminio), sólo se discutieron las razones de la complicidad de toda una sociedad ante semejante horror. Y de ese modo se abrieron paso por la espesura de los recuerdos y los testimonios de quienes sobrevivieron las preguntas que más debate provocan: ¿Cómo es posible que ocurriera algo así y se dejara que los nazis lo llevaran a cabo sin que nadie se opusiera?

La respuesta estaba en Adolf Hitler. Los nazis fueron responsables del Holocausto porque su forma de pensar el mundo le llevaba a eso y la devoción a su líder, el Führer, lo legitimaba.

Adolf Hitler había sido elegido en las urnas, democráticamente, se decía; luego se planteaba el principio del deber obligado en forma de aceptación del carácter de ese individuo, para sus múltiples seguidores, su carisma. Porque el canciller Adolf Hitler era como era se anexionó Austria y se ocupó la región de los Sudetes; porque el canciller Adolf Hitler era como era se negoció en Múnich una paz irresponsable con los negligentes Chamberlain y Daladier, que aceptaron el reparto de Europa sin citar los campos de concentración para los disidentes; porque el canciller Adolf Hitler era como era se negoció con la empresa siderúrgica de Gustav Krupp un rearme total cuyo único objetivo era una guerra de conquista territorial en el este europeo; porque el canciller Adolf Hitler era como era se aceptó la vigilancia por la Gestapo de cualquiera que destacara en la sociedad alemana, convertida así en una especie de corte versallesca donde se relacionaban en los mismos espacios, musicales en particular, los miembros relevantes del partido (una canalla vulgar y resentida) y las clases altas que habían hecho su fortuna en tiempos del Segundo Reich y ahora estaban dispuestas a completarla con el Tercer Reich. Se trataba de una geometría política perfectamente diseñada. Nada quedó fuera de ella, salvo la resistencia de la gente decente.

Adolf Hitler lo hizo desde el primer minuto, pese a que muchos miraron hacia otro lado: el ampuloso mariscal del aire Hermann Göring y el remiso general Alfred Jodl en primer término, luego miles de afiliados al partido, junto a decenas de ministros, secretarios de Estado, mariscales de campo, presidentes de academias o rectores de universidad. ¿Y por qué sucedió así? Simplemente porque desde el otoño de 1918 era uno de los suyos, como miembro destacado del partido nacionalsocialista. Se aguantaron sus formas de actuar porque era nazi y no porque fuera un modelo de gestión o un estratega (se lo decían a menudo, pero era una mentira), y sólo unos pocos alemanes se pusieron enfrente, como casi siempre, en el exilio, como le sucedió al conde Harry Kessler, que le vio venir desde el primer minuto. Porque también habrá que decir que, salvo unos pocos intelectuales, los medios de comunicación occidentales trataron a Hitler como si fuera un estadista de talla mundial. A algunas firmas contrarias les ofrecieron mantenerse al margen; dijeron que no. Les sugirieron que, levantando un poco la mano para saludar y exclamar *Sieg heils,* podrían prosperar en la Alemania que se estaba construyendo, y contestaron no estar interesados. El coste para ellos fue alto, aunque no se trataba de un gesto heroico, sino más bien de una saludable medida de salud mental, cuyo colofón a ese poder absoluto fue el holocausto del pueblo judío. Una decisión criminal, que dejó en un segundo plano el otro gesto, letal para él: conducir al mundo a una guerra ni más ni menos que con las potencias vencedoras en 1918, a excepción de Italia, que cambió de bando y se alió al Eje.

Hitler era un hombre ávido de reconocimiento y aprovechó cualquier oportunidad tanto para lucirse como para empaparse de nuevas ideas. En una de las reuniones con su círculo más cercano, el *Reichsführer* Heinrich Himmler, jefe de las SS, le avanzó la idea de una solución final para el pueblo judío. La propuesta era un crimen contra la humanidad, y así fue juzgado en Núremberg al finalizar la guerra; sin embargo, los miembros de su círculo más cercano jugaron con la posibilidad de hacerlo realidad y Hitler terminó por aceptarla como si fuese su propia idea, era soberbio. Se sabía. ¿Podría la solución final convertirse en una pauta para el desarrollo de una Alemania racialmente homogénea? se preguntó, y no dudó en responder que sí. En ese caso, no podía regatear medios para hacerlo. Mejor el exterminio que la deportación a Madagascar u otro lugar que no fuese Palestina; y solamente muy al final comprendió la escena en su totalidad, tomó conciencia de que el Holocausto había extirpado a todo un pueblo y cavado una inmensa fosa para millones de personas, judíos en su mayoría. Aquí no hay banalidad; hay ambición. La ambición de realizar una idea del Führer, icono de Alemania en los años treinta.

Los alemanes contemplan pasmados la decadencia física de Hitler, que seguía en la Cancillería pensando que nadie se daba cuenta. Durante el hundimiento final se preguntan por los responsables de las atrocidades mientras los soldados echan gasolina sobre el cadáver de quien había sido el canciller de Alemania, su líder indiscutido. Art Spiegelman, en *Maus, relato de un superviviente,* explica que todos los que lograron escapar del horror se sintieron incómodos (Primo Levi decía «no redimidos»), con la sensación de que algo debían decir de todo lo que había sucedido, ya que, pese a su voluntad de resistencia, participaron en esos acontecimientos y padecieron, apretando los dientes, la pena que causa recordar.

He aquí una situación singular. No se sabe muy bien cuál es el orden de las cosas, pero el estremecimiento de miedo y de voluptuosidad ante el desencadenamiento de una fuerza política realmente asesina está en el corazón desconcertado de varias generaciones. Pensando en el nazismo, hacer historia es una necesidad. Prueba de ello son las investigaciones sobre los doce años de su hegemonía en Europa (1933-1945), que adquieren el aspecto de lo que en la Alemania de los ochenta se llamó *Historikerstreit*, disputa de historiadores.

En uno de esos libros, el más renombrado entonces, *Zweierlei Untergang* (1986), Andreas Friz Hillgruber se deja llevar por el espíritu conservador de su Prusia natal al señalar que el Holocausto es un enigma incomprensible pero no único, ya que es preciso tener en cuenta «los dos tipos de ruina» de esos años, en referencia a la experiencia de los soldados alemanes en el frente oriental durante 1944 y 1945. Este revisionismo es un ataúd para la memoria de las víctimas. Prueba de ello es que Seweryna Szmaglewska, la mujer de Birkenau, para quien cualquier intento de explicación de lo sucedido en los campos de exterminio adquiere el rasgo de un olvido. Por eso Berel Lang señala que «el Holocausto, además de ser un acontecimiento concreto de la historia reciente de Europa, es también un acontecimiento literal», vale decir, un acontecimiento cuya naturaleza le convierte en paradigma del tipo de acontecimientos acerca de los cuales sólo es posible hablar de forma literal. Por tanto, hay que acercarse a él y disponerse a señalar el paisaje humano que lo rodeó.

El enorme listado de individuos que se pusieron de perfil desde el primer día que estalló la solución final en el círculo íntimo de Hitler. Ese silencio cómplice es un método habitual de corrupción, de compra de voluntades políticas. Y salió Richard Strauss, al que los gerifaltes del régimen situaron al frente de la música alemana hasta que se hartaron de él; y salió la Cruz Roja de Folke Bernadotte hablando de neutralidad política; y salió el ministro Viacheslav Mólotov de la Unión Soviética pactando con el ministro de Asuntos Exteriores Joachim von Ribbentrop, sin que los comunistas del mundo se molestaran y los miembros más conspicuos de los partidos tuvieran pánico a perder su legitimidad moral como referentes de los pueblos oprimidos. ¿Acaso no lo estaban los alemanes que se opusieron a Hitler? ¿O esos no contaban para mantener el orden internacional? Y salió el almirante Miklos Horthy, regente del, en su opinión, humillado reino de Hungría: humillado, sí, porque él mismo lo consintió, dejando que los miembros hiperventilados de la Cruz Flechada tomaran las calles. Y salió la Sociedad de Naciones, fundada por el presidente Wilson y sostenida entre otros por el liberal Salvador de Madariaga, para mostrar su neutralidad. ¿O acaso cabía otra solución? ¿Alguien en 1923 lo sabía? En las SDN estaban las potencias vencedoras, Estados Unidos, Inglaterra, Francia y la Unión Soviética, que hacía las veces de Rusia con el deber de mantener la paz. Y salió el político británico de guardia, el tal Neville Chamberlain, que acudió al Berghof para dejarse convencer de que la cuestión judía no era un asunto de Hitler, sino de Martin Bormann y Heinrich Himmler. Y salió el fiel Heinz Linge para hacer gala de su afecto trufado de admiración por el canciller Adolf Hitler, a quien sirvió con esmero, desmintiendo así a Napoleón, que dijo que nadie es grande a los ojos de su mayordomo. Y salió por fin el embajador americano William E. Dodd, que se dejó agasajar junto a su esposa y sus dos hijos adultos (un chico y una chica) y aceptó sin ningún reparo que su hijo estudiara historia en Berlín con Friedrich Meinecke, quien por entonces no decía nada contra el régimen. Por cierto, con el paso de los años, y tras ser despedido de la cátedra en 1935, Meinecke reconoció haber cometido un imperdonable error sobre la corrupción con la que el nazismo sometió a la sociedad alemana.

Todo esto está descrito con toda suerte de detalles en *El pecado de los dioses* de Fabrice d'Almeida. Cuenta el reputado historiador que el nazismo no fue, ni mucho menos, un régimen impuesto por la fuerza; ya que mucho más que la violencia, fueron sus métodos de seducción los que le permitieron imponerse y mantenerse. Y la única duda entre los alemanes fue si entrar o no entrar en el juego que proponía el canciller Adolf Hitler. Al final entraron casi todos. Por doce años, pero lo hicieron, y si lo abandonaron en los últimos días fue porque el régimen nazi perdió una guerra que nunca pensaron que perdería. De haberla ganado, estarían vigentes sus ideas, incluso hoy. La convicción de alcanzar una comunidad nacional perfecta facilitó la tarea de sacar de ella a los indeseables, y esos eran los judíos. De ahí que la *shoah* no hubiera sido posible sin esa ilusión colectiva de que el canciller Adolf Hitler estaba forjando una nueva Alemania, más aún un Reich, que duraría mil años debido a la superioridad de la raza aria.

¿Delirios? Quizá, pero delirios criminales. La aniquilación física de un pueblo era la garantía de la felicidad. Ese es el horror de la verdad que se extendió por el mundo en esos años. Cualquiera que entraba en las juventudes hitlerianas estaba dispuesto a dar la batalla por ese ideal. Me parece que tras esta actitud se esconde un mensaje claro a los gañanes del partido: vosotros del NSDAP, que lleváis años sacudiendo por las calles a judíos, quemando sus negocios, marcando con la estrella de David sus viviendas, sin ni siquiera sentir el más mínimo remordimiento, ¿cómo conseguisteis semejante lavado de cerebro? ¿Es un vehículo de promoción social atizar a los enemigos del régimen? Lo es. ¿Es una razón de ser del buen nacionalsocialista el odio a los judíos por no ser arios alemanes? Lo es. Pero es que estos jóvenes guardianes de la idea nazi del mundo tendrían que estar integrados ya, antes de que el canciller Adolf Hitler lo convirtiese en un objetivo del Estado. Y lo hace invitando a los banquetes a los miembros más destacados del partido, los que venían de los viejos tiempos y los que se apuntaban para medrar. Y en esos banquetes, junto a la alta sociedad de siempre encumbrada en tiempos del káiser Guillermo II, aparece el almirante gordinflón (Göring), el secretario saltarín (Bormann), el amanuense metido a ideólogo del partido (Hess), el siniestro burócrata (Himmler), el tullido mujeriego jefe de la propaganda (Goebbels), el acomodaticio almirante (Dönitz), el sutil jefe de la Abwehr (Canaris), los militares que eligen las Waffen SS para saltarse el escalafón de la Wehrmacht, el ministro bíblico (Speer), la actriz adepta (Leander) y la mayoría de directores de periódicos, columnistas, investigadores de la Ahnenerbe, el refinado director de orquesta (Fürtwängler) y la siniestra baronesa informante de la Gestapo (Heyden-Rynsch). La única que puede mirar directamente a los ojos al canciller Adolf Hitler es Leni Riefenstahl, que escandalizó con su película *Sieg des Glaubens* («La victoria de la fe»); y, por supuesto, los que en 1933 le dijeron, como Harry Kessler, Béla Bartok o Stefan Zweig: ¡basta, Führer, ahí te quedas con tu Alemania del horror!

Cuando en 1943 se descubren los campos de exterminio, tras la derrota de Paulus en Stalingrado, el canciller Adolf Hitler es un cadáver político. Es un loco con síntomas de Parkinson. El mayor desprecio hacia él viene de sus correligionarios. Demasiado tarde para eso. A los que le critican y los que conspiran contra él, como Claus von Stauffenberg, que ejecuta la operación Valkiria, se les transparenta el cartón.

¡Pobre Alemania, tener que reconocer que entre 1933-1945 fue nazi! En esto, los estudiosos de la época se apresuran a añadir una posdata de alerta general a favor de la vigilancia para que no vuelva a ocurrir. Fue en 1973 cuando la cineasta italiana Liliana Cavani estrenó *El portero de noche*, con la elegante Charlotte Rampling en el papel estelar enfrentada al taciturno Dick Bogarde, que vegeta en la recepción de un hotel durante la noche. Poco a poco se va desvelando la trama, que no es más que desvelar la existencia de un vínculo erótico entre la víctima y el verdugo, cuando tiempo atrás ella era una prisionera judía y él un arrogante oficial de las SS. Ese viaje al pasado no parece aconsejable, es más bien un escándalo que había que tapar —al modo del pop de aquella prodigiosa década que más tarde analizaré— creando un subproducto con tintes sadomasoquistas. Pero eso no es lo que ocurrió en los años treinta y cuarenta: es una lectura falsificada de la verdadera escena de víctima y verdugo bajo el signo del nazismo. Cavani, reconociendo que entra en un territorio pantanoso, tiene ciertas reservas en el diagnóstico de lo sucedido. Al espectador le molesta el morboso ambiente creado; pero la película se arriesga, pensando que el cine aún puede ser una catarsis para explicar lo sucedido durante aquella larga noche europea de doce años. La víctima, convertida en una cliente de nivel del hotel, acabará yendo al fondo de la situación; desempeñará con valentía el papel de dueña y de vigilante, pero de esa introspección psíquica no regresará nunca. La película es un éxito de taquilla. ¿Quién ha superado en su género la vidriosa historia que cuenta Cavani? Nadie, pues demuestra que la memoria tiene un inmenso poder.

¿ADÓNDE VA LA TERCERA REPÚBLICA FRANCESA? EL CASO STAVISKY

El nazismo triunfó fuera de Alemania por lo que contaré a continuación. Breve: porque sus adversarios autocalificados de demócratas se pusieron de perfil ante el mayor escándalo financiero de Europa de los años treinta, y por decir que el Estado no tenía responsabilidad en lo referente a la venalidad de la clase política, ya que era un problema para ser juzgado en los tribunales de justicia. División de poderes obliga. Montesquieu en alerta. De todos modos, se dijo entonces y se piensa ahora, una cosa es una corrupción puntual y otra diferente una corrupción sistémica. De eso último trata *Stavisky*, una película que recrea el caso del mismo nombre, dirigida por Alain Resnais en 1973, con guion de Jorge Semprún y protagonizada por Jean-Paul Belmondo en el papel del bello Sacha.

Veamos primero los hechos y luego los efectos en la vida intelectual.

El 24 de diciembre de 1933 se arrestó al director del Crédit Municipal de Bayona, Gustave Tissier, por cobrar presuntas comisiones en obras públicas y la emisión de bonos falsos. Un regalo para quienes, como François Mauriac, Paul Nizan, Emmanuel Mounier o el premio Goncourt de 1922 Henri Béraud, creían que el Gobierno de la nación era una trama mafiosa con el objetivo de saquear las arcas del Estado a través de comisiones, subvenciones y otros medios, colocando a sus cómplices al frente de las instituciones financieras del Estado. Mayor desafección no podía darse sobre los compromisos adoptados por el Frente Popular, cuyo pacifismo no hizo más que estimular el expansionismo de los nazis al otro lado del Rin. Tampoco ayudaba una derecha temerosa por el tono que tomaron las huelgas generales en todo el país.

En pleno día de Navidad, las noticias conmocionaron a la sociedad, mientras los implicados se mostraban sorprendidos justificándose con todo tipo de argumentos con el fin de evitar que les atacara no la opinión pública, sino los padrinos de la red mafiosa. Se presentan en público con cajas llenas de bonos falsos que afirman que son verdaderos y concluyen que sólo hay eso, nada más que eso. Lo demás son infundios sin ningún fundamento. El Gobierno, con una sola voz, insistió en esa línea negando lo que era el mayor escándalo de la historia financiera francesa del siglo XX. Los bonos, por supuesto, eran falsos. Por no reconocerlo, el Gobierno tuvo que dimitir. Aún no estaba todo perdido.

¿Qué significaba para el futuro de Francia la espesa red venal en la vida política, administrativa y universitaria? Había llegado el momento de sacudir el alma de un pueblo, narcotizada por una prensa sumisa. Denunciar el trasfondo de la corrupción exigía liberar a la sociedad de la impostura y las fraudulentas interpretaciones de la historia. Era preciso revelar la verdad oculta en un estilo de vida que resultaba agradable para los que estaban cerca del viciado dinero. Entonces se recurrió a un chivo expiatorio, un hombre sobre el que recaería el peso de la culpa para salvar el sistema, y ese no fue otro que Alexandre Stavisky.

La gendarmería advirtió que las facturas eran falsas pese a que los implicados y el propio Gobierno de la nación repetían que eran verdaderas. El procurador general tomó cartas en el asunto la noche de Navidad y llegó al convencimiento de estar ante una trama de corrupción sistémica en las altas instituciones financieras del Estado, y con esos datos que iba reuniendo a base de paciente ejemplaridad procesal afirmó que cualquier sociedad anónima o empresa que hubiera mantenido contactos con el Crédit de Bayona durante los años objeto de investigación, o sea, desde la creación de la Tercera República, podía presentarse en calidad de perjudicada por el delito.

El procurador iba más allá. Describía el estilo de vida de Stavisky como la mejor prueba de la corrupción a la que había llegado Francia con un Gobierno que hacía lo contrario de lo que decía. Era inasumible la glotona pasión por pagar elevadísimas sumas por prendas de vestir o automóviles deportivos, salvo que sirviera de pantalla para un uso ilegal del dinero. Analizaba el entorno del acusado y llegaba a la conclusión de que se trataba de un caso de corrupción de la totalidad del sistema financiero francés que alcanzaba del ministerio de Obras Públicas al de Defensa. Y así elaboró un expediente que guardó en una carpeta de color sin intención de archivarlo, sino de llevarlo a sus últimas consecuencias. El escaso prestigio que le quedaba a la Tercera República se fue por el sumidero de este caso de corrupción antes de que los blindados de la Wehrmacht mostrasen el descalabro financiero del ejército en junio de 1940.

El presidente Gaston Doumergue, cordial, campechano, hugonote, se mostró distante ante la crisis. ¿A quién no salpicaba la corrupción? Pues no salpicaba a la gente sencilla, que no entendía ese abusivo uso del dinero. Todos se sentían implicados en un escándalo que corrompía la vida francesa cinco años después de la crisis económica provocada por el crac de la Bolsa de Nueva York de 1929.

La historia demuestra que las situaciones, de no resolverse (o de resolverse en falso), conducen al rencor más que al acuerdo, a la venganza más que a la concordia. Eso no significa que no se pudiera continuar con un Parlamento fragmentado o que esa forma de hacer política no tuviera futuro. Si la venalidad se asume como un efecto no deseado de la democracia, lo mismo se puede decir de la pasión totalitaria. Su figura resulta proverbial de un mundo donde los objetivos virtuosos —verdad, justicia, trabajo— habían sido dejados a un lado. Era el ejemplo de quien vive a lo grande, en su caso, entre el hotel Claridge en París y el hotel du Palais en Biarritz, llevando a Coco Chanel en un Hispano-Suiza; de quien tiene el dinero para gastar millón y medio de francos en publicidad con el fin de asegurarse una buena imagen que haga olvidar que es un especulador; también alguien capaz de gestionar doscientos millones de francos de los más relevantes miembros de los círculos, clubes y logias del país y por tanto un habitual en las cenas organizadas por el procurador de la República, en su calidad de asesor financiero del suegro del presidente del Consejo, Chautemps.

De repente, desaparece la indulgencia con la que se le trataba: Stavisky cae en desgracia. La prensa se arroja sobre él gruñendo porque —decía— jamás creyó en nada que no fuera él mismo, un rasgo de un «apátrida sobrevenido» (era natural de Kiev) que no duda en destruir en su beneficio el equilibrio (y la riqueza) de los «verdaderos franceses». Hay que expulsarlo de la sociedad. Las condenas siguieron hasta el final, sin vacilación. Su suicidio el 8 de enero de 1934 despertó comentarios, al saberse que el disparo que puso fin a su vida se había realizado a tres metros: «Eso es tener un brazo muy largo», tituló el semanario satírico *Le Canard enchaîné*. Sobre ese mordaz comentario, que causa algo más que una gélida sonrisa, se extiende la sospecha de que el *affaire* es algo más de lo que se dice.

En la plaza de la Concorde, la tarde del 6 de febrero de 1934, los manifestantes se mueven entre la indignación y la protesta contra Édouard Dáladier, el que gobernaba por decreto a favor de políticos oportunistas, católicos reaccionarios y fascistas demagogos. Un indignado Philippe Pétain, el héroe de Verdún en la Gran Guerra, es el centro de todas las miradas; sin que nadie pudiera sospechar en ese momento que él iba a ser el responsable de la rendición de Francia en 1940. No existen principios, sólo acontecimientos; no existen leyes, sólo circunstancias. La deriva transformó la inicial diversión por las crónicas diarias sobre los implicados en la trama corrupta en un sombrío *dégoût*.

«Se dice que la Tercera República murió desprovista de afecto; muy pocos quisieron defenderla con seriedad, por lo cual desapareció sin que nadie la llorase». Este es el diagnóstico de Tony Judt al comienzo de su *Pasado imperfecto*, el libro con el que aspiraba a razonar lo que una vez afirmó Raymond Aron: «Viví los años treinta con la desesperanza que producía el declive de Francia... En el fondo, Francia ya no existía. Existía solamente en el odio de los franceses, de los uno a los otros».

¿Adónde va la Tercera República? Da igual, decía en 1932 el joven Emmanuel Mounier en el *Esprit*, mucho antes de desarrollar la idea del personalismo para fomentar una izquierda católica: «El mundo moderno se halla en un estado tan absolutamente enmohecido que para que surjan brotes nuevos habrá de venirse abajo todo el edificio». Esa conclusión expresa desánimo, y en efecto la frase estaba escrita de manera tan nítida que resulta un certero diagnóstico de una época necesitada quizá de una élite que renovara una nación fatigada y corrompida. Hay que hallar una salida. La mirada se vuelve hacia la historia; allí están los guardianes del pasado, que pueden iluminar el desafío del futuro. Pero que nadie se lleve a engaño, en los años treinta crecía sin parar un atractivo seductor en torno a los sistemas totalitarios, gustaba la estética fascista, la escenografía nazi o la rueda del terror bolchevique como liberación de las masas. Cada uno a su estilo forjaba los fundamentos de un conflicto social que terminaría en los campos de batalla. Baste leer *El maestro y Margarita* de Mijail Bulgákov para ver cómo el realismo mágico de la novela abre el camino a las descripciones de una época que los historiadores se negaban a hacer en sus pormenorizados análisis. Todo esto puede leerse en el *Diario* de Denis de Rougemont, comenzado en 1926 —antes de que a su autor le diera por estudiar el amor como el fundamento de la cultura europea desde el siglo XII— y que se extiende hasta 1946. Implacable cronología. Y no resulta difícil comprender por qué lo que él escribía para sí mismo, la sociedad se lo calló obstinadamente hasta el final. Veamos un ejemplo:

> La primera tarea que han de abordar los intelectuales que hayan comprendido cuál es el peligro totalitario (desde la izquierda y desde la derecha) no consiste en aunar fuerzas bajo alguna forma de antifascismo, sino en atacar la clase de pensamiento a partir del cual crecen necesariamente el fascismo y el estalinismo. Y no es otra que el pensamiento liberal.

¿Cómo hacer historia en tales circunstancias? Esta cuestión dejó de ser un desafío académico cuando se produjo la guerra civil española. Los desengañados de la Tercera República, el Saint-Exupéry de *Tierra de hombres* o el André Malraux de *La esperanza* piden a las fraternidades de acción una fusión emocional. Regreso a la condición humana como centro del debate intelectual. La historia será social o no será. Aunque lo que estaba ocurriendo en España en la primavera-verano de 1936 requiera, para ser comprendido y asimilado, fragmentos de un evangelio gnóstico, como el que llevaba en su zurrón de miliciana Simone Weil para acercarse al pueblo ante el silencio de los espacios infinitos rotos por el sonido de los fusiles al amanecer en las tapias de los cementerios.

España era el problema, hacer historia verdadera, la solución.

ESPAÑA PARTIDA EN DOS

Detengámonos un momento en la afirmación del famoso poeta Antonio Machado: «Españolito que vienes / al mundo te guarde Dios. / Una de las dos Españas / ha de helarte el corazón». Estos versos hacen referencia a lo que los españoles pensaban en voz alta de su país a comienzos de los años treinta, una manera de pensar que es su parcela de identidad, un ámbito que es una limitación de su conducta social a la vez que un castigo por un desmedido orgullo entendido como fundamento del honor patrio. El más habitual entonces era el que dividía la derecha de la izquierda en la vida política después de que una sucesión de fatales acontecimientos llevara a la abdicación del rey y a la creación de la Segunda República el 14 de abril de 1931. Un régimen, un proyecto de renovación reciben, pues, lo que el historiador Julián Casanova denomina una *España partida en dos*: título del libro sobre uno de los sucesos más controvertidos del pasado, la guerra civil desarrollada entre 1936-1939, y sus motivos.

Una elegante ponderación acude en ayuda de «los recuerdos y conmoraciones de pasados difíciles y violentos que plantean enormes desafíos a los historiadores que intentan diferenciar entre historia y memoria, entre conocimiento documentado y subjetividad». De este modo afila el análisis y se afina la mirada, pues no cabe duda de que, «al contrario que las luchas heroicas, los triunfos militares o las celebraciones de la grandeza nacional, los pasados traumáticos o infames no se prestan a relatos fáciles o de autobombo». En su trabajo, alza la vista como quien considera pobre la iluminación, y se interroga no sólo por los motivos de la escisión política (no en vano la batalla cultural termina en una guerra civil), sino por la asociación cognitiva que ofrece puntos de vista completamente antagónicos, con la fantasmagórica densidad de asesinados en una y otra parte, de suerte que no queda ni un solo detalle que no esté cubierto de la espesa madeja de las acciones criminales. A lo que en fechas recientes hay que añadir lo que Casanova denomina los dos grandes paradigmas de la memoria en la Europa de la posguerra: la que profundiza en el Holocausto y la que se atiene a las víctimas del comunismo.

Y como colofón a la batalla cultural de la memoria, añade Casanova, se abre un espacio de debate sobre las guerras civiles, los genocidios y la represión de regímenes autoritarios que afecta al modo de dividirse España en dos. Porque se parta de donde se parta (de las atrocidades de los sublevados o de las ejecuciones masivas del Gobierno republicano) siempre se va a parar al mismo sitio, a la tendenciosa monotonía de las explicaciones chatas, abiertamente ideologizadas. Incluso en trabajos que en su inicio muestran ponderación y en apariencia dan la sensación de que han tomado el rumbo correcto, al final se produce la destrucción del equilibrio moral y vuelven al punto de partida. Lo único seguro de estos procedimientos es que la realidad de un país partido en dos es uno de los rasgos más singulares de la historia reciente de España, o para ser más exactos, al menos desde 2004, con la llegada al Gobierno de la nación de Rodríguez Zapatero y la creación de una Ley de Memoria Histórica, de la utilidad política de la división, ya que legitima el posicionamiento de parte como el peso de una historia largamente presente. Al extenderse a los ámbitos de la acción política, la conciencia de que no hay una sino dos Españas, incide en la acción del hombre normal que, sin embargo, se muestra en ocasiones como un luchador callejero, al que ya no le afecta el peso de la historia, sino el valor del grupo al que pertenece.

Dos ámbitos de pensamiento distinto, separados, cuidadosamente definidos por los medios de comunicación que utilizan para informarse;

al menos, en apariencia, porque cualquier observador de esa España partida en dos sabe que en las cuestiones cotidianas hay una poderosa transversalidad en el modo de concebir las fiestas, las vacaciones o la elección del equipo favorito. Lo que nos vuelve a situar en la casilla de salida y nos hace preguntarnos de nuevo a qué obedece esa realidad política divida en dos y la confianza extrema que cada parte tiene en los suyos.

EL *GUERNICA* DE PICASSO ANTE GERNIKA

Primero un descargo de responsabilidad. En lo que se refiere al *Guernica*, el magnífico cuadro de Pablo Ruiz Picasso, me encuentro en una posición difícil. Cada vez que lo veo en el Museo Reina Sofía de Madrid me llama la atención, luego me paso horas leyendo a críticos de arte buscando una explicación. El resultado final sigue siendo el deseo de entenderlo, pero matizado por el hecho obvio de que una pintura de talante progresista como esta tiene muchas lecturas.

A comienzos de mayo de 1937, aprovechando unas instantáneas publicadas en los diarios parisinos *Ce Soir* y *Paris Soir* del bombardeo de la Luftwaffe sobre la localidad vizcaína de Gernika, Picasso se apresura a mostrar los efectos de la guerra civil en España mediante la inmersión pictórica en el mundo de los símbolos del toro-luna y el corcel-sol iluminados por una centelleante bombilla, único elemento de la nueva época que avista el viejo escenario de destrucción y muerte. Dora Maar fotografía los primeros bocetos. Las imágenes de la desolación causada por los aviones invaden un lienzo de tamaño considerable con el fin de fijar los gestos y los gritos del silencio; se consigue así una narración del horror tan reconocible como las masacres manieristas de Antoine Caron o las escenas apocalípticas de El Greco, recuperadas en pleno siglo XX por Ludwig Meidner. Picasso, en línea con Goya, fija los cuerpos desesperados, rotos y destruidos para pintar el *Guernica*, profundizando en el territorio de lo simbólico, que en 1937 era el espacio privilegiado del arte de Giorgio de Chirico o de la literatura de Louis Aragon, y que él mismo había cultivado cuatro años antes en la cubierta de la revista surrealista *Minonature* y perfeccionado en la *Minotauromaquia* de 1935: el triunfo de Tánatos sobre Eros, donde cualquier iniciado detecta el descenso *vers le bas*, que dice Marguerite Loeffler-Delachaux al analizar los cuentos de hadas.

No existe mayor fascinación que descubrir en esta lectura pictórica de la guerra civil española lo que creemos más juicioso del ser humano, el valor concedido a la paz surgida del triunfo de lo justo. La conciencia moral nace del horror que embarga al espectador de esta famosa obra realizada en el número 7 de la parisina Rue des Grands Augustins, donde se desplegaron por el suelo lápices, buriles y pinceles junto a las cámaras fotográficas de Maar. Entender su simbolismo, que lo tiene, exige una evocación de los secretos del mundo al modo de Béroalde de Verville, vale decir, la revelación de las fuerzas que priman la sinrazón sobre la dulzura del vivir, un argumento que Picasso conocía bien a través de sus antiguos contactos con el círculo de los *Novissima* con De Fonseca. Picasso penetra así en las experiencias órficas que vinculan las figuras mitológicas con seres del mundo natural, como el toro o el caballo, cargados sin embargo de complejos significados que permiten incluso negar que existan, como dijo en cierta ocasión el propio Picasso. Se trata de explicar la tragedia de un país a través de unos símbolos que crean un espacio de reflexión sobre la guerra, en línea con *Las meninas* de Velázquez, pues su modo de acceso al mundo es una toma de distancia de los significados míticos para mirar mejor lo que está detrás del arte creativo como mito, como explicó, de maestro, Michel Foucault al comienzo de *Las palabras y las cosas*.

Picasso describe la situación de un pueblo tras un bombardeo no sólo para registrar un luctuoso acontecimiento de la guerra civil española, sino también para profundizar en el sentido de «la noche blanca de témpanos y de nieve cruel», que decía Mallarmé en *Herodías*. Ese ambicioso objetivo es el que en parte molestó a Luis Buñuel y a José Bergamín, que no sentían especial afecto por *ese* cuadro al que calificaban de grandilocuente y excesivamente politizado. Yo diría que es un cuadro que vuelve al debate del efecto escénico de *Salomé* de Wilde y a la fuerza sádica de los cuerpos mutilados, aquí no la cabeza del Bautista, sino la cabeza de todos los españoles, sacrificados al tirano de voz aflautada y gorra de legionario.

Al igual que los manieristas se enfrentaron a la destrucción de la armonía universal en las guerras de religión, Picasso se enfrenta, con la ayuda de Dora Maar, a la defensa de la dignidad humana entregándose a la causa antifascista, con una esperanza alimentada en las profundidades de la incertidumbre. Su pintura, en poderoso blanco y negro, evoca el universo de las tinieblas tendidas hacia una confusión deslumbradora, y no es por interés estético (o no lo es exclusivamente), sino para afinar las terribles realidades del juego del mundo, donde esos fantasmas interiores de su alma atormentada por un suceso de la guerra se cargan de símbolos de la monstruosa acción bélica, por ejemplo, ese caballo atravesado por la lanza de su jinete y corneado por el toro. Un ansia de perfección de lo absoluto alarga el trabajo al consolidar la descripción, por antífrasis, de lo que busca, no otra cosa que la paz, como salida del mal.

NINOTCHKA DESNUDA A LOS BOLCHEVIQUES Y LO QUE SIGUIÓ

Entre 1937-1939 llega el momento de saber qué postura adoptar para salir de la situación creada en el mundo durante la guerra civil española. Quizá porque ganaba enteros la idea de que una guerra mundial era la única solución para la defensa de la democracia de sus enemigos. Era el triunfo de la contingencia, oculta al principio en la crónica de la batalla cultural, luego cada vez más evidente en la trama militar. Nunca se planteó la posibilidad de marchar en una dirección que no fuera la propuesta por las fuerzas contendientes; el mundo tenía que cambiar para adaptarse a la ideología más atractiva entre los intelectuales de los años treinta, el bolchevismo. Una vez más, el porvenir de una ilusión.

El origen del atractivo de la causa bolchevique reside en la batalla cultural sobre el futuro de la clase obrera: honrada, muy trabajadora, familiar, proba pero severa. Las largas jornadas laborales eran el pan de cada día casi desde la infancia. Según su disposición en las luchas callejeras, su actitud ante el mundo era crítica, escéptica, poco tolerante con los dogmas, incluso los del partido, y por lo tanto tendente al anarcosindicalismo. Y esa imagen coincide plenamente con la de los críticos al efecto bolchevique en la vida diaria, que fue la que se ofreció en el cine y la que han vuelto a dar algunos historiadores recientes. Así pues, contamos con una divertida película al comienzo y con dos buenos libros al final para aproximarnos a la historia del proyecto político bolchevique. La película es *Ninotchka*, de Ernest Lubitsch (1939); los dos buenos libros son *La casa eterna*, de Yuri Slezkine (2017) y *El siglo soviético*, de Karl Schlögel (2018).

El estreno de *Ninotchka* tuvo lugar el 23 de noviembre de 1939. Logró cuatro candidaturas a los Oscar de ese año: mejor película, mejor actriz principal, mejor guion y mejor argumento. En España se estrenó el 12 de abril de 1941. Un éxito popular.

El argumento es una mezcla de comedia de costumbres y sátira política. Tres bolcheviques que responden a los nombres de Iranoff, Buljanoff y Kopalski llegan a París para vender las joyas de una gran duquesa rusa exiliada en Francia. La acción transcurre meses antes del pacto Mólotov-Ribbentrop, firmado en Moscú el 23 de agosto de 1939. La autoridad despótica de ambos regímenes es reconocible a cada paso del conde Leon d'Algout, amigo íntimo y abogado de la gran duquesa Swana, al que le resulta fácil corromper a los tres bolcheviques. Debido a su nula eficacia en la venta, el Gobierno soviético envía a la camarada Nina Ivanovna Yakushova, Ninotchka, cuyo aprecio por la doctrina bolchevique está hecho de convicción y asentados prejuicios, y a la que le presta todo su glamur una Greta Garbo en plena madurez (hasta ríe). La metamorfosis, o bien la radiografía de un cambio de actitud hacia el mundo capitalista, es completa, aunque en clave de comedia. Desde el instante en que contempla un sombrero en la vitrina de la tienda del hotel en la que se hospeda, sentimos que se ha producido un terremoto emocional en la vida de la estirada bolchevique. Un acceso a un universo fascinante, a fuer de falso, una auténtica revolución interior. La camarada se ha enamorado.

Una pequeña pausa para indicar que hay un complot, maquinaciones, ardides en la mejor tradición de la comedia vienesa, la que se politiza con Mozart. Hay mucho del *Rapto del Serrallo* en esta película del berlinés Ernst Lubitsch, debido en parte a que entre los guionistas cuenta con Billy Wilder. Pero la clave es el estremecimiento de una mujer ante la ropa interior de gasa y seda. El futuro está ahí, lejos de los planes quinquenales, de Stalin y de todo eso. Un decadente burgués (al que Melvin Douglas le presta el rostro y las formas) ha decidido liberar a la cautiva de la «casa eterna».

¿Bolchevique arrepentida? Sí, y entiende que debe sacrificarse por ello. Ella es la que, en la película, va a defender con más ardor la independencia de las mujeres y su rechazo a las consignas que las han convertido en seres neutros, listos sólo para el trabajo en las fábricas y no para el goce mundano. Ahora bien, la película se elabora en los meses previos al colapso de Francia en junio de 1940. Lubitsch lo percibe.

Clandestinamente, en Estambul, el conde Leon d'Algou construye la trama para reunirse con Ninotschka, secuestrada de nuevo por el aparato del partido, su amada, su alegría. El comisario Razinin (acertado que el papel sea para Béla Lugosi, famoso por haber interpretado a Drácula) no lo entiende así: las mujeres como Ninotchka deben ser fieles a la causa bolchevique, encerradas en pisos miserables y constantemente vigiladas. Miedo, tristeza, rechazo de la moda, exige la doctrina del partido, de la cual tenemos hoy alguna grotesca remodelación. Misoginia y xenofobia.

Resulta aleccionador seguir esta comedia de intelectuales de la Vieja Europa afincados en California tras huir de la persecución nazi, y como espectadores no podemos dejar de pensar que Lubitsch, en una luminosa anticipación, hace un exorcismo de la crueldad bolchevique ante la vida. Y han debido pasar décadas de ofuscada memoria, y muchas persecuciones, para que finalmente se entienda, pese a que las novelas *El doctor Zhivago* de Pasternak o *Archipiélago Gulag* de Solzhenitsyn resucitan la mirada entre 1957 y 1973. Dos brillantes escritores que pertenecen por completo a esa dimensión metahistórica de las venganzas y de las expiaciones, como cronistas del *mysterium iniquitatis* que marca a la sociedad rusa durante el corto siglo xx soviético (1918-1991).

¡Qué seductor resulta hacer la historia del corto siglo soviético! ¡Qué desafío supone afrontar los instintos más viles y mostrarlos de manera inquietante en una investigación ponderada y, a la vez, llena de observaciones críticas a un momento especialmente polémico de la historia mundial!

Telón de fondo terrorífico, ideales obreros de esperanza en el futuro. Durante todo el siglo xx nadie fue capaz de reconciliarlos. El deseo de libertad se agita, el rostro de los intelectuales arde. Aquí los debates son clichés, la razón práctica lo es todo. Aludir a la liberación de los pueblos parece ridículo si nos atenemos al modo de encerrar a la disidencia en los gulag, en cambio proclamar un futuro libre de las ataduras del pasado flota al extremo de la emoción, como si la verdad fuera el fin último de una civilización de trabajadores y obreros, sin clases, todos hermanados, todos camaradas. Y si el corazón de las masas ya sólo atiende a la directriz del partido, las manifestaciones en la Plaza Roja de Moscú la transforman en vértigo.

En este punto, los jóvenes descritos por Pasternak nos dan un pequeño sermón: la pureza revolucionaria se obtiene en las reuniones de los *komsomol*, cuya pasión por la vida no es una mercancía que se compra. Todos quieren vivir «en el presente», pues el ayer no significa ya nada y el mañana aún no lo ha descrito el partido. Polémico argumento. Ahora les toca a los dos historiadores citados emitir el diagnóstico sobre el sentido de la cultura bolchevique.

La casa eterna, un libro de mil seiscientas páginas, es teóricamente la historia de por qué para los rusos del siglo xx el bolchevismo fue el rasgo identificativo de su país. Hoy, pocos quieren recordar que sus padres, abuelos y bisabuelos fueron partidarios de ese modelo político. Los valedores de la Rusia de Putin instan al pueblo a pensar el futuro en el lejano pasado ruso, no en el pasado reciente en el que su país se convirtió en la

Unión Soviética. Sin embargo, a medida que avanza el siglo XXI, comienza a sentirse en el ambiente la necesidad de saber qué es un bolchevique.

La casa eterna es esencialmente la historia de la Casa del Gobierno edificada en la ciénaga del río Moscova frente al Kremlin, y la historia de sus inquilinos, la clase dirigente bolchevique, desde su acceso al poder mediante el golpe de Estado de octubre de 1917, que ellos llaman Revolución de Octubre. Se describe a los inquilinos, a su familia, a sus amigos y a sus adversarios, que ocupan los apartamentos según su lugar en la escala burocrática definida por el partido y los desocupan a medida que son purgados. Mientras eso ocurre pasan la vida en aquel inmenso edificio, atentos a los cambios que tienen lugar en la zona noble de esa inmensa pirámide que, en definitiva, fue el Estado creado por los bolcheviques. Los fines de semana, cuando los más privilegiados se marchaban a las casas solariegas, las dachas, se dedicaban a jugar, pero también a discutir la doctrina apocalíptica que estaba en la base de su creencia y la que le daba ese tono de secta a sus argumentos. El debate llevaba a la disidencia y esta a la delación, la delación a la purga y esta al paredón. Este destino vale por igual a hombres desconocidos como Svérdlov u hombres que aún se citan con admiración como Maiakovski. Y entonces surge la pregunta: ¿ser bolchevique representó un compromiso de por vida con la profecía apocalíptica expuesta por Lenin en *El Estado y la revolución*?

En octubre de 1917 se diseñó la escala, el ritmo y la secuencia inherentes a la versión bolchevique del marxismo. Todo lo demás debía quedar fuera. Mediante un acto de sumisión voluntaria, el individuo se convierte en bolchevique y acepta todas las implicaciones, incluso la muerte en caso de apostatar. Por eso *La casa eterna* solamente afronta de modo superficial el mundo cultural ruso ajeno a la fe bolchevique (una fe oficialmente rebautizada por la propaganda leninista en marzo de 1918 como comunista). La fe bolchevique trata con dureza a los disidentes, no sólo a los burgueses y campesinos, también a los intelectuales socialistas que negaban la norma crucial de ese movimiento de «santos», de ese cetro de hierro, para llevar a la humanidad a la verdad bolchevique revelada, que desde el primer momento se denominó dictadura del proletariado. Es una lucha por lo que entendían auténtico y que dio lugar a cambios de nombre: Skriabin, el amigo de Arósev, se convirtió en Mólotov (martillo), Dzhugashvili, el compañero de Svérdlov, se convirtió en Stalin (acero); y así muchos otros. Sobre el martillo y el acero se fundó la miríada bolchevique al igual que sobre el pescador galileo Simón, convertido en Pedro, se fundó la Iglesia. Nombre y atuendo. Los camaradas se definían con sus chaquetas de cuero y sus gorras de plato con la estrella roja en la frente. Era la forma de ejercer el Terror Rojo, al modo de Marat en tiempos de la Revolución francesa: uno de esos camaradas, un tal Mijaíl Yurovski, al frente de un pelotón, pasó por las armas al zar y a su familia en la localidad de Ekaterimburgo el 17 de julio de 1918. Era necesario dar ese paso para evitar una de las pesadillas de todo proceso apocalíptico, un Éxodo sin Tierra Prometida, un momento en que la sociedad soviética en plena guerra civil con lo que quedaba de la cultura rusa y su mística de la Tierra Madre, una tierra herida por los «santos de coraza de hierro», se topa con una forma literaria plenamente bolchevique: *El torrente de hierro* de Aleksandr Serafimóvich, novela publicada en 1924, donde la literatura bolchevique alcanza su estilo en la descripción de la marcha de sesenta mil soldados por el Cáucaso; era la expresión de esa parte «del pasado glorioso» que el partido llamó el comunismo en guerra.

Las secuencias ulteriores de este estilo literario constituyen una larga tradición. Empezando por lo que Leonid Leónov, en 1935, llamó *Camino hacia el océano*, la gran novela bolchevique que responde al principio del sufrimiento de Dostoievski a la hora de representar la buena muerte de un revolucionario, lo que le valió críticas y el apoyo a su oponente literario Nikolái Ostrovski: su novela *Así se templó el acero* se convirtió en el libro de un autor soviético «más leído, traducido, publicado y querido de la historia de la Unión Soviética y el mundo comunista en su conjunto». La razón está en que convirtió el relato sagrado de la Revolución de Octubre en una novela de iniciación, la educación de un joven bolchevique llamado Pável (Pablo) Korchagin desde la inocencia hasta el conocimiento. Aunque todas estas grandes novelas de la literatura bolchevique (que no rusa) señalan los credos (a menudo no analizados) sobre los que se construye la Unión Soviética: la importancia ilimitada de la épica proletaria, el poder mágico del lenguaje para revelar la verdad (esto lo heredarán sus seguidores latinoamericanos), la plenitud y la continuidad esenciales del yo bolchevique. Un yo capaz de pasar del duro ascetismo de la época de la guerra civil a la ternura familiar en los tiempos del asentamiento socialista. Sin embargo, a pesar de estos estímulos, la literatura bolchevique se volvió melancólica con la poderosa novela *La pirámide*, de Léonov, el autor al que rindió tributo Mijaíl Gorbachov, donde un viaje conducido por el camarada Virgilio (la alusión es fácil de entender) lleva al protagonista a pensar de nuevo en Rusia, la tierra olvidada por el bolchevismo. Y eso nos conduce a Yuri Trífonov y su novela *Tiempo y lugar*, que al final sirvió para recordar que esa casa del Gobierno en el malecón era el ejemplo perfecto de que la construcción del Estado a la que sus inquilinos sirvieron no podía hacer frente a «eso irremplazable que llamamos vida». Y con la vida se disipó el sueño de una sociedad bolchevique. Y un remate importante tras la lectura de este largo y bello libro: dejemos de llamar comunismo a lo que es puramente bolchevismo.

Si *La casa eterna* es un estudio consciente sólo en parte de las ideas que sostuvieron el ideal bolchevique, *El siglo soviético* es plenamente consciente, como se puede apreciar en el revelador subtítulo: *Arqueología de un mundo perdido*. No es por tanto una historia de la Unión Soviética, sino una pormenorizada descripción de los efectos de la propuesta de los bolcheviques en las formas de vida. Sin caer en la lírica ingenuidad de John Reed en *Diez días que sacudieron al mundo*, Karl Schlögel repasa los principios culturales que cambiaron con la llegada de los bolcheviques al poder tras una sangrienta guerra civil. No evita ni siquiera los aspectos más trillados, como el de la imagen de la clase dirigente bolchevique, por ser una falsedad creada por la propaganda. La descripción del siglo soviético es fluida, inesperada, formalmente perfecta, con el objetivo de presentar la epifanía de unos ideales de obligado cumplimiento forjados en el hecho revolucionario. Lenin reúne a los disidentes y los expulsa de Rusia antes de que este país quede englobado en la Unión Soviética. Ese barco «es un símbolo de la desconsideración del poder bolchevique, de su delirio unificador, de una división de la cultura rusa que duró todo un siglo y no volvió a reconciliarse hasta el fin del régimen soviético». Este destierro forzoso llena de angustia al lector porque desconoce que en todo proceso revolucionario hay siempre víctimas, tildadas desconsideradamente de contrarrevolucionarias.

Una vez la autenticidad cultural revolucionaria queda excluida, llega la pregunta más comprometida: ¿cómo representar la superioridad de la transformación del mundo por el bolchevismo cuando el atraso era evidente? El modo de hacerlo es la manipulación de las fotografías y el recurso a los acontecimientos mundiales como pretexto de sus evidentes desaciertos. Los bolcheviques transforman un país de base agrícola en una potencia industrial como parte de un plan para acabar con los *kulaks* (murieron millones) y crear una civilización en sus más mínimos detalles. Un ejemplo se puede ver en el Complejo Metalúrgico de Magnitogorsk, «la pirámide del siglo XX», cuya construcción comenzó en 1929, «el año de la Gran Ruptura y de la revolución desde arriba de Stalin». La gigantesca acería, alma de la revolución, permitió crear una poderosa industria de guerra, aunque se ha ido marchitando con el paso del tiempo hasta el punto de «quedar desfasada la megamáquina que dio la vuelta al país en tres generaciones», y con ello la idea de que el «trabajador» (la clase proletaria, en la jerga bolchevique) sea la «figura central de la historia». Pero, en la práctica narrativa, «el siglo soviético» coloniza todo el espacio cultural de un siglo de dominio bolchevique mediante ejemplos voraces que hacen las delicias del lector.

Schlögel sitúa el hecho revolucionario con detalles pocas veces vistos en un libro de historia, como el efecto de la *fragance* en la conducta social: «Chanel Nº 5 y Moscú Rojo (el perfume preferido por la clase alta soviética) tienen un origen común en 1913, y su historia representa nada menos que la división del mundo en el siglo XX».

Ante lo cual a uno le entran ganas de preguntar: ¿hay algo que permita enlazar la Revolución rusa de 1917 con la Revolución francesa de 1789? Y Schlögel responde: los rituales, las imágenes del «carnaval de la historia», la sombra de los deseos ocultos porque «lo sucedido el primer año de la Revolución (tanto en 1790 como en 1918) puede considerarse *invention of tradition*, que poco a poco evolucionó hasta las coreografías que incluían todas las ciudades». Y lo primero que inventaron fue el proceso revolucionario:

> La caída del zar en la Revolución de Febrero (en la que no participaron los bolcheviques), con su pompa patriótica y republicana, ya había dado lugar a nuestras formas de presencia pública: la manifestación y el mitin, el cambio de bandera, la toma de posesión tanto real como simbólica del espacio público. El legado de la Revolución francesa y sus celebraciones fue adoptado especialmente por las clases medias burguesas y los intelectuales, y se debatió y se difundió por doquier, según los clásicos de la puesta en escena revolucionaria.

Y ¿por qué no habría de serlo? Existe la opinión unánime de que «las fiestas nunca son tan importantes como en épocas de escasez y privaciones, y por eso el carnaval de la historia de los años 1917-1920 supuso también el nacimiento de la fiesta soviética». Una fiesta que alteró el realismo de la escenografía: los protagonistas, los obreros convertidos en deportistas, trasmitían un significado político profundo; así que ellos cargaron con el peso del realismo soviético. Pero, si bien gracias a las olimpiadas la sociedad capitalista sobrevivió al ataque de las formas presentes en las espartaquiadas, ahí quedó la herida entre los dos mundos: ahí, en el deporte.

La Revolución rusa mantiene esa huella en conmemoración de los hechos de octubre que condujeron a dos planos de una misma realidad social: a ocultar el frío de los gulags y a considerar un signo de progreso al ser humano despojado de toda protección. Por curioso que parezca, Schlögel sitúa ese límite en «el polo del frío», en los cuarenta y nueve grados bajo cero. Dado que, según las normas, a los cincuenta grados bajo cero no se salía a trabajar en la tundra para extraer oro, uranio y demás minerales que sostuvieron el Imperio soviético, un imperio del frío.

Y así, *El siglo soviético* destruye el mito de la autenticidad cultural de los bolcheviques, aunque por razones distintas a las que se exponen en *La casa eterna*. Si uno despoja al yo ruso de su memoria reciente, el otro muestra que la aceptación sin crítica de un régimen burocrático forma parte de un estilo de vida que continúa una vez superados los planteamientos bolcheviques. Al leer ambos libros al mismo tiempo, el lector siente una especie de *flashback* de la película *Ninotschka* y evoca la imagen de la camarada Yukusova delante de un escaparate donde se muestra un sombrero *a la mode* de París. Y ese momento de duda crea la frustrante sensación de que los años transcurridos entre 1917 y 1991 no han hecho otra cosa sino hacer que los rusos lleguen a la fiesta de la modernidad exactamente con setenta y cinco años de retraso.

LA GUERRA DEL FUTURO. EL CASO FULLER

Varios aspectos de la frustración derivada de la dificultad de una batalla cultural que no tiene solución se perciben en los acuerdos de Locarno del 1 de marzo de 1925. Allí, los líderes de las grandes potencias firmantes se ponen de lado ante el final del conflicto civil entre blancos y rojos en Rusia. Se escuchan las primeras críticas contra la propaganda bolchevique en lo referente a la lucha armada como estrategia mundial y dan lugar al libro de André Gide *Retorno de la Unión Soviética* (1936), mientras el escritor de tendencia socialista H. G. Wells escribe la novela utópica *Esquema de los tiempos futuros*, llevada al cine por William Cameron con el título de *La vida futura*. La razón de fondo estaba en la mecanización de los ejércitos y la trama una cáustica crítica sobre los proyectos internacionales de paz. El libro del momento es el de Basil Liddell Hart *Europe in Arms*, publicado en 1937, el año en el que empiezan los juicios de Moscú, que sitúa el terror en el centro de la existencia y en el que los japoneses invaden China ocupando Nankín.

Frente al crecimiento de la industria armamentista alemana, ¿quién podía dar la réplica? Inglaterra, que se erigía como el fundamento de la libertad y la democracia, fue colocada bajo una campana hermética por el poeta Yeats; e inmediatamente fue declarada de forma urgente como la aliada del progreso democrático y confiada a guardianes seguros sagazmente escogidos: los oficiales del Estado Mayor. Una distinción que garantizaba la guerra del futuro. ¡Alto, no se puede pedir más! ¿Qué es la ética militar británica sino una ética supremacista que cree que se puede dirigir el mundo desde las oficinas del Almirantazgo? Irónico destino el del militar británico, esperando una nueva guerra donde probar su valentía y coraje, como en la novela de Thomas Malory o en la poesía de lord Tennyson.

«Hay una cosa cierta, y es que cuando más a fondo estudiamos la historia de la guerra, más capacitados quedamos para comprender la guerra en sí. Ahora bien, si se trata de un factor dominante, ¿cómo esperar una regulación de los negocios humanos sin haber llegado a una comprensión absoluta de aquel?». Estas palabras del general Fuller definen la forma de pensar de los dirigentes de un pueblo capaz de poner fin a las guerras que otros han comenzado. Pero ¿quién es Fuller?

John Frederick Charles Fuller, al que se solía conocer como JFC o, más familiarmente, como Boney, nació en 1878 en Chichester, una pequeña localidad del oeste de Sussex. Y, aunque pasó su infancia en Lausana, Suiza, no fue ajeno al ambiente cultural y político de los británicos de su generación, que creían vivir en el mejor de los mundos posibles: el final de la época victoriana lo vivió en el Malvern College, sin dejar de visitar la ciudad de Londres, que por entonces exhibía su esplendor imperial en los impresionantes edificios de la City, donde se ubicaban los centros financieros y comerciales, en las suntuosas mansiones de Mayfair, Knightsbridge y Hyde Park, y en las salas de conciertos donde Edward Elgar imponía los acordes de su *Pompa y circunstancia*. Era la Atenas moderna, dijo Henry James. Sobre ese escenario mundano, Fuller hizo una sobria carrera militar en la Academia de Sandhurst, donde se graduó con algunas quejas de sus superiores por su desdén hacia la vida castrense y por su fama de excéntrico ratón de biblioteca.

Fuller es un modelo de lo que se esperaba de un hombre educado para entender la guerra en la década de 1920.

El primer destino de Fuller fue Sudáfrica. Llegó en 1899, veinte años después de Rorke's Drift, la recordada defensa heroica durante la guerra contra los zulúes; y pronto tomó conciencia de la realidad del ejército colonial en plena transformación. Allí coincidió con el corresponsal de guerra del *Morning Post* Winston Churchill. Luego, en 1904, tomó un pasaje para la India, donde aún estaban vivos los ecos del Durbar organizado por lord Curzon con motivo de la coronación del rey Eduardo VII y la reina Alejandra como emperadores de la India. Nueva Delhi estaba a punto de convertirse en sede del Gobierno (lo fue en 1911). Fuller fue testigo de las obras públicas que transformaron la ciudad: avenidas radiales, jardines espaciosos, edificios públicos un tanto exagerados, junto con un eje central, Kingsway, de tres kilómetros de largo y dos veces el ancho de los Campos Elíseos.

Este oficial de rango inferior, delgado, de mirada penetrante y frente amplia, se dejó impregnar por la atmósfera de ese urbanismo imperial que tenía en el arquitecto sir Edward Lutyens su máximo exponente. Lutyens estaba casado con una hija de lord Lytton, el antiguo gobernador de la India, Emily, y esta, algo habitual entre las mujeres de la buena sociedad londinense, era adepta de la teosofía bajo los auspicios del maestro Krishnamurti. Por tanto, Fuller lo tuvo claro: había que entrar en una sociedad secreta, practicar el ocultismo, si se quería entender de verdad la historia del Imperio británico.

Tengamos presente esta revelación dramática, que es parte de la educación de Fuller como militar pero también como escritor y hombre de mundo, y recordemos al respecto el vivo interés que mostró por las ideas del mago Aleister Crowley: nos encontramos no sólo ante un oficial convencido de la necesidad de cambiar los hábitos de la milicia, sino con un hombre ansioso de conocer el *secreto*. La grandeza de vivir política y culturalmente en Londres se debe contemplar en los mismos términos que otros hombres destacados de su generación también interesados en conocer el secreto: Winston Churchill, Thomas Edward Lawrence (más conocido como Lawrence de Arabia) o el mariscal Edmund Allenby, el conquistador de Jerusalén a los otomanos.

Fuller acudió más de una vez a Caxton Hall para seguir de cerca los misterios de Eleusis oficiados por Crowley, sin pagar, por supuesto, las preceptivas cinco guineas que costaba para el público, y así entró en contacto espiritista con Apolonio de Tiana o con Edward Bulwer-Lytton, el autor de *Los últimos días de Pompeya*, abuelo de su idolatrada Emily, a quien conoció en la India. Quizá nada escandalizaría más a sus compañeros del club —y cierra más nuestros ojos a una compresión de su personalidad— que la pasión de Fuller por el ocultismo, la cábala y el yoga, que le acercó a la sociedad secreta Golden Dawn, entre cuyos miembros estaba el poeta Yeats, el novelista Stoker, autor de *Drácula*, William Woodman, Wynn Westcott, Samuel Mathers (casado con una hermana de Henri Bergson), sin olvidar a Arthur Machen, que llevó las ideas de la sociedad a Alemania, a la Sociedad Thule, germen del círculo nazi.

De esa iniciación en el ocultismo *nacerá* un nuevo Fuller, mientras que en la vida militar alcanzaba el rango de mayor. Sorprendente complicidad la que hay entre él y su época. En esos años comprendió que la velocidad era el hecho crucial de la vida moderna. El automóvil y el telégrafo así lo demostraban. A la misma conclusión había llegado E. M. Forster en *Howards End*, la novela de mayor éxito de aquel tiempo, donde en unos pocos párrafos se le presentan al lector acontecimientos inesperados que alteran la suerte de los personajes y se interroga sobre el significado de un acontecimiento decisivo. El círculo de Bloomsbury penetraba así en las salas de banderas. Mientras su vida pasaba sin grandes misiones que cumplir. Plácidamente. No reconocer su talento para la guerra es, ciertamente, lo menos que puede esperarse de los mandos militares británicos educados en obras como *Kim* de Kipling. Fuller, sin embargo, parece muy contento con su esposa (se había casado en diciembre de 1906), y por una razón evidente: el ocultismo le permite aventurarse muy lejos de todos, adquirir un agudo sentido de la precariedad de la existencial mortal. Las dificultades exteriores se vuelven para él un indicio de la presencia de lo sagrado en la vida. Publica su primer libro: *The Star in The West: a Critical Essay Upon the Works of Aleister Crowley* en 1907, coincidiendo con el nombramiento de doctor *honoris causa* en Derecho Civil por la Universidad de Oxford del káiser Guillermo II. Durante la celebración del banquete, el profesor de literatura alemana de esa universidad afirmó, citando la creencia de Cecil Rhodes, que «toda la humanidad estaría mejor atendida si los pueblos teutónicos se acercaran más y unieran sus manos con el propósito de llevar su civil civilización a regiones remotas».

Era un buen momento para comentar esas palabras en los círculos esotéricos londinenses, de debatir sobre las relaciones entre el «tío Eduardo» (nombre por el que se conocía al rey Eduardo VII) con su sobrino, el káiser alemán, en vez de insistir en las vías de iniciación a los misterios de Eleusis. La iniciación consistía, en esas reuniones, en atender a elevar el pensamiento de lo visible a lo invisible, de lo pasajero a lo eterno, de lo humano a lo divino. Quien mejor mostró ese camino fue Helena Petrovna von Hahn, conocida como Madame Blavatsky, que ejercía de médium desde su lujosa suite en el hotel Mivart de Londres, un gran edificio no lejos del Támesis, donde era fácil encontrar a príncipes indios, artistas y personajes pintorescos con grandes fortunas y muchas dudas existenciales en sus confundidas almas.

La receta ocultista habla de la transformación de la estructura política por medio de una toma de conciencia entre las élites. Es una visión contraria a la democracia, en la cual los cambios políticos son precedidos por cambios sociales. Es una visión esotérica, en el mejor sentido de la palabra. Por definición, los iniciados forman una fraternidad universal con una sola voluntad. Todas las reglas deben responder a la libido de transformación. Esta última opinión (originaria de Jung) enfrentó a Crowley con Yeats, impulsándole a dejar la Golden Dawn e ingresar en la OTO (*Ordo Orientis Templi*). Este enfoque ocultista caló en Fuller y le llevó a concebir una de las ideas más renovadoras del arte de la guerra del siglo XX, la guerra mecanizada.

Las circunstancias le ayudaron en el empeño. Tras la muerte de Eduardo VII, su hijo y sucesor Jorge V tuvo que aceptar los planes del Gobierno de frenar la política de hechos consumados propuesta por el káiser Guillermo II con el apoyo del mariscal Helmuth von Moltke, sobrino del legendario general que había conducido a los ejércitos prusianos a la victoria en Sedán. A los británicos se les hizo creer en el Imperio como un hecho predestinado y se desorientaron cuando debieron enfrentarse en su defensa. Pero lo hicieron con abnegación y sentido del deber. En octubre de 1914, cuando la universidad reanudó sus actividades, muchos de los jóvenes ingleses y alemanes que en el curso anterior habían sido colegas, incluso amigos, se alistaron en sus respectivos ejércitos con el mismo espíritu deportivo que les había convertido en una generación musculosa y atlética, sana, seria y con el pelo bien cortado, olímpica. En pocas semanas, decenas de miles de jóvenes fueron convertidos en soldados y cargados en trenes que les llevaron a los mayores campos de batalla de toda la historia. Sin apenas darse cuenta, dedicaron sus mejores esfuerzos a matarse unos a otros. En las primeras semanas sólo unos miles habían perdido la vida; la matanza de la Primera Batalla de Yprés cambió las cosas. Los colegios universitarios fueron convertidos en alojamientos para los soldados y se fundó un Cuerpo de Instrucción de Oficiales, al que acudían todos los estudiantes durante cinco mañanas y dos tardes a la semana. Algunos profesores impartieron conferencias «para aquellos que se están preparando para participar en las batallas de Inglaterra». Por tanto, en un sentido, puede decirse que la Gran Guerra partió de un panorama despejado; pero algunos hechos muestran a una comunidad pacífica que había sido tomada por sorpresa, adaptándose con grandes dificultades a las terribles noticias del frente. La guerra se empantanó en las trincheras porque las máquinas habían llegado antes que la adaptación de los generales a las nuevas armas: muertes de decenas de miles por las ráfagas de las ametralladoras, los obuses de la artillería pesada arrastrada por raíles, los lanzallamas y el gas venenoso. Fuller buscó una salida airosa a ese «pantano», pero con prudencia, conocedor del viejo (y sabio) refrán piamontés que dice: «El superior tiene siempre razón, sobre todo cuando está equivocado». Era difícil disentir de unas ideas sostenidas por el darwinismo social de la época: la concepción ampliamente extendida entre intelectuales, políticos y también soldados de que la lucha era un proceso de desarrollo natural tanto en el orden natural como en el social, y la guerra, un procedimiento necesario para asegurar la supervivencia de los más aptos, tanto entre las naciones como entre las especies. La guerra de trincheras colocó a unos hombres educados en tales ideas en un terreno intelectual que les era poco familiar. Muchos generales se mantuvieron en sus puestos por la negligencia de los políticos, que aseguraban que no había nadie con mejores soluciones (y talento) para hacerse cargo del mando. Algo, por supuesto, completamente falso, ya que muchos habían alcanzado el rango de general sin haber oído siquiera un disparo en combate.

Fuller no era un militar excéntrico, sino profético. No proponía una visión tremendista del arte de la guerra, sino una solución a las novedades creadas por las máquinas surgidas de la segunda revolución industrial. No remilgó las palabras cuando habló de los enormes riesgos que, en efecto, iban a padecer los ejércitos que no atendieran el futuro: todos los deseos que emergen en sus escritos teóricos, en sus informes, son compatibles con una realidad lógica; y al final tiene la oportunidad de demostrarlo en la campaña de Cambrai, como dejó claro uno de sus más fervientes seguidores, el general Heinz Guderian, en su libro a favor de la guerra mecanizada *Achtung-Panzer*, publicado en 1937.

Fuller, descontento por el coste humano de la Gran Guerra, desarrolló una idea para ganar el conflicto mediante la unión de más de tres mil carros de combate y el apoyo de grandes cantidades de aviones, ideas que codificó en un estudio denominado *Plan 1919*. Con el grado de teniente coronel, fue nombrado jefe del Estado Mayor del brigadier sir Hugh Elles, un protegido del mariscal sir William Robert Robertson, trabajando duro en su deseo de que la guerra la decidieran las máquinas y no el sacrificio de los hombres. A tal fin ultimó planes para incursiones con carros de combate, no en grupos pequeños y de apoyo a la infantería como se había hecho (con poca precisión) en el Somme bajo el mando del mariscal Douglas Haig, sino todos juntos, como un arma de guerra en sí misma, con un jefe del Cuerpo de Carros de Combate y un Estado Mayor adiestrados en la doctrina de la guerra mecanizada. Al final sus ideas convencieron al comandante del III Ejército Julian Byng, que, siguiendo el plan de Fuller, organizó una ofensiva a gran escala para abrir una brecha de nueve kilómetros en las líneas alemanas en el terreno firme y seco entre las ciudades de Cambrai y Arrás. El plan era sencillamente genial, pero exigía el factor sorpresa. Se concentraron cuatrocientos carros de combate en un bosque cercano, disimulando su avance con vuelos de la aviación que impidieron detectar el ruido de los gigantescos y lentos Mark IV, de los cuales algunos iban armados con dos cañones de 57 milímetros y cuatro ametralladoras Lewis. Luego, el 20 de noviembre de 1917, los carros de combate abandonaron su tapadera y combatieron como una unidad independiente por primera vez en la historia. Avanzaron en ciento veinte equipos de tres carros de combate cada uno aplastando alambradas y cruzando trincheras tras llevarse por delante árboles y matorrales. La infantería alemana se desmoronó ante el ataque y salió corriendo, dejando a menudo a la británica en el insólito aprieto de carecer de blancos; el primer día muchos soldados británicos ni siquiera dispararon sus armas. Se abrió una brecha de ocho kilómetros, pero la falta de reservas les impidió aprovecharse del éxito. Ese fue el error; el propio Fuller lo reconoció añadiendo una de sus frases cargadas de sentido de futuro: «No habrá ningún cambio a mejor en el Ejército hasta que no reciba un nuevo cerebro en la figura de un nuevo comandante en jefe».

La batalla de Cambrai, en efecto, abrió un fuerte debate en el ejército británico; los viejos generales no la entendieron, en cambio Churchill se convirtió de inmediato a la nueva doctrina. Cuando después de la guerra se le preguntó si se hubieran podido evitar las terribles matanzas del frente occidental, contesto: «Señalando la batalla de Cambrai, se podría haber hecho esto, mejorándolo sin duda y a mayor escala, si los generales no se hubieran contentado con combatir las balas de las ametralladoras con los pechos de unos hombres aguerridos y con pensar que eso era hacer la guerra». El historiador Shane Schreiber se hace eco del problema y afirma que aquel día se vislumbró un primer estadio del desarrollo de la guerra mecanizada moderna. Una forma que Europa contemplaría tres décadas más tarde.

Fuller abogó, con la ayuda de Liddell Hart, por una transformación motorizada del ejército que exigía la creación no sólo de unidades blindadas puras, sino también de tropas motorizadas con todo tipo de armas, es decir, por una infantería y artillería que se apoyarían permanentemente en vehículos blindados, así como por tropas de transmisiones y aparatos de repuesto también mecanizados. Estos objetivos fueron recogidos en un *Reglamento provisional de combate para carros de combate y carros blindados* presentado por Fuller y Liddell Hart en 1927, y puestos en práctica en la formación de una brigada mecanizada de entrenamiento que recibió el nombre de tropa blindada. Se trataba del primer intento de un ejército dotado tácticamente de cuerpos nuevos y basados exclusivamente en el motor como único medio de transporte. En sus filas no encontramos un solo caballo. El citado reglamento de combate establecía las directrices para el uso de los tanques en una unidad nueva, así como en el combate de conjunto con las viejas armas. Las dificultades que los políticos ponían al desarrollo de las unidades blindadas transformaron a Fuller. Se adentró entonces en el aspecto más inquietante de su personalidad.

El peso de sus quejas fue contra la ideología burguesa, a la que hizo responsable de la guerra total, debido a lo que calificó de *furor loquendi* y que hoy llamaríamos el encanto por la levedad ideológica: una ilusión intelectualista que se remonta a la propaganda del *Ami du peuple* de Marat y que lleva al poder a políticos advenedizos, sin rango, posición y, a menudo, sin fortuna. La prueba de ello es que la Gran Guerra fue el efecto de la crisis de la hegemonía británica que durante el siglo XIX había alcanzado un largo periodo de paz. Para Fuller, la tradición monárquica y la jerarquía de corte aristocrático son inmunes a la propaganda, mientras que los principios democráticos se impregnan fácilmente de las opiniones de los medios de comunicación esquivando la educación cívica escolar.

Fuller y los militares a finales de los años treinta heredan la apuesta por una guerra relámpago para salir del frente continuo y del desgaste de la trincheras. Los primeros pasos en esa dirección, la *Blitzkrieg* de la Wehrmacht en Polonia en septiembre de 1939 y la campaña en Francia de junio de 1940. Porque una vez los blindados logran romper las defensas comienza la verdadera guerra de desgaste, pero esta vez sobre la población civil. El maquinismo llevó al absurdo la guerra con el recurso a los bombardeos. Ciudades como Dresde desaparecieron sencillamente porque estaban «allí», en medio de un conflicto, no por su valor estratégico ni político. Cuando afirmo que Fuller adivinó la guerra del futuro, me refiero a que sus ideas explicaron por qué motivo en cualquier conflicto ulterior (la Segunda Guerra Mundial estaba a las puertas) se podía contar que cada mes llegaría a morir un millón de personas, o más.

8

UNA VERDAD INCÓMODA (1940-1947)

> Actualmente, vivimos en un mundo en que los poetas, los historiadores, los filósofos, se enorgullecen diciendo que no admiten siquiera la posibilidad de aprender cualquier cosa referente a las ciencias: ven la ciencia al final de un largo túnel, demasiado largo para que un hombre avisado meta la cabeza en él. Nuestra filosofía —si es que tenemos una— es, pues, totalmente inadaptada a nuestra época.
>
> JULIUS ROBERT OPPENHEIMER

POPPER SILENCIA A LEVITAN

Karl Popper, poco antes de finalizar la Segunda Guerra Mundial, habla de la sociedad abierta y sus enemigos. El comentario está dirigido en primer término a cuestionar los célebres discursos radiofónicos de Yuri Borisovich Levitan, que, a diario, entre el 22 de junio de 1941 y el 9 de mayo de 1945, sirvieron para orientar a millones de oyentes de la Unión Soviética y de los ambientes internacionales controlados por la Komintern. La voz de la memoria, le llama Karl Schlögel, convertida en un oráculo de la opción soviética ante el futuro. A Levitan le veo afectado, como si fuese el viejo Orosio, por los horrores provocados en su patria por los nuevos bárbaros, los nazis; los vivió y los denunció desde las ondas con su voz de barítono, y la gente le seguía con la misma devoción que demostró con la Séptima Sinfonía, «Leningrado», de Dmitri Shostakóvich, porque era una voz tranquila, en la que se podía confiar. Pero esta tragedia de su vida, y de la vida de los soviéticos de toda condición que se paraban en la calle a escuchar sus arengas radiofónicas, le parecía cosa de nada comparándola con el brusco giro en el curso de los acontecimientos comenzado con la inesperada e injusta agresión nazi al mundo soviético.

La aportación cultural de Levitan, en línea con los planteamientos de Lenin, puede considerarse un acontecimiento universal por cuanto la radio no sólo sirvió para unir las diversas naciones de lo que se llamaba Unión de Repúblicas Socialistas Soviéticas, sino para crear una comunicación internacional con el mundo obrero, los proletariados unidos luchando contra la opresión. En esta aportación, a cada suceso corresponde un juicio moral. Por ejemplo, al asedio de Stalingrado por el general Friedrich Paulus corresponde la devastación barbárica, vale decir, la traza del poder diabólico que sufrían en esos mismos años los camaradas de algunos países occidentales, España bajo la opresiva bota de Franco o Francia, condenada a la ocupación por la veleidad del mariscal Pétain. Durante los 1.418 días de guerra, Levitan leyó más de dos mil veces el informe del frente con sus comentarios pertinentes. En esas alocuciones se revela cómo la idea clásica de la defensa de la patria se encuentra con la nueva y bolchevique del juicio de la historia a las conductas fascistas. Se siente en sus palabras (que aún hoy se pueden escuchar) la evocación inspirada en las reglas rítmicas de la música de Shostakóvich, una solemnidad pensativa y conmovida del credo marxista. Paralelismo con la música que triunfa en la Unión Soviética en esos años (y en todo el mundo, si nos atenemos al efecto de sus audiciones a través de la radio), forma de difusión de unas ideas llena de requiebros que le confiere esa mágica fuerza a las opiniones políticas que Levitan evoca entre las sombras anhelantes de una guerra patriótica y los entusiasmos de sus oyentes. Contra la sombría mentira de los asesinos nazis cayó la luminosa verdad bolchevique que Levitan declaraba a diario con el llamado de entrada «Al habla Moscú», aunque durante la guerra lo hiciera desde un estudio escondido en Sverdlovsk. Contra los espías, los saboteadores, los perros fascistas; en fin, contra los enemigos del pueblo, Levitan obtuvo la más espléndida victoria de toda la historia del siglo XX, comenzando por la propia liberación de las purgas estalinistas. Al igual que Shostakóvich, conquistó con su ambigüedad (leía con el mismo énfasis las victorias militares que las sentencias de los chequistas) un lugar en la historia de la propaganda: es el modelo de todos los regímenes que proponen la censura como norma intelectual.

A Karl Popper la altiva ambigüedad de Levitan le parece grotesca; pero esa altiva ambigüedad alcanza una de las tantas verdades de los años 1940-1947, absurdos y contradictorios, en la que los enemigos entre sí (bolcheviques y nazis) coinciden en destruir la más grande cultura de la humanidad, de carácter cosmopolita y abierta, que se fraguó en la Europa Central en esos años. Una cultura universal que famosamente él califica de razón de la «sociedad abierta» en un libro de 1945. Con su espíritu fuerte, inspirado en la visión hegeliana del paso del tiempo, Popper penetra en los años que seguirán a la catástrofe creada por los totalitarios de ambos lados de la línea ideológica, bolcheviques y nazis, creando un metro histórico que atravesará las décadas hasta hoy. Habiendo partido de una polémica contra los voceros de los líderes carismáticos, que no hacían más que confundir a la gente, este intelectual perseguido por los nazis llega a la conclusión de que todo depende de la actitud adoptada ante el carisma, «ya que —decía Popper— si queremos que nuestra civilización sobreviva, debemos romper con el hábito de reverenciar a los grandes hombres. Los grandes hombres pueden cometer grandes errores y —como el libro trata de mostrar— algunos de los más grandes líderes del pasado apoyaron el ataque perenne a la libertad y la razón». Con este argumento la idea de catástrofe de una civilización es, de hecho, reducida a la responsabilidad de aquellos que toman decisiones, Lenin, Mussolini, Hitler, Stalin, Franco, pero también Churchill, Roosevelt, De Gaulle o Pío XII, cuyas vidas a través de caminos complicadísimos y contradictorios, unos evidentes, otros inciertos, llegan a la misma conclusión: sólo la guerra total liberará al mundo de sí mismo. La exaltación del presente respecto al pasado es, para Popper, la primera aceptación de la sociedad abierta como único medio racional de asentar la vida humana.

La exaltación de la decadencia de Occidente por parte de Spengler, en parte de Toynbee, y de Huizinga no había comprendido la idea de Hegel de que la síntesis se consigue cuando la antítesis satura la tesis de elementos creadores. En esta imprevisible polémica que situó a Popper frente a Levitan se busca emanar la claridad de lo que había sucedido tras la falsa paz que llevó a las potencias a armarse. Entre los dos bandos en pugna a finales de 1939, tras la rápida ocupación de Polonia por la Wehrmacht se hizo evidente la siguiente pregunta: ¿quién estaba en el lugar acertado de la historia? ¿Tiene sentido insistir en el papel de la razón cuando son evidentes las tendencias irracionales, tales como, por ejemplo, la ordalía en los campos de batalla o el imaginario político?

Obviamente, se trata de encontrar un método objetivo que permita responder a las cuestiones que se van a plantear en los años siguientes al inicio de la guerra. Ese método existe: se llama hacer la historia de las ideologías modernas.

Comencemos la narración del hombre corriente, protagonista casual de los acontecimientos mientras se pregunta qué papel juega él en todo ello, sin descubrir nunca que existen aspectos en la vida a los que no es posible acceder. Un hombre corriente atrapado en las palabras de quienes lideran el mundo, un hombre sin atributos que en otro tiempo hubiera sido un santo en su deseo de arbitrar el eterno conflicto entre el bien y el mal.

O también, empleando detalles de la vida, tal como aparecen en el libro inusualmente objetivo de E. H. Carr, *The Soviet Impact in the Western World* (1946): «Si en la década de 1940 nos volvimos todos planificadores, lo debemos en gran parte, consciente o inconscientemente, al impacto de la práctica soviética y a sus resultados». Tener un plan y seguirlo, el gesto del narcisista perverso que impone a los demás sus enrevesadas ideas, la peor de todas, los planes quinquenales ideados por Stalin, la menos mala el Estado del bienestar sostenido por los socialdemócratas de Occidente. Los bolcheviques oyentes de los programas de radio de Levitan son unos fabulistas incorregibles capaces de creer que los problemas nacionales se resolverán, señala H. J. Laski, «sobre un plano de igualdad económica». Pero el caso es que los mensajes de Levitan son algo más que palabras escuchadas en la radio por hombres corrientes sin más información: son consignas. Y su modelo de aplicación, «al habla Moscú», impactó pronto en la sociedad abierta y la cambió para siempre cuando la BBC empezaba su radio hablada a la Europa ocupada por los nazis con un «aquí Londres». El círculo se cerraba. ¿Cómo se llegó a ese punto? Popper lo achaca al efecto bolchevique en la vida europea de los años cuarenta, y su mayor publicista sería el general Charles de Gaulle, que con sus palabras «inventa» una Francia resistente a la que siguieron muchos y abnegados comunistas en las calles de París y otras ciudades. Cuesta entenderlo.

JUNIO DE 1940: ¿*BLITZKRIEG* O AMARGA DERROTA?

El impacto de la cultura soviética en Europa estuvo ligado a un acontecimiento inesperado, imprevisible: junio de 1940 en Francia. En cuanto a lo sucedido, ya se sabe el debate entre quienes afirman que la *Blitzkrieg* fue la causante del éxito del ejército alemán y quienes señalan que la debilidad creada por la corrupción de los altos mandos del ejército francés fue la que arrastró consigo al cuerpo expedicionario inglés, que por esos meses seguía dándole vueltas a la propuesta de Fuller de mecanizar las fuerzas armadas.

El acontecimiento junio de 1940 no tardó en volverse a la vez muy serio y a la vez tremendamente *buffo*. En él se muere, se siente orgullo o vergüenza según en el lado que estés, y se dice la verdad del valor de la gente mucho más intenso de lo que se cree. ¿Quién ha superado en la interpretación de este momento histórico a Marc Bloch? Nadie.

De todos modos, hay que insistir en la sorpresa del Alto Mando francés ante el rápido paso adelante en el frente occidental del ejército alemán. Este impulso consiguió aplastar las defensas de la línea Maginot y llevó a la Wehrmacht al otro lado del Rin, hacia el interior de Francia. En pocos días caía París, lugar que había sido veinticinco años atrás la cabeza de una resistencia numantina en las trincheras de Verdún y otros lugares donde se inmolaron miles de vidas francesas y alemanas. De acuerdo, el caso es excepcional, en esta fase del conflicto bélico franco-alemán, el régimen nazi entró en campaña con dos talentos militares, Guderian y Rommel, que actuaron lo mismo que habían hecho los generales sasánidas Chahrbaraz y Chahín a finales del siglo VI al atacar al Imperio bizantino, tomando Antioquía, Damasco y Jerusalén. En 1940, como en aquella lejana época, la conmoción fue terrible; también lo fueron las pérdidas de hombres y material. La fuerza expedicionaria inglesa, situada en los alrededores de la ciudad de Dunkerque, luchó hasta que pudo regresar a Gran Bretaña en una operación de riesgo que contó con la sorprendente lentitud de reacción del ejército alemán, tan veloz hasta ese momento. ¿Por qué? Este es uno de los muchos misterios que anidan en la polémica de lo ocurrido en junio de 1940. Baste decir que la retirada inglesa se valoró con el orgullo de las retiradas trágicas evocadas por la literatura épica.

Eso es lo que famosamente narra Christopher Nolan en la película *Dunkerque* (2017). La sacudida emocional está tan revestida de hipérbole fílmica que poco más se puede añadir a eso, salvo que la ciudad portuaria se vio recorrida por un escalofrío ante la posibilidad de convertirse en un osario de cadáveres en el agua. Durante los días que duró el asedio y la operación de rescate de los soldados ingleses, se intensificó el debate sobre el efecto del nazismo en la preparación militar alemana; pero en fin... Sí, el arte de la guerra ha cambiado aparentemente, pero ¿y en el fondo? Sería preciso reunir miles de conversaciones de los altos mandos de la Wehrmacht para saber qué pensaban, aunque sospecho, con pruebas que mostrarían su crudeza, su fanatismo a la hora de apoyar la nueva concepción de la guerra como una de las funciones que debía desempeñar el Tercer Reich. La alta aristocracia prusiana se acercó a la política nazi participando sin reparos en las grandes fiestas organizadas por los jerarcas del partido. Sólo hemos atendido a la música que tienen en mente (Wagner, pero también Liszt), aunque es evidente que día a día, noche tras noche, se iba imponiendo la estética futurista para legitimar la mecanización del ejército y favorecer la carrera de oficiales sensibles a ella, los grandes actores de la *Blitzkrieg*: los citados Heinz Guderian y Erwin Rommel, pero también los menos famosos hoy, que no entonces, Walter Model o Erich Manstein. En realidad, los nazis hacen su guerra a través de ellos; ganaron cuando confiaron en su pericia y perdieron cuando se hicieron sospechosos de alta traición.

Sin duda más de uno se habría sorprendido al saber que en los cuatrocientos cincuenta años de conflictos bélicos entre los ejércitos franceses y los ejércitos alemanes (desde que el 24 de febrero de 1525 Francisco I, el ambicioso rey Valois que aspiró a la corona del Sacro Imperio Romano Germánico, se equivocara garrafalmente en la batalla de Pavía contra los lansquenetes de Carlos V) nada había sido tan desastroso para los «franceses», ni siquiera la derrota de Waterloo el 18 de junio de 1815, que la avalancha de blindados alemanes en los meses de mayo-junio de 1940. Para Antony Beevor, el último en describirla, esa batalla es única por su efecto inmediato, discrepando así de algunas formulaciones algo toscas. La habitual pose del especialista británico en historia militar que ha leído al catedrático de Oxford sir Michael Howard. Dos cuerpos del ejército de la Wehrmacht al mando de Eric von Manstein se movieron a gran velocidad por el mapa: el primero, con Von Kleist a la cabeza, dirigió sus blindados hacia los Países Bajos y Bélgica en lo que parecía una repetición del modelo de la Primera Guerra Mundial. El reino de Bélgica, que aún mantenía su lealtad a Londres a pesar de los desdenes de los altos mandos del Almirantazgo sobre su capacidad militar, luchó hasta el final; el segundo se movía como una guadaña hacia París a través del bosque de las Ardenas, a la altura de Sedán, al mando del *Generaloberts* Von Rundstedt, con el grueso de las divisiones blindadas encabezadas por Guderian y Rommel. En Berlín, en la espaciosa cancillería, donde esperaban recibir las primeras noticias de la operación Fall Gelp, se comentó que un altivo Adolf Hitler, encerrado en su Felsennest, exclamó que por fin Alemania se había vengado del Tratado de Versalles. Aun con todo, la maquinaria de guerra nazi era imparable, si se le dejaba operar a su antojo, lo que no ocurrió porque los gerifaltes del partido tenían otras ideas sobre el sentido de la guerra. E hicieron esperar a sus divisiones blindadas a que hablara la política, a pesar de que París cayó el 14 de junio de 1940.

La ocupación de París resonó en Londres como una advertencia. Calmados por el general Pétain, héroe de la Primera Guerra Mundial, los parisinos soportaron la llegada de las tropas de ocupación en desfiles por los Campos Elíseos y otros lugares emblemáticos de la ciudad antes de aceptar lo que, según algunos periódicos, fueron los generosos términos del armisticio firmado en Compiègen el 22 de junio. Por primera vez, si exceptuamos lo sucedido en tiempos de Santa Genoveva, París había sido ocupada por un ejército invasor. La horrenda secuela está tan revestida de hipérbole que dio origen a la idea de la *resistence* como la única salida digna de los franceses, rechazando a los demás con el hiriente calificativo de colaboracionistas.

Si el calificativo de amarga derrota, propuesto por el gran historiador Marc Bloch —que fue detenido por la Gestapo por su condición de judío y miembro de la resistencia y llevado a un campo de concentración donde fue pasado por las armas—, parecía evidente para hombres como el general Charles de Gaulle, que se marchó a Londres para continuar la guerra desde la radio, la apatía mostrada por muchos de los habitantes de Francia era una cuestión grave. Días de acoso y persecución abierta contra los disidentes del armisticio dispusieron a la población contra el Gobierno de Vichy, convirtiendo una decisión de orden político en una batalla cultural.

Había dos maneras de ser francés, la que aceptaba los términos del armisticio y la que se sublevaba contra ellos en la convicción de que conculcaba los más sagrados principios republicanos insertos en *La marsellesa*. (Este es el telón de fondo de la famosa película americana *Casablanca*, con la sublimada escena donde el resistente incita a la orquestina del café de Rick a tocar *La marsellesa*). Y es que en verdad unos confiaban y otros sospechaban ante la garantía oficial de libertad en la esfera privada otorgada por el gobernador militar alemán. Los judíos franceses, sin embargo, se vieron obligados a pagar un precio muy alto por la puja nazi para obtener la lealtad de los franceses en el territorio ocupado. Como prueba de ello, los judíos recibieron la orden de abandonar sus viviendas, que fueron rápidamente ocupadas por los gentiles como la mejor prueba de que nunca regresarían a ellas. El derrumbe de Francia no fue por tanto el efecto de la *Blitzkrieg*, sino de la amarga derrota, «ese espejo de nuestras penas» que describe Pierre Lemaitre.

Las divisiones blindadas de Rommel avanzaban por aquel entonces en dirección al granero egipcio y al canal de Suez, aceptando la complicidad de las guarniciones de la Francia de Vichy apostadas desde Marruecos a Túnez, hasta la rendición de los fuertes de la Cirenaica después de que los zapadores alemanes finalmente consiguieran romper los anillos defensivos de Tobruk. El curso de los acontecimientos comenzó a ir en contra de la *resistence* francesa y a inclinarse hacia un imperio nazi con el objetivo de hacerse con los pozos de petróleo del Cáucaso siempre que Paulus lograra salir del cerco de Stalingrado. Una imagen de esos días fue la convicción en la *resistence* de vivir en un desierto cultural y que *Viaje al fin de la noche* de Louis-Ferdinand Céline era la prueba de un estado de ánimo alicaídamente surrealista, aunque tuviera la dura repuesta de Jean Paulhan en *Las flores de Tarbes* de 1941.

Los debates surgidos en la *resistence* actuaban como un elemento protector de la aceptación social del colaboracionismo, que al final se valoró como un efecto del aburguesamiento más que del carácter francés ante la adversidad. La crítica militante llevaba el nombre de literatura de ruptura: una postura granítica de inspiración marxista que unos orgullosos intelectuales adoptan ante las celebridades que se dejaron cautivar por el nazismo cultural. Durante los años de la guerra, 1940-1944, la confianza de los intelectuales parisinos fue indudablemente puesta a prueba cuando vieron a más de uno de sus viejos amigos sometidos a juicios sumarísimos o directamente llevados al paredón de fusilamiento. En una maniobra de desdén reformador para tomar distancia de los colaboracionistas, el grupo que más tarde fundaría *Les Temps Modernes* dio un golpe de mano mostrando el único camino posible en la regeneración de Francia. Y así fue hasta 2019, cuando André Gallimard decidió *arrêter* la revista por motivos que él mismo razonó en una columna del diario *Le Monde.*

SIN ATRIBUTOS: MUSIL DESVELA A BÜHLER

En cuanto a la cultura literaria, infinitamente sobrepasada por la guerra, necesita decir algo de cómo se había llegado hasta ese momento. En 1942, la editorial Rowolth publica *El hombre sin atributos,* la novela que Robert Musil arrastra consigo como una mochila desde el año 1930. En ella se describe a los dirigentes de la Vieja Europa que han decidido abandonar sus valores tradicionales para mantener intactos sus privilegios. ¿Se han enterado de que, en las novelas de los años veinte, los jóvenes se oponen a los mayores? ¿Están dispuestos a asistir al rapto de Europa sin resistencia? Existe una alusión a Thomas Mann, a su manera de ver el hundimiento de la Vieja Europa desde su nueva residencia en California.

Aquí la clave está en lo que había escrito en *La montaña mágica*, gran novela: un posicionamiento literario en forma de combate cultural entre dos personajes, Naphta y Settembrini. El escenario es un sanatorio al que un joven alemán acude para visitar durante un par de semanas a un primo enfermo, para acabar quedándose allí el resto de su vida. Hans Castorp descubre muy tarde que el ascenso en el tren a la montaña, dejando atrás la levedad de los valles, es el ritual que le da entrada al peso de la existencia en forma de una pregunta sobre la alienación del hombre moderno. ¿Y cómo podía hallar el sentido del carácter asociativo de la civilización anotado por Max Weber como razón de ser de la Vieja Europa? Incluso los largos debates entre los dos sabios que rodean al joven Castorp están llenos de misterio.

Pero si debemos leer a Mann para entender a Musil, ¿cómo debemos hacerlo? Podríamos empezar con la lectura de *Aus dem Alten Europa*, un libro publicado en 1926 por Helene Nostitz, *salonier* del gran mundo, sobrina del mariscal Hindenburg, musa de Rodin, fiel a Rilke, con el que mantuvo correspondencia, y amiga de Harry Kessler y de Max Reinhardt, cercana a Eleonora Duse y a Mariano Fortuny Madrazo. Nostitz se esfuerza en comprender el laberinto alemán de los años treinta y termina como muchos de los suyos en el lado equivocado de la historia, firmando el documento de los intelectuales alemanes en favor de Hitler, a pesar de que muchos de sus amigos abandonaron el país por ese motivo. Su relato trasluce un *malheur* imposible de curar. Quizá se trata de una actitud ante el mundo que aparece, al principio, desprovista de intención, de la que uno se avergüenza cuando el entendimiento se despierta y la valora lejos del reproche. La Helene Nostitz escritora era una mujer de muchos rostros; la dama de la alta sociedad, la testigo de un mundo que desaparece a toda prisa sin remedio.

Podría citar páginas y páginas de sentimientos análogos a estos; los estudiosos de la literatura alemana de entreguerras suelen hacerlo. Por mi parte siempre he utilizado la obra de un medievalista para centrar el tema, la de Johannes Bühler, que en 1931 publica *Vida y cultura en la Edad Media* (la traducción al español para el FCE es de Wenceslao Roces, una garantía): «Medio milenio después del nacimiento de Cristo, el mundo cultural de Occidente hallábase dominado por sombríos pensamientos», escribe Bühler al comienzo de su libro con ese tono quejumbroso de quien establece una relación con lo que está viviendo en su país, Alemania, en la fecha de publicación. El resultado es algo que no esperamos: «El Estado romano, que desde hacía ya varios siglos se consideraba consustancial con toda civilización, se estremecía en sus cimientos». Es un poco trágico, en la línea del humanismo que entiende la decadencia romana como un hecho político. Sin duda, el juicio moral es la reflexión de un presente asentado en el estudio del pasado: «El abatimiento y la desesperación se apoderaron de los espíritus, sobre todo, al ver en esta bancarrota precisamente una evolución histórica en que lo nuevo desplaza constantemente a lo viejo y a lo caduco». Es imposible no ver en esta descripción una lectura de lo que está a punto de suceder en Alemania en 1931-1933, y así, Bühler, siguiendo de cerca el comentario que en el año 386 hizo san Ambrosio, obispo de Milán, maestro y tutor de san Agustín, sentencia: «Marchamos hacia la disolución de los tiempos, y ciertas enfermedades no hacen más que anunciar el fin que se avecina». Una lápida perfecta de un mundo que fenece a la vez que «los reyes, militares y caudillos de las tropas germánicas y los hombres que le seguían no viesen el mundo con estos ojos de pesimismo, suponiendo que se parasen a pensar acerca de los formidables acontecimientos de su época». El paralelismo tiene calado: si se cambia reyes, militares y caudillos germánicos por Hindenburg, mariscales de campo prusianos y líderes de las SA está todo dicho en pocas palabras: la ofensiva de seducción de los pueblos germánicos en el siglo V tiene puntos en común con la de los dirigentes nazis agrupados en círculos esotéricos como la Sociedad Thule. La idea de que la historia futura descasa en la aceptación de la «barbarie» implica acciones más allá de las palabras. ¡Pobre cultura clásica! Nunca tuvo la menor oportunidad. Como tampoco la tuvo la Vieja Europa entre 1931-1933.

Este es el material con el que Musil construye la gran novela que le lleva al parnaso de los escritores: *El hombre sin atributos*. Una descripción del colapso espiritual de la Vieja Europa que condujo en los años treinta a los totalitarismos y en los años cuarenta a la Segunda Guerra Mundial; una descripción hecha a través de personajes que saben y comprenden que la felicidad está condicionada, por así decirlo, a los sistemas políticos. El protagonista, Ulrich, vive como buen matemático la evolución de un país imaginario, Kakania (en realidad es el Imperio austrohúngaro), sigue de cerca los acontecimientos y lleva una vida humilde (es incapaz de ganar dinero como su oponente Arheim), pero que no le lleva a la desesperación porque es incapaz de entender el transcurso del tiempo. Su frase predilecta es «todavía no», como quien indica que hay un después donde logrará los atributos de los que carece. La vida se realiza en un futuro que no llega. Todo lo demás es tiempo de espera, donde se cuece el sentido y la razón de la gran crisis. Esto es lo que se llama ponerse críptico ante una época de transición. Musil añade a su relato una lista de nombres y actividades útiles que, sin embargo, se pierden en los laberintos de la alegoría. Porque toda la novela es una colosal meditación sobre el hundimiento de la Vieja Europa, que ha dado paso a una situación que al protagonista le produce perplejidad, ya que en la magnitud de la guerra está la finitud de la civilización. Ulrich añade a su sensación un pensamiento que se cree original: «La realidad siente un deseo absurdo de irrealidad». Confesión emotiva; confesión turbadora: está orientada a sostener un presente sin dirección. Una nueva odisea, donde contar demasiado es contar demasiado poco.

Excelente conclusión. Gracias.

Pero el curso de los acontecimientos habló de nuevo. Lo hizo en los campos de batalla a lo largo de 1942: desde Stalingrado a El Alamein, desde Filipinas a Midway. Es el triunfo de la estrategia sobre la política. Comprender el fondo del mito de Sísifo, como hace el novelista francés Albert Camus en un libro publicado ese mismo año, donde plantea que el único problema serio es el suicidio, porque es un gesto desesperado por no saber qué puede ocurrir el día después.

Hay que buscar el momento y el lugar de esta revelación. Fue en la amplia llanura de Kursk entre abril y agosto de 1943.

El *Generalfeldmarschall* Erich von Manstein fue el encargado de poner a prueba el sueño de Hitler de que «Kursk será un faro que ilumine a todo el mundo»; pero en realidad fue una pesadilla. La batalla de Kursk enfrentó a los blindados de la Wehrmacht con los del Ejército Rojo; al final de la jornada miles de toneladas de chatarra quedaban en el campo, y había un único vencedor, el mariscal soviético Georgy Zhúkov. ¿Era el fin de la guerra? Quizá no, pero fue una batalla decisiva; acabó con las reservas de blindados alemanes y obligó a los angloamericanos a buscar la victoria en una batalla en lugar de hacerlo por medio de los bombardeos estratégicos, como sugerían los generales de la Fuerza Aérea. Y así fue; desde la playa de Omaha hasta el avance por Normandía del general Patton: guerra de blindados haciéndoles pagar a las divisiones Panzer con la misma moneda que ellas habían empleado en 1940. Avances rápidos, victorias casuales, batallas a campo abierto, sin importar el número de víctimas. La ofensiva de las Árdenas, dirigida por un mariscal de viejo estilo como Von Rundstedt, contó en la vanguardia con el V Ejército acorazado de Manteuffel y el VI Ejército de Dietrich. En el sitio a Bastogne se vieron los mismos gestos que Altdorfer había pintado para la batalla de Issos de Alejandro; pero ahora no eran caballeros con armaduras, era el III Ejército de Patton, que acudía a toda velocidad para levantar el asedio. Esa fue la última batalla de esa guerra; luego llegaron los bombardeos masivos, el hundimiento del Tercer Reich, la defensa de Berlín a cargo de Guderian (en fin, eso es lo máximo que podía ocurrir).

INFORMES PARA LA OCUPACIÓN. RUTH BENEDICT Y WERNER CONZE

¡Lo cierto es que el final de la guerra exigía una explicación! Viene a ser como cuando se descubre que el mundo en el que se vive tiene una deuda con el mundo que acaba de ser destruido. Y aquí surge la necesidad de explicar el trasfondo cultural de los dos países vencidos, Japón y Alemania. Porque en definitiva un país no es el Gobierno que en cierto momento le representa. Japón no es el militarismo de Tojo, como Alemania no es el nazismo de Hitler. ¿Qué son entonces?, se preguntan los vencedores, y ¿por qué cayeron tan bajo al aceptar esos Gobiernos? ¡Ah! Los Gobiernos son estridencias momentáneas, a veces lesivas para una civilización. Lo sabemos bien. Lo notamos a menudo.

En 1945 había en realidad dos cuestiones básicas, la japonesa y la alemana. La primera exigía una lectura antropológica sobre el espíritu de los samuráis, la segunda obligaba a una inmersión en la historia del siglo XVIII para definir el espíritu de la *Aufklärung*, la Ilustración. Para dar fe de estas dos líneas argumentales presentaré primero el trabajo de Ruth Benedict y a continuación las investigaciones de Werner Conze.

«El Japón fue el enemigo más enigmático con que se enfrentó Estados Unidos en una contienda». Es la frase que se lee al comienzo de *El crisantemo y la espada* de Ruth Benedict.

Pero quizá sea el momento de recordar que la primera ocupación de Benedict, desaprovechada, era la de profesora de Antropología Cultural en la Universidad de Columbia como discípula destacada de Franz Boas: la más antigua y la mejor preparada de ese grupo de rebeldes que revolucionó las ideas de raza, sexo y género.

El proyecto de una disciplina que pusiera en práctica la idea de Boas de convertir la alteridad en diferencia lo bloquearon los responsables de la Universidad de Columbia al negarle la dirección del departamento a Benedict: prefirieron a alguien con menos talento, y además hombre. Por eso no siguió la vida académica a la que estaba llamada por su capacidad y formación. En los momentos clave, Occidente da siempre la espalda al espíritu creador y prefiere a los mediocres del mundillo académico. Su afamada discípula Margaret Mead, que había convertido la antropología en una moda, le echa una mano y consigue que la Oficina de Información de Guerra (OIG) la contrate para redactar un informe sobre el porvenir de Japón, una nación que terminaría por ser vencida, pero cuyos patrones culturales debían entenderse para ser respetados.

Cuando Benedict llega a su nuevo destino, en junio de 1944, la guerra acababa de entrar en la fase decisiva, donde era tan importante demostrar que la operación Overlord (el desembarco en Normandía el 6 de junio) era tan eficaz como fijar el valor de las culturas en conflicto, sobre todo el carácter progresista de los aliados frente a los reaccionarios del Eje. Confiesa a sus allegados que

> actualmente los japoneses ven el militarismo como una luz que se ha extinguido. Pero observan a otras naciones del mundo para ver si también en ellas ha ocurrido lo mismo. Si no es así, quizá vuelva a encender el Japón su propio ardor guerrero y demostrar lo bien que puede hacerlo. Pero si se ha extinguido en los demás lugares, el Japón podrá demostrar que ha aprendido la lección y comprobado que una empresa dinástica imperialista no es el camino del honor.

No está muy claro qué pinta el honor en esta descripción, pero la referencia es interesante para la época, y la formula como prueba de que «la guerra de agresión es un error y una causa perdida». Es el diagnóstico de una científica social, naturalmente, un diagnóstico escéptico al comprobar la actitud de los vencedores en el reparto del botín de los vencidos. Pero el carácter japonés se dispone a doblegarse por el bien de la humanidad, es decir, por las circunstancias de haber perdido una guerra de agresión.

Ahora el caso alemán.

Admirar el siglo XVIII y a la vez reconocer que produce náuseas es una expresión que recorre la vida cultural desde la Segunda Guerra Mundial: la desdicha del totalitarismo es obra del aparato conceptual del Siglo de las Luces, de la convicción política de la razón. Para demostrarlo, Heinrich Böll presenta la primera prueba: la literatura de los escombros, *Trümmerliteratur*, unos relatos con algo de Balzac y mucho de Dickens vinculados a las privaciones y la miseria de la posguerra, a las triquiñuelas del mercado negro en ciudades cubiertas de polvo y casas destruidas donde reina el racionamiento para subsistir, junto al sentimiento de culpa, el deseo de olvidar lo ocurrido y el hurto de los bienes ajenos. En *El tren llegó puntual* (1949), Böll traza el camino a seguir en Alemania en la batalla cultural a la hora de definir el futuro-pasado de la nación. Desde ese momento escribe, a ritmo frenético, y a la vez con una profunda fatiga, una descripción del pasado próximo como experiencia de un futuro inquietante.

Desde finales del siglo XVIII en Alemania, en un tiempo y un lugar en que los grupos nacionales, lingüísticos y raciales comenzaron a definirse con una precisión cada vez más absurda, ¿cómo no iba a producirse un cambio político-social que afectara al curso de los acontecimientos? En sus estudios sobre Prusia, el reputado historiador Reinhart Koselleck llama *Sattelzeit* a ese cambio que supuso no sólo la creación de una sociedad industrial burocrática, sino también la pérdida creciente de la identidad de pasado y presente. En este punto, su colega de Heildelberg, Werner Conze, polémico por haber pertenecido en su juventud al partido nazi, presentó la inquietante idea de que ese cambio es la emergencia del mundo moderno como revolución europea en la década de 1780, con Mozart como intérprete más famoso. La idea de la pertenencia alemana se desvanece porque la revolución partió de Europa y de las colonias de ultramar creadas por hombres y mujeres de origen europeo. Con respecto a esa idea, Conze insiste en que la europeidad es el campo unitario (Alemania sólo una parte) en la creación de la estructura fundamental de la sociedad industrial-democrática. La idea de existir «países en desarrollo» se refiere al hecho de que en la posguerra se extiende de forma unitaria el despegue económico tanto de los vencedores como de los vencidos, pues se tiende a la igualdad territorial que, al fin y al cabo, es la razón de ser de la Unión Europea como contrapartida a la Gran Alemania de los años treinta. Y de ahí surge la opinión de que debe tenderse a una igualación general del nivel de vida en toda Europa conforme a los patrones alcanzados en Dinamarca y Austria, dos de los países que mejor entendieron el reto de no querer integrarse en Alemania desde finales del siglo XVIII, sino de ser países europeos de pleno derecho, incluso a la sombra del gigante alemán.

El europeísmo de Conze es una especie de declaración de intenciones, cuyo momento germinal sitúa siempre a finales del siglo XVIII. Su análisis de la sociedad campesina alemana difícilmente puede superarse. Y le hace llegar a conclusiones importantes de la historia social con las propuestas de situar los procesos colectivos por delante de las biografías individuales.

La integración conflictiva de los inmigrantes, la pérdida de un lugar sin conseguir otros, son cuestiones que emergen en la posguerra para asegurar que una Alemania dividida en dos alcance finalmente su unidad haciendo que sea Europa el hogar nativo para todos. Más que un olvido de lo sucedido en Alemania entre 1933-1945, con estos estudios se propone una revisión a fondo de sus causas y, con ello, la convicción de que es necesario conocer bien la historia para afrontar el futuro.

AGOTAR EL ÁMBITO DE LO POSIBLE

En 1945, la aceptación del error es el billete de entrada en la comunidad internacional que apuesta por la paz como norma de vida. He aquí el gesto esperanzado de quien cree que la humanidad aprende de sus errores. Entonces, cabe la pregunta: ¿qué ha pasado para llegar a este punto? Nadie se pone de acuerdo, pero todo el mundo tiene su propia idea, siendo la más extendida la responsabilidad de los partidos políticos creados para dirigir las masas: bolcheviques en Rusia, fascistas en Italia, nacionalsocialistas en Alemania, Guardia de Hierro en Rumanía y Cruz Flechada en Hungría; la de los partidos y la de sus líderes, ciertamente, los individuos carismáticos, dijo Max Weber, sostenidos por la idolatría al jefe, *führer*, *duce*, secretario general. ¿Se encontraría el cromosoma del carisma político como se busca el del héroe o el músico genial? ¿Podrán en el futuro ser cultivados los cromosomas e inyectados en una inseminación artificial? Turbadora pregunta, y como la ciencia no ha querido responder, lo ha hecho el cine con la película *Los niños de Brasil* de Franklin J. Schaffner, basada en la novela de Ira Levin.

Entre los bolcheviques, el carisma de Lenin ocupa un lugar de honor: son estrictos con su presencia embalsamada en el Mausoleo de la Plaza Roja, y el camarada secretario general Stalin se cuidó de ello, más aún al reconocer que el partido lo es todo y que el poder descansa en él, y no en el ejército como cree Trotski, ni en el leninismo como postula Kámenev. El carácter ruso, tan dotado para la literatura o la música, no funciona en política, salvo de un modo estereotipado, amanerado, rígido. La revolución de Lenin llevó al terror de Stalin como algo normal.

La actitud de algunos escritores de los años veinte da quizá un principio de explicación a esta topografía del terror asentada en el carácter ruso y no en las circunstancias políticas tras el Tratado de Rapallo, firmado el 16 de abril de 1922 entre Gueorgui Chicherin, ministro de Relaciones Exteriores de la Unión Soviética, y Walther Rathenau en nombre de la República de Weimar. La primera vez que Mijaíl Bulgákov se enfrentó a los habituales clichés sentimentales sobre el alma rusa en *La guardia blanca* de 1924 recreó espontáneamente —y como siempre hizo, incluso en *El maestro y Margarita*, la novela soviética del siglo XX— el hundimiento de la burguesía de la ciudad de Kiev, en la que había nacido en 1891, y no la de San Petersburgo o Moscú. La experiencia apocalíptica del cambio de régimen termina en una descripción del carácter de Stalin para asumir el totalitarismo como única manera de sostener la cultura soviética. ¡Qué importan las circunstancias cuando un líder conoce las claves para obtener la complicidad de las masas ante un crimen! *Tótem y tabú*, escribió Freud, primer volumen de una trilogía que culmina en *El malestar de la cultura*.

Los líderes realizan cada día nuevas ceremonias para las masas, advertía Walter Gropius desde la Bauhaus. No cuesta creerle, ya que los cánticos patrióticos y la iconografía *kitsch* se imponen al gusto por la armonía social. Eso no significa que se trate de expresiones espontáneas, pues el cuerpo simbólico se ha apoderado del cuerpo biológico. Las masas desfilan con una cruz gamada en el brazo o una estrella roja en la gorra, una catarsis que crecía en proporción al desarreglo vital de la sociedad. Los jóvenes asumen de los viejos unas pasiones que la fisiología y la razón no explican. Se reafirman fuera de las normas del desarrollo de la libido. Herbert Marcuse, miembro de la Escuela de Frankfurt y experto en el control de la sexualidad, presiente este desarreglo. Las masas se comportan como adolescentes en celo. En cierto sentido, el concepto alienación explica lo que estaba sucediendo: las masas prefieren servir que vivir. Luego la filosofía política se impone a la novela.

Hay una última pregunta que llena los primeros meses de posguerra: ¿La democracia podría seguir siendo compatible con la seguridad una vez descubierto que los aliados eran un bloque dividido en dos partes, los que creían en el porvenir de Occidente y los que insistían en que el futuro era una causa justa si era bolchevique?

Los vencedores, por lo demás, tienen otros proyectos. Estratégicos. El recurso a la bomba atómica. La pesadilla de Oppenheimer.

Punto final. Y un nuevo comienzo.

¿Seguro?

En 1947, mientras la Kominform prepara las maletas de quienes iban a participar en una conferencia mundial por la paz a celebrar en Nueva York, desde La Habana el compositor Osvaldo Farrés compone el bolero «Quizás, quizás, quizás». Bobby Capó lo cantó. Luego llegarían Nat King Cole y Bing Crosby (como hoy Boniccelli). No esperaron a que los pensadores comprometidos les dieran permiso para experimentar las posibilidades del bolero. Uno de los productos que surgió del nuevo laboratorio de ideas fue la *nada* en oposición al ser. ¿Adónde había que ir para debatirlo?

He aquí la cuestión.

9

ESTE O AQUEL MUNDO (1948-1952)

> Todo el que piensa que tiene algo que decir lleva una boina negra.
>
> RUTH ANDREAS FRIEDRICH, *Battleground Berlin: Diaries, 1945-1948* (1990)

SARTRE SE TOPA CON KEROUAC

En 1948 llega el momento de los existencialistas. Aún se recuerdan las palabras de Jean-Paul Sartre en el auditorio del club Maintenant de París el 29 de octubre de 1945: el existencialismo es un humanismo. Si algo se mantiene vivo aún, tres años después, es que la batalla cultural ha de hacerse desde la condición humana, como propone André Malraux, o desde la acción política, como aconseja Maurice Merleau-Ponty en un artículo publicado en *Les Temps Modernes*. Luego llega la contracultura *beat* promovida por Jack Kerouac (clave la novela *En el camino*) y un desgarro vital difícil de calificar como una vulgaridad más del capitalismo estadounidense para evitar el desarrollo del comunismo en Europa. El desgarro que presenta esta novela es el lento ascenso de la moral puritana, que pasa de la represión de los deseos a los tormentos de unas mujeres (en el cine de Hollywood representadas por Lana Turner, Susan Hayward o Jane Wyman) valientes, imperfectas, leales a hombres de recio carácter pero crueles.

El mundo dividido en dos esferas de influencia necesitaba más que nunca de la batalla cultural para una sociedad atrapada en la música más desgarrada jamás oída y cuyo tiempo transcurre desde 1948 hasta mediados de los sesenta. Esto me lleva a considerar que el choque entre existencialistas y *beatniks*, entre Sartre y Kerouac, prueba la alta complejidad del mundo surgido tras la Segunda Guerra Mundial, capaz de secuestrar a sus figuras estelares y someterlas a reglas que las hacen héroes y heroínas presentes en los escenarios y en los escaparates de las librerías. Se fusionan carácter y función. La excelente acogida de *All About Eve* de Joseph Leo Mankiewicz (entre nosotros *Eva al desnudo*), surge de la tensión entre el deseo y la represión. Ocupándose de la carrera de una ambiciosa actriz de teatro, irradia una imagen magnética de la moral y el orden que está a punto de quebrarse en Occidente por el triunfo de la fama en la vida social. Su gran popularidad, incluso cuando se recupera en el París de los ochenta como un clásico del blanco y negro, demuestra el poder porfiado de la cultura y el significado del éxito para la escritura del teatro, el cine, o la manera de concebir un estudio de la historia a la altura de una época al borde de lo imposible (baste pensar en la egregia figura de Arnold Toynbee).

El único referente intelectual contemporáneo a la altura de la Eva ideada por Mankiewicz es Jean-Paul Sartre, convertido en el *maître à penser* del existencialismo, y que recurre al teatro con *A puerta cerrada* para definir la frontera entre la ideología de izquierdas basada en la resistencia al fascismo y cualquier otra forma de filosofar sobre la vida social, y a la novela con la trilogía *Los caminos de la libertad* (1945-1949) para ajustarle las cuentas a los restos de moral burguesa en el comportamiento de un pobre profesor de filosofía de nombre Mathieu cuyas dudas repugnan a lo mejor de la condición humana. Sartre es sin duda una figura pública que gusta a la gente, incluso a las señoras de la buena sociedad, dice Boris Vian en *La espuma de los días,* y se convierte, con su pitillo en la boca, sus gafas de concha y su traje cruzado, en el referente de los *zazous* que pululaban por París con jeans y camisas a cuadros de los excedentes estadounidenses y no escuchaban otra cosa que jazz y más jazz, y que a veces acudían a los cafés, donde encontraban al maestro rodeado de un círculo de mujeres atormentadas pero valientes: Juliette Gréco de musa, Simone de Beauvoir de pareja, Simone Signoret de estrella rutilante (espléndida como Léocadie en *La Ronde* de Max Ophüls). Las fotografías y los cometarios callejeros son su medio expresivo. Puede que sea el último pensador del mundo de ayer, o el primero del mundo del mañana. Eso aún está por ver. En todo caso *su* París ya no es una fiesta: es un escenario dramático donde las palabras definen las cosas.

Época irrecuperable, cuando se puede decir en público: «A unos de ellos, que se esconderán, por seriedad o por excusas deterministas, su libertad total, los llamaré cobardes; a los otros, que tratarán de demostrar que su existencia es necesaria, cuando es la contingencia misma de la aparición del hombre en la tierra, los llamaré ruines». O cuando se apuesta por el futuro bajo el lema «el hombre no nace, se hace». La misma pasión intelectual que afirma: «Al querer la libertad descubrimos que ella depende enteramente de la libertad de los demás». Pero luego Sartre se acerca al Partido Comunista, sin importarle lo implacables que son sus dirigentes en su empeño de situar los intereses de la Kominform —creada en septiembre de 1947 para sustituir a la Komintern— a la hora de dirigir el mundo hacia las ideas bolcheviques de Andréi Zhdánov, cuyo hijo estaba casado con la hija de Stalin. La noticia de que Europa se dividía en dos partes, oriental y occidental, conforme al plan diseñado por Churchill y Stalin en Moscú en octubre de 1944, no le amedrenta en la aceptación del comunismo. La queja sobre la actitud sartriana llega del otro lado del Telón de Acero, como expone la película *Cenizas y diamantes* de Andrzej Wajda de 1958, aunque ambientada en la Polonia de 1945, el mundo olvidado por la izquierda europea.

Kerouac es diferente: busca el modo de sacar a Occidente del pozo de la enfermiza cultura del *prêt-à-porter* aplicada a la creación artística y literaria, el modelo de la insoportable levedad que abarca desde el swing al chicle, desde las canciones de Bing Crosby a los cigarrillos Camel; e intenta abrir vías neuronales en el cerebro de la gente aturdida por los efectos de la guerra, convencer a una generación de que no se deje llevar por el consumismo. El mensaje tarda en ser aceptado en París, Londres o Berlín, porque los jóvenes europeos recelan del *dumping* americano, a pesar de que Kerouac tiene muchos argumentos para seducirles: el gusto por el jazz, esa música afroamericana de quienes llaman «gran manzana» a Manhattan; la forma de vestir alejada del traje ejecutivo de camisa blanca y corbata; el rechazo de los entretenimientos culturales *diver*; la mixtura de dolor y de humildad del marinero como lo había sido Jack London; la apuesta por el budismo; la rebeldía divinal que le acerca al espíritu de la película *El mago de Oz*, motivo por el cual sus amigos le llamaban el Mago de Ozone Park.

LA MUERTE DE VIRGILIO Y OTRAS MUERTES MENOS FAMOSAS

¿Existencialista o *beatnik*? Ambos conceptos son novísimos: signos de la poderosa creatividad de los años en los que se descubre la tristeza de un horizonte cerrado en salas sin alma, sórdidas, iluminadas por lámparas fluorescentes, irrespirables. Bueno, vayamos a la sustancia de una vez, leamos la obra maestra de Hermann Broch *La muerte de Virgilio*, publicada en 1945, relato sobre el repliegue del individuo en sí mismo, donde la libertad es incompatible con el universo totalitario. Se trata por tanto de la muerte del individuo por la censura o el control ideológico en un mundo que se ha vuelto fantasmagórico por el peso de la jerga de la autenticidad, decía Theodor Adorno, con un pensamiento alejado del conocimiento de la realidad, rebajado a ser pura farsa, ese momento de peligro en el que la política es un mero juego para «razonar» el dominio del partido sobre los individuos que lo componen. En esta situación hay que situar la novela de Broch, un relato angustiado hasta un punto poco habitual; desde luego, es una novela que se enfrenta a la catástrofe de esos años, aunque la catástrofe aquí no sea la guerra, sino la ideología surgida para explicarla.

Veamos lo sucedido antes de que a alguien se le ocurra relegarlo a un rincón seguro de los estudios académicos sobre la posguerra, a una estrategia intelectual *woke* desprovista de tensión. En el bienio 1947-1948, *comprender* implica diversos cánones intelectuales que resumiré en cuatro principales: primero, implica la aceptación de los campos de castigo soviéticos como efecto de la dialéctica de la historia, decía Merleau-Ponty, con sus extremos de virtud y aberración, sacrificio y autismo moral, con Stalin de icono; segundo, implica la aceptación tácita de los juicios de escarmiento y de las purgas que llevaron a lo que Marc Hillel denomina la masacre de los supervivientes, como variables obligadas para explorar la gama de talantes y conductas inasibles a la doctrina progresista; tercero, significa el reconocimiento de la culpa por los acusados, lo que permite que personajes de gran valor literario como Louis Aragon contemplen en positivo la persecución al disidente que los partidos comunistas realizaban como medida de salud pública; y cuarto, significa negarle al individuo la responsabilidad en la batalla cultural, que queda ajustada a lo decidido por el partido, el único capaz de expresar sin temor el conflicto entre idealismos de diverso signo. Al mundo que está por llegar responde la novela de Broch, y desde esa perspectiva, halla un motivo para hacer responsable al individuo de cambiar la historia. Ante lo cual no cabe otra opción que dirigirse a la lectura del mito de Fausto propuesta por Thomas Mann en esos mismos años. Es una lectura tan precisa de lo que estaba por venir que aún hoy es preciso valorar el esfuerzo del gran novelista por encontrar una imagen adecuada a la crisis existencial de posguerra escrita lejos de Europa, en California, como si con ella tratase aún de responder a la inquietante pregunta hecha por Heidegger cuando se le invitó a ir a Berlín: ¿Por qué nos quedamos en la provincia? Y la respuesta que dio, altamente poética y casi mágica: «Cuando en la profunda noche de invierno se desencadena una fuerte cellisca que sacude la cabaña, cubriéndolo y envolviéndolo todo, entonces es el alto instante de la filosofía. Sus preguntas tienen que ser entonces sencillas y esenciales».

FAUSTO VA DE CAMINO, ESTA VEZ DE LA MANO DE THOMAS MANN

En 1947, Thomas Mann publica *Doktor Faustus*, una mixtura basada en el sufrimiento, el arrebato sexual y las fuerzas demoniacas de la música que marcan la vida del compositor alemán Adrian Leverkühn según la cuenta su amigo, el profesor de lenguas clásicas Serenus Zeitblom.

Mann se enfrenta así a un instante extraordinario, incomparable e irrepetible de lo que llamamos música clásica, o, para expresarlo de una forma sencilla, escribe una novela sobre la sustancia de la música más comprometida con la historia reciente que forja el dodecafonismo. Esta indicación parece suficiente para decir por el momento que a Mann la inspiración de aleccionarnos le llega a través de la música, quizá debido a las conversaciones mantenidas con el filósofo Theodor W. Adorno en su casa de California sobre el pesaroso camino de lo que se entiende como el final de la música alemana, porque lo que le sucede a su protagonista no es más que un encuentro con el diablo, que le ofrece encontrar el modo de salir de la decadencia de la forma a cambio de cederle el alma. Enlace con el *Fausto* de Goethe, aunque aquí el protagonista Adrian Leverkühn (en el que algunos creen ver la figura de Arnold Schönberg) compone con los ojos puestos en el proceder de su nación, por lo que el acuerdo afecta al modo de entender la sociedad alemana de los años treinta, que hace creer al mundo en la existencia de una raza superior. En fin, la novela funciona. Se convierte en un clásico de la literatura de posguerra; Mann, en vez de profundizar en el curso de los acontecimientos, describe a un hombre que se pasea por la vida con la sensación de que nada de ella le concierne, trasmitiendo a todos su gélida desafección.

¿En qué descansa esa actitud? ¿Acaso en las fuerzas políticas dominantes en Alemania entre 1933-1945? Los detalles deslizados en medio del armazón biográfico son la prueba de una irreparable angustia personal: «Basta tratar de pueblo a la multitud para disponerla a actos de agresiva maldad». En ese sucio y pringoso escenario, con la muerte de fondo, Mann es capaz de detenerse unos instantes en una pequeña anécdota, porque cualquier narrador sabe que en algún momento es conveniente intercalar un ligero respiro, algún episodio ejemplificador, que en este caso es el relato de lo ocurrido en Weimar con un general americano que, tras liberar el campo de concentración de Buchenwald, obligó a todos los ciudadanos a desfilar por su interior y contemplar las huellas de las atrocidades allí acaecidas.

¿En qué catarsis piensa Thomas Mann cuando escribe esto? ¿En la ilusión de que un castigo justo impedirá que se repita un suceso de esa naturaleza? Quizá. En cualquier caso, lo menos que puede decirse es que estamos ante una novela inolvidable en su desmesura y admirable en su lucidez moral. Aquí radica su carácter polémico. Nadie duda de los horrores que asumió el protagonista para llegar a ser el gran músico que deseaba ser, horrores sustancialmente objetivados hoy día. Pero ¿qué se diría ahora sobre esa misma situación? Si la belleza ha desaparecido por el empuje de lo feo y la música es mala, ¿podemos sorprendernos de que nos hayan robado el alma? Birlado, dice Fausto en la versión de Goethe: ese es el toque de humor de la tragedia. Hablamos como los que nos roban las ideas. Y nos gusta, al menos no ponemos obstáculos. Mann trata de corregir la sensación de vértigo que se siente al leer a Goethe, donde Mefistófeles es el héroe y cuya voluntad debe hacerse. Conclusión práctica: es imposible recuperar la cultura europea sin contar con un nuevo Fausto. Buena noticia.

El compromiso de recuperar a Fausto como mito europeo cuenta en esos años con autores de teatro capaces de ofrecer nuevas ilusiones, aunque a veces se pasen de la raya: Eugène Ionesco, Samuel Beckett, Antonin Artaud o Harold Pinter. Para todos ellos, la crisis de la posguerra no es una catástrofe, sino una *catarsis*, y lo creen al modo hegeliano, como había enseñado Alexandre Kojève ya que sobre los recuerdos de la crueldad y de la muerte vividos años antes florecerá la vida. Preparándose a narrar las vicisitudes del *absurdo*, es decir, la antítesis de la razón, encuentran las fórmulas para reactivar la vida social e individual. Y preparan el camino para que los estudiosos del pasado se permitan el lujo de hacer historia. Lucien Febvre está atento. De modo que de las cosas acontecidas en la guerra no hay que entristecerse, más bien sacar de ellas alegría. Es como las fatigas de Chantal, el personaje creado por Georges Bernanos en *La alegría* y del que se habló mucho ante la agonía del escritor (murió en 1948): por esas fatigas el mundo se hizo mejor de lo que hubiera sido sin ellas.

LA *CARTA SOBRE EL HUMANISMO* Y LA VERACIDAD

Desconfianza inconsciente es lo que siente la sociedad hacia 1948. Un libro de culto, escrito quince años antes, en 1933, pero reeditado ese año, empuja a los europeos a un cambio de conciencia sobre el valor de la educación para salir de la crisis. El libro lleva por título *Paideia*. Su autor Werner Jaeger.

El mundo infantil surge como uno de los temas principales en unos años en que los niños andaban errantes por los suburbios dudando de que su futuro se vinculara a la formación escolar. Eso provocó que algunas figuras clave en los años del desierto nazi en Alemania tuvieran la responsabilidad de asumir la corrección política de la posguerra a la hora de definir el momento presente. Lo hizo Martin Heidegger en una carta dirigida a su colega Jean Beaufret de París en 1946, publicada unos años después por la editorial Francke de Berna con el título *Carta sobre el humanismo* (el efecto más impactante en España se debió a la traducción que en 1959 hizo Jesús Aguirre para los Cuadernos Taurus, núm. 21).

Heidegger se presenta como una especie de fetiche del ser-auténtico, una de sus imágenes preferidas de sí mismo, y concede a su interlocutor, el filósofo francés Jean Beaufret, antiguo miembro de la resistencia, amigo de Paul Éluard, André Breton y Paul Valéry, y cercano a Merleau-Ponty, la clave para entender la textura de la filosofía, que los símbolos estaban llenos de significado y los argumentos no quedan apresados en la ideología de los partidos políticos, de modo que pudiera afrontar lo que le es propio, el ilimitado sentimiento del preguntar. Y así, al comienzo mismo de la carta, escribe:

> Estamos muy lejos de pensar la esencia del actuar de modo suficientemente decisivo. Sólo se conoce el actuar como la producción de un efecto, cuya realidad se estima en función de su utilidad. Pero la esencia del actuar es el llevar a cabo. Llevar a cabo significa desplegar algo en la plenitud de su esencia, guiar hacia ella, *producere*. Por eso, en realidad sólo se puede llevar a cabo lo que ya es. Ahora bien, lo que ante todo «es» es el ser. El pensar lleva a cabo la relación del ser con la esencia del hombre. No hace ni produce esta relación. El pensar se limita a ofrecérsela al ser como aquello que a él mismo le ha sido dado por el ser. Este ofrecer consiste en que en el pensar el ser llega al lenguaje. El lenguaje es la casa del ser. En su morada habita el hombre. Los pensadores y poetas son los guardianes de esa morada.

Esta confesión culmina en una ensoñación metafísica que en 1946 le permite a Heidegger indicar a Beaufret que deje los temores, propios de la Vieja Europa, y que afronte el modo de pensar que lleva a la puerta de una extraordinaria apertura del ser en su contexto. He aquí otra vez la razón del pensar. En su universo se percibe lo auténtico. Es el sueño iniciado por Platón y que Heidegger entiende que él culmina, ya que «el pensar mismo vale como una τέκνη, esto es, como el procedimiento de la reflexión al servicio del hacer y fabricar».

Esta confesión señala el fin de la posición privilegiada del filósofo (a la que ha tenido acceso por su dominio de la palabra) y conduce a fijar de nuevo su papel en la sociedad. Un eco de todo esto lo encuentro en las conversaciones que Raymond Klibansky mantuvo con Georges Leroux a propósito de su peregrinaje académico desde que salió de Alemania hasta llegar a Montreal, donde quedó siempre de manifiesto la autenticidad de los compromisos con respecto a los desafíos de nuestra época relativos a la paz y la tolerancia, masacradas por las ideologías totalitarias. Durante la conversación, Leroux consigue que Klibansky se sienta protagonista de su propia obra, desde los estudios sobre la melancolía hasta los últimos seminarios en la McGill sobre el *Timeo* de Platón, y de ese modo le lleva al punto en el que la confesión es una liberación:

> Durante la guerra, sólo podía constatar, sugerir en algunos casos una acción, alertar a las autoridades. Pero ¡cuán limitado es el poder de un individuo! Entonces uno se pregunta: ¿por qué todo esto? Si identifica acción con la búsqueda de lo que es bueno, ¿por qué está búsqueda es tan importante? Uno se pregunta cómo es posible tanta desgracia en un mundo ordenado. La realidad es así. No debemos engañarnos: hay que tener eso que Nietzsche llama *Wahrhaftigkeit*, la veracidad, la capacidad de darse cuenta de la situación.

Y Leroux le apostilla: ¿la lucidez? A lo que Klibansky, tras una pausa, responde: «Sí, la lucidez. Pero sin que conduzca al nihilismo». ¡Ah! Aquí un viejo filósofo razona la verdad de las cosas: «La historia está llena de ejemplos que demuestran que la acción de un individuo, su personalidad, ha cambiado alguna cosa». Una vez que la veracidad queda expuesta, se introduce de nuevo en la batalla cultural tal como estaba definida en ese año de 1948: los acontecimientos mundiales de la posguerra son la ventisca para cambiar de civilización.

Retorno a Heidegger. A quien algunos ven como parte de un plan de la derecha para destruir el orden internacional tal como se acordó en la reunión de Yalta y sustituirlo por el dominio de la fuerza estadounidense en todo el mundo. Muchos lo creen; aquí se percibe el origen del debate, pues *Carta sobre el humanismo* es un texto filosófico lleno de angustia por el presente. La guerra ha cambiado el mundo y ya no existe la misma relación que existía antes de junio de 1940. «Así las cosas, ¿se puede llamar "irracionalismo" al esfuerzo por reconducir al pensar a su elemento?». Está claro que es la historia quien informa a Heidegger de lo que el lector de su *Carta* ha empezado a sospechar. Los modos de afrontar la historia en 1948. Aquí está la clave del asunto. Es la misma situación que se encontró Platón al saber que su mundo vital se lo explicarían Tucídides y Jenofonte, y no los imaginarios personajes de sus *Diálogos*. A Heidegger, y por supuesto a Beaufret y sus amigos de París, lo harían tres grandes historiadores que emergieron en ese año de 1948 para dejar las cosas claras. Vamos a ellos.

EL OTRO TERCER HOMBRE, LA GENEALOGÍA, LA HISTORIA

1948 fue particularmente inclemente en Viena, donde había más trueque entre personas que economía monetaria, pues el nuevo chelín aún no se había estabilizado: no lo haría hasta 1950 al fijar su cambio con el dólar americano. Es el ambiente recreado por Graham Greene en el guion de la película que Alexander Korda había pensado y puso bajo la dirección de Carol Reed, con Orson Welles de protagonista, y que en paralelo dio lugar a la novela *El tercer hombre*. Tanto la película como la novela son una magnífica metáfora de un acontecimiento trágico para millones de antiguos prisioneros de guerra y de desertores que anduvieron vagando por la Europa ocupada durante meses, como el personaje femenino, en la película interpretado con hermosa altivez por Alida Valli, y que no dudaron en ponerse en contacto con los que se habían dado a la vida delictiva para sobrevivir a una posguerra de pesadilla. El horror presidia la vida cotidiana de los europeos; ya lo decía Rainer Maria Rilke: «En el torso arcaico de Apolo no hay lugar alguno que no te vea».

La visión de un mundo que declina estuvo cubierta por un devastador despertar de la conciencia crítica sobre el pasado. En Viena, tres estudiosos de la Edad Media coinciden en afirmar que la Vieja Europa aún tenía futuro en caso de que se entendiera la necesidad de hacer historia. Estos tres historiadores son Hans Sedlmayr, Friedrich Heer y Otto Brunner.

Hans Sedlmayr quedó impresionado por las conferencias de Max Dvořák en 1920 y decidió hacer historia (del arte), aunque eso no evitó su adhesión al régimen nazi y su alejamiento de su colega Otto Pächt. Es la confusión de un corazón inquieto, incapaz de ver el terror que anida en el juego de sus nuevos amigos. En el bienio 1947-1948 avanza en la purificación del alma escribiendo lo que será su obra más notable: *Die Entstehung der Kathedrale,* publicada en 1950 por la editorial Atlantis de Zúrich, donde afronta el sentido del arte gótico en la construcción de Europa mientras se prepara para la aceptación del destino de quien no puede olvidar que una vez eligió el camino equivocado de la historia. El dolor que emana de ese trabajo responde a la melancolía, tal como la analizó Sigmund Freud, que desarraiga en él los apetitos irracionales, los que le llevaron a acercarse al nazismo, conduciendo su alma a la paz. En ese aspecto, como un hombre forjado en la imprevisible confusión de los dos bandos en pugna por definir el arte en Europa, el acento cae sobre el afán de pureza cuando la lucha por el ornamento se valora, según decía Adolf Loos, como un combate contra el delito estético de la exuberancia formal. La de Sedlmayr es la melancolía del purista que atiende a la historia de cada estilo artístico y que no se siente satisfecho, pues hubiera querido perder su mirada sobre aquella gran extensión de formas solemnes, que le hablan pero que escapan a sus ojos. Las restauraciones arruinan los edificios, como arruinado está el poder de quien tiene el conocimiento para evitar esos ataques a las formas del pasado. ¿De quién es la culpa? En un escrito, inserto en el ensayo *La revolución del arte moderno*, Sedlmayr responde por boca de su inspirador, el filósofo Schelling:

> El verdadero futuro sólo puede ser el resultado común del poder destructor y del poder conservador. Precisamente por eso no son los espíritus débiles, esos que quedan a merced del evangelio de cualquier época nueva, sino los fuertes, los que, al mismo tiempo, todavía se aferran al pasado, los que son capaces de proporcionarnos el verdadero futuro.

La historia como verdadera responsable.

Friedrich Heer se hizo notable primero en Viena y luego en el resto de Europa —antes de que Sedlmayr escribiera su obra sobre la catedral— por proponer una lectura del pasado basada en el modo de Tito Livio con el fin de conducir el debate al punto de partida, al origen, como si se tratase de un trabajo de genealogía. En 1949 publicó en Viena y Zúrich el gran libro, *Aufgang Europas*, redactado entre 1937 y 1939, y revisado en 1946, muy actual en el año de su publicación, pues se ve de inmediato que es la obra de un individuo paralizado en la mirilla del mundo.

Heer arranca en el siglo XII, época abierta en contraste con la época cerrada de los siglos XIV y XV, pero en la elección del estudio del pasado ve sobre todo un capítulo de historia de la cultura alemana, incapaz de darse cuenta de que su razón de ser consiste en comprender por qué dejó que sus grandes valores quedaran reducidos a mitos y leyendas románticas (y modernistas). Para él, las crisis culturales de la Edad Media no tienen un carácter catastrófico; en la historia de los *Minnesänger*, los poetas que resumían el valor de la cortesía, ante la muerte volvía a florecer el amor a la vida, como decía Walther von der Vogelweide. Preparándose para narrar las vicisitudes de lo que se espera en el futuro de Europa, Heer declara: «Quien se enfrenta con la crisis y las catástrofes, los temores y las esperanzas de nuestra época, se ocupa, lo sepa o no, de procesos cuyos comienzos y fuentes se encuentran directa o indirectamente en el siglo XII europeo». Y de esa postura surge una reflexión en forma de consuelo en la línea de Boecio, cuya *De la consolación por la filosofía* es un faro. Si Europa, en el siglo XII, sufrió adversidades, al final salió vencedora sobre los enemigos, y en su futuro florecieron ciudades espléndidas de grandes riquezas y de gran autoridad: su gloria y poder se extendieron por el ancho mundo. Y sus fatigas la hicieron más ilustre que si no las hubiera tenido. Lo mismo vale para el siglo XX. He aquí la tesis de Heer sobre base histórica.

El agotamiento de Europa en 1948 le parecía, por tanto, una crisis vivida con anterioridad, allá por 1177, cuando se planteó cómo debía ser el futuro para superar la vacilación de la Tercera Cruzada, que sólo conducía al fin de una civilización incapaz de entender la complejidad del mundo mediterráneo. Había en este *Aufgang* de Europa dudas de qué hacer con la cultura cortés (impulsora de la novela, la poesía, la filosofía), sostenida por grandes príncipes contra el terror inquisitorial creado por la Iglesia, que dio lugar a la cruenta persecución de valdenses, cátaros y otros movimientos espirituales a los que se calificó de herejes.

Para Heer, los innovadores y los conservadores del siglo XII, como los de 1948, se definen por la actitud ante el futuro, un pensamiento que apresa sobria y audazmente a la naturaleza, el mundo y el hombre. Aquí la fecha de 1113 está en función, naturalmente, de la llegada a París de Pedro Abelardo como maestro libre y con un impresionante éxito entre los estudiantes que acuden de todas partes, y que se puso de relieve en las páginas que cambian el debate de ideas: *Sic et Non*. Momento sin parangón donde el pensamiento dialéctico penetra como un escalpelo en las confusiones y oscuridades de las viejas autoridades y donde un maestro de escuela catedralicia compone canciones de amor a la vez que se enamora de su discípula más aventajada, llamada Eloísa, con la que mantendría una apasionada correspondencia cuando ella era ya abadesa del monasterio del Paráclito. Por lo demás, Heer asimiló el espíritu de Martin Grabmann, su autor predilecto. Y como para Johan Huizinga y para Étienne Gilson, también para él la llamada de Abelardo a la juventud de Europa y a la mujer es una apuesta por una nueva humanidad capaz de pensar más audazmente y de amar más apasionadamente. Sus fórmulas, defendidas en los concilios que se levantaron contra él por su gran adversario san Bernardo de Claraval son claras: el futuro de la cultura intelectual de Europa: *diversa, non adversa*. Aquí reposa su imperativo moral: la diversidad no debe significar nunca hostilidad.

La nueva sensibilidad respecto al siglo XII que propone Heer, y a la que fue sensible el reputado historiador británico Geoffrey Barraclough, tuvo como consecuencia la caída definitiva de un mito, que desde hacía tiempo era atacado por varias partes: el *Dark Ages* aplicado a esa época. Desde que Henry Adams publicara *Mont Saint Michel y Chartres*, y luego con Karl Vossler, en el ambiente de los estudios medievales avanzados se formulan dudas sobre la validez del calificativo «era oscura» aplicada a la Edad Media, y en 1948, gracias a Heer, esa leyenda debió desaparecer, aunque no lo hizo por el ambiente cercano a Herbert Grundmann y a las propuestas al gusto soviético de Nina Sidorova y Eugenia Goutnova.

Naturalmente, todo esto lleva al tercer hombre que, hacia 1948, trataba de definir en Viena el peso de la Edad Media en la construcción de Europa tras la Segunda Guerra Mundial. Se llama Otto Brunner y a lo largo de toda su vida se le exigió responder sobre su cercanía, o quizá incluso simpatía, por el nazismo: para Brunner, el verdadero espíritu europeo reposa en el binomio *Land und Herrschaft* («tierra y señorío»), que usó de título para su famoso libro de 1939, donde señala que una región histórica es culturalmente ajena a la idea imperial, sobre todo carolingia, que es una creación pontificia (hay aquí algo del viejo Lorenzo Valla contra el poder de la Iglesia forjada por Constantino el Grande en 313). Así establece una perspectiva histórico-jurídica nueva y, lo que es más importante, unida a las teorías del derecho que en esos años promovía Carl Schmitt, miembro del partido nazi. La tierra como efecto de un poder orgánico, culturalmente complejo, basado en la lengua y el sentimiento de un pueblo elegido.

Si en 1939 formuló una teoría histórica que se ajustaba bien a la formación del imperio de Hitler, y por añadidura a la idea de la anexión de Austria —lo que le puso en contra de Heer, que arrastra la batalla cultural sobre las conexiones del Vaticano en la formación de una nueva Europa—, en 1949 Brunner publica un libro ampliamente aclamado *Adeliges Landleben und Europäischer Geist* («La vida rural noble y el espíritu europeo»). Esta original biografía del noble austriaco del siglo XVII Wolf Helmhard von Hohberg fue un libro de culto para muchos estudiosos de Europa, una guía histórica de juristas, los cuales, a través del descubrimiento de la mentalidad de los hacendados agrícolas llegan a demostrar de qué modo la nobleza europea se alejó voluntariamente de la jurisprudencia clásica. Las investigaciones de los medievalistas alemanes Karl Bosl, Walter Schlesinger, Theodor Schieder y Werner Conze, Heinrich Mitteis entre los destacados, se orientan a resolver el problema de las raíces de Europa a partir de una lectura crítica de los trabajos de ese «otro tercer hombre de Viena», Otto Brunner, cuyas ideas conectan con la *Kulturkampf* del canciller Bismarck contra el empuje católico que en Austria representaban Sedlmayr y Heer. Cabía la posibilidad de dejar que la ética aristocrática de la Edad Media fuera lo que era: una ética de una clase social dedicada al control de la tierra y al uso de las armas; pero, al ser el argumento de la batalla cultural forjada en la Ilustración bajo el epíteto de feudalismo y feudalidad, se cubrió de ideología política, y ahí sigue.

Esa actitud se acentuó cuando František Graus, el historiador checo afincado en Basilea desde 1968, indagó sobre el residuo de la ideología nazi presente en las obras de estos historiadores. Pero ¿cómo escribir sobre eso? Enseguida se presentaron voluntarios. Uno de los más duros fue el medievalista israelí Gadi Algazi, profesor en la Universidad de Tel Aviv, al llevar a cabo un análisis largo y meticuloso. Según Algazi, la ideología nazi que despiden los estudios de Brunner fue sentida en el curso de una lucha que de la vileza conduce a la teoría social y de esta a la práctica jurídica, regresando de nuevo a las ideas supremacistas sobre raza, lengua y territorio. Este es nuestro «otro tercer hombre de Viena», pese a que su figura languidece hoy en los seminarios de ciencia jurídica más que en los de historia medieval y moderna.

A VUELTAS CON LOS ORÍGENES DEL CAPITALISMO. DE POLANYI A DOBB

Hacer historia se consolida en la trágica vida de los centroeuropeos que tras la guerra se marchan lejos de sus países de origen. Es el caso de Karl Polanyi, uno de sus más ilustres exiliados austriacos —aunque era húngaro de familia judía— convencido de que hay aún mucho trabajo por delante para entender la historia mundial, la economía política y la antropología. En su libro *La gran transformación* analiza los cambios sociales que conducen al capitalismo, ofreciendo un punto de vista renovado al relato liberal y al marxista sobre las formas económicas anteriores al triunfo de la red de distribución capitalista, casi invisible para los historiadores y centrado en el estudio del lujo como impulso básico del paso del dinero al capital.

La imagen de la Europa en paz entre 1815 y 1870 es considerada por Polanyi como una pantalla para eludir la responsabilidad europea en la formación del colonialismo como una forma de explotación económica de las materias primas de los países subdesarrollados, pero también como una despiadada intimidación cultural sobre cualquier pensamiento que no encaje en la mercantilización y cosificación de los trabajadores de las colonias, incluido el denigrante comercio de esclavos de África a América. De este modo, insiste en el sesgo sistémicamente extraeconómico de los efectos del mercado, incluso en el liberalismo, que predicaba lo contrario. Y cierra el libro con una afirmación polémica, teñida de melancolía por el mobiliario *Wiener Werkstätte*:

> El sistema internacional de intercambios monetarios a través del patrón oro había conducido paradójicamente a un intervencionismo estatal en la conservación del mercado en políticas como el colonialismo exterior, el proteccionismo interior, la represión de los ciudadanos contrarios a los ajustes mercantiles que se sucedieron a lo largo del siglo XIX y primer tercio del XX, y por fin a la aparición de regímenes, como el fascismo y el nazismo, que facilitaron la reproducción del capitalismo por vías extraeconómicas a costa de la eliminación de la democracia.

El debate sobre sus evidencias no se hizo esperar; también el recurso al olvido. El caso de Polanyi muestra de nuevo que es difícil aproximarse al pasado. Pese a haber elaborado con meticulosidad todo lo que se espera de un análisis del capitalismo que se apoya en el colonialismo, desmontándolo pieza a pieza con tanto rigor como neutralidad. Es un gran ensayo para entender lo que está detrás de él: un poder político dividido en dos esferas de influencia, la capitalista en Occidente bajo el paraguas de Estados Unidos, la marxista en Oriente bajo el control de los bolcheviques de la Unión Soviética.

A principios de los años cincuenta, Polanyi insiste con un nuevo trabajo en que «la economía humana está sumergida por lo general en las relaciones sociales de los hombres», habida cuenta de que «las actividades productivas y distributivas hasta el siglo XVIII habían estado incrustadas (él escribe *embedded*) en instituciones sociales no fundadas en el beneficio comercial». Con esa idea entra en conflicto directo con el sistema políticamente correcto que se iba imponiendo en el estudio sobre las etapas del capitalismo, pues aparte del orgullo de haber situado el estudio sobre la economía en el territorio de la psicología de las emociones, los críticos boicotearon sus trabajos y llegaron a decir de forma incorrecta que era la voz de la extrema derecha. Tras acuñar su concepto estrella de *embedded* para entender la economía, recibió observaciones aparentemente juiciosas pero algo neuróticas, cuyo punto de vista sobre la formación del capitalismo seguía a pies juntillas la línea de Karl Marx en el estudio de la acumulación originaria. Se me ocurre pensar que la dificultad de entender a Polanyi es bastante parecida a la dificultad de entender la música vienesa de doce tonos, ejemplificada por otro exiliado ilustre de Viena, también judío: Arnold Schönberg.

El nacimiento del capitalismo era por tanto un asunto que iba más allá de ser un tema de economistas: había un trasfondo cultural a debatir. La Kominform, señala Lilly Marcou, no podía permitir que fuese Polanyi quien guiara los debates. Olvida muchas cosas, se decía en los ambientes académicos próximos a la antropología económica de Melville Herskovits, y el argumento se aprovechó para lanzar un libro que marcó el comienzo de los debates académicos sobre el origen y el desarrollo del capitalismo.

El libro en cuestión es *Estudios sobre el desarrollo del capitalismo* y su autor, el profesor Maurice Dobb, miembro activo del Partido Comunista de Inglaterra desde 1920. En cuestión de pocos meses (he aquí el peso de los *apparátchiks* de la esfera soviética) se convirtió en el paradigma del materialismo histórico al sostener en pleno debate sobre los pasos a dar para el crecimiento económico tras la Segunda Guerra Mundial que: «El mundo se desgarra por la lucha que las masas desposeídas sostienen contra las fuerzas atrincheradas del capital monopolista: si la verdad ha de buscarse en la práctica y si esta ha de inspirarla, el economista no puede permanecer indiferente a semejantes problemas ni como economista ni como ciudadano».

A decir verdad, nadie puede discutir que la prosperidad se basaba en el sostenimiento de unos salarios cada vez más altos que enervaban a los militantes de la clase obrera, ni que fue acompañada por la irrupción de cambios profundos en la vida cotidiana de la gente, tales como, por ejemplo, la difusión de la televisión o del automóvil utilitario, por no citar las vacaciones pagadas y el gusto por viajar a tierras exóticas o a playas de fina arena. Eso fue así y ¿quién, que tenga corazón, puede negarlo? Pero, en general, sabemos que esas cosas empezaron a ser apreciadas como señales de un bienestar, tanto que de ellas se deducen las razones de la distancia entre el Occidente capitalista y el Oriente comunista (principalmente soviético). Porque la prosperidad incidió sobre todo en las personas que la criticaban.

Los profesores de la universidad son un buen ejemplo; los periodistas culturales también, y por supuesto los productores de televisión. La élite se volvió a la historia para condenar el capitalismo, ya que era difícil hacerlo con un relato que negara el presente marcado por un futuro prometedor (y que fue real al menos hasta 1989). Consistía en debatirlo todo con un poco de Marx y un poco de Freud. Y así esperar otro momento en que pudiera plantearse de nuevo la vía soviética al desarrollo. De esta forma el tema del paso del feudalismo de la Edad Media al capitalismo de la Edad Moderna se situó en el centro del interés de los profesores que se unieron en una sala para darle vida a una revista a la que llamaron *Past & Present*.

En 1948, cuando hervía la polémica marxista sobre los *Grundrisse* de Marx, Rodney Hilton, un sólido medievalista que alcanzó renombre con un libro sobre la revolución inglesa de 1381, defiende «las precondiciones medievales para el desarrollo del capitalismo» contra el economista marxista pero alejado del Partido Comunista Paul Sweezy, que le niega a Dobb y a Hilton el conocimiento de economía suficiente para afrontar el problema. Dobb respondió serenamente: si se situaban las fuerzas productivas por encima de las relaciones de producción se corría el riesgo de loar el valor de la acumulación originaria (capítulo XXIV del tomo primero de *El capital* de Marx) antes que las cuotas de ganancia y la plusvalía (capítulo III del tomo tercero de *El capital* de Marx). En fin, el debate se desliza hacia una lectura proyectiva del pasado propia de la mentalidad de campamento de verano de las universidades provincianas. Los profesores reunían a un grupo de fieles para explicarles economía campesina del siglo XIV parapetados tras una poderosa red de teorías marxistas que ellos consideraban el *dernier cri.*

Añadiré un punto importante a esta batalla cultural soportada por la revista *Science and Society*: los medievalistas amigos de Dobb (Hilton a la cabeza), que defendían las precondiciones del capitalismo en la Edad Media, abren un nuevo capítulo de la metodología histórica. Para ellos, el excedente topaba con un serio problema, digámoslo así, cronológico; su inicio fue tema central en las investigaciones del gran historiador italiano afincado en la Universidad de Yale Roberto Sabatino López.

López vio una posibilidad de valuación positiva del capital comercial en los ambientes mercantiles del Mediterráneo occidental a finales del siglo XI. En la búsqueda de plusvalía de los viajes de la Primera Cruzada se habían encontrado motivos para hablar de una forma de acumulación de capital-dinero que Marx sólo había detectado a finales del siglo XVIII. En la relación, generosamente detallada, de las raíces de la práctica de la *mercatura* que culmina en la obra del genovés Benedetto Zaccaria, López podía sentir que una lucha eterna impone a los Estados el uso del dinero: es un momento fatal que se extendió muchas veces en la historia europea y que volvía a ser el verdadero desafío en 1948. El fenómeno histórico del capital-dinero se sobrepone a la certeza marxista de que sólo hay capitalismo cuando se impone la renta absoluta sobre la mercancía. Así, de la ecuación M-D-M se pasaba a la D-M-D.

Las dos ideas antitéticas —capitalismo como forma de expresión del capital-dinero creado por la revolución comercial en el siglo XI y capitalismo como expresión de una renta absoluta que condiciona no sólo las fuerzas productivas, sino también las relaciones de producción— crean dos modos de lectura del pasado desde 1948 a 1989. Y fue así a pesar de Fernand Braudel, o más bien a causa de él.

Fernand Braudel, el más ilustre historiador francés del siglo XX (un Jean Bodin de nuestra época) pronunció la lección inaugural del Collège de France el 1 de diciembre de 1950. En ella fijó el tiempo de la estructura económica y el tiempo de los intercambios comerciales. Luego, tras las páginas célebres sobre la *longue durée* está toda la elaboración de la Escuela de los Annales de la forma de *Faire de l'histoire*. La sombra del futuro se concentró en el año 1949, cuando publicó el monumental libro *El Mediterráneo y el mundo mediterráneo en la época de Felipe II*. Habría otros años, otros momentos.

Así, la segunda mitad del siglo XX, con su formación cultural arraigada en las tradiciones historiográficas de las vanguardias de los años veinte, creyó que había llegado el momento de entrar en la indagación sobre el curso de los acontecimientos el inalcanzable secreto de los momentos claves en los que se transforma un sistema económico. De nuevo el paso del feudalismo al capitalismo fue la clave de bóveda de un intenso debate, pero se enredó muy pronto en la maraña de la doctrina bolchevique, que necesitaba tiempo para imponer su método en los campos universitarios de Occidente. Así, cuando la tensión política fue máxima, en Berlín en 1948, en Budapest en 1956, en Praga en 1968, el debate sobre el paso del feudalismo al capitalismo pasó a ser uno de esos ejemplos de un tiempo perdido en busca de ideas sin fundamento, que primero envejecieron mal en la academia, luego fueron a menos y finalmente desaparecieron.

Con esta sensación que muchos tuvieron desde el principio y otros, como me ocurrió a mí, identificaron como una argucia para el ascenso administrativo, la Escuela de los Annales, con Lucien Febvre aún vivo, proyectó la historia en el espacio inmenso que ella había hecho nuevo. No era un simple retorno a la historia cultural (la *Kulturgeschichte* alemana de entreguerras), sino que era la crecida sensibilidad por la fenomenología del nacimiento y de la muerte de los mundos humanos. La fórmula de Braudel periodiza las tendencias de fondo, esto es, la larga duración, sin prolongar artificiosamente los efectos sociales o políticos analizados.

Este trabajo exigió el esfuerzo de un historiador hoy acaso olvidado y, sin embargo, muy notable, Lev N. Gumilev, hijo de Anna Ajmátova. En su bello libro *La búsqueda de un reino imaginario* realiza sin desfallecer un análisis de la leyenda del Preste Juan a la vez que un estudio de los pueblos de la estepa, que forjaron un imperio nómada en el siglo XIII, creando la primera interconexión global de la historia, y del que brotó con una fuerza heroica la figura de Gengis Kan, personaje sobre el que gira el poder irresistible y el carácter inevitable del mundo de la estepa. Basta saber, dice Gumilev, «que con el aumento de la humedad, la vegetación se lanza al ataque, se mueve hacia el desierto desde el sur y el norte, tras la hierba siguen los solípedos salvajes, después las ovejas, las vacas, los caballos, llevando consigo a sus jinetes. Estos últimos constituyen las hordas guerreras y los poderosos estados de los nómadas». El estudio de este fenómeno medioambiental no puede hacerse en toda su amplitud, ya que los límites de la investigación superan con creces las capacidades de un historiador, pero aun así resulta tremendo pensar en el trabajo de un hombre que pasó más de veinte años en un gulag, lo más parecido a vivir de lleno una pesadilla. De ahí que Gumilev aprovecha la oportunidad para señalar:

> El momento creativo suele velarse, así el camino es más tranquilo, y el autor lleva al lector de lo conocido a lo nuevo desconocido, a través de la selección de las citas de las fuentes antiguas y de la reflexión rigurosamente lógica. Yo mismo, hasta ahora, lo he hecho precisamente así, pero esta vez, acabando ya mi trilogía de la estepa, se me ha antojado revela el secreto del oficio, puesto que en este libro no se presta tanta atención a un reino imaginario que nunca existió como al modo de entender esa admirable rama del conocimiento que es la historia.

En la inquietud producida por esta situación, algunos intelectuales comprometidos llevaron a los escenarios la angustia de la larga espera para cambiar de historia. El momento es decisivo. La propuesta contiene un mensaje empático: sorprende que exista alguien capaz de una sensibilidad tan amplia y comprensiva de los males de la época. Veámoslo.

EMBOSCARSE O ESPERAR A GODOT. DE JÜNGER A BECKETT

La confianza en la cultura europea vivía aún, en la Alemania vencida, en el ánimo de algunos escritores sobre los que caía la sospecha de ser afines al nazismo. El que más dio que hablar fue Ernst Jünger, cuya experiencia en los duros años que siguieron al fin de la Primera Guerra Mundial quedó expuesta en su primer libro, *Tempestades de acero*, unas memorias plenas de imaginación vividas intensamente en forma de drama personal donde el mundo se reduce a una ciudad sola y una patria única. Para él, la patria alemana no debía y no podía morir. De las desventuras que le sucedieron echaba la culpa al partido nazi, en esto coincidía con los aliados, incluso los comunistas, pero naturalmente por razones opuestas. Desde esta perspectiva se volvía hacia Alemania, seguro de poder sacar algo positivo de los males. Así, mientras Heinrich Böll profundizaba en las formas de vida alemanas y Uwe Johnson se esforzaba por interpretar la obra de los futuros aspirantes a gobernar el país, Ernst Jünger evocaba un viejo gesto de la santidad aristocrática germánica del siglo VII: irse al bosque, emboscarse.

Emboscarse es una idea-fósil, grandiosa y sepultada por la historia; viene acompañada de un argumento altamente polémico: emboscarse es una cuestión medular de nuestro tiempo que entraña grandes peligros. En Europa, la gente confiada que acude a la mesa electoral no renuncia a los palmoteos pomposos, a la fiesta de la democracia, la voz del pueblo. La figura del votante que se acerca a la urna estaba extendida más que en la Europa oriental dominada por la Unión Soviética, en la parte occidental. Aquí, bajo el paraguas militar estadounidense, los laboristas ingleses acababan de ganar las elecciones a los conservadores de Churchill, el héroe de la guerra; los cristianodemócratas lo habían hecho en Italia y en Alemania con Adenauer, y los republicanos del MRP en Francia con Robert Schumann y Jean Monet, oponiéndose a toda concesión respecto a los soviéticos: un contraste que refleja la enorme diferencia de mentalidad y de vida espiritual que ya separa, más fuerte que cualquier telón de acero, las dos partes de Europa.

En *La emboscadura* de Jünger domina, una vez más, el problema de las mayorías alcanzadas en unas elecciones estimadas libres, y por tanto se pregunta por el sentido de las minorías (se fija en qué hacer con un 2 por ciento de discrepantes a la norma general). Hay más: la figura del votante es vista como un testigo de una moral social de obligado cumplimiento. ¿Quién votaría «no» en una votación a favor de la libertad y en pro de la paz en el mundo? Quien lo hiciera sería un criminal, pues su gesto se acercaría al delito. Ese gesto de impiedad es para Jünger, naturalmente, el fatal abandono de los valores clásicos: los padres del Mercado Común aparecieron desde el primer momento como responsables de la ruina de las naciones y la victoria de la Unión Europea. Pero también los soviéticos y los comunistas están entre los grandes culpables de pervertir al votante. De todos modos, lo que hoy interesa y conmueve de esta *emboscadura* es la sincera y emotiva revelación de que «una de las notas características y específicas de nuestro tiempo es que en él van unidas las escenas significativas y los actores insignificantes».

La melancolía de Jünger deriva de su obstinada defensa de las viejas cosas olvidadas: pero no llega a la serenidad ni siquiera tras desvelar que junto al trabajador y al soldado desconocido se erige como tercera figura de nuestro tiempo el emboscado. Y Jünger queda así entre el Edgar Allan Poe de *Un descenso al Maelström* y el Milan Kundera de *La lentitud*.

En el mismo año de 1951 se terminaba de escribir la obra de teatro *Esperando a Godot*, de Samuel Beckett, un irlandés de recia figura que solía visitar a Joyce. Aquel contacto agrandó el horizonte que se abrió a su mirada, por el teatro del absurdo; también él sintió el letal efecto del experimentalismo, pero no se limitó a verlo como un simple reto literario.

El absurdo había sido introducido en la literatura por Ezra Pound y los simbolistas franceses; poco después fue tema de debate en los cafés de los existencialistas parisinos, y fue en ese ambiente donde decidió acabar por fin su obra de teatro y presentarla en París con la ayuda de la familia Sartre, tan interesada por estas ideas. A más de veinte años de distancia de sus primeros bocetos, la sensación de que «no hay nada que hacer» expresada por Estragón, uno de los cinco personajes de la obra, Beckett presentó la obra en un teatro de París (1953), en la infinita riqueza del dramatismo de una época donde ni siquiera había tiempo para tirarse de la Torre Eiffel. Tenía todavía los ojillos puestos en una salida airosa al conflicto entre dos mundos que no se entendían y que nunca lo harían.

TOMANDO PARTIDO

Ningún ejemplo muestra mejor lo que llegó a ser esta separación de dos mundos enfrentados por la política y alejados entre sí por la cultura que el de los dos genios musicales que se enfrentaron a la memoria del pasado, Stravinski, instalado en Nueva York, y Shostakóvich, viviendo sus mejores momentos entre Leningrado y Moscú. Uno compone para mantener el valor de la música llamada clásica en medio de la bulla de los salones, donde los jóvenes bailan al son de pegadizas melodías; otro, para llamar la atención de que el modelo cultural soviético asienta la paz mundial como objetivo último.

Decidir si Stravinski o Shostakóvich es ese nosotros enfrentado sin remedio. El que hace tomar partido, pero también el de la angustia por equivocarse de bando, el de la grave inquietud intelectual en medio de un combate por la cultura conocido como Guerra Fría. Hay un consejo habitual, pórtate bien, asume el dolor y sigue, quédate más tranquilo en la parte que te ha tocado vivir; no todo es bueno ni en un lado ni en el otro. Baste pensar en un joven de suburbio londinense que crece pensando en el porvenir de las bandas de música, o en uno de un barrio obrero de Varsovia cuyo principal objetivo es evitar a la policía política; pero también hay que pensar en un joven de Praga que está aprendiendo a valorar a Kafka o Janáček frente uno nacido en los arrabales de Palermo que ha seguido a sus padres emigrantes a una ciudad minera de Bélgica y que tiene como objetivo principal evitar a la policía que sospecha de él por sus cabellos y ojos oscuros.

Tomar partido no será fácil.

4'33" O SILENCIO

En el mundo de la música, la obra maestra de 1952 es *4'33"* de John Cage, estrenada el 29 de agosto en el Maverick Concert Hall de Nueva York con David Tudor al piano. Enseguida se produce el cuerpo a cuerpo con el futuro-pasado del comienzo de la posmodernidad, como el óleo sobre tabla de Albrecht Altdorfer sobre la batalla de Issos del año 333 a. C. lo había hecho en 1528 en la casa de recreo del duque Guillermo IV de Baviera para dar comienzo a la Edad Moderna. Firmeza, valor, lucha contra el ángel de la muerte, temblor ante el temor de lo que significa comienzo y fin. *Silencio* está ahí, pero hay que componerlo en tres pasos que son a su vez tres movimientos.

Cuando David Tudor cierra la tapa frente al piano y permanece inmóvil durante treinta segundos, sólo se escucha en la sala como un susurro: ¡vamos, hombre! Y luego toses, respiraciones intensas, ruidos de quien cambia de postura o de quien gira la cabeza buscando la complicidad de los vecinos de la fila de atrás para saber qué está pasando. Luego, se abre de nuevo la tapa para volver a cerrarse a continuación y el pianista permanece inmóvil otros dos minutos y veintitrés segundos. Miradas del público en todas direcciones, aquí, allí, gestos de desconcierto. Perfecta mímica de los estados interiores. Más toses. Algunos se levantan y se van indignados. Y vuelta a empezar. Se abre la tapa y se cierra de nuevo. Y el pianista, serio, rígido, mirando la partitura en blanco que tiene ante él un minuto y veinte segundos más.

4'33". Pieza trágica y grandiosa de Cage. Resonó el silencio por primera vez en una sala de conciertos neoyorquina. Se ha descrito infinidad de veces la reacción del público. ¡Es una tomadura de pelo! ¡Es una obra genial! No son conjugables. Batalla cultural, en suma, para definir el abismo brutal, casi salvaje, que se perfilaba en el futuro-pasado de una humanidad que no había aprendido nada de la horrible experiencia de la Segunda Guerra Mundial: una fuente de inspiración para músicos tan dispares como Franz Zappa, Brian Eno, Aphex Twin o Sonic Youth. Y también para diferentes bandas de rock asentadas en el ruido, pues la ven como el obligado contrapunto para su obra. Un cierto dramatismo habita en los que la convirtieron en el centro de la chanza, donde se encuentra el espíritu estrecho de quien acumula información, pero no mejora su alma, ya que *Silencio* de Cage precipita el flujo de la historia en su misma raíz, el futuro-pasado donde vivir es una muerte y la muerte también es una vida.

Silencio va hacia la historia, y toda la historia en 1952 va hacia esa pieza musical. ¿Pura broma?, se preguntó el crítico David Tame. ¿O un código más difícil de descifrar de lo que en principio se cree? Sea como sea, Cage reconoce que en su *Silencio* se sostiene la ronda del tiempo. Y no tarda en dar explicaciones en esta línea. «Sabía que algunos se lo tomarían como una broma y una renuncia al trabajo, pero aun así quería que mi música estuviese exenta de mis gustos y aversiones, porque creo que la música debería estar libre de los sentimientos e ideas del compositor». Entonces se sintió fuerte para reconocer que «los sonidos del entorno eran una música más interesante que la música habitual en una sala de conciertos». Por eso consideró *4'33"* como parte de una crítica social del gusto musical medianamente cultivado y de la mercantilización del arte a través de la industria del espectáculo. Porque *Silencio*

> no está formada realmente por silencios, sino más bien por los sonidos ambiente que se producen de forma natural en el entorno y entre el público; pues durante el primer movimiento se oía el viento que soplaba en el exterior; durante el segundo, las gotas de lluvia empezaron a repicar sobre el tejado; y durante el tercero, las propias personas emitieron todo tipo de sonidos interesantes, mientras hablaban o se encaminaban hacia la salida.

No está mal.

El punto de partida de esa decisión se encuentra en una conferencia de 1948 donde confiesa sus intenciones:

> Quiero componer una pieza de silencio ininterrumpido y venderla a Muzak. Serán tres o cuatro minutos, la duración estándar de la música «enlatada», y su título será *Oración silenciosa*. Se iniciará con una sencilla idea que quiero intentar hacer tan seductora como el color y la forma y la fragancia de una flor. El final llegaría imperceptiblemente. ¡Sí, debo hacerlo! Si no, me estoy quedando atrás; si no, la música se está quedando atrás.

En 1952, Cage compone una obra consciente del alejamiento de las formas de hacer música y como respuesta a la crisis de una sociedad que aspira a superarla mediante el consumo masivo de tecnología de uso cotidiano. Es innovadora, sin duda, pero parte de un modelo clásico, y su invocación al silencio está en la fidelidad a la idea de un fénix que no muera nunca.

Es una visión del mundo futuro, escribió Geoffrey Barraclough.

Una disonancia en el curso de la historia.

DE LA HISTORIA SE DEDUCE TODO. DE TOYNBEE A DURANT

La apreciación del curso de la historia en 1952 alcanzó su cenit en los volúmenes finales (del noveno al decimotercero) de la magna obra del historiador inglés Arnold J. Toynbee *Estudio de la Historia*, convertidos en la elegía de la civilización occidental atrapada en una cultura de masas sustitutiva de la gran cultura humanística debido a esa ley de gravedad que hacía rebajar el nivel cada vez más. La creencia de que las nuevas clases sociales surgidas en la posguerra asimilarían sin más los cánones literarios, artísticos y morales de las élites antiguas iba en contra de la experiencia histórica. Sólo se podría alcanzar mediante el olvido o algo peor aún, la falsificación del pasado. Las fuerzas que dominaban la decadencia, sentidas por Toynbee como una lucha que del ocio llevaba a la vileza y de esta a las diversiones triviales, a un arte mercantilizado, a una literatura frívola y a una música barata. Él no era el primero en formular la doctrina de los cursos históricos: ya lo habían hecho Werner Rolevinck a finales del siglo XV u Oswald Spengler en los años veinte, aunque para Toynbee las vicisitudes de Occidente son algo bien distinto. La crisis era el resultado del colapso, que se resume en tres rasgos: fracaso de la facultad creadora en las minorías; retiro a la adhesión de las mayorías; pérdida de la unidad social.

En 1952, Toynbee ofrece un contenido nuevo al clásico motivo de la decadencia como desaparición de la virtud: la codicia y la infidelidad de las élites hacia su misión histórica, que lleva a la holganza de los instalados y a la necesidad de una migración de marginados de otros lugares que hacen el trabajo que ellos rechazan. Así mueren las civilizaciones y desde sus raíces se derrumban los mayores imperios. Y, sin embargo, en el fondo de la sociedad occidental bullían nuevas actitudes, de momento poco precisas, que sugieren al menos la naturaleza básica de la exigencia de sumir los puntos axiales de la batalla cultural que predice dos bandos de lectores en el futuro, divididos por la sensibilidad e incapaces de entenderse.

Toynbee tiene algo de anfitrión nervioso en la fiesta de la cultura consciente de todo lo que sucede en 1952 como fecha límite. Es el paso de una reacción negativa a una positiva, y de la repulsa de la civilización tecnológica como incompatible con la cultura a la aceptación de sus imperativos. Esta nueva mentalidad en el escenario del mundo responde al cambio de estilo que se operaría de inmediato, afirmó el reputado biógrafo de Trotski y Stalin Isaac Deutscher en su libro *The Great Contest*, de 1960.

Francis Bacon pinta un *Fragmento para una crucifixión*, un amasijo rosa en cuyo centro se abre una boca aulladora, mientras que al fondo circulan transeúntes de una ciudad moderna. Estaba claro que el arte se sentía afectado por las profundas innovaciones, dejando de lado los antiguos recursos iconográficos e iconológicos para reinventar las figuras claves de la tradición artística occidental. El resultado fue la revisión del culto a la personalidad del humanismo surgido en el siglo XV con la obra de Pico della Mirandola. Como apuntó E. Fischer en *The Necessity of Art* (1963), aquí es donde los viejos mitos se inscriben como historias del presente, al igual que el debate sobre el nacimiento de la tragedia en 1870, con Nietzsche a la cabeza, había suscitado la pregunta sin apenas respuestas: ¿dónde estaba el tiempo femenino de los orígenes? Pero de momento, a aguantarse, hay que seguir dando vueltas al efecto que produce en las actitudes humanas el cambio en lugar de la continuidad, consecuencia de la interacción de la ciencia y de la tecnología en sus implicaciones sociales.

La historia de la civilización de Will Durant dominó las lecturas en los años comprendidos entre 1948 y 1953 con la aparición de *La edad de la fe*, tres volúmenes sobre el Medioevo, y *El Renacimiento*, dos volúmenes sobre los inicios del mundo moderno. La primera sensación del lector (C. A. Jordana hizo la traducción española para la Editorial Sudamericana de Buenos Aires) es la de estar ante un estilo claro, sin jerga, unido a una sólida erudición que le aleja de los diletantes —en la línea que más tarde propondrá Isaac Asimov— capaces de hacer historia universal como una sucesión más o menos bien hilvanada de acontecimientos. Durant remite a la disciplina que arranca de Heródoto de Halicarnaso en la Grecia clásica y se la ofrece a un público ávido de saber si el futuro que le espera responde a lo que se sabe del pasado. La forma en la que él explica la Edad Media y el Renacimiento es totalmente inesperada. ¿Por qué llama método integral a la presentación de todas las fases de una cultura o una edad en narraciones totales? No es por llenar páginas, ni por la obligación de abarcar todos los aspectos del pasado, desde la economía a la medicina: es por la necesidad de construir una narración que apunta a la situación en la que él vivía. La historia recupera así el deseo ciceroniano de ser maestra de la vida.

Durant colmaba de esta forma, a finales de 1952, la audaz esperanza de que el ser humano nacido y criado entre dogmas opuestos, a un lado y a otro de un muro de recelos que en el pomposo estilo periodístico de la época se llamaba Guerra Fría, fuera consciente de que estar ante dos esferas contrapuestas de opiniones mostraba una vez más la extrema contingencia de la vida a la que la historia trataba de encontrar una explicación.

10

¡ADIÓS, PASADO, HOLA, FUTURO! (1953-1956)

Love me tender,
Love me sweet,
Never let me go.

ELVIS PRESLEY, «Love Me Tender» (1956)

ENTRE SALINGER Y PASTERNAK

Dos nuevos duelistas salen al paso para impulsar la batalla cultural en favor de una lectura comprometida del presente: Jerome David Salinger en los Estados Unidos y Borís Pasternak en la Unión Soviética. ¿Quién desea tanto entender una época como para necesitar que estos dos grandes novelistas le allanen el camino del modo que lo hacen, con garantías? El adiós al pasado se inició con Salinger al publicar *El guardián entre el centeno* y alcanzó su significado seis años después cuando en Italia aparece *El doctor Zhivago* de Pasternak. Valía la pena pagar impuestos para poder leer a unos autores que hacen que una novela sea una novela. No un relato trufado de fantasías adolescentes sobre la vida. Pero al seguirles de cerca, descubrimos que uno le da esquinazo al otro. ¿Cómo fue? Me gustan los duelos que marcan el sentido de la historia.

Salinger y Pasternak son los iconos que inspiran este hondo aliento que atrae a las personalidades lúcidas en este tiempo puente entre el pasado y el futuro: un novelista americano reacio a mostrarse al mundo tal como era (lo haría por él su hija Margaret en la biografía *El guardián de los sueños*) y un novelista soviético famoso por recuperar la narrativa rusa del siglo XIX al evocar el periodo revolucionario con el relato de Lara Antípova, una mujer atrapada entre tres hombres que construye una vida en medio de falsas epifanías, las suyas y las de su mundo vital, perfectamente reflejadas en la famosa versión cinematográfica de David Lean gracias en parte a la poderosa imagen fílmica de Julie Christie, capaz de pasar de ser el icono del *swinging London* de los sesenta a la encarnación de una mujer de tiempos de la revolución bolchevique sin perder autenticidad.

Salinger y Pasternak son las dos caras de una misma postura ante la cada vez más urgente necesidad de abrirse a un futuro prometedor en los años que se abren con la muerte de Stalin en 1953 y se cierran con la invasión soviética de Hungría en 1956. La creación de un espacio literario para hablar de la libertad ligada al progreso fomenta la toma de conciencia de una crisis calificada por Pasternak como un suspiro demasiado tiempo contenido y por Salinger como el motivo fundamental para construir la cabaña en la que pasar el resto de la vida.

Desde ambas novelas se invita a que las ciencias humanas, como se decía entonces con ese característico toque *in*, cuya mejor representación fue Monty Clift en *El árbol de la vida*, inserten los acontecimientos en una estructura con el fin de refutar las lecturas formateadas del pasado y de encontrar la verdad entre las múltiples interpretaciones. Marcados por ese mensaje, Salinger narra un ritual de paso y Pasternak una tragedia; en uno, la clave está en adoptar los valores que vienen del misticismo oriental, del zen y del hinduismo, en la vida emocional, lo que implica unirse al club cósmico del no ser, aunque esto último solía disimularse en los retratos publicitarios o en las comedias de Doris Day y Rock Hudson; en el otro, la clave está en preguntarse por el futuro de unos jóvenes marcados por una apología de la pureza revolucionaria contemplando a los demás más abajo, lo que da paso a la obra de Pier Paolo Pasolini, que en el poemario *La mejor juventud* (1954) adelanta lo que más tarde será su neorrealismo cinematográfico, que le conduce a *Mamma Roma*, con una estelar Anna Magnani. Años interesantes donde podían aceptarse sin reparos las palabras de Pasolini a menudo recordadas en los cenáculos intelectuales: «En nuestra opinión, pensamos que actualmente sólo los comunistas son capaces de suministrar una nueva cultura». ¿Contentos de haber encontrado una explicación al mundo? Resulta que las novelas de Salinger y Pasternak responden a un materialismo dialéctico que rechaza todo lo que tiene que ver con una aceptación añosa de la historia, aunque discrepan en valorar que el pacto social ha devenido una fea mentira: el New Deal es el Imperio americano y las vanguardias rusas, el Estado bolchevique.

El dilema entre 1953-1956 consistió en sentarse en posición de loto a la espera de saber lo que era capaz de dar el capitalismo en unos insulsos programas de televisión, o de afrontar el agobio vital con el apoyo del Komsomol para imponer el realismo socialista en el tercer mundo. Las novelas de Salinger y de Pasternak muestran el nudo del que parten todos los caminos al convertir la vivencia de los héroes y las heroínas en modelos del rechazo del pasado. El conflicto de los jóvenes es la realidad de la que parten los escritores de esa época a la hora de reivindicar la necesidad de fomentar el ideal ético de una generación cautiva en sus casas decoradas con postales de lugares exóticos anhelando parecerse a los personajes de la pantalla. De hecho, el placer de ver películas ennoblece los gestos desesperados de saber que la vida real era otra cosa. ¡Y hay injusticias en la calle! La necedad aún persiste.

A CADA UNO LO QUE SE MERECE. DE NUEVO EL ESTADO CULTURAL

¡Es la pérdida de la honestidad lo que lleva a algunos escritores a dar guerra! Así, en 1955 la editorial Julliard publicó el libro de Jeanne Laurent *La République et les Beaux Arts*, el icono de la batalla cultural en Francia desde que Marc Fumaroli lo presentó como prueba en su afilado alegato sobre el Estado cultural. Laurent piensa en todo. En lugar de insistir en la vida de los chavales del arroyo (*ragazzi di vita*) de Pasolini, realiza un examen de los planes cesaristas del Segundo Imperio de Luis Napoleón y de los programas de la Tercera República y los tilda de desierto cultural, analizando hasta el último detalle.

Desierto cultural: el calificativo es adictivo. La crítica se intensifica y habla de gulag para los artistas y de república burguesa; ideología en grado cero. Durante los cincuenta, a los iconos se les exigió hacer propaganda en los debates culturales. Se empeñaron en realizar unos juicios de valor, hábilmente colocados en la descripción, que en definitiva son un adelanto de lo que hoy llamamos corrección política, ufana actitud para unos esnobs que no se cansaban de censurar lo que no aceptaban en sus limitaciones. La palabra «escritura», por ejemplo, que está a punto de aparecer para sustituir a «literatura» es el mejor indicio de ello, según Roland Barthes, pues identifica por sí sola la transición entre dos épocas semiológicas, entre dos maneras de ver la obra literaria.

Estructura y acontecimiento son del mismo tipo, sobre todo si uno atiende a las investigaciones de Claude Lévi-Strauss sobre el parentesco de los pueblos sin escritura. «En verdad, es la naturaleza de los hechos que estudiamos la que nos incita a distinguir en ellos lo que atañe a la estructura y lo que pertenece al acontecimiento», escribe en la lección inaugural de la cátedra de Antropología Social del Collège de France el martes 5 de enero de 1960. Lévi-Strauss siente hondo respeto por Émile Durkheim, y en cierto modo también por James Frazer y Franz Boas; no nos equivoquemos: les debe muchas cosas, pero se aleja de ellos en su propuesta más valiente, más original: mirar a un pintor, escuchar a un músico, leer a un ensayista. Creo que de lo contrario habría tenido serias dificultades para adentrarse en el mundo de los mitos y de las gestas de los héroes que buscan un sentido a la existencia. En esta interpretación de las culturas encuentra el método que propone desde la cátedra de Antropología del Collège de France, en el número 11 de la parisina plaza Marcelin Berthelot. Sus estudios se multiplican. Son tan fascinantes que los jóvenes entran en trance al leerlos. Es imposible no ver en ellos que el individuo no blanco comienza a ser el referente de la mala conciencia de la intelectualidad de los cincuenta. Lo es sin duda por el estudio de la antropología, pero también, más sutilmente, por la lectura comparativa del arte originada por el poderoso libro *Las voces del silencio* (1953) de André Malraux. ¿Por qué el mayor responsable de orientar la batalla cultural en Francia es un novelista convertido en intelectual y luego en ministro de Cultura en el gobierno del general Charles de Gaulle? ¿Por qué lo que más se acerca a una epifanía del futuro es un estudioso que compara el arte africano y el arte románico?

¡Atención! La antropología revisa el secreto del cual la sociedad no se había informado del todo. Si se tiene la intención de despojar al yo de su carácter sagrado y de secularizar la entidad del yo, es preciso convertir el hecho religioso en un rasgo cultural. La propuesta es una provocación deliberada de los intelectuales afines al estructuralismo y, a falta de una respuesta adecuada, hay una auténtica conmoción entre los filósofos de la historia afines al existencialismo. Está claro que en 1953 había llegado el momento de debatir el origen y la meta de la historia.

ORIGEN Y META DE LA HISTORIA. KARL JASPERS EN ESCENA

Ante la provocación de Karl Jaspers en *Origen y meta de la historia* (1953) al hablar de una era axial en el desarrollo espiritual de la humanidad hacia el siglo VII a. C., los intelectuales estructuralistas de los años cincuenta sienten la tentación de responder con otra de la misma entidad: las ideas clave de una civilización son una estructura latente. Si el confucianismo, el taoísmo, el hinduismo, el monoteísmo judío, el budismo y el racionalismo griego se consideran productos de la era axial, ¿por qué no valorar los años 1953-1956 como una inflexión en el orden del tiempo? Porque, aunque estos dos acontecimientos están muy alejados entre sí, en cronología y duración (uno se alarga por varios siglos y en la primera Edad del Hierro, el otro es un poco más de un trienio en la primera edad atómica), sus objetivos son curiosamente parecidos: ambos comparten la idea de que toda transformación espiritual está ligada a la aparición de una tecnología que afecta al saber. Cualquier aficionado al *flashback* en el cine de esos años evoca lo que veía en su presente lleno de preguntas sin respuestas con lo sucedido en ese tiempo pasado que un filósofo de la historia califica de era axial de la humanidad. Y a la vez se pregunta por qué sus referentes se remontan a Confucio, Buda o los presocráticos de Asia Menor y se frustra al no encontrar la respuesta. Algunos aspectos importantes de la frustración generacional se ventilan públicamente en conferencias en las que teólogos de diverso signo se turnan para leer con voz inexpresiva mensajes de consuelo ante un futuro que no conciben.

«El coraje es una realidad ética, pero está enraizada en toda la anchura de la existencia humana y en último término en la estructura del ser mismo. Debe ser considerado ontológicamente para ser comprendido éticamente», dice Paul Tillich al comienzo de las conferencias Terry, que son el punto de partida de su influyente libro *El coraje de existir* (1952). Leer a Tillich es como escuchar «Love Me Tender» de Elvis Presley.

ABATID LOS BASTIONES Y LA TEOLOGÍA DE LA LIBERACIÓN

1953 es el gran año de la teología. Hans Urs von Balthasar, alarmado por la deriva espiritual en Occidente, propone abatir los bastiones, salir de la fortaleza cerrada en la que se ha convertido la Iglesia, y lo hace en la línea marcada por él mismo al fundar la Comunidad de San Juan. Fomenta la teología de la liberación para enfrentarse al creciente malestar en los barrios de migrantes de Buenos Aires, São Paulo, Bogotá, Barcelona o Milán. Los conservadores fingen no entender su propuesta. Reclaman la presencia de los historiadores en el debate. Algunos acuden a toda prisa. Entre los más destacados, en Italia, Raffaello Morghen y su grupo de católicos, entre los que sobresale Raoul Manselli; en Alemania, Michael Seidlmayer, para abrirle el camino a Herbert Grundmann y su escuela de Münster; en Inglaterra, Geoffrey Barraclough, imbatible en sus artículos periodísticos; en España, Luis Díaz del Corral con su rapto de Europa a cuestas, y en Francia, marcando estilo, Lucien Febvre.

Febvre tiene un plan: utiliza la notoriedad pública que le ha dado el libro de 1953 *Combates por la historia* para proponer la lectura del hecho religioso, ya que, en su perfil intelectual parecido al de Camus, estaba que Sísifo ha de ignorar el reposo. Reedita un importante libro de 1927, *Martín Lutero. Un destino*, para fijar por qué motivo en 1517 se inició la nueva era, ya que «esa fecha marcaba el comienzo de una *historia nova* que nacía con Lutero, como la *Historia medii aevi* con Cristo». ¿Y 1957? ¿Estaba sucediendo algo parecido? Pero, en ese caso, ¿quién es el reformador, Balthasar, Rahner, Tillich?

No es fácil saberlo, y surge el debate al revisar un acontecimiento de comienzos del siglo xvi que alteró la armonía nacional y forjó un conflicto que cuestionó el patriotismo francés al dividir la sociedad entre católicos y hugonotes. De entrada, todo iba bien. La rebelión contra los abusos de la Iglesia de Roma se desata, y sus adversarios exigen saber quién es el hombre que lo dice, ya que la cólera del famoso gesto de clavar las quejas en la iglesia de Wittenberg (aunque a decir verdad no llegó a hacerlo, afirma Lyndal Roper) expresa la furia de un reformador. Luego todo resulta confuso: del estado de renovación de la *devotio* moderna se pasa al temblor revolucionario de Thomas Münzer. La teología instaura un tiempo nuevo exigiendo sacrificar la tradición en el altar de la historia. Así lo hacen Zuinglio, Calvino y los demás, como en 1955 lo hacen Breton, Sartre o Barthes al «reformar» el concepto literatura y ajustarlo al realismo socialista poniendo fin a los lugares comunes creados por Homero, Chrétien de Troyes o Flaubert. Nadie debe engañarse: todo esto está presente en el *Lutero* de Febvre, al que juzga emparentado vagamente con el *Doktor Faustus* de Thomas Mann.

Si hay una idea con la que dialogar es la de Madame de Stäel, que, en *De l'Allemagne*, calificó la Reforma como una revolución operada por las ideas, más que una queja contra los abusos de la curia papal. Las razones están tanto en la personalidad de los personajes enfrentados, León X y Lutero, como en el deseo de poner fin a la era de sus antepasados. ¿La Edad Media frente a la Edad Moderna? ¿El humanismo frente a la escolástica? Lugares comunes que agitan la conciencia crítica del siglo xvi como en 1955 sucede con la idea de que existen potencias morales, en el catolicismo y en el protestantismo, dentro de la sensibilidad de cada individuo. Sensibilidad, mentalidad, conceptos habituales de la Escuela de los Annales, punto de partida de una renovación de los estudios aplicados a los problemas religiosos desde la idea de destino, no de providencia. La duda está en la identidad de los protagonistas en la vida real de 1517, pensando sin duda en los protagonistas de 1953-1956: ¿el ingenioso Carlos, el césar que detesta por igual a protestantes, franceses y Médicis, o ese otro que se vislumbra ya en el horizonte artístico, el rey Francisco I, el buen amigo de Leonardo? De todos modos, los personajes aclamados por la historia son por lo general demasiado respetuosos con el dinero, con la autoridad de los banqueros en los asuntos del Estado. Se pliegan a las exigencias de los Fugger o de los Welser de Augsburgo, o de los financieros de Lyon o Amberes o Génova. El alza de los precios decide en su lugar, y todos se prosternan ante ello. Les ofrecen libros y los compran. Los burgueses no se contentan con poner vidrios a las ventanas y adquirir suntuosos tapices para las paredes de sus casas, también las llenan de hermosos libros, encuadernados en piel de ternero y con lomos grabados en oro, en cuarto y en octavo, al alcance de la mano y de la vista. El punto de vista del lector puede hacer avanzar el debate sobre la justificación por la fe, variarla, profundizarla. Es el efecto de tener en casa la Biblia en lengua vulgar.

«El acontecimiento era trivial. No contenía en germen nada más que la Reforma luterana», escribe Lucien Febvre, preocupado por el colapso de la política internacional de la Cuarta República en la que vive, que le llevará desde la amarga derrota de junio de 1940 a la sucia realidad de Dien Bien Phu en Indochina en 1954 y la batalla de Argel poco después. Un enfoque basado en los contrastes, el descubrimiento de los estados de ánimo de la sociedad, el recurso a las sensibilidades colectivas para explicar las disonancias cognitivas de los políticos. Así como en cuestionar radicalmente el estatuto de que los problemas más serios son siempre económicos en pleno debate sobre la necesidad de crear la comunidad del carbón y del acero, el germen del Mercado Común, a la vez germen de la Unión Europea, exhortando a los nuevos historiadores de «su» escuela (la de los Annales) y a los recios antropólogos apiñados en el estructuralismo a que piensen una solución, cuyo referente histórico no puede ser otro que Lutero, un hombre carismático para un momento en el que resultó inevitable ese cambió de la historia conocido como Reforma. Aquí tenemos una magnífica batalla cultural sobre una cuestión mal planteada, la de ver de qué forma, bajo qué ángulos, en qué aspectos de una configuración más taxativa el paseante solitario que era Febvre en esos años difiere de los sabios que proponen una polimatía de inspiración soviética para desafiar los objetivos del capitalismo maduro. De nuevo el recurso a la historia como disciplina para orientar un debate de ideas.

¿Dónde está la clave para seguir construyendo el futuro pensando en el pasado? En alguna investigación de las que por entonces se hacían en silencio para alcanzar un puesto en el mundo académico. Manos a la obra, por tanto.

Lutero es el ejemplo, pues «el 31 de octubre de 1517, apareciendo en plena luz en la escena del mundo, obligó a sus compatriotas a tomar partido violentamente por él o contra él». He aquí una buena definición de la batalla cultural subida al escenario: teatro experimental contra teatro comercial. Hijos contra padres. Mientras tanto se extiende un estado de ánimo que busca puentes entre ambas generaciones: ¿Qué hacen si no Edith Piaf, Juliette Gréco o Charles Aznavour sino indagar en el secreto del arte escénico para el gran público? Por injusto que resulte todo esto, es necesario crear el señuelo para que los artistas de la Unión Soviética se marchen del paraíso comunista. Adiós a las mentiras de las historias oficiales. Hay muchas. Aquí aparece de nuevo la frustración, pero en este caso por haber llegado a una conclusión con varias décadas de retraso.

UN AJUSTE DE CUENTAS LARGAMENTE ESPERADO

El 5 de marzo de 1953, en un apartado rincón del cementerio de Moscú, el violinista David Oistrakh toca el primer movimiento de la *Sonata para violín en re mayor* de Serguéi Prokófiev mientras un asistente deposita una rama de pino en la tumba del gran compositor, puesto que no había flores en Moscú; ese mismo día se había anunciado la muerte de Stalin.

Basta abrir la prensa y ver que la crónica política escamotea la memoria social: mucho se habla del dictador muerto, poco del genial músico fallecido. En esa fecha, los efectos de la guerra parecen un asunto menor, salvo en lo referente al Holocausto, que aún da que hablar. Algo preocupa: la complicidad de la sociedad ante los asesinatos cometidos; el cine de autor ilumina ese escenario opaco y desagradable. Los recuerdos están revestidos de imágenes que no deben olvidarse.

En Hollywood, una película de 1955 trata de demostrarlo.

Se trata de *Bad Day at Black Rock* de John Sturges, estrenada en España con el título de *Conspiración de silencio*. Un gran acierto, con un

Spencer Tracy espectacular y un Robert Ryan en el papel de su vida, pues entra en escena bajando de un automóvil Ford, de los de armazón de madera, con un venado atado al capó. Es una película inquietante y posiblemente la mejor de ese año, aunque el Oscar se lo llevó *La ley del silencio* de Elia Kazan, con Marlon Brando, también premiado. ¿Qué se debe valorar más, el silencio cómplice de los estibadores de un puerto ante el derecho de huelga o el silencio cómplice de un microcosmos social que asesina a un inocente por ser diferente, asiático para ser preciso? El Oscar lo deja claro. Pero ¿y en retrospectiva, hoy? Vamos a ver.

¿Qué misterio se oculta en ese remoto rincón del oeste americano que exige rechazar a un visitante cordial por hacer preguntas inoportunas? Totem y tabú: el asesinato ritual del extraño que cohesiona una aldea perdida en el desierto y en la que el tren sólo para una vez cada varios años. ¿La irrisión de lo serio? ¿La fuerza de la verdad? Paso a paso la película va mostrando unos códigos de conducta más difíciles de descifrar de lo que el espectador cree al acudir a ver una película de Hollywood. Sea como sea, el protagonista que interpreta Tracy va de casa en casa, del bar a la oficina del sheriff, de la estación de servicio a la estafeta de telégrafo y, en sus paseos, se da cuenta enseguida de que le ocultan algo terrible: la sociedad sostenida en el silencio cómplice sobre el asesinato de un inocente. Una denuncia de algo que viene del pasado y configura el futuro. ¿Forma parte de la batalla cultural abierta en Occidente contra la Unión Soviética, el descubrimiento de las fosas de Katyn, un crimen cometido por el Ejército Rojo en 1940?

No está mal pensar en esas cosas que sucedieron una vez y que la política actual tiende a esconder. Esa humilde denuncia no tiene porvenir. Porvenir social, para empezar. Los asesinatos están en las dos partes del juego macabro en el que se ha convertido el mundo de los mayores, los que hicieron la guerra y no saben salir de ella. Ambas potencias, Estados Unidos y Unión Soviética, por razones estratégicas diferentes (uno exporta el capitalismo a través de la democracia, otro cimienta el comunismo mediante la ideología del proletariado) prefieren mantener el pulso en las zonas subdesarrolladas del planeta. De momento, hay que soportar esa tensión, a la espera de que los cambios sociales muestren si son una señal de renovación o de destrucción. Además, está el asunto de la diferencia de América y Europa, que en 1953 es el objetivo del ensayo de Leopoldo Zea Aguilar *América como conciencia*, donde se aclara que el existencialismo con su angustia, su *néant* y su *nausée* al modo de Sartre, encuentra poca resonancia en las realidades sociales de América Latina.

Ya era hora de que alguien se pronunciara así a escala mundial, como hace ese eximio pensador discípulo de José Gaos. La conciencia social es el paso obligado del nosotros y ellos al «todos nosotros». Debates en perspectiva en los lugares más apartados del mundo. Y, de ese modo, los historiadores corren a auxiliar a un amenazado estudio de la historia con la intención de sacar a la sociedad de su creciente narcosis, la fascinación por el pasado inmediato, la guerra mundial y sus efectos en la conflictiva toma de conciencia sobre los caminos al futuro.

El medievalista alemán, enseñante en Leipzig en esos años, Ernst Werner, hoy desgraciadamente desconocido, ofrecía puntuales informes sobre los debates entre los investigadores de la Unión Soviética, a los que les había dado por estudiar el Renacimiento a partir del conflicto social en las ciudades italianas entre *il popolo grasso* y *il popolo minuto*, como hizo Victor Rutenburg entre otros muchos. La descripción de un hecho cultural, en tanto resultado de una lucha de clases, entraba en conflicto con las fuentes documentales, lo que provocaba una fuerte decepción, que era simultáneamente ideológica (el marxismo se atascaba en el análisis), epistemológica (sabemos muy poco, casi nada, de las intenciones de los grupos sociales que cuestionaban el sistema urbano en los siglos XIV y XV) y política (era muy difícil valorar los motivos del derramamiento de sangre en las calles medievales conforme a las ideas de la Comuna de 1871). En estos trabajos de mala calidad, aunque bien documentados tras largos periodos en los archivos, la crítica permaneció en una prudente distancia: no se puede hacer mucho más cuando un método de análisis tiende a deformar la realidad en beneficio de un proyecto ideológico. Los seguidores de este método en algunos países de Occidente, en Francia bajo Philippe Wolf, en España bajo Jaime Vicens Vives, en Italia bajo Raoul Manselli, insistieron en promover investigaciones sobre los movimientos sociales de la llamada entonces Baja Edad Media mediante una falsa construcción de la lucha de clases al modo marxista (a estas alturas parecía el porvenir de los estudios), de agitaciones que eran en su mayor parte protestas parecidas a las de los actuales partidos políticos. Este tipo de estudios fue la fuente de la corrupción de la forma de hacer historia. Costó décadas superarla.

Había otros territorios para ahondar en la batalla cultural creando un ambiente fino e invisible donde resultó fácil anidar el neorrealista drama que dirigió William Wyler bajo el atractivo título de *Vacaciones en Roma* (1953). Se trataba de seguir el rastro de la historia a través de las aventuras de una princesa de cuento de hadas (no hay que decir que Audrey

Hepburn está espléndida, como también Gregory Peck, que aún no ha sido marcado por el síndrome de Atticus Finch). Eso es lo que tienen en común la historia y la estética y quienes en 1953 aspiraban a encontrar la esencia de las cosas, como había logrado en el pasado Rilke en sus *Elegías de Duino* o Pessoa en el *Libro del desasosiego.* Este no conseguir lo que se busca es el resultado de una obra escrita antes de lo que debiera. Es lo que sucede en 1953 con un libro que marcó a su autor de por vida, pese a que no es lo mejor de su producción: *Los cátaros*, de Arno Borst. Por supuesto, no es raro que el joven medievalista alemán dirigido por el adusto Herbert Grundmann considere herejes a los personajes que estudia, perdiendo así no sólo objetividad sino distancia moral. Al leerlo hoy, en retrospectiva, debe anotarse el peligro a la hora de hacer historia en los primeros años. Escribir antes de tiempo: un reconocimiento malsano del erróneo proceder de la vida académica.

APERTURA A LA NATURALEZA. TRÍFONOV Y GINSBERG

La apertura a la naturaleza es lo que proponen al unísono *Bajo el sol*, de Yuri Trífonov, y *Aullido*, de Allan Ginsberg. Una de las razones de la dramática fragilidad del primero (y por tanto de las sospechas por parte del Partido Comunista de la Unión Soviética) era la incredulidad ante la idea de que el bolchevismo fuera en verdad la Reforma rusa, mientras que la fortaleza del segundo reside en captar el hecho de que los jóvenes de Occidente desean recuperar el valor de las vanguardias anteriores a la crisis de 1929, al New Deal, a la Segunda Guerra Mundial y a lo que siguió, el bloqueo de Berlín y todo ese enredo llamado Guerra Fría.

Estaba claro que la era soviética, vista a la muerte de Stalin, no iba a durar más que una vida humana (y fue así, pues acabó en 1991), mientras que el Imperio americano se reactivó gracias a los miembros de la *beat generation*, hombres con barba vestidos con jeans y mujeres con pelo largo suelto, pantalones ajustados y blusas oscuras. Frente a *Los estudiantes* de Yuri Trífonov están *Los vagabundos del Dharma* de Jack Kerouac para anunciar el movimiento hippy, pues ellos son jóvenes estadounidenses educados en el zen recorriendo con mochilas a la espalda el mundo en busca de una vida auténtica, con sus reglas y sus rituales a favor de la naturaleza. La meditación propuesta, por cierto, se alcanza a través de la droga, y con ella se logra una espiritualidad cercana a la de los pueblos primitivos. Es un modelo contracultural que se enfrenta al consumismo capitalista y a la pasión por el deporte comunista. Una alternativa social, pues, en dirección a una armonía universal donde las flores sustituyen al rifle de asalto AK-47 «kaláshnikov» inventado en 1947, el año que Leonid Leónov publicaba *La pirámide*, el relato de un viaje conducido por el camarada Virgilio (la alusión es fácil de entender: tiene que ver con Hermann Broch, no con el poeta romano Virgilio) que lleva al protagonista a recorrer Rusia, la tierra olvidada del bolchevismo.

Dos fuerzas espirituales en conflicto: la que se engendró en la revolución bolchevique y se extiende por las zonas subdesarrolladas del mundo a través de héroes como Sandino, Fidel, Ho Chi Minh, Che Guevara o Pol Pot, cuyas postales llenaron las paredes de los jóvenes con conciencia de clase, y la que surge de una renovada lectura de los efectos de la Segunda Guerra Mundial entre muchachos rebeldes que hallan sus referentes icónicos en el Montgomery Clift de *Yo confieso*, en el James Dean de *Gigante* o en el Marlon Brando de *Rebeldes.* Si con la primera fuerza estamos ante la campaña misionera organizada al modo de una secta por la Kominform, heredera del Komintern, y lo bastante fuerte para promover la descolonización de los pueblos; en la segunda nos hallamos ante la irónica búsqueda de un paraíso en la tierra entre quienes ya lo han visto todo y están de regreso. ¿Quién puede dar más en una época de angustia y desasosiego?

La música, naturalmente.

Allí parece estar la clave de todo lo que está a punto de suceder sobre la base de una categoría familiar como «fundar» un movimiento.

DEL BLUES AL ROCK AND ROLL

Si queremos entender la historia en los años cincuenta debemos profundizar en la sensibilidad de una generación que no es ya la de los practicantes del blues y los aficionados al jazz de Nueva York o Moscú. Mientras en la Unión Soviética el Komsomol insiste en una juventud de aire deportivo a la que reúne en las piscinas en verano y en las salas deportivas en invierno, en Occidente, ellos y ellas acuden a los conciertos de los sábados por la tarde en las canchas de básquet de los institutos, sin estar seguros de momento del sonido que les identifica. Y aquí el rock and roll llega para quedarse. En la aclamada película *Regreso al futuro*, el azar conduce al joven protagonista al 12 de noviembre de 1955. Y una vez allí no tiene más remedio que intervenir en el curso de los acontecimientos tocando una pieza de rock and roll, el sonido del futuro, exclama ante el estupor de la audiencia congregada en la cancha de baloncesto la noche de la magna revelación. ¿Una broma con el tiempo? Sin respuesta posible, mientras se organiza el plan para regresar a 1985, el futuro, del que había salido para ordenar el presente.

El rock and roll es el sonido de la generación que hace historia sobre un fondo de agitado ritmo y que está en todas partes por los microsurcos y las gramolas de bar, en las grandes ciudades, en los pueblos pequeños, en la recepción de un hotel, en la sala de fiestas de un club privado. El mundo entero convertido en el escenario del rock and roll, y los músicos, nuevos trovadores, tienen las luces para orientar a miles de adolescentes con la fiebre del sábado noche. Músicos que adoptan instrumentos —la guitarra eléctrica— para abrir los corazones al ritmo que hace sentir el poder de la naturaleza: sol, luna, estrellas, éxtasis, con algo de Bataille en el macuto, pero muy poco, casi nada, de nihilismo. Se les ve bailar sin parar, sonrientes, ellos con sus pantalones ajustados, ellas con sus faldas plisadas y sus zapatillas de deporte. ¿Quién dirige el espectáculo? ¿Los músicos, los cantantes, los dueños de las salas? No, lo dirigen las discográficas, como RCA Records, seres anónimos, capaces de poner en el mercado miles de discos. ¿Consumo? Parece ser que sí. Y eso no está bien. Pero atrapa a los jóvenes. No hay salida, dirá Sartre, que sigue sin ver claro la alternativa a las acciones del Komsomol proclamando las virtudes soviéticas.

Así, el rock and roll, por un lado, el deporte, por otro. Dado que el deseo de los jóvenes es positivo para el crecimiento económico, es normal que la política lo encuadre y lo controle para evitar una deriva socialmente peligrosa, o lo frene en casos extremos. Tiene medios para hacerlo: la represión, el libertinaje, el matrimonio, los hijos, el dinero. Se pueden emplear todos los medios a la vez. Mientras tanto basta con estar atentos. Elvis Presley demostró, al salir en *The Ed Sullivan Show* en 1956 moviendo las caderas, que el paraíso terrestre está en el rock and roll tocado con instrumentos musicales eléctricos. El título de esa canción subversiva, elogio de una nueva era para la juventud, es precisamente *Hound Dog*, aunque no se necesitaba ser un genio para percatarse de que allí no se habla de ningún perro. Pues las letras del rock, gracias a su herencia de la música afroamericana, eran subversivas, socarronas, insinuantes y poderosamente destructivas. No hay ninguna razón, sin embargo, para sospechar de la sinceridad de Presley cuando compone para los jóvenes en un lenguaje que ha aprendido en los guetos donde se hacía rhythm and blues con letras misteriosas y sutiles al gusto de un auditorio preparado para recibirlas. Como había ocurrido en el siglo XII con el *trobar clus* de los trovadores como Arnau Daniel, el público del rock contextualizaba el mensaje encerrado en los juegos de palabras, rimas y onomatopeyas. El significado «real» de cualquier canción está en la mente del oyente. Sin embargo, el único capaz de unir música y palabra al modo Rock es Elvis, por eso él es el rey capaz de anunciar una nueva época, donde todos irían vestidos con jeans como expresión de una eterna juventud para los hombres y mujeres de buena voluntad. Hay un mensaje religioso de profundidad a favor de la paz mundial y en contra de la guerra. Por eso fue un hecho traumático que «el rey» fuera llamado a filas y destinado a un campamento militar en Alemania.

El ejército de Estados Unidos tenía la limitación de encontrarse demasiado ligado a los ya trasnochados ideales de los años cuarenta, a los tiempos de las big bands, de Glenn Miller y la *Serenata a la luz de la luna,* dudando del efecto del rock and roll entre los soldados. Fue un error que se pagó caro años después, en la guerra de Vietnam. Antes de que llegara ese acontecimiento para alterar a la generación que había crecido bailando rock and roll en las fiestas de graduación o en lo que en Europa se llamaban «guateques», a través del triunfo del microsurco de cuarenta y cinco revoluciones, pequeño y manejable, el icono de los muchachos que entendían que todo es *musicable.* No hay razón alguna para privarse del rock ni para dejar de escuchar a Chuck Berry y Little Richard, a Jerry Lee Lewis y a Buddy Holly. Era el sonido de la ruptura, que afectó a la sociedad con la misma fuerza que tuvo para los jóvenes rebeldes reunidos en Jena y Weimar a finales del siglo XVIII dejar a Mozart por Beethoven o Schubert. La música responde siempre a una época.

Love Me Tender (canción y película a la vez) demuestra que Elvis comprendió perfectamente la situación. Se sitúa en el corazón mismo de ese sentimiento humano que desde el siglo XII, con Jaufré Rudel, situó el amor en el espacio de lo sagrado. En la nota adecuada para actualizar la balada *Aura Lee*, cantada durante la guerra de Secesión americana, confesó que los sueños se le habían cumplido al conocer el amor de su vida. ¿Entonces el cambio de era consistía en recuperar el amor como elemento caudal de la cultura? ¿Cómo hacerlo? Un millón de copias, disco de oro y otras muchas reacciones en cadena confieren una profundidad oculta a la balada del rey del rock pese a que las malas lenguas susurraban sobre sus altercados con Ken Darby, autor de la letra. Lo esencial era el mensaje. Y aquí Elvis se mostró capaz de templar la agitación de miles de jóvenes apasionados del rock and roll, aunque fuera durante los minutos que dura la canción. ¿Cómo no ver que Elvis juega con las dudas de una sociedad sobre su pasado? La guerra de Secesión en la que un productor avispado sitúa la canción, y lo hace bromeando con la palabra suave, suavizar, suavemente, lo cual fue percibido mucho más tarde. A los que creen que carece de un sentido oculto hay que decirles que al menos tiene un sentido sensual para el rey del rock and roll. Los guiños de protesta están en las notas, corcheas, semicorcheas, por eso no es lo mismo escucharla con la banda formada por Scotty Moore, Bill Black y D.J. Fontana, que con la banda que el productor exigió para la película, integrada por The Ken Darby Trio, con Red Robinson en la batería, Charles Prescott en el bajo, Vita Mumolo en la guitarra y John Dodson en vocales. Pero ¿no se trata «Love Me Tender» del credo de una generación que traslada los sentimientos religiosos a esa esfera secular del amor desmedido, sin barreras? El rock and roll se propone ese fin, sin duda, al igual que su mimesis laico-clerical, ferozmente igualitaria, doctoral y moral. Sobre Elvis descansa la gran cuestión del siglo, tanto o más que saber si está muerto: ¿cómo se puede venerar el misterio del pasado y, a la vez, burlarse de él sin el menor pudor, haciendo una oda de amor?

Este tipo no respeta nada. Lo malo es que tiene talento. Canta y lo borda. Baila y es sublime. Una actuación en directo y vuelve locos a miles de adolescentes, a quienes no les importa que pase de lo tierno a lo brutal, de la tragedia más desgarradora al barullo más disparatado. Doble juego. El mundo del mañana. Es verdad que Elvis no es el primero en hacerlo. Ya lo hizo Mozart para burlarse y a la vez respetar la revolución que se estaba gestando en su tiempo. ¿Puedo llegar tan lejos? Elvis como el Mozart del siglo XX. El colmo, se me dirá. Es lo que hay.

A esto quisiera añadir la recepción de Roy Orbison, el cantante ciego que, a mi juicio, convierte el rock and roll en una de las grandes experiencias de los cincuenta, a pesar de que hay que esperar hasta 1985 para que se le reconozca su mensaje al componer la canción «Oh, Pretty Woman» para la película del mismo nombre, que catapultó a Julia Roberts al estrellato y a él al reconocimiento, tardío pero necesario, pues quizá el aspecto más alentador de la música rock es que sus cimientos teóricos no son óbice para la expresión de un humor ácido sobre las relaciones humanas de nuestro tiempo. De hecho, cuanto más se entiende a Orbison, más gracia hace la heroína de su canción pisando fuerte por las calles de Los Ángeles buscando un vestido de cóctel.

Otro problema se aproxima en 1955.

La preparación del Festival de la Juventud programado en Moscú para agosto de 1957. Se esperaban más de treinta mil participantes de ciento treinta y un países, sobre todo jóvenes, de todos los rincones del mundo. El plan: que ahí comenzara una nueva era para la sociedad soviética, que había estado acostumbrada a que cualquier contacto con alguien de fuera del país supusiera una sospecha de espionaje o traición a la causa del partido bolchevique. El paraíso que querían mostrar era un mundo feliz de obreros sin patrones que los tiranizaran. ¿De dónde vienen esos raudales del *new look* impulsado desde la sede del Komsomol? ¿Hasta dónde llegaría la apertura? Se vería, como se verían modelos de Christian Dior pasear por las calles de Moscú. ¿Regresión a los tiempos anteriores a octubre de 1917? No. Progreso. Todavía hay gente que se sorprende de lo que estaba pasando entre 1953-1956, una ruptura del curso de los acontecimientos, llevada a cabo dulcemente pero profunda y parece que irremediable, pese a que los bolcheviques insisten en el peligro de abrirse a Occidente, que para ellos no deja de ser la parte errónea de la historia. Pero saben que a partir de este momento deben entrar en un debate abierto, y por tanto enviar a sus intelectuales a los congresos internacionales. Puro riesgo.

EL GRAN DESAFÍO DE 1955 EN DOS CONGRESOS INTERNACIONALES

La caótica apertura en el mundo soviético terminó con la caída en 1964 de su valedor, Nikita Jruschov. Aún faltaba tiempo para ello: faltaba resolver de una vez la pregunta de si era preciso cambiar la historia con vistas a un mejor ajuste de la era atómica.

Esa pregunta fue el tema central de dos congresos internacionales que tuvieron lugar en 1955: el de la Libertad de la Cultura celebrado en Milán y el de Ciencias Históricas que se realizó en Roma. La elección de Italia no es casual. La apertura a *sinistra* auspiciada por la Democracia Italiana con Amintore Fanfani, un recio historiador de la economía, garantizaba el equilibrio entre los dos mundos enfrentados por la Guerra Fría; además permitía augurar que por fin se podrían hacer las preguntas adecuadas —y recibir las respuestas que se habían negado hasta ese momento. Mayor ilusión no cabe.

Veamos el primero. Los congresos por la libertad de la cultura se habían inaugurado en Berlín en 1950 bajo la presidencia de honor de Benedetto Croce, John Dewey, Karl Jaspers, Salvador de Madariaga,

Jacques Maritain, Reinhold Niebuhr y Bertrand Russell; el que tuvo lugar en Milán en septiembre de 1955 fue el más importante de todos: por la persona que lo animó, el filósofo Raymond Aron, viejo amigo y en esos años durísimo opositor de Jean-Paul Sartre; por la importancia de los asistentes procedentes de cinco continentes, desde Karl Polanyi a J. K. Galbraith, desde Hannah Arendt a José Ortega y Gasset, desde Daniel Bell a Richard Crossman; por los sesenta informes presentados que dieron lugar a un texto de más de mil páginas; y por el tema sometido a debate, el futuro de la libertad vinculado al fin de las ideologías.

Aron prestó su apoyo al sociólogo estadounidense Daniel Bell y le concedió la ponencia clave indicándole que no se trataba de definir Estados Unidos como sociedad de masas, sino de analizar el territorio universal de las doctrinas, un adelanto de lo que luego sería su afamado y polémico libro *El fin de las ideologías.* Bell acepta, convencido de la conclusión a la que ha llegado, con sobradas pruebas para demostrarlo e ideas para iniciar el debate. Es la mejor ocasión para decirlo:

> Hemos sido testigos durante la década pasada del agotamiento de las ideologías decimonónicas y, concretamente, del marxismo, en cuanto sistemas intelectuales que proclaman la verdad para sus concepciones del mundo [...]. Muchos intelectuales han comenzado a sentir temor de las masas o de cualquier forma de acción social. Es la base del neoconservadurismo y del nuevo empirismo.

Es difícil determinar qué admirar más en su ponencia: si su dominio de una situación que responde aún a la lógica de la Guerra Fría, si sus hallazgos sobre los nuevos nichos de negocio vinculados con la cultura o el modo que tiene de desenvolverse en un debate con argumentos tan poderosos como futuristas, poniendo énfasis en la claridad expositiva. Estamos a punto de apostarlo todo por un cambio en profundidad del curso de la historia, y por eso dice:

> La transformación más importante en el campo del crimen organizado en la década de 1940 fue la creciente importancia del juego frente a las demás clases de actividad ilegal; siendo un negocio de miles de millones de dólares, el juego experimentó una transición paralela a los cambios ocurridos en la empresa americana en su conjunto [...] la aceptación social de quienes se dedicaban al juego en ese importante mundo tan considerado socialmente como es el deporte y la diversión, es decir, la sociedad elegante.

Esta afirmación se interesa por la postura del Estado en la evolución de la economía de las siguientes décadas, una postura que ha de ser bien diferente a la que se había hecho hasta ahora: «En Estados Unidos, durante los años cuarenta y cincuenta, ha predominado una postura escéptica ante la proclamación de que el socialismo, al eliminar la base económica de la explotación, resolvería todas las cuestiones sociales». Pero ahora eso no basta porque durante estos años «los americanos han encontrado en su país virtudes nuevas, favorables al pluralismo, a la aceptación del Estado social, al desarrollo de la educación pública y a las oportunidades de empleo intelectual. Y, sobre todo, debido a la Guerra Fría han llegado a la conclusión de que la Rusia soviética es la principal amenaza a la libertad del mundo de hoy». Por consiguiente, la batalla cultural era un conflicto moral que afecta a lo dañado y lo parcial, lo ausente y lo incalificable. Bell reserva su atención de mayor calidad a la materia moral. Ni deshielo ni nada por el estilo. La amenaza para la libertad está cargada de virtualidades significativas y sonoras, aunque Bell razona los argumentos con disimulada corrección a favor de la sociedad abierta: «Los economistas soviéticos, de acuerdo con la teoría marxista del valor, no podían admitir la productividad del capital ni utilizar la tasa de interés para medir la colocación racional del capital». Y eso conduce a la ruina a la Unión Soviética, y no el crecimiento del gasto generado por la Guerra Fría con la altamente costosa carrera espacial. Aquí hay muchas cosas que debatir en las sesiones del Congreso.

Septiembre de 1955. Ciento cincuenta intelectuales de todas las tendencias políticas, desde conservadores a socialistas, están llamados a debatir el modo de construir el futuro. Una materia resbaladiza, tanto o más que saber cómo terminar la catedral que dio lugar a otra reunión también en Milán, y también en septiembre, pero en este caso en 1391, cuando los maestros de obras no tuvieron más remedio que llamar al matemático Gabriele Stornaloco para que les mostrara las dificultades a las que se enfrentaban para terminar la catedral (de hecho, no se pudo concluir hasta el siglo XX, en tiempos de Mussolini). Como por azar, la ciudad, el mes, la encrucijada se repiten a la hora de afrontar el futuro, de la economía en el siglo XX, o de la arquitectura en el siglo XIV. ¿Vencerá el sentido común a los enfrentamientos ideológicos? Aron en 1955, como Stornaloco en 1391, así lo desean; el mundo también.

El debate queda reducido a la mínima expresión en aquel Milán de 1955: al papel del sector público y a la planificación económica por parte del Estado; como en el Milán de 1391 se redujo a cuestiones puntuales sobre el coste de los albañiles que debían levantar un edificio que nadie sabía si se debía hacer. No es necesario haber leído una sola palabra de Jaspers para adentrarnos en los difíciles territorios axiales de la historia, en el siglo XX o en el siglo XIV. Fluyen cada vez que se tiene que tomar una decisión. En los debates de Milán en septiembre de 1955 se puso en tela de juicio el capital de prestigio de los combatientes antifascistas, fraguado en la larga marcha por la libertad desde el triunfo del Ejército Rojo sobre la Wehrmacht en Stalingrado en 1943. En las abstracciones concretas y paradójicas que gravitaban en torno al carácter «libertador» soviético en unos meses en los que se estaba gestando la crisis de Hungría que estallaría un año después y que luego veremos. En ese lenguaje escatológico que Bell recupera se advierte que el deshielo era una ilusión.

A quienes les interesaba la historia para explicarse las razones de ese anunciado fracaso en el debate sobre la libertad, que acabo de resumir aquí muy por encima, les resultaba intelectualmente eficaz y gratificante seguir los pasos de lo que dijeron en Roma los historiadores de profesión que acudieron con ganas a aquella magna reunión.

El segundo de los congresos de 1955 tuvo lugar efectivamente en Roma. Se trata del X Congreso Internacional de Ciencias Históricas. El éxito estaba asegurado. Decenas de historiadores de todos los países, incluidos muchos de la Unión Soviética, deseosos de ser escuchados por sus colegas occidentales y de buscar el modo de que sus libros se tradujeran del ruso, lo que les abría de par en par las puertas al debate. Inglaterra e Italia cedieron sus editoriales para tal fin.

En las sesiones de trabajo de Roma se presentó todo lo que había que decir sobre el pasado mezclando materias, argumentos y métodos: este y oeste, mentalidades religiosas o *trends* económicos se discutieron con intensidad. Ernest Labrousse y sus discípulos Adeline Daumard y François Furet presentaron una ponencia para hacer historia al servicio de una clasificación social sobre categorías profesionales moduladas por el estatuto jurídico y el rol en la cadena productiva, dejando de lado los viejos paradigmas de acontecimientos y personajes al servicio de una nación. Sin embargo, introdujeron una apostilla muy polémica: el método cuantitativo es clave para analizar el curso de los acontecimientos humanos y no las categorías sociales elaboradas por Marx y defendidas por Pierre Vilar con poca fortuna. Si ha habido un momento en los últimos ciento cincuenta años en el que de verdad se hubiera podido afianzar la forma de cambiar de historia fue sin duda ese.

En Roma, en 1955, se reveló el método cuantitativo y surgió la distinción social con base en investigaciones empíricas, aunque Roland Mousnier y los suyos insistían en la necesidad de fijar el estatus social al Estado a la hora de entender el comportamiento humano ante la trascendencia. Fue la primera oportunidad para cerrar el círculo vicioso de un debate sin fin, y no logró un método conjunto. Con el paso de los años, muchos de los asistentes lo sintieron. Pero era muy tarde.

Roberto S. López no sucumbió, pero otros sí, incluidos profesores eminentes: Michael Postan, Wilhelm Abel, Charles Verlinden, Édouard Perroy, o Michel Mollat. Cuando se trata de cuestiones académicas, es verdad, la disidencia es difícil.

LA VISIÓN TRÁGICA. GOLDMANN AL RESCATE

En 1955, Lucien Goldmann publica *El hombre y lo absoluto* (en el original francés *Le Dieu caché*) una lectura muy original sobre la visión trágica de una época, el Barroco francés, de profundas antinomias en la concepción del mundo. En su brutal eliminación del positivismo es fácil tener la impresión de que este libro es una suerte de manifiesto contra el academicismo imperante en los estudios literarios de la Sorbona y otros centros educativos franceses. Efectivamente, Goldmann es el historiador más singular de los cincuenta, y seguramente el único puente entre los *Annales* y el marxismo. En calidad de discípulo de Braudel, se sintió atraído por los soportes materiales de la época clásica francesa, el siglo XVII, y en calidad de intelectual *engagé* se sitúa cerca del existencialismo sartriano y del humanismo marxista que se proponía en los ambientes parisinos como solución a la batalla cultural para afrontar el futuro. Los colegas nunca pensaron en él con familiaridad, le elogiaban y le envidiaban, le admiraban y le maldecían, pero se sentían intimidados ante la posibilidad de crear un frente a partir de sus ideas y afirmaban que, por el hecho de ser un historiador-filósofo, lo que decía era poco fiable, es decir, que lo era de verdad, concretamente que había logrado sacar la mentalidad barroca de una de esas prisiones de larga duración planteadas por el maestro Braudel, en especial que el estudio de Pascal, Racine y los demás llevaba aparejado un análisis en profundidad de las razones que habían dado lugar a una literatura francesa que buscaba los motivos que alumbraron el jansenismo.

Goldmann insiste en que los franceses del siglo XVII eran conscientes de que vivían bajo el peso de la gracia y la predestinación y debido a ello apostaron por una visión trágica, porque su destino quedó sellado en el momento mismo en que una parte importante de la nobleza aceptó sus argumentos. Sin embargo, hay aquí una cuestión clave: ¿entre qué tipo de gente se desarrolla la visión trágica y por qué se orientaron hacia la concepción de la vida? En litigio con Roland Mousnier y su escuela, Goldmann explicó el jansenismo dentro del conflicto entre el Parlamento de París y el rey y las dos guerras civiles, La Liga y La Fronda. Una ideología que se extiende desde el retiro de Le Maitre en 1637 hasta la representación de la *Fedra* de Racine en 1677. Y con ello confirma su tesis central de que

> los hechos humanos forman siempre estructuras significativas globales cuyo carácter es a la vez práctico, teórico y afectivo, y estas estructuras sólo pueden ser estudiadas positivamente (explicadas y comprendidas) en el contexto de una perspectiva práctica fundada en la aceptación de un conjunto de valores.

Ante las críticas de elitismo, Goldmann respondía con ojos centellantes que sin duda en el siglo XVII son los escritores, filósofos o dramaturgos, quienes expresaron, a través de sus obras, la conciencia posible del grupo social del que formaban parte; negando de paso el valor de la cuantificación en el estudio de la cultura, lo cual condujo a que Ernest Labrousse y los suyos se volvieran hacia su trabajo bufando furiosos contra una lectura del pasado de un marxista que se desentendía de las fuerzas productivas y las relaciones de producción al interpretar la visión trágica que caracterizó a la sociedad francesa del siglo XVII. Los sarcasmos habituales se oyeron en medio de un torturante silencio con el que se castigó la obra de quien pudiera haber cambiado en positivo el rumbo de los estudios sobre el imaginario de la sociedad. Y él, sin acompañamiento alguno, despojado del poder del grupo, tal como se estaban organizando los estudios académicos en París a mediados de los cincuenta, se dispuso a escribir *Por una sociología de la novela*, libro publicado en 1973, tres años después de su muerte. Sergio Beser lo leyó.

TRÓPICOS DEL CAMBIO. TRILLING DESNUDA LA CRÍTICA

En 1950, Lionel Trilling, ese talento neoyorquino y profesor de la Universidad de Columbia, publicó *La imaginación liberal*, un alegato a favor del nuevo canon con el que enfrentarse a la alienación de la sociedad del espectáculo. En los años cincuenta se comenzaba a ir más al cine que al teatro: con *Ordet*, Carl Theodor Dreyer invita a tomar conciencia de la dimensión metafísica de la vida. El protagonista Johannes se abstrae del mundo cotidiano al leer a Søren Kierkegaard y su presencia es un elemento disonante, pero eso no basta, es preciso que la Voz, oráculo de Dios, hable. Dreyer realiza aquí una obra maestra que además abre el camino no sólo para apreciar su inigualable *Gertrud*, sino también para valorar la cinematografía de Ingmar Bergman.

En 1955 se estrena *Sonrisas de una noche de verano*, especie de prólogo a la sublime *El séptimo sello* y a la entrañable *Fresas salvajes*.

El existencialismo ha vencido, finalmente. La inocencia ha sido reconocida, lo humano se eleva sobre lo divino. En las salas de cine de Europa se descubre una forma de considerar la cultura por encima de las viejas polémicas entre ambos bandos. Al salir de ellas, el público ya sabe lo que tiene que hacer, abrirse al amor, la paz y la reconciliación. Aunque sea de «arte y ensayo» es una bella cinematografía que llega al corazón sin culpabilidad y saca al mundo de su alienante conflicto entre dos modos de entender el producto cultural, el que viene de Estados Unidos en forma de comedias de costumbres y el que viene de la Unión Soviética lleno de consignas del partido.

¡Gloria a la imaginación liberal de Trilling! La gran literatura es la única capaz de poner de relieve el error de cada empeño por presentar una explicación de la experiencia humana. Los temas fundamentales de los años cincuenta están aquí, pues señala convincentemente que la sociedad del espectáculo, basada en la democracia, necesita de la existencia de su mayor contrincante, la gran literatura, y cita como ejemplo autores fuera de toda cuestión, Pound, Yeats, Proust, Joyce, Lawrence y Gide, que tienen en común su escaso aprecio por la democracia y sus artificios. En el reino de la verdad, la gran literatura es la clave, no los votos de la gente.

Una de las más bellas novelas de estos años es *La habitación de Giovanni*, de James Baldwin (1956). Un descarnado alegato a favor de los derechos civiles, los de verdad, no los creados por los impostores que salen de los guiones cinematográficos (y luego de las televisiones que llaman a la puerta). Le falta la insurrección. Ya llegará. Durante la composición de esta obra salen palabras de un profundo valor. La voz subterránea es pavorosa, penetra en el alma, es un grito lanzado por ella: «Una vida entera dedicada a la bebida y a mirar hombres». Cada minuto tiene un precio para el porvenir de una cultura que no es capaz de salir del atolladero del conflicto político. Todo está en el cristal de la ventana, pero aún no está decidido, «ya que no hay nada más insoportable, cuando uno la tiene, que la libertad». Pero sobre todo es evidente que la lucha es imposible si se está triste.

La idea se encontraba en el ambiente gracias al éxito de 1954 de la novela de Françoise Sagan, *Buenos días, tristeza*. Una joven de vida refinada que aprende epicureísmo de Lucrecio, pero a través de una antología escolar de Henri Bergson, para aprobar el examen de septiembre, y que ha de enfrentarse a un acontecimiento inesperado. Se trata de la extraña que altera el orden familiar, sin afectar a las tendencias de fondo de los treinta años gloriosos: consumismo, crecimiento económico y relajación de costumbres. ¿El viejo orden llegará a recomponerse de nuevo tras la tormenta veraniega? Es esperable, sí, qué duda cabe en una sociedad moderna; pero ¿es deseable?

La respuesta se encuentra en el libro más famoso de esos años: *Tristes trópicos*, una suerte de biografía intelectual trufada de una configuración de la política del momento. Tuvo éxito, aunque breve: el libro es demasiado difícil. Claude Lévi-Strauss, después de haber agitado el estudio del parentesco en los pueblos sin escritura, se vuelve sobre sí mismo para captar el sentido del estudio en una era que aspira a tomar distancia del pasado, incluso a olvidarlo. En tales circunstancias no acepta que la antropología sea la subalterna de la sociología y de la historia. Se define con firmeza, ve, juzga a los contrarios. ¿Estamos en el umbral de una batalla cultural? Pues sí.

Lévi-Strauss tiene la impresión de estar viviendo en medio de una perpetua renovación, en un tiempo en que la novedad siempre resulta vencedora, y desarrolla un plan: utiliza su notoriedad para indicar el camino a seguir en el engranaje comparativo de las sociedades y hacer que se entienda, como a él le parecía que era en realidad el tal engranaje. Razonar es por tanto un modo de estructurar el saber lejos de la dialéctica que promueve el marxismo. Ese es el telón de fondo de un debate de ideas que un acontecimiento se encargaría de complicar al máximo: el ataque de la Unión Soviética a Hungría en octubre de 1956.

EL CALOR DE LA LIBERTAD. HUNGRÍA 1956 Y DE NUEVO SARTRE

Estamos a 26 de octubre de 1956, una gran fecha en la historia de la libertad, cuando se quebró la confianza en la ilusión del comunismo como arma de la redención de las clases oprimidas, para decirlo con François

Furet. La Unión Soviética, alarmada por la revolución que tiene lugar en la ciudad de Budapest, dentro de su área de influencia según los acuerdos de Yalta, presiona al Gobierno húngaro de Imre Nagy para que aumente la represión contra los jóvenes disidentes a los que empiezan a unírseles miembros del ejército con armas y pertrechos. El Gobierno se muestra indeciso a la espera de la respuesta de Occidente; más bien de los americanos acantonados en la República Federal de Alemania, que son los verdaderos guardianes entre el centeno. No ocurre nada. El interés del presidente Eisenhower se limita a la situación creada en el canal de Suez por el ejército anglo-francés, que ha acudido a la región en apoyo de una iniciativa israelí. Las tropas del Pacto de Varsovia entran en Budapest ante los atónitos ojos de los rebeldes, que creían que el régimen comunista iba a caer suavemente. Los muertos se cuentan por miles. Los supervivientes son enviados a prisión y comienzan las purgas, que hacen recordar los viejos tiempos de Stalin. En realidad, nada ha cambiado en la Unión Soviética, salvo la gomosa pantalla creada por la propaganda. János Kádár sustituye a Imre Nagy: nadie iba a liberar a Hungría. Ni siquiera Jean-Paul Sartre, que despierta de su largo sopor de *gauchiste* que calla demasiadas cosas. Y así, en su brutal ensayo político de 1956 *El fantasma de Stalin*, Sartre escribe: «La URSS no ha colonizado ni explotado sistemáticamente las democracias populares. La verdad es que las ha oprimido durante ocho años», en concreto desde 1945, cuando utilizó el Ejército Rojo para vencer al régimen nazi y al mismo tiempo para liberar Europa oriental. Con esta afirmación, sacude la conciencia de los europeos de izquierdas y la saca de su complacencia con el Partido Comunista, a la vez que aparta un poco la paja ideológica, permitiendo vislumbrar qué hubieran podido hacer los bolcheviques pero qué no hicieron:

> La URSS podía haber tratado de granjearse la amistad [de las democracias populares], en lugar de lo cual, deliberadamente, por pesimismo o por desprecio, prefirió la constricción [...] no supo ni quiso romper el cascarón de la costumbre de la desconfianza para adaptarse a la nueva situación y asumir el liderazgo de Europa central... Estos aliados oprimidos, arruinados, tratados como gente desleal se fueron volviendo menos fieles.

A esto cabría llamarlo atadura del patrón sobre el empleado, del Estado-guía soviético sobre los Estados satélites, una observación que, a mi juicio, convierte *El fantasma de Stalin* en uno de los grandes ensayos políticos de los cincuenta y desde luego en el mejor de Sartre.

Con Sartre se produce la explosión y aparece el eurocomunismo para mostrar el desafecto de la izquierda occidental con los bolcheviques de Moscú. ¿Otra batalla cultural? Claro, el eurocomunismo se expande dentro de ásperas polémicas entre los militantes comunistas. El principal referente es Antonio Gramsci: teórico italiano del marxismo lejos del modelo bolchevique sostenido por la Unión Soviética. Gracias a él, la filosofía se dispone a leer *El capital* de Marx de otra manera. Lo hace en París un modesto profesor de la Sorbona que termina siendo una celebridad mundial, llamado Louis Althusser. Demasiado énfasis en la forma en que propuso abordar el conocimiento del pasado para cambiar de historia. El medievalista afincado en Aix-en-Provence, Georges Duby, llamado a ser el faro de la disciplina en las siguientes décadas, se apoya en su lectura para analizar la sociedad campesina de los siglos XI y XII. Con el tiempo lo confesó en las notas autobiográficas con el título de *La historia continua*: «Althusser me apasionaba porque consideraba la ideología como una ilusión ineludible en el seno de toda formación social».

En los salones donde aún se celebra la Guerra Fría tienden la oreja. Los historiadores son capaces aún de salvar la imagen del «socialismo real».

1957 fue un año clave en ese asunto. Vayamos a verlo.

11

ESA SENSACIÓN DEL AZAR

(1957-1962)

El azar es una categoría pura del presente.

REINHART KOSELLECK, *Futuro pasado* (1979)

ENTRE ROBBE-GRILLET Y BOB DYLAN

Dos dualistas salen al paso para ajustar los cambios radicales que la sociedad exige en 1957. El novelista francés Alain Robbe-Grillet y el poeta-cantautor Bob Dylan. Ambos coinciden en un decidido rechazo del pasado.

Veamos.

Robbe-Grillet plantea dejar de ver la literatura como un entretenimiento burgués y convertirla en una odisea imaginativa del yo. La propuesta la realiza en cuatro novelas: *La doble muerte del profesor Dupont* (1953), *El mirón* (1955), *La celosía* (1957) y *En el laberinto* (1959). En realidad, lo que propone tiene un nombre, *nouveau roman*: polémico punto de partida de la expresión literaria cuya razón de ser asume un horizonte de esperanza para el futuro. Se reconoce como nueva novela los relatos distanciados del calcificado realismo naturalista de Flaubert y Zola tanto como de las normas de la *recherche* de Proust, o aquellos ajenos al expresionismo de Kafka y al estilo de Nabokov. La razón para imponerla como gusto literario expresa esa sensación del azar que configura la trama y crea la estructura antes de abordar la primera página. La seguridad en la planificación del texto concede una posibilidad a los guiones de películas, y así, la nueva novela se legitima con el guion de *El año pasado en Marienbad* (1961) de Alain Resnais, tanto o más que con la creación de la revista *Tel Quel* (1960), que cuenta con Philippe Sollers al frente de la redacción. No es raro que se produjera una fuerte colisión con la revuelta de los jóvenes en los campus universitarios de Estados Unidos: revuelta que, inicialmente, es un movimiento a favor del consumismo en la línea de las *bobby soxers* para convertirse en una proclama política en la campaña presidencial de John F. Kennedy.

Bob Dylan afronta el duelo con otras armas. Las que nacen del ambiente de la última frontera triunfante con la aparición estelar de Joan Baez en el Festival Folk de Newport en 1959. En ese momento se supo, por enojoso que les resultara a los residentes en la exclusiva ciudad de Rhode Island, o sea, a los ricos burgueses que aman el jazz pero no el movimiento *beat*, la vigencia del folk, máxima expresión del regreso a los colores, los sabores y los olores de una infancia perdida donde las madres hacían tartas de manzana al atardecer. Los seguidores de la nueva estrella de la canción vestían de modo informal, a veces con un estilo contracultural importado de California, gastaban poco dinero ya que acampan al raso (más motivos de irritación entre los dueños de moteles) y se mostraban insolentes con las opulentas mansiones. Hay un magnífico escenario aun cuando no se sabe bien hacia dónde conduce todo ese movimiento. Como los cantantes no tienen en realidad un plan, sus canciones sólo existen en el momento presente, en una irrupción repentina, que no puede experimentarse como nostalgia: si lo hicieran así, ya no sería azar, es decir, la categoría pura del presente como único gran valor. Conforme avanzan sus dificultades se multiplican junto a sus temas.

Joan Baez propone un viaje a un lugar inexistente, un futuro de armonía y de paz: viaje a través de una música convertida en la acción más radical de la batalla cultural del largo siglo XX. *El preso número nueve* recibió críticas, aunque allí estaban los jóvenes blancos de familias acomodadas asumiendo las quejas de los desclasados del país, afroamericanos o latinos, colegas que luchan junto a ellos contra una sociedad injusta: es el espíritu de protesta. Volver la vista hacia el gran cinismo de la modernidad, donde se impulsa la integración social a la vez que la exclusión de los enfermos o los ancianos siempre produce náuseas, aunque esa canción en particular provoca palpitaciones. Es como hacer una visita a la celda en la que uno ha estado encarcelado alguna vez por sus ideas, por su sensibilidad en contra de la impostura.

Cuatro años después, en 1963, tiene lugar la revelación del gran duelista que es Bob Dylan. Su caso resulta ejemplar.

Todo comienza con Joan Báez arrastrándole al escenario de Newport para que cante con ella. Dylan, tan sagaz como poco conocido entonces, gira sobre sus talones y la sigue sin pestañear entre los aplausos de un público entregado. Todos están contentos, distendidos, porque la rebelión juvenil ha despertado la conciencia de una sociedad que necesita revisar a fondo sus valores. De momento, se divierten. Contemplada desde ese punto de vista, la música folk no es una adopción del pasado rural americano, sino la aparición de una epifanía de lo que en esos años el filósofo Paul Ricœur llamaba estructuras de la temporalidad: percibir el pasado lejos de los valores de la civilización occidental.

Robert Zimmerman, un cuáquero de Duluth, Minnesota, la ciudad minera donde su familia regentaba un *drugstore*, maneja los mensajes aprendidos en los ambientes *beat* de Nueva York, Greenwich Village y otros lugares. Es la voz de un joven comprometido, convertido en estrella de la cultura musical estadounidense. Sus canciones afrontan los temas de actualidad: la paz en «Masters of War»; los derechos civiles en «Blowin' in the Wind»; las injusticias sociales en «The Lonesome Death of Hattie Carroll»; la revolución en «When the Ship Comes In». La poesía de protesta vira hacia la música, y *esa* música tan suya era poesía de protesta. Al escribir «A Hard Rain's a-Gonna Fall» adquiere un compromiso ante la Guerra Fría, no en vano la cantó dos semanas antes de la crisis de los misiles cubanos. Al presentar la lluvia como metáfora de la guerra, redacta versos al modo de Woody Guthrie, quién, en 1940, había escrito «Why Do You Stand There in the Rain» para oponerse a la implicación estadounidense en la Segunda Guerra Mundial.

¡Atención al conflicto generacional sobre el valor de las banderas de los padres! En 2006 fue objeto de la película de Clint Eastwood sobre los efectos propagandísticos de la batalla de Iwo Jima en la confección de la foto en la que seis marines izaban la bandera en lo más alto del islote recién conquistado.

El éxito de Dylan tendrá lugar después de 1963, o sea, después de que, junto a Joan Báez, invitara a los jóvenes a que acudieran el 28 de agosto a la Marcha sobre Washington que culminó en el Lincoln Memorial. Se inicia entonces una larga aventura de veintidós años en los que vendió treinta y cinco millones de álbumes. Hay un fuerte contenido empático en su música que ilumina a toda una generación. Basta abrir *The Freewheelin*, con «Blowin' in the Wind», y el corazón de los jóvenes de los sesenta se eleva y ruge, y el sabor a nuevo se acentúa con las aclamaciones y los gestos de compromiso moral del público; la música es una proclama contra el pasado.

En *Mitologías* (1957), Roland Barthes advirtió el lenguaje de la cultura de masas en forma de una semiología de lo nuevo:

> Acababa de leer a Saussure y, a partir de él, tuve la convicción de que si se consideraban las representaciones colectivas como sistemas de signos podríamos alentar la esperanza de salir de la denuncia piadosa y dar cuenta en detalle de la mistificación que transforma la cultura burguesa en naturaleza universal.

¡Exacto! De eso se trata.

Al escuchar «Mr. Tambourine Man» y «Subterranean Homesick Blues», los jóvenes descubren una nueva dirección para la música. La ironía y la sátira, valores claves de la contracultura, ponen a prueba los límites de la sociedad capitalista a las puertas de la guerra de Vietnam. La mezcla socarrona de negocio y cultura captó el interés: un golpe luminoso en un tiempo alucinante, psicodélico, lo califica Juan Lagardera en sus notas autobiográficas. Acompañando a Bob Dylan llega Thomas Leary, profesor de psicología de la Universidad de Harvard, con el desafío de integrar en el estudio *Las puertas de la percepción*, el provocador libro de Aldous Huxley (1954) sobre el efecto de las drogas psicodélicas en la creación. ¿Quién da más?

Jim Morrison, por supuesto.

Morrison bautizó a su grupo The Doors, un nombre sacado de la obra de Aldous Huxley. Había llegado la hora de remover el infierno interior de las personas a ritmo de rock and roll. La psilocibina colocaba. No era un viaje por las nubes, más bien era un descenso a la dimensión oscura del ser humano provocado por un viento lóbrego y a la vez salubre. Se abren así de par en par las puertas para la entrada de las drogas en el mundo de la cultura, que a su modo aconsejaba William Burroughs en *El almuerzo desnudo* (1959). Y ahí se quedaron durante décadas. Nadie pareció advertir que ese combate lo perdía quien lo ganaba. Vuelta al escenario de Newport; Báez enseña el camino a Dylan, y ambos plantean la encrucijada del momento: crear una música para que la sociedad comprenda que está al final de una época y a la vez sostener una disonancia perpetua para comenzar una nueva era. No todos estuvieron conformes con ese camino.

Sin embargo, las señales en sentido contrario no están unificadas: no se dirigen a un mismo punto, de modo que, como una generación ajena a la evolución del rock and roll, cuesta procesarlas, lo que puede constituir la diferencia entre la sensibilidad de quienes adoran a Dylan y los que creen posible una regeneración de la vida musical que arranca de ese momento sublime que fue la fuga de Bach. La señal más *fuerte* en esos años llega de Francia con tres sonatas para piano de Pierre Boulez, expresión de la música realizada por Karlheinz Stockhausen, Luigi Nono, Ernst Krenek, Milton Babbitt o Antonio Ruiz-Pipó. Compositores todos ellos que ofrecen las verdaderas señales en sentido contrario a las bellas disonancias que del folk llevaban al rock and roll, allí en la tierra ignota de la llamada música clásica del siglo XX.

Tres danzas del sur (1951) de Antonio Ruiz-Pipó es el punto de partida: estimuló la polémica musical de los cincuenta sobre las relaciones entre música y espectáculo. A los que seguían al creativo Dylan, y en general a todos los que desde el folk se acercaban al rock and roll, las propuestas de Boulez, que no hacían más que legitimar intelectualmente las danzas del sur de Ruiz-Pipó, se les aparecían como las adversarias de los anhelos de los jóvenes; para los que pensaban aún en la música de los doce tonos y las experimentaciones acústicas, Boulez defendía el dodecafonismo como el verdadero impulso para la música del futuro. Así se verificó un caso cargado de intenciones, el de los cineastas que en París aceptaron el reto de los *Cahiers du Cinéma* de formar una *Nouvelle Vague* capaz de alejarse del *dumping* musical americano. En *Los cuatrocientos golpes*, François Truffaut fue el primero en evitar el folk a la hora de hablar de los quebrantos de un joven desarraigado y eligió a Jean Constantin para que compusiera el tema central que cantó Juliette Gréco. Luego siguieron Jean-Luc Godard, Éric Rohmer o Claude Chabrol.

La neutralidad de Robbe-Grillet y el compromiso de Bob Dylan calientan los ánimos de los jóvenes en los primeros años sesenta. El culto al éxito también; y la política hizo el resto, ya se sabe —decía Foucault en 1963— que la política es una actividad necesaria pero abyecta, instalada en el lenguaje de la ficción. Estamos ante la estrecha puerta que conduce a *El nacimiento de la clínica*: libro que responde a una idea que catapulta a su autor a la fama: el cuerpo es el espacio del origen. Si pasamos por alto los choques culturales superficiales implícitos en la distancia de sesenta años, hoy como entonces, la afirmación de Foucault sigue mostrando el carácter intelectual de mirar el mundo con aquella perspicacia que supo ver la joven Alice A. Jardine cuando acudió a París a estudiar los modos de configuración de la mujer en los discursos de la modernidad.

La historia de esos años se explica fácilmente. Se trata de asumir sin más la tendencia instintiva de toda una generación hacia lo fantástico que se traslada a una filosofía liderada por Foucault. Ira, pánico y decepción son sensaciones ante el porvenir que, pese a ser exageradas, despiertan el favor de los círculos intelectuales de París y otros lugares, en especial los campos universitarios de los Estados Unidos. Nadie se sorprenda: con Foucault se supo por fin hacia dónde soplaba el viento.

UN CENTRO FICTICIO. LEER A BARBARA W. TUCHMAN

En 1957, la división del mundo en dos bloques continúa y con ella el modo de proceder de unos y de otros mirándose por encima del hombro al abordar los rumores del tiempo, según el afortunado calificativo con el que Ósip Mandelstam evoca el mundo tal como queda en los años que siguen a la Revolución húngara. La represión del Ejército Rojo es vista como un gesto bolchevique de los viejos tiempos, cuando los miembros del partido frenaban cualquier disidencia. Una reposición de bajo coste de las purgas de Stalin.

En Moscú, Jruschov supera un intento de destitución por el Comité Central del Partido Comunista y cesa al círculo estalinista, enviando a Mólotov a Mongolia y a Malenkov a dirigir una fábrica en Kazajistán; mientras que, en Washington, se prepara la mudanza en la presidencia de la nación sin que los republicanos seguidores de Dwight Eisenhower reparen en que los demócratas están barajando la posibilidad de sostener la candidatura de John F. Kennedy, el modelo de líder al que aspiran a seguir los hijos del *baby boom.* Al darse cuenta de ello, Eisenhower se irrita, algo poco habitual en este maestro de la cautela que dirigió la operación Overlord (el desembarco en Normandía el 6 de junio de 1944) porque el presidente Roosevelt no quería desprenderse del general Marshall, y elige a Nixon como vicepresidente, sin querer oír lo que se decía de él: un maldito mentiroso de mirada turbia (Harry Truman); un estafador con la pericia de un vendedor de estilográficas (John Calman); un individuo deshonesto (Barry Goldwater). Breve: un granuja de tres al cuarto aupado a un cargo que no merece. Y el propio Kennedy confiesa a su círculo íntimo: «Lo siento por Nixon, porque no sabe quién es, y a cada paso se ve obligado a decidir qué Nixon es en ese momento, lo cual debe de resultar muy agotador».

El mordaz comentario de Kennedy marca la época si atendemos a lo dicho por Roberto Rossellini en la película *El general de la Rovere*, con guion de Indro Montanelli. Un cambio de perspectiva ante la sinceridad, ciertamente; la impostura en los cincuenta se condiciona al triunfo de la ideología de la nueva frontera en el ámbito de la política y en la moral de la nueva generación ante un mundo vacío, cruel y escapista.

Un presidente viejo superado por las circunstancias: ¡qué hermosa escena para una ópera de Vieri Tosatti que nunca llegó a componerse! Un joven utilizando la televisión para darse a conocer como el hombre más adecuado para dirigir el país y al que se le enfrenta un individuo mediocre, carente de criterios morales. En realidad, el choque de formas era un pretexto para un hecho más profundo. El verdadero tema era Kennedy: un cosmopolita risueño, casado con una elegante mujer de gran talento para crear una personalidad de sí mismo enfrentado a Nixon, un adusto provinciano, medio zombi, que aparece en televisión sin afeitar. Aquí está el dilema de la nación que exportaba las formas culturales al mundo para convencerle de estar ante un futuro prometedor basado en la calidad y la distinción intelectual. Una moda de los sesenta, hoy en desuso.

Kennedy es elegido presidente de Estados Unidos. Su sueño político descansa en la creencia de que la cultura sigue siendo literaria, a pesar de que para resolver los problemas recurre a libros de historia. Durante la crisis de los misiles cubanos lee *Los cañones de agosto* de Barbara W. Tuchman. Es la respuesta a la provocación de empezar una guerra sugerida por los generales, que ocupaban un lugar muy bajo en la consideración de su equipo de Gobierno: lo más viejo de las historias de Estados Unidos desde los conflictos con México.

¿Y París? La sociedad francesa vive los cincuenta lamiéndose las heridas del drama de Dien Bien Phu en 1954, luego tratando de hallar una explicación al conflicto de Argelia con las acusaciones de torturas a las fuerzas paracaidistas y, por fin, asumiendo la llegada del general Charles de Gaulle, la Quinta República y la creación del Estado cultural por André Malraux. Tiempos difíciles, con una intelectualidad sacudiéndose los vestigios del existencialismo, mientras trata de entender la máxima de Ferdinand de Saussure: el signo lingüístico es arbitrario. Cualquiera que sea capaz de entender esa frase es que está bien conectado con lo que se lleva en ese momento. La lingüística estimula al estructuralismo y este a aquella. Un salto adelante con Roland Barthes en el centro de la trama hablando de semiología, la única palabra a la altura del *nouveau roman* en las conversaciones de sobremesa. El lenguaje representa la libertad absoluta, es como un juego capaz de crear una pasarela para integrar a los creadores literarios de Berlín Oriental.

¿Y la relación futuro-pasado? Para hacer historia con vistas al futuro prometedor que se abre en ese momento era preciso tomar distancia de la ocurrencia de Marx de que la humanidad progresa riéndose del pasado. Fernand Braudel, el más preparado para afrontar el desafío de un modo de *Faire de l'histoire* que cubra todas las necesidades, no era propenso a reírse y no le parecía bien que lo hiciesen los miembros de su escuela. Se pone serio y envía mensajes para que los historiadores dejen de intentar arruinar la fiesta revolucionaria invocando la lucha de clases.

MANIFIESTO SOBRE LA LARGA DURACIÓN: BRAUDEL DA UN PASO MÁS

Estamos en el número 54 del boulevard Raspail de París, sede de la École des Hautes Études en Sciences Sociales, en presencia de Fernand Braudel, cuyo magisterio es hábilmente fraguado como la mejor salida a la crisis de las ciencias sociales tras la muerte de Lucien Febvre en 1956. Es más joven que su maestro, por supuesto, pero también tiene un mayor olfato historiográfico, más sutil. Se le eleva a la presidencia de la VIe Section y a la dirección de la revista *Annales*. Es el reconocimiento público por *El Mediterráneo en la época de Felipe II*, uno de los más grandes libros de historia, un monumento al saber con el horizonte del mar enfrente. Todo eso pasa por el rostro de Braudel en un instante manierista: una mirada perspicaz con la que responde con descaro a los desafíos que le vienen de la Sorbona con Vilar y Mousnier y la cortesía perfecta con sus amigos y colegas de otros países, en especial Italia, a la que adora, y la necesidad de cumplirlos. Pocos historiadores de los cincuenta (Roberto López quizá) son conscientes tan directamente de su responsabilidad. En el seminario de la École Braudel es todo lo contrario de un gruñón como lo había sido Louis Halphen.

«Hay una crisis general de las ciencias del hombre: todas ellas se encuentran abrumadas por sus propios progresos, aunque sólo sea debido a la acumulación de nuevos conocimientos y a la necesidad de un trabajo colectivo cuya organización inteligente está aún por fijar», escribe en 1958 Fernand Braudel haciéndose eco desde las páginas de la revista francesa *Annales* de una preocupación en el amplio territorio de los estudios sobre el pasado. Cuando lo vemos acceder a la cátedra del Collège de France —o conspirando para que los historiadores alcancen el lugar que merecen en la república internacional de las letras, rebasando las fronteras de su país y arrastrando a colegas como Federigo Melis a crear un centro de estudios de historia económica en Prato—, cuesta mucho creerlo: Braudel sólo dispone de sus propios recursos.

La época que se abría en este momento ha sido la más provechosa para fundar una historiografía crítica que supere las lealtades divididas entre el positivismo, que sostenía a la sociedad capitalista, y el materialismo histórico, faro del proyecto soviético. Al medir las interpretaciones de los historiadores más significativos de esos años —Braudel, Falco, Will Durant, Barraclough, Menéndez Pidal, McCullough— se revela el cruce constante de componentes y de valoraciones diversas que, al fin y al cabo, conforman el cuerpo de los acontecimientos humanos que el historiador tiene la obligación de buscar con rigor en la documentación conservada en los archivos. Y ya que la historia de Europa muda de aspecto según el modo en que se interpreta, por ejemplo, en el estudio del mundo rural y la economía campesina, en la apreciación del Sacro Imperio Romano Germánico o en las ciudades mercantiles, así se puede decir del tiempo utilizado. Braudel propone la *larga duración* para resolver el problema entre acontecimiento y forma económica (modo de producción, decían los marxistas) creando una historiografía a la altura de la época, donde contar el pasado es el mito moderno, dijo Roland Barthes con su habitual sentido de la oportunidad. En aquella época, yo sólo leía a Toynbee y a Adams. Tenía poca sensibilidad entonces para el estudio del ritmo de los intercambios mercantiles.

Braudel tiene la prisa del maestro que orienta a una escuela de jóvenes historiadores. Cuenta con un ambicioso proyecto, que se convertirá en *Civilización material y capitalismo*, y desde el primer momento capta las posibilidades de ese libro, las adivina en el análisis de la causalidad, la acción y la consecuencia. Está en el umbral de una manera diferente de percibir la historia captando que el tiempo es la provincia específica del historiador. Se centra en esa parte *lentement rythmée* donde se forjan las civilizaciones y sus propuestas provocan la inevitable presión social. En París se murmura sobre él, se cotillea sobre el ancla que sostiene sus estudios, se rumorea a quién sirve en realidad. ¿Es el icono de la Quinta República sostenida por titanes como él? Los alumnos, naturalmente, le transmiten los chismes: con el tiempo serán grandes figuras de la historiografía mundial, Jacques Le Goff, Emmanuel Le Roy Ladurie, Maurice Aymard, François Furet, Mona Ozouf. Reciben esta respuesta del maestro: «Más allá de los ciclos y de los interciclos está lo que los economistas llaman, aunque no siempre lo estudian, la tendencia secular». De todos modos, añade unas notas de precaución en calidad de maestro:

«El hombre es prisionero, desde hace siglos, de los climas, de las vegetaciones, de las poblaciones animales, de las culturas, de un equilibrio lentamente construido del que no puede apartarse sin correr el riesgo de volver a poner todo en tela de juicio».

Así, por un lado, el magisterio de la nueva historia; por otro, las murmuraciones procedentes del marxismo. Dado que el análisis de la estructura es bueno para entender el pasado, es normal que atienda a quienes lo han hecho desde otra perspectiva. A Ernst Robert Curtius, que sigue el sistema cultural heredado desde la baja latinidad hasta el desarrollo de las literaturas nacionales como el elemento específico de la cultura europea; a su propio maestro, Lucien Febvre, quien precisa el valor del utillaje mental en el análisis de Rabelais, pieza clave en los evangelios seculares que fijan el mundo moderno; a Pierre Francastel, capaz de mostrar la permanencia de un espacio pictórico incluso en los grandes debates de las vanguardias del siglo xx. Emplear todos los ejemplos a la vez, simultáneamente, es un gesto muy años cincuenta, un ideal de la cultura para unir criterios en el análisis de lo que subyace, la estructura de una civilización que siente al aliento de la crisis.

El agudo Braudel, que se sabe bajo vigilancia de economistas como Ernest Labrousse desde el centro de estudios marxista del boulevard Auguste Blanqui de París, reconoce que «la larga duración se presenta como un personaje embarazoso, complejo, con frecuencia inédito»; pero su apuesta es flagrante: «Para el historiador, aceptar la larga duración equivale a prestarse a una corrección de estilo, de actitud, a una inversión de pensamiento, a una nueva concepción de lo social». Hablamos por tanto de cambiar la historia, al menos su estudio, porque por algo se empieza. Este curioso detalle se advierte más en la honestidad y flexibilidad de sus observaciones: «Ya se coloque uno en 1558 o en el año de gracia de 1958, para quien pretenda captar el mundo se trata de definir una jerarquía de fuerzas, de corrientes y de movimientos particulares; y, más tarde, de recobrar una constelación de conjunto». Por lo tanto, debe, en buena lógica, trabar el modelo que pueda ayudar a comprender lo que «está soplando en el viento».

La última de las observaciones de Braudel sobre la controversia del tiempo corto contiene una advertencia. Tampoco él ha podido escapar al interés por los acontecimientos, pese a haber expresado su desconfianza respecto a una historia que se limite a relatarlos: «La historia dialéctica de la duración: no pensar tan sólo en el tiempo corto, no creer que sólo los sectores que meten ruido son los más auténticos; también los hay silenciosos». De momento no quiere decir nada más, pero añade, para tranquilizar a los lectores que en parte son sus alumnos, que «pretendo plantear —no resolver— problemas en los que por desgracia cada uno de nosotros, en lo que concierne a su especialidad, se expone a evidentes riesgos. Estas páginas constituyen un llamamiento al debate». Como lema de combate no está nada mal. Pero se trata de la respuesta de un historiador que se siente comprometido con la disciplina, un gesto que tiene que ver con la grandeza personal. Hay que buscar otros casos.

FINAL DEL VIAJE DEL EXPRESIONISMO ABSTRACTO

Entre 1957-1962, se cambia el curso de la pintura. Hoy, setenta años después, nadie duda de la importancia de ese momento y nadie deja a un lado una fuente de tanta importancia para saber los pasos dados a la hora de afrontar el futuro con la mirada puesta en el pasado. Todos los testimonios de una época tienen derecho a ser escuchados, aunque se vuelven contra los grandes mitos cuando recortan la estatura de los gigantes al buscar la identidad política de quienes financiaron sus obras. Algunos acusan a la CIA de apoyar a muchos de ellos para organizar un frente cultural contra el realismo soviético. Lamentablemente, las ideas caen una y otra vez en la propaganda. Y de eso estamos sobrados.

El brusco giro artístico de 1957 es una historia de pintores trágicos y fuertes: Pollock, Rothko, Canogar, Feito, Saura, Tàpies o Soulages, entre otros. El manifiesto de los integrantes del grupo El Paso aparecido en febrero de ese año muestra el camino si queremos entenderlo:

> Conscientes de la inutilidad de la discusión sobre los términos abstracción-figuración, arte constructivo-expresionista, arte colectivo-individualista, etc., nuestro propósito es el de presentar una obra auténtica y libre, abierta hacia la experimentación e investigación sin fronteras, y no sujeta a cánones exclusivistas y limitados. Propugnamos un arte recio y profundo, grave y significativo. Luchamos por un arte hacia la salvación de la individualidad, dentro del signo de nuestra época. Nos encaminamos hacia la transformación plástica en la cual encontrar la expresión de una «nueva realidad».

Luego, Michel Seuphor situó sobre una línea los elementos de este cambio para apreciar el contraste entre las varias propuestas plásticas del momento. Vamos a verlas.

¿Qué sucedió en 1957 para que estallara un hecho así? Recurro a una película que lo explica a través de una metáfora tan cautivadora como el cuento de hadas que la engloba: *Mona Lisa Smile*, dirigida por Mike Newell: *La sonrisa de Mona Lisa*, en versión española, estrenada en 2003. Desde los primeros planos se siente el desafío que debe afrontar Katherine Watson (interpretada convincentemente por Julia Roberts), que ha sido contratada en la conservadora Universidad de Wellesley para impartir el curso de Historia del Arte 1953-1954.

En la sociedad americana ha comenzado el despertar de las mujeres y vuelve año tras año, para no parar nunca. Los aires que forjan a grandes líderes como Betty Friedan corren por los pasillos de esa venerable pero avejentada institución. Se trata de enseñar a las élites sociales un nuevo sentido de la vida que les aleje de ser ángeles del hogar. Watson planta cara al modelo educativo *à l'usage des demoiselles*, según lo definió Paule Constant, y dirige a las alumnas en función de su capacidad para situar su vida dentro de la batalla cultural sin que se le pase por la cabeza el recurso al resentimiento infantil hacia los grandes artistas masculinos. Instalada en la universidad, percibe desde el primer día la mediocre enseñanza de la historia del arte donde la idea de la grandeza en sí le es negada. La excelencia no es un atributo del varón blanco, y así se enfrenta con la vigilante de los valores tradicionales, cuya vida pasa a toda prisa del paraíso al infierno sin solución de continuidad. Este es el momento en que entra en contacto con el profesor de italiano. ¿Uno de los suyos? ¡No! El profesor de italiano le prepara una trampa, pues la desea, y le miente. La acción se tensa. Todos los personajes son importantes. Porque la época también lo es. La doctora Watson busca en sus emociones más profundas la verdad que quiere enseñar en el aula. De hecho, sin saberlo, ha entrado en un mundo donde se van a dirimir los valores básicos de una nueva sociedad, la posibilidad de huir del destino que el capitalismo tiene preparado para las mujeres atrapadas en la gama blanca de los electrodomésticos que los almacenes ofrecen a plazos. Propone un acto creador ante un cuadro de Jackson Pollock, sin sentimentalismo, y deja a las alumnas a su deriva para liberarlas de los restos de romanticismo que, según ella, llevan aún dentro. Deben aprender a sentir su tiempo; en lugar de eso, las ve entretenidas con asuntos de otra época. Allí las deja a todas ellas, atónitas ante una tela, representando todos los arquetipos, desde la madre a la prostituta. Es ese talento por la reacción silenciosa el que explica la época.

Comentario aparte merece la elección del curso 1953-1954 como escenario para este manifiesto sobre una feminidad dañada. La doctora Watson acudía a impartir clase en una sociedad conmocionada por la aparición de la novela *Lolita* de Vladimir Nabokov, una *road movie* de un profesor que trata de seducir a una niña de doce años, y acaba el curso con noticias de la publicación en París de la novela de Françoise Sagan *Buenos días, tristeza*, suceso literario y escándalo social. ¿De qué combate estamos hablando? ¿Acaso del valor del eterno femenino que atrae hacia arriba, como decía Goethe? ¿O, por el contrario, del peso de lo masculino en la sociedad que asfixia cualquier liberación de la mujer? La doctora Watson necesita una respuesta para poder ofrecérsela a sus alumnos, y las dos novelas que triunfaron en el mundo en aquel cuso 1953-1944, *Lolita* y *Buenos días, tristeza* tenían la clave para hacerlo. Pero ella busca la respuesta en la pintura que estaba cuestionando la sociedad americana desde finales de la Segunda Guerra Mundial: el expresionismo abstracto representado fundamentalmente por Robert Motherwell, Mark Rothko y sobre todo Jackson Pollock.

Habilidad técnica y denuncia abierta a los valores dominantes. Pollock colocó los lienzos en el suelo y los salpicó de pintura para convertir el expresionismo abstracto en un campo de significaciones. Y funcionó. Los artistas reunidos en el bar Cedar del Greenwich Village confiaban en la catarsis social del arte, y las mujeres que atendían a sus llamadas proponían una auténtica metamorfosis de la sociografía social, donde ellas ocuparían un lugar de igualdad de derechos y de exigencias. Ese era uno de los lados más comprometidos de las proclamas de mediados de los años cincuenta. Ponerse de pie y dejar de andar de rodillas. Aunque eso llevara en ocasiones a hacer realidad el dicho que sobre esa generación había dejado caer Elaine de Kooning: «Vivir rápido, morir joven y dejar un bonito cadáver» (Pollock murió en un accidente automovilístico a los cuarenta y cuatro años, en 1956).

Esta vida bohemia, rebelde, con James Dean de referente (él también murió en un accidente automovilístico), y que saluda a Albert Camus (que también murió en un accidente de coche), tenía sus razones para ser así; a todos los jóvenes de esos años el tiempo se le echaba encima buscando una nueva cultura. Así eran los últimos apasionados del expresionismo abstracto americano que comenzaban a mostrarse emocionalmente vulnerables ante los cambios en el gusto estético que se les proponía. Lanzan una idea por aquí, una sugerencia por allá, una palabra, un grito, un aullido, y esperan ser claramente subversivos. Quieren demostrar algo, pero no tiene nada que ver con el arte, sino con un deseo muy profundo, aprisionado en el subconsciente, de que para seguir hay que cambiar la historia. Y dirigen la mirada hacia quienes se lo explican.

EROS Y TÁNATOS. NORMAN O. BROWN ENTRE EL TEMOR Y EL TEMBLOR

A mediados de los cincuenta, algunos estudiosos se interesan por la sexualidad, bajo el nombre de amor, permitiendo que uno de los pioneros de la contracultura californiana, Norman O. Brown, alcance un éxito sin precedentes al publicar el libro *Life Against Death* (1959), traducido casi de inmediato al francés con el título de *Eros y Tánatos*. El éxito se debe a que tiene algo valioso entre manos y lo dice: las relaciones entre el temor y el temblor en la conducta humana ante la cercanía de las relaciones sexuales. Y si se las aleja, crea unos traumas sociales difíciles de superar. Aquí se demuestra que el sexo tiene poder, también él.

Primero una observación programática. Norman Brown se plantea su trabajo como un desafío a los estudios de Freud, que señalan que el hombre está situado ante una crisis trágica, cuya salida es una revisión a fondo del sentido psicoanalítico de la historia. Es raro el argumento en favor de la libido como programa para la liberación del instinto al enaltecer la fantasía. Desde luego es un argumento amable, desenvuelto con la vida, pero ¿adónde quiere ir a parar? ¿Cuál es el espacio mental en el que aspira a entrar forcejeando con textos y testimonios que ruborizan a los lectores que aún creen posible una regeneración de la vida sexual?

El resultado final se encuentra resumido en las siguientes observaciones: «La fantasía, considerada como ilusión de los objetos que niegan dialécticamente los objetos presentes, confiere a la realidad un significado oculto y confiere a la experiencia una cualidad simbólica». Y en cuanto a contenido histórico deja claro que de este modo emprende la revisión de Freud al insistir que la lucha entre eros y tánatos no es una oposición dualista, inmóvil y fría, sino que es dinámica y susceptible de cambio. Deriva de un equilibrio primordial al que podría volverse otra vez, perspectiva esta conservada celosamente en las grandes motivaciones míticas de redención y resurrección, de la Nueva Jerusalén o del nirvana. Pero dado que las obras humanas no proporcionan la guía para alcanzar el conocimiento de lo profundo, hay que buscarlo en el conflicto de contrarios desavenidos. El debate sobre la acción moral se centra no en los aspectos superficiales de la conducta en los que los hombres expresan su sensibilidad ética, sino en la fuente escondida de la que manan sus acciones; por ejemplo, el miedo. Lo que viene a continuación es, pues, una aclaración de que la vida y la muerte se hallan unidas de algún modo a nivel orgánico, mientras que a nivel humano están separadas en campos opuestos y en conflicto, y que, a este mismo nivel, la extroversión del instinto de la muerte es el modo de resolver un conflicto que no existe a nivel orgánico. ¿Si la muerte es parte de la vida, hay en la actitud humana hacia la muerte una morbosidad especial? Los animales dejan que la muerte sea una parte de su vida y usan el instinto de muerte para morir; el hombre construye culturas inmortales y hace la historia para luchar contra la muerte. Mala noticia para los comandos suicidas que empezaban a vislumbrarse por el horizonte. Es mejor divertirse que morir por una causa, la que sea.

La escatología no falta en la contracultura, a fin de cuentas la vida es hija obediente del ritmo (musical). Todos a la discoteca a bailar, a bailar hasta vencer a los miedos de la noche mediante ese simulacro de muerte que es la muerte orgásmica de la que siempre se renace. Lo bueno llega el día en que un compositor, que conoce la profundidad de ese miedo entre los jóvenes y es capaz de hacer propuestas a una discográfica inteligente, se convierte para todos en un verdadero fénix. La contracultura sabe que un músico es capaz de doblegar lo más duradero de la civilización. No nos extrañe que se crean dioses luchando contra los titanes.

Esta situación presentada por Norman Brown ya se había visto antes. Pienso en el insigne romanista Leo Spitzer trabajando con ahínco en 1944 para revelar el amor lejano del trovador del siglo XII Jaufré Rudel, devorando teorías de los *connaisseurs* sobre la *gaieté* de los trovadores provenzales, desde Stendhal a Nietzsche, y a las para él recientes de Simone Weil sobre el mito mediterráneo. Nunca las evitó, al contrario, las asumió con disciplina y sentido crítico. Porque se trataba de situar la sexualidad a la que la cultura literaria llama amor como un ritual de paso inasible a la voluntad del ser humano por conquistar un lugar en la sociedad. Al fin y al cabo, desde los trovadores, este eros que lucha contra la muerte es un juego educativo además de un estado de ánimo. Provoca cosas extrañas. El orden se viene abajo mediante la sublimación de actos que desde la más temprana adolescencia se convierten en oscuros objetos de deseo. El argumento lo llevó Jacques Lacan al seminario de 1959-1960 sobre *La ética del psicoanálisis* con el fin de situar la distancia entre deseo y ganas en la vida sexual. Surge en el siglo XII con el nombre de *fin' amor* (amor cortés) porque las damas de la sociedad aristocrática se muestran, como las heroínas que encarnaba en la pantalla Grace Kelly, distantes hasta la desesperación de quien esté a su lado, sea un voyerista accidentado, un cínico asesino, un ladrón refinado, o un sheriff solitario.

La ficción construye la realidad. Así, en 1956, el director Charles Walters vuelve sobre la vieja obra teatral de Philip Barry sobre uno de los muchos relatos de Filadelfia que había llevado al cine George Cukor años atrás, en 1940. Le ofrece el papel protagonista a Grace Kelly (haciendo de Tracy Lord, en la versión anterior Katherine Hepburn) y a Bing Crosby el de su vecino y antiguo marido C. K. Dexter Haven (en la versión anterior el papel lo hacía Cary Grant) con la intención de que interprete la canción de Cole Porter «True Love», que ganó el Oscar de ese año, y haga que ella se incorpore con su voz melosa, en el tono de las heroínas de los cuentos de hadas. Esa novedad con respecto a la versión teatral y a la película de Cukor indica el peso que las canciones tienen en los cincuenta y el efecto que se buscaba con la voz de Grace Kelly. Pero el caso es que fue su última actuación en el cine porque las siguientes actuaciones las hizo en la vida real en calidad de princesa de Mónaco.

TWIST Y POP ART. DE ISAAC DEUTSCHER A PERRY ANDERSON

Un día de 1961, cuatro adolescentes propusieron que la sociedad bailara al ritmo de lo que llamaron «the twist» y tuvieron éxito. El rock and roll se recupera a través de una experiencia espiritual de giros constantes con ecos sufíes. Y muchos se sorprendieron bastante con esa actuación en la MacDowell Colony, un refugio de artistas y escritores de lo más *in*. Lo que sucedió después es increíble. Música hay y seguirá habiendo miles de canciones. Y sólo hay un ritmo: lo dice Chubby Checker: «Let's Twist Again».

Un ritmo, un tono musical: este asunto de *uno* como referente de la cultura de los sesenta preocupa quizá más a la sociedad abierta que a la sociedad soviética, y no es extraño. Ya no vemos decenas de ritmos y de tendencias musicales, boleros, blues, chachachá, rock and roll, unos diez todo lo más, relegados, con sus partidarios e intérpretes, al apartado de los gustos personales. ¿Acaso el *uno* basado en el twist es la respuesta a la globalización que está por llegar?

El pop art de Roy Lichtenstein y Andy Warhol creció en ese bullicio, en esa batalla cultural, donde el twist es el único ritmo dotado de alma en una sociedad abatida. Los lienzos basados en viñetas de cómic realizados por Lichtenstein para su hija son llamaradas de ilusión por la vida en color por tecnicolor, y de hecho lo son. Ciudades asidas a los resplandecientes acrílicos, no al blanco y negro que propuso Woody Allen para enseñar Manhattan a los jóvenes de provincias. Pintura pop, un mito por fundar, no andarse con rodeos sobre los temas importantes de la vida. Pero como el arte y la vida, en ciertas circunstancias extremas, son la misma cosa, fue preciso que Andy Warhol realizara la serie de treinta y dos cuadros de latas de sopa Campbell. ¿Quién da más?

La exposición en Los Ángeles de 1962 fue el punto de partida de un cambio en la vida cultural. No hay ni que decir con qué impaciencia se esperaba la nueva aportación y de qué modo se anhelaba una difusión que justificase el concepto «popular» de ese arte. El recurso a la serigrafía facilitó la multiplicación de las pinturas que, además de altos beneficios, lograron una mayor difusión.

¡Qué crueles son los debates cargados de ideología! Cultivan la ojeriza al oponente, mezclan opiniones y argumentos, avivan desdenes con ácida intensidad: son la tierra baldía donde muere el sueño de la concordia y se impone la cruda realidad. Cuando seguimos el trabajo de Isaac Deutscher *El gran contexto* (1960), en el que analiza la figura del poeta Yevgueni Yevtushenko como representante de la nueva ola creadora, no me cabe duda de que en los años ahora considerados el marxismo tenía la misión de cambiar el curso de la historia como paso obligado en el proceso de implantación de la cultura soviética. De ahí que este gran historiador marxista, reputado biógrafo de Stalin (1949) y de Trotski (1954-1963), vea el futuro como el efecto de esos dos héroes trágicos, cuya obra corrige todo aquello que necesita una corrección, arregla todo aquello que necesita ser modificado en la línea que empleara la New Left desde 1956 para revisar los contextos en los que se realizan las transformaciones en el curso de los acontecimientos. Es el libro que muchos esperaban, tal vez porque ideó la teoría a partir de la cual se podía revivir el sueño bolchevique de 1917. Por eso los debates de esos años son tan crueles, tan tristes: la existencia del debate en sí constituye la prueba de que ya es demasiado tarde para ese proyecto. Sólo se puede ver un debate feliz en la obra de Deutscher porque responde a una teoría de la consolación sobre el proceder del estalinismo por parte de un autor con simpatía por la nueva izquierda abierta a los valores de la Cuarta Internacional. La cuestión en esos años era si esa idea se podía extender a los países del mundo atraídos por el marxismo, Laos, Vietnam, Camboya, Afganistán, Guinea, Mozambique, Angola, algo que confirmaría que la Guerra Fría era el pararrayos de todas las tensiones históricas entre fuerzas de clase internacionales opuestas. Deutscher, al llegar a su propio punto de agotamiento, tuvo la suerte de contar con Perry Anderson, un desconocido historiador muy preparado, y con su lúcida mirada se puso manos a la obra. ¡Y qué obra! Sus estudios lo tocan todo, partiendo de Deutscher para superarlo, un frenesí teórico marxista que se aleja del estalinismo e incluso del leninismo, sin que el porqué y el para qué sean especialmente obvios; frases enteras desafiando al mundo para cambiar de historia en unos años en que la falsa alternativa al estalinismo era ya una antigualla de eruditos provincianos. Quizá por eso la gran obra de Deutscher, con sus correcciones por Anderson, sea necesaria hoy más que nunca cuando se necesita discutir las razones de la actual Rusia en relación la imagen del doble proceso revolucionario de 1917. ¿De cuántos historiadores se puede decir algo parecido?

Nada puede prepararnos para lo que viene a continuación, ni siquiera la lectura del refinado ensayo de Fernand Braudel *Aportación de la historia de las civilizaciones* donde se dispone «a discutir el problema bastante insólito de si la historia de la civilización, tal y como se ha desarrollado desde el siglo XVIII, desde el *Essai sur les moeurs* de Voltaire (1756) hasta nuestros días, es capaz de esclarecer de alguna manera el conocimiento del tiempo presente y, por lo tanto, necesariamente del futuro, puesto que el tiempo de hoy sólo es comprensible vinculado al tiempo de mañana». Veamos por qué lo digo al analizar una obra de gran éxito a comienzos de los sesenta, tan enigmática como inquietante que casi puede disculparse que se leyera tanto y con tanto interés: es muy significativo.

SOBRE EL AMANECER DE LOS BRUJOS. PAUWELS Y BERGIER A EXAMEN

En octubre de 1960, la editorial Gallimard publica un libro lejos de los ideales de la NRF: *Le matin des magiciens* de Louis Pauwels y Jacques Bergier, traducido en España como *El retorno de los brujos*. Nunca se han explicado los motivos de la publicación. Es una lástima. Con este libro volvía el debate sobre la sincronía del inconsciente suscitado en los años treinta por Carl Gustav Jung en *El hombre moderno en busca de un alma*. Lo arcano, lo oculto llega, con Pauwels y Bergier, al gran público. En realidad, es una introducción al realismo fantástico.

Aunque apelen a la temporada en el infierno de Rimbaud, el tema de este libro remite al espacio intelectual ideado por el político alemán de entreguerras Walther Rathenau en su obra *¿Dónde va el mundo?* para subsanar lo que él mismo decía a menudo al referirse a la República de Weimar: «En este momento estamos en la era de los mediocres: sólo los políticos que frecuentan los bares tienen oportunidad de ganar». Y así, mientras Rathenau se convirtió en el arquitecto del Estado corporativo, Pauwels y Bergier completaron su visión del mundo preguntándose por las civilizaciones desaparecidas a modo de advertencia a un mundo que había entrado en la era atómica sin apreciar el peligro. He aquí el tono provocativo de *El retorno de los brujos*: liderar el debate sobre un futuro sustentado en un conocimiento minucioso de un pasado que se quiere ocultar. El éxito del libro crea un manto de silencio sobre su contenido, lo mismo que sucedió con *El último hombre* (1826) de Mary Shelley o la famosa, a la vez que desconocida, novela de Edward Bulwer-Lytton *Los últimos días de Pompeya.* No es un delirio, como la califican apresuradamente sus abundantes enemigos; es literatura sobre visiones terminales. Por eso se describen conocimientos extraños, cosmogonías alternativas, procesos alquímicos en conexión con Camille Flammarion y su famoso libro *El fin del mundo* (1894). A veces se acusa a Pauwels y Bergier de haber escrito un panfleto apologético sobre la tradición oculta; es absolutamente falso; más bien se trata de un diagnóstico de su uso:

> Mientras los hombres alimenten el sueño de obtener algo por nada, dinero sin trabajar, conocimientos sin estudio, poder sin conocimientos, virtud sin ascetismo, florecerán las sociedades presuntamente secretas y de iniciación, con sus jerarquías de imitación y sus fórmulas que remedan el lenguaje secreto, es decir, *técnico.*

Los doce años de hegemonía del nacionalsocialismo en Alemania alcanzan protagonismo, pero dejan claro que es el grupo de *magiciens* lo que les interesa. Su doctrina política está de capa caída. Vieja cultura política de taberna. Nadie se la cree en los años sesenta. Pero no pasa lo mismo con las ideas de individuos como Hans Hörbiger, Karl Ernst Haushofer o Dietrich Eckart. Sus libros se leen en los círculos de iniciados. Pero no se publican en editoriales serias, pero en internet quizá podría pasar. Pasará. Curiosa historia: la ciencia ficción cuenta con millones de seguidores convencidos de la cosmogonía glacial, la Tierra plana, las cuatro lunas. La ciencia se aleja del gran público, la pseudociencia no deja de aproximarse. No puedo explicarlo. Hay que seguirlo de cerca. Aunque no sabría decir qué impulsó su éxito entre la gente. Sólo que ha conseguido, no obstante, un lugar en el mundo con una prueba clave: que sus libros sean superventas. Es verdad, eso no es justo; pero es lo que hay.

Concluye Louis Pauwels:

> Cinco años de reflexión y de trabajo con Jacques Bergier me han proporcionado sólo una cosa: la voluntad de mantener mi espíritu abierto a la sorpresa y a la confianza ante todas las formas de la vida y ante todos los rasgos de inteligencia del ser viviente. Estos dos estados: sorpresa y confianza, son inseparables. La voluntad de llegar y de mantenerse en ellos sufre a la larga una transformación. Deja de ser voluntad, es decir, yugo, para convertirse en amor, es decir, gozo y libertad. En una palabra, mi única adquisición ha sido que ahora llevo en mí, *désormais indéracinable*, el amor a lo que vive en este mundo y en el infinito de los mundos.

Cuando se empieza a indagar sobre el fondo cultural del nazismo y se describen sus ideas cosmogónicas, ya sabemos lo que significa: la necesidad de una revisión de lo sucedido en Alemania y que nadie advirtió en el campo de la sociología, pese a los insignes nombres que la habían trabajado. ¿Qué era el nazismo en la primavera de 1960, aparte del recuerdo de algo siniestro ocurrido en tiempos de los padres? Interviene el azar para responder a este severo interrogante. Estamos a merced de una lectura del hecho nazi que triunfa. Hay que verla de cerca. Constituye un punto de inflexión: es profundamente veraz.

EL MAL COMO BANALIDAD: EICHMANN EN JERUSALÉN

El 11 de mayo de 1960 detienen en Buenos Aires a un empleado de la fábrica Mercedes en Buenos Aires que en realidad resulta ser un nazi muy buscado, Adolf Eichmann. Meses después comienza el juicio en Jerusalén bajo la acusación de crímenes contra el pueblo judío y contra la humanidad. La revista *The New Yorker* le pidió a Hannah Arendt que asistiera y lo narrara con puntillosa precisión. El «reportaje» resultante une la controversia al éxito; y eso lleva a su autora a reunir los artículos en un libro. Los esfuerzos que se habían hecho por intentar explicar la cultura nazi se volvieron vanos al día siguiente de la aparición del libro de Arendt gracias a su subtítulo, *Un informe sobre la banalidad del mal*, que desde entonces razona cualquier estudio sobre el nazismo.

Estamos, pues, ante la lectura de una prestigiosa filósofa judía, que en su juventud había frecuentado a Martin Heidegger, es decir, ante el esfuerzo por entender la mentalidad de un hombre que ha hecho y ha dejado hacer a sus subordinados cosas monstruosas sobre las que no siente culpabilidad alguna. El carácter despótico de los jefes de la SS (grupo de muerte organizado por Heinrich Himmler al servicio del Tercer Reich) es irreconocible en la mansedumbre del acusado. Por mucho que el fiscal hubiera mostrado las pruebas de sus espantosos crímenes nadie diría que ese hombrecillo era un fanático forjado en el racismo ario y en la fidelidad al *führer* Adolf Hitler. La radiografía moral del personaje aturde al lector cuando la propia Arendt comenta que le dejó la novela *Lolita*, de Nabokov, y se la devolvió, tras leerla, diciendo que se trataba de un libro pernicioso.

Desde las primeras observaciones del reportaje, se siente que Arendt ha introducido un terremoto en la vida intelectual de Occidente a comienzos de los sesenta. Un latigazo a las conciencias de quienes aún no habían pensado seriamente al enemigo de la Segunda Guerra Mundial, una tormenta en la cálida superioridad de la clase dirigente angloamericana, una revolución en la manera de ver el nazismo: esta vez la batalla cultural se tiñe de un nombre, y el de Hannah Arendt dio mucho que hablar. Una breve pausa para indicar que la manera de afrontar el juicio de aquel hombrecillo y la grotesca estupidez de sus palabras finales demostraba mejor que otra cosa la banalidad del mal. No se aminora el estremecimiento de sus comentarios, el torbellino de quejas y denuncias. El debate sobre la solución final está presente.

¿La trama del fin del judaísmo europeo? Sí, y se llama la *shoah* en hebreo; el Holocausto: el acontecimiento del que cuesta hablar porque según George Steiner se halla fuera del discurso histórico al hallarse fuera de la razón; ese es el acontecimiento que se analiza en el informe al calificar a uno de sus responsables de estar atrapado en la banalidad del mal. En lo que se refiere al relato del oficio de un hombre sencillo ante el horror, Hannah Arendt da un enorme salto en cuanto a la conciencia humana. Entiende que lo que sucede entre Eichmann y sus miles de víctimas es básicamente el cumplimiento de un día más en la oficina. Sobre las intenciones del libro, Arendt anota en mayo de 1963: «Escribí este libro durante el verano y el otoño de 1962, terminándolo en el mes de noviembre de ese año, mientras me encontraba en el Centro de Estudios Superiores de la Wesleyan University en calidad de profesora invitada».

¿De qué trata? De la descripción de un juicio bien dirigido por el juez Moshe Landau y de las atrocidades realizadas por el acusado, o sea, que el recuerdo del pasado nazi no abandona en ningún instante la sala de la Beth Ha'am, la casa del pueblo, valga esto como advertencia a cuantos imaginan a una Hannah Arendt ajena a lo que allí se plantea desde el punto de vista legal. Ella es absolutamente precisa en lo que ve, pero no como se suele creer. Por de pronto señala lo que es importante, las garantías procesales. Por muy criminal que sea a quien se juzgue debe ser juzgado conforme a la ley. Y así razona:

> Ben Gurión, al que con justicia se llama el arquitecto del Estado de Israel, fue el invisible director de escena en el juicio de Eichmann. No asistió a sesión alguna, pero en todo momento habló por boca de Gideon Hausner, el fiscal general, quien, en representación del Gobierno, hizo cuanto pudo para obedecer al pie de la letra a su jefe. Y si, afortunadamente, sus esfuerzos no consiguieron los resultados apetecidos, ello se debió a que la sala estaba presidida por un hombre que servía a la justicia con tanta fidelidad como el fiscal Hausner servía al Estado. La justicia exigía que el procesado fuera acusado, defendido y juzgado, y que los interrogantes ajenos a esos fines, aunque parecieran de mayor trascendencia, fuesen mantenidos al margen del procedimiento.

Porque por mucho que insistiera el poderoso y aturdido Hausner, «el objeto del juicio fue la actuación de Eichmann, no los sufrimientos de los judíos, no el pueblo alemán, ni tampoco el género humano, ni siquiera el antisemitismo o el racismo». Teatralidad y justicia casan mal. Al fiscal se le iba el juicio de las manos con sus constantes visitas a los medios de comunicación y la agresividad ante lo que consideraba mentiras del acusado. Mientras que el juez Landau estuvo en su sitio, «exigiendo discreción, tolerando el dolor pero no la ira, y prohibiéndose estrictamente el abandono a los dulces placeres de la publicidad».

¿Por qué?

Porque el juicio no puede descansar ni en la espantosa imagen del nazismo ni en las representaciones glamurosas de las víctimas. En este punto, Arendt se muestra crítica con David Ben Gurión, que busca convertir el juicio en una proclama política a favor del Estado de Israel al exigir que «los judíos de la Diáspora debían recordar que el judaísmo, "con cuatro mil años de antigüedad, con sus creaciones en el mundo del espíritu, con sus empeños éticos, con sus mesiánicas aspiraciones", se había enfrentado siempre con un "mundo hostil"»; que los judíos habían degenerado hasta el punto de dirigirse obedientemente, como corderos, hacía la muerte; y que tan sólo la formación de un Estado judío había hecho posible que los judíos se defendieran, tal como lo hizo Israel en su guerra de Independencia, en la aventura de Suez y en los casi cotidianos incidentes de las peligrosas fronteras israelitas. Y si bien los judíos que vivían fuera de Israel tendrían ocasión de ver la diferencia entre el heroísmo israelita y la abyecta obediencia judaica, también era cierto que los judíos de Israel aprenderían una lección distinta: «La generación de israelitas formada después del Holocausto» estaba en peligro de perder su sentido de vinculación al pueblo judío y, en consecuencia, a su propia historia: «Es necesario que nuestra juventud recuerde lo ocurrido al pueblo judío. Queremos que sepa la faceta más trágica de nuestra historia». El fiscal está fuera de sí. Es extraordinario escuchar sus alegatos en hebreo, y uno no entiende por qué están bien traducidos en francés o inglés y no en alemán, la lengua del acusado y, si se me apura, del propio fiscal. De ahí que se deslice la intención amagada en el juicio: «Descubrir a otros nazis y otras actividades nazis, como, por ejemplo, las relaciones existentes entre los nazis y algunos dirigentes árabes». Y así quedó claro que «el conocimiento de la imperecedera y omnipresente naturaleza del antisemitismo ha sido uno de los más potentes factores ideológicos del movimiento sionista desde el caso Dreyfus». Porque se trata de demostrar que el odio al judío, afirma el fiscal con énfasis, «es el imperativo con que se ha enfrentado nuestra nación desde que apareció en el escenario de la historia». A lo que Arendt responde:

> Mala interpretación histórica y barata elocuencia la del fiscal; peor todavía, estas palabras mal se compadecían con el hecho de someter a Eichmann a juicio, por cuanto sugerían que quizá este fuera el inocente ejecutor de algún misterioso designio formulado desde el principio de los siglos, o incluso que el antisemitismo fuera una fuerza necesaria para borrar el rastro del «sangriento itinerario de este pueblo», a fin de que, de tal modo, pudiera realizar su destino.

La pregunta es obligada: ¿se trata de unos hechos criminales o de una narrativa criminal? Y si es una narrativa criminal, ¿cuál es? El antisemitismo. Es poco probable. ¿La doctrina nazi? Se remite así a los Juicios de Núremberg. En todo caso, el reo debe responder, y lo hace en forma misteriosa: «Con respecto a todos y cada uno de los delitos imputados, Eichmann se declaró inocente, en el sentido en que se formula la acusación». Tal como se formula la acusación: ¿si se formulara de otro modo se sentiría culpable?

Adolf Eichmann, *SS-Obersturmbannführer* del régimen nazi, es un despojo vital, capaz de asumir los instintos más viles y mostrarlos de manera inquietante y, a la vez, grotesca. Su mente se rebela contra la acusación, su rostro arde por primera vez: él obedeció al mando. Por eso se siente culpable ante Dios, no ante la Ley. No lo dice él, lo dice su abogado defensor. Lo demás es cuestión de opiniones. Ya lo dijo Joseph Goebbels: «Pasaremos a la historia como los más grandes estadistas de todos los tiempos o como los mayores criminales». En este punto, el hombrecillo acusado de ser un ejecutor de la *Endlösung*, la solución final, hace un breve sermón para dejar claro que él nunca mató a ningún judío; sólo dio órdenes previamente recibidas de sus superiores; él sólo trasmitía. Y reta a cualquiera que pudiera demostrar lo contrario.

Sinuoso *habeas corpus*. Se empezó por eso. Luego por juicios donde la falta de pruebas convierte en «no culpable» a un reo. Pero en el caso de Eichmann nada podría quebrantar su convicción de que lo que hizo estuvo bien hecho porque obedecía una orden. ¿Que el mundo quiere acusarle? Morirá contento. El hombrecillo está en plena levitación cuando escucha la sentencia, en medio del estremecimiento público. Se ha hecho justicia: *Der Tod*, la muerte, ha vencido a eros. Pero queda por saber algo que Hannah Arendt no quiere ni siquiera plantear y que está en los inicios de esta época, el famoso subtítulo del *Ecce Homo* de Nietzsche: cómo se convierte uno en lo que es.

ENTRE KENNEDY Y CASTRO. LA SEMILLA LITERARIA DE ISAIAH BERLIN

La banalidad del mal planteada por Hannah Arendt en 1961 para aclarar el caso Eichmann nos proporciona una historia paralela en el mundo del poder político, la de dos figuras relevantes en los sesenta: el presidente de Estados Unidos John F. Kennedy y el líder de la Revolución cubana Fidel Castro. Ambos hacen realidad sus sueños; ambos acaban por liberarse en su país de las ataduras del pasado, uno tras una cura de humildad de su origen bostoniano que le lleva a unir a su causa a Lyndon B. Johnson, un texano; el otro sobre un fondo de insolencia de carácter jesuítico capaz de sumar marxismo y teología de la liberación. La última frontera y la Revolución cubana frente a frente. Los jóvenes ya saben que pueden elegir un camino u otro.

De momento, cada uno de ellos avanza sus posiciones guardando los problemas estratégicos para más adelante, y se disponen a definir lo que es América por un lado y lo que es América Latina por otro. Y lo hacen con el apoyo de la cultura literaria. Isaiah Berlin viaja a Washington para sostener en público la causa de JFK, mientras que los escritores Gabriel García Márquez, Julio Cortázar, Carlos Fuentes y Mario Vargas Llosa se manifiestan a favor de Castro.

Eso es todo, es sencillo. Basta con leer entre líneas.

Sí, son los tiempos de la batalla cultural más grande que ha visto el siglo XX teniendo la literatura como referente. Entra dinero, reina la alegría, hay reuniones literarias. Esplendor y ganas. Se gesta *Cien años de soledad*, literatura fantástica al servicio de la causa castrista. Pero nadie podía llegar a imaginar que de los enredados senderos de *Rayuela* surja *La ciudad de los perros* de Vargas Llosa o, más intensamente, la *Geografía de la novela* de Fuentes; tampoco nadie podía imaginar que los jóvenes del folk atendieran la llamada del presidente pensando en lo que podían hacer por su país antes de lo que el país podía hacer por ellos. Este contraste atraviesa la historia de 1962 como un ciclón.

En la reciente edición de *Las cartas del Boom*, sus responsables destacan que resulta absolutamente único encontrar cuatro grandes escritores (Cortázar, García Márquez, Fuentes y Vargas Llosa) en un contexto histórico casi sin paralelo, dialogando sobre novela, historia latinoamericana, sus propias biografías y la dinámica de sus ideas dentro de este contexto. En esas cartas que se cruzaban, en las obras que escribían y en las polémicas que suscitaban es donde descubrimos la causa de su éxito. Pese a que más tarde discreparon entre ellos (no mucho), sus planteamientos literarios y políticos dieron que hablar. Conocen los objetivos de Castro y los apoyan como la forma de alejar América Latina del control de los gringos. De momento, son los autores de referencia para miles de jóvenes que apuestan su vida y su talento en extender los ideales de la Revolución cubana en Nicaragua primero, luego en Venezuela, Ecuador, México, Argentina, Chile. Su literatura se difunde, se lee, se comenta. No tiene parangón.

¿No lo tiene?

Comienza el contraataque. Kennedy propone cambios políticos para convertir los sesenta en el periodo prometedor por excelencia y lo hace a través de una metáfora que triunfa: su círculo interno ha construido en la Casa Blanca una suerte de rutilante Camelot, en la que él ejerce de rey Arturo y su equipo de Gobierno, de caballeros de la Tabla Redonda. Pero ¿cómo explicarlo al mundo, que aún conservaba en la memoria la ironía de Mark Twain con *Un yanqui en la corte del rey Arturo*? Era necesario un novelista que estuviera a la altura, cuando menos de Gabriel García Márquez y sus *Cien años de soledad*. Lo encuentran en un recio escritor californiano, John Ernst Steinbeck, cuyas novelas han sido grandes éxitos llevados a la pantalla: *La uvas de la ira* o *Al este del Edén*. Le encuentran rumiando el relativo fracaso de *El invierno de nuestro descontento* y le convencen, quizá por medio de Lyndon B. Johnson, que era amigo suyo, de que termine el proyecto que había comenzado en 1956 de escribir una versión de los caballeros de la Tabla Redonda, mientras le van preparando el Premio Nobel, que se le concederá ese mismo año de 1962 («una opción de compromiso», anotó el jurado en un documento para la posteridad). Steinbeck, aunque dotado por la naturaleza de un talento de escritor quizá superior a todos los novelistas americanos del pasado, presente y futuro (eso es mucho decir si pensamos en Walt Whitman, Hemingway o Pynchon) nunca había osado fijar la naturaleza narrativa heredada de Thomas Malory. En esa tarea era lento, parsimonioso, terrible para su editor, porque estaba convencido de que escribir sobre el rey Arturo, ahora que se lo reclamaban, era como encontrar una piedra preciosa hundida en las entrañas de su jardín de Salinas, ocultando su secreto. El reto le gustaba, y también plantar así cara a los novelistas latinoamericanos del Boom. Pero aún estaba la cuestión de qué hacer con Malory. Escribe:

> Quise verter las palabras de Thomas Malory a la lengua llana de hoy para mis jóvenes hijos, y para otros hijos no tan jóvenes, verter el significado de esas historias tal como fueron escritas, sin excluir ni añadir nada, quizá para competir con las distorsiones del cine y la historia, que constituyen la única fuente accesible para esos muchachos y para otros que se impacientan con la escritura de Malory y con el uso de palabras arcaicas. Si pude hacerlo, y a la vez preservar la maravilla y la magia, me daré por contento y satisfecho. No tengo la menor intención de reescribir a Malory, ni de reducirlo, transmutarlo, atenuarlo o sentimentalizarlo.

Para conocer los efectos de estos debates literarios y en parte el hecho de haberle concedido a Steinbeck el Nobel de 1962 (y no a Robert Graves, Lawrence Durrell, Jean Anouilh o Karen Blixen) hay que volverse hacia la Guerra Fría: a los trece días de octubre que duró la crisis de los misiles cubanos y a la pugna de Kennedy con Castro a través de Jruschov. He aquí el trasfondo político de un juego del poder que en 1962 implicaba a muchos mitos modernos: la carrera espacial, la estrategia del mundo libre ante los procesos de descolonización, la libertad de expresión. Qué absurdo parece ahora. Y no porque viviamos en un mundo ajeno a este juego del poder, sino porque el escenario se ha ampliado.

Bajo las anotaciones de Isaiah Berlin del otoño de 1962, durante los días en que se instala en la Lowell House de Harvard para preparar las conferencias Storrs de la Universidad de Yale sobre tres momentos clave del pensamiento político occidental, los clásicos griegos, Maquiavelo y el Romanticismo, se encuentran alguno de los comentarios más tristes a los que se podía llegar entonces sobre la dificultad de afrontar la más amplia confabulación de cosas que la humanidad había visto hasta entonces. Y eso a pesar de que convivía con el círculo de Camelot, desde Philip y Kay Graham, editores del *Washington Post*, hasta Arthur Schlesinger, uno de los consejeros principales de JFK, sin olvidar a Joe Alsop, que le invitó a una cena privada en octubre de 1962, donde acudiría el presidente de Estados Unidos y su famosa esposa Jacqueline. En ese momento, cada frase, cada comentario, cada metáfora inútil y ostentosa saltan a la vista para angustia de un hombre que se jugaba el prestigio con la precisión de sus argumentos sobre lo que era exactamente el proyecto bolchevique de dominio del mundo. Semanas más tarde, una vez pasada la crisis de los misiles, tuvo dos cenas más de alto nivel donde probar su reputación de analista internacional y no estuvo a la altura de lo que él mismo hubiera esperado de sí al ponerse el esmoquin. En la primera cena se dejó llevar por un chusco comentario sobre la vida sentimental de Lenin que disgustó a Kennedy hasta el punto de afeárselo; en la segunda tuvo la oportunidad de rehacerse cuando el propio Kennedy le invitó a la Casa Blanca a una disertación en petit comité sobre el comunismo.

Y de qué manera lo hizo. Esta fue una jornada gloriosa para la historia, realizada de forma eficaz, coherente. La generosidad de anfitrión lo permitió; pero en todo caso hace falta tener cierta clase de cabeza sobre los hombros para disertar, tras una copiosa cena, con Kennedy sentado en su mecedora, sobre el resentimiento como pieza angular de esa fe cuasi religiosa, ardiente y sectaria del leninismo en todo lo referente a la cultura. Porque el resentimiento es el elemento clave cada vez que los miembros de la *New Left Review* de Perry Anderson hablaban de algún tema, fuese Hungría, Cuba, Argelia o la campaña por el desarme nuclear. ¡Qué ímpetu para censurar a quienes no siguiesen paso a paso las consignas de los garantes de la revolución! ¡Qué desolado erial se abría ante aquellos que, como Berlin, no firmaron el documento de condena al ataque de los exiliados cubanos en Bahía Cochinos! Ya que Castro era un progresista digno de admiración, mientras sus oponentes eran gusanos al servicio de la CIA.

La sola mención de que en Cuba se estaba implantando un régimen comunista era motivo de censuras, aunque ahora sabemos que era así, como se desveló tras la crisis de los misiles, en la que el propio Berlin vio un gesto del mundo libre contra un individuo poco favorable a los derechos humanos de su pueblo. Otro inglés de renombre en esos años, el director de cine Alfred Hitchcock, se posicionó al respecto en una película altamente vilipendiada: *Topaz*. ¿Dónde se habrán metido hoy esos desconocidos teóricos de la libertad de los pueblos del tercer mundo? Y, por cierto, esta pregunta también afecta a la propia valoración de Berlin, que en 1962 aún creía en las posibilidades de la sociedad abierta a la hora de afrontar esa sensación del azar en la vida humana. La tuvo justo en el momento en que se encontró con Kennedy en el vestíbulo del hotel Carlyle de Nueva York, en diciembre de 1962, y, tras el gesto del presidente de estrecharle la mano mientras le felicitaba por la conferencia, pudo oír cómo le trasladaba el deseo de verse alguna vez para continuar con el argumento de aquella noche en la Casa Blanca.

Algunos meses después, Berlin estaba en la Universidad de Sussex, comprobando cuán lejos se hallaba del centro del mundo político y, mientras ordenaba en el atril las cuartillas de la conferencia sobre Maquiavelo que debía impartir, uno de los profesores subió a la tarima y le susurro al oído la noticia de que acababan de asesinar al presidente Kennedy en Dallas. Durante más de diez minutos quedó en silencio, sin saber qué decir ni qué hacer. Le llegaron imágenes de todas partes. La que más fuerza tuvo fue el debate que había suscitado en 1957 su libro *Lo inevitable en la historia*. Fue el reputado historiador E. H. Carr el encargado de afirmar que Berlin era incapaz de una explicación histórica dado su desinterés por el estudio de la economía y su inclinación a situar los problemas morales delante de los problemas sociales. El *flashback* duró pocos minutos. La sala estaba llena y todos estaban esperando que les hablara de Maquiavelo. Una buena oportunidad para responder a Carr, aunque hubieran pasado tantos años, ya que las ideas nunca mueren. Comenzó la conferencia, mientras a lo lejos percibía al nuevo pasajero instalado en la vida cultural europea procedente de la clase política: a ese viajero se le conoce como impostura. ¿Tenía algo que ver con el mito Kennedy que empezó a fraguarse tras el magnicidio? Hay quienes no lo aguantan, incluso quienes creen en la llamada ucronía nixoniana, es decir, la posibilidad que en las elecciones hubiera ganado Nixon (al final fueron unos pocos miles de votos). Veamos la situación antes de decidirnos.

ESPÍRITU DEL 62: A VUELTAS CON LA IMPOSTURA

John Ford tiene sobre la mesa un buen guion de Dorothy M. Johnson y lo convierte en *El hombre que mató a Liberty Valance*, la magistral película sobre la impostura. Debe terminarla cuanto antes, pues ha descubierto que los cambios políticos, sociales y culturales que quiere impulsar la nueva administración son mucho más difíciles de cumplir de lo que suponía. Cuenta con un elenco de buenos actores, aunque reconoce el riesgo de recurrir al western, ya que el género no está de moda como lo había estado en los años cuarenta cuando filmó *La diligencia* o *Fort Apache*. Además, ha decidido hacerla en blanco y negro. Todo un desafío al tecnicolor, esa ilusión óptica sobre la percepción de la realidad.

Nada es sencillo en 1962. Los actores muestran sus inclinaciones de veteranos a modelar gestos o actitudes que no están conformes con la trama: saber por qué el venerable senador de Estados Unidos, Ransom Stoddard, acude a un rincón del oeste para rendir tributo a un desconocido Tom Doniphon, que acababa de fallecer. Se murmura, se cotillea, se rumorea que debía haber algo entre ellos. Primero un periodista y luego el mismísimo director del diario local asaltan al senador para que lo explique. Él no tiene inconveniente en trasmitir lo que en realidad sucedió en un pasado lejano, cuando acudió, siendo joven, a ese lugar en una diligencia que, curiosamente, es la que estaba en el Corral donde se sienta para hacer su personal *recherche* sobre el tiempo perdido. Su testimonio tiene valor porque es la voz directa del mayor suceso ocurrido en aquellas tierras. Voz interesada la que describe los años en los que los ciudadanos tenían que soportar a un bandido intransigente y violento llamado Liberty Valance, un agente al servicio de los ganaderos contrabandistas que atravesaban la frontera en busca de reses o caballos. Difícilmente, los periodistas que le escuchan eran sensibles al violento contraste entre las dos épocas. Es un esfuerzo por parte de Stoddard intentar darle un significado a lo ocurrido. Pero estamos en el cine, en el cine de los sesenta, que emite señales de haber entendido los peligros de la memoria, porque Ford ha aprendido de esos años, quizá del eco del libro de Hannah Arendt, que lo que es necesario para cualquiera que se enfrente a un mito del pasado (en este caso la figura del hombre que mató a Liberty Valance) es adoptar una postura que no sea ni subjetiva ni objetiva, que no sea la del científico social que se vale de una metodología y una teoría para escribir un suceso, ni la del poeta resuelto a expresar una vivencia; es más bien una confesión inserta en lo que en los sesenta Barthes llamaba «escritura intransitiva», en la que un autor (o un narrador) que se describe a sí mismo lo hace por un compromiso consigo mismo, algo que está más allá de la reflexión o de la descripción.

La película utiliza el recurso de la narración como una pieza clave: la *historia* se encierra en una *historia*. Y ese es el desafío de esta película, con la que Ford responde a John Sturges y su *Bad Day at Black Rock*. En este caso, el protagonista rememora lo que le sucedió desde su llegada al pueblo, su trabajo en la cantina, sus clases en la escuela, su enfrentamiento con el bandido, mientras va negándose a caer en el placer que experimentan ciertas personas al inventar relatos infundados de lo que sucedió una vez en el oeste, esa leyenda que va marcando la memoria de un país, descosiendo su verdad a cambio de unos pocos alivios momentáneos de la heroicidad del *cowboy*. Quiere desprenderse de una mentira que arrastra desde el origen (la misma que además le ha aupado a la gloria política), la de haber matado a Liberty Valance en un duelo en el porche de la cantina un oscuro anochecer, y explicar cómo fue y quién fue el verdadero protagonista de aquella jornada. Si en algún momento pensara en omitir esa parte de su biografía, podía ser ahora, pero no lo hace. Está cansado. Su éxito en la vida se basa en una mentira. Es en sentido estricto un impostor. Acaba de terminar y se siente aliviado de regreso en tren a sus obligaciones en Washington, le confiesa a su esposa que tiene la intención de regresar al pueblo para vivir lo queda de vida como un hombre tranquilo en una pequeña granja. Desde luego es un gesto que parece honorable, pero al agradecer al revisor la celeridad con la que le conduce de regreso, este no tiene más remedido que exclamar: «Todo es nada para el hombre que mató a Liberty Valance». ¿Verdad o leyenda? ¡Menudo dilema! El público sale de la sala confundido. Se supone que con ese gesto da a entender que él no se toma en serio la confesión del senador, ni su deseo de retornar a aquel viejo pueblo del oeste. La verdad es que la propia película es un canto a la nostalgia. Ford saluda al futuro con tristeza.

Y así, en 1962 nos encontramos en el umbral de una nueva era que se resiste a entrar por efecto del miedo. Michelangelo Antonioni no tarda en darse cuenta.

EL ECLIPSE DE ANTONIONI O QUÉ ES LA HISTORIA DE CARR

La gran película de 1962 es *El eclipse* de Antonioni.

Haciendo hincapié en la idea del aislamiento del ser humano, Antonioni libera al público del neorrealismo del *Viaje a Italia* (1954) de Rossellini, pero después de la gran cura sobre un fondo de insolencia intelectual de *El grito* y *La noche*. De entrada, avanza y consolida sus posiciones, como lo demuestra ese eclipse inicial con el que la naturaleza se ralentiza y un miedo irracional se apodera de todos los personajes, especialmente de ella, de Vittoria (interpretada por Monica Vitti), que desliza la frase que el mundo espera no tener que oír: ¿Y si la luz nunca volviera a ser como antes?

Es la época en que el historiador británico Edward Hallett Carr se hace una pregunta en cierto modo parecida: ¿qué es la historia? Fue en las conferencias George Macaulay Trevelyan dictadas en la Universidad de Cambridge en enero-marzo de 1961. Hay en ellas un solvente programa académico para fijar que «los hechos sólo hablan cuando el historiador apela a ellos». Por cuanto resulta evidente que «la condición del hecho histórico dependerá de una cuestión de interpretación». Luego, tras un repaso a viejos tópicos sobre el uso del pasado, renueva la pregunta para anotar una respuesta que ofrece como guía: «La historia es un proceso continuo de interacción entre el historiador y sus hechos, un diálogo sin fin entre el presente y el pasado».

Eso es todo; es sencillo. Basta comportarse como un observador en medio de un espacio natural donde curiosear el comportamiento ajeno. Da igual el objetivo. Todo es susceptible de ser mirado e interpretado. Lo mismo que los personajes de *El eclipse* de Antonioni, las conferencias de Carr son un testimonio veraz de la experiencia de los años cincuenta, metódicamente calculado en sus movimientos livianos y estéticos, para un mundo donde entra fácilmente el dinero y reina la confianza en uno mismo, y donde el porvenir está garantizado por el crecimiento económico. A Carr le gusta comparar sociedad e individuo, pues advierte que tanto «el lenguaje como el ambiente contribuyen a determinar el carácter de su pensamiento». De vez en cuando, alguien sufre el fulgor irreflexivo de comportarse de manera subversiva, pero de inmediato se vuelve a la normalidad. Ese balance provoca desesperanza vital y eso también forma parte de la historia. Porque esa lectura de la vida le lleva a la conclusión de su trabajo, pues donde otros recelan «yo vuelvo la mirada a la calle, sobre un mundo en tumulto y un mundo a la obra, y contesto con las manidas palabras de un gran científico: y sin embargo se mueve». Y eso que se mueve lo define Vittoria del modo más sutil posible, dando contenido metafórico a la historia que hay detrás de *El eclipse*: «Quien vive en la Bolsa mira la vida a través del billete de banco, y en consecuencia también los sentimientos están filtrados en gran manera a través de la tela de araña que el dinero crea alrededor de la mente de quienes se ocupan de él, que no ven otra cosa en todo el santo día». ¡Bravo, Antonioni!

Una pareja paseando por Roma, que no se habla, que juega a amarse sin amor verdadero; sólo pasión al atardecer, que se cita, sí, pero que sabe que uno de los dos no acudirá. Y así, durante los últimos cinco minutos de filmación, el espectador contempla el paisaje vacío de una ciudad yerma, que oculta el secreto de una historia, pues ser libre no significa estar liberado de unas necesidades indefinidas. La película de Antonioni tuvo mucho éxito (también lo tuvo el libro de Carr, para ser justos con él); las grandes salas la evitaron, pero no así los llamados por entonces cines de arte y ensayo, donde se exhibió con orgullo. Curiosa historia: Carr se aleja de nuestras perspectivas, Antonioni no deja de aproximarse de nuevo.

Escribe David Vericat en *Cinema esencial* (junio de 2014):

> Resulta paradójico comprobar cómo una obra como *El eclipse*, acusada en no pocas ocasiones por cierto sector de la crítica de artificial, vacía y pretenciosa, ha adquirido con el paso del tiempo su máxima vigencia, no únicamente por su celebrada radiografía de la incomunicación (temática que, desde sus inicios en la década de los sesenta del pasado siglo, no ha hecho más que tomar cada vez más protagonismo en el mundo occidental), sino también por la clarividencia con que retrata la deshumanización de la sociedad contemporánea, representada en el escenario urbano que conforman esas barriadas a medio construir en las que se desarrolla la película (un marco de apariencia casi irreal por aquel entonces que ha devenido tristemente habitual en buena parte de las ciudades asoladas por la gran crisis financiera de nuestros días). Si a esto le añadimos la estremecedora contemporaneidad de las secuencias en la Bolsa (incluyendo una cierta visión pedagógica de los perversos mecanismos por los que se rige la macroeconomía en el mundo capitalista), no es demasiado arriesgado catalogar el film de Antonioni como una perfecta crónica del aquí y el ahora, vista desde la perspectiva de nuestros días.

Así es.

El azar, que negaba Carr, es una categoría pura del presente. Pues su supresión absolutiza la casualidad, afirma Reinhart Koselleck; lo que conduce a una sociedad guiada por la propaganda.

Más Antonioni y menos culto a la personalidad. Así de simple. Y para colmo, los ecos de la sentencia con la que C. P. Snow certificaba las *dos culturas*: pocos escritores se asoman al mundo de la moderna sociedad industrial, y lo que era peor aún, ningún poeta de esos años era capaz de asumir los conceptos básicos de la ciencia, como hizo Lucrecio en la vieja Roma con las teorías de Demócrito al escribir *De Rerum Natura*, o como hizo Alexander Pope en el siglo XVII respecto a la física de Newton al elogiar «el eterno resplandor de una mente sin recuerdos», que daría lugar a la estimulante película de Michel Gondry *Olvídate de mí* (2004).

A finales de 1962 la cuestión de la distancia entre literatura y ciencia adquiere una dimensión crítica al hacerse sentir los efectos en la enseñanza obligatoria universal introducida en 1871, donde letras y ciencias se convirtieron en dos campos del saber totalmente diferenciados. Pero ahora, en 1962, se sintió, por primera vez, quizá, en medio de la batalla cultural que cuestionó el expresionismo abstracto, si la sociedad occidental podía sobrevivir sin la fuerza cohesiva de unos vasos comunicantes entre la ciencia y los modos de hacer historia. La actitud dominante, si nos atenemos al impacto emocional provocado por *El eclipse* de Antonioni, era claramente pesimista. Isaac Deutscher en *The Great Context* (1960) señala que Pasternak hablaba de los recuerdos de una generación que «se retiraba de la escena» y cuya actitud ante la vida no coincidía con la gente joven: una nueva mentalidad se abría paso confirmando la triste *A Vision* de Yeats sobre la irreversible separación entre el bloque de la comunidad científica y la literaria.

¡Y sólo era el principio!

12

APOCALÍPTICOS E INTEGRADOS (1963-1967)

> Rollo, decadencia y sastrería exquisita como no se había visto en Inglaterra desde la restauración de Carlos II. Éramos jóvenes, ricos y hermosos, y la corriente —creíamos— iba a nuestro favor. Por supuesto, íbamos a cambiarlo todo, pero, sobre todo, íbamos a cambiar las normas. A diferencia de nuestros padres, no tendríamos que renunciar a nuestro hedonismo juvenil a favor del loco mundo de los adultos.
>
> MARIANNE FAITHFULL,
> declaraciones a Fietta Jarque (1995)

UMBERTO ECO REFUTA A HERBERT MARCUSE

El debate sobre los medios de comunicación refuerza el sentimiento de final de una época prometedora, confirmando que el asesinato de John Fitzgerald Kennedy en Dallas el 22 de noviembre de 1963 a la una de la tarde, hora local, no es un acontecimiento cualquiera. Lo dijo sir Isaiah Berlin en una carta a Arthur Schlesinger:

> No quiero exagerar, quizá no es lo mismo que sintieron los hombres cuando murió Alejandro Magno, pero lo improvisto del hecho y la sensación de que una esperanza excepcional para un gran número de personas se ha disuelto de repente en el aire es, creo, una experiencia única en nuestro tiempo. Es como si Roosevelt hubiese sido asesinado en 1935 con Hitler, Mussolini y demás todavía por ahí, y un montón de Chamberlains y Daladiers deambulando por ahí también.

El asesinato de Kennedy era comparable a magnicidios anteriores, el de César en los idus de marzo del 44 a. C. o al de Enrique IV, rey de Francia, el 14 de mayo de 1610 a primera hora de la tarde. JFK, como César y Enrique IV, fue víctima de los inútiles inestables que pululan en la historia sin que sepamos bien por qué existe esa escoria humana. Unos se sentían cerca del aura republicana romana, otros del modelo jesuítico a favor del tiranicidio, mientras que Oswald se identificaba con la Cuba de Castro, a la que visitó en alguna ocasión burlando la prohibición de las autoridades estadounidenses. Necios buscando cambiar el curso de los acontecimientos a los que, sin embargo, se les considera héroes en los medios de comunicación. *All just supply*, decía el eximio poeta John Donne como queja por la situación a la que se había llegado en su tiempo. Pero el año 44 a. C. o 1610 no eran más aciagos que 1963. En los tres casos, la guerra estaba en el horizonte inmediato. El paralelismo impone lo que Claude Lévi-Strauss llama el hecho de la estructura, que permite el acceso a esa historia latente de los asesinos, que ponen fin a periodos prometedores ante el clamor efímero pero insistente de los medios de comunicación escandalizados por el hecho.

Los críticos de la actitud de los medios de comunicación ante un hecho histórico están fuera, los aduladores dentro. Unos son los apocalípticos; otros, los integrados.

Con esta distinción, Umberto Eco entra en el debate abierto por el *Hombre unidimensional* de Herbert Marcuse, si no el libro más radical del siglo xx, como se dijo al publicarse en 1964, sí el que mejor resume la situación del mundo; su autor es una suerte de John Donne posmoderno, aunque el poeta inglés es el ejemplo de un conservador preocupado por la revolución científica de Copérnico y Marcuse el ejemplo de un intelectual de los sesenta partidario de la Nueva Izquierda para poner fin a la dicotomía de la Guerra Fría entre capitalismo y bolchevismo. Si, en el primer caso, el duelo de Donne es porque contempla a Cosmópolis ante el abismo de la guerra religiosa de católicos y protestantes, en el segundo caso estamos delante de un filósofo dispuesto a redefinir el concepto alienación, que los marxistas habían convertido en la esencia de la cultura capitalista. Y así, Marcuse valora la alienación como una cosificación del ser humano ante el efecto de la sociedad de consumo que le niega su bien más preciado, el derecho a ser quien es. Una explicación ingeniosa muy al gusto de los jóvenes universitarios americanos, que le ven como un ídolo al mismo nivel de los cantantes que del rock and roll se pasaban al pop siguiendo el camino de dos grupos británicos muy famosos, los Beatles y los Rolling Stones. Luego estaba el debate con su amigo, y rival, Norman O. Brown sobre la liberación personal a través del sexo, la música y las drogas. Luchar contra la alienación consumista del capitalismo está bien; pero mejor es advertir sobre «el despilfarro lucrativo de las materias primas, de los materiales y fuerzas de trabajo, la polución, igualmente lucrativa, de la atmósfera y del agua en las ricas metrópolis del capitalismo», pues la furia neosocialista adopta una altivez metropolitana, «en la grosería de las autopistas y los estadios deportivos, en la violencia de las palabras y las imágenes televisivas, en la impudicia de la política, maltratando impunemente a los que se defienden»: los que se defienden, digámoslo de una vez, de ese techo de cristal adornado con tubos fluorescentes, que le daba al trabajo ese aire fantasmagórico, artificial sin duda, del neón.

En febrero de 1967, Marcuse lleva ese pensamiento, con el cigarrillo humeante en la mano, a un ambiente cargado por las protestas contra la guerra de Vietnam, y declara en medio de una multitud entregada a sus ideas: «El tópico sobre la banalidad del mal se ha revelado hoy carente de sentido: el mal se muestra en la desnudez de su monstruosidad como contradicción total a la esencia de la palabra y de la acción humana»; y añade como propuesta para una vía de redención:

> Se necesita despertar y organizar la solidaridad como una necesidad biológica de mantenerse unidos ante la furia y la explotación. Es la tarea que debemos hacer. Comienza con la educación de la conciencia, el saber, la observación y el sentimiento que aprehende lo que sucede: el crimen contra la humanidad [que es una guerra para legitimar el consumo]. La justificación del trabajo intelectual reside en esta tarea, y hoy el trabajo intelectual necesita ser justificado.

Marcuse estaba al tanto de las diferencias entre los acontecimientos de la guerra de Vietnam y sus representaciones. Y no logro adivinar cómo hubiera reaccionado ante *Apocalypse Now* de Francis Ford Coppola, con su reclamo de que la exageración es propia de la naturaleza de los seres humanos inmersos en la vivencia de una guerra. Es probable que hubiera insistido en la necesidad de hacer historia de los relatos que las personas inventan sobre un acontecimiento cualquiera, ya que ambos participan de un mismo marco: son representaciones.

Marcuse reconoce como referente de su modo de pensar a la Escuela de Frankfurt, a la que había pertenecido junto a Theodor Adorno y Max Horkheimer, aunque sus puntos de apoyo son Marx y Freud. Ellos le llevan a escribir:

> El individuo unidimensional se caracteriza por su delirio persecutivo, su paranoia interiorizada por medio de los sistemas de comunicación masivos. Es discutible hasta la misma noción de alienación porque este hombre unidimensional carece de una dimensión capaz de exigir y de gozar cualquier progreso de su espíritu. Para él, la autonomía y la espontaneidad no tienen sentido en su mundo prefabricado de prejuicios y de opiniones preconcebidas.

Por eso propone un futuro libre de esos efectos tan debilitantes para el ser humano. La sugerencia del historiador Jacques Barzun de que Marcuse está entre los responsables de la insurrección juvenil de 1968 puede ser cierta; sin embargo, antes de que esas protestas colectivas recorrieran el mundo de un extremo al otro, entre 1963 y 1967, pasaron muchas cosas en una cultura atrapada entre la semiótica y el marxismo.

Tensión, división y espera: las marcas de lo finito. Aquí entra Eco para centrar el problema de los apocalípticos frente a los integrados y de paso refutar los argumentos de Marcuse, que conducen sin dilación a un docudrama social de incalculables efectos. Para los apocalípticos la cultura que se apoya en los medios de comunicación de masas mata la originalidad creando un gusto medio, al tiempo que homologa el gusto a través de la manipulación y la construcción de emociones mediante un guion preciso que se difunde por la televisión y que no es más que un mensaje subliminal sobre la necesidad del mercado de llenar de objetos sin valor por medio de eslóganes publicitarios cada vez más refinados, cuyo fin no es más que una degradación formativa donde se confunde un diálogo de Platón con un tebeo. Por el contrario, para los integrados la cultura que acepta los medios de comunicación de masas encarna expresiones populares ajenas al realismo construido por la literatura burguesa del siglo XIX y facilita la salida del elitismo al permitir el acceso a la cultura a categorías sociales antes simplemente excluidas. Desde esa perspectiva es un agente de formación a pesar de la abundancia de información que difunde por sus redes.

El choque entre ambos crea un estado de opinión que acerca el relativismo moral a los intereses de una industria cultural en alza, pero a la vez necesitada de una lectura semiótica del producto que proporciona a una sociedad altamente consumista. Eco se sitúa en medio de ese choque con el mantra años sesenta de cultura sabia y cultura popular, un mismo combate: un modo de luchar contra los valores avejentados y a la vez de rescatar la tradición crítica de Occidente, sin necesidad de evitar el *mar-*

keting y el *show business* que se imponían como marcas para pasar de una historia burguesa a una historia progresista.

Esa postura advirtió demasiado tarde que conocer es filtrar. Un exceso de datos conduce a la amnesia. Los medios de comunicación son el camino real de este peligro avanzado por la publicidad y la comunicación social donde todo se expone ahí sin jerarquía. Da igual un dato sobre Einstein que uno sobre un futbolista de élite. Y para colmo, dos generaciones viviendo este dilema han conducido a recargar los *big data* con ideas procedentes del relativismo cultural. Y ahora un algoritmo decide lo que es prioritario o no lo es. Al cabo, si recorremos internet, la voz «gótico» se refiere a una moda en el vestir de excéntricos de la sociedad de consumo, luego a una forma de escribir relatos de ambiente lúgubre, para finalmente señalar que se trata de un estilo artístico desarrollado en Europa entre los siglos XII al XVI. El algoritmo ha creado un orden descriptivo: un *orden descendente*, espero no tener que demostrarlo. ¿O acaso sí? Y por aquel profético libro de Eco de 1964, en que todo está contenido ya, el mundo del futuro será juzgado. Porque en definitiva expone al comienzo uno de los misterios singulares de la vida humana, la aparición y desaparición de la nobleza en la palabra concedida sin verse uno ensuciado por la vanidad que le rodea. Es difícil salir airoso de ese momento, pero se intentó. En conclusión, aquí está expuesto el dilema entre apocalípticos e integrados que terminó por pura ironía en los dramas actuales de chico busca a chica, desesperadamente.

LENGUAJE APORÉTICO: CINE, RADIO E HISTORIA CULTURAL

Lenguaje aporético, cine, radio e historia cultural, construido para darle sentido a una época. Los jóvenes sienten su necesidad, aunque sus creadores sean los miembros de la generación adulta. Su equipaje conceptual es ostentosamente nuevo: sin llegar a la jerga se habla de estructuras, de imaginario social. El lenguaje de los sesenta.

En una fila de platea se sitúan muy juntos una muestra representativa de los intelectuales comprometidos, en lo que se espera sea una glamurosa sesión de cine. Llama la atención que las películas con mayor reclamo se asienten en guiones con lenguaje aporético. Entre 1963-1964 dos directores destacan sobre los demás: Federico Fellini y Bernardo Bertolucci.

Ambos italianos, pero de diferente generación: uno nace en Rímini en 1920, el otro en Parma en 1941; cuando el primero estrena *Ocho y medio,* en 1963, tiene cuarenta y tres años; cuando el segundo hace lo mismo con *Antes de la revolución,* en 1964, tiene veintitrés. Trabajan al unísono para conocer el alcance del comunismo a la hora de cambiar la sociedad, como debaten los profetas de la contracultura. Escojo ambas películas para situar el debate, la de Bernardo primero, la de Federico después. Nada fue lo mismo tras haberlas visto y discutido.

Ambas películas son antípodas: de hecho, una es la negación de la otra. El rechazo que representa la vida del joven Fabrizio en Parma (la alusión es inútil comentarla: es Stendhal, claro), enamorado de su tía Zina mientras medita si entrar o no en el Partido Comunista, respecto a la vida de Guido Anselmi es, en parte, la encrucijada de los sesenta. La vida de un joven perdido en sus dudas se ve marcada por la ingratitud de los años precedentes a una revolución, en la línea marcada desde el inicio de la película: «Chi non ha vissuto negli anni prima della Rivoluzione non può capire che cosa sia la dolcezza del vivere». Y sorprende tras comprobar que en *Ocho y medio* Guido se muestra incapaz de hallar la materia para continuar el trabajo intelectual, necesario en un mundo que se abocaba a una revolución diferente a todas las que habían sucedido en la historia al estar impregnada de valores promovidos por los medios de comunicación. La duda del difuso Fabrizio ayuda a entender al elegante Guido; hay pocos hombres en el mundo del cine tan rigurosamente vinculados a la creatividad intelectual como él (algo que ayuda a entender la interpretación de Marcello Mastroianni y, naturalmente, la música, con el pasacalle final). Es el *nec plus ultra* de la inteligencia vinculada al cine. En ese combate cultural entre un agudo Bertolucci y un inspirado Fellini se descubre cómo entre 1963 y 1967 el tema estrella del debate intelectual estaba en las nociones de representación, conocimiento y significado que prevalecen en el legado realista heredado culturalmente. Ambos lo hacen con el fin de sugerir que las anomalías, enigmas y encrucijadas que los personajes encuentran en sus maneras de enfrentarse a la vida son el resultado de una concepción de la historia que le debe demasiado a un realismo decimonónico que es inadecuado para entender acontecimientos tales como la revolución o el poder de los medios de comunicación.

En la radio todo el mundo lleva consigo la cultura en la imaginación, una cultura que al menos tiene una voz conocida. ¿Quién dicta esta noche la conferencia? Apenas una docena de personas son capaces de hacerlo en cada país. En Inglaterra, la BBC transmitió las conferencias Mellon que Isaiah Berlin dedicó al Romanticismo en marzo-abril de 1965. Es difícil seguirlas, pues decía cosas que escapaban al conocimiento general, a decir verdad. Los radioyentes se muestran atribulados con tanto saber cuando se les pregunta sobre el contenido de las conferencias. Es muy difícil ser capaz de seguirlas.

Al iniciarlas, Berlin confiesa que

> creo poder afirmar acerca del movimiento romántico que se trata de un movimiento que no concierne exclusivamente al arte, no es solamente un movimiento artístico, sino tal vez el primer momento, indudablemente en la historia de Occidente, en el que el arte dominó aspectos de la vida, donde existía una especie de tiranía del arte sobre la vida, cosa que, en cierto sentido, constituye la esencia del movimiento romántico; por lo menos, eso es lo que intentaré demostrar.

Es increíble que alguien se exprese así ante el micrófono de una radio generalista. Lo único que se puede escuchar es la inevitable perorata académica justificativa de un argumento. Justo después de eso viene la nota de actualidad para que las personas que están al otro lado no apaguen el receptor: «Muchos fenómenos que vivimos hoy en día —el nacionalismo, el existencialismo, la admiración por los grandes hombres o por las instituciones impersonales, la democracia, el totalitarismo— se ven afectados por el romanticismo, que los penetra a todos. De ahí que sea un tema no enteramente irrelevante a nuestro tiempo». Justo aquí se expresa que el carácter aporético también está presente en la radio en la voz de los insignes profesores que se acercan al gran público. La historia debe ser contada.

En Francia, en el otoño de 1966, el productor Pierre Sipriot lanza el programa de radio *Les lundis de l'histoire* por medio de France Culture; en la redacción, cuatro grandes figuras, Jacques Le Goff, Roger Chartier, Michelle Perrot y Philippe Levillain, marcan la ruta a seguir. Comentarios de libros, lectura de algunas páginas importantes (o de libros enteros), debates, confesiones, entrevistas. La historia se pone de moda. Es la vía para cambiarla. En las aulas universitarias, los martes por la mañana se comenta lo dicho el día anterior en la radio, y de ese modo la materia de su estudio entra a formar parte de los medios de comunicación de masas. Es habitual sentir comentarios de un taxista sobre el programa, o escucharlo cuando uno está en un atasco sentado en su cuatro por cuatro esperando. El lenguaje aporético también está presente en las ondas.

TACHISMO, INFORMALISMO, ARTE CONCEPTUAL Y ABSTRACCIÓN LÍRICA

Si dejamos el cine y la radio con sus conferencias y entramos en las galerías de arte de esos años, hallaremos la representación problemático-existencial de lo que en el campo de la pintura (también en parte de la escultura) se llamó la segunda vanguardia, una tentación nunca aclarada por regresar al *ready made* de Marcel Duchamp a la hora de implicar a los artistas en la necesidad de entrar en la batalla cultural para cambiar la sociedad. Hay pintores, intelectuales de la paleta, con ánimos de retar al pop de tendencias diversas, conflictivas entre sí: tachismo, informalismo, arte conceptual, abstracción lírica. Cualquier galería de arte de los sesenta se llena de sus obras, sea en las mecas de la pintura como Nueva York, Londres o París, o en Barcelona, Madrid e incluso Granada, donde la galería Wildon House se pone al frente de esa renovación donde la cultura no se descompone en relatos sino en imágenes.

Pierre Soulages, por ejemplo, nacido en Rodez, una localidad del sur de Francia cercana a la abadía de Conques, con la que en la madurez de su vida tendrá una relación especial al encargarse de hacer los nuevos vitrales, es uno de los grandes pintores de Francia. Soulages se enfrenta al *hard edge art*, un estilo de pintura abstracta extendido en los sesenta que incluye zonas de color diferenciadas por el uso de bordes nítidos, que precisamente están pintados con exactitud geométrica, pintura de borde duro, se dijo; y lo hace a través de lo que él mismo denominó *outrenoir*, más allá del negro, desvelando la luminosidad de lo oscuro. El debate está abierto al sugerir el filósofo François Laruelle en *Sobre el universo negro*, que el negro es inseparable de las condiciones del pensamiento y su límite. También Antoni Tàpies en Barcelona, que realiza unas pinturas sobre la materia bajo el influjo de Teilhard de Chardin, según el crítico Juan Eduardo Cirlot, que le alienta por entonces. Sin olvidar a Saura, uno de los miembros más activos del grupo El Paso, que avanzó a formas de abstracción tan propias que abordaban también el negro como razón de la pintura, en homenaje a Goya y la tradición española; Manolo Millares, que cosía las formas, o Luis Feito, apasionado del rojo, según piensa Pierre Restany, por seguir los pasos de Teresa de Jesús; y otros implicados en una experimentación del arte como vehículo de transformación cultural.

La pintura de los sesenta es exaltada, trémula, sombría, ancha a la hora de definir el conflicto entre dos maneras de ver el mundo. Una vez más el color se hace *pharmakon*, por decirlo como Jacques Derrida en *De la gramatalogía* (1967), porque comprende tanto la muerte como la vida. Después de luchar con la materia y el negro, el color cobra magnetismo. Conflicto de ideas y motín estético. Amar ese arte lleva el gusto al extremo. La pintura se sitúa entonces al lado de la revolución, que no tarda en llegar a las calles. Todo cuenta. También la praxis política. Y el sexo, por supuesto, pero no insistiré en ello tras el éxito de Erich Fromm. Sólo una cosa cabe señalar: reconocer la pintura que nos gusta para descubrir el tipo de placer que se desea.

Las *perfomances* son parte del deseo artístico desde que Joseph Beuys realizó una de ellas en una galería de arte de Düsseldorf bajo el epígrafe: «¿Cómo explicar un cuadro a una liebre muerta?». Una acción efímera convertida en lugar de la memoria, ya que por hechos de esta naturaleza el Museo Guggenheim le dedicó una retrospectiva en 1979 calificándolo como el artista europeo vivo más importante.

El medio es el mensaje, había dicho en 1963 Marshall McLuhan en *Comprender los medios de comunicación*. Un profesor de literatura convertido en sociólogo: el mejor testigo del trastorno introducido en la lectura del mundo por la pintura de los sesenta. Se recuerda que McLuhan, disfrazado de crítico del consumismo, difundió la noticia de que esa frase la dedujo al leer un grafito en una pared de Toronto que decía: «Ayude a embellecer los depósitos de chatarra. Deseche algo encantador hoy». He aquí la apuesta más importante que se plantea en estos años: existimos para el placer de abandonar lo superfluo. Aunque ese mensaje ya lo había enviado el cubismo tiempo atrás, ya que la pintura cubista, al rendir en dos dimensiones todo lo de dentro, arriba, abajo, detrás y todo lo demás, abandona la ilusión de la perspectiva por una percepción sensorial instantánea del conjunto.

Solución: la pintura debe estar atenta a lo que dice la música.

RETORNO AL MUSICAL SIN IRA Y LA ESPERANZA JACQUES LE GOFF

En 1961, Robert Wise dirige *West Side Story*, a la que puso música Leonard Bernstein. Conclusión: un éxito popular y muchos debates entre intelectuales. Momento de inusual creación, a pesar de las dificultades que se acumulan en los actores al ser los intérpretes de una melodía pegadiza, insólitamente moderna, sobre las congojas, los rechazos y, por qué no decirlo, la miseria de la sociedad americana (eco de los trabajos de Michael Harrington). Su mensaje se percibe en todas partes. Lo cual es bastante revelador de un estado de ánimo jovial y entusiasta, como en las redacciones de los periódicos comprometidos como *The New Yorker*. Ven el futuro con optimismo y ponen muchas esperanzas en ello.

Los testimonios concuerdan entre sí: Mark Adamo lo hace en la ópera *Little Women* (*Mujercitas*), cuyo libreto se basa en la novela de Louisa May Alcott; y tomando distancia de su ritmo, no de su mensaje, Jacques Demy en *Las señoritas de Rochefort*, con música de Michel Legrand, estrenada en 1967 siguiendo la senda de *Los paraguas de Cherburgo* de 1964, pero que en esta ocasión cuenta con Gene Kelly para enlazar con el pasado del musical sin ira, con el *Americano en París* de Vincente Minnelli de 1951 y *Cantando bajo la lluvia* de Stanley Donen de 1952. Testimonios amables, atentos, generosos para una sociedad a la que sólo la ignorancia puede tachar de frívola, cuando en realidad situó la psicología individual en el centro de la existencia humana, como hace el siempre agudo Stanley Donen en *Charada*, donde Cary Grant atisba el enredo como estructura narrativa para atraer a Audrey Hepburn a su causa. Sin embargo, no gustan a todo el mundo: son películas demasiado herméticas, con muchas lecturas posibles. Demy además tiene una marcada tendencia a mirar el mundo como había hecho a finales del siglo XVII Charles Perrault en *Cuentos de antaño* y, en su tiempo de formación, Marguerite Loeffler-Delachaux. Era como si se adentrara en un bosque encantador en el que se podían oír las voces de los inevitables testimonios de lo simbólico. De finales de 1970 es la espléndida película *Piel de asno*. Desde un pasado idílico pregunta por el futuro; la princesa prisionera escapa de su condición y de su tiempo en un helicóptero que llega a un castillo de la época Valois siguiendo los consejos de su hada madrina, consciente la muchacha de que sin duda «las hadas tienen toda la razón». El musical muestra el modo estructuralista de ver el mundo como el mejor método de análisis, incluido el marxista.

A esa conclusión llega Jacques Le Goff, un medievalista de treinta y ocho años que aparenta muchos menos y que ha decidido abordar el tema de lo maravilloso tratado en los musicales, antes de decidirse a estudiar espacios simbólicos como el purgatorio. Escribe a ese fin *La civilización del Occidente medieval* (1965), un voluminoso libro en conformidad con los objetivos de la Escuela de los Annales, de la que forma parte: «Una Edad Media de las profundidades, de los fundamentos y de las estructuras». Las expectativas de este gran libro se sitúan desde el primer día en una suerte de compás de espera hasta que maduren en la mente de toda una generación que acababa de llegar a las aulas universitarias.

Esperamos de él la línea a seguir, confiesan los jóvenes cuando se menciona su nombre en las reuniones científicas. De momento, su impacto es más conceptual que metodológico: lo imaginario aparece en escena. Se habla por todas partes de él en la literatura y en el arte. La expresión popular entre los que se interesan por estos estudios es que se está ante una apuesta por la sincronía de disciplinas diversas. La primera reacción procede de Gilbert Durand, que va anunciando a quien quiere escucharle el valor de las estructuras antropológicas del imaginario. Con el tiempo, Le Goff ordenó todo el complejo asunto del imaginario en el artículo de la revista *Critique* «Lévi-Strauss en Brocéliande» (1974): un análisis del *roman courtois* lejos del positivismo de los romanistas, como un relato de iniciación. Le Goff, tan puntilloso en la elección de sus textos y de las ideas que van a resonar en su estudio (y más en este caso que lo escribe junto a Pierre Vidal-Naquet) halla uno que equivale a todos ellos. *El caballero del León,* escrito hacia 1180, la descripción de un viejo mito, el de Edipo, como relato de aventuras caballerescas. Pero ¿por qué Chrétien de Troyes, su autor, se preocupa de advertirnos de que no hay aquí ninguna vinculación de orden familiar y que la señora del lugar, una dama casada cuyo marido muere en la primera lid con el recién llegado, es bastante joven? ¿Acaso el escritor quiere adentrarse en el mito de Edipo para fijar la trama del relato y por tanto la intriga que lo convierte en una novela? Según con quien hablas, la tesis de Le Goff es una ampliación de su lectura de lo maravilloso como el elemento clave en la construcción del imaginario de la Edad Media o un ejercicio completo de análisis estructuralista.

Dejémoslo aquí, si les parece.

«YESTERDAY» EN EL CAMINO

El 6 de agosto de 1965 tiene lugar la grabación de «Yesterday» por parte de Paul McCartney: una balada de dos minutos y tres segundos surgida, según la leyenda, de un sueño en la casa de su novia, Jane Asher, en la calle Wimpole de Londres. Los derechos de autor: quinientos millones de euros.

Desde la primera nota en fa mayor se percibe estar en el umbral de un desafío sin precedentes planteado en mi menor: creer en el ayer, lo que compositivamente es una gratificación diferida, le argumentó McCartney a su amigo y contrincante musical John Lennon. Un día sin fin comienza para no parar nunca más. En la balada, la distancia entre el sentimiento y la confesión es anulada, se trata de entrar en la vida más cotidiana, más íntima, de un muchacho solitario que sólo puede creer en *ayer*, «cuando el amor era un juego fácil de jugar». Pero ¿de jugar dónde, en el dormitorio, en la cama? ¿Se llama amor cuando en realidad es sexo? No, «Yesterday» evita la trampa, desea a su chica, es verdad, cree tener derecho a ello como un gesto de cercanía, y su melancolía por no haberlo logrado. Busca la guitarra y se dispone a rememorar. Luego convence al grupo para que la balada se integre en una película con el significativo título de *Help!*

Los Beatles se implican con el deseo de los sesenta de hacer historia: el 6 de abril de 1966 se encierran en el estudio de Abbey Road para la grabar su séptimo álbum, *Revolver*. No más tiempos muertos. Tras meses de vacaciones, cada uno por su lado, se les nota cambiados, quizá hartos de ser lo que la discográfica ha impuesto que sean. Paul McCartney sigue de cerca la música de Stockhausen para compensar el éxito de su balada; George Harrison llega al estudio fascinado por el gurú Bhaktivedanta Swami y propone integrar salmos de los coros de los monjes del Rama Krishna; Ringo Starr plantea retos a la batería poco vistos; John Lennon, metido de lleno en el mundo del LSD, lee *El libro tibetano de los muertos* que da título a la canción que marca la línea argumental de «Tomorrow Never Knows», mañana nunca se sabe. Se acaba así la sumisión al pop art, la resignación, y se apuesta por aclarar los malentendidos, agravarlos para hacerlos desaparecer. La música es la verdadera revolución.

El uso de los signos es la clave. Budismo zen. Así se conecta con el *action painting* estadounidense y con los informalistas de última hora, partidarios de reconocer que sus obras eran portadoras de ideas basadas en un conocimiento rápido, gesto zen. Es el momento de meditar sobre lo que está sucediendo. «Tomorrow Never Knows», se canturrea por igual en San Francisco que en Tokyo, en Nueva York que en Barcelona. Pocos escapan a su magnetismo. Se debate sobre lo que significa un deseo que no se puede explicar. De hecho, no se ha cantado nada más comprometido sobre la importancia del silencio, siendo exactamente simétrico en los años de ejecución al serialismo de Henri Pousseur en su ópera *Votre Faust*, que, con todo, está más cerca del *nouveau roman* de Michel Butor que de los planteamientos musicales de Pierre Boulez y su extenso grupo de seguidores que en 1970 fundarían el IRCAM.

«Tomorrow Never Knows» tiene un alto grado de experimentación en texturas y sonidos y se duda de su éxito comercial pese a la creencia de que se compuso durante el primer «vuelo» de ácido lisérgico. Lo único que queda claro es que provoca una renuncia a la interpretación en directo de las canciones tal cual suenan en las grabaciones. Es el reflejo de una época que ansía innovar. No es la mejor canción de los Beatles, pero supuso una refacción para todos los que más adelante se interesaron por la música electrónica. En todo caso, constituye una experiencia para encarar el carácter imprevisible del futuro si se logra cambiar la historia.

¿Ha muerto con ello la revolución? Tenemos razones para contestar que no. Se hace de un modo que permita distinguir un gesto real de un mimo como se expone al final de la película *Blow Up* (1966) de Antonioni: una demostración de los objetivos que engranaron con la mentalidad británica y contribuyeron a darle forma.

A estos planteamientos marcados por el efecto del *ayer* como el alma de un reconocimiento, no nostalgia, se añade el libro *La legitimidad de la modernidad* (1966) de Hans Blumenberg, un firme alegato a favor de la autoafirmación del individuo como rasgo de la era moderna, en lo que tradicionalmente desde los estudios de Karl Löwith se había visto como un proceso de secularización. Lo moderno es en su origen, a comienzos del siglo XVI, el lema moral de una época que, a mediados de los sesenta aspira a considerar la libertad como un modo de acceso a la realidad «polimíticamente» a través de un ejercicio hermenéutico. Se abre así un inmenso campo para el estudio de la historia.

PELEAS EN LA ALTA ACADEMIA SOBRE LA ESTRUCTURA

«No se vuelve loco quien quiere». Jacques Lacan consigue que esta frase clavada en la pared de su aula sacuda las conciencias de los alumnos que acuden solícitos a su seminario. El mundo académico trata de esconderse detrás de una digna erudición, sin entrar en los temas estrella de las galerías de arte o las salas de conciertos, un gesto cada vez más difícil de mantener. Obsoleto.

En 1961, dos historiadores superaron las intrigas de la profesión para desbaratar la zona de confort revelando cada uno por su lado la posibilidad de situar las ideas políticas, religiosas o estéticas como parte de la estructura de una civilización. Las aulas van a ser testigos corteses y silenciosos del enfrentamiento entre los diferentes modos de analizar el territorio de la mente humana. Lo que no se ve pero palpita dentro y se convierte en un exigente sistema de relaciones entre el alma y el cuerpo.

El primero fue Michel Foucault, convertido de repente en la figura emergente del mundo intelectual con su ensayo *Locura y sinrazón. Historia de la locura en la época clásica*. La idea central de este libro es que la locura no debe considerarse una enfermedad biológica, sino más bien el efecto en la mente de un individuo de una lucha entre el instinto dionisiaco y la opresión apolínea identificada con la sociedad burguesa. Una tesis que amplía lo dicho con anterioridad por Antonin Artaud, André Breton y Georges Bataille, que le legitiman en el asalto al palacio de invierno de la sociedad bienquista antes de que se haga realidad la primera reacción académica: ¡Que lo echen! ¡Que alguien se deshaga de él! ¡Fuera Foucault de la universidad! ¡Que se vaya con sus amigos LGTBI! Son las voces irónicas y sádicas de una sociedad temerosa por el cambio que perciben en el horizonte, y eso que los jóvenes aún no se han echado a la calle (aunque falta poco para que lo hagan). Pero la celebridad le protege de los filisteos de la cultura; no hay más remedio que soportar lo que dice. Y eso que dice queda resumido en las palabras finales:

> Astuto y nuevo triunfo de la locura: el mundo, que creía medirla y justificarla por la psicología, debe justificarse ante ella, puesto que en sus esfuerzos y en sus debates, él se mide en la medida de obras como la de Nietzsche, de Van Gogh, de Artaud. Y nada en él, sobre todo aquello que puede conocer de la locura, le da la seguridad de que esas obras de locura lo justifican.

El segundo historiador fue Georges Duby, a quien el reputado Charles Samaran elige para defender en la *Encyclopédie de la Pléiade* el concepto «mentalidad» para el estudio del comportamiento colectivo de la sociedad. La invitación le sitúa en una encrucijada: aceptarla o no hacerlo. Escribir en casa del adversario o mantenerse en el espacio de confort de los colegas y amigos que comparten con él las mismas ideas. Jugar en campo contrario tiene sus riegos, pero le da brillo al desafío. Por supuesto, Duby acepta la invitación del feroz guardián de la tradición erudita francesa; de su adversario más eminente. Y escribe una suerte de manifiesto a la sombra de lo que él mismo consideraba que iba a ocurrir en la década de 1960 («la de mis treinta y cinco a mis cuarenta y cinco años», dijo), un brusco giro de la forma de hacer historia alentado por la antropología estructural y el pensamiento marxista: una propuesta germinal, al modo de un Zola del siglo XX, posándose sobre el frágil andamiaje creado por Lucien Febvre en los *Annales*, libando la idea en combates con la parte más ofuscada del medievalismo francés, reemprendiendo el vuelo que había emprendido Marc Bloch antes de ser asesinado por la Gestapo, transportando quizá el polen fecundador de su investigación sobre la sociedad campesina y feudal de Macon en los siglos XI y XII: aquí, la referencia a la obra de Zola está de sobra justificada, pues Duby hace un juicioso análisis del núcleo familiar como uno de los aspectos más profundos de la experiencia de los campesinos. Su conocimiento intuitivo de la dinámica familiar de la época feudal confiere a sus trabajos ulteriores un cierto grado de renovación que le acerca a la antropología.

Foucault y Duby puntualizan al unísono: el estudio de la sexualidad es la parte sustantiva del orden social. No estaría de más, por respeto a Bataille, debatirlo. Una coincidencia más seria de lo que parece: ambos son elegidos en el mismo año de 1970 para entrar en el Collège de France, el templo donde se maduran las ideas sobre la guerra de los sexos, el universal equívoco sometido ahora al análisis de dos rigurosos historiadores, uno en sus clases magistrales, el otro en su seminario, donde acudían expertos de todo el mundo (yo fui invitado una vez y puedo dar testimonio del ambiente de debate que allí se generaba). Resultaba atractivo en esos años verlos actuar al unísono, compartiendo alumnos o ideas. Pero para eso tuvieron que esperar diez años. Para Foucault fueron los años de un ritual de paso en Nanterre, donde pudo seguir de cerca a los jóvenes que dirigirían la revolución. Para Duby fueron los años que le permitieron alcanzar la madurez intelectual en la serena atmósfera de Aix-en-Provence para escribir sus libros sobre arte por encargo de Albert Skira. La vida a veces exige su tiempo.

Mientras llegaba su momento, la academia maduró la necesidad de cambiar el estudio de la historia gracias al trabajo de figuras insignes de los sesenta que por propia voluntad permanecían lejos de los medios de comunicación. Es el caso de Georges Dumézil, que ultima el estudio de la civilización indoeuropea sustituyendo el tono ario por un análisis estructural de las jerarquías y de los complejos de relaciones a través de una figura ternaria en el modo de presentar el mundo de los dioses en la tradición de la India con el *Mahabaratta*, en los mitos de la Grecia clásica o en la cosmogonía de los antiguos romanos con Júpiter, Marte y Quirino. Carlo Ginzburg le acusó públicamente de renovar el viejo lenguaje del nazismo en su libro *Mitos y dioses de los germanos*, lo que provocó que Michel Foucault saliera en su defensa con un encendido elogio de su trabajo y con una crítica demoledora al bochornoso argumento con el que se había querido calumniar a un sabio de su entereza y prestigio, que incluso había recibido elogios del mismísimo Marc Bloch. En España, su obra fue traducida a instancias de Eugenio Trías en los tiempos en que este filósofo conjugaba el estudio del límite y las formas musicales de *Entre los muertos* de Alfred Hitchcock. Y así sucesivamente. Dumézil está en todos los debates posibles sobre el trasfondo ideológico de las religiones indoeuropeas, es una referencia permanente, y comparte con Claude Lévi-Strauss el privilegio de ser el ejemplo vivo del análisis a través de detalles concretos y segmentos de situación, o sea, la forma estructural a la hora de comprender los relatos míticos y las aventuras de los personajes sobrenaturales, como puso de relieve en el estudio de «La gesta de Asdiwal» en *Les Temps Modernes* de 1962. Aquí desvela que la estructura es una suerte de red oscura pero firme.

Los lectores de los años sesenta son ávidos por principios, irónicos por humor y escépticos por soberbia. Merecen una lección. En 1975 le piden el programa de mano para el *Parsifal* que se va a representar en Bayreuth con montaje de Wieland Wagner. Casi cincuenta años después, tras las decenas de veces que se ha vuelto a representar esta ópera, ¿se ha superado su lectura del mito? No me lo parece. El estudio de cualquier ejemplo mítico es un gran almacén giratorio, con retazos de Dumézil o Lévi-Strauss en cada planta. Se leen poco sus grandes obras, naturalmente: los actuales consumidores se quedan con las ideas-eje resumidas por apresurados compiladores, pero ofrecen aún un toque de clase en la inmensa maquinaria *kitsch* mundial de los libros de autoayuda.

PAST & PRESENT: APOLOGÍA ACADÉMICA DEL MARXISMO

Renovada la necesidad de hacer historia, queda pendiente la cuestión del método, que en los años sesenta dio lugar a un litigio con el materialismo dialéctico promovido en Inglaterra por el marxismo, tan alejado de la historiografía soviética. ¿Cómo hacerlo? Un grupo de historiadores se reúne en la redacción de una revista fundada en 1952 en la Universidad de Oxford bajo el nombre de *Past & Present* con el fin de depurar una metodología que compitiera con los *Annales* editados en Francia por Lucien Febvre y Fernand Braudel. Allí están todos, según se recoge en la pintura que Stephen Farthing hizo en 1999 para la National Portrait Gallery: Eric John Hobsbawm, Rodney Hilton, Lawrence Stone, Keith Thomas, Christopher Hill, John Elliott y Joan Thirsk; a los que cabe añadir a Edward Palmer Thompson o Perry Anderson antes de dedicarse por entero a la *New Left Review* y apostar por la Cuarta Internacional.

De entrada, se plantea una cuestión de principio: ¿será la lucha de la clase obrera la que oriente la lectura progresista del curso de los acontecimientos, como propone E. P. Thompson en su celebrado libro de 1963 *La formación de la clase obrera en Inglaterra*? ¿O será el sentido del pasado en la sociedad, como sugiere Eric J. Hobsbawm en su frondosa producción? Ambas posibilidades se consideran el necesario contrapeso a la lectura del positivismo, donde el interés se centra en las clases dirigentes y en reunir muchos datos. ¿Qué sucedió para que se produjera la revolución en Inglaterra con Oliver Cromwell, desliza Christopher Hill en *De la Reforma a la Revolución industrial*? Y responde con aire de suficiencia: sucedió que en Inglaterra se produjo una lucha de clases entre unos terratenientes, responsables de mantener una agricultura atrasada, arruinados por el desarrollo del comercio internacional y enfrentados a los mercaderes de Londres. Fue así un conflicto sobre las diversas maneras de entender las relaciones con los medios de producción. Sus seguidores aclamaron ese punto de vista tan nuevo, tan progresista. En cambio, el medievalista Rodney Hilton centró su trabajo en el año 1381, en la revuelta de los campesinos, en el reformador social John Wycliff y en sus seguidores, los lolardos, llamando a la revolución con la intención de sacar al método marxista de la ganga en la que le habían encerrado ideólogos sin formación histórica.

El método de los historiadores de *Past & Present* evita los excesos de los lectores de la revista, sensibles a la misión mesiánica progresista. Keith Thomas fija la sustancia de los problemas al profundizar en el mundo de las brujas y al asumir la narración que proponía Lawrence Stone para salir del determinismo asumiendo las teorías marxistas con plena libertad, como una herramienta más del oficio del historiador. Un gesto años sesenta, donde el compromiso histórico deja de ser un acto forzado para buscar la línea correcta del estudio del pasado. En ese punto los miembros de *Past & Present* enseñan algo positivo: hacer historia exige una elevada formación.

John Elliott, que estuvo con ellos sin ser marxista, recurre a los recuerdos para dar viabilidad al libro *Haciendo historia*. La decisión funciona con la precisión de un reloj suizo. Y es que resulta interesante comprobar cómo se sitúa ante el mundo a la hora de reflexionar sobre el pasado y el presente de la disciplina a la que ha dedicado toda la vida: «Este libro, que proviene de un representante de la última generación de historiadores anterior a la era digital, podría pues tener por sí mismo algún interés histórico, aunque sólo fuera como documento». Habilidad de Elliott: todo está sugerido, nada es frontal. El espacio de estudio, la España imperial, se transforma en un territorio de historia cultural a la hora de entender el Museo del Prado; la percepción de decadencia metamorfoseada en un estudio sobre los despojos tras las conquistas. Entre ambos, el reto de establecer la biografía del conde-duque de Olivares para situar los emblemas del Barroco en su lugar exacto. De la corte extrae el peligro de «creer lo que se dice de ella misma» por sus publicistas cargados de doctrina: ¿no es esto acaso una invitación al estudio de esa ilusión ineludible que es la ideología al modo de Fredric Jameson, marxista pero discípulo del gran romanista berlinés Erich Auerbach, autor de *Mimesis*?

Elliot, una vez más, sabe de lo que habla. Lo ha dicho otras veces, pero no le importa decirlo una vez más: «La buena historia seguirá dependiendo, como siempre ha dependido, de algo más que de acumulación de información y despliegue de conocimientos».

Sus razones, su *porqué*. El porqué existencial de un autor tiene razones que la razón ignora. En el caso de Elliott un porqué cargado de buena voluntad, que dignifica al que lo acepta:

> La aproximación de un historiador al pasado viene condicionada por su temperamento y experiencia personal, pero ningún historiador es una isla y la sabiduría se adquiere, al menos en parte, de la lectura y reflexión sobre la obra de historiadores pasados y presentes y participando conscientemente en una empresa colectiva que abarca generaciones y está comprometida con lograr una mejor apreciación tanto del mundo que ya ha desaparecido como del mundo tal como lo conocemos hoy en día.

Elliott es sin duda alguna uno de los grandes historiadores en reconocer el enriquecimiento personal que crea el estudio de la trama del pasado. Se acepta una sugerencia por aquí, un aliento por allá. El suspiro de alivio al descifrar un enigma o al encontrar los documentos que razonan una hipótesis de trabajo. *Haciendo historia*, aparte de ser una suerte de autobiografía, es una introducción a esa pelea de gallos que constituye el oficio de historiador. Me recuerda en cierto modo a la manera de Clifford Geertz de abordar el estudio sobre los ardides y mentiras de la sociedad a la hora de atender a su pasado. Estudios culturales, interés por lo local, análisis pormenorizado: trío imparable en los años sesenta. ¿Qué puede hacer el historiador frente a esos cambios a la vista? ¿Quejarse, enfurecerse, aceptar el desafío? Hay quien recurre a santa Teresa: «Se derraman más lágrimas por las plegarias atendidas que por aquellas que permanecen desatendidas». En todo caso, Elliott obliga a los lectores reacios a reconocer un imperativo moral en la historia a preguntarse por el sentido de la verdad en la toma de decisiones.

PLEGARIAS ATENDIDAS: EL FUTURO QUE NO LLEGA

El 5 de enero de 1966 Truman Capote firma un contrato con Random House para un nuevo libro que titularía *Plegarias atendidas*, mientras gestionaba el éxito de su novela *A sangre fría* (más de trescientos mil ejemplares vendidos). Recuerdos de adolescencia de un muchacho que se declara carente de la más mínima moralidad. ¿Qué va a suceder? Nada: la vida por sí misma, a fragmentos, que además fue publicando en revistas. Mundo loco, estupidez dominada.

El antropólogo hace muy bien el papel que le corresponde en estas circunstancias, sobre todo Mary Douglas, que en *Pureza y peligro* (1966) llama la atención de que la suciedad reside en los ojos del observador. Esta observación permite a los historiadores interesarse por las formas de comer, de creer, de amar, y contribuir así a un conocimiento de las sociedades humanas en la línea de los etnólogos que se marchaban a tierras lejanas para interrogarse acerca de la conducta de los pueblos sin escritura. De este modo el estudio del pasado supera la empobrecida idea de lo real y da entrada a lo imaginado como materia de investigación. Por favor, téngase presente eso en las líneas que siguen.

El efecto del marxismo nos trajo al territorio del conflicto social con los estudios del antropólogo Maurice Godelier, discípulo de Lévi-Strauss, preocupado por la relación entre *Lo ideal y lo material* (1964), y con los del romanista Erich Köhler, que propone una lectura del *roman courtois* de Chrétien de Troyes como efecto de la lucha de clases entre la nobleza feudal y la nobleza cortesana que había sido educada en los ideales de la caballería. Si Godelier parte de la hipótesis de que

> al contrario que los demás animales sociales, los hombres no se contentan con vivir en sociedad, sino que *producen la sociedad para vivir*; en el curso de su existencia inventan nuevas maneras de pensar y de actuar sobre ellos mismos, así como sobre la naturaleza que los rodea. Producen, pues, la cultura y fabrican la historia, la Historia;

para Köhler se trata de fijar si realmente la lucha de clases dota a los acontecimientos políticos del siglo XII europeo de una conexión con el imaginario social a base de la interferencia entre ambos. Eso permitía que los grandes personajes de la época, Enrique II, Leonor de Aquitania o Federico Barbarroja, alcanzaran el aura característica del *roman*, y la comprensión de sus hazañas exigía un pacto con el lector: conocer la época depende de la capacidad para distinguir entre hecho y ficción, entra vida y literatura.

También en 1966, Michel Foucault publica *Las palabras y las cosas: una arqueología de las ciencias humanas*, donde se detiene en fijar las categorías y principios que subyacen a un sistema social y lo organizan. La reseña en *L'Express* del 29 de mayo llevaba como titular «La mayor revolución desde el existencialismo» junto a una foto de tres cuartos de página con el autor enfundado en una gabardina, con su resplandeciente calva al aire. De esa reseña se sacó una lección práctica que la sociedad jamás olvidaría.

¡Haced el amor, no la guerra! Con esa proclama, tan habitual en los campus universitarios de Estados Unidos en esos años, se ingresa en la secuencia decisiva, dijo Raymond Aron con amargura, pues andanadas publicitarias desafían el orden erigido y a la vez buscan un nuevo modelo de comportamiento donde lo local es un archipiélago de los mundos que explican los aspectos disonantes de la sociedad analizados por Norman Mailer en *Un sueño americano*, una novela de 1965. El estudio de la cultura es quebrado y a la vez *trenzado.* Ya no se reconoce el universal que fija la imagen del pasado, del presente y del futuro. Jacques Derrida lo adelanta en 1967 con el estudio de la *différence* en el libro *La voz y el fenómeno*: la escisión que comenzaba a producirse entre la experiencia del mundo de los sesenta y las representaciones culturales heredadas del mito modernista, Proust y el cubismo incluidos. La encrucijada vital de esos años es determinar si la realidad es una historia o una maraña laberíntica de síes y noes.

Estas son posturas que nadie se resiste a comentar en los medios de comunicación. Son posturas audaces, sorprendentes, peligrosas quizá, pero noticiables. Y eso es lo que importa.

En 1967 se comenzó a tener conciencia de que los sesenta habían sido claves, sobre todo porque mostraron sin resolver el gran peligro del ser humano, que podía perder la libertad no sólo por el crecimiento de la ciencia, sino por la ambigüedad de una forma de pensar consumista que valoraba el presente en su calidad del *carpe diem* horaciano. Morir espiritualmente por los signos por él creados, como había dicho Nietzsche, pero también Foucault. Esta situación se recreó en 1989 en la película *El club de los poetas muertos* de Peter Weir, un director que venía de triunfar con *El año que vivimos peligrosamente*, la vida en Yakarta durante la caída de Sukarno. Ahora trataba de explicar el efecto de la llegada a una escuela de élite de un profesor con alma de transgresor en la generación abducida por el rock and roll. Era el lugar y el momento adecuado para hablar de la literatura de verdad, empezando por Walt Whitman y su célebre poema «Capitán, mi capitán», dedicado a Lincoln. Los chicos le siguen, convirtiendo sus ideas en actos existenciales. Y aparece el docudrama. No siempre la realidad se atiene a la voluntad de poder. Faltaba una transformación psicológica. Y mucha pedagogía para atravesar ese mar sin fondo que los estudios culturales habían traído consigo. Enseñar a navegar de una manera nueva en el caos de la existencia donde la alta burguesía utilizó a Michel Foucault como la última barricada contra el marxismo. 1967 era el año para hacerlo. Toda una premonición. Luego la historia se echó encima, como ocurre en los momentos de indecisión, atrapando por igual a los apocalípticos y a los integrados.

13

HABLAR DE POSMODERNIDAD (1968-1976)

Los restos de un saqueo
–papeles y retratos
en medio de la calle...

Todo pasó,
todo es borroso ahora, todo
menos eso que apenas percibía
en aquel tiempo
y que, años más tarde,
resurgió en mi interior, ya para siempre:
este miedo difuso,
esta ira repentina,
estas imprevisibles
y verdaderas ganas de llorar.

ÁNGEL GONZÁLEZ, *Ciudad cero* (1967)

BAUDRILLARD AJUSTA CUENTAS CON DEBORD

«Todo lo que una vez fue vivido se ha convertido en mera representación», escribía a finales de 1967 Guy Debord en *La sociedad del espectáculo,* un panfleto de la Internacional Situacionista publicado por Buchet-Chastel. Aquí empieza todo. De nuevo.

«Hablar de posmodernidad es entrar en ese proceso de la historia que comenzó Tucídides», escribe el romanista Paul Zumthor como justificación para decir algo diferente sobre esa Edad Media tan denostada y tan desconocida. Y hacerlo alzando la voz en un tiempo de cambios acelerados, una voz que aún no ha fenecido por el peso de los medios de comunicación, pero que sin embargo no es ya la voz de los viejos maestros que hablaban del futuro como efecto del pasado (lo seguía haciendo Reinhart Koselleck): es la voz adquirida en la batalla cultural que acompaña la agitada primavera del 68, junto a la versión no abreviada de *El capital* de Marx y el gusto por la ginebra con hielo. Tal vez no era más de lo que parecía a ojos de quienes se sorprendían al ver a los líderes de opinión estudiantiles encaramados a la tarima con pantalones vaqueros, chaqueta ajustada y, desde luego, sin corbata. Tal vez no fuera más que un toque de arribismo, pero en los años de 1968 a 1976 se pensó que era la voz, y el gesto, de la gente que contaba, y que quienes no actuaban así nunca ascenderían en la escala académica. Algunos sospechan que ese hablar de la posmodernidad es el punto de inflexión en lo tocante al gobierno, al trabajo, el tráfico y la moral cívica. Así se llega a las 221 tesis anotadas por Debord como vectores del *double-pensée* evocado por Orwell en *1984* con la absoluta convicción de que *aclarar los límites* añadiría un nuevo tipo de conocimiento al que ya se tenía de los viejos maestros. Este experimento provocó un colosal atasco intelectual a la altura de los atascos más visibles en esos años, los de tráfico a la entrada de las grandes ciudades, como el descrito, famosamente, por Federico Fellini al comienzo de la película *Roma*.

Hablar de posmodernidad requiere trabajar a fondo la ideología. Y aquí Debord fue un referente, quizá pijo y algo adusto, pero seguro de sí mismo, una suerte de Feuerbach marcado por la idea de un próximo *overshoot* en la aldea global, ese charco con gente que se conoce demasiado; o una suerte de Bataille en modo maestro de escuela ante alumnos que ignoran lo básico sobre el mundo intelectual; también es un estructuralista con máximas que parecen muy serias, del tipo «la declinación de ser en tener, y de tener en simplemente parecer»; y también es un viajero y su sombra murmurando para sus adentros como si fuese la queja de una dependienta de unos grandes almacenes el día de rebajas de invierno: «El espectáculo no es una colección de imágenes; es una relación social entre la gente que es mediada por imágenes». En todo caso, es un autor en busca del éxito que exponía sus tesis como si canturreara «La mala reputación» de Georges Brassens, pues «haga lo que haga es igual».

Un poco de bufonería suplementaria. Leamos la tesis 9: «En el mundo realmente *invertido*, lo verdadero es un momento de lo falso». Así, paso a paso, Debord descubre que el momento negativo de los años sesenta fue el procedimiento de ocultamiento de lo real por parte de lo que él consideraba los propietarios de la sociedad, capaces de impedir a la gente el acceso a la conciencia de la historia y a la historia consciente. Por tanto, la sociedad asume la alienación no sólo por servilismo político, sino también por miopía localista. ¡Alienación por el espectáculo! Al fin todo se aclara: el dinero fluye en el territorio de la impostura y los filibusteros de las ideas lo recogen sin sonrojo, entre aplausos: son los triunfadores. En definitiva, la sociedad del espectáculo está llena de artificios.

¡Bravo! Si uno se desliza hacia esa forma de ver el mundo, con su toque subversivo al final de cualquier argumento, se convierte en un personaje posmoderno, un conservador con chándal los fines de semana; vamos, un farsante que dice *parmigiano* en lugar de parmesano.

Los intelectuales de Estado elaboran una teoría cultural que legitima el mundo de la mercancía que sus imitadores reproducen cansinamente como en una especie de *playback*. Así, los argumentos de la batalla cultural a la hora de definir el estudio de la historia se nutren de progresos reales a través de la distorsión de los contenidos entre los pandilleros de los departamentos universitarios. Al eliminarse la ironía, se impone el sobrecogimiento doctrinal. Si se acepta ese desclasamiento (en sentido metafórico, no real) se entra de lleno en lo que Erich Auerbach planteó para la baja latinidad, conjugar a la vez en una misma persona el estilo elevado propio de los acontecimientos trágicos de la vida y el estilo bajo que expresa lo grotesco existencial con toques de cómica vulgaridad.

Pasemos ahora a la réplica.

La lidera Jean Baudrillard, convirtiéndose en el ejemplo más acabado del intelectual asentado en el desdén por el experimento «diver» que vende como la operación crítica sobre Debord, al que considera un obstáculo para la alianza del socialismo y el izquierdismo. Luego se desliza por sus ideas y se centra en el papel del consumo y no de la producción, colisionando con los marxistas, que entienden que el giro a los significantes de una sociedad es una simple distracción en el proceso revolucionario. Desde la mesa de redacción de *Utopie*, revista que fundó con Roland Barthes, todavía vacila. No da el paso adelante en *El sistema de los objetos*, pero sí lo hace en *La sociedad de consumo*. ¿Se produce el descentramiento del sujeto por la acción de la ideología?, se pregunta tras leer a Althusser. Y responde con sospechosa firmeza: sí, se produce. Hay un riesgo de que la revolución termine siendo una explosión hedonista, un espectáculo más. Sí, sí. Ese es el problema que se anuncia a comienzos de enero de 1968, año clave. Un mito arraigado en la conciencia de quien busca una salida a la idea de Debord sobre el futuro de la vida cultural. En realidad, Baudrillard acude disfrazado de estructuralista para saber si ser un revolucionario en los años sesenta no es más que una forma de estar a la moda. ¡Qué idea más llamativa! Pero también más absurda, por cansina. Pero así eran las cosas entonces. ¿Dónde se esconde la verdad de lo que está a punto de suceder?

Espectáculo y consumo. Sí. Así es. ¿Dónde están los momentos en que se encuentran? Cuando años después el historiador Michel de Certeau publica *La fábula mística*, un estudio de una posesión demoniaca de un grupo de monjas en la localidad de Loudun en el siglo XVII, se refiere al acontecimiento como un espectáculo y a las monjas de formar parte de un teatro de los poseídos. La pena es que lo dijese tan tarde, en 1982, pero la historia había dado con la clave para entender 1968, en caso de que se hubiese recurrido a la analogía dramática y no al gastado recurso de la lucha de clases, que en realidad nunca ha ocurrido.

IDEAL REVOLUCIONARIO E IDEAL DE CONSUMO

Un titular del *New York Times* del 5 de abril de 1968: «A las seis de la tarde y un minuto de ayer, Martin Luther King recibió un disparo en la garganta mientras estaba asomado en el balcón del Lorraine Motel de Memphis, Tennessee. Una hora después se le declaró oficialmente fallecido en el St. Joseph Hospital».

El mantra del 68 comienza aquí.

Cuando uno lee los diarios de la mañana de ese 5 de abril, se produce una extraña relación inversa entre implicación y expectación: cuanto más alejado se está de un suceso, más se altera. Los directores de periódicos convencen a los editores y propietarios de mantener ese clima como la mejor forma de aumentar el número de ejemplares. Los periodistas de sucesos apuestan por la política como motor para cambiar de historia. Hay que entenderlos, van a ser ellos los que descubran las tramas ocultas que conducen a los hechos delictivos. ¡Es hermoso 1968! De momento hay un guion para hacer frente a lo que Dickson Carr llama «la maldición implícita de las cosas en general».

¿Y del curso de los acontecimientos qué? Desde los primeros pasos, la lucha por los derechos civiles es uno de los rasgos característicos de los sesenta: una década valorada como un periodo prometedor donde la prosperidad presentó oportunidades para erradicar injusticias, sostener proyectos y rehacer la cultura. En esas circunstancias, la tarde anterior al atentado que le costó la vida, Martin Luther King afirmó en el Mason

Temple de Memphis ante una muchedumbre entusiasta: «Yo sólo quiero cumplir la voluntad de Dios. ¡Y él me ha autorizado a subir *a la montaña*! Y he mirado en torno a mí y he visto la tierra prometida». Esa visión le decía que su objetivo no era sólo abatir la segregación en el *Deep South*, también era mostrar el racismo como un ataque a las reglas democráticas de igualdad y libertad. Unas ideas que se abrieron paso en un mundo en llamas. El éxito de una proclama política es el éxito y no debe confundirse con nada más. Los líderes de opinión son iconos culturales, y con eso está dicho todo lo que se quiere hacer en ese momento.

La batalla de Ole Miss (nombre por el que se conoce la Universidad de Mississippi) comenzada el 30 de septiembre de 1962 había mostrado a todo el mundo la naturaleza del problema gracias a la televisión. La segregación era intrínsecamente discriminatoria a pesar de que la ley hablaba de «separados pero iguales» y fomentó una burguesía negra atrapada entre el poder blanco y unos seres desposeídos que los periódicos describían como proclives a la violencia. Lo ocurrido en Ole Miss penetró en la conciencia de una sociedad que nunca se había cuestionado por qué la población negra no podía entrar en una universidad blanca hasta que lo intentó James Meredith. De esa batalla cultural queda el primer éxito de Bob Dylan, «Blowin' in the Wind», y la sensación de que allí comienza el gran desafío de los afroamericanos contra la discriminatoria segregación racial.

El mayor obstáculo de Martin Luther King al proclamar la no violencia no era el sureño conservador, un residuo del pasado, aunque se revistiera de la escenografía del gobernador George Wallace, sino el adepto a convertir el desarraigo de los afroamericanos en una revolución contra los valores fundacionales de Estados Unidos. Esa revolución, al proclamar el derecho a la lucha armada, amenazaba la convicción de que el futuro era la *nueva frontera*. El otoño de 1962, los estadounidenses se situaron ante el dilema de que el país no convergía hacia la integración, sino hacia la escisión entre razas. Ese era el peligro advertido por King y para el que se había preparado desde que, a los veintiséis años, se destacó en la protesta contra los autobuses segregados de Montgomery, uniendo el góspel cristiano, los ideales de los pacifistas del siglo XX y la doctrina de Gandhi de la resistencia no violenta. La negativa de Rosa Parks a ceder su sitio en el autobús se convirtió en el punto de partida de una lucha por obtener un salario digno para los afroamericanos. Berry Gordy y Janie Bradford lo expresaron crudamente en su exitosa canción «Money, That's What I Want», que llegaron a grabar los Beatles; desde esa plataforma comenzó un camino que llevó a King a liderar la revuelta de Birmingham, a escribir su «Carta desde la cárcel», donde definía la segregación como un mal moral y, finalmente, a persuadir al presidente Kennedy para que los derechos civiles se convirtieran en un tema prioritario de su Administración. Fue un camino trufado de dificultades como el asesinato del dirigente Medgar Evers, el primer crimen político de la década, pero no el último, como prueba el magnicidio de Dallas. La vía de la no violencia parecía condenada a favor de la lucha armada. King insistió en sus ideales planificando una manifestación masiva en Washington para finales de agosto de 1963. Fueron significativas las alusiones al peligro que suponía la disociación de las razas o la violencia como medio para alcanzar un objetivo. Malcom X, además de calificar de farsa la manifestación, identificó el Black Power con la revolución. Las razones de este odio étnico trufado de odio de clases según era habitual en los sesenta revelan que el objetivo de King era más difícil de realizar de lo que en principio él pensaba, pese a que el acto concluyó cantando todos en armonía «We Shall Overcome». Cinco años después, el 4 de abril de 1968, la bala que le atravesó la garganta apuntaló el dique contra la marea de la violencia revolucionaria. En los meses que siguieron al asesinato, se perfiló cuál debía ser la psicología en la defensa de los derechos civiles, lejos del venenoso enfrentamiento entre razas y clases sociales. Fue el triunfo de un sueño, con el que King desafió a la nación a definirse: *I have a dream*, que un día los valles serán cumbres.

¿Se puede transformar el ingrato corazón de las personas por una idea que procede de la gran batalla cultural de los años sesenta para imponer un estilo artístico?

Quizá.

En los tocadiscos de 1968 se escuchaba una balada, cantada por Simon & Garfunkel, titulada «Mrs. Robinson», que formó parte de la banda sonora de la película *El graduado*, la mayor sátira contra la liberación sexual de los jóvenes de esos años. En ella se brinda a la salud de una mujer a la que Jesús ama más de lo que ella cree y a la que se describe como un anhelo por satisfacer. Y, por último, como por azar, se le pide que «nos gustaría saber un poco más de ti para nuestros archivos». Está completamente al servicio del misterio de la generación que los jóvenes desean abandonar para seguir con la vida, algo que sin ella, sin embargo, no saben cómo hacer. ¿Qué tipo de mujer tenía que ser ella para captar y desarrollar de este modo toda la gama de sensaciones y anhelos no satisfechos de la juventud? Esa misteriosa pareja, Simon & Garfunkel, a todo ritmo, pop a tope, lo cantan. Bastan sus silabeos para imaginarlo todo. Pues de eso se trata en este año, de llevar la imaginación al poder.

MAYO DEL 68 EN PARÍS

Noche del viernes 10 de mayo de 1968 en el hotel Le Meurice, 228 rue de Rivoli de París. En el vestíbulo se amontonan los clientes hablando de lo que está ocurriendo en la otra orilla, la izquierda, del Sena; el ambiente está cargado de emoción y de miedo. Los comentarios más escuchados se refieren a las consignas de los estudiantes que ocupan las calles, pues aquella noche la realidad es el mensaje y el mayor deseo, lo pintado con espray por un manifestante, «bajo el pavimento, la playa», al descubrir la arena amarillenta tras levantar los adoquines de las calles. Las piedras se amontonan esa noche en las barricadas, junto a los gritos de los manifestantes y las sirenas de la policía. El hecho se trasmite por radio a miles de franceses que comprueban alarmados la vulnerabilidad de la Quinta República ante la rebelión ciudadana, como había sucedido cuatro veces antes: 1789, 1830, 1848 o 1871. Pero eso no es lo más importante, escribe Pauline Dreyfus en la novela, *Le déjeuner des barricades* (2017), donde el protagonista «ve en los acontecimientos de esa primavera una suerte de revancha de la historia».

La batalla cultural tiene muchos estratos, en respuesta a la diversidad de la opinión pública. En esa noche son un eficaz instrumento de propaganda política. No hay nadie quieto. Todos buscan las consignas para hacerlo y los jóvenes, en el teatro del Odeón, vestidos con las prendas apropiadas para la ocasión, copian sin parar lo que los líderes dicen desde el estrado. Las conversaciones versan sobre la revolución proletaria. Es de lo que más se habla. ¿De verdad se está ante una revolución o se trata de un espectáculo de jóvenes desposeídos, aunque sean de familias ricas? Y sobre todo ¿qué hace allí el venerable Jean-Paul Sartre?

Al igual que en otras ocasiones, la imaginación revolucionaria se apodera de miles de personas saliendo a las calles para exigir cambios en la sociedad mediante pintadas imaginativas que iluminarán el futuro de unos jóvenes alejados del mundo de sus padres: «Seamos realistas, pidamos lo imposible»; «decretemos el estado de felicidad permanente»; «las barricadas cortan la calle, pero abren el camino»; y la más celebrada y menos vista «la belleza está en la calle», litografía hecha por el colectivo de la Escuela de Bellas Artes. Muchos ven en esos acontecimientos una suerte de desquite con la burguesía que había forjado la Quinta República y puesto al frente de ella al general De Gaulle; e incluso piensan que es un momento memorable, pues en esos días de la primavera parisina, el sentido de la historia viró hacia una alegría permitida.

¿Cómo discutir el deseo de igualdad basado en la justicia social? Tal vez ese sea el sueño de la revolución de los años sesenta tantas veces evocado, tantas veces frustrado. Al fin y al cabo, lo que condujo a los jóvenes a las barricadas fue la convicción de que era posible una sociedad mejor, aunque descuidaron el poder de la *Realpolitik* de los vencedores de la Segunda Guerra Mundial. Todo se podía hacer menos quebrar el orden internacional surgido de los acuerdos de Yalta. Aquí está el nudo de la cuestión, para el que contamos con un par de decenas de buenos libros.

Algunos siguen los pasos a los testimonios de los participantes, como el de Nicolas Daum, que parte de una premisa discutible: «El movimiento estudiantil fue espontáneo desde el principio hasta el final»; otros fantasean sobre el carácter de los participantes en los acontecimientos, como Michèle Bernstein en una novela de culto; hay quienes presentan el acontecimiento mediante el análisis de documentos de archivo —el de Ludivine Bantigny—, o lo visualizan con viñetas (magníficas las de Alexandre Franc y Arnaud Bureau); otros analizan las ideas, Michael Seidman lo hace con un título evocador, *La revolución imaginaria*; o se dedican a recuperar las figuras estelares de la filosofía del momento, como Cornelius Castoriadis y su agudo diagnóstico:

> Las interpretaciones del 68 como una preparación (o aceleración) del individualismo contemporáneo constituyen uno de los ejemplos extremos de reescribir en contra de toda credibilidad la historia que nosotros vivimos, y de cambiar el significado de los hechos, pese a lo fresco que los tenemos en la memoria.

Porque, en definitiva, se lee en el libro de González Férriz sobre el nacimiento de un mundo nuevo: «Más allá de las percepciones frívolas, que en muchos casos están justificadas, 1968 constituye una irrupción precedida de una larga tradición intelectual y seguida de un desarrollo ideológico serio, aunque absolutamente desconectado de la realidad». Una conclusión exacta pero desalentadora sobre la ilusión colectiva que atrapó por igual a trotskistas, maoístas, estalinistas y anarquistas, todos *soixante-huitards* discutiendo sobre el marxismo como la idea-eje para cambiar la historia.

Si se intenta llegar a Mayo del 68 tras saber cómo sucedió, en qué orden y con qué resultados, nos damos cuenta del contraste entre la *visión* forjada en las barricadas de las relaciones de producción y la realidad de la clase obrera, pese a la huelga general, o la distancia de sus líderes con los miembros más relevantes del Partido Comunista, convencidos de que la revuelta estudiantil era un movimiento *gauchista* ajeno a la lucha de clases.

La secuencia de los acontecimientos es torrencial. La gente se echa a la calle para crear las condiciones de una eventual revolución con la mirada puesta en las jornadas de julio de 1830 («parece un cuadro de Delacroix», se oía decir entre la gente de la orilla derecha, que miraba lo que sucedía al otro lado del Sena, en la *rive gauche*) o en la Comuna de 1871, como se decía en el teatro Odeón, ocupado desde la mañana hasta la noche; la gente se echa a la calle llevando la situación al límite para que caiga De Gaulle. La historia hay que hacerla deprisa antes de que se escabulla, como ocurrió en 1848 con la llegada al poder de Luis Napoleón. Hay que tomar el Barrio Latino, aunque las manifestaciones se inician en la plaza Denfert-Rochereau para bajar por el boulevard Aragon hasta la rue Mouffetard. Al frente de ellas a veces va Daniel Cohn-Bendit. Un símbolo de la acción, hasta se atrevió a cercenar la bandera tricolor para elegir el rojo, desechando el azul y el blanco. Luego, la postura de Pompidou y Mendès France, la huida del general De Gaulle a Baden-Baden al amparo de Jacques-Émile Massu; paracaidistas y brigadas acorazadas que merodean por la ciudad. Huelgas, dificultades de abastecimiento, más huelgas, incluso el miércoles 22, fecha clave porque se debía reunir la Asamblea Nacional para la moción de censura, víspera de la Ascensión, con el París católico exigiendo cordura. Pasaba el tiempo. Más miedo. Más huelgas. No hay taxis porque no hay gasolina. No hay autobuses ni metro. Sólo ciclistas y silencio. Cortes de luz. Mamporros de las CRS, las fuerzas de seguridad. Jóvenes heridos conducidos a los calabozos. Más protestas. División entre los insurgentes. Sentimientos que oscilan entre la esperanza y el furor. Nadie pega ojo. Cristales rotos por los adoquines. ¿Revolución? ¿Quién sabe? Manifestación cerca de L'Étoile a favor del general De Gaulle; oportuno discurso en la radio, que evoca los que hacía desde Londres en la Segunda Guerra Mundial llamando a resistir a la ocupación nazi de París. Comparación peligrosa.

Raymond Aron reflexiona sobre los motivos del levantamiento estudiantil y los límites a los que se llevó al Estado, afirmando que en ese mayo el progreso se detuvo por el ideal de progreso. La ironía está presente, también el juicio que se haga sobre ese momento, y entre los más elaborados destaca el de Richard Vinen, porque sitúa el mayo francés en el contexto de 1968, al que califica como «el año en que el mundo pudo cambiar». Pudo, pero no lo hizo. He aquí el mensaje. En el capítulo cinco, que dedica a Francia, es decir, al mayo parisino con su irónico final, el perdedor de aquellas jornadas, Mitterrand, se acercó a las ideas del PSU para alcanzar la presidencia de la República en 1981, cuando Europa (incluida España) creía que la socialdemocracia podía ser dirigida por los partidos socialistas trufados de ideas de Mayo del 68.

Hubo un momento entre la asamblea de estudiantes de Nanterre el 21 de marzo y la manifestación de apoyo al general De Gaulle el 30 de mayo, en que las emociones de un cambio revolucionario se dispusieron a ocupar su lugar en un nuevo orden que apartara para siempre el orden burgués, que por una ironía de la historia salió fortalecido por las internacionales obreras. El sueño socialdemócrata del Estado del bienestar había acabado de aparecer, ahora le aguardaban veinte años de gloria hasta el giro de 1989, ligado a la caída del Muro de Berlín y al descrédito del marxismo como forma de pensar la sociedad. ¿Fin de la historia? No hay que exagerar, sólo sensaciones de fracaso colectivo por las excesivas inmolaciones del pueblo en nombre del pueblo: de las Brigadas Rojas a Pol Pot, todos enfrentados al mundo viejo, por citar sus folletos oficiales.

Mayo de 1968 fue ese momento de esplendor donde se pasa de la historia a la poshistoria en el incomparable escenario de las calles de París y de las aulas de la Sorbona. Los modos de pensar y de ser de los años sesenta se convirtieron en esos días en una ansiosa exigencia revolucionaria. Es cierto que entre la guerra de Argelia y el atentado de Kennedy se dieron los primeros pasos con huelgas de metalúrgicos, luego llegaron los musicales franceses bajo la órbita del PCF, que definieron la *douceur* de la tragedia antes y después de la revolución: pensemos en la distancia entre *Los paraguas de Cherburgo* (1964) y *Piel de asno* (1970), ambas de Jacques Demy con música de Michel Legrand. Y no tardó en desarrollar la *Nouvelle Vague* con Godard, Resnais o Truffaut para encauzar las modas, los gestos, los hábitos en el vestir y el gusto por los cafés de París, donde los chicos y las chicas discutían sobre cómo leer *El capital* tomando café. El mundo como una función de teatro: una generación llamada a imponer un nuevo orden al discurso social, un orden revolucionario.

Así pues, Mayo del 68. ¿Qué fue en realidad? La historia duda en su definición, rebeldía estudiantil o revolución; es el turno para la novela.

El banquete de las barricadas, de Pauline Dreyfus: poderoso relato de lo sucedido el 22 de mayo de 1968 en el hotel Le Meurice de París con ocasión de la entrega de un premio literario al luego excesivamente premiado Patrick Modiano, que le da pie a una descripción densa en la línea de la antropología interpretativa de las sensaciones, emociones y quebrantos de la sociedad parisina presente en ese hotel aquel día. Uno de los personajes más divertidos ofrece un diagnóstico de lo que estaba sucediendo dentro y fuera del Meurice, «una parodia de revolución que perderá enseguida el resuello y acabará consumiéndose». Pues eso.

El resto es una larga batalla cultural. El hombre nuevo es un ideal en el que coinciden Marx y Nietzsche, pero en direcciones tan diferentes que son opuestas. En los días de mayo, los estudiantes debatían en París el camino a seguir entre el amor y el odio, la armonía y la lucha armada, la paz o la guerra.

¿DECADENCIA O REVOLUCIÓN CONTINUADA? BROWN EN ESCENA

El mayo parisino trae consigo el vaticinio apocalíptico de Roberto Vacca en su famoso libro *Il medioevo prossimo venturo* (1971), entendiendo que el *overshoot* de la civilización occidental había comenzado en las míticas jornadas parisinas, cuyos efectos son una disminución de la población propiamente europea por la caída de la natalidad, un estancamiento de los sistemas de distribución y una crisis de los regímenes alternativos al capitalismo, por ejemplo, la Unión Soviética. Un ambiente propicio para una batalla cultural convertida en el retrato de toda una generación escorada a la izquierda que le deja a los viejos marxistas afiliados al Partido Comunista el espacio central de la acción política. Trotski es el referente y se mueven en la línea británica de la Cuarta Internacional recuperando a Perry Anderson, que a su vez cita al venerable Gordon Childe como lectura obligada; también lo es Mao entre los afiliados a la GP (Gauche Prolétarienne), pese a que se admira a Rosa Luxemburg y al movimiento espartaquista berlinés de los años veinte y no a Lenin y el bolchevismo. Y así se llega a un ambiente de consignas, anatemas, exclusiones y sectarismo difícil de digerir por cualquier de los *maîtres à penser*. Desde luego, André Glucksmann advertía de la «locura de la revolución renovada» y cuestionaba que un intelectual de la categoría de Georges Bataille saludase el exceso sanguinario de los cambios catastróficos. Y también parecía dudar de la Revolución Cultural maoísta cuando empezó el reparto de las cátedras impulsado por el imprudente Edgar Faure, nuevo ministro de Educación del general De Gaulle. Allí están, en el centro mismo del debate, las mujeres que reclaman un lugar en el sol de la Academia, aunque no llegan a ser Marguerite Yourcenar o Jacqueline de Romilly, comprometidas con el feminismo del que habla *El segundo sexo* de Simone de Beauvoir. Y, por último, no por casualidad, el 23 de enero de 1969 aparece en Vincennes Michel Foucault abriendo el curso «Nietzsche, la genealogía, la historia».

Primera frase para comenzar: «El cuerpo es el locus del *Herkunft*». Así, en alemán, como nadie se había atrevido a hacerlo, ni siquiera Henry Corbin, que, sin embargo, tradujo la obra de Heidegger. Pues en ese «origen» sitúa Nietzsche el lugar donde se aclimatan el sentir y el pensar. ¿Quién era capaz de decir esas cosas en el enrarecido ambiente parisino? Este profesor que había vivido el Mayo del 68 no en París sino en Túnez; y que opta por ofrecer un diagnóstico «clínico» de lo sucedido y de sus efectos en el futuro. Misterioso Michel Foucault.

¿Qué ha sido Mayo del 68? La respuesta está en hacer historia de un gesto político. Hacia ella se dirige Foucault de la mano de su mejor amigo, el estudioso del mundo romano Paul Veyne. ¡Qué cambio más profundo está a punto de producirse! Tras la crisis de junio de 1940, un francés especialista en el mundo antiguo, André Piganiol, lanzó la consigna a una Europa confundida: «La civilisation romaine n'est pas morte de sa belle mort. Elle a été assasiné». La frase está dicha, la civilización romana no ha muerto de una bella muerte natural, ha sido asesinada. ¡Uf! Nada de decadencia, sino evento fatal derivado de la violencia de los bárbaros. Y ahora, tras la crisis de mayo de 1968, otro experto de la Antigüedad romana, Paul Veyne, reclama la autoridad de un irlandés afincado en California, Peter Brown, para fijar el paralelismo entre el ayer romano y el hoy europeo.

Al fomentar la lectura de *El mundo de la Antigüedad tardía*, Veyne consigue desviar la atención sobre la idea de decadencia sugerida por Edward Gibbon para explicar el fin de la civilización romana y la emergencia de la civilización cristiana en el siglo IV. Porque según Brown (y eso es lo que Veyne esperaba que creyeran los franceses) lo que en realidad sucedió en la centuria que va desde el Edicto de Milán del año 313 hasta la aparición de *La ciudad de Dios* de san Agustín entre 412-426 no fue la decadencia de la civilización romana, sino una revolución promovida por el cristianismo. La cultura clásica va a vestirse con los ropajes de la nueva doctrina evangélica, pero en esos años iniciales los Padres de la

Iglesia buscan las palabras y los emperadores las aplican. ¿Dónde está por tanto el *Herkunft* de Europa? ¿En el cristianismo o en la resistencia al cristianismo? El mundo académico se turba ante esta pregunta. ¿De verdad ese es el objeto de estudio y no los conflictos sociales que, en versión marxista, investigaba en esos años el gran A. H. M. Jones?

Para saberlo, todos se arremolinan en torno a Veyne (que era tanto como decir de Foucault) y aceptan la lectura de Peter Brown sobre la de los tótems franceses, incluido el elegante Lucien Jerphagnon, que se esforzaba por sacar al mundo romano de las formas vulgares que procedían de las películas de Hollywood —la de Mann era un péplum con demasiadas pretensiones (y mucha verborrea por parte del insufrible James Mason en su papel de asesor del taciturno Marco Aurelio, al que le pone cara y gestos sir Alec Guinness con sus consabidos ademanes), pese a que no dudó en aprovechar la ocasión para decir que «la caída de Roma fue una especie de junio de 1940, pero a escala mundial». Los argumentos cosmopolitas de Brown atraían más que los remilgos de Jerphagnon, como la visión de Veyne de un imperio bilingüe, grecorromano, es más convincente que el eclecticismo pasado por Ronald Syme de Simon Baker. Brown poseía un don pocas veces visto entre los intelectuales franceses e ingleses: hablaba con fluidez muchas lenguas.

Brown se encontró muy bien en el ambiente creado en el Collège de France para entender el mundo romano una vez aceptó el cristianismo como religión universal para fortalecer el imperio. Por supuesto ese era el cambio revolucionario que se produjo en el siglo IV, y no el docudrama de la decadencia descrita por Gibbon y los *whigs* británicos. Y hace gala de una especial inteligencia a la hora de enmarcarlo, pues utiliza el término Antigüedad tardía en la línea del maestro Henri Marrou, y lo hace bien, dando vida a una descripción coral de los siglos III al VII tan variada que entusiasma a los lectores. Es un texto desconcertante para su época; no se estaba acostumbrado a un escrito así.

Además, insinúa paralelismos de enorme calado. Lo mismo que no hubo una decadencia en el siglo IV, no la hay en la segunda mitad del siglo XX, pues lo comenzado en las calles de París en mayo de 1968 es un reajuste en el orden mundial para cambiar el curso de la historia. Los dos momentos conectan entre sí de forma misteriosa: seguir los pasos de Juliano en la vieja Lutecia (la moderna París) pone al descubierto la trama trágica de todo intento de crear una nueva civilización complica los viejos tópicos. La historia de verdad de los sucesos de Samarra en junio de 363 —y la muerte de Juliano a manos de los persas— y los de París de 1968 tiene que ver con la forma de *effacer* los límites en momentos en que la sociedad decide responder a un sueño político. Tanto Juliano como los jóvenes que levantan adoquines en Mayo del 68 estaban convencidos de ser el producto de un sueño colectivo, concebido por intelectuales en tiempos difíciles. Ambos protagonistas, el emperador y la muchachada universitaria parisina, comparten una inusual cualidad refleja: ver en ellos lo que quieren ver en ellos.

Eso es todo. El resto ya se entenderá con el tiempo. Hasta yo a veces me he situado ante los persas en Samarra pensando en Craso y Germánico mientras leía la *Introducción a la literatura griega* de C. M. Bowra.

LA MUERTE DEL PASADO Y UN TRABAJO EN ITALIA. LO QUE SUSCITA PLUMB

A mediados de 1969 aparecen en la editorial londinenses Macmillan Press con el título *The Death of the Past* las conferencias impartidas discretamente por el historiador sir John Harold Plumb en el City College de Nueva York un año antes (Carlos Barral las publicó en la Breve Biblioteca de Respuesta con el título *La muerte del pasado* y una ingeniosa portada de Julio Vivas donde retoca el famoso cuadro de Velázquez *Las lanzas*): «He querido establecer una distinción precisa entre pasado e historia, convencido de que el pasado ha servido a los menos, y la historia a los más». Los asistentes, sorprendidos en medio de las afirmaciones de Plumb, se preguntan si se puede decir de otro modo. Quizá, responden, pero no mejor.

Es un ferviente alegato a favor de la necesidad de una historia que, al estudiar lo sucedido en tiempos pasados, enseñe lo que resulta imprudente hacer de cara al futuro, porque, afirma Plumb, «hay verdades humanas que pueden encontrarse en la historia, verdades que vale la pena proclamar». ¡Suerte de historiadores como él! ¿Qué tipo de saber es el suyo capaz de captar las acciones de los seres humanos? Misteriosa disciplina es la historia. Fuera de ella están los *paparazzi* del pasado persiguiendo noticias con las que rellenar las páginas de actualidad. En Palenque se han vuelto a reunir los arqueólogos para determinar quién era realmente el rey maya Pakal del siglo VII de la era común, al que han bautizado, al descubrirse la placa de su tumba, con el apelativo de el Astronauta. Al verse ante tantos tesoros del pasado donde elegir, cada periodista puede escoger su mito personal: ese personaje debatido, ese mundo desconocido, esa reliquia olvidada. ¿Bastaría un mundo en el que la historia fuese solamente ese acercamiento a los misterios por descubrir? Quizás.

Plumb se prepara para mostrar el juego: «No es un azar que, en las grandes crisis sociales, cuando las autoridades seculares o las antiguas creencias se derrumban socavadas por las contradicciones, brote un caudaloso raudal de escritos históricos y aun de controversias entre los historiadores». ¡Qué soñador se ha puesto de repente! ¡Cómo se conmueve ante los paralelismos con otros momentos, de la crisis social del Bajo Imperio surge la doctrina de san Agustín, de la social del siglo XVII en Inglaterra la interpretación *whig* de la historia! La realidad es que tras conquistar el poder hay que asentarlo en una lectura del pasado servicial a la causa del vencedor. La falsificación es un procedimiento político que sólo tiene a la historia como obstáculo. El lector se turba al ver que desde el *Cantar de Gilgamesh* hasta las novelas sobre la Tabla Redonda siempre se ha buscado una legitimación en lo falso, jamás en lo verdadero. Es el gran arte de la sublimación. El destino histórico de un individuo, un pueblo, una nación: desde los santos convertidos en árbitros de un paisaje salvaje hasta los comerciantes imbuidos de ética protestante que inspiran un sistema económico. A la gente se le pide que crea lo que se le dice, esto es todo.

El mal es ignorancia, el bien es la razón: el siglo XVIII seculariza el combate entre el demonio y Dios. Y que lo entienda quien pueda. Ojo, no es escepticismo ante la recepción social de un texto, no estamos en una exaltación de las ruinas de los majestuosos ideales sobre el pasado que marcaron el devenir de la civilización judeocristiana, tampoco es la puesta en escena de Plumb ante la función de la historia; es algo más simple: «El objeto de la historia es el conocimiento de los hombres en cuanto individuos y de sus relaciones sociales en el transcurso del tiempo». Hablamos de historia social, ya que «lo social abarca todas las actividades humanas». Pero entonces, ¿de qué modo se accede a los hechos? Hay que averiguar por qué ocurrieron, cómo ocurrieron y por qué cambiaron, pues ninguna sociedad humana se ha quedado jamás estancada.

Plumb llega al fondo de la paradoja humana. «La historia empieza cuando los eruditos perciben un problema que ninguna civilización había tenido que plantearse: la dualidad del pasado europeo, con sus ideologías contradictorias y sus interpretaciones discrepantes del destino del hombre». Abramos bien los ojos a esta conclusión, está afirmando que la escritura de la historia en el siglo XX se ha fraguado en una batalla cultural. La razón es evidente:

> El deber del historiador —y eso dicho en 1969— es poner de manifiesto la complejidad de la conducta humana y lo que tiene de extraño todo acontecimiento. No es un pasado simplista lo que necesita la humanidad de nuestro tiempo; la experiencia y la ciencia han dado a la mayoría de los hombres cultos idea cabal de la complejidad de la existencia humana y de la telaraña sutil de las relaciones que la determina, pero cada vez se diluye más la naturaleza del pasado, no sólo en sus aspectos positivos, sino en las sombras que proyecta sobre nuestras vidas.

El resto no lo digo, cada cual lo sabe ya.

El mensaje oculto de Plumb se relaciona con su posición en el mundo británico en 1969. Unas conferencias que abordan el dilema a través del más inglés de los procedimientos, el recurso a la historia con el objeto de promover la restauración de la Gran Bretaña como gran potencia tras unos años (desde 1957 con el fracaso ante Suez) de incertidumbre. Hay una cierta reverberación épica en sus propuestas al promover una línea de estudio que rectifique modelos sin sentido (que no cita, pero se los supone). Pero esa actitud descansa casi enteramente sobre la analogía del trabajo del historiador con el juego. De manera que el único recurso era una especie de como si: afrontar la historia como si la revolución del 68 hubiera sido una realidad y no una parodia. Esto significaba, en un delicioso ejercicio de humor negro inglés, imaginarse a los historiadores de las antaño prestigiosas universidades de Cambridge, Oxford y las demás como si fuesen los líderes de un *job* capaz de enderezar el curso de los acontecimientos que iban en sentido contrario a lo que plantea. Al cabo es el resultado inevitable de la retórica *völkish* de la cultura inglesa a pesar de que sueñe con una historia que contribuya a devolvernos nuestra verdadera identidad de hombres.

Hacer historia en 1969 es un juego ritual de adquisición del *self*, juego que responde a una necesidad muy inglesa de hallarse en el centro del conflicto para así resolverlo. El trabajo del historiador es de esta forma una caja de estrategias.

O mejor un desafío al mundo.

Ese ambiente quedó reflejado en una película de culto de aquel 1969: *The Italian Job*, de Peter Collinson, con guion de Troy Kennedy Martin y protagonizada por Michael Caine. En apariencia es una comedia de costumbres, pero hay algo más en el fondo. Se trata de un juego de tres contra dos: por un lado, el ladrón Charlie Croker (un impagable Michael Caine que acentúa su *cockney* londinense), el estratega de los bajos fondos londinenses que domina el negocio desde la celda en la prisión, Mr. Bridger (un pletórico Noël Coward) y la banda; por otro, la mafia y los carabinieri. El objetivo: el robo de cuatro millones de dólares en oro que los chinos han de trasladar a Italia para asegurarse la remesa de coches Fiat. La imagen que surge de la película es la de una continua oleada de tácticas, trucos, disfraces, persecuciones (lo de los Mini Cooper en las cloacas de la ciudad es inolvidable), cuya forma cómica es visible, pero su finalidad ideológica no tanto. La lectura del mundo es rabiosamente antirromántica, amarga y desoladora (con un final en la carretera que lleva a los Alpes como una metáfora absoluta de lo que el mundo tenía ante sí), y se conjuga bastante mal con la devoción por el final feliz de las comedias de costumbres. Pero no es por ello menos poderosa. A pesar de su resignada ética de que la vida hay que tomarla como viene, no resulta tan atroz como parece en un principio. En definitiva, la película no tiene ninguna piedad para lo bien hecho.

¡Qué parodia más cruel del azar! Se trata de una advertencia muy de ese año, tras haber comprobado cómo Mayo del 68 ha quedado consumido en la banalidad. Ahí tienen una comedia que reclama su ración de ilusión, pues demuestra a la perfección que si no dormir fatiga, no soñar cansa. Una declaración así no puede dirigirse al futuro, sino al pasado. Imaginar constituye la principal vía para salir del fracaso de una revolución que no ha sido tal. Un mundo sin historia ya no tendría nada de humano.

¡Ojo! No hay falta de gusto por el tesoro de los saberes olvidados de los que habla Jacqueline de Romilly, no estamos en una exaltación de la radicalidad, tampoco en una puesta en escena de celebridades que están renovando los estudios humanísticos para apuntalar un Estado cultural, por decirlo al modo de Marc Fumaroli. Estamos hablando de sociología, genealogía e historia, y de las nuevas vías para acceder al jardín de Epicuro, no de publicidad ni de series para la televisión. Pero, entonces: ¿dónde? Adivinen, no es Inglaterra, que tiene pocas posibilidades, o ninguna, de que en su clase política surja un nuevo Clement Attlee; será en Francia: en el Collège de France, la venerable institución creada por el rey Francisco I para tener en su seno a los lectores reales y cuyo objetivo es dotar de una cátedra a las materias aún no aceptadas en la universidad.

La expectación maravilla a la gente, pero falta aún lo mejor.

La fiesta de la cultura. Cuesta imaginarla hoy.

TRES DÍAS DE DICIEMBRE DE 1970

En París, tres grandes intelectuales son elegidos para liderar la vida cultural francesa tras los sucesos de Mayo del 68. Nunca se ha descrito este momento. Ahora lo intentaré. El hecho y la ilusión.

Empecemos con los datos: el lunes 1 de diciembre de 1970 entra en el Collège de France Raymond Aron, el martes 2 hace lo propio Michel Foucault y el viernes 4 Georges Duby cierra el círculo.

La batalla cultural está detrás del ceremonial académico en esos tres días de diciembre. Los protagonistas lo saben, al menos aparentan saberlo delante de un público expectante. Se les pide aclarar sus fines al entrar en tan venerable institución; eso es todo. Pero eso es mucho en la sociedad que mantiene viva la atmósfera del 68 en sus calles, en sus universidades, en los escaparates de las librerías del Barrio Latino. Los tres reconocen de forma implícita que acatan un hecho desagradable para un profesor, no tener discípulos a los que se les facilita la promoción. Al entrar, los tres dejan de tener poder académico y, por lo tanto, la clientela que ese poder proporciona; a cambio tendrán fama y serán aceptados en los medios de comunicación y en la industria cultural. Porque además de enseñar, escriben; y publican en editoriales de renombre.

Raymond Aron lee el discurso *De la condition historique du sociologue* con refinada ironía, quizá porque el nombramiento le llega demasiado tarde (tiene sesenta y cinco años, es el más viejo de los tres) y ya no le sirve para explotarlo en beneficio de sus proyectos políticos: sólo le sirve para demostrar a su viejo amigo, y adversario, Jean-Paul Sartre de que el Estado cultural de Malraux le ha elegido para ser en Francia la voz del sociólogo que respeta la herencia de Marcel Mauss sobre la de Max Weber. Y también para llamar la atención del peligro del triunfo en el futuro de los especialistas sin espíritu, sí, de esos *Fachmenschen ohne Geist* de los que hablan sus camaradas en Berlín, a los que hay que invitar para discutir sobre sus planteamientos y así hacer del Collège un centro de debate invocando a Alexis de Tocqueville y con ello evitar la ociosidad enervante de una erudición que representa el pasado. Y con eso ya dijo bastante aquella fría tarde de diciembre. Luego, los cursos que impartió crearon un material para libros futuros, pero por sí mismos dejaron poca huella en él, así consta en sus voluminosas *Memorias*, donde apenas comenta el acto de entrada ni su sentimiento al pasear por los pasillos de la venerable institución que le había acogido con esmero. Sólo un comentario, y de pasada: «Los libros *La República imperial: los Estados Uni-*

dos en el mundo y *Pensar la guerra: Clausewitz* tienen pocos rasgos en común, aunque ambos salieron de los cursos que impartí en el Collège de France, el primero en 1970-1971 y el segundo en 1971-1972», escribe en las *Memorias*. Y poco más.

A Michel Foucault le eligen para el Collège de France. Georges Dumézil ha tejido la trama para hacerlo. Y cuenta con apoyos, incluso en el seno del Gobierno. La revolución debe integrarse en el orden público. Los detractores de esta decisión se equivocan al creer que Foucault les va a ser infiel una vez dentro. *Mais non*. En todo caso, si lo fuera, sería tan sólo de pensamiento, no de acción. Algo de *happening* sí se espera de él, que ya va conduciendo un deportivo por el Barrio Latino. Pero aquel martes 2 de diciembre de 1970, el día que entró, fue una fiesta para los progresistas de cualquier tendencia. Ante un público expectante se presentó en la sala 8 el mago de la revolución del 68, el filósofo que se ha hecho historiador, Michel Foucault. Y habló de los diversos protocolos que gobiernan el lenguaje en un texto titulado *El orden del discurso*. Léanlo bien o no se enterarán de nada: en España la editorial Tusquets lo publicó en el número 36 de la serie «Cuadernos Marginales». ¿Marginal un discurso de ingreso en el Collège de France? Lo que hay que ver. Menudo despiste en la periferia de lo que estaba sucediendo en París.

La razón del discurso es evidente, aunque el periodista Jean Lacouture, que cubría el acto para *Le Monde*, no se enterara de lo que en verdad está sucediendo. Circulen, no hay nada que ver salvo la inmensa paradoja de que la violencia del discurso pronunciado por el nuevo profesor se hizo para integrar en la Academia el pensamiento del afuera.

¡Ah, bueno! Se trata de eso. Quizá podría dar algún otro detalle. Aquí está. El 4 de diciembre de 1970 el medievalista Georges Duby leía el discurso inaugural en el Collège de France, donde anunciaba entre otros objetivos que la cuestión más acuciante en ese momento era saber cómo insertar las mentalidades en el conjunto de la investigación histórica. La cátedra convertida en un lugar de encuentro y de reflexión permanente sobre el problema del estudio. Objetivo ambicioso, pero en realidad confesaba que estaba en el Collège para sostener una nueva coalición del saber con el fin de profundizar en esa «otra» Edad Media surgida de los trabajos de la Escuela de los Annales y que había contado con el decidido apoyo de Jacques Le Goff, por lo demás su gran amigo. Mientras lo iba diciendo, los rostros de los asistentes, muchos de ellos historiadores como él, que no dudaron en acudir a su seminario para aportar su grano de arena al debate sobre el lamentable estado de los estudios medievales en las universidades de medio mundo. ¿También en las del este europeo bajo regímenes comunistas? Sin duda así era. Un legado más del espíritu del Mayo del 68 parisino, matizado por el propio Duby en su frase final de elogio al viejo sueño de Michelet de convertir el debate de ideas en un movimiento que fuese la vida misma. El seminario, por tanto, como una isla de agitación en el archipiélago conservador de los estudios medievales. Como indica el contexto en el que se inserta. ¡Qué apología más prometedora! Se trata de una petición a los jóvenes medievalistas de todo el mundo, es imposible no oírla. Ahí están, en la provincia de los que, como yo desde la dura cárcel de Bellaterra, reclamaban su ración de la ilusión creada en este manifiesto.

Durante tres días de diciembre, en París, tres figuras intelectuales diversas entre sí coinciden en la necesidad de cambiar de historia para avanzar en el misterio de que el futuro descansa en el conocimiento preciso del pasado.

Jacques Le Goff y Pierre Nora, contando con el apoyo de la editorial Gallimard, llevan al límite el celo por mostrar el valor que tiene *Faire de l'histoire* en una sociedad que se prepara para asumir el legado de Mayo del 68. Sus palabras son el canto de sirena para los jóvenes navegantes atados al mástil como Ulises que en esos años se adentran en el proceloso mar de la investigación. Y así muestran la magia de la historia, las teorías más osadas sobre parentesco, sexualidad o imaginario social. Leer los trabajos que recopilan bajo su dirección y que logran publicar en la NRF es como regresar a esos años y a la sensibilidad por lo nuevo. Entrar en ese panorama es asumir de nuevo declaraciones tan renovadoras que no pueden ser digeridas sino con el mismo esfuerzo que se hizo entonces. En mi caso, el llamado de la *otra Edad Media* constituye el mayor de los desafíos que un joven podía recibir en diciembre de 1970. Un investigador sin ese celo por lo nuevo no tenía cabida entre los renovadores, aunque viviera entre carceleros de las viejas doctrinas, como me pasó a mí, que fui atacado con desmedida violencia como si fuese un negro en un campus de segregacionistas convencidos. ¿Hay que denunciarlo? Nuestros asuntos son sólo nuestros. Todo debe quedar en familia; no lavemos los trapos sucios en público; permanezcamos unidos incluso en la injusticia. Pero en aquel diciembre de 1970 se invitaba a toda una generación (los nacidos en los años cuarenta) a que cuestionara los tópicos forjados en la Guerra Fría por reaccionarios que sospechaban de todo lo que no fuera una historia al servicio de la religión y por bolcheviques enmascarados de progresistas partidarios del materialismo histórico que simplemente se hacían eco de las consignas de los partidos de clase. En ambos casos daba la impresión de que los objetivos trazados en los tres días de diciembre de 1970 debían ser alejados del mundo universitario con argumentos cada vez más peregrinos. Y eso nos lleva a los detractores de Aron, Foucault y Duby, que se reagrupan en una sola voz. Despotrican en las aulas ante los estudiantes sin formación, fáciles por tanto de ser manipulados si los comentarios adoptan un carácter coral, para lo que es preciso el control de los departamentos aupando a mediocridades. Estas ideas renovadoras plantean un revolucionario análisis del pasado, pero en realidad (se decía con la retranca de los reaccionarios) son los viejos argumentos retrógrados de la historia cultural de Burckhardt o Huizinga: esa es la esencia de la campaña de miedo. Porque es miedo a perder sus privilegiados puestos burocráticos lo que les lleva a mentir de esa manera. La enseñanza no es importante, sólo el control. Así que las novedades en el estudio del pasado quedaron para la industria del libro, que desde ese año de 1970 estaría siempre por delante de los proyectos de investigación financiados por el Estado de estas universidades reaccionarias en su doble vertiente, de ultraderecha y de ultraizquierda.

NIXON EN LA MURALLA CHINA. ENTRE SIMA QIAN Y PAUL VEYNE

En los noticiarios de la televisión americana del 22 de febrero de 1972, famosos locutores describen algunos instantes de la visita de Nixon a China en términos olímpicos. Los detalles son obsesivos: se enumera minuciosamente la forma de saludarse, la vestimenta, el programa de actos, el encuentro previsto con Mao, cómo hablan, adónde van a ir (por supuesto, visita obligada a la Gran Muralla). La curiosidad es intensa y reina una verdad entre tantos halagos: China es el otro. Cuando se trata de ese país, la única posición correcta es una mezcla de respecto y distancia ante el valor de confucianismo en la vida diaria.

Me detengo en los efectos del viaje. *Nixon en China*, de John Adams, es una ópera inspirada en el viaje del presidente de Estados Unidos a China. No acude a plantear el alcance de la Revolución Cultural como lector del *Libro rojo* de Mao, y es perfecto que así sea. Aunque a Nixon más le hubiera valido leer o al menos escuchar los comentarios de quienes habían leído ese libro. Lo demuestra el hecho de que no reconoce la voz de una generación que le está exigiendo que le explique si va por el camino adecuado, que no deje a la historia seguir su curso sin prestarle atención, mientras que, como colmo de la ironía, Nixon sólo es capaz de identificar el maoísmo cuando se le reprocha su política internacional. ¡Qué más le da la cultura! Sólo hay una palabra que aspira a pronunciar, paz, y con ella poner fin al conflicto en el Extremo Oriente, como si fuese la venganza póstuma contra Kennedy, que apostó por entrar en una guerra para aclarar el valor de la nueva frontera. ¿Qué efectos tuvo este viaje como apertura a una época dominada por la globalización? Vale la pena comprender cómo afectó este primer paso hacia la globalización al deseo de convertir la batalla cultural por la historia en un motivo político. El mensaje secreto de la estrategia internacional se oye sólo cuando se le presta atención a lo que está situado en el envés de la trama.

Por razones aún hoy sujetas a debate, la gran estrategia marca de forma indeleble el curso de los acontecimientos. El primero en advertirlo fue el recio historiador de la China clásica Sima Qian: «Ahora en los cuatro mares, por todas partes, hay comandancias y provincias, y se emiten decretos desde un solo centro, algo que nunca había ocurrido desde el pasado más remoto». Forjado en medio de las feroces controversias ocurridas en su país durante el ocaso de la dinastía Zhou y el advenimiento de la dinastía Qin hacia el 221 a. C., Qian se pregunta ¿cómo no iba a causarle la situación absurda y sangrienta de esos años una intensa sensación de contingencia? ¡Qué personaje! Con él, a juicio del historiador Fung Yu-Lan en *Breve historia de la filosofía china* (1976), se inicia una cosmología en forma de protociencia mágica en busca del sentido del ying y el yang con hondas raíces en la vida cultural china. Además, da el paso necesario para la definición del camino (Tao). Porque sabemos que sostener una civilización en China en cualquier época, en la que vivió Sima Qian o en la década de 1970 con el viaje de Nixon, exige superar los derroteros de una política dogmática para dar entrada al pragmatismo. Es sobre esa experiencia que los sinólogos occidentales comenzaron a estudiar lo que se presupone una conclusión sobre el uso de la historia. El sinólogo de Yale Jonathan Spence en *La traición escrita. Una conjura en la China imperial* (2001), recuerda que «una de las utilidades de la historia en China es recordarnos cuán inverosímiles pueden ser las cosas». Y lo demuestra presentando con plenitud de detalles la vida de un emperador con tribulaciones un tanto exageradas y un egotismo bastante elevado, que adoptó un cariz agresivo.

El carácter inverosímil de los hechos históricos condujo al historiador de la Roma clásica Paul Veyne a escribir un libro comprometido: *Cómo se escribe la historia. Ensayo de epistemología* (1971), que recibió una reseña de Georges Duby en *La Quinzaine Littéraire* del 15 de junio de ese año. Lo que se debate en este libro es el poder irresistible de la intriga que brota siempre en el curso de los acontecimientos con una fuerza fantasmagórica. Claro que casi nunca se llega a conocer lo que realmente está detrás de un hecho. Entonces, ¿cómo se puede saber si se crea una pantalla para esconderlo? La pregunta supera con creces, como es natural, la capacidad de los historiadores que han aceptado el conocimiento local como razón metodológica. Pero, aun así, resulta tremendo pensar en el triunfo, de siglos de duración, con un aura de pesadilla, del efecto de las intrigas que no se conocen y que de una forma despiadada eliminan del mundo humano el hallazgo de la verdad. Al final, queda un mundo desollado, con los efectos profundos del peso de las intrigas, por un lado, y la elisión asesina de la verdad, por otro.

ALTERIDAD Y MODERNIDAD DE LA EDAD MEDIA. DE JAUSS A BORST

Hans-Robert Jauss, desde la Universidad de Constanza, llevaba años (desde finales de 1967) afirmando que la teoría de la recepción era el método definitivo para resolver los problemas de la inserción de lo literario en la vida social (en fin, Jean Starobinski nos pide que así lo creamos en el prólogo a la traducción francesa de sus principales trabajos en alemán) y que la experiencia estética se alcanza tras una crítica de las ideologías modernas. *Poiesis, aisthesis y catarsis*, festejemos así los estados del alma como portadores de la verdad en la búsqueda del tiempo perdido de un individuo o de una sociedad. Y eso le llevó a preguntarse sobre cuál de las dos categorías, alteridad o modernidad, es la adecuada para entender la Edad Media europea con su conciencia estética reflejada en el arte y en la literatura. La pregunta despierta al medievalista de guardia de Constanza, Arno Borst, que llevaba tiempo en la zona templada de la disciplina, alejándose todo lo posible de la escuela de la que venía, la que había forjado Herbert Grundmann, fallecido el 20 de marzo de 1970, a la vez que buscaba un talante justo entre tendencias extremas que, sean cuales sean en aquellos años, si se les daba rienda suelta, se convertían en un vicio académico altamente letal, como le señalaba a menudo su colega y amigo Waldemar Max Besson, que había regresado de California con ideas de renovación. Borst tenía un intelecto fértil, sutil y capaz, y una escritura luminosa y animada. Un fino editor de la Ullstein Verlag de Frankfurt se dio cuenta enseguida y le propuso un desafío que no podía rechazar, que escribiera un libro sobre la Edad Media que siguiera los pasos de la teoría de la recepción. Y lo hizo, y lo llamó: *Formas de vida en la Edad Media*.

Borst hace desfilar ante nosotros, a toda velocidad, vidas humanas, con sus emociones, pasiones, intereses, mentiras, malentendidos, luces y sombras. Y poco más, lo que, sin embargo, es mucho, pues no hay nada más placentero para el espíritu de los setenta que la acción de desvelar las fantasías, los sueños, los agobios de una sociedad a cielo abierto, como si el libro fuese una de esas bellas narraciones en piedra del arte románico o gótico. El éxito del libro (todo un superventas) fue acompañado de un rechazo académico. La opinión de la gente de la calle no bastaba para triunfar en la disciplina. A Duby no le gustó, me lo dijo una vez mientras me alargaba una separata con la reseña que había escrito en la revista *Francia* (3, 1975), donde sostiene: «Definir, describir en los cambios que la evolución imprime a las formas de vida en las que se insertan en la Edad Media la vida de los hombres en sociedad es el propósito de Arno Borst». La vía para hacerlo es la antropología, que se entiende como la más eficaz. El método también, a través de unos cien *interviews*, vale decir, los documentos, no todos textos, pues recurre a menudo a imágenes. Dirige sus lecturas en esta línea. Aquí el mundo medieval aparece iluminado con todos sus contrastes en un modo que le acerca a los estudios de Wolfram von den Steinen.

Formas de vida en la Edad Media de Arno Borst fue un éxito editorial en el seno de la contracultura: conllevó inmediatamente la preocupación de saber si el puente entre la lectura marxista y la hermenéutica promovida por la teoría de la recepción se había roto del todo. Había que evitarlo por todos los medios posibles. Se recurre a Georges Duby, al que años atrás se le encargó un libro sobre la etapa inicial de la economía europea de la Edad Media: *Guerreros y campesinos* es el título en la versión francesa publicada por Gallimard en 1973.

Es el momento para contar al mundo cómo se le ocurrió escribir un libro así. Recurre a *Para leer El capital* de Louis Althusser con la intención de encontrar una inspiración para seguir de cerca la evolución *très longue* de las fuerzas productivas (sí, en clave marxista) que fijan las estructuras sociales y las actitudes mentales. Tiene que estar bien presentado el argumento de los cambios de las relaciones de producción entre la economía de regalo y la economía de beneficio. ¡Qué desafío en perspectiva! Se adentra en el territorio allanado por Marcel Mauss sobre las conductas del regalo, que encuentra incluso en el *Beowulf*, la bella épica sajona del siglo VII. Una teoría económica y, desordenados sobre la mesa, los documentos de un mito por fundar (el medievalista estadounidense Lester K. Little, que Duby leyó con provecho, sólo lo había esbozado): «La consolidación de las fortunas aristocráticas fue favorecida por una lenta modificación de las estructuras de parentesco, todavía mal estudiada, pero que parece acompañar en un gran número de regiones europeas la implantación de la feudalidad». Esta frase respira espíritu del 68 por todos sus poros; pero como la obra y la vida, en ciertas circunstancias, son una misma cosa, Duby eligió ese mismo año de 1973 para publicar en Gallimard, en la colección Trente Journées qui ont fait la France, un alegato a favor del acontecimiento visto a través de su recepción ideológica: *El domingo de Bouvines.*

El domingo de Bouvines es precisamente la clase de libro que la época necesitaba para la definitiva emancipación que condujera a cambiar el estudio de la historia que llevaba planteando la batalla cultural del largo siglo XX. Con cautela, Duby se pregunta por el significado de este acontecimiento militar para Francia, y a la vez confiesa las razones de estudiarlo situándose en conflicto con los prescriptores académicos atrincherados en sus privilegios: «Al fin me habían dado la oportunidad de emanciparme, de liberarme totalmente».

Este era el hombre al que notaba en sus habituales cartas, del que esperaba más una noticia esperanzadora que un apoyo concreto, el que se jactaba en el despacho del Collège o en su casa de haber sabido enfrentarse a las consignas que se difundieron en los setenta como normas a cumplir. Porque siempre vio los acontecimientos no desde el punto de vista de su entidad momentánea, como proponía el positivismo, sino desde el punto de vista que, tras el paso de muchos años, adopta la recepción sobre ellos según los criterios del historiador. Hay que decir que en medio del clamor de la batalla cultural fue difícil apreciar *El domingo de Bouvines* (1973): una mirada clara y lucida sobre el teatro de la caballería del siglo XII, en cuyo contexto se enmarca un hecho de armas que marcó para siempre la historia de Europa. Hoy me enorgullezco de haber amado este libro desde el primer momento hasta el punto de poder decir que me encanta, que siempre me ha encantado.

METAHISTORIA. HAYDEN WHITE EN EL PUNTO DE MIRA

Metahistoria de Hayden White es un desafío al mundo entero en forma de libro publicado en 1973. En mi calidad de lector de esos años, tengo mi propia idea de lo que debe ser un estudio de la manera de cómo se puede cambiar de historia, y este libro la cumple por completo en dos cosas que se me antojan fundamentales: una arquitectura narrativa bien resuelta y un sólido argumento que deviene trama. Quien lo lea sin prejuicios, como hizo Giuseppe Galasso al modo de un maestro, puede sentirse orgulloso de formar parte del oficio de historiador, ya que resulta crucial la cuestión suscitada por Hayden White en forma de pregunta: ¿Podremos alguna vez narrar sin moralizar?

La primera vez que leí *Metahistoria* me despejó cualquier duda sobre la necesidad de la renovación del conocimiento histórico al quedar probada la tesis central del libro: la obra histórica es una estructura verbal en forma de discurso en prosa narrativa; la segunda vez que lo hice fue en la primavera de 1999 mientras preparaba los materiales sobre los principales rostros que definen la escritura de la historia en el siglo XXI; y la tercera vez fue en el verano de 2013, cuando participé en un homenaje a su trabajo. En estas tres lecturas quedó clara la misma cuestión sobre la capacidad de White de orientar a los lectores por qué es necesaria la historia, y por eso dice: «Reconocí que los historiadores pueden dotar al pasado de significado presentando argumentos que propongan explicar el pasado científicamente o interpretarlo hermenéuticamente».

Por suerte, la poética se convierte en un procedimiento de análisis que en cualquier campo de lo «científicamente correcto» se entiende como detalles banales: la forma como se constituyen las entidades que tienen un valor sustancial en la historia. ¡Y las preguntas que se suscitan a la hora de interpretarlas! Los hechos están ahí, a menudo bien conocidos (por ejemplo «los cien días») pero falta precisar los significados. Para hacerlo, se requiere un esfuerzo intelectivo que exige alejarse del febril ajetreo de los departamentos de Historia para darse cuenta de la necesidad que se tiene de atender a la imaginación creadora. Estudiar el pasado, dice White, «requiere un tratamiento por medio de procesos imaginativos que tienen más en común con la literatura que con cualquier otra ciencia». El mensaje trasmitido es que resulta urgente cambiar el estudio de las historia para responder a una de las exigencias del futuro, la de expresar verdades simultáneas. Por eso las lecturas realmente sesgadas de una obra no son más que vulgaridades, algo digno de archivarse junto a la pretensión objetiva en la recuperación del pasado.

White es uno de los grandes defensores de la autonomía del historiador. Hay en su actitud intelectual un compromiso extraordinario, abrumador; también un deseo de iluminación de zonas grises. Vemos aquí el famoso intento de 1973 de abordar el problema de la relación entre historia y literatura:

> Como en el caso de la distinción hecho-ficción, no veo la relación entre la historia y la literatura como una relación de oposición, como Ranke lo hizo cuando opuso su propia noción de historia escrita a las «novelas románticas» de sir Walter Scott. Hay muchos críticos que parecen identificar toda la «literatura» con la ficción, con lo cual no son capaces de reconocer que hay mucha escritura literaria que no es ficcional y mucha escritura ficcional que no es literaria.

Para White, la multiplicidad de los testimonios literarios es la clave, como corresponde a un historiador que piensa el problema de la década de 1970. Un desafío a la arrogancia de los *apparátchiks* de provincias que en su calidad de mandarines de la disciplina de mirada extraviada y pocas aspiraciones intelectuales se mostraron hostiles al uso de fuentes que no fueran las de archivo. Despotricaron absurdamente contra el recurso a las fuentes literarias (y artísticas) y escribieron manifiestos en elogio de una disciplina austera basada en el estudio de la economía. A través del prisma de los años setenta, la censura académica fue el antídoto perfecto para el heroísmo intelectual.

LOS *APPARÁTCHIKS* DE PROVINCIAS. LE ROY LADURIE AL RESCATE

Nota de prensa: el 6 de octubre de 1973, durante el ayuno del Yom Kippur se produjo un ataque sobre Israel desde Siria, al norte, y Egipto, al sur. La batalla cultural debió esperar turno ante un hecho cuya escalada podía provocar una guerra generalizada. La OLP decidió subir el precio del crudo, y en pocas semanas Occidente sufrió lo que Keynes jamás hubiera pensado que pudiera ocurrir: una estanflación. La crisis apagó las alegrías difundidas desde los sucesos de Mayo del 68 en París. Estar con estrategas en lugar de historiadores es como sentarse en el foso donde se sitúa la orquesta en lugar de en el gallinero, donde el concierto se sigue desde una determinada distancia: se habló entonces de que los hechos de Praga en el verano del 68 habían sido realmente demoledores y que el ejército soviético aplastó lo que se sentía como una primavera política.

En los días que siguieron al Yom Kippur era frecuente encontrarse de vez en cuando con un historiador iluso convencido de que sin gente como él ni siquiera existiría la historia. Académicamente es verdad, no lo dudo, pero es una ilusión extraer de esa posición un desenlace real que se pueda aplicar a lo que estaba sucediendo. El *overshoot* intensificó la batalla cultural entre los centros creadores y las periferias resistentes a abandonar los modelos de la posguerra. Los responsables de los departamentos universitarios empujaban a los jóvenes a oscuros archivos de sindicatos obreros o de la prensa local para investigar las relaciones de producción entre los trabajadores y los patronos con fórmulas tópicas de cómo los grupos de defensa de clase obrera cuestionaban un sistema de privilegios y de producción obsoletos. Frialdad aparente en el trabajo, pero emoción contenida en la ideología que lo soporta: es la oportunidad del marxismo de recuperar la posición central que le exigía su compromiso político. Basta leer las descripciones hechas en esos años por los fieles seguidores de E. P. Thompson sobre las infames condiciones del trabajo en las fábricas. Unos textos donde el orgullo de la clase obrera se percibe sobre un fondo de miseria. Firmeza ante el patrono: expresión de la lucha de clases. Los cuatro elementos clave en esta manera de ver el pasado que condiciona el futuro —las fuerzas productivas, las relaciones de producción, la plusvalía, la huelga general— están presentes en una serie de relatos austeros, poco dados a precisar los adjetivos, adustos, pero que sirven a la causa de que el historiador sea un especialista.

Especialización: la palabra de moda. Sustancia etérea y sutil extraída de un oficio que se retira de las teorías, se vuelve artesanal, funcionarial, y ofrece la ventaja práctica de ayudar a los investigadores a afrontar las exigencias del mercado de trabajo universitario con una devoción como capucha de una sumisión a las directrices de los partidos políticos. Ante el empuje de la industria editorial, la izquierda se repliega en los departamentos universitarios, donde es fácil mandar con disimulo, aprendiendo a ser un poco un comisario político. La ironía está servida: el mismo mundo que apuesta por el glamur en los ambientes culturales, en la música, en la literatura, en el cine o en el teatro acepta que, en los centros de enseñanza superiores, en las universidades, primen personajes grises, sin lecturas fuera de su campo de estudio, ensimismados y nada dados a debatir las ideas que triunfan en su entorno. El resultado fue la producción de pesadas monografías, legibles sólo por los miembros de las comisiones que debían juzgarlas para conceder un puesto docente a sus autores. Así, la investigación en historia se desentiende del Estado cultural y se aproxima a la subvención bajo el control de un férreo mandarinato. No hay nada heroico, en línea con los anhelos de Mayo del 68; al contrario, triunfa la mediocridad, de modo que una generación, o dos, o tres, con perspectivas muy limitadas en un mercado de trabajo, se definía a sí misma por su dominio en archivos específicos y en una materia que sólo les interesaba a ellos, imponiéndose así una uniformidad a la baja. Y no era una impostura, era una actitud que atendía al detalle local, al interés por los altercados en el mundo laboral como inherentes a la historia de una ciudad o de un pueblo. Es el triunfo de los *apparátchiks* de provincias, que seguían el modelo de los funcionarios a tiempo completo del Partido Comunista de la Unión Soviética. Las universidades se llenan de ellos con el previsible efecto de que las materias básicas para el estudio de la economía se estudian en escuelas de negocios privadas donde rige la excelencia exigida por el mercado, no la burocracia que preside la enseñanza pública. Ahí descansa mi pequeña teoría de lo que sucedió hacia 1973, aunque preferiría decir que fueron las circunstancias que originaron relatos de denuncia sobre esa situación que se harían públicos a lo largo de los años siguientes.

Mi experiencia de entonces me lleva a decir: las voces libres de dogmas y de sesgos ideológicos empatizan con los jóvenes deseosos de una metodología nueva para hacer la historia, una lectura plural, polifónica, de las fuentes para captar la realidad del pasado. ¿Qué territorio de la historia es ese? El territorio de la imaginación lejos de la coacción ideológica, claro. Es el único territorio de libertad perfecta que se tenía a mano a mediados de los años setenta. Los burócratas, en tanto mandarines de la enseñanza, tendieron a desestimar ese territorio, con la idea de que no tenía ningún valor en el estudio del pasado. Aquí sale al rescate Emmanuel Le Roy Ladurie, el más indicado, porque en su juventud había tenido la tentación de ser un *apparátchik* para alejarse del padre, aunque lo logró superar gracias a los buenos amigos y su notable inteligencia. En la vida muchas cosas dependen de cómo se sortean las trampas del camino. Si la propuesta del libro *El territorio de la historia* (1973) supuso un primer paso en la dirección correcta, los jóvenes ya podían tener un referente al que acudir con la garantía que años atrás había planteado la necesidad del estudio del clima, y con ella una taxonomía del oficio del historiador. Nos lo recuerda Brian Fagan al comienzo de su libro *La pequeña Edad de Hielo* (2000):

> El gran historiador francés Emmanuel Le Roy Ladurie ha señalado alguna vez que hay dos clases de historiadores: los paracaidistas y los recolectores de trufas. Los paracaidistas observan el pasado a distancia y se acercan len-

> tamente a la tierra; los recolectores de trufas, en cambio, fascinados con los tesoros del suelo, caminan siempre inclinados hacia abajo. En nuestra vida diaria, algunos tenemos alma de paracaidistas y otros de recolector de frutas, con su característico espíritu detallista.

Eso es lo que sentí con gran intensidad a mediados de los setenta, años de plomo para mí, cuando estaba encerrado en la peor de las prisiones posibles, la creada por los narcisistas perversos que controlan las instituciones mediante la calumnia. ¿Dar nombres? Ya no me acuerdo.

LA VOLUNTAD DE SABER: LA AGENDA OCULTA DE LA SEXUALIDAD

El 7 de enero de 1976 era el día anunciado para un nuevo impulso en el modo de hacer historia y es imposible no sucumbir a la emoción del momento. Una figura estelar viene a formular el manifiesto. Evalúa la situación. Eleva el tono y lo proclama.

Michel Foucault inaugura el nuevo curso en el Collège de France, tras la larga y traumática estancia en California, donde llegó incluso a visitar el Valle de la Muerte y a convencerse de que *Bajo el volcán* de Malcolm Lowry era una sofisticada novela de iniciación. Había cambiado, y buena parte de ese cambio se debía al hecho de que la atmósfera represiva en el mundo de la enseñanza había crecido, una represión que se vinculaba a los últimos arrebatos del marxismo ideológico y al efecto demoledor de la liquidación de la Primavera de Praga, un triunfo de la doctrina Brézhnev.

El público estaba expectante cuando comprobó (comprobamos, yo también me sentí involucrado) que la crítica que se hacía a sí mismo era una llamada de alerta sobre lo que estaba a punto de suceder, y un reclamo a la juventud, citando a Nietzsche, de que «en este mundo hay un único sendero que sólo tú puedes seguir. ¿Adónde conduce? No preguntes; síguelo».

No cabe duda de que durante la estancia en California Foucault pensó a menudo en el poderoso argumento que dio lugar al texto de 1976 *La voluntad de saber* y su magistral inicio: «Nosotros, los victorianos», donde dice: «Mucho tiempo habríamos soportado, y padeceríamos aún hoy, un régimen victoriano. La gazmoñería imperial figuraría en el blasón de nuestra sexualidad retenida, muda, hipócrita».

Golpe luminoso a un pasado que ilumina el futuro que teme llegue con el triunfo de la burocracia imperial. Así se entiende la frase clave de su proyecto intelectual:

> A ese día luminoso [el de la franqueza propia del siglo XVII] habría seguido un rápido crepúsculo hasta llegar a las noches monótonas de la burguesía victoriana. Entonces la sexualidad es cuidadosamente encerrada. Se muda. La familia conyugal la confisca. Y la absorbe por entero en la seriedad de la función reproductora. En torno al sexo, silencio.

¿De qué habla en realidad en este párrafo? De la era victoriana inglesa que denunció Edward Morgan Forster en *Howards End* o de la era soviética que denunció Jean-Paul Sartre en *El fantasma de Stalin* con el pretexto de la crisis húngara de 1956, donde dejó claro que «la URSS no ha colonizado ni explotado sistemáticamente las democracias populares; la verdad es que las ha oprimido». Foucault habla sin duda de la segunda era victoriana (¿qué le importaba a él la primera con su aroma a naftalina?): habla por supuesto de esa mojigatería trufada de progresía enviada a Occidente por agentes forjados en el frío con el fin de crear una corrección política donde la sexualidad está controlada por comisarios morales y donde «ironía del dispositivo: nos hace creer que en ello reside nuestra liberación». Con estas enigmáticas palabras finales, Foucault se convierte en el profeta de lo que está a punto de suceder, aunque confía, como todo intelectual que combate a los burócratas que se han instalado en las universidades, que la nueva generación, la de los nacidos en los psicodélicos cincuenta, se dé cuenta de los patrones que atan a las vanguardias a extremos casi patéticos, al Estado cultural.

En la rebelión a punto de producirse en 1977 contra la opresión de la moralina procedente del mundo soviético, los jóvenes anhelantes de libertad y de contracultura son masacrados en las aulas, con excepción, naturalmente, de los que logran emboscarse.

El ejemplo más evidente es la caída de las selectas escuelas públicas y la creación de un sistema de enseñanza nivelado a la baja compuesto por especialistas que ejercían de duros burócratas contra la promoción del talento. No es casual que Microsoft la funden en 1976 dos jóvenes que dejan la enseñanza para aventurarse en la confección de programas para las computadoras; o que las cadenas de ADN las descubran también dos jóvenes en el mismo 1976 después de renunciar a su mal retribuido trabajo en una empresa. No es una casualidad ni el resultado de la crisis económica creada por la subida del precio del petróleo, es la estrategia para apuntar a los *apparátchiks* de provincias y con ella la división entre dos maneras de entender el mundo. En algunos países, en España, por ejemplo, las nuevas ideas no fructificaban porque se ligaban a la contracultura o a la psicodelia, mientras que los mandarines se aferraban a una metodología marxista que facilitaba el acceso a la enseñanza a decenas de adoctrinadores sobre lo que se entendía como el tenebroso pasado previo al paraíso socialista que aún se esperaba en el horizonte de la Unión Soviética.

El resultado previsible fue la aparición de selectivos colegios privados, el fin de la capilaridad social a través del estudio y la formación igualitaria ofrecida por el Estado, que condujo a que la cultura fuese otra vez propaganda política. ¿Qué pasaría entonces? Roberto Vacca señala:

> Ya se advierten las consecuencias indirectas de sus modas. El creciente porcentaje de *droup-out* entre los jóvenes depaupera las nuevas promociones de técnicos y de profesionales, creando una situación a la que muchos industriales atribuyen la responsabilidad de la decreciente productividad de sus organizaciones.

ABIERTO A TODO VIENTO. MARAVALL AVISA CON EL BARROCO

Un paso atrás para hacer historia, alertó José Antonio Maravall en la introducción de *La cultura del Barroco* (1975), después de llevar años investigando sobre el siglo XVII, el Siglo de Oro de la literatura española, pero también el siglo de la decadencia de la dinastía de los Austrias.

Concretamente, un paso atrás en la historia universal, dijo, y a un tiempo, con esta solemne declaración, como si la apoyara en los insignes tratadistas del Seiscientos, se produjo una advertencia sobre el peligro de interpretar la estructura del poder alejada de la expresiones literarias, artísticas e incluso religiosas creadas en esa época gloriosa y a la vez altamente debatida por su efecto en la creación de un imperio en América Latina. Significaba esto que Maravall, al ver claro gracias a la excepcional lucidez de un definitivo desengaño de lo español (herencia de Ortega), miraba el futuro de su país desde un estudio en profundidad de su «mejor» pasado, que, paradójicamente, era el de la decadencia, y dicho futuro, para volver a condensar en una sola línea de trabajo las miles de sugerencias nacidas de la Institución Libre de Enseñanza, marcó la huella en lo que el padre Batllori dijo de él: «Un historiador abierto a todo viento», calificativo que escuché por primera vez en Procida de labios de Giuseppe Galasso. De ese modo Maravall le dio un brusco giro a la idea del siglo XVII español, que en aquellos años se limitaba a referir la derrota sufrida por el conde-duque de Olivares en una rebelión en Portugal, Cataluña y Andalucía, permitiéndose mirar el futuro en ese año de 1975, en el que finalmente murió el general Franco, como una nueva rebelión contra el poder central. En su calidad de fino historiador, al mirar adelante había descubierto el nebuloso porvenir, pues era consciente de que no existía un punto de vista a partir del cual podían aplicarse las medidas de reforma política conducentes a poner fin al régimen surgido de la Guerra Civil: esas perspectivas opacas e inquietamente difusas, que sin duda llevaban varios siglos sirviendo para juzgar actos e intenciones de lo español en el mundo (entre ellos, la leyenda negra) debían caducar en el futuro que se planteaba con la reforma política, comenzando con el sistema de enseñanza universitario, de lo que se encargó su propio hijo en calidad de ministro del ramo en el primer Gobierno de Felipe González Márquez: todo un pasado que desaparecía, el verdadero Siglo de Oro, que realmente quedaba definido en su libro *La cultura del Barroco*. Maravall lo había expuesto tantas veces y con tanto criterio que con sus trabajos el hecho de ser de España pierde su angustia. Así, en cierta ocasión, lo dejó escrito: «El problema, en su totalidad, de la relación de España con el mundo moderno es uno de los más interesantes y de fecunda solución que tiene planteados nuestra historiografía, y en él se descubre fácilmente una raíz política». No se hagan ilusiones. Aún perduran ese problema y esas raíces.

14

EL CÍRCULO SE ESTRECHA (1977-1984)

Mi voz es débil, e incluso un poco profana.

PRIMO LEVI, *El sistema periódico* (1984)

HABERMAS AGITA EL NIDO DE FOUCAULT

A comienzos de marzo de 1983 llega el duelista elegido para atenuar el giro nietzscheano emprendido en el Collège de France desde la llegada de Michel Foucault. Se trata de Jürgen Habermas, el flamante filósofo de la Escuela de Frankfurt, experto en comunicación y crítica social: entra en la *salle* 8 de la venerable institución para dictar la primera de las cuatro conferencias programadas sobre el discurso político de la modernidad. Tiene cincuenta y tres años y una extensa carrera de éxitos académicos trufada de libros importantes en alemán y otras lenguas: el último, por entonces, *Teoría de la acción comunicativa*, es una apuesta por la democracia deliberativa y el Estado de derecho. Es una idea con largo recorrido, no tiene que justificarla y, sin embargo, aún necesita ser refrendada lejos de su círculo intelectual.

Paul Veyne es el elegido para hacer la presentación, debido en parte a la fama que le había dado su polémico libro *Cómo se escribe la historia*, al prestigio entre los colegas del Collège de France y, *last but not least*, a la amistad con Foucault. La expectación es extraordinaria, propia de las grandes ocasiones, entre el abigarrado público, ansioso de escuchar a quien se considera sin duda el mayor adversario de Michel Foucault en el campo de la filosofía y de la historia. Un duelo de alta resonancia entre un alemán y un francés en el mejor lugar para hacerlo. Es como si, en el pasado, Max Weber hubiera litigado con Marc Bloch sobre los parámetros que miden nuestra civilización. La batalla cultural es una carga pesada y a la vez un acto de admirable grandeza.

En cualquier caso, la historia ha de continuar y, desde ese día, hacerlo con las ideas claras de si convenía reconstruir el materialismo histórico en el contexto de los nuevos paradigmas del capitalismo maduro o si, por el contrario, era preciso encontrar en el pensamiento de Nietzsche una genealogía para la moral adecuada a la irreversible posmodernidad. Se produjo un silencio y llegaron las dificultades: primero los micrófonos no funcionaban bien y al conferenciante se le escuchaba bastante mal; segundo, algo peor aún, el invitado había elegido el inglés para debatir ante un público mayoritariamente francés. ¡El inglés! Nadie entendía nada. Entre murmullos, una voz en la sala balbuceó la fórmula de Hegel: «Lo que es conocido en general, precisamente porque nos resulta conocido, no es conocido. Es la manera corriente de engañarse y de engañar a los demás presuponer que algo es conocido y conformarse con ello». Era todo confuso. Resultaba difícil de entender por qué ciertas ideas llevan a la gente a plantear puntos de vista dispares. Paul Veyne se esforzaba por conducir el acto, convencido de que los acontecimientos verdaderos en la historia tienen al hombre como actor. Eso era lo que allí ocurría. Habermas había decidido agitar el nido de Foucault, mostrando las consecuencias fascistas del modo de pensar de Nietzsche. Siseos. Cruce de miradas. Vamos allá.

Los entendidos pronto se percataron de que Habermas afrontaba el ciclo de conferencias con la misma actitud con la que, en 1953, siendo una joven promesa de la filosofía alemana, había escrito una recensión crítica a la *Introducción a la metafísica* con el título *Mit Heidegger gegen Heidegger denken*, pensar con Heidegger contra Heidegger; una actitud que adoptó también un año después en la tesis doctoral: *El absoluto y la historia: de las discrepancias en el pensamiento de Schelling*, que tanta gracia le produjo a quien luego sería su amigo, Karl-Otto Apel. Vamos, que aceptó acudir al Collège para pensar con Foucault *gegen* Foucault, sin importarle que con esa actitud se consolidara la fractura entre las dos maneras de entender la filosofía representadas por cada uno de ellos. Luego, los comentarios de pasillo no ayudaron: que a ambos les gustaban películas diferentes del cine alemán (era algo normal), que a ambos les preocupaba la emancipación del sujeto trascendental de forma distinta (también algo normal); pero lo que no era normal era que se acusara a Nietzsche de haber asentado el fascismo porque en algunos círculos del nazismo alemán se siguieron sus ideas; también se siguieron las de Séneca o las de Kant y nadie envió a estos dos venerables maestros de la filosofía al infierno. La charla de Habermas había ido demasiado lejos con ciertos tópicos, pero era su intención desde el primer momento.

Entre los espectadores se pensó (pensamos, pues me sentí aludido) que antes de alzarse el telón era preciso meditar cómo se había llegado a ese momento anterior a las nonas de marzo de 1983. Todo indicaba que el giro nietzscheano, comenzado en el curso 1970-1971, se había hecho universal en 1977 al publicarse *Microfisica del potere* por Alessandro Fontana y Pasquale Pasquino, y que esas ideas habían inspirado la necesidad de convertir la voluntad de saber en una suerte de prólogo general a la *Historia de la sexualidad*, que en rigor es una historia general vista desde la sexualidad. Poco después se puede decidir el modo de comenzar, y Foucault propondrá el estudio del uso de los placeres y de la inquietud de sí, sin percatarse de que esos temas serían su testamento filosófico. Pero aquel día de marzo de 1983, un ilustre pensador del otro lado del Rin había acudido a la sala 8 del Collège para declarar en inglés ante un público francés que sumar Nietzsche, genealogía e historia conducía al fascismo.

Hasta aquí se podía llegar. Y se llegó. El momento para decidirse acerca del camino a seguir es urgente, quizá perentorio, pero obligado. En este debate el elemento central es el papel de las clases sociales: Habermas, el gran filósofo de la comunicación con elevada conciencia de clase, intenta convencer a Foucault de que el cambio es un patrimonio exclusivo de la lucha de clases, mientras que su opositor sigue pensando que es más bien un asunto del sistema de valores dominante. Ninguno de los dos se planteó la posibilidad de acercarse a las ideas del otro para construir un puente que permitiera consensuar una posición. El origen de semejante testarudez reside en la situación ideológica de esos años, enmarcada una irrespirable batalla cultural. Los reproches eran el pan de cada día. Nada que hacer.

MICROHISTORIA SÍ O MICROHISTORIA NO

Cuento lo ocurrido en los años 1977-1984 como si fuera un desafío. En realidad lo fue, y quienes participamos de ellos lo pasábamos muy bien. Tan bien como cualquiera atento a la batalla cultural en el campo artístico, literario o musical. Mejor que los que se quedan atrapados en el materialismo dialéctico e insistían en apreciar la lectura de Althusser de *El capital* de Marx como proponían los académicos ingleses de pasado y presente. ¡Ay! Nosotros, los que pensábamos en las posibilidades abiertas por el giro nietzscheano, buscábamos el espíritu de esos años; era perseguir un sueño comprometidos con el futuro.

El sueño que, en los escenarios musicales, hizo que las estrellas de la canción cambiaran de nombre. Ahora se llamaban Dire Straits y volvían a depender del swing; o mejor dicho, ellos eran los sultanes del swing, los únicos capaces de explicar el escalofrío que se siente en la oscuridad mientras se camina hacia el sur, aunque ese sur estuviera en los barrios de Londres, barrios explosivos entonces porque el Gobierno laborista de James Callaghan los llevó directamente al invierno del descontento.

Mark Knopfler está confundido: no sabe si seguir con el rock and roll hasta alcanzar el límite de su ritmo sonoro o buscar en el criollo la verdad del pensamiento social contemporáneo. De este modo el éxito de su música no es una moda ocasional, sino la prueba de que en 1977 la innovación es la clave en el trazado del mapa cultural. Algo sucede con el modo de pensar la vida que reclama una explicación interpretativa, dijo Clifford Geertz, abriendo la puerta al conocimiento local basado en un análisis conceptual en el que viven los personajes de la historia. La idea se aprobó con rapidez dando lugar al debate de la microhistoria sí o la microhistoria no. Y durante unos años no se habló de otra cosa. Yo mismo me vi impelido a hacerlo en un coloquio en Chiavari, Liguria, ya que la experiencia se había iniciado en Italia, a finales de 1976, con el análisis del cosmos de un molinero del siglo XVI por parte del joven e ingenioso Carlo Ginzburg, a quien siguió la sutil Natalie Zemon Davis al estudiar los rituales de los *Charivari* en Provenza a comienzos de la Edad Moderna y luego al narrar el retorno de Martin Guerre a su casa, llevado al cine en dos ocasiones.

Y así se percibe el camino: hacer historia desde abajo requiere entrar en archivos remotos, aunque al fin y al cabo a veces ocurría que uno se divertía con una investigación en forma de un relato cuasi novelesco. Las vidas en los márgenes tienen un lado popular, son difíciles de ver como modelos ejemplares. En el fondo, respiran un aire transgresor, al ser seres sin amo, con un dios al que se le reclaman respuestas, aunque eso a ellos les provocara problemas como alivio al lector. Por un momento, los historiadores ocupan los anaqueles de los novelistas en las librerías y en el gusto de la gente. Trabajos banales, se dijo de inmediato. ¡Al cuerno con ellos! Pero a los lectores les cuesta hacer caso a estas sugerencias de los eminentes gruñones de la disciplina académica porque sienten que hay algo más que una moda en esas maneras de escribir: hay un vigoroso espíritu animador.

Que Robert Darnton nos asista, pero muchos de nosotros creímos en esa posibilidad. La investigación sobre el testimonio de un trabajador de lo más sencillo posible de la imprenta de Jacques Vincent conduce a Darnton a describir los ritos violentos de los artesanos franceses los años previos a la Revolución de 1789. *La gran matanza de gatos* es el libro en que lo cuenta con toda clase de detalle; está bien, pero los lectores no valoraron lo suficiente la profundidad del relato. Hay que profundizar para descubrir que no se trata de un divertimento, que se trata de una manera de aterrorizar a una generación que vivía, como hacía la del siglo XVIII, sus insignificantes historias de protesta, sus exigencias de intereses hipócritas que responden al dicho «aquí hay gato encerrado». Lo hecho por los trabajadores de la imprenta destila vulgaridad por todos los poros cuando se les ve corriendo por las calles armados con escobas y varillas de las prensas, persiguiendo a los gatos que salían a su paso. A unos los mataron en el acto, a otros los metieron en sacos para luego someterlos a juicio público y rematarlos en unos patíbulos levantados para la ocasión; y todo con la jactancia de los marginados sociales que se creen «sultanes» en ese momento, entre las risas de los compañeros de parranda, donde el sacrificio de los animales anuncia el sacrifico de las personas. Darnton no se priva de nada en la narración, que, al final, sobrecoge.

¿Es el asesinato en masa una catarsis de la miseria moral de sus ejecutores? Venga la muerte, pues. Aquí, en el escenario del estudio de la historia, se contempla con estupor, algo de espanto y mucho de ternura lo que los canallas son capaces de hacer en el momento en que una ideología se lo permite, actos sin penas de prisión. Es lo que tienen las revoluciones, que nadie es culpable. ¡Ah! Sí, los desdichados. La historia como espejo de lo que se teme vaya a llegar. ¿Duelos en las calles? Sin duda, pero no sin otra tentativa de legitimar la tensión del ambiente.

En definitiva, microhistoria sí o microhistoria no.

Por supuesto, a veces la musa de la historia puede con los más reticentes. La Escuela de los Annales tomó cartas en el asunto sobre el sentido de la microhistoria. A eso le llamaron un punto de atención.

Y, de pronto, alguien insigne de verdad, François Dosse, en *La historia en migajas*, se interroga sobre si eso es lo que había hecho el campeón de la historia inmóvil, el sucesor de Fernand Braudel en la cátedra del Collège de France, el refinado Emmanuel Le Roy Ladurie, cuyo marxismo inicial se disimula en una devoción por unir historia y etnología en la línea de

Claude Lévi-Strauss; y lo lleva a cabo en su altamente famoso libro *Montaillou, una aldea occitana* (1976). Vamos, que la solución exigía volver a París, al ambiente que facilitó que el libro de Le Roy Ladurie se vendiera por decenas de miles, como una novela de éxito. ¿Quiénes son los herederos del *nouveau roman*? Novelistas famosos como Marguerite Duras, pero también ensayistas de los *Annales* mostrando que en Francia ha empezado una nueva época, donde pensar el orden del tiempo, decía Krzysztof Pomian, es la mejor manera de hacer la historia.

Esta actitud enfrentó a los camaradas, a los *brothers in arms*, en busca de respuestas. La música la ponían de nuevo los Dire Straits.

UNA CASA DE LA CULTURA EN EL MARAIS

Ahora veo la tensión con la que vivíamos aquel instante. Creímos (y yo el primero, aun siendo el último de la fila) que, tras haber llegado a la edad de tomar decisiones, no había otro camino que entender el titánico esfuerzo llevado a cabo entonces para convertir la batalla cultural en una guía de perplejos.

El sueño es la verdad. Al cabo, lo sucedido el 31 de enero de 1977 a las ocho y veinte de la tarde en el Centre Nationale d'Art et de Culture Georges Pompidou fue algo más que la inauguración de un controvertido espacio expositivo: fue un brusco giro sobre la facultad de ceder y someter la vieja voluntad kantiana al esfuerzo por hacer historia. En apenas unos minutos, los asistentes escuchan el gélido discurso del presidente de la República, Valéry Giscard d'Estaing, que elogia a su antecesor en el cargo, Georges Pompidou, el alma del proyecto, pero silencia al alcalde de la ciudad, Jacques Chirac, al que no soportaba; luego, pudieron oírse las primeras quejas de los asistentes por la austeridad del acto (no se sirvieron bebidas), a las que siguieron los comentarios sobre la arquitectura de Renzo Piano y Richard Rogers, mientras los cuerpos se iban relajando ante el clásico desfile de todo el París de la cultura. Un verdadero espectáculo entre demencial y místico. Cultura pop, en definitiva.

El centro Beaubourg cuenta con la simpatía de los intelectuales más comprometidos, que ven reflejado en él los ideales de la Bauhaus y la sombra de Walter Gropius, mientras los viejos apocalípticos hablan de que es el edificio más feo jamás construido. La discrepancia es buena: cuestión de *goût* a la hora de valorar le *souci esthétique*, anota Francis Haskell. París vive de la polémica y en la polémica. Y esta arquitectura está al nivel del giro cultural gestado para superar las heridas abiertas en Mayo del 68. Incluso la elección del lugar es intencionada, pues fue necesario la demolición del mercado central de Les Halles y replantear la función del Marais. Cuando se hacen las cosas con intención, se alcanza el objetivo: así se reúne todo el arte contemporáneo junto al IRCAM (Institut de Recherche et de Coordination Acoustique/Musicale) y las pinturas de Matisse, Picasso, Braque y Kandinski, entre otros, sirven de decorado a las propuestas de innovación acústica de Pierre Boulez, rescatado para la causa de su estancia en Nueva York.

Aquí se percibe el objetivo del edificio: el centro Beaubourg es la expresión más solemne de un discurso estético, pero también político, dirigido a los intelectuales de todo el mundo, en forma de réplica al dinamismo del pop art neoyorquino. Al igual que había sucedido en 1889 con la Torre Eiffel, ahora se trataba de centrar en ese icono de la más rabiosa posmodernidad el gusto por la cultura, y no sólo, como se temían sus críticos, una obligada visita a la escalera mecánica que conduce a la terraza, desde donde se puede contemplar el exótico panorama de los tejados del Marais y alrededores. Por tanto, era preciso unir la elocuencia de las palabras al poder de los actos simbólicos.

La historia ha de estar presente en el proyecto. Al fin y al cabo, si se vuelca toda la cultura en un edificio, conviene conocer los antecedentes de una decisión así. Los promotores, empezando por Georges Pompidou, que dio nombre al edificio (de hecho, se lo llama Centro Pompidou), creían que el progreso debe ligarse con las artes plásticas, en línea con el museo imaginario promovido años atrás por André Malraux. Resultaba imperioso liberar al pasado de sus ismos. Y hacerlo deprisa, pero con gusto parisino. Que así sea. Y se inculcó la idea de que el intelecto y la acción son las dos caras de una misma actitud a la hora de hacer historia. No se había visto nada igual desde los tiempos en que en la costa este americana Mark Twain retó a los medievalistas de Harvard y Baltimore con la farsa *Un yanqui en la corte del rey Arturo*. El gran Sidney Painter desde la Johns Hopkins siempre pensó que se trataba de una broma que salió mal.

LIBERAR EL PASADO DE LOS VIEJOS ISMOS. *SAN BERNARDO* DE DUBY

El interés oficial por legitimar un edificio por el peso que en él tiene la historia es una acción revolucionaria dentro del gran desafío epistemológico iniciado en París el mes de enero de 1970; revolucionaria, sin duda, pero no nueva, ya que recuperaba la idea de Nietzsche de fijar el comienzo de una era en el nacimiento de la tragedia, soporte eidético de la arquitectura dórica, que llevó a que Fidias erigiera el Partenón en Atenas a mayor gloria de Pericles. Entonces, en 1871, el filósofo contó con Richard Wagner; y ahora se contaba con Pierre Boulez, que dirige el *Parsifal* en Bayreuth y luego, en 1976, *El anillo del nibelungo*, con Patrice Chéreau al frente de la escenografía, para alejarse de los tópicos creados por los viejos ismos que querían atrapar la música de Wagner en lo que nunca fue: ni modernista ni por supuesto nazi.

Que la batalla cultural se liga a un edificio se debe obviamente al efecto del Beaubourg parisino, y hay que partir de ahí. Se buscó al gran medievalista del momento, Georges Duby, el único en aquel parnaso de intelectuales capaz de pensar en un edificio por medio de una lectura lúdica, festiva, sin necesidad de recurrir a la *Estética* de Hegel, que en parte era la de Theodor Adorno, ni al constructivismo alemán. Su gusto era otro. Y así lo demostró mediante el esfuerzo de aunar el recogimiento y el silencio obligados en el análisis de unas construcciones del siglo XII. Además, podía lucir el éxito alcanzado con sus libros sobre arte medieval para Albert Skira, que dieron lugar a *Tiempo de catedrales,* que al final fue la base de un guion para una serie de televisión de gran audiencia.

En 1977, Duby se siente liberado de las ataduras de los viejos ismos que le habían formado en su juventud, aunque todavía no es consciente del todo (lo será al dialogar poco después con el filósofo Guy Lardreau); liberado también de la tentación diacrónica de los estructuralistas, a los que acusa en un diario del 4 de enero de 1980 de «desprenderse a menudo de lo real». Además, tiene tiempo para la escritura de una obra así, pues acaba de terminar el libro que reúne las clases en el Collège de France sobre la figura de las tres funciones, y que Gallimard tiene la intención de publicar: *Los tres órdenes o lo imaginario del feudalismo*. En consecuencia, reúne materiales para escribir un texto a la altura del ambiente creado por la inauguración del Centro Pompidou, pero vincula el relato a una panoplia de afinidades, repulsiones, elipsis, atracciones y verdades que acompaña al arte y al discurso sobre el arte. ¿Cómo lo hace? Indagando a fondo sobre el arte que hay detrás de una obra de arte. ¿En serio? Sí. Es así. Para conseguirlo necesita dejar de lado los viejos ismos: la sociología del arte de Pierre Francastel a la cabeza, el culto al estilo por el que habían luchado Émile Mâle y Henri Focillon, los restos de historia de ideas que detecta en los recursos formalistas de Otto Pächt. Eso hace. El periódico *Le Monde* aprovecha la oportunidad para publicitar el desafío.

Así, en 1977, Duby se acerca a los modernos y se aleja de los antiguos; es decir, afronta el reto como había hecho con los tres órdenes al asumir la forma estructural de Georges Dumézil. De ese modo atiende los estruendos de la batalla cultural de París en ese año, que está llevando a Foucault a girar el estudio hacia una genealogía del sujeto moderno. Es la sombra de Nietzsche la que perturba a Duby, debido a la formación marxista y a la simpatía por Louis Althusser y por los partidarios del arte como ademán de una visión del mundo. Sin embargo, acepta el encargo. Para eso entró en el Collège de France.

Desde los primeros pasos, Duby es consciente de que necesita desafiar a los estudiosos del arte del siglo XX como han hecho Piano y Rogers con sus colegas al diseñar el edificio. ¿Por qué no? Los intelectuales de los setenta son los arquitectos del futuro. Es lo que plantea el matemático Claude-Paul Bruter en lo que sería su gran aportación al estudio de los modelos, la obra titulada *Los arquitectos del fuego*.

Arquitectura. No hay más. Duby tiene que elegir. Ya están sueltas las Erinias entre la Place Marcelin-Berthelot y la rue de la Verrerie. Hay que poner orden en el caos, pero será alcanzado por la crítica. Mira a su alrededor. Piensa en Wilhelm Worringer e inmediatamente lo deja a un lado: nada de esencia del gótico, un ismo con el que no iba a contar; huye por igual de Hans Sedlmayr, también creador de otro ismo; no adopta la catedral como el edificio que define una época, busca uno que esté en paralelismo con la Casa de la Cultura abierta en el Marais. Le da vueltas y más vueltas. Corre el riesgo de caer en la microhistoria; y eso le molesta. No tiene más remedio que abandonar el llamado arte románico, no le sirve para el desafío, ya lo intentó André Scobeltzine sin éxito. Es un arte confuso, desde su propio nombre. No le interesa, a pesar de que Conques y Moissac son lugares que estima. Se refugia en Provenza y conversa con Emmanuel Muheim, al que le prologa un libro sobre Sénanque. Ya lo tiene. El libro lo dedica a la obra constructiva de san Bernardo, el arte cisterciense.

Los críticos están indignados. Le censuran la manera de presentar el arte cisterciense. En cambio, yo propuse un seminario universitario durante el semestre de otoño-invierno de 1977 para analizar su razón de ser. Ese *Origen del arte feudal* tan psicodélico (no en sentido literal) es revelador. Cuestión de olfato, sin duda, de percepción de lo que estaba detrás del encargo, pero también una intuición sutil. La protagonista del libro de Duby es una obra de arte que se realiza a lo largo del siglo XII en muchos lugares de Europa: edificios que responden a la concepción estética de un hombre, san Bernardo, cuya forma de ser, feroz con sus adversarios, permite distinguir el arte de la obra de arte. Lo interesante es que Duby propone que el arte cisterciense surge de un rechazo al mal en una fiesta litúrgica que se muestra al mundo como un *refoulement de la nuit*. Esa conclusión le permite acceder a las obras de arte del siglo XII y al espíritu de cambiar de historia de mediados de los setenta. Duby es un Hércules entregado a los doce trabajos.

Las críticas se suceden: excesivamente imaginativo, confuso, lleno de lagunas, modernicemos un poco la catarata de improperios, un libro que altera la concepción estética medieval a la vez que el orden social moderno (lo que viene a ser lo mismo). No acierta en el estudio, se ha dejado engañar fácilmente (aquí los sesudos profesores esbozan una sonrisa de complicidad entre ellos). Se le sugiere que vuelva a su vieja línea de trabajo, al estudio del parentesco y de la sexualidad en la Edad Media y, si quiere, al de la condición de las mujeres, si tanto le atrae esa pasión dominante, incluso *predominante*, por saber qué pensaban ellas. En esta encrucijada de Duby hallo la misma actitud que soportó Foucault cuando, en 1972, escribió *Esto no es una pipa* para interpretar el surrealismo y a la vez a René Magritte. Una obra absoluta. También lo es el libro sobre san Bernardo.

Lo que a los historiadores no se les deja hacer, se le deja hacer a los músicos. Resulta curioso. El IRCAM adopta de inmediato el tono de Pierre Boulez, el más intelectual de todos los teóricos de la música de esos años, y lo hace a través del libro *Structures*, cuyo título es una evidente alusión a que ese es el concepto clave en el pensamiento de la segunda mitad del siglo XX. Y luego da clases en el Collège de France, donde se encuentra con los autores que cita en su libro, con Lévi-Strauss o Roland Barthes. Admira a Braudel y se siente en deuda con Olivier Messiaen. La música le debe un puesto de honor al haberla salvado de la deriva a la que llevaban el rock, el pop y el reggae. No rechaza esas formas, solamente señala que el porvenir está en seguir los pasos de su admirado John Cage.

Todos con él; y así es posible hacer historia renovada.

EN EL ESTADO (CULTURAL). GRANDES ESTRATEGIAS

La batalla cultural que centra el interés de un estudioso como el doctor Peter Watson no se agota en el mundo intelectual; también se da entre los analistas de una *región* concreta, aunque el hecho de fijarse en exceso en los líderes políticos acaba por explicar lo sucedido en una crónica periodística al gusto de *Le Nouvel Observateur*, *Time*, *L'Express*, *Newsweek* y otros semanarios: en 1977 tres regiones centraban la atención del mundo: Afganistán, Irán y España.

En España, mientras los responsables de los partidos en liza en 1977 ofrecían aliarse por turno unos con otros y protagonizaban lo que se denomina la transición del régimen de Franco a la democracia, la sociedad estaba desgarrada entre los que creían necesario mantener la tradición y los que apostaban por la innovación. Este desgarro fue el argumento de una novela de escaso éxito, pero importantísima, de Juan Benet, que años atrás se había granjeado el respeto con *Volverás a región*. La novela de 1977 llevaba por título *En el Estado*. Es una cita obligada si se quiere saber la verdad de España en aquel decisivo año.

Tres personajes retenidos en una estación de autobuses se cuentan historias. Hablan y hablan porque necesitan encontrar en las metáforas escondidas de sus recuerdos una explicación a lo que está sucediendo. No es fácil y el relato se vuelve caótico, imprevisible, dando vueltas sobre el brusco giro dado en el país en el otoño de 1975 al morir en la cama del hospital el general Franco. Caía así un pilar de un orden político, opresivo y triste, aunque entraba de inmediato en escena otro que se quería que fuera abierto y esperanzado. La necesidad de una democracia llegó al país por muchas razones. Ante todo, para colmar, a ser posible, el vacío de una gobernabilidad de carácter personal, aunque falsamente carismática. Pero no era la única razón. De lo que se hablaba en esa estación de autobuses imaginada por Benet era de que a España le convenía entrar en el club de los países desarrollados de Europa y dejar a un lado el hecho *diferencial*. Además, democratacristianos, liberales, socialistas, nacionalistas y comunistas estaban echando en 1977 el pulso definitivo para saber quiénes conducirían al país a las instituciones internacionales, la OTAN y la Unión Europea. El debate de ideas se llena de tensión existencial. El polvo del camino enfanga el valor de la discrepancia. El adversario no puede seguir siendo el enemigo. Es lo que está en juego, la concordia social basada en la tolerancia. Además, los franquistas se han hecho socialdemócratas.

El obligado abandono de los valores del pasado significa una apuesta por la reforma del Estado (cultural). La ruptura no era una solución viable. A esa época se remonta la decisión de redactar una Constitución que asegure la identidad de los diferentes territorios, las autonomías, para que la historia continúe. En 1977, los españoles comenzaron a jugar en dos tableros diferentes entre sí, casi opuestos: por una parte, los partidarios de un Estado (cultural) que asentara el ser del país en el extranjero sin perder sus viejas señas de identidad, a las que el historiador Claudio Sánchez Albornoz se refería como razón de ser en su famoso libro *España, un enigma histórico*; por otra, los convencidos de que la mala lectura de su historia obligaba a un cambio de sus equilibrios territoriales, sociales y espirituales, no en vano decía el historiador Américo Castro que su realidad histórica se basaba en la mala resolución de ser un territorio donde en su etapa formativa convivieron cristianos, moros y judíos. No haber prestado atención a esta polémica cultural entre historiadores entorpeció la elaboración de la Constitución de 1978, que desatendió el pasado a la hora de diseñar el futuro. Un mal paso, sin duda. Como cabía esperar, los redactores de la carta magna optaron por evitar la historia, dejando su resolución para más adelante. Otro mal paso. En 1977 estaba claro que sin saber historia se corría el riesgo de repetir los errores de percepción del país que se tuvieron en 1577, 1648, 1714, 1808, 1868, 1874, 1923, 1931, 1936 y 1948. Una sucesión de fechas que exige pensar en lo que una vez escribió el historiador R. G. Collingwood en su *Autobiografía* en referencia a lo dicho por Napoleón: «Fue la úlcera española lo que me destruyó». Esa afirmación la tuvo presente durante el viaje que hizo por el país en los años 1930 y 1931, donde contempló por todas partes movimientos revolucionarios. En cierta ocasión, al ver una fiesta litúrgica preguntó qué festejaban; a lo que alguien le respondió: «¿Fiesta? ¡Oh, no! ¡Es la revolución».

En las negociaciones de 1977 entre fuerzas altamente disímiles se afianzó como hombre fuerte Adolfo Suárez, que era por entonces bien visto por el rey Juan Carlos I, es decir, por los americanos y su férreos aliados, los saudíes, que ponían el dinero, directamente o a través de países interpuestos como Emiratos o Qatar. Esa diarquía imposible, después de unos altibajos, desembocó en el acuerdo entre los socialistas, que representaban a la izquierda (los comunistas sabían que sólo podían actuar en el ámbito cultural según la vigente doctrina Brézhnev), y los nacionalistas, apoyados por una Iglesia católica algo disgregada en su confusión doctrinal por la falta de pulso de su líder natural, el papa de Roma, por entonces un debilitado Pablo VI. Entre 1977-1984, ambas partes se dividieron el poder, siguiendo el modelo español ya visto en la restauración monárquica de diciembre de 1874. El paso peligroso fue dar un golpe de timón conduciendo las reclamaciones políticas a la calle, en forma de una exigencia de los derechos históricos de determinados territorios. A la vez se procedió a un acercamiento de comunistas y nacionalistas, que estaban inmersos a la sazón en un moderno plan de modernización del país, donde el proyecto de obtener unas olimpiadas para la ciudad de Barcelona fue uno de los pilares del consenso entre fuerzas disímiles. En 1977 se fijaron los espacios a repartir. Cultura y universidad eran piezas clave en la formación del Estado (cultural). En esas circunstancias, tuve la ocasión de ser testigo de la apreciación hecha por un historiador que recaló en 1977 en Barcelona, la ciudad más comprometida con la línea de cambiar el curso de la historia española.

Vamos a ello.

UN PIAMONTÉS EN EL MERBEYÉ

A finales de junio de 1977 visitó Barcelona Geo Pistarino, el profesor de Génova originario de Alessandria, en el Piamonte, que hablaba como un libro. Iba a dar una conferencia en el viejo Archivo de la Corona de Aragón sobre el Mediterráneo, la historia que se ve y la que no se ve. Tema y motivo. Y hasta una apología del estudio en los archivos notariales de las tendencias de fondo de las redes marítimas con la que insiste en el oficio de historiador, tan necesario en ese año. La polémica entre antiguos y modernos crecía por momentos, si es que no terminaba provocando la ruptura entre la universidad y la cultura. En todo caso, en la observación del momento debía buscarse la clave del oficio, y Pistarino no evita opinar sobre lo que sucedía en Europa.

Por la noche, en compañía de Victoria Cirlot y Anton Espadaler, le conduje hasta el Merbeyé, un bar de moda entonces donde se reunía la Barcelona intelectual. Se habló de la política española, por supuesto, que desde mediados de los sesenta estaba dominada por dos tendencias irreconciliables a la hora de fijar el rumbo del país una vez demolido el régimen del general Franco. Cada una de ellas había decidido ser la guardiana de una ventilada definición de lo que debía ser España, una nación con quinientos años de historia desde los Reyes Católicos o un territorio plurinacional en constante litigio.

Pistarino abordó la índole de la transición española con el esfuerzo de convertir la democracia en un estilo de vida tomando distancia de los movimientos de liberación (no sólo ETA, sino también el GRAPO) que invitaban a la sociedad a aceptar una ruptura revolucionaria, y sin que lo esperásemos se volvió al pensamiento político clásico para emitir la afirmación que convirtió la noche en inolvidable: «La izquierda ha perdido la batalla de Occidente». Había algo de estoicismo en esa declaración, el anhelo que yo hallaba en Séneca y él en Marco Aurelio, que alentaba la autonomía de los dirigidos. Al revés de la exigencia de los partidos comunistas (incluido el italiano, pese al esfuerzo de personajes como Enrico Berlinguer) de fomentar la obediencia al Comité Central, el toque de clase republicano centraba la acción política en la formación de un ciudadano libre. Sopesando lo que podía ocurrir en el mundo que afectara al proceso político español, Pistarino tenía claro el colapso de la Unión Soviética en los siguientes años, ya que en sus viajes a Bulgaria, Rusia, Rumanía o Polonia había advertido que los líderes políticos de esos países debían probar la viabilidad de las ideas bolcheviques y eso les obligaba a dar testimonio público contra ellos mismos. La ironía de la doctrina Brézhnev es que aplicó la misma estrategia para derrocar al general Daud (tío del rey Zahir de Afganistán) y para apoyar un Estado autonómico en España, en medio de la violencia de la extrema derecha, como se vio en el asesinato de los abogados laboralistas de la calle Atocha número 55.

Al poner a prueba la política a seguir en situaciones extremas, los partidos comunistas españoles luchaban con un doble diabólico que llevaban en su seno, tratando de conjurar ese otro demoniaco que los maoístas veían en los estalinistas y viceversa, con la aceptación de los valores nacionalistas. La crisis advertida por Pistarino aquella noche de junio de 1977 en el Merbeyé de Barcelona se hizo visible el 27 de abril de 1978 con el golpe de Estado perpetrado en Afganistán por militares entrenados en la Unión Soviética y el 31 de octubre de 1978 con la aprobación en las Cortes Generales de la nueva Constitución. Con la seguridad que le daba asumir una de las imágenes más eficaces del pensamiento occidental, y que había aprendido de su maestro Giorgio Falco: la del historiador como un intelectual capaz de pensarse separado, fuera, de su propio pensamiento.

La izquierda perdió la batalla cultural de España porque nunca estuvo dispuesta a alterar por completo el modo propio de ver el mundo, de girar sobre sí misma, aceptando los desafíos que venían del futuro y no del pasado. Para abrir el camino de tal cambio de su esencia misma, con un pasado trufado de errores, era preciso expulsar de sus acciones políticas las opiniones falsas, los maestros malos y los viejos hábitos, ese aire de perdonar la vida cuando se iba a votar con la mano en la nariz. Una actitud así no sólo exigía una continua crítica que examinara y evaluara cada una de sus decisiones, sino también una audaz batalla cultural en la cual se dejaran de lado tópicos clásicos del izquierdismo universitario como el de estar bajo un clima de vigilancia por los centros del poder (militar, se decía en esos años). Esta sospecha no atendía a la historia, pues parte del problema venía de las facciones de apoyo a la lucha armada, como el GRAPO, que pretendía introducir en la cultura del país los valores que Pol Pot había llevado a Camboya, tan alejados de la doctrina Brézhnev. Por eso Santiago Carrillo tenía prisa en alcanzar un consenso que pusiera fin a la ordalía de dudas sobre la legitimidad del camino español hacia la democracia. Esta es la ironía de los esfuerzos desplegados durante los años 1977-1984 para transformar el horizonte de un país donde la izquierda dejó avanzar a un nacionalismo supremacista sin avergonzarse. Pistarino, en 1977, ya hizo la pregunta clave de este asunto: ¿conducen verdaderamente estos esfuerzos de democratización española a un modo europeo de pensar?

El fondo de la pregunta no tardó en mostrarse en toda su amplitud cuando, el 11 de septiembre de 1977, las banderas rojas se guardaron en las arcas en la manifestación realizada bajo el lema «Libertad, amnistía y estatuto de autonomía». Para empezar, se dejó claro las prioridades, y se abrió la puerta a neologismos sobre el derecho a decidir: se desnudó la prosa de la transición y se dejó en lo esencial: ahora se matizaban escrupulosamente los objetivos, se documentaba cada palabra emitida en las obras de historia y se impulsaba una jerga transformando las ideas de Pierre Vilar, eminente geógrafo pero mediocre historiador, en los lemas adecuados para la transición nacional.

Mirada a la distancia de casi cincuenta años, resulta fácil olvidar lo arriesgada que fue la metamorfosis española entre 1977-1984. Carente de tradición democrática durante décadas, empezó a desarrollar una política en un lenguaje desprovisto de sutileza que hizo las delicias de los lectores de la novela de Eduardo Mendoza *Mauricio o las elecciones primarias*. Al hacerlo así, el país quedó expuesto a cometer errores que podían provocar la ira de los sectores conservadores; y así ocurrió el 23 de febrero de 1981. Al mismo tiempo, arriesgó la pérdida del amplio consenso sobre la necesidad de la democracia; también ocurrió así: Adolfo Suárez no fue la única víctima de ese estado de ánimo: los militares le obligaron a dimitir contra su voluntad dejando el cargo en manos de Leopoldo Calvo Sotelo, que se negó a crear un Gobierno de coalición con los socialistas de Felipe González. Entretanto, ya se había instalado en el Gobierno de la Generalidad de Cataluña Jordi Pujol, con la pasiva aquiescencia de Joan Raventós, secretario del PSC, que en nombre de la historia reclamó el derecho a la independencia tras algunos años de abnegada paciencia.

Mientras en París, en mayo de 1981, se celebraba con discreción el triunfo de François Mitterrand y se daban por cerrados así los efectos del Mayo del 68, en España (también en Afganistán) se imponía el cinismo de la *Realpolitik* que Pistarino había advertido en junio de 1977 en la memorable velada en el Merbeyé. Cuando le comenté que le veía como Pletón ante la llegada de los otomanos a las puertas de Constantinopla, sonrió y me pidió que estuviera atento a cómo se iba a hacer historia en los años venideros y lo anotara. Es lo que hice. Y este libro es la prueba.

TROPOLOGÍA SOBRE EL DISCURSO DEL PASADO

En 1978, la publicación de *Trópicos del discurso* de Hayden White debe entenderse como una serie de innovadoras reivindicaciones sobre la forma de la escritura de la historia en el siglo XIX, pero también como una advertencia sobre la deriva del oficio de historiador, cada vez más cuestionado y fuera del juego intelectual. Porque, junto al rechazo de la objetividad como norma suprema de acceso al pasado, White expone su manera de hacer historia en un párrafo que el lector reconocerá al instante porque forma parte ya del acervo común de nuestra disciplina:

> Una de las formas en que un campo académico hace balance de sí mismo es considerando su historia. Sin embargo, es difícil realizar una historia objetiva de una disciplina académica, porque si el historiador mismo es un practicante de esta, probablemente sea un devoto de una u otra tendencia, y, por lo tanto, será parcial; y si no es un practicante, es improbable que tenga la experiencia para distinguir entre los acontecimientos significativos y los insignificantes en el desarrollo del campo.

Este era el emocionante espacio de *Trópicos del discurso*, la nueva propuesta de hacer historia entre 1966 y 1976. Pero, para situar bien el objetivo, debía dar paso al manifiesto:

> La historia es una disciplina en mal estado hoy en día porque ha perdido de vista sus orígenes en la imaginación literaria. En aras de *parecer* científica y objetiva, se ha reprimido y se ha negado a sí misma su propia y principal

> fuente de fuerza y renovación. Al volver a poner en contacto a la historiografía con sus fundamentos literarios no deberíamos estar poniéndonos en guardia contra distorsiones *meramente* ideológicas; deberíamos estar en el camino de alcanzar esa «teoría» de la historia sin la que esta no puede en absoluto pretender ser una «disciplina».

¡Larga vida a la historia sostenida por la imaginación literaria! Como muchos historiadores de mi generación, quedé fascinado con esta nueva manera de entender el oficio, que tanto efecto tuvo en Francia antes y después de Mayo del 68. Valoré ese conjunto de complejas ideas como una licencia de renovación del estudio de la historia. Busqué un material que me acercara a ese planteamiento, y allí estaba la caballería como la imagen de una revolución cultural vinculada al desarrollo de la corte. Recurrí a la imaginación literaria surgida de la propia literatura que me servía de fuente, el *roman courtois*. Rendía homenaje así a Marc Bloch que lo había sugerido en 1929 al reseñar el interesante libro de E. Faral sobre la literatura artúrica. La acción dramática y la libertad individual ante todo. Me encontré frente a frente con Chrétien de Troyes, con su acceso a los mitos de los caballeros de la Tabla Redonda, con su inversión de la jerarquía feudal a favor de los jóvenes que convirtieron la vida errante en una aventura. Sólo la convicción de que White llevaba razón hizo posible que un joven historiador, como era yo entonces, viviendo en una «provincia» dominada por el materialismo histórico osara desenredar la trama de una literatura para definir el sentido de una sociedad.

Las metáforas presentes en los relatos artúricos (la del Grial es la más famosa, no la única) me exigió un esfuerzo heurístico si realmente quería hacer un trabajo sobre un relato de estructura mítica. Arno Borst me aconsejó leer la obra de Hans Blumenberg; y aprendí mucho sobre la significación de los textos y las metáforas ocultas. Al cabo, tras la lectura de las novelas de tema caballeresco, llegué a la misma conclusión que había encontrado en los estudios sobre los tropos de White: «Hay que considerar las narrativas históricas como lo que manifiestamente son: ficciones verbales cuyos contenidos son tanto *inventados* como *encontrados* y cuyas formas tienen más en común con sus homólogas en la literatura que con las de las ciencias».

Para Chrétien de Troyes, el *sens* era algo más que una combinación de materiales antiguos, latinos o célticos. Su conciencia moral, sus sentimientos, sus recuerdos y su manera de expresarlo todo: eso tenía que ser único. Tan orgulloso de su hallazgo, tan especial con sus interpretaciones de la cultura cortés, se negó a rendirse sin más ante el peso del dogma. *Li contes du Graal,* su último *roman,* el que describe las aventuras de Perceval, es la expresión de una ética basada en el principio de responsabilidad. Hasta las novelas de Nabokov no se encontrará nada igual en la literatura.

La dificultad de relacionar a White con las investigaciones realizadas en Francia y Alemania en los años setenta y ochenta en parte obedece a la fusión de procedimientos que se siguieron en esos países; los *annalistes* se plantearon seriamente el recurso a la narración y la biografía.

En 1987, a punto de producirse un brusco giro en la concepción de la historia, White reunió siete robustos artículos en el libro *The Content of the Form.* Allí donde muchos historiadores veían en el relato cultural la mejor opción para salir de la crisis causada en la disciplina por las guerras culturales, White veía precisamente lo mismo, pero no le gustaba; quizá porque, sugiere Nancy Partner, «el deseo de comunicar nuestra experiencia del pasado en forma de relato naturaliza el deseo burgués por la armonía, la inteligibilidad y el orden». White se distancia de David Carr y de Paul Ricœur, inclinándose a pensar la expresión de individualidad como un elemento del lenguaje figurativo. Eso dio lugar al libro *Figural Realism,* donde la disyuntiva es nítidamente filosófica. Tiene que ver con la manera en que White se planteaba la verdad:

> Se me ha pedido que diserte sobre «la trama histórica y el problema de la "verdad"». Sospecho que fui invitado para abordar este tema porque se supone que sostengo una visión relativista del conocimiento histórico. En realidad, lo que sí sostengo es que hay una relatividad inexpugnable en toda representación de los fenómenos históricos. La relatividad de la representación es una función del lenguaje usado para describir y, de ese modo, constituir acontecimientos pasados como posibles objetos de explicación y comprensión.

Del mismo modo que debemos aceptar el riesgo de que un conjunto de hechos se convierta en el contenido de una narrativa, debemos aceptar que la verdad no es el fin último del conocimiento histórico. Ya no se puede descifrar; a lo más, podemos desenredar la trama. A veces esa trama se presenta de forma épica o trágica, otras en forma de farsa. Siempre será una aproximación personal que implica el punto de vista. Y, por consiguiente, puede haber malas interpretaciones, hecho que pocas veces se tiene en cuenta a la hora de valorar una historia. No se trata de retroceder de nuevo a un empirismo insensible, descarnado, ni dejarse llevar por la yuxtaposición de pruebas documentales que convierte la historia en un vulgar gabinete de curiosidades; hay que profundizar en la experiencia del significado, sin restricciones, teniendo en cuenta que «los relatos, como los enunciados fácticos, son entidades lingüísticas y pertenecen al orden del discurso».

Aquí renace la escritura de la historia momentáneamente, aunque el valor de «aquí» es indeterminado y movedizo. Es quizá excesivamente teórica la aproximación a una nueva modalidad de hacer historia; incluso intuitiva. Esta línea de trabajo no se propone ningún objetivo concreto, salvo quizá situar en su exacta medida la contribución de Erich Auerbach a la legitimación de la literatura modernista, al disolver «la trinidad de acontecimiento, personaje y trama». Pero después viene la segunda fase: la polémica abierta en su lectura crítica de algunos libros que afrontan el Holocausto. El análisis es breve y apasionado y se inscribe dentro de un trabajo sobre «el acontecimiento modernista». En el primer paso, el lector siente la necesidad de participar en retrospectiva en la gran batalla cultural de los años noventa, «aquellos años» en los que se cuestionó el sentido esencial de la trama de la historia y que dieron lugar a respuestas contundentes, aunque nerviosas, en personalidades poco acostumbradas a perder los modales, como la sutil Gertrude Himmelfarb con su decidido grito de alerta ante los excesos posmodernos. En el segundo paso de White se advierte un trabajo de construcción consciente. Y mientras espera las investigaciones que respondan a esos planteamientos, esboza los principios que requiere la buena historia del siglo XXI; analiza la propuesta de Gertrude Stein entre «la irrealidad del acontecimiento» y «las cosas que han existido realmente», erige las normas para entenderla, formula los modos de aceptarla al mismo tiempo que de salir de ella. Que al final termine analizando un «acontecimiento» del presente (el juicio a O. J. Simpson) es la mejor prueba de que White había comenzado a considerar la necesidad de estudiar el pasado en su conexión con el presente y como un medio para racionalizar los temas de actualidad atrapados en las figuraciones creadas por los *media.*

El azar le echó una mano a White: el azar, esa categoría pura del presente, como dijo Reinhart Koselleck. Al escribir en 2003 el prefacio de una edición en español de algunos de sus últimos artículos, preparada por Verónica Tozzi, resumió su postura ante el desafío de la historia en el siglo XXI. El texto tenía el tono de una confesión presentada como el esbozo de una autobiografía intelectual, que espero leer alguna vez. El título del prefacio es ejemplar: «Hecho y figuración en el discurso histórico». Diecinueve páginas donde se percibe *le bruissement de la langue* que ha dirigido su trabajo desde su polémica aparición en las páginas de *History and Theory* en 1966, y ha sido su fuente de alimentación en medio de las tormentas suscitadas por él. Ese susurro del lenguaje heredado de los modernos analistas del discurso tiene consecuencias trascendentales para él, pero también para la escritura de la historia. Así escribe:

> Cualquier representación histórica de la realidad debe, creo, tratar de explicar los acontecimientos históricos representándolos como si tuvieran la forma y la sustancia de un proceso narrativo. Tal representación puede ser complementada con un argumento formal que reclama el derecho a la consistencia lógica como expresión e indicador de su racionalidad. Pero así como existen muchas formas diferentes de representación, hay también diferentes tipos de racionalidad. Hay muy poco de «irracional» en la representación de Flaubert de los acontecimientos de 1848 en *L'Éducation sentimentale*, aunque tiene bastante de «imaginario» y mucho de «ficticio». Flaubert es famoso por haber tratado de componer un tipo de estilo de representación en el que la «interpretación» de los acontecimientos (reales o imaginarios) fuera indistinguible de su «descripción».

Y a renglón seguido de esta rocosa proclamación, White lleva a cabo una distinción maravillosa: «La verdad del significado no es lo mismo que la verdad del hecho». Aquí está el núcleo del debate actual, favorecido por el pésimo material elegido y la narrativa de mala calidad. Pero el intencionado desajuste no razona el motivo, ya que en todo momento y circunstancia el historiador «agrega» algo a lo que ha descubierto del pasado, eso que es *agregado* se sitúa dentro de las modalidades de figuración usadas para «tramar las series de acontecimientos manifestando diferentes significados» y exigiendo por tanto un esfuerzo al lector, un compromiso creativo. En el centro de esta propuesta están, pues, el ciudadano lector y las dos maneras de invitarlo a que participe de una obra histórica. Una es la del positivismo, que parte de un ciudadano-lector cuyos gustos, juicios y prejuicios son conocidos de antemano por el autor y el editor que fomenta este tipo de obras como un producto comercial. Un consumo de obras de historia de mala calidad, cuyo máximo subproducto son las obras surgidas en el interior de los nichos académicos, guarecidas en una pretendida «cientificidad». Otras buscan al ciudadano-lector que quiere conocer la historia conforme al espíritu de su época; obras que crean un público crítico, comprometido. Cuando el ciudadano-lector y el autor-historiador se encuentran nace la historia ajustada al siglo XXI. Su razón de ser está en el retorno a la narrativa, ya que esa modalidad, dice White, «manifiesta el reconocimiento entre los historiadores de que un escrito más "literario" que "científico" es lo que se requiere para un tratamiento específicamente historiológico de los fenómenos históricos». El ciudadano-lector y el autor-historiador se crean entre sí: responden a la misma cultura democrática de compromiso y visión crítica de la realidad. Una idea con la que simpatizarían Alexis de Tocqueville, Jacob Burckhardt o Johan Huizinga, ya que esa era la clase de lector activo que requerían sus propias obras. Frente a la papilla blanda propuesta por el *establishment* académico, se ofrece un producto lleno de vida, nutritivo. «Esto exige», según White, «el retorno a la metáfora, la figuración y la trama, en lugar de la regla de la literalidad, la conceptualización y el argumento como componentes de un discurso propiamente historiográfico». La historia no es un producto de un mal laboratorio, es la razón de una escritura.

Cuesta comprender este matiz tras dos décadas, los años ochenta y noventa, dominadas por agresivos códigos expuestos en descabelladas investigaciones que en ningún momento atienden a los detalles textuales, por la sencilla razón de que la hermenéutica no forma parte de sus exigencias formativas. Ingestión desmedida de un exceso de «cientificidad» que bordea la impostura, cuando no lo está expresamente, sobre todo en los países sin un verdadero control de los proyectos de investigación (como ocurre en España). Por fortuna, White puso las cosas en su sitio. Para definir los elementos de un trabajo en historia que conecte con la gran cadena de los historiadores que afrontaron la «representación realista de la realidad»: «Heródoto, Tucídides, Polibio, Livio, Tácito, Procopio, Maquiavelo, Guicciardini, Voltaire, Gibbon, Ranke, Mommsen, Burckhardt, Huizinga, Braudel, Duby, Le Goff e incluso Figes y Schama». La historia pertenecerá al siglo XXI con sus propias reglas. Una de ellas la expone con nitidez White:

> La representación de una cosa no es la cosa misma. Hay una estrecha relación entre la aprehensión del historiador de que «algo ocurrió» en alguna región del pasado y su representación de «lo que ocurrió» en su consideración narrativizada de ello. Y entre otras cosas que ocurren en el proceso están no sólo la percepción, la conceptualización y el pensamiento, sino también el lenguaje, la figuración y el discurso.

Hay cierto goce intelectual cuando un personaje de la talla de White entrega una definición del oficio de historiador. Y por eso no debe importarnos dedicar páginas y páginas a reflexionar sobre sus propuestas. Es un antídoto ante la desidia burocrática que inunda ese campo del saber. De ahí que añada con absoluta convicción:

> En sus investigaciones, los historiadores tratan típicamente de determinar no sólo «lo que ocurrió», sino el «significado» de este acontecer, no únicamente para los agentes pasados de los acontecimientos históricos sino también para los subsecuentes. Y la principal forma por la que se impone el significado a los acontecimientos históricos es a través de la narrativización. La escritura histórica es un medio de producción de significado. Es una ilusión pensar que los historiadores sólo desean contar la verdad acerca del pasado. Ellos también quieren, lo sepan o no, pero en cualquier caso deberían querer, insistiría, dotar al pasado de significado.

Desde *Metahistoria,* White propone entender las dos maneras de acceder al pasado: «Reconocí que los historiadores pueden dotar al pasado de significado presentando argumentos para explicar ese pasado científicamente o interpretarlo hermenéuticamente». La poética se convierte en un procedimiento de análisis que en cualquier campo de lo «científicamente correcto» se entiende como detalles banales: la forma como se constituyen las entidades que tienen un valor sustancial en la historia. ¡Y las preguntas que se suscitan a la hora de interpretarlas! Los hechos están ahí, son a menudo sobradamente conocidos (pongamos por ejemplo «los cien días») pero falta precisar los significados. Para conseguirlo se requiere un esfuerzo intelectivo que obliga casi inexorablemente a alejarse del febril ajetreo de los departamentos de Historia para darse cuenta de la necesidad que se tiene de atender a la imaginación creadora. Cuán importante es esta decisión. Cuán decisiva en el porvenir de la educación. Cuando se trata de hacer historia, «se requiere un tratamiento por medio de procesos imaginativos que tienen más en común con la literatura que con cualquier otra ciencia». Esta afirmación de White es un ejemplo perfecto del principio actual de hacer historia a la altura de las necesidades del siglo XXI.

JUEGO Y REPRESENTACIÓN. JEAN DUVIGNAUD EN TIEMPOS DEL GULAG

El 10 de enero de 1979, Foucault aparca de momento el estudio de la moral sexual para afrontar el análisis del discurso que hay tras la gobernabilidad. El público está expectante porque ha leído sus artículos del

Corriere della Sera sobre la revolución islamista en Irán y cree que por ahí se encauzarán las lecciones del nuevo curso en el Collège de France. Se equivocan, pues propone perseguir la senda de la voluntad de no ser gobernados; es decir, buscar en algunos líderes libertarios los medios conceptuales para hacer frente al marxismo, al que ve obsoleto, salvo en los espacios políticos que se reunían en torno al programa común de la izquierda. Aconseja la lectura de los economistas austriacos Ludwig von Mises y Frederick Hayek, bien conocidos por la defensa del mercado como ciudadela de la libertad individual. ¿Quiere recuperar a Alexis de Tocqueville?, se preguntan los asistentes al curso del 79. Lo que aún está por ver pero es una realidad.

El icono de la revolución deja de estar a la moda, de ser moderno, al negarse a asumir las fiestas culturales animadas por grupos rock, pop y reggae y sostenidas por el dinero público como razón de Estado. El riesgo de perderse el imperio de la ley por seguir de cerca las ideas de Rousseau de la república virtuosa basada en la soberanía popular se había convertido en una pesadilla para Foucault, pero resultaba frágil mantenerse en el filo de la navaja entre los nacionalistas de la derecha clásica y los marxistas de cualquier pelaje. Además, sabía que el lujo audiovisual remitía a la idea de que las fiestas públicas eran un juego como representación del mundo.

Eugène Ionesco y Karl Popper salen al paso para encontrar una vía que frene la inclinación revolucionaria que conduce al totalitarismo. En 1978 estaba claro que hacer historia para explicar el presente era un riesgo, pues el orden político trataba de asumir el desarreglo de todos los sentidos (una frase de Rimbaud) en la canalización de una sociedad avocada a cambiar si quería divertirse los viernes por la noche, disfrutar de vacaciones de bajo coste en espacios de ensueño creados por las agencias de turismo y tener una retribución universal por sus derechos de ciudadanía.

En octubre de 1978 abordé esta cuestión dentro de un seminario dedicado a analizar un texto clave de la Edad Media, *El tratado del amor* de Andrés el Capellán, escrito en París hacia 1180. Y lo hice con la mirada del *outsider* consciente de que la batalla cultural sobre la manera de hacer historia estaba ligada a lo que estaba sucediendo en Teherán, Kabul, Phnom Penh o Barcelona. Y así, a medida que Foucault desgranaba la revolución islámica iraní desde las páginas del *Corriere della Sera*, Peter Hopkirk seguía de cerca el conflicto afgano y Roland Joffé preparaba *Los gritos del silencio*, yo me inmiscuía en el proceso secesionista de Cataluña.

No acudiendo a las manifestaciones, que por abundantes no me echarían en falta, sino analizando un texto clave del siglo XII sobre sexualidad.

La elocuencia del dictado que se hizo delante de un magnetofón a petición de la parte más interesada de los alumnos se entendió como una ofensa a los colegas que consideraban la enseñanza universitaria de modo distinto. No era mi intención, por supuesto, rebatir el misticismo marxista hegemónico en mi universidad y jamás supuse que estar en sintonía con lo que hacían Guy Lardreau, Bernard-Henri Lévy o Christian Jambert en París era ir contra un orden político planificado a partir del compromiso oculto pero firme entre nacionalistas y marxistas. Lo que tenía claro era que la ideología dominante en el círculo del historiador Josep Fontana amedrentaba a los que se dedicaban al estudio del pasado siguiendo cualquier otra línea que no fuera la suya. Podría haber comprendido, como hizo más tarde François Dosse, que la actitud de esos historiadores estaba condicionada por la actitud pusilánime ante el gulag, ya que a la vez que asumían la purga afirmaban hacer una investigación científica, fuera de todo compromiso, por el bien de la ciencia histórica. En la mentira estaba el descrédito. Porque en 1978 esa altivez facilitó la promoción de personajes que desenterraban con torpeza espacios inexistentes en una arqueología de lo más vulgar vista desde las afueras como remedio a traumas familiares.

En retrospectiva, reconozco que explicar el amor como representación del mundo en la obra de Andrés el Capellán, sin ser un acto militante, cuestionaba la quimera política de los mandarines de la universidad, que estaban a punto de apuntalar un implacable Estado cultural de inspiración comunista bajo la capucha del nacionalismo.

En verdad pagué cara la osadía de enviar el texto a París, a Duby, y que este lo remitiera a su vez a Foucault, que vio en él una línea de trabajo cercana a la que se disponía a emprender tras regresar de Teherán. Y de nada sirvió que la revista *Annales* lo destacara en su selección de enero-febrero de 1981 como una obra de gran valor. Y lo era, pero de un valor que tenía la forma de lo intempestivo, pues discutía lo que se estaba haciendo en la construcción nacional de un territorio llamado Cataluña. A partir de entonces, en silencio pero con una eficacia temible, me las tuve que ver con un aparato represivo, es decir, con los mandarines de la noche. Se sugirió fuera apartado, *omitido*, para ver si la locura hacía su presencia en ese gulag provinciano. Mirando como entonces, estaba claro que existían dos referentes a escala internacional del uso de la técnica del gulag. Uno literario, otro historiográfico.

El literario primero. A finales de 1969, Aleksandr Solzhenitsyn había terminado su novela *Archipiélago Gulag*, traducida al español entre 1973-1978. La épica descripción de la vida en los campos de trabajo generó una vidriosa polémica sobre la veracidad de lo que allí se decía que terminó con una frase demoledora de W. K. Webb en la reseña en *The Guardian*: «Vivir en nuestros días sin conocer esta obra es ser una especie de bobo de la historia». Los bobos eran agentes de un sistema represivo que proponían toneladas de malas novelas y de ensayos insufribles. El historiográfico, en segundo lugar, detectado por François Dosse como parte de sus *migajas*. Sigue el cambio de orientación en 1978 de Emmanuel Le Roy Ladurie, que pasa de ser el ídolo de masas durante su periodo al frente del periódico estudiantil comunista *Clarté*, donde había apoyado el estaliniano gesto de la delación a propósito del asunto Slansky, al militante sospechoso por defender a los jóvenes resistentes a los comisarios políticos. Y desde ahí se dispone a observar el efecto de cualquier investigación, por ejemplo, el juego del amor cortés del siglo XII como representación del mundo, en los compromisos políticos del trienio 1979-1982, especialmente en dos líneas políticas coincidentes en el lema y en el objetivo: en Francia, bajo el lema *changer la vie*, el socialista François Mitterrand alcanzó el Elíseo en 1981; en España, bajo el lema *Por el cambio*, el socialista Felipe González llegó al Gobierno de la nación en 1982. Y esa coincidencia entre el modo de hacer historia y los objetivos políticos de la socialdemocracia europea suponía al mismo tiempo expectación y preocupación. Una actitud que se debía en parte a la amarga desaparición de la conciencia crítica inherente a una lectura renovadora del curso de los acontecimientos.

Una voz seductora hizo su aparición en ese momento con un manifiesto tan preciso como inteligente: Jean Duvignaud reveló la fuerza hipnótica del juego del juego con razones para ello (tenía detrás, escondido, a Jean Daniel, a quien le dedica su libro). Que el juego, aún más que el poder o que el dinero, produzca cultura es demostrable. Acaso sea más fuerte que el amor y la muerte. Referencias de apoyo: *Homo ludens* de Johan Huizinga y *Los juegos y los hombres: la máscara y el vértigo* de Roger Caillois y, por qué no, los estudios semióticos de Umberto Eco. Y así el juego del juego es el argumento para explicar el libertinaje del siglo XVII francés o el Barroco en América Latina. Lo cual no impide que se piense que ese *elemento* no ha sido suficientemente analizado. ¿Por qué elegirlo entonces, en 1980, como el núcleo de un conocimiento olvidado del pasado? ¿Fue esto lo que provocó la durísima reacción hacia mi seminario sobre el juego en Andrés el Capellán?

Dosse da la respuesta. Mona Ozouf, en *La fiesta revolucionaria* (1976), propone atender el sentido de la Revolución francesa desde el ángulo del juego del juego con el objeto de demostrar que esos diez años (1789-1799) son la expresión del orden y no de la felicidad, de la coerción, no de la imaginación. Y concluye con una frase broncínea: «La fiestomanía revolucionaria es la historia de una inmensa decepción». Pero si en el fondo la gente sólo quería divertirse, una alusión al *Don Giovanni* de Mozart, tan previsor de lo que iba a ocurrir en las calles de París, que no era lo que él ideó en los escenarios de ópera. ¡Querían una *free party*! Pero el poder les ofrece otra cosa: un sucedáneo. Y así fue la fiesta revolucionaria de 1789-1899 y todas las demás, incluida la que tuvo lugar en Barcelona entre 1977-1984, porque todas, para decirlo al modo de François Dosse, «son una parte integrante de la ordenación de un sistema de encuadre y de control del individuo atrapado en un espacio investido por el poder político acaparador».

Duvignaud explica con el ejemplo de dos clásicos de la literatura francesa, La Fontaine y Racine, la necesidad de canalizar la ambición como motor del *transfert* de clase (Lacan tenía que hacerse presente en algún momento), que es tanto como argumentar la persecución real o simbólica (o ambas a la vez) que se realiza sobre quienes analizan los procedimientos de representación inherentes al juego. Pues, a fin de cuentas, personajes como Andrés el Capellán o Molière se jactan de que el juego logra vencer al monstruo del poder político. La consecuencia es un alegato a favor de sostener una nueva civilización, comenzando por un análisis de lo que lo lleva impidiendo desde 1871: la inquietud de sí.

LA MUERTE SE ABRE CAMINO ANTE LA INQUIETUD DE SÍ

Durante la fiesta cultural de París en 1984, Foucault recibe a la vez que su último libro, el tomo tercero de la *Historia de la sexualidad* que publica Gallimard, en este caso con el título de *Le souci de soi*, la noticia de una enfermedad terminal. Se le veía en esos meses solo, consumido por una especie de *tristesse*, quizá un modo elegante de ocultar la pena. ¿Por qué su testamento es una indagación sobre la *cultura animi* de Cicerón? El ser humano tiene una inquietud de sí en el momento final de la vida. Es como un desafío del alma sobre el cuerpo. ¿Por qué motivo? La historia tiene respuesta a eso al preguntarse por el sentido de la muerte.

En mayo de 1977, Alberto Tenenti había escrito un prólogo a la nueva edición de su libro *Il senso della morte* publicado en Turín veinte años antes. En esos dos decenios se había renovado el estudio del *ars moriendi*. Está claro que alma y cuerpo no calculan de la misma manera el término de la vida, ese es el gran problema. ¿Mueren el alma y el cuerpo de la misma muerte? Nada menos seguro. Sin embargo, la inquietud de sí revela que en algún instante se siente la encrucijada en el camino.

Jugar el juego de la muerte fue la razón por la que en 1977 Philippe Ariès publicó su exitoso libro *El hombre ante la muerte*. El relato clama venganza por un hecho que cuesta entender y que la sociedad ha dejado en manos de la religión. En efecto, el más allá tendrá que molestarse en responder sobre ese instante en el que el cuerpo decide parar. Los fantasmas, por su parte, exigen tener un lugar en la historia, y Jean-Claude Schmitt se lo concede con el mismo rigor que se les da a los seres vivos. Existen personajes que rumian los últimos momentos haciendo testamentos sacramentales delante de los amigos o dejando un hálito de vida para despedirse correctamente, o para rezar a Dios.

«Oh, no llores por mí si muero», parece que le dijo Foucault a un amigo que se había encontrado por la calle a finales de mayo. El 2 de junio perdió el conocimiento en la cocina de su apartamento. Nunca más volvería a su casa. Se fue debilitando a medida que los estragos del sida se iban abriendo paso en un cuerpo agotado. La escena es inaudita, y escandalosa, pues el testigo de ella es Hervé Guibert, a quien conoció (¡ya es casualidad!) en 1977. Los amigos parisinos se tomaron muy mal que fuera Guibert y no alguno de ellos los receptáculos de las últimas palabras del maestro, lo que parecían sus verdades más profundas sobre sí mismo. Y era así. Foucault confiesa en ese momento la verdad de toda una vida: la instrumentalización del miedo a la muerte no es una fatalidad insuperable. Imperceptiblemente, la vida se ha metido en la elaboración metafísica del yo ante la muerte.

Foucault y Guibert: revelación de unos días en la clínica.

¿Por qué contar la verdad?

Morir al modo de Sócrates, por amor a la verdad.

Serenidad. Una serenidad absoluta. Foucault muere el 25 de junio.

Impacto.

Un historiador interviene. Se trata de nuevo de Georges Duby. En 1984 está escribiendo en su refugio de Beaurecueil un libro sobre un caballero errante del siglo XII con el que aspira a inaugurar la era de la gran seriedad sobre el estudio de la caballería medieval, poniendo en su sitio el punto clave de interrogación sobre esos extraños personajes, violentos y a la vez amigables, y así alza el telón de una tragedia personal desencadenando una frase inolvidable: «Le comte Maréchal n'en peut plus. La charge maintenant l'ecrase» («El conde Mariscal ya no puede más. La carga ahora le aplasta»).

Es una frase breve, pero poéticamente pensada para responder a la muerte. Nunca se ha empezado mejor un libro de historia. Nada que ver con el tono académicamente contenido con el que Léon Gautier había comenzado *La Chevalerie* cien años atrás. No estamos en el Panteón, sino en una casa cualquiera, con un hombre agotado en un lecho junto a su familia. Es una imagen de final (así la concibió Cervantes para el *Quijote*), pero está al principio del libro. La vida se conoce de atrás hacía adelante cuando está llegando a su final.

La verdad que la muerte ilumina es el peso de la historia.

Nada más que decir en este verano de 1984.

¿Nada más?

RECONCILIACIÓN CON LA REALIDAD: ENTRE LA MEMORIA Y EL OLVIDO

En 1984, Pierre Nora, en calidad de intelectual y editor, inicia el recorrido de lo que será su gran obra: *Los lugares de la memoria*, en principio un registro exhaustivo sobre los monumentos nacionales franceses, edificios, costumbres, prácticas sociales, antes de que todo eso se convierta en una modalidad más de pensar el patrimonio desde la Administración. ¿Quién puede ser el testigo de lo que nadie quiere conocer? La historia oficial sigue adelante con su plan de venganza y su desolado *mepris* por personajes a los que ha condenado a la *damnatio memoriae*, vale decir, al olvido. Los agrimensores del conocimiento tendrán cada vez más miedo. Baste indicar que en el registro llevado a cabo por Peter Burke en *¿Qué es la historia cultural?*, cuando aborda la memoria lo hace de puntillas, remitiendo a otros su responsabilidad, que la tienen, porque las lagunas de conocimiento son imputables a un deseo de que lo que no conecta con lo establecido requiere ser borrado. Varias obras de esos años lo ponen en claro.

Nietzsche, la genealogía, la historia es el artículo de Foucault para el homenaje de su maestro Jean Hyppolite, también el primer capítulo de la *Microfísica del poder*, una propuesta con mucho apetito por desvelar lo que el iluminismo ha ocultado, que existe otra historia y otros personajes protagonizándola. Y que es posible rescatarlos mediante un análisis de «las meticulosidades» y de los azares de los comienzos; prestar una escrupulosa atención a la malevolencia de lo que quiere verse, a quitarle las máscaras y no tener pudor para buscar la verdad allí donde esté, revolviendo en los bajos fondos del pasado, ahondar en el laberinto en el que alguien alguna vez la enterró. El estudioso de la memoria de una persona o de un grupo social necesita hacer historia para conjurar la quimera del curso del tiempo dominado por un conflicto de clases. Es preciso reconocer los sucesos del pasado, sus sacudidas, sus derrotas mal digeridas como parte de un diagnóstico que propone cambiar el mundo con los restos de una sociedad dañada.

La memoria de los feudales sale de un laboratorio de provincias para acudir, con su andar cansino y su difícil prosa, al escenario de la batalla cultural, donde se promueve una genealogía de la moral social de un grupo de individuos atrapados en un tiempo olvidado. Hay un deseo implícito de recurrir a la filosofía (a la fenomenología, para ser precisos) a fin de buscar el alma, a los lejanos testimonios documentales de los nobles europeos de los siglos XI y XII, como señala admirativamente Georges Duby en el prólogo. Estamos en 1984. La sacudida fue tremenda. Se dijo: el autor se va a enterar de lo que es bueno.

Los nobles feudales, cuya memoria se persigue para entenderlos mejor, controlan feudos y dedican parte de la vida a la guerra; caballeros de fortuna, ojo a las provocaciones que llevan a cabo ante el poder de la Iglesia; nobles que organizan el territorio a través de un sistema de parentesco que conculca la moral de los obispos al proponer que una de las mejores soluciones es el matrimonio entre primos cruzados en un grado de consanguineidad prohibida por los decretales. ¿No queríamos unir historia y etnología? Aquí había un buen campo para hacerlo. No sólo colisionan por esa forma de entender la familia (no hay otra manera de decirlo), sino que se empeñan en sostener el poder mediante una genealogía de sus antepasados fielmente trazada. Orden familiar dentro de la familia: pequeñas unidades territoriales unidas por lazos de parentesco, intercambios de esposas. Las mujeres viajan del hogar de los padres al hogar de los maridos. Crean así un cosmos que repercute en la literatura trovadoresca, en la novela de Bretaña, en el arte suntuario donde ellas son reflejadas con su altivez señorial: son damas. Las bodas son rituales de paso.

Esto es demasiado en 1984. El libro se precipita a salvar restos de un pasado que ha sido robado por las ideologías modernas y sólo consigue un clamoroso silencio. No está Foucault para orientar a las mentes temerosas. Sólo queda un mensaje personal. *La memoria de los feudales*. Un viejo libro enterrado. Sí. Eso es.

Peligrosa herencia esta que se nos trasmite mediante el recurso al gulag para los disidentes. En España, bajo el poético epígrafe «reconciliación con la realidad», la izquierda lleva a cabo un durísimo ajuste salarial y una serie de despidos masivos. A los sindicatos de clase, UGT y CCOO, les pilla haciendo novillos. Nicolás Redondo y Marcelino Camacho lanzan un duro mensaje. Hay que preparar una huelga general contra un Gobierno que es de los suyos. A Felipe González no le importa, hay que sufrir para ingresar en la Comunidad Económica Europea. El bienestar social puede esperar. ¿También el modo de enseñar historia?

Bueno, en realidad la transición dejó de lado el gran anhelo europeo de cambiar el estudio de la historia para afrontar lo que las mentes más informadas no dejaban de repetir: el fin del Imperio soviético.

Vaya.

Pero, por otra parte, *La inquietud de sí* de Foucault es un libro sobre los efectos de la experiencia que cambia con una experiencia límite. El saber mejora a medida que se interroga por las fases terminales de la existencia, cuando el cuerpo no está a la altura de las exigencias del espíritu. Sin duda, poca gente a los treinta años le verán un verdadero sentido a la perdida de fluidos naturales. Cuando uno es joven la muerte es una parte de la vida heroica. Y en cuanto la enfermedad llega, ya no se está tan seguro de si merece la pena vivir. Lo mismo sucede con una sociedad, o un imperio. Todo se desmorona hasta caer.

15

DISENSO Y DESPLOME (1985-1991)

Lo que hay que cambiar es el mundo, no el pasado.

MOSES FINLEY, *Le Monde*, 14 de marzo de 1982

NICOLA CHIARAMONTE SE TOPA CON ALLAN BLOOM

En 1985 dos duelistas más aparecen para describir el esfuerzo de todo ser consciente por alcanzar la verdad más plena, el bien menos parcial.

El primero de ellos, Nicola Chiaramonte diseña un plan para liberar a la sociedad occidental del disenso y a la vez introducir una reflexión sobre la crisis política del momento bajo el laudo de que «el tema principal no es el desplome del socialismo; es la fe en la Historia con mayúscula». La circunstancia aquí es que esta afirmación se hizo el mismo año en que el segundo de estos dualistas, Allan Bloom, publicaba *El cierre de la mente moderna*: una durísima crítica de la posmodernidad en los planes educativos de las universidades de Estados Unidos.

Eran dos maneras diferentes de afrontar la ebullición intelectual de un momento crucial donde se debían tomar decisiones de gran calado para el porvenir de Occidente: la manera de un antifascista que luchó en la guerra civil española, aunque la abandonó por diferencias con un frente popular progresivamente escorado al comunismo, y la de un conservador que, desde la Fundación John Olin de Chicago, concibe el pasado como algo radicalmente alejado del futuro.

Para comenzar, una observación necesaria: la batalla cultural en torno a esos dos grandes duelistas de los años ochenta no es ideológica, es metodológica: se refieren al modo de hacer historia. Demasiada gente los malinterpretó (pero ¿quién les aconsejó que lo hicieran así?) y las reacciones fueron bastante pueriles. Tres aspectos centran el debate.

Primero: Chiaramonte duda del porvenir del historiador para guiar a la sociedad a la hora de cambiar la forma de estudiar historia, ya que su oficio en esos años muestra impotencia ante la presión de la propaganda, y lo hace invocando los mismos argumentos con los que Bloom amonesta a los jóvenes por abandonar los estudios humanísticos, para luego distanciarse en los fines. Así es. Si para uno se trata de «liberarse de la fe en el mundo actual y sus ídolos», para el otro es necesario «denunciar el estado de los estudios universitarios que, al invocar el pluralismo cultural, son responsables de un antisemitismo de corte progresista».

Segundo: Chiaramonte está convencido de que el problema reside en la pretensión de «que el curso de las cosas tenga un solo significado, o de que un único sistema integre todos los acontecimientos justificándolos en nombre de una idea abstracta»; mientras que Bloom se reafirma en creer que el problema se ciñe al ambiente cultural de los sesenta, cómplice de la decadencia de la civilización estadounidense, y lo centra en el carácter corrosivo del rock and roll, responsable de orientar a los jóvenes hacia un mundo volcado en una versión lisonjera del amor fraternal.

Tercero: Chiaramonte propone «liberarse del optimismo subyacente en el movimiento acelerado de la sociedad contemporánea»; mientras que Bloom acusa al pop art de «arruinar la imaginación de los jóvenes y de dificultarles mantener una relación positiva con el arte y el pensamiento», que, a su juicio, es la esencia de la educación liberal.

Ambos duelistas coinciden: triunfan los simulacros, no el pensamiento; y se preguntan si se está al final de una era. Pues en toda circunstancia, por más discusiones que se den en las aulas o en los pasillos, siempre es mucho más lo que *no* se discute, lo que da miedo decir, habida cuenta de la situación mundial entre el creciente disenso en Occidente y el inevitable desplome en Oriente. Hay que comprender lo que dice Chiaramonte y lo que dice Bloom al mismo tiempo. No es la forma adversativa la clave del problema, al menos no es la que yo preferí entonces (y sigo haciéndolo ahora al ver los efectos en las generaciones educadas en la conflictividad del imaginario social). Pues ambos autores coinciden, cultura obliga, en mantener la piedad cósmica de la que habla Bertrand Russell, para hacer que el futuro forme parte de una totalidad vinculada a un pasado libre de sospechas (y cancelaciones), ya que escribe Bloom: «Platón, Aristóteles, Locke o Rousseau siguen teniendo la capacidad de hacernos sabios».

TIEMPO Y LUGAR DEL CONFLICTO POR LA HEGEMONÍA ESTE-OESTE

La sensación de ver al Este confuso ante el hundimiento del modelo soviético y al Oeste atrapado en el disenso sobre el multiculturalismo atraviesa los siete años (1985-1991) que, en opinión de Hélène Carrère d'Encausse, transformaron el mundo. El modelo bolchevique desciende y cae en el descrédito, mientras el modelo posmoderno asciende y culmina en París con la apertura del Museo d'Orsay en la reformada estación de ferrocarril situada frente al Museo del Louvre (en la otra orilla, la izquierda), un proyecto dirigido por la decoradora Gae Aulenti. Es la gran diferencia entre ambos lados, de la cual Gorbachov y sus seguidores se sirven para acercarse a los valores de Occidente, transparencia y apertura de ideas, convencidos de que, también en la Unión Soviética, había llegado la hora de proclamar la necesidad de cambiar.

En 1985, la perestroika es precisamente eso: un cambio de rumbo, aunque sea a costa de cuestionar los ideales bolcheviques. Los apologistas del Octubre Rojo se estremecen entre el duelo que están a punto de provocar; también lo hacen los clérigos de las vanguardias artísticas, que censuran a Aulenti por haber recreado el clima de *Metrópolis* y del constructivismo alemán de los años veinte en el museo que venía a sustituir al entrañable, por místico, edificio del Jeu de Paume. La sañuda reacción a una propuesta museística muestra lo difícil que iba a ser desviarse de la línea ideológica del marxismo militante en forma de deconstrucción de las metanarrativas legitimadoras de la cultura occidental.

En este ambiente, Yuri Trífonov concluye *Tiempo y lugar*, la gran novela sobre la Unión Soviética, ese mundo donde vivir y recordar son una y la misma cosa. Demasiado cercana a la perestroika, dicen los censores de guardia (que los hay por doquier), a quienes no les ha gustado nada la novela, pero que emplean sutiles artificios retóricos para demolerla sin mostrase como unos bolcheviques recalcitrantes. Karl Schlögel, en *El siglo soviético,* declara:

> Mientras Yuri Trífonov trataba de recuperar la biblioteca de su padre repartida por la Casa del Malecón, los nietos y bisnietos de la generación fundacional deseaban deshacerse del viejo y gastado mobiliario y lanzarlo al vertedero de la historia; y así desapareció poco a poco el diseño de los tiempos heroicos del comunismo soviético.

Comentario del historiador Yuri Slezkine en la misma línea: hace falta tiempo para entender lo sucedido en 1985, el hecho de que los nietos de los revolucionarios del Octubre Rojo aceptaran la *glasnost* del Secretario General del Partido Comunista, una perspectiva poco bolchevique donde la moral rusa es lo único que interesa salvar, es decir,

> ese principio de realidad capaz de imaginar el pasado como una hilera inacabable en la que las épocas, los Estados, los grandes hombres, los reyes, los generales y los revolucionarios se aprietan unos contra otros, por lo que la tarea del historiador es parecida a la del policía que, las noches de estreno, se planta al lado de la taquilla del Cine Progreso para mantener el orden: para asegurarse de que no se mezclen ni cambien de sitio las épocas y los Estados y de que los grandes hombres no se cuelen, peleen o intenten conseguir un billete a la inmortalidad saltándose la cola.

¿Quedan tranquilos los que una vez creyeron en el modelo soviético de regeneración de la sociedad? En 1985, pocos.

Llegados a este punto, sin duda no resulta inútil recordar los pasos desde que la impaciencia en 1870 engendrara la opción bolchevique que, a su vez, provocó los sucesos de 1917, con gente saltándose la cola de la historia ya fuera por avaricia o ilusión, cuestión esta que se podría debatir. Trífonov, en *El viejo* (1978), describe la guerra civil rusa como el momento en que empezó todo. Y su recuerdo le sirve para anotar tres cosas: 1) Que en su época pocos tienen deseos de arrepentirse del estalinismo; 2) que no hay motivos suficientes para hacerlo; y 3) que no había materia de la cual arrepentirse. En suma, el problema no era el modelo soviético, sino Rusia y los rusos. Bastaba aplicarlo en otro lugar para demostrarlo. Mientras Gorbachov envía al bolchevismo a la papelera (una tarea llena de signos y señales de una aterradora liberación de las verdades de un hogar que se derrumba a medida que se esfuma el cosmos que lo ha sostenido durante más de siete décadas), Lula da Silva, en Brasil, propone al Grupo de Puebla la base de un frente popular latinoamericano alejado de los valores del Oeste.

El futuro aplicará está medida.

Mientras eso llega, se impone el desplome en el Este y el disenso en el Oeste. Hablaré un poco del disenso, que se enmarca en una duración extrañamente breve y parece dar crédito a los que estaban a favor de la concentración en un acontecimiento particular, los apóstoles del tiempo corto como Quentin Skinner en Cambridge y su invitación a estudiar escenarios sincrónicos y a corto plazo.

Insisto una vez más (porque a veces noto cierta resistencia a este momento) en el hecho de que en estos años la historia desentraña el complicado mundo que se advierte en el futuro mediante un estudio pormenorizado del pasado y la advertencia no menos importante del peligro que supone asumir que sólo existe un modo de mirar las cosas o el curso de una acción determinada. El totalitarismo avanzaba bajo la capucha de la corrección política y las mayorías parlamentarias.

Durante la preparación de su viaje a Cambridge, Massachusetts, Italo Calvino siente la necesidad de encontrarle un título a las conferencias que debía impartir en Harvard en el marco de las altamente reputadas Charles Eliot Norton Poetry Lectures: un viaje que al final no realizó, al morir el 19 de septiembre de 1985, una semana antes de emprenderlo. En su mesa de trabajo dejó el manuscrito con el texto que iba a leer, la expresión última del encuentro simbólico con el gran desafío de atender el futuro con la vista puesta en la literatura del pasado. Y ese título (en inglés, claro) fue *Six Memos for the Next Millennium*, que dará lugar al libro *Seis propuestas para el próximo milenio*, donde describe de una manera llena de oratoria y belleza literaria las seis categorías claves en la construcción del puente futuro-pasado: levedad, rapidez, exactitud, visibilidad y multiplicidad.

Los lectores del libro se quedaron entusiasmados por la precisión en al análisis conceptual a través de textos estrictamente literarios, de Ovidio a Borges, pasando por Dante, Flaubert, Mann, Joyce y otros. Calvino trata en las «lecciones», de modo ejemplar, con la gran llaneza y los refinamientos de la alta cultura a los que nos tenía acostumbrados, lo que es la herencia humanística y a los autores que la sostienen, dejando para el final la pregunta clave: «¿No sería esta la meta a la que aspiraba Ovidio al narrar la continuidad de las formas, la meta a la que aspiraba Lucrecio al identificarse con la común naturaleza de todas las cosas?».

Esto es algo de lo que hay que aprender.

Calvino leyendo a los autores que marcan el camino para resolver los problemas que el futuro hereda del pasado. La escena es extraordinaria, y no sólo porque se sitúa en 1985, aunque también por eso. Bien es verdad que comparar a Lucrecio con Kundera para valorar la levedad del ser demuestra hasta qué punto iban a circular mal los principios culturales en los siguientes años. En el momento que tiene lugar la redacción de esas líneas, en enero de 1985, los historiadores eran conscientes de la necesidad de disipar la bruma en los relatos que explicaban el pasado, entrando así en una sociedad dividida por mitologías en competencia. ¿Cuarenta años de historia al desnudo? Eso es. Braudel, Barraclough, Foucault, Elliott, Koselleck, White, Le Goff, Blumenberg, Gumilev, Duby y Galasso. De sobra para llenar al menos una biblioteca con los libros imprescindibles en el próximo milenio. ¿Alguno de estos libros es de cita habitual en las redes sociales? Vamos, de nada sirve ofenderse por la pregunta, es un hecho sabido que ninguno.

Se tiende a olvidar que la historia de la que trato como contexto a las propuestas de Calvino para el nuevo milenio se *escribió y se leyó* en esos años. Al abrir de nuevo alguno de esos importantes libros, se tiene la sensación de que sacudieron las conciencias de una sola ojeada y en todos los registros posibles. Mundos del pasado que hablan a los mundos del futuro. ¡Qué gran espectáculo fue aquel! Cualquiera puede creer que escribe historia, pero ¿quién lo hace en realidad? (en aquel 1985 y los que le siguieron se escribieron muchos libros de historia, no todos buenos). Hace falta un toque de la varita mágica de la musa. Muchos lo suplican, pocos lo obtienen.

La escena más conmovedora de la película de Sydney Pollack *Memorias de África* (1985) es esa en la que Denys Finch Hatton (Robert Redford), en un gesto inesperado por espontáneo, saca una estilográfica del bolsillo de su cazadora y se la entrega a la baronesa Karen Blixen (Meryl Streep) como «pago» por el cuento que había narrado la noche anterior. A la vez que la invita a escribir esos relatos. En este punto, la puesta en escena introduce la música de John Barry, y el resultado es cautivador, al menos suficientemente emotivo para recordarlo. Tanto más cuando la baronesa, conmovida por el gesto de Hatton, decide escribir y convertirse así en la famosa escritora danesa de cuentos Isak Dinesen. La extrema belleza del recuerdo engendra la escritura de la historia. La película conmocionó a mucha gente atrapada en la desconcertante volubilidad de su tiempo. El gesto de Hatton se vio como un desafío a la fuerza creativa de una mujer que termina siendo un testigo fundamental de los sucesos ocurridos *Out of Africa*.

A LA SOMBRA DE PALAS ATENEA. LOS BERNAL, PADRE E HIJO

Los científicos sociales de los ochenta, en el campus de Chapel Hill de Carolina del Norte, dirigen el ensayo de una nueva manera de entender el pasado para estar a la altura del deseo de cambiar el estudio de la historia. Se nota la urgencia por rescatar a quienes nunca fueron vistos, escuchados o leídos. Están irritados y se hacen cansinos con tantas proclamas. Los profesores y los estudiantes reunidos en septiembre de 1988 tenían dos objetivos: poner por las nubes los estudios culturales que estaban transformando la enseñanza universitaria, al menos en Estados Unidos, y organizar el disenso con los conservadores hasta alcanzar una intensidad pocas veces vista antes. En medio de este choque de ideas de imposible consenso destaca un profesor de Duke, pálido y a la vez vibrante, llamado Stanley Fish, que dirige las sesiones de trabajo y en cada aparición es aclamado por la dureza de sus palabras contra el adversario a batir, Allan Bloom y su apuesta por la educación liberal basada en la lectura de los clásicos, de Homero a Walt Whitman.

En los seminarios de investigación son pilares algunos libros como el de J. D. Bernal, *Historia social de la ciencia*, un enfoque marxista de la ciencia contemporáneo en contraste con el superventas del momento, *La insoportable levedad del ser* de Milan Kundera, una demoledora crítica al régimen comunista en la vieja Checoslovaquia. El contraste es tremendo, muy años ochenta, donde aún había quienes creían en la supervivencia de los regímenes comunistas de Europa y sostenían su fervor en Occidente con el empuje de la historia a los túneles de las disciplinas especializadas. Pero siempre hay algo que lo altera todo. Los juegos del azar. Clio despierta a veces por un exceso de celo de alguno de sus servidores más conspicuos. Así, un día de 1987, el hijo de J. D. Bernal, de nombre Martin Bernal, dio a conocer la tesis que llevaba diez años preparando sobre los pueblos del Mediterráneo oriental entre la Edad del Bronce y la Edad del Hierro.

Atenea negra: las raíces afroasiáticas de la civilización clásica es un libro singular, además de importante por el terremoto cultural que lo provocó. El núcleo argumental es un alegato contra la idea de que fue la raza blanca la responsable de la construcción de la cultura mundial. Martin Bernal escribe con una rapidez y ligereza que, a primera vista, podían parecer prisa o facilidad. Nunca se detenía a comprobar su tesis por arriesgada que fuese, como, por ejemplo, la existencia de un pueblo afroasiático-indoeuropeo de raza negra con diosas, cual Niet, modelo de Palas Atenea. La desbordada imaginación le lleva a presentar la obra entera, en forma de manifiesto, mientras su conocimiento del inmenso material filológico, arqueológico, bíblico o étnico le permite abarcar de una ojeada toda la sociedad. En sus argumentos, rara vez se encuentran dudas basadas en los puntos de vista de otros autores. Eso no implica que se limite a arrojar sus obras a la papelera; sólo que su idea eje es una propuesta para cancelar el punto de partida de la tradición clásica. En esencia, decía más de una vez a quien le interrogaba sobre su tesis, «los estudios clásicos no dejan de ser una invención decimonónica».

Paradójico Bernal: apenas acaba de ser reconocido su libro *Atenea negra* fuera de los ambientes académicos estadounidenses, donde pasaba por ser una apología del despiste disfrazada de un estudio transgresor, según su némesis Mary Lefkowitz, cuando descubre que su tesis interesa sólo en los sectores de la izquierda cultural europea afín al marxismo.

¿Ironía? Sí y no. Ninguna tesis contra Bernal ha sido y sigue siendo tan dura como la de Lefkowitz, que se unió a su colega del Wellesley College Guy MacLean Rogers para confirmar que *Atenea negra* es un libro erróneo en casi todas sus conclusiones: ni el antiguo Egipto fue negro; ni la influencia egipcia en Grecia fue predominante; ni fueron antisemitas todos los estudios que mantenían un origen ario de la cultura clásica. Quizá sea aquí, en estas críticas apasionadas, que según todos los indicios fueron ampliamente aplaudidas, donde radique el auténtico escándalo. ¿*Atenea negra*, por un lado, como libro que sacude la conciencia de los lectores apasionados por lo nuevo y, por otro, como una urgente necesidad de dejar de desconfiar en la historia?

¿Quién sabe?

Tanto como las ciencias cognitivas, el historiador tiene algo que decir sobre ese estancamiento de su disciplina provocado tanto por el disenso en el Oeste como por el desplome en el Este. No existe mayor reclamo sobre la necesidad que el libro de Peter Novick de 1988 titulado *That Noble Dream*, donde bajo el epígrafe «no había rey en Israel» argumenta las razones por las que no hay en esos años una figura en el mundo que permita la lectura integral de los acontecimientos capaz de fundir la multiplicidad de planos y firmas en una unidad de sentido absoluta, y al mismo tiempo renovadora, a la altura de un tiempo que necesita una voz, como antaño había sucedido en encrucijadas parecidas con Heródoto, Tucídides, Polibio, Tito Livio, Tácito, Wace, Froissart, Maquiavelo, Gibbon, Burckhardt, Huizinga o Braudel. No copiar lo dicho, plantear un original lejos de la insoportable levedad de las cosas.

EL ORIGINAL Y LA COPIA. LLEGA ROBERT DARNTON

Para situar el momento de este interesante debate, me alejo del mundo académico de los años ochenta descrito por Peter Novick como la fábrica de las falsas construcciones intelectuales y me fijo en la evocación hecha por Federico Fellini en *Ginger y Fred* con música de Nino Rota, en 1986, donde se recuerda que siempre ha existido, por fortuna para el curso de la historia, una mirada irónica sobre la nostalgia, y que los creadores de la cultura, por serlo y para serlo, siempre se han sentido atraídos por distinguir el original de la copia. Es lo que va de Gustav Flaubert a Vargas Llosa, de Edgar Allan Poe a Stephen King, de Fred Astaire y Ginger Rogers a Pippo Botticella y Amelia Bonetti. En todo caso, el deseo de atender al valor de lo original es un desafío a las fuerzas de la publicidad y del dinero, hegemónicas entre 1985-1991.

Marc Fumaroli, en su dura apreciación sobre el Estado cultural, fija la distancia del original y la copia al describir las fiestas culturales de las democracias occidentales, imitaciones pop de las fiestas revolucionarias ideadas por Anatoli Lunacharski, como la «noche blanca» impulsada por el ministro de Cultura francés Jack Lang, que tuvo lugar entre el sábado y el domingo 15-16 de junio de 1985 en París. Los asistentes viven una experiencia estética en ese fin idealizado de la solidaridad proletaria que estimula asociaciones como SOS Racismo y otras.

En Estados Unidos, Robert Darnton (como Natalie Zemon Davis en su cercanía a la escuela francesa de los *Annales*) fue uno de los primeros en presentir lo que los estudios culturales de inspiración antropológica podían aportar en medio del vacío dejado por la derrota del canon clásico y del materialismo histórico. Fiel al compromiso con el tiempo corto, no sólo revisa las fuentes posibles conservadas en los archivos; también se inclina a la ironía sobre la larga duración, en línea con A. J. P. Taylor, esa especie de Thomas Babington Macaulay de los años ochenta que estudió la Segunda Guerra Mundial como un sujeto en sí mismo, sin necesidad de recurrir a digresiones sobre el conflictivo pasado europeo. Las ideas de Taylor se difundieron desde las altamente populares páginas de *History Today* y fueron todo un revulsivo. Por eso, cuando la economista Sara Horrell elogia la «maravillosa utilidad de la historia» lo que está diciendo es que el historiador debe reservarse para hacer lo que mejor sabe hacer, comparar datos en el tiempo corto, detalles y otro tipo de curiosidades: rasgos que la imaginación popular asocia con la idea del historiador como un ratón de biblioteca. Diríase que la conciencia del declive del materialismo histórico empuja a la sociedad abierta a adoptar un *soft power* ante el valor de la historia como disciplina crítica. Fue sin duda un espejismo «de corta duración», lo suficientemente extendido para propagar la idea de que debía enviarse a los historiadores a un confortable gabinete de curiosidades.

Alerta: se están gestando figuras como Simon Sebag Montefiore o Peter Frankopan.

ESTUDIOS POSCOLONIALES E ISLAS DE LA HISTORIA. MARSHALL SAHLINS

La investigación cultural pasó a llamarse estudios poscoloniales. Con antropología, o sin ella, su éxito estaba asegurado. ¿Cuántos trabajos de fin de carrera, cuantos artículos de revistas indexadas (que dan acceso a los puestos docentes) no se escriben entonces con mano apresurada? Las ideas se acumulan. Todo por ser actual y moderno. Los departamentos no dan abasto con tanto joven que aspira a descubrir pueblos perdidos como hace la profesora interpretada por Barbara Hershey en *The Last of the Dogmen* (titulada en español *Los últimos guerreros*) y dirigida por Tab Murphy en 1995. La lista de solicitudes es interminable. En este punto aparece un personaje clave en el mito cultural posmoderno: Marshall Sahlins, un recio antropólogo y un magnífico ensayista.

Sahlins reúne en torno suyo estructura y testimonios para analizar *Las islas de la historia*, un libro que fue fuente de tantas leyendas sobre su carácter. Se le saluda como el gran innovador en el campo académico sobre las formas de vida de los pueblos no afectados por la cultura occidental. Se trata de un proyecto cosmológico que abarca lo diacrónico y lo contingente.

¿Un retorno a los *Tristes trópicos* de Lévi-Strauss? Más o menos. La tensión es la misma, no así las conclusiones. Ese laboratorio de la diferencia permite abordar el mundo a salvo de las doctrinas liberales sobre el origen de la soberanía. ¿Qué más se puede pedir? Un buen relato, por supuesto. Aquí está.

El capitán Cook encontró la muerte en una isla hawaiana, suceso que adopta la fisonomía de un acontecimiento en los márgenes del mundo moderno, pues se le confunde con un dios cuyo sacrificio constituye un punto de regeneración. El error de Cook es dejarse absorber por los recursos del propio mito que lo sentencian a morir. Sahlins escribe sobre las islas, universos aislados, destino de un viaje, pero también territorio para fijar el extrañamiento del hombre ante la diversidad del mundo. Su trabajo le conduce a retar a Jonathan Swift, que se burlaba de esta actitud en *Los viajes de Gulliver* hablando de la existencia de islas volantes que desafiaban la lógica. ¿Cómo integrar lo que se va sabiendo en lo que se ha sabido desde siempre? Sólo ampliando la escala de la observación. Y así el gran debate en Occidente se encamina a abrir las puertas de la historia a la geografía política de los refugiados, al mundo islámico y al fracaso del canon clásico, dejando a un lado las clásicas «islas» de los antropólogos para atender a la «nube informática» de la que se percibía ya su desafío respecto al mito cultural de la modernidad.

LO LOCAL Y LO GLOBAL. GEERTZ NO SE AMEDRENTA

Menos mal que Clifford Geertz había publicado *Conocimiento local* en 1983; de otro modo, no tendríamos los asombrosos ensayos sobre la interpretación de una civilización sobre la base de que «los fenómenos culturales deben ser tratados como sistemas significativos». La hermenéutica cambia de nombre, ahora es la antropología interpretativa, orientada a fijar las categorías de la conducta humana: la imaginación moral, el sentido común, el arte, el simbolismo del poder, el carisma de las personas. Brevemente, una crónica del imaginario de una sociedad. Y sirviéndose de ese método, Geertz fue de los primeros en insistir en el núcleo del debate sobre el relativismo cultural para situarlo en la base de las disciplinas antropológicas. Y lo hizo con las siguientes palabras en un artículo de título altamente combativo, «Anti-Anti-Relativism» (2000):

> Que el mundo no se divide en devotos y supersticiosos, que hay esculturas en las junglas y pinturas en los desiertos, que las normas de la razón no se fijaron en Grecia y la evolución de la moral no se consumó en Inglaterra. Y, lo que es más importante, fuimos los primeros en insistir en que vemos las vidas de los demás a través de unas lentes talladas por nosotros mismos, y que ellos nos miran a nosotros a través de las lentes que a su vez tallaron.

Las observaciones son importantes, como los patrones de la actuación personal y colectiva. Son precisas, desapasionadas, fluidas. Esenciales para comprender no sólo al hombre en sociedad, sino sus maneras de vivir como una pasión cultural permanente. Permiten corregir, por último, las interpretaciones positivistas de la historia, hasta el punto de que «renunciar a un intento de explicación de los fenómenos sociales que los entrelace en grandes texturas de causas y efectos para optar por otra que trate de explicarlos situándolos en marcos locales de conocimiento significa sustituir una serie de dificultades bien definidas por otras mal definidas». El insigne antropólogo apuntaba, con el ardor característico de los años ochenta, las formas del imaginario social que acompañaban el reajuste de la modernidad ante la más que probable caída del modelo soviético. Obviamente para avanzar en esta tarea debían perfilarse cuestiones de método a la hora de entender el mito cultural de la modernidad.

Comenzando por el efecto que la caída del muro de Berlín iba a tener en el orden mundial, al ser vivenciado como un acontecimiento clave para la hegemonía de la libertad entre los seres humanos. En este sentido resulta memorable la sentencia de Leonard Cohen en la canción «First We Take Manhattan», donde después de confesar que le sentenciaron a veinte años de aburrimiento por tratar de cambiar el sistema desde dentro (¿entre 1969-1989?) ha decidido recompensar a todos y, así, «primero tomamos Manhattan y luego tomamos Berlín». Quizá el gran cantante recordaba de esta forma, en el ardor del combate por la cultura mundial, su deuda con el poeta Federico García Lorca, que le enseñó a no ser displicente con la caída de las ilusiones que afectan a todas las épocas y a todas las civilizaciones, sino a hacerlo dentro de los estrictos límites de la dignidad y de la belleza. Es cierto que ante la caída del muro de Berlín se trató de borrar lo antes posible el recuerdo de los embarazosos agrimensores de la gobernanza bolchevique. Pero no fue fácil. Mientras tanto, el implacable programa de acceso al pasado como razón del futuro encontraba un poderoso ajuste acorde con el crucial momento histórico.

LA EXPERIENCIA DE LA HISTORIA CON KOSELLECK

En 1988, Reinhart Koselleck, al modo de gran maestro, fija los regímenes de historicidad, es decir, las diversas formas de experiencia del pasado y de construcción conceptual del tiempo humano, y llega a la conclusión de que

> lo que se busca, lo que se encuentra y se representa bajo el nombre de verdad histórica nunca depende sólo de las experiencias hechas por el historiador o de los métodos que utiliza. Tan pronto como nace una obra histórica, la experiencia y los métodos se repiten, se presuponen recíprocamente. Por supuesto, es difícil determinar la relación exacta entre ellos: en primer lugar,

porque deja de cambiar en el curso de la historia y, en segundo lugar, porque todavía no tenemos una historia de la experiencia histórica apoyada en la reflexión antropológica, ni una historia global de los métodos históricos.

En el Este, los nietos de los fundadores de la Revolución de Octubre de 1917 pasaron de la novelería de quienes se embarcan en una nueva búsqueda a la ironía de quienes hablan de un cambio de decorado para definir las cosas por medio de un lenguaje esópico donde Moscú es una auténtica Babilonia; y, en el Oeste, se intensifican los debates para encontrar una historia a la altura del bicentenario de la revolución francesa de 1789, que vuelve a convertir a París en una Nínive donde los posmodernos agotaban los argumentos *pro et contra* de la modernidad nacida en la revolución analizando a fondo la moraleja de la fábula de la araña y la abeja.

Recordemos.

Jonathan Swift deja hablar a una araña que reprende a una abeja que acaba de pasar desgarrando la tela que había hecho con tanto esmero: «Yo lo saco todo de mi propio fondo, y he construido mi morada gracias a mis sabios cálculos, con materiales que he extraído enteramente de mí misma. Mientras tú, vagabunda, sin morada ni recursos propios, no tienes nada tuyo más que tus alas y tu música». Y así, en 1989, en París, los historiadores están lívidos de rabia. No sólo se conmemoran confusamente los doscientos años del 14 de julio de 1789, cuando el pueblo asaltó la Bastilla, emblema del Antiguo Régimen, sino que casi constantemente tienen dificultades con la exposición de los detalles, sin hablar de las incesantes intrigas, sobre todo de los seguidores de Albert Soboul contra la expansión de las ideas de François Furet. Una vida agotadora para llegar, a veces, bastante cerca de la conclusión a la que llega la abeja contra la araña: una competente arquitectura para generar el veneno que permite cazar las moscas en la tela. La abeja en cambio recupera en su vuelo la sensación de que los seres humanos son en su mayoría torpes, celosos, cautelosos, tercos, cargantes. Se puede luchar contra esa esencia desde la existencia revolucionaria, pero qué fatiga.

Ciudadanos. Es el título elegido por Simon Schama con intención, y lo es todavía más cuando se le añade como subtitulo: «Una crónica de la Revolución francesa». Llamemos a esta forma de mostrar el pasado historia narrativa, viene de lejos. De Lawrence Stone litigando con sus colegas marxistas de *Past & Present*. Es una forma ligera, trágica, ardiente, simple, complicada, cómica. Todo a la vez. Y es mucho. La validez del relato. Aquí se teje una trama de la vida pública y privada de los ciudadanos franceses que se sintieron afectados por el acontecimiento revolucionario, intervinieran en él o no lo hicieran. Lo ocurrido es un movimiento de masas, pero también de personajes con una biografía a sus espaldas: aire urbano, gestos tanto de admiración como de repulsa, amor por la libertad, terror como referente de una opción política, incluso en plena miseria y en plena desgracia. Una realidad a la que se somete demasiado a menudo (como hacía Georges Lefebvre desde la Sorbona) a argumentos arácnidos, de fundamento jacobino.

Schama precisa, siguiendo a lord Acton, que es tanto como decir a Tocqueville, en polémica con el viejo Lefebvre, que

> si prescindimos de la frase revolucionaria acerca del antiguo régimen, con su pesada carga semántica ya obsoleta, quizá sea posible percibir la cultura y la sociedad francesas del reinado de Luis XVI como una entidad alterada más por el apego que por la resistencia al cambio. Al contrario, me parece que gran parte de la ira que fue el detonante de la violencia revolucionaria se originó en la hostilidad hacia la modernización, más que en la impaciencia provocada por la rapidez de sus avances.

Estas palabras le permiten señalar de qué modo «el relato teje su trama entre la vida pública y la privada de los ciudadanos que aparecen en sus páginas», convencido de que «el amor, la ambición y la muerte estaban impresos en el almanaque de los grandes acontecimientos». Para muchos, educados en la idea de que la historia responde a un modelo económico preciso, esta manera puede ser anticuada e incluso parcial. El juicio cambia, sin embargo, cuando se acerca a la idea moderna que le confiere validez al relato, y así la aproximación a la Revolución francesa se inclina más por la autenticidad caótica de lo sucedido que por la convención histórica del hecho revolucionario francés, presentada por Jeremy D. Popkin como una parte vital de la herencia de la democracia.

DESPLOME Y POSHISTORIA. NIETHAMMER LEE A FUKUYAMA

Imaginemos al historiador Lutz Niethammer leyendo el artículo de Francis Fukuyama en *The National Interest* del verano de 1989 donde se pregunta si estamos al final de la historia. Jamás hubiera pensado que unos meses más tarde esa prudente observación sobre el posible colapso de la Unión Soviética sería el germen del controvertido libro *El fin de la historia y el último hombre*, donde se certifican las razones por las que el modelo bolchevique había sido un error al querer asentarse fuera del capitalismo. ¿Una alegoría del triunfo del Oeste sobre el Este? No lo tengo claro. Pasa las páginas de cuatro en cuatro, sugiere, apunta al modelo de la gobernanza universal frente al ideal del Estado westfaliano, el único capaz de crear personajes autoritarios, entra de lleno en una batalla cultural. ¿Qué porvenir tenemos? Se refugia en un lujoso argumento, que tanto gusta como tanto se le criticó (demasiado), determina que el fin de la historia no implica que no fuera a suceder nada más, sino que se entraba en una era de inmovilidad plácida. Luego anota los detalles para los escépticos. Resulta difícil imaginar que el ser humano fuera capaz de encontrar un sustituto más eficiente que la democracia liberal (la tesis enciende a más de uno), y comprueba que las actuales desigualdades, la pobreza, la injusticia, el racismo obedecen a que las sociedades aún no son del todo democráticas ni liberales. Ajusta los bloques y concluye que ese fin no es la utopía comunista que se estaba gestando en América Latina desde Cuba y Venezuela, sino el aburrido mundo de la democracia burguesa con su afán consumista.

Los críticos tildan esa idea de absurda. Y mucho más la descripción de la época del fin de la historia, a la que Fukuyama califica de un tiempo muy triste, sin brillo:

> La lucha por el reconocimiento, la disposición a arriesgar la propia vida por una meta puramente abstracta, la lucha ideológica a nivel mundial que requería audacia, coraje, imaginación e idealismo se verá reemplazada por el cálculo económico, la interminable resolución de problemas técnicos, la preocupación por el medio ambiente y la satisfacción de las sofisticadas demandas consumistas. En la era poshistórica no habrá ni arte ni filosofía, sólo la perpetua conservación del museo de la historia humana.

Como una profecía. La caída del muro de Berlín prueba que algunas épocas históricas duran menos que la vida humana: el socialismo soviético en Alemania apenas cuarenta y pocos años (1948-1989). ¿Deberíamos recordarlo? Llamemos a esa forma de abordar el pasado filosofía de la historia, viene de lejos; de las lecciones de Hegel en Berlín. La dirección en la que se mueve la conciencia de la humanidad: movimiento perpetuo, creación trágica, incluso en plena miseria de la filosofía y en plena agitación obrera.

Así pues, en noviembre de 1989, cae el muro de Berlín y comienza la lectura crítica del siglo XX. Dos guerras mundiales y una guerra fría habían provocado una pesadilla entre los europeos. Pero entonces se estimó que el miasma quedaba atrás con el desmoronamiento de la Unión Soviética y la demolición de los regímenes comunistas en Checoslovaquia, Hungría, Polonia, Rumanía y Bulgaria; ya no era admisible silenciar lo sucedido desde 1917, cuando el mundo cambió —escribe Odd Arne Westad— a partir de dos procesos: la transformación de Estados Unidos y Rusia en potencias mundiales, y la división ideológica entre el capitalismo y sus adversarios. Así, superada esa etapa de la historia, lo que había estado en silencio comenzó a ser dicho en todos sus detalles: más aún, se prodigaron los estudios que analizaban las redes de espionaje para situar, como señala Jonathan Haslam, su importante papel en las relaciones internacionales y en la creación del imaginario europeo.

La *glasnost* impulsada por Mijaíl Gorbachov, más que la perestroika, se relaciona con los valores posmodernos: todo lo oculto debe ser desvelado. Se desclasifican los documentos de los servicios secretos y se pone a disposición de la sociedad el material reservado, mientras que Putin, procedente de la KGB, prepara el asalto al poder en una Rusia que había dejado de ser soviética. En el centro de este nuevo círculo de conocimientos está la necesidad, apuntada por José M. Faraldo, de «explorar el cruel, terrible y, al mismo tiempo, extraordinario experimento comunista».

La historia se había interesado por la policía secreta, la Stasi, la Securitate o la SB, se había volcado en mostrar los procedimientos de la Cheká o la ingeniería social estalinista, pero nunca había afrontado «la construcción del régimen de vigilancia»; Faraldo en cambio lo convierte en el tema central de un interesante libro. La máquina destructiva de la persona, que Karl Schlögel había evocado en su *Moscú en 1937*, reaparece aquí entre los hedores del inmenso cadáver de lo que una vez fue la RDA. Ahora la vigilancia se convierte en sujeto de un relato, el que explica la angustia íntima de una mujer espiada que llevaba una vida de lo más normal.

A la espiada la llamaremos Laura, aunque ese no es su verdadero nombre, una mujer española que se enamora de un joven de la Alemania Oriental en 1974; se casa con él, viviendo la experiencia de un país comunista, la Stasi le abre una ficha y su marido, que en público se manifiesta contra el régimen, es un confidente de la policía. Largos años de confusión y de engaños analizados en forma de novela, donde la espiada es acosada por un agente de la seguridad del Estado, conversa con el embajador español y habla de su situación con sus amigos mientras se esfuerza vanamente en salir del laberinto de la vigilancia en una ciudad gris pero cada vez más famosa por su muro.

Al espía lo conocemos muy bien: Kim Philby es uno de esos grandes necios que la historia trae de vez en cuando, capaces de aceptar con una sonrisa el siniestro extravío al que le conduce una mala decisión. Enrique Bocanegra elabora un buen perfil sobre él en medio de una minuciosa investigación en la que es fácil ver un atinado ejemplo de la falta de mirada crítica de los europeos del siglo XX fascinados por el comunismo. Fue reclutado en 1934, una soleada mañana, durante un paseo por el Regent's Park londinense, decisión aplaudida por su mentor en Cambridge, el economista Maurice Dobb, que había creado la primera célula comunista en esa universidad y que fue una referencia ineludible en la UAB de los años setenta. El servicio a la causa comunista borra el pasado de Philby y lo sustituye por un saco de consignas donde el mundo es una imagen de lo que dice el partido. Allí donde era necesario, le enviaban como corresponsal de un periódico que servía de pantalla a sus verdaderas actividades; allí donde no llegaba la policía, acudía él para informar. Philby, el espía comunista por antonomasia, encarna el *hombre nuevo*, el que nada sabe, calcula todo y afirma que sí se puede. Vivió entre los dos mundos en la Guerra Fría hasta que fue descubierto por una indiscreción. Comenzó una nueva existencia en Moscú, con trato preferente, buena casa, una esposa que le quería y unos hijos rollizos. Allí falleció y le hicieron un funeral digno de un general de la KGB, cargo que sin embargo le negaron en repetidas ocasiones. Fue comunista y en su caso a mucha honra. ¡Qué historia!

Al recuperar a la espiada Laura y al espía Philby me ha venido a la memoria la sentencia de Rimbaud en la célebre carta de mayo de 1871: «Es falso decir pienso, se debería decir me piensan». Una forma de exponer que a veces dependemos de los demás en un mundo donde Dios tiene otros proyectos.

16
MUNDOS ANFIBIOS
(1992-2000)

El horror cada vez mayor de los acontecimientos en el desfalleciente siglo XX nos lleva a interpretarlo como el prefacio al epílogo de la humanidad.

LEONID LEÓNOV, *La pirámide* (1994). Prólogo

DONNA HARAWAY PROPONE Y SIMON SCHAMA DISPONE

A mediados de 1983 aparece el *Manifiesto Ciborg* de Donna Haraway, un icono resonante y al mismo tiempo cuestionado del papel del feminismo en el mundo actual. Parecía un libro peligroso. Baste leer el subtítulo: «El sueño irónico de un lenguaje común para las mujeres en el circuito integrado». La traducción española corrió a cargo de Manuel Talens, que a su oficio de médico unía el de gran escritor en línea con su entrañable hermano el poeta Jenaro. Se dijo entonces que cuando pasaran veinte años sería un libro de culto; lo es para mayores con reparos. Por eso aún hoy hay que presentar argumentos a favor de ese manifiesto. Resuena en nuestra conciencia porque, en definitiva, el ensayo de Haraway fue hecho a base de esfuerzo, y debemos admitirlo, sin más. Es básico en cualquier batalla cultural desde entonces porque sus grandes temas —tecnología, feminismo, ciencia— son las nuevas vías de acceso al pasado.

Ese objetivo fue descrito por la propia autora, que lo identificó con la transición entre dos maneras de ver las mujeres, el paso del asombro al encanto, del concepto a la sustancia. Una blasfemia cultural de lo más intensa. Así lo dice:

> Las páginas que siguen son un esfuerzo blasfematorio, destinado a construir un irónico mito político fiel al feminismo, al socialismo y al materialismo.

> La blasfemia requiere que una se tome las cosas muy en serio y, para mí, es el mejor referente que puedo adoptar desde las seculares tradiciones religiosas y evangélicas de la política norteamericana —incluido el feminismo socialista—. Por eso, este trabajo es mucho más auténtico que si surgiese como mito e identificación. La blasfemia nos protege de la mayoría moral interna y, al mismo tiempo, insiste en la necesidad comunitaria. La blasfemia no es apostasía. La ironía se ocupa de las contradicciones que, incluso dialécticamente, no dan lugar a totalidades mayores, y que surgen de la tensión inherente a mantener juntas cosas incompatibles, consideradas necesarias y verdaderas. La ironía trata del humor y de la seriedad. Es también una estrategia retórica y un método político para el que yo pido más respeto dentro del feminismo socialista. En el centro de mi irónica fe, mi blasfemia es la imagen del ciborg.

El ciborg como imagen para revisar el sistema de valores marxista sobre la lectura del pasado y la programación del futuro. No está nada mal para comenzar. La decisión es un acontecimiento digno de recordar.

Año 1985, sin previo aviso, una profesora de la Universidad de Santa Cruz, California, aboga por la posmodernidad para ajustar las palabras que condicionan un mundo agitado ante las novedades de la tecnología digital. Lo hace en un texto de carácter filosófico pero entusiasta por el modo de tomar distancia con el feminismo que sostiene las suposiciones binarias planteadas desde Aristóteles, naturaleza/cultura, mente/cuerpo, masculino/femenino, idealismo/materialismo, pues en su opinión son fronteras difuminadas, en cierto modo falsas. Haraway afronta de este modo la negación del esencialismo, que aplica por igual a los hombres y a las mujeres, convencida de que es la opresión la actitud responsable a la hora de crear los conceptos de género, raza o clase, y a la vez valora el logro de tener conciencia del problema, aunque también de haber sido capaz de escapar de él.

La imagen del ciborg tiene que ver con las fronteras difusas, y ofrece la posibilidad de realizar una reflexión sobre la experiencia de la mujer a finales del siglo XX. Cuando alcanza la plena conciencia de su programa, Haraway queda sobrecogida por la idea de que la frontera entre ciencia, ficción y realidad es una ilusión. Y esto es algo que hay que aprender de la batalla cultural del largo siglo XX, asumiendo que las reliquias del pasado han de almacenarse en aparatos digitales apenas visibles. En este proceso, la realidad deviene una construcción que define categorías distintas: «Las mujeres blancas, incluyendo a las feministas socialistas, descubrieron (esto es, fueron forzadas a descubrir pataleando o chillando) la no-inocencia de la categoría mujer». En una palabra, no hay construcción a la que atenerse, y eso conduce al aserto más polémico de todos los suyos: «El ciborg es una criatura en un mundo posgénero», al ser la única salida factible del laberinto de los dualismos que servían de coartada para políticas de dominación en cada uno de los modelos ideológicos vigentes en nuestro tiempo, desde 1871, como ya sabemos. Y la confesión final: «Prefiero ser un ciborg a una diosa».

Simon Schama leyendo el *Manifiesto Ciborg* de Donna Haraway en el otro extremo del país, en un despacho de la Universidad de Columbia: un gesto sumamente interesante. Es verdad que no tenemos constancia de ello, pero no cuesta mucho pensar hasta qué punto una obra que suma tecnología y naturaleza pudo estar presente en el momento (1995) en que se dispone a redactar *Landscape and Memory*, el libro crucial en su evolución historiográfica con su llamada a conocer los ecosistemas que el *Homo sapiens* ha decidido conquistar para asegurarse un papel en la historia. Una idea que adopta más adelante Felipe Fernández-Armesto en *Civilizaciones. La lucha del hombre por controlar la naturaleza.*

Schama declara que no todas las culturas abrazan la naturaleza con el mismo ardor y las que lo hacen atraviesan periodos de un fuerte entusiasmo universalista, y de ese modo entra en el debate propuesto por los medioambientalistas afectados por las prédicas televisivas de Hal Lindsey, que en 1970 dieron lugar al superventas *The Late Great Planet Earth*. Más de quince años dando vueltas sobre el fin de la vida en la Tierra. De sobra para llenar al menos decenas de docudramas sobre la espiral de desastres naturales y de catástrofes provocadas por la desidia humana. ¿Ni una sola prueba histórica seria para probarlo? Vamos, no nos quejemos, es un hecho habitual hasta la aparición en las librerías del libro de Schama. Al leer *Paisaje y memoria* percibí de inmediato un análisis severo y crítico sin necesidad de recurrir a metáforas como la del ciborg; solamente una escueta descripción de las relaciones del ser humano y la naturaleza a lo largo de los siglos.

A VUELTAS CON EL CANON OCCIDENTAL

El caso de Harold Bloom no fue tan insólito como el de Donna Haraway. ¿Qué le sucedió en verdad para que en 1994 estuviera en una situación tan dramática este erudito lector, de mirada afilada, a la hora de implorar el recurso al canon occidental? Pese a las posteriores recomendaciones respecto a su objetivo de encauzar la cultura humanista, que parecía que se iba perdiendo por momentos, el libro de Bloom es un ejercicio de crítica contra la actitud de los seminarios universitarios donde la filología ahogaba a la literatura. Cuando desliza la frase que le lleva a emitir su teoría, demuestra a las claras de qué iba todo eso: «Leer al servicio de cualquier ideología, a mi juicio, es lo mismo que no leer nada». ¿Queda claro? Es una invocación a qué no hay que leer. Eso le lleva a otras observaciones más demoledoras si cabe, pues citando a Samuel Johnson sentencia: «¡Límpiate la mente de la jerga académica!».

A través de ese lado combativo consigue llenar de causticidad y de humor lo que él denomina la «escuela del resentimiento». Una faceta que siempre ha estado presente en su trabajo de crítico literario, pero que de momento aparta para desarrollar el lado positivo, sin duda el más duradero de su legado, que él mismo había desarrollado desde 1973, una teoría de la poesía por medio de una descripción de la influencia poética, o sea, la historia de las relaciones entre el texto y el contexto. Amplía la teoría sobre la influencia al trazar los mapas de la mala lectura en los poetas débiles, los que basan su trabajo en la experiencia personal (es la misma actitud de Valente en España), para llegar a una conclusión metodológica eficaz, el concepto de contaminación, a base de una pregunta: ¿quién ejerce verdadera influencia en la literatura occidental?

Esta vez, Bloom no tarda en contestar, quizá porque comienza a estar harto de la típica rutina de los reseñadores de las páginas culturales de los periódicos: «Shakespeare es el autor que contamina hacia atrás y hacia adelante toda la literatura». Y otro comentario: «El canon es una lista de supervivientes y un sistema memorístico» de las obras cuya «belleza se revela en la creación y la penetración psicológica de los personajes, en el tratamiento del lenguaje, en la exposición temática y discursiva, en la revitalización de la imaginación, en fin, en la originalidad para trocar la capacidad de asombro y extrañeza, sacando al lector de su realidad, y transformar su individualidad procurando que en esa subversión de los valores estéticos estén presentes ya los asomos de una personalidad icónica».

Bloom tiene una relación con la literatura como no se había visto desde tiempos de T. S. Eliot y Lionel Trilling; allí donde enfocaba su mirada, en cualquier capítulo, creaba luminosidad.

La defensa del canon occidental recupera el equilibrio perdido en la batalla cultural que siguió a la publicación de su libro con la aparición en

1999 de *La invención de lo humano*. Han pasado cinco años, pero insiste en el mismo enfoque. Mientras que en *El canon occidental*, de 1994, reúne los ismos posmodernos para proceder a su descarnada descalificación: marxismo, multiculturalismo, feminismo son los primeros en caer, luego el afrocentrismo y algunos más, en *La invención de lo humano* propone salvar el lado estético de la vida como una entidad autónoma, ajena a la ideología o la semiótica, es decir, basada tan sólo en el ancestral gesto de leer: «La crítica estética nos devuelve a la autonomía de la literatura imaginativa y a la soberanía del lector como un ser profundo preocupado por su interiorización».

¿Queda por ello tranquila la gente? Puede ser.

En apenas cinco años (1994-1999), Bloom plantea la nueva vía para enlazar con el inicio de la batalla cultural en 1871 por situar el origen de la conducta característica de Occidente: «El valor estético surge de la memoria y, por tanto, está exento de todo dolor (supuso Nietzsche), del dolor que produce el rendirse a los placeres sencillos en detrimento de otros más dificultosos». Y así Bloom aconseja la aceptación de su canon de veintitrés autores, ineludible para quienes tengan interés por la lectura. Es una forma de ganarle sentido a la vida, como deja claro al señalar las ventajas de la lectura:

> Adentrarse en las obras que conforman el canon no hará al lector mejor o peor persona ni lo convertirá en un ciudadano más útil o más dañino. El diálogo que establece la mente consigo misma no es en esencia una realidad social. Todo lo que puede proporcionar el canon de Occidente es el uso correcto de la propia sociedad, cuya forma final es el enfrentamiento de uno mismo con su carácter mortal.

¿Qué es Harold Bloom? ¿Un liberal conservador? ¿Un retrogrado de estilo elegante? ¿Un dogmático bajo la capucha de un amante de la lectura?

¿Quién sabe?

Llegados a este punto resulta útil recordar los veintiséis autores citados a capítulo: Chaucer, Dante, Cervantes, Montaigne, Molière, Milton, Samuel Johnson, Goethe, Wordsworth, Jane Austen, Walt Whitman, Emily Dickinson, Dickens, Kafka, Pessoa, Ibsen, Proust, James Joyce, Virginia Woolf, Tolstói, Freud, Beckett, Carpentier, Borges y Neruda. Los «fundadores» de la literatura de este subcontinente. En el bien entendido de que cada país podría pasar una lista de sus representantes, siempre que se atengan al canon, vale decir, al arte de la memoria, que ha logrado imponer los valores estéticos gracias a mostrar hondamente las angustias, los dolores y los pensamientos humanos. El meticuloso Bloom anota los autores que deben leerse, según él, para encontrar de nuevo el placer de la lectura. Decididamente, este canon deja mucho que desear. No por los que están, que nadie se los discute, sino por los que faltan que son muchos y relevantes: desde Chrétien de Troyes a Pynchon.

LITIGIOS EN LA ESCUELA (DE LOS *ANNALES*)

En cuanto los rumores del canon de Bloom llegaron a las escuelas donde vegetaban los historiadores, la revista *Annales* reaccionó con entusiasmo, no tanto ante la necesidad de recuperar a los maestros referentes que alguien exigió antes de que desaparecieran por ley de vida, sino ante las materias de estudio. Un momento crítico: el deseo de cambiar el estudio de la historia choca con la idea de celebración, en 1992, de los quinientos años del viaje de Cristóbal Colón a las Antillas. ¿Qué le pasa a los historiadores que se reúnen en el volumen colectivo titulado *L'Etat du monde en 1492*? Fuera lo que fuere, hubo dificultad para expresarlo entonces.

Los miembros de la Escuela de los Annales se estaban lamiendo aún las heridas provocadas por el estudio de Louis Bourdieu *La historia y los historiadores* publicado en 1988 para ajustar cuentas, algunas de carácter personal. Los comentarios no cesan. Y, sin embargo, lo que llega a la calle es una actitud pusilánime, medrosa, en definitiva, cobarde para la gente. El filósofo de la condición obrera Jacques Rancière lo advirtió y lo expresó en un libro liberador pero con poco éxito: *Los nombres de la historia*, en Éditions du Seuil (1992). Este libro me pareció ya en el año de su publicación, también ahora, una suerte de *gnossienne* de Satie.

La celebración del «descubrimiento de América» no lo cubre todo. Es comprensible, por tanto, el interés despertado por un ensayo dedicado al pequeño mundo de un grupo de historiadores pertenecientes a una misma escuela. Uno está en su derecho de darse un respiro de tanta evocación épica antes de tomar una decisión sobre el modo de hacer historia en un mundo nuevo. Pocos ignoran qué razones han precedido a la escritura del libro. Rancière, cuando los periodistas se le acercan para entrevistarle, se pone estupendo: «Desde hace más de un siglo, los que se interesan en la historia, y son muchos, se han peleado con la palabra». Invoca en su defensa afirmando que «así habla uno de los maestros de la disciplina». (Se refería naturalmente a Braudel). Y su decir parece en un primer momento fácil de comprender. Los historiadores que quisieron romper con la vieja crónica para conferir a la historia, en la medida de lo posible, el rigor de una ciencia, debieron pelearse con los presupuestos y los equívocos vinculados al nombre mismo de la historia. «Una historia, en el sentido ordinario, es una serie de acontecimientos que ocurren a sujetos generalmente designados con nombres propios».

Reina la necesidad para explicar la paradoja creada por la Escuela de los Annales a la hora de «revocar la primacía de los acontecimientos y de los nombres propios en beneficio de las largas duraciones y de la vida de los anónimos». Es la renuncia a un sonido familiar desde demasiado tiempo, el de la personalidad de los creadores de opinión, un lamento agudo como la voz de Georges Brassens. Y eso es lo que negaba la escuela a cambio de ofrecer una disciplina académica ajustada a la era de la democracia. Rancière alarga el cuello para mostrar la aporía a la que había llevado la escuela a los propios historiadores, pues no se puede olvidar, escribe, que

> una historia es, asimismo, el relato de estas series de acontecimientos atribuidos a nombres propios. Y el relato se caracteriza comúnmente por su incertidumbre en cuanto a la verdad de los acontecimientos relatados y a la realidad de los sujetos a quienes se atribuyen. Las cosas serían demasiado simples si se pudiera decir de toda historia, según el uso consagrado, que no es más que una historia.

Todo lo absorbe el relato, mucho mejor que el análisis estructural; y advierte: «Con los relatos es posible atribuir acontecimientos verídicos a sujetos ficticios o de sustitución, y acontecimientos inciertos y ficticios a sujetos reales», y aquí reside el problema: el acontecimiento que vive dentro de una estructura, la crónica inserta en la historia (aplicación práctica en *El Mediterráneo y el mundo mediterráneo en la época de Felipe II*), toda la grandeza del monumental libro, pero también los contornos, los relieves, los fosos, el dolor de ser y el de haber sido, quedan en uno sólo, que Paul Ricœur se encargó de demostrar cuando afirmó que el Mediterráneo de Braudel tenía que ver una vez más con una intriga narrativa. Rancière lo tiene claro: «En la parte táctica del Mediterráneo, los tiempos del discurso (el presente y el futuro) rivalizan ampliamente con los del relato». Uno de los últimos mensajes de Rancière arranca de una célebre metáfora, el canto de las sirenas, aplicada en este caso al saber social propuesto por la Escuela de los Annales para el acceso a la historia, y se refiere a la necesidad de resistir ese canto bajo pena de servidumbre o muerte.

¿Qué le pasaba por la cabeza a Rancière para decir tales cosas? Pocos le entendían. ¿Por qué no se dejaba de metáforas y hablaba claro? En 1996 la editorial Gallimard contraatacó al publicar *Memoria de Ulises* de François Hartog. El público sintió un fuerte escalofrío ante la afirmación de que en ese libro se propone fijar «el otro sentido de la historia que preside la definición del Mediterráneo como sujeto de la historia y su puesta en escritura». El que se sumergió en su lectura descubrió pronto que formar parte de ese momento era algo maravilloso.

¡Cuidado, no se equivoquen! El escenario del Mediterráneo no es sólo para el estudio de la larga duración de las actividades repetitivas, el tiempo de la economía de mercado y de las estructuras políticas, sociales y culturales que les dan lugar y se transforman con ellas, también lo es para el verdadero sujeto de la historia, el elemento que hay que seguir investigando, la toma de conciencia de su realidad histórica. Entonces se detecta, escribe Rancière, que «el mar de la mayor velocidad es el de las batallas y los acontecimientos, esos acontecimientos que "atraviesan la historia como resplandores breves", recayendo, no bien nacidos, como las luces fosforescentes de la noche bahiana, en la noche que ilusoriamente han iluminado». Y concluye con una sentencia que abre el debate fin de siglo XX:

> En el orden de la escritura de la historia, el camino de la mayor lentitud a la mayor velocidad es el de la inteligibilidad que se pierde. No va de lo más simple a lo más complejo, sino de lo más profundo a lo más superficial. Es que la batalla de la racionalidad histórica no cesa de estar en un doble frente: contra los breves resplandores del acontecimiento y la conversación de los reyes, de los embajadores o de los pobres; pero también contra la racionalidad conquistadora de las leyes económicas y del saber social.

He aquí entonces la feliz aparición de dos obras de los noventa, dos obras doradas, llenas de significados; dos frutas maduras de dos grandes estudiosos asentados en las universidades estadounidenses. *Cosmos y hogar* (1996) de Yi-Fu Tuan y *Los ojos de Rembrandt* (1999) de Simon Schama son ejemplos de la visibilidad que reclamó Italo Calvino como uno de los rasgos del próximo milenio.

ELOGIO DE LA VISIBILIDAD EN FORMA DE VALS

Cosmos y hogar: Yi-Fu Tuan cuenta la odisea cosmopolita de la vida de su autor, una odisea que le lleva de China a Estados Unidos y al convencimiento de que la geografía es el resultado del espíritu humano. La visibilidad atenúa el azar. Aviso a todos los historiadores del futuro: «El sentimiento de orgullo respecto a la cultura propia puede ser una fuerza positiva o destructiva. Ello dependerá en gran medida de la naturaleza del orgullo, de si aminora por la autocrítica y el conocimiento del gran mundo, o si es una emoción ignorante y fanática». Puede que hacer historia sea una lección frente a los relatos de poder retórico que han inundado de mentiras los rincones más recónditos del alma humana, de manera que vuelvan a recuperar la expectativa y la esperanza como en esos momentos límite donde sale lo mejor del ser humano, el perdón que se eleva sobre la memoria y el castigo.

Los ojos de Rembrandt es el título de la biografía de Simon Schama del gran pintor neerlandés del siglo XVII. Sin embargo, no hay nada en ese libro del Freud de *El malestar de la cultura* cuando dijo que «el arte, escenificación de ilusiones que reconocemos como tales sin inquietarnos por su alejamiento de la realidad, se halla sin duda en la cima de las alegrías imaginativas». Ciertamente, no hay nada de esa postura, salvo la convicción de que la historia de los burgueses de Leiden y Ámsterdam en el siglo XVII se puede hacer partiendo de unas pinturas cuya esencia se explica por el mundo vital de quienes las pagan. La posibilidad de hacer historia de todos ellos, de sus anhelos y sus quebrantos, está en el arte de Rembrandt que Schama analiza sin deseo de ver en él una hegemonía cultural, como había hecho el maestro Ernst Gombrich en *El caballo de juguete*. Pero sí prestando atención a los gestos con la mirada clavada en cada uno de ellos, como en el análisis de *La ronda nocturna*, mientras que en los retratos el milagro de percibir el hecho humano se siente como algo a punto de producirse, la guerra de religión, la inflación de los tulipanes, los diálogos con las lejanas Indias Orientales o la demostración lógica mediante los contrarios en los límites de la experimentación del color y las sombras del Barroco, sin forzar nada, desde la descripción del sentimiento trágico de la vida con una soltura pocas veces vista. Caras, vestidos, gestos y esas miradas que no acaban de mirar. He aquí al genio de Rembrandt en estado puro. Una historia inmortal recuperada para los tiempos de la televisión.

Y Rembrandt a pleno vuelvo, cautivo de la fama, sigue dando que hablar. Un éxito sin parangón en su época y un talento excepcional le convirtieron en el mayor pintor holandés de todos los tiempos, además de ser un testigo clave de una época dominada por la guerra de los Treinta Años, el conflicto religioso que envolvió en llamas a media Europa en el siglo XVII. El hecho de que terminara siendo un recio retratista no hace sino reflejar la manera con que contemplaba la vida, con la misma agudeza en su mirada que empleaba con el rostro y el lenguaje corporal de sus numerosos clientes o cuando desafiaba el gusto barroco a la hora de pintar desnudos. Por ejemplo, la *Dánae* del Hermitage suscita siempre la pregunta que una vez planteó lord Clark: ¿es un desnudo o una mujer que está desnuda? Una cuestión difícil de responder porque Rembrandt es un artista completo que pertenece por igual al mundo religioso y al mundo utilitario. Participa de la ética protestante del trabajo, principio y función del capitalismo que orientó la vida de los opulentos holandeses de su tiempo. Se mimetiza con esa ética, aprovecha sus valores para hacer realidad una pintura que alcanza las mayores cimas posibles. Primero dentro de la radiante esfera conyugal creada para él por su esposa Saskia, modelo y musa, a la que amó tanto como retrató; más tarde, al quedar viudo, dentro de la ansiosa necesidad de que el trabajo lo fuera todo, que le hizo centrarse en la descripción de la sociedad burguesa en los años en los que buscaba una identidad lejos del Imperio de los Habsburgo.

La necesidad de describir los acontecimientos de su tiempo se manifiesta en el retrato grupal que conocemos como *La lección de anatomía del profesor Tulp* y en la incisiva *Ronda nocturna*, un cuadro que pintó, por cierto, mientras su esposa agonizaba. Y no lo hizo por orgullo o finura, como había querido Tiziano cien años antes, sino por la grandiosa ilusión de que era posible entender la historia de Europa desde el taller de un pintor altamente comprometido con su tiempo. Así, entre 1642-1669, encontró la fuerza emotiva de la pintura junto a sus posibilidades formales para exorcizar el miedo que había acompañado el desarrollo de la Edad Moderna desde sus primeros momentos. Pensando en el cambio histórico tras la paz de Westfalia en 1648, se preguntó por el valor de una generación entusiasta ante un futuro que no quedara atrapado en el espejismo de Versalles, dando paso a su famoso cuadro de 1655 *El jinete polaco*. Desde ese momento en adelante, Rembrandt contempla Europa en perspectiva, consciente de que la nueva época abierta tras el fracaso del Imperio español exige una pintura de líneas briosas, gruesamente aplicadas, como hace en *Jacob bendice a los hijos de José* o en *La novia judía*. Siguieron años de pruebas para mantener ese desafío y años de reclusión en su casa con las mujeres que le ayudaron a sobrellevar su soledad,

Geertje Dirck y Hendrickje Stoffels. El resultado es una fuerza poética sublime que se descubre en *Mujer bañándose en el arroyo*, testimonio de que el más profundo y gratificante placer de la vida es algo que sólo se obtiene experimentándolo. Para apreciar hoy a Rembrandt hay que huir de su fama y verle en ese ambiente doméstico de los últimos años de su vida, mientras interiorizaba el apotegma de Génesis 2, 12. «Morirás sin remedio». Eso le sucedió el 4 de octubre de 1669 tras representarse como Demócrito en uno de sus últimos autorretratos, forma original de revelar el indisoluble vínculo del arte con la vida.

No lo dudemos. El libro de Schama sobre Rembrandt es lo que el público de los noventa se merecía: el esfuerzo por situar al hombre en la encrucijada a la que le estaban llevando los estudiosos del imaginario social moderno, que proponían situar lo secular en el centro de los valores del mundo. ¿De qué va todo eso?

EL DILEMA DEL PRISIONERO Y EL NUEVO ORDEN MORAL

Estamos en el salón de conferencias de la Universidad de Edimburgo para asistir a una de las famosas Gifford Lectures, que en el curso 1998-1999 está dedicada a la secularización.

El invitado es el profesor Charles Taylor, insigne exponente de los estudios de ciencia política de la Universidad McGill, cuya reputación descansa en el libro *Las fuentes del yo* y en ser el impulsor del Centro de Estudios Transculturales. Forma parte de un grupo de flamantes teóricos de la conducta humana en el cambio del milenio que él entiende como un autor colectivo.

Taylor explica que «en el centro de la modernidad occidental se encuentra una nueva concepción del orden moral de la sociedad», lo cual hace sonreír a Christopher Lasch, el científico social que, en *La rebelión de las élites*, denuncia la traición a la democracia de los burócratas al servicio de la globalización, sea en la derecha liberal o en la izquierda socialista. ¿Dos actitudes enfrentadas sobre el auge de la posverdad en el imaginario social moderno? Las dos posturas colisionan porque sin duda comparten la necesidad de precisar que el problema moderno no reside en la necesidad de rescatar a individuos cautivos del dilema del prisionero, pero plantean vías diferentes para solventarla. Taylor propone «liberarnos de los viejos horizontes, pues una vez hecho eso la única alternativa que queda es la concepción del orden como servicio mutuo». El otro insiste en que «el carácter irreal, artificial, de nuestra política refleja su aislamiento de la vida corriente, así como la secreta convicción de que los verdaderos problemas son insolubles». Bueno, apostemos por quién tiene razón, toda vez que cada uno de ellos señala con el dedo la necedad idealizadora del otro.

Taylor, una vez más, sabe que la historia le permitirá responder a la cuestión central del imaginario social de finales del siglo XX, sujeto de debate: una vez identificado el conocimiento con la ideología, deja de ser necesario discutir intelectualmente con los adversarios o abrirse a su punto para llegar a un acuerdo; basta con desecharlos por racistas, sexistas, homófobos y un largo etcétera; en pocas palabras, por políticamente incorrectos. El mundo tiende a ser un teatro construido sobre historias de simulaciones en la regulación de la razón práctica. Como en época romana, las democracias occidentales se han convertido en una simulación insegura de su propia legitimidad y ni siquiera llegan a ser un Estado de derecho, a pesar del recurso constante de los ciudadanos a los tribunales de justicia. Y al igual de lo sucedido en los años de la Revolución francesa, la democracia es incapaz de alumbrar una solución para el problema que ella misma ha planteado de cómo articular una expresión institucional estable para la nueva idea de legitimidad adoptada. La democracia se asienta en la clase media y esta es precisamente la que desaparece por el efecto del autoritarismo y del populismo. Aclaremos esto con la forma de hacer historia. Es la apuesta de Taylor.

Escuchen la conclusión en el jardín de Epicuro expresada por un pensador que sostiene la doctrina estoica que hace del estudio de la moral un arte de vivir: «El paso a un mundo horizontal y de acceso directo, enraizado en un tiempo secular, trae consigo una concepción de la situación actual en el tiempo y en el espacio. Y con ello también la forma de narrar». Unos objetivos que detalla: «Cambiar de historia se concibe como el lento desarrollo de una facultad humana, la razón, en lucha contra el error y la superstición». Asistimos a una extensión de la idea de progreso, y de la imagen de un mundo de ciudadanos iguales en un Estado democrático como garante de ese deslumbramiento en el espejo de los anhelos de la metamodernidad.

Promesas del progreso continuo que actúan de pantalla a la realidad diaria para no ver a los grupos de excluidos o desposeídos, o de coartada para afirmar que ellos son los únicos responsables de su situación. A cada paso comprobamos que lo que llamamos la verdad no es más que la retórica de tal o cual grupo teñida de ideología, vale decir, de falsedad, tanto más grave por cuanto no conoce sus límites. Taylor, sin embargo, encuentra una grieta por donde la humanidad aún puede respirar aire sano, y es la capacidad de saber distinguir lo verdadero de lo falso en la construcción de la historia. Y así escribe:

> La ventaja que tiene identificar los imaginarios sociales es que no se reducen completamente a ideología; tienen también una función constitutiva, hacen posible aquellas prácticas a las que dan sentido. De este modo, su falsedad no puede ser nunca total; algunas personas participan en cierta forma de autogobierno democrático, aunque no sean todas, como imaginamos cuando buscamos una forma cómoda de legitimarlos. Igual que todos los productos de la imaginación humana, el imaginario social puede estar lleno de negaciones y ficciones complacientes, pero es también un componente esencial de la realidad. No puede ser reducido a un sueño sustancial.

¿Era consciente Taylor de que a finales de los años noventa el curso de los acontecimientos está obligado a hacer un repaso, pues la información procedente de los *big data* tenía un alma medioambientalista más que cultural? Cierto que Nicole Loraux había publicado *Las experiencias de Tiresias* en 1989 y yo *El despertar de las mujeres* en 1999 para definir el papel de lo femenino en la historia, pero a lo largo de estos diez años los historiadores dejan a un lado las exploraciones que habían caracterizado su oficio.

En Italia y en Francia, enzarzadas en un conflicto de ideas sobre el modo de escribir historia, se debatió el libro de François Furet *El pasado de una ilusión* (1995). Un ensayo de interpretación sobre el sentido y el fracaso del comunismo, alegato de sentida modestia, dice Giuseppe Galasso que, sin embargo, no cumple, porque además de explicar la idea, narra el curso de los acontecimientos de algo que pudo ser y no fue. Ese pasado es la utopía marxista asentada en Rusia, por imposición de los bolcheviques, naturalmente. Luego se muestra como un modelo de vida con una duración limitada, al final menor de una vida, pues se extiende de 1917 a 1991.

Es decir, y para dejar claro el asunto ético de una ideología política que en su primera experiencia práctica en Rusia en esas décadas no fue todo lo buena que se vendió. Sí, se realiza una distinción entre los modelos de aplicación de la doctrina marxista: uno, revolucionario y apasionado, que exalta la lucha de clases como motor de la historia y que niega la vía única para alcanzar la utopía socialista; y otro, del que Lenin es su principal visionario, que le concede todo el poder a los soviets, pero bajo el control del partido bolchevique, y que fue el único victorioso durante mucho tiempo, cargado de mensajes a todos los partidos que buscaban su referencia, del culto cotidiano a los jóvenes activistas llenos de ilusión, con su idiosincrasia contra los valores burgueses y la absenta de sus arrebatos callejeros.

«Esa ilusión», escribe François Furet, llenó Rusia de sangre y purgas, pese a que a muchos soviéticos les horrorizaba la tendencia jacobina de los líderes del partido. En Rusia primero, y en media Europa después, el comunismo no tenía fronteras, ocupaba toda la historia. Y en París, entre 1945-1956 ninguna idea reclamó para el historiador un reino más vasto que la estrecha franja del materialismo histórico, pese a las numerosas disidencias a la hora de aplicar el método a la lectura de los documentos de archivo. Mientras que «esa ilusión» decaía en el núcleo parisino, donde había arraigado gracias a la resistencia contra el nazismo, se agrandaba enormemente en las universidades dentro y fuera del país con publicistas de relativo talento, salvo el cenáculo de historiadores vinculados a la revista *Past & Present*.

André Burguière escribió un informe abrumador sobre esta cuestión, al tiempo que constataba un aspecto esencial para comprender el modo de estudiar historia y el papel del marxismo en él: la presencia de filósofos como Louis Althusser marcó el devenir de los estudios, incluso para aquellos que veían una seria limitación en el método de trabajo. ¿Cómo elegir en 1999 a los historiadores capaces de promover por su sola presencia la necesidad de continuar haciendo historia? No es una pregunta baladí.

ROSTROS DE LA HISTORIA ANTE EL NUEVO MILENIO

En calidad de lector, en 1999 inicié una labor de zapa para elegir los rostros que podían iluminar el camino sobre el modo de hacer historia. Llamé a la tarea: «Veintiún historiadores para el siglo XXI». ¿Por qué lo hice, por cierto? ¿Acaso para ganar una apuesta sobre a quiénes iba a elegir como referentes de un oficio que se remonta a la Grecia clásica o incluso antes? ¿Acaso por la convicción de que la historia aún tenía un recorrido pese a los obstáculos que se presentan en las sociedades académicas con su tendencia a la especialización?

Los historiadores citados como testigos interpretan a través de sus obras el drama de fin de siglo xx. La crítica queda perpleja, pues el libro entra de lleno en un tema debatido, auténtico dilema para los lectores: erudición, por una parte, metodología, por otra. La lista es esta: Georges Duby, Jacqueline de Romilly, Natalie Zemon Davis, Eric J. Hobsbawm, Hans Blumenberg, Paul Veyne, Martín de Riquer, Hayden V. White, Julio Caro Baroja, Lev Gumilev, Yuri Lotman, Arno Borst, François Furet, Reinhart Koselleck, Edward Said, Gabrielle Spiegel, Stephen Greenblatt, Franco Cardini, Yi-Fu Tuan y Simon Schama. Y la lectura permite ver todo el saber de la historia a finales del siglo xx a la vez, lo que interesa al público. Cada uno atiende al pasado a su manera, y todos son sinceros. Los que faltan en la lista (no es un canon) se infiltran en los intersticios que deja el relato (y entonces ya son veinticinco, o acaso treinta) y se ve así cómo la historia continúa en forma de un diálogo entre los que están y los que no están, visto con la mirada del *outsider* que ha alcanzado lo que durante tantos años ha deseado y, al hacerlo, descubre que en realidad eso es nada. Testimonio de ello es que una de las pruebas vitales más difíciles que jamás he afrontado surge en el momento en que decido poner por escrito en forma de libro la vida de un barcelonés del siglo xi de difícil clasificación social, pues no es un mercader, ni un agricultor ni un noble feudal. Es todo eso e incluso algo más. Su vida y su obra, que pude seguir gracias al archivo conservado, algo sumamente inusual, recuerda su increíble legado en la formación del capital inicial en la ciudad de Barcelona, y toda su fe en las posibilidades de la tierra catalana en su desafío al entrar de lleno en la vida económica del Mediterráneo. Es un hombre capaz de hacer frente a la política de su tiempo y salir airoso del conflicto que enfrenta a los miembros más relevantes del linaje de los condes de Barcelona (en ese tiempo un conde ordenó el asesinato de su hermano). A Ricard Guillem le toca vivir ese momento con un perfil marcadamente órfico. Ocupa un lugar destacado en la lista de huérfanos de la historia, que abrió de forma honorable Robert S. Lopez con *Benedetto Zaccaria* (1933).

Que los náufragos de la historia enseñen el camino de renovación del estudio del pasado es la paradoja de nuestro tiempo, que ha sabido vencer los límites impuestos en las *Vidas paralelas* de Plutarco o en los *Elogia* de Paolo Giovio. Una paradoja a la que hubo que enfrentarse con decisión al verse el mundo desbordado por el curso de los acontecimientos. Bajo las luces de la expectativa globalizadora se produjo un largo silencio, como si de súbito hacer historia se hubiera sumergido en un relato de ficción. Después se abrió tímidamente la puerta del pasado para que los superventas que lo imaginaban sustituyeran a las investigaciones que lo atendían. ¿Quieren saber del gótico? Lean *Los pilares de la Tierra*. Y ya está. Una sociedad que se conforma con eso queda inmovilizada cuando cualquier hecho del presente reclama ser atendido como un hecho histórico. ¿Pasa algo si se mantiene esta alienación? Pasa que nunca establecemos la distinción más allá de las evidencias cartesianas entre verdad y no verdad, porque al hacerlo recurrimos a un principio moral, el binomio verdad/mentira, o a un principio político, opinión A/ opinión B. Las dos con igual entereza moral, pues ninguna de las dos la tiene. Así no vemos nada.

La sociedad en el año 2000 se encogió de hombros y se dispuso a afrontar el siguiente milenio con tranquilidad, no exenta de entusiasmo, porque en el interior de la sociedad occidental todo parecía en orden, y no era necesario llevar las cosas hasta el extremo de que se necesitaba hacer historia para explicar lo que sucedía fuera de la sociedad occidental, en esos pueblos donde el suceder de las cosas no exige contarlas. Ocurren y nada más. Y sobre todo estaba aún pendiente dilucidar el mecanismo infernal de que la vida es un sueño, de que lo que pasaba no sucedía realmente, cuando en 1999 se estrenó en todos los cines del mundo *Matrix*, la película de los hermanos Wachowski, cuyo final consistía en demostrar que en un futuro no lejano, tras una guerra entre las máquinas y los hombres, la fuente de energía eran los miles de individuos conectados a un juego virtual que creían real. Esta heurística del miedo, que diría Hans Jonas, sirvió en ese momento para hacer historia de una realidad que estaba por venir, el placer del ser humano por hundir y falsear la esencia de la vida y por convertir el falso futuro en su norma más profunda. Se avanzaba a que todo fuera mentira.

17

CADA CUAL A SU MANERA (2001-2007)

Y sigues penetrando
En la floresta silenciosa
Aunque la veas cerrarse
Tras tus pasos.

IDA VITALE, *Sobrevida* (2016)

JUDT ANTE HOBSBAWM Y LA CUESTIÓN GENERACIONAL

Solventados los detalles prácticos del atentado contra las Torres Gemelas de Nueva York del 11 de septiembre de 2001, los historiadores analizan la trama para ver cómo afectaría al curso de los acontecimientos. Después fijan cuestiones menores, relativas sobre todo a la implicación ideológica, creando un ambiente muy favorable a la batalla cultural. Para unos la revancha es legítima: el desafío exige respuesta, augurando un final feliz a la aventura militar; para otros no hay motivos serios para empezar una guerra contra el difuso terrorismo islámico, y por eso hay que utilizar la diplomacia y la investigación policial más que movilizar al ejército para ocupar países lejanos. Entre ambas posturas circulan consignas y se hacen oír los partidarios del choque de civilizaciones del sociólogo Samuel P. Huntington, mientras que el otro sector parece más sensible a investigar sobre las capas sociales afectadas por el atentado. Estas señales en sentido contrario no están unificadas: no se dirigen todas hacia un mismo argumento ideológico, de modo que, como lectores, nos cuesta procesarlas, lo que puede constituir la diferencia entre sensibilidad liberal y socialdemócrata. En medio de esta batalla cultural, dos reputados historiadores de profesión, Tony Judt y Eric J. Hobsbawm, hallan una explicación bien definida, aunque apasionada, de lo sucedido.

Tony Judt, historiador, neoyorquino de adopción, desliza la idea eje en su libro de tono autobiográfico *El refugio de la memoria*: «Sospecho que estamos adentrándonos en un tiempo problemático». A renglón seguido se define como «representante del sector de los tolerantes, los que viven en los márgenes, la gente fronteriza, mi gente», y eso le autoriza a decidir por su cuenta el modo de desempeñar su oficio, el de los historiadores de su generación, los nacidos en la década de 1940, los que maduran su trabajo en el ambiente revolucionario de los sesenta y se consolidan institucionalmente en los setenta y principios de los ochenta. He aquí el reto generacional al desnudo. Hobsbawm se queda de una pieza, convencido de que se había abierto una puerta inesperada en la batalla cultural. ¿Y era Judt, quien le retaba en ese instante de turbación mundial? Y si era este joven historiador quien empezaba así, ¿de quién podía fiarse? ¿Iban a criar pelo las ranas en los años venideros?

Hobsbawm no cede ni un centímetro y considera urgente poner los puntos sobre las íes para orientar a sus miles de seguidores, que aún esperan una guía para estudiar historia. Dada su actitud, dicha guía era parte, como mínimo, de la formación marxista. En sus peores pesadillas, asumía un debate sobre qué historia hacer tras el atentado de las Torres Gemelas sin reconocer que diez años antes se había difuminado la Unión Soviética, probando que el comunismo necesitaba encontrar otra geografía y otros estímulos para recomponerse. O bien entraba en el debate o se dejaba llevar hacia las puertas del retiro, ya que a sus ochenta y cuatro años (había nacido en Alejandría, Egipto, en 1917) podía permitirse el gusto de hacerlo. Pero no lo hace, y no porque quiera demostrar a esa generación de cuchara de plata en la boca que creció, maduró y se formó en una época de crecimiento económico cuando él y su generación habían tenido que matarse a trabajar, a hacerse un sitio a base de esfuerzos para alcanzar un puesto docente en las tranquilas universidades inglesas de los años treinta.

Judt y Hobsbawm representan dos modos de escribir historia que coinciden en reconocer el derecho de los miembros de la sociedad abierta, necesitados de que alguien explique qué ocurrió, cuándo y dónde, y con qué consecuencias, por medio de un relato bien escrito, puesto que ambos lo dicen al unísono, «un libro de historia mal escrito es un mal libro de historia». Para sacar el mejor partido a la idea de que se había entrado en un incierto futuro, ambos se preguntan si se experimenta el declive de la era norteamericana tratando de descubrir a la vez cómo afectaría la fractura del ciclo vital de una ciudad mundo en la decadencia de un imperio con pocas ganas de serlo. Percibir lo sucedido, hablar de ello, nombrarlo, escribir, ¿es una cadena continua? Hay acontecimientos que se asumen decisivos para ser utilizados. Existen posturas enfrentadas, sin olvidar los delirios de las redes sociales y los espontáneos del YouTube casero.

Estamos ante dos historiadores judíos de diferente generación, uno nacido en enero de 1948, otro en junio de 1917, interesados por el sentido del siglo XX, uno para mostrar las líneas de pensamiento que entraron en colisión con el comunismo, el otro para desvelar el efecto de la Revolución rusa en la conciencia social; uno que convirtió sus decepciones vitales (en especial el sionismo, al que apoyó al principio desde su emotiva adscripción al movimiento kibutz) en razones para apuntalar la creencia en la socialdemocracia como la mejor vía para frenar los mecanismos de erosión de la sociedad creados por la política del miedo, el otro que permaneció fiel a sus lealtades políticas pese a las deficiencias mostradas en la práctica, Budapest en 1956, Praga en 1968, Berlín en 1989 y Moscú 1991.

Luego llega el peso generacional.

Hacia 1970, cuando Judt comienza su tarea docente tras haber sido un estudiante aventajado en la Universidad de Cambridge y en la École Normale Supérieure de París, Hobsbawm es un profesor reconocido, cuyos estudios sobre la crisis del siglo XVII y los rebeldes primitivos forman un armazón conceptual que ha seducido a medio mundo intelectual y al otro medio lo ha dejado lleno de interrogantes sobre el compromiso intelectual, mientras que ha convertido a su autor en un verdadero *insider* en las esferas académicas británicas, recibiendo altos reconocimientos institucionales, sin renunciar en ningún momento a su condición de comunista de partido, como deja claro en el libro *Sobre la historia (¿Qué deben los historiadores a Marx?)*; pero también fue un hombre que compensó su trabajo académico escuchando jazz, al que dedicó sabrosos comentarios críticos en el *New Statesman* (hoy reunidos en *Gente poco corriente*) o interesándose por el arte y la cultura de la sociedad burguesa, origen de *Un tiempo de rupturas*. En este libro, publicado tras su muerte, Hobsbawm fija la narrativa capaz de explicar «una era de la historia que ha perdido el norte y que, en los primeros años del nuevo milenio, mira hacia delante sin guía ni mapa, hacia un futuro irreconocible, con más perplejidad e inquietud de lo que yo recuerdo en mi larga vida». Con su queja sobre «la actual inundación creativa que anega el globo con imágenes, sonidos y palabras, que casi con toda certeza será incontrolable tanto en el espacio como en el ciberespacio», con su convicción de que «el gran arte sigue siendo eurocéntrico, como el *champagne*, incluso en un mundo globalizado», con la referencia habitual de Marx («pocas páginas son más conocidas hoy en día que la profética descripción que Karl Marx hizo de las consecuencias sociales y económicas de la industrialización capitalista occidental»), Hobsbawm se despoja de sus ideales, sentimientos e impresiones, que le habían acompañado desde que era estudiante en Viena y Berlín en los años veinte, sin abandonar no obstante su convicción de que el único futuro «no extraño» pasa por asumir la doctrina marxista.

Cuesta imaginar a Judt en esa encrucijada, o en cualquier otra encrucijada que dependiera de un diagnóstico marxista. Sólo un joven rebelde como él era capaz de afrontar el estudio del pasado lejos de los argumentos fomentados por Hobsbawn durante años. También cuesta imaginar a un historiador más capaz que él para «desenredar» el robusto ovillo teórico construido por la historiografía marxista en la segunda mitad el siglo XX. «Un intelectual del pasado —confesó al final de su vida— que no esté interesado en primera instancia en captar correctamente la historia puede tener muchas virtudes, pero la de historiador no se cuenta entre ellas». Para Judt, el estudio debe partir de un análisis severo de las fuentes antes de emitir un juicio sobre ellas, aunque ese juicio se asiente en la autoridad de Marx. Su sensibilidad, sus sensaciones, sus recuerdos y su manera de expresarlo todo responden a esa postura inicial. Con ella investigó la historia de las ideas francesas fraguada en la Resistencia como categoría clave de la conducta intelectual parisina desde 1944 en adelante. Eso le permitió afrontar su libro más comprometido, *Pasado imperfecto*, el que le convirtió en un hombre *público*, donde personajes secundarios crean la atmósfera intelectual de la época que resquebrajó no sólo la unidad del comunismo, sino su propia legitimidad. Escribir desde los márgenes sin atenerse a las convicciones teóricas que durante las décadas 1979 y 1980 marcaron el rumbo de Hobsbawm, determina la manera de hacer historia de Judt y, por lo mismo, su compromiso con la sociedad: «En realidad, yo no creo que desatender el pasado sea nuestro mayor riesgo; el error característico del presente es citarlo desde la ignorancia».

La vida y el trabajo de Hobsbawn y Judt corrieron en paralelo durante bastantes años: hay un aspecto plutarquiano en sus vidas, un aspecto que afecta a la naturaleza de los dos grandes libros que a la postre les dieron celebridad mundial: *Historia del siglo XX* (*The Age of Extremes*), una lectura crítica de por qué el siglo XX se levantó contra el proyecto de la revolución mundial auspiciada por las ideas marxistas, y *Posguerra*, donde se resumen años de reflexiones, posiciones políticas y vivencias familiares, como el hecho de que el nacimiento del mundo de la posguerra obligó a la destrucción de las comunidades judías en Polonia, Moldavia, Galitzia, Bucovina y otros lugares, una destrucción analizada bajo el epígrafe de Holocausto: son las comunidades originarias de la familia de Judt, que en algunos casos sufrieron el destino de su pueblo, como la tía a la que él debe su nombre, la tía Toni, conducida de Holanda a Auschwitz, donde fue asesinada en las cámaras de gas. Y es que para Judt, el historiador es algo más que un teórico social, algo más que un intérprete de unos textos canónicos que explican el siglo XX como el efecto de la acumulación del capital. Tan orgulloso de su propio genio, tan especial con sus interpretaciones, se negó a rendirse, como prueba *El refugio de la memoria*, una puesta en orden de sus propios pensamientos mientras avanzaba en él la enfermedad de Lou Gehrig: una variante de esclerosis lateral amiotrófica que le obligó a dictar el texto, pues la mente era la única parte del cuerpo activa.

La diferencia entre Hobsbawn y Judt se percibe mejor si logramos entender las confesiones que Judt realizó delante de Timothy Snyder y que dan lugar a su libro *Pensar el siglo XX*. En él habla con amabilidad de Hobsbawn, de su encuentro casual en Atlanta, sabiendo lo que les distanciaba y el escaso eco que su trabajo tuvo en el maestro. No le importaba el silencio, que otros consideraron desdén, en parte porque la postura crítica sobre la historiografía expuesta en otro de sus libros, *Sobre el olvidado siglo XX*, es la invitación a ser sujeto de una actitud análoga. En su especial palacio de la memoria, para utilizar el concepto de Jonathan Spence, Judt reconoce su adscripción a la izquierda, pese a que los colegas le consideran, según propia confesión, «un dinosaurio reaccionario». Es comprensible que lo hagan, porque, declaró:

> Enseño el legado textual de unos europeos hace tiempo desaparecidos; no soy muy tolerante con la propia expresión como sustitutivo de la claridad; contemplo el esfuerzo como una pobre alternativa del logro; trato mi disciplina como dependiente en primera instancia de los hechos, no de la teoría; y veo con escepticismo mucho de lo que hoy pasa por ser erudición histórica.

Allí donde Judt ve al individuo como el garante de la libertad, Hobsbawm ve lo mismo, pero no le gusta. En ese ámbito del saber, la imaginación es la clave para hacer la historia. Ambos lo saben muy bien, aunque lo expresan de modo diferente. Mientras Hobsbawm mantiene intactos sus valores en el marxismo, Judt ha aprendido que Marx no es eterno, como suele repetirse cada vez que le salen al paso los jóvenes que asaltan el laboratorio de las ideas con las armas de una irregular erudición. La eternidad de las ideas de Marx era una noción bastante nebulosa en los años setenta y ochenta, pero diluida a base de desencuentros en los noventa. Judt aprende checo para entender mejor lo sucedido en Europa bajo dominio soviético y deja de sentir simpatía (si es que para entonces conservaba alguna) por la ideología comunista —que había minimizado su responsabilidad en el atraso y la falta de libertad en los países gobernados en su nombre—, aunque en un sentido más profundo, tras entender lo que sucedía en Praga, la distancia con el marxismo es moral y aparece expuesta por primera vez en su crítica a la postura de E. P. Thompson sobre los disidentes checos.

Esta postura le acercó a lo que los franceses llaman *moralistes*; es decir, escritores en la línea de Camus, Aron o Blum (a los que estudia en *El peso de la responsabilidad*) con un compromiso cívico explícito y que aspiran a ser universalistas coherentes, aunque eso signifique cuestionar algunos dogmas que han inspirado a la izquierda durante todo el siglo XX, incluido el ideal europeo que revisa en su libro *¿Una gran ilusión?* Para Judt está claro que «algo va mal» cuando no se tiene conciencia de que «la democracia puede sucumbir ante una versión corrupta de sí misma, mucho más que ante los encantos del totalitarismo, el autoritarismo o la oligarquía». Por su parte, para Hobsbawm, esa realidad es visible, aunque la interpreta en la línea de que en el futuro que viene «no hay porvenir», sólo un simulacro organizado por el poder industrial capitalista.

El mundo del mañana ha comenzado sin resolver los motivos que dieron lugar a la Primera y la Segunda Guerra Mundial. Hobsbawm añora la lucidez de la postura de la izquierda, internacionalista, obrerista, al servicio de las masas trabajadoras, que se atenía a una moral estricta sin fisuras donde no cabía la corrupción dentro de este universo revolucionario. Judt, por su parte, advierte que existen fuerzas ocultas que están evitando la enseñanza de la historia como lo que realmente debe ser, una narración coherente del pasado, para dar paso a diversiones bien financiadas que conducen al menoscabo de la conciencia crítica del ciudadano y al dominio exacerbado de los sentimientos que no hace mucho condujeron al estallido de dos guerras mundiales. Ambos reconocen que hacer historia permite descubrir la amenaza. ¿Acaso se pueden plantear los problemas del presente ignorando lo sucedido? Los jóvenes despistados tienden la oreja. Los historiadores parecen estar de enhorabuena. Hacen más falta que nunca.

LA ROMA CLÁSICA DE NUEVO EN EL HORIZONTE

La historia antigua interesa, alcanza la posición de privilegio que tuvieron los trabajos de la Ilustración, los de Gibbon o Lessing. Mirar el pasado romano es una obligación y con *La ciudad antigua*, de Fustel de Coulanges, un ritual. Pero ¿qué les pasa a los líderes de opinión pasado 2001, con su aire melancólico, que necesitan regresar a la Roma de César y de Augusto para saber si en efecto Estados Unidos avanza en la misma dirección que el colosal imperio de antaño? Los comentarios se transforman en ideas para un combate cultural de amplio espectro.

¿Todo esto por un pasado irrecuperable? Seamos serios, el respeto es fingido, el interés también. Sólo la pregunta es real: ¿la república de Estados Unidos será un imperio? Niall Ferguson en *Coloso. Auge y decadencia del Imperio americano* (2004) inicia la partida al plantear que, tras el atentado de las Torres Gemelas, «Estados Unidos es un imperio que no se atreve a decir su nombre con dudas sobre sus compromisos en el exterior». La fruslería es consustancial a los imperios que no quieren serlo. Los gobernantes aman el momento de la conquista y luego se refugian en el tedio al ver el elevado coste de sostenerla y prefieren compartir la responsabilidad con los pueblos que se acercan a sus fronteras. Ahora bien, pregunta Ferguson, ¿qué ocurre si, en vez de un equilibrio de poder, se da un vacío de poder? Y responde: «Tal situación no es nueva en la historia». Es verdad: no es nueva. Porque en muchas otras ocasiones, la ausencia de una potencia global desemboca no en la utopía pacifista cantada por John Lennon en «Imagine», sino en una anárquica edad de las tinieblas.

¿Cuándo fue así? Sin duda con la caída de Roma. He aquí el motivo de recuperar las principales piezas de la vieja historia de Roma. No es casualidad, por tanto, que Mary Beard escriba en el prólogo a un libro de Simon Baker: «Los padres fundadores de los Estados Unidos de América tienen un modelo en la política republicana de Roma anterior al advenimiento del gobierno unipersonal. De ahí sus senadores y su Capitolio»; y concluya con ironía pop: «En muchos aspectos seguimos viviendo con la herencia del asesinato de Remo a manos de Rómulo».

Además, tenemos así razonada la necesidad de conocer los detalles de un pasado difícil de comprender por lo extraño que resulta a nuestras maneras de pensar y creer. Sorprende que el libro de Baker pase por ser una serie de estampas, momentos y personajes cruciales en el devenir de una civilización cuando se trata más bien de un relato de su formación, auge y declive. La formación de la ciudad de las siete colinas, la conquista del Mediterráneo por los Escipiones, la figura de César enfrentado a Pompeyo, al que se califica de gánster, el extravagante Nerón, el último de los emperadores de la dinastía Julio-Claudia, la guerra judía con la compleja personalidad de Flavio Josefo, para seguir luego con Trajano y Adriano (excelentes las páginas dedicadas al muro en Britania), para llegar al ocaso con Constantino, las aventuras de Valente y la patética figura de Estilicón, mitad romano, mitad vándalo, un sobrevenido que no logra impedir el final del coloso imperial. Una narración rápida, propia de libro de mesita de noche, que nos liberará por unos días de la televisión; bella paradoja para un libro, inicialmente el guion de una serie televisiva de la BBC. La presencia de César es obligada cuando se habla de Roma. Así lo decidieron Suetonio, Plutarco, Shakespeare o Mommsen, pero también Adrian Goldsworthy, en una biografía que en portada nos dice que es «la definitiva», aunque yo siga prefiriendo la de Luciano Canfora (rescatada en España por la editorial Ariel).

La vida de un coloso, título original, es una prolijo repaso de la vida de César: desde sus titubeantes comienzos a la sombra de Craso hasta su victoria final sobre Pompeyo y el Senado, jalonada por una tersa trayectoria política hasta alcanzar el consulado y por una gloriosa carrera militar, pues, con cuarenta años, se ocupó de la guerra y sólo de la guerra, la verdadera pasión del buen romano: la conquista de las Galias será su gran obra y por la que además entra en la literatura latina al escribir él mismo unos sobrios *Comentarios* sobre la campaña. Tras un minucioso examen de la cruenta guerra civil, las aventuras en Egipto (con Cleopatra) y el conflicto con el orden senatorial, llega la inevitable descripción de los idus de marzo del 44 a. C., vale decir, del asesinato a cuchilladas de César por los senadores de una república «propensa a repentinos brotes de feroz violencia política». En suma, «fue un individuo de un talento excepcional, pero también un producto de su época», aunque debemos aceptar que «fueran cuales fuesen las virtudes y los defectos de sus acciones, cuesta imaginar que su vida pudiera haber acabado de forma más dramática». Una mirada original, ¿en quién piensa en realidad?

Hay que dar un paso más en la comparación de la vieja Roma con la moderna Estados Unidos. Hay que hacer, pues, el esfuerzo como un ejercicio de ciudadanía. Lucien Jerphagnon se acerca a Roma con la preocupación de que con el tiempo se convierta en una reliquia como la Isla de Pascua, ahora que no se estudia latín en las escuelas y que su realidad histórica se llena de tópicos televisivos. Se escandaliza al comprobar que doce siglos de historia se reducen a unas imágenes estáticas, sin pulso narrativo, y precisamente a eso se dedica en un libro lleno de picardía, sugerencias y guiños al lector, con abundantes citas a sus colegas y a la recuperación de la *evergesía*, el gran descubrimiento de Paul Veyne. Un ritmo sin fisuras que decae sin embargo a medida que el libro avanza, como si se contagiase del propio destino de Roma, no otro que desaparecer al haber convertido una robusta república en un corrompido imperio. Jerphagnon reconoce la *vanitas vanitatis* de todo esfuerzo imperial. Bien es verdad que es un historiador que estaba de vuelta de todo y que antes de morir dejó un testimonio de sí mismo y de por qué le fascinaba el mundo de Roma, y eso era así porque simplemente tenía la oportunidad de reírse con los dioses. ¿Será que su deseo sarcástico de iluminar el futuro con el pasado de Roma viene de esta idea de la historia? Es una hipótesis que las ruinas romanas, más que su propia historia, permite plantear.

Elemental, doctor Jerphagnon.

Michel Makarius insiste en el viejo argumento de Diderot sobre «la muchedumbre de grandes ideas convocadas por la contemplación de las ruinas» y, por fin, la gran escena simulada del final de una civilización por efecto de su tramposa actitud ante el deber de defenderla. Incierto presente, problemático futuro. De eso se trata. Placer, comodidad, gusto, gozo, pasatiempo y, en el fondo de todo, afirma el antropólogo Marc Augé en *El tiempo en ruinas* (2003), la función pedagógica de las ruinas, el primer paso hacia la creación de la *sobremodernidad*. ¿Se puede abordar lo trascendente sin remitir a las ruinas? Figuras agonizantes de un pasado que enseña el futuro si no se corrigen las líneas de fuerzas que llevaron al fin de una cultura. Al fin y al cabo, la modernidad es una invitación a pensar la historia como un proceso de dislocación.

UN COLAPSO PARA TODOS LOS PÚBLICOS. SOSTIENE JARED DIAMOND

El interés por las ruinas se convierte en un objetivo de estudio para los medioambientalistas que se interrogan por las razones de un posible colapso de Occidente. Uno de ellos, bastante notable, Jared Diamond, en 2005, propone responder a esa cuestión resolviendo una pregunta que de simple resulta reveladora: ¿por qué unas sociedades perduran y otras desaparecen? La respuesta está en un libro titulado *Colapso*, síntesis brillante, aunque algo cuestionada, sobre la desaparición de civilizaciones del pasado. Analiza y presenta los motivos de la destrucción indagando en la negligencia de los líderes ante los desastres naturales, tipo Pompeya, destruida por el Vesubio, o ante los efectos de una mala gestión social, alteración de la ecología de una región o de la guerra, en definitiva, todo lo que conduce a una espiral de desastres. Cuando, al final de su escrito, afirma que «los grupos humanos pueden tomar decisiones catastróficas por toda una serie secuenciada de razones, la imposibilidad de prever un problema, la imposibilidad de percibirlo una vez producido, la incapacidad para disponerse a resolverlo una vez percibido y en las tentativas de resolverlo». ¿Acaso la negligencia demasiado insistente conduce al colapso? Quizá, pero todo depende de las decisiones. La política es relativista, el acierto de un momento no es el de otro, hace falta ser moralista o militante de un partido para pensar de otro modo y Diamond no se cansa de demostrarlo. Lo cual le conduce a un argumento en extremo polémico: «Deberíamos admirar no sólo a aquellos líderes valientes, sino a aquellos pueblos valientes que decidieron cuáles eran los valores que conformaban el núcleo esencial de creencias por las que valía la pena luchar y cuáles habían dejado de tener sentido».

La medición de los riesgos se convierte en un tema de debate tácito (el principio de precaución anunciado en 2003 por Philippe Kourilsky es aún más explícito: encadena reducción de riesgos y resiliencia). Reto de futuro: avanzar asumiendo riesgos o abandonar la naturaleza a su suerte. François Walter, tras examinar con sumo cuidado la espiral de desastres del mundo moderno, no se cansa de reclamar una ecología política basada en lo que Hans Jonas denominó principio de responsabilidad y de ese modo considerar las circunstancias de un momento histórico.

ASFIXIA DEL COSMOPOLITISMO. SCHLÖGEL A ESCENA

Fingir la incertidumbre del futuro es una comedia intelectual de Hans Magnus Enzensberger publicada en 1981 con el título *El hundimiento del Titanic*, hoy sustituida por la sobrevalorada película de James Cameron con un mensaje diferente, porque el espectáculo de los cadáveres de los náufragos en el Atlántico Norte hiela el corazón, mientras la protagonista nota que su deseo vuelve a resurgir cuando, ya anciana, deja caer la joya para que la engullan las aguas. Este moderno prototipo de la *disaster story* entiende el amor como un funesto destino a la vez que una comedia de costumbres. Aquí el cine salda una cuenta oscura con el fin del mito de Prometeo y la ingenua creencia actual en la tecnología. Lo ocurrido la noche del 14 al 15 de abril de 1912 no tiene apenas importancia. El relato supera la historia. Y es lo que queda en la memoria de la gente que ve películas y no lee libros sobre lo sucedido. Angustia por el porvenir en el sentido posmoderno. La responsabilidad de la clase alta en la percepción del mundo.

Efectivamente, estos relatos de catástrofes, disfrazados de heroicos actos de la gente sencilla, fingen resucitar el cosmopolitismo como motor del cambio cultural a la hora de rediseñar las grandes urbes del siglo XXI atrapadas en un crecimiento desbordante, como Londres, París, Nueva York, Berlín o Los Ángeles, que, en la película *Volcano* de Mick Jackson (1997), observa el modo ingenioso de conducir la lava por las calles de la ciudad hasta el mar. Las políticas de futuro fingen que, gracias a la economía sostenible, serán capaces de transformar las conurbaciones actuales en ciudades-mundo.

¿Optimismo? ¿Por qué no? ¿Qué hay de malo en ello?

Karl Schlögel a escena. En el libro *Marjampole: oder Europas* (2005) plantea las nuevas formas de comunicación entre las ciudades surgidas de la red de alta velocidad, que están creando una atmósfera cosmopolita y un universalismo moral para afrontar el desafío del futuro. Este desafío incluye los tres rasgos claves de la vida urbana.

Primero: el estudio del pasado convierte el debate sobre las ciudades en fundamento de la realidad futura. La historia necesita alertar sobre los caminos equivocados o simplemente ilusorios del mismo modo que en otros tiempos realizó un inventario general del patrimonio urbano que le sirvió a la UNESCO para valorar los lugares de la memoria que debían conservarse. Hoy, sin embargo, debido a la preocupación por el mañana, se insiste en construir una narración consensuada, abierta, para que los ciudadanos sepan lo que ocurrió, en qué orden y con qué resultado. Por supuesto, ¿cómo afrontar la construcción del futuro si citamos el pasado desde la ignorancia? Así pues, la primera condición para proyectar las ciudades del mañana consiste en razonar cómo y por qué la innovación en el siglo XXI no pasa por olvidar el siglo XX, sino por entenderlo y superarlo desde una razón crítica de sus aciertos y sus errores. Propongo, por tanto, avanzar como aconsejaba Witold Gombrowicz en el *trayecto heredado* mientras sea posible y siga ahí. La misión del historiador es conservar viva esa herencia, convertirla en un impulso renovador. Cuando leo a Joseph Roth, Paul Celan o Rose Ausländer llego a la conclusión de que sus reflexiones sobre el fin de las ciudades cosmopolitas europeas entre y después de la Gran Guerra son una llamada de atención para evitar esa senda especial, ese *Sonderweg*, que condujo a la anulación del espíritu creador y a los males que eso trajo consigo. El acto de recuperar sus testimonios para hacerlos comprensibles hoy supone el reconocimiento del papel que se le concede al pasado en la construcción del futuro, y, por tanto, obliga a tenerlos en cuenta en los foros de debate como este. Sobre esas experiencias tenemos un testimonio cargado de nostalgia, *El mundo de ayer* de Stefan Zweig: un relato maravillosamente construido sobre las formas de vida en las ciudades que legitimaron con su sentido de la vida las vanguardias artísticas y la revolución científica. Si el historiador actual tiene una responsabilidad cívica es precisamente la de proporcionar el conocimiento que evite afrontar cuestiones en el futuro sin atender las señales que proceden del pasado.

Segundo: la racionalización de la jaula de hierro burocrática responsable de que las ciudades futuras sometan a un tamiz de orden, ironía y rigor tanto a los micropoderes de la gobernanza, por utilizar la expresión de Michel Foucault, como a sus apasionadas transgresiones. Consiste en atender el civismo agitado y crítico hasta sus últimas consecuencias, de modo que los ciudadanos del mañana puedan afrontar los grandes cambios urbanísticos que se han de realizar. Los diseñadores de las ciudades futuras convierten el *fait divers* en principio creador; en un Renacimiento tras una Edad Media basada en los *overshoot* del capitalismo maduro, con la apuesta por utopías urbanistas, tipo la Sforzinda de Filarete, que en el siglo xv transformó la arquitectura urbana con Brunelleschi, Alberti o Palladio. Lo interesante aquí es que la utopía, forzosamente, terminó por crear una necesidad real que convirtió la *belleza* en el nexo de unión entre la sostenibilidad del sistema urbano y los derechos individuales. En los retos actuales, y los que se afrontarán en las próximas décadas, que constituyen el punto de partida de la ciudad del futuro, la belleza introduce un mensaje a los ciudadanos, el del poder de la imaginación sobre la mezquina aritmética de los contables, que es la única manera de afrontar el futuro con dignidad. No revelo el final de este procedimiento; sólo llamo la atención sobre el giro extraordinario que se produjo una vez en el pasado cuando la belleza se convirtió en un objetivo urbanístico. Las ciudades del futuro, claro, convertirán las elevadas inversiones en un arte consciente de su responsabilidad, ya que en esos espacios que ahora parecen utópicos se diluirán los miasmas que condicionan el comportamiento humano, en particular la violencia y el miedo social a salir de noche. El fracaso del Londres eduardiano, por ejemplo, fue la brecha entre la condición social y la ilusión psíquica de sus habitantes. Con razón escribió Henry James que esta brecha impidió que Londres se convirtiera en la Atenas del siglo XX. El drama de estos años, que fueron analizados desde el barrio de Bloomsbury por novelistas como E. M. Forster o Virginia Woolf, es que la brecha desembocó en una vida miserable en los barrios obreros. Eso no queremos que ocurra mañana; sería un suicidio colectivo.

Tercero: las ciudades futuras exigirán, para cumplir el objetivo sobre el cual se sostienen, una aceptación sin condiciones del principio del *influjo*, el único capaz de ofrecer cohesión social y libertad individual sin recurrir a la fuerza. Famosamente, Peter Drucker imaginó la gestión empresarial dirigida por este principio. Ello le llevó a sostener que el futuro no es un hecho establecido ni previsible, sólo se puede pensar en términos de solución de problemas del pasado. En esa línea, creo que las ciudades deben pensarse como un acontecimiento histórico, es decir, continuo, en el que el pasado y el presente son modificados mediante perspectivas de futuro. Ninguna ciudad se encuentra determinada ideológicamente para siempre, es un cuerpo vivo que se transforma a medida que lo hacen sus habitantes. Es, por tanto, un acto de elección; sólo eso.

El porvenir de las ciudades depende de convertir el capital intelectual en motor de su desarrollo en lugar de que lo sea el intercambio de mercancías o la explotación turística. Y será así porque en su transformación optan por dejar de ser baricentros comerciales o parques temáticos para devenir centros de innovación capaces de movilizar a su favor a la opinión pública. Habrá desde luego ángulos muertos; siempre es así en la historia, y en esto el futuro no será diferente a como ha sido el pasado.

La situación que parece venir se asemeja, salvando las distancias que se necesiten salvar, a la vivida en las ciudades de los siglos XII y XIII en Europa occidental. El desarrollo urbano surgió de una transformación económica tanto como de un estilo de vida que, según Marino Berengo, consiguió desmontar las categorías Este-Oeste convencionales, que en esos años además estaban siendo estimuladas por los ideales de cruzada, así como de reafirmar líneas de actuación para mejorar las condiciones materiales de la población, transformar sus hábitos culinarios y de gusto, buscar experiencias más allá del espacio propio que permite calificar a la civilización construida por esas ciudades de «civilización de horizontes abiertos».

En esta línea creo que en los próximos años veremos dos cosas. La primera, el cambio de prisma de lo que deben ser las ciudades de ese espacio común que conocemos como Unión Europea. Será preciso decidir qué tipo de organización fiscal se ajusta mejor a sus necesidades de innovación; también qué relación van a mantener con los espacios nacionales en los que en este momento están inscritas; y pensarlas a cada una de ellas como parte de una única historia europea, si bien con unas tramas y unos objetivos propios. La segunda cosa que veremos es la incorporación de la cultura y las artes, en lugar de relegarlas a una concejalía marginal como si fuesen un apéndice de los objetivos ciudadanos. Esta idea que a algunas personas puede parecerles una simple aspiración cristalizará de algún modo cuando se determine la importancia del capital intelectual en el seno de la sociedad de la información. Al igual que la invención de la invención, para usar el término acuñado por David S. Landes, cambió la vida urbana europea en los siglos XII y XIII, la experiencia digital conducirá a metas poco sospechadas hoy.

Todo lo que acabo de decir aquí necesitaba ser dicho, y de hecho se está diciendo en muchos otros foros; aquí he querido hacerlo mediante ese concepto amplio, conflictivo y generoso, de una narración consensuada, que lo mismo que está logrando nuevas iluminaciones sobre el pasado aspira a hacer lo mismo sobre el futuro. Eso es sencillamente lo que he tratado de apuntar aquí.

LOS COLORES Y LAS FORMAS DEL ARTE. PROTAGONISTA SCHAMA

Lejos de ser piezas de un museo para turistas despistados con una guía en la mano, como pretendía el pensamiento posmoderno, el arte es un tema mimado en los medios de comunicación de masas, incluida la televisión. Promovido a rango de culto por Simon Schama al emitir el canal 2 de la BBC en octubre de 2006 una serie sobre una obra clave de siete grandes pintores y un escultor bajo el epígrafe *El poder del arte*, título de su libro sobre Caravaggio, Rembrandt, David, Turner, Van Gogh, Picasso, Rothko y Bernini. El resultado final es un brillante análisis no sólo de ocho maestros que a lo largo de su vida buscaron el modo de destruir lo banal, sino del mundo moderno concebido como una lucha constante del acto creador con la imaginación moral.

Desde el *San Bernardo y el arte cisterciense* de Georges Duby no se había visto nada igual en el modo de acceder a las obras de arte. Y de aquella propuesta, extraordinaria, han pasado casi treinta años; toda una vida y multitud de experiencias, sinsabores, descuidos y asaltos al mundo de los grandes artistas. Pero Schama ha ido más lejos que mi viejo maestro en su examen de los efectos del arte en la conciencia social, y lo ha hecho como nos tiene acostumbrados, mediante el recurso a la historia narrativa, lindante en momentos con vivencias personales: poderosísima la que habla de las tres monjas que acudieron a ver *El éxtasis de santa Teresa* de Bernini en la iglesia de Santa Maria Della Vittoria de Roma, mientras él estaba allí, sentado, en la sombra, meditando qué significaba todo ese inmenso erotismo de piedra y si en realidad tenía algo que ver con la visualización del arrobamiento. Añádase a esto documentos oficiales, retazos de las memorias de personas que tuvieron acceso a esas obras, selecciones de los más variados comentarios que se le han dedicado (siempre con la elegancia anglosajona de no citar los nombres), una riquísima galería de obras (las muy conocidas y las nada conocidas) y las respuestas habituales, estremecedoramente ingenuas algunas, dadas por los contemporáneos a cada una de las provocaciones de estos auténticos maestros. Simon Schama posee un talento especial para revelarnos, en este conjunto de estampas con un lejano sabor a Stendhal, el abismo artístico europeo de la Edad Moderna.

Los temas de este libro son el artista y sus límites, el destino individual y el destino histórico visto como la única fuerza capaz de llevar a cabo un reajuste en el orden social. Schama sabe que sólo puede demostrar esa tesis describiendo las obras de arte sin atender a lo que dicen los guías y sus mentores, los tradicionales críticos de arte. Con un toque de furia, se pregunta por los motivos que llevaron a esos ocho maestros a la situación en la que los halla: a Caravaggio en Nápoles con su *David con la cabeza de Goliat* dispuesto a buscar el perdón viajando a Roma; a Bernini explicando el valor corpóreo de la llamada mística ante la atenta mirada de sus protectores, los altivos cardenales católicos, entre ellos Scipione Borghese; a Rembrandt, «el rey del drama», preocupado por el destino de *La conjura de los bátavos*, el gran mito holandés que exige ir a Estocolmo para verlo; a David, en medio del laberinto de la revolución cuando se dispone a realizar un homenaje a su amigo Marat, asesinado por Carlota Corday; a Turner, temeroso y soberbio a la vez en su papel de constante desmitificador de las glorias imperiales británicas (soberbia su lectura de Waterloo) y que le valió el epíteto de chiflado por parte del rey Jorge V; a Van Gogh tras vender *El viñedo rojo* por cuatrocientos francos convencido de que por fin la suerte le sonreía, nada consciente de que meses más tarde la muerte llamaría a su puerta; a Picasso entregado a la causa de la Segunda República tras quedar afectado por la matanza de Gernika; a Rothko conduciendo a su público a una entrega absoluta para entender sus *Seagram Murals* antes de abrirse las venas en su estudio de Manhattan.

Schama recobra el fondo creador de cada uno de estos ocho hombres (sí, ciertamente, no hay ninguna mujer, aunque podría haberlas si pensamos en Artemisia Gentileschi o Marie-Louise-Élisabeth Vigée-Lebrun), lo arrebata paso a paso de las inercias interpretativas o de las vulgares clasificaciones museísticas, para mostrar el heroico universo del poder conversor del arte. Afirma entonces que «las obras de arte no son objetos educados, visiones que relajan, encantan y seducen, sino más bien desalmadas», una especie de perturbación metafísica para todos los siglos. Pero es igualmente consciente de lo que le espera: la censura al haber elegido a esos testigos y no a otros (por qué no Leonardo, Goya o Kandinski), la conciencia trágica de saber que tarde o temprano deberá responder a la pregunta que sólo admite malas respuestas: ¿para qué sirve el arte en realidad? Sabe que su libro puede verse como una quimera. No será capaz de horadar las resistencias de la clase media académica con su mística de funcionario. Y lo sabe bien a pesar de que él, como Jano, la deidad romana con dos caras custodia de todas las puertas y todas las llaves, nos muestra la necesidad de mirar en dos direcciones al mismo tiempo para evitar el peligro de un mundo sin acto creador. Mirar el pasado sin rencor, sólo para aprender lo que se había hecho bien y olvidar lo que se había hecho mal, elevarse entonces sobre la contingencia de esa cosa mezquina que es la política, para situar la creación artística en el centro de una mirada hacia el futuro. No puede evitar seguir las huellas de estos ocho maestros y sentir el horror de que ese espíritu haya muerto con el suicidio de Rothko.

El interés humano del libro de Schama consiste en habernos ofrecido, lejos de los estereotipos acerca de los genios del arte, a ocho hombres en pugna consigo mismos y con su tiempo, sea el encendido decorado barroco o la taciturna atmósfera del boogie-woogie del Nueva York de la década de 1920. Este es el mensaje, la recuperación del poder del arte, un juego que no se debe juzgar por sus buenas o malas intenciones, sino por sus efectos. Puede detenerse un instante para recoger viejas herencias, pero enseguida debe volver a remar mar adentro, incesantemente, sin palabrerías. La invocación al silencio de Rothko (pero también de Cage) es la única posibilidad que la humanidad ha tenido (y sigue teniendo) para rechazar la noche. Lo que en siglos venideros se recordará de ayer y de hoy no es la repetición de «hechos» que en sí mismos no tienen gran valor, sino el centelleo de las obras de arte sobre la oscuridad de un mundo confuso.

Schama cuenta una historia referida al *Guernica* que un lector precipitado podría considerar una simple anécdota, pero que una lectura atenta interpretará como una reflexión a fondo del «poder del arte», el objetivo de su brillante ensayo. Tras un breve comentario sobre el trasladado del célebre cuadro de Picasso a Madrid y su instalación en el Museo Reina Sofía, da paso a un par de observaciones de última hora. Una referida a su reclamo por la gente que andaba traumatizada por el espantoso atentado del 11-M en Madrid, en la estación de Atocha, no lejos por cierto de donde se exhibe el *Guernica*. El horror de la guerra contra seres indefensos, ajenos al conflicto, volvía a emerger aquella mañana de marzo como lo hizo cuando la Luftwaffe bombardeó hasta sus últimas consecuencias el indefenso pueblo de Gernika. Salvado de aquel horror, el roble milenario muestra la firmeza de carácter de un pueblo que no se amedrenta ante la fuerza asesina; como la memoria de la gente lo hace invocando el mismo espíritu para afrontar el atentado de Atocha. La segunda observación en parte está ligada con esta por extraños vericuetos. El secretario de Estado estadounidense Colin Powell iba a hacer una declaración sobre las intenciones de la Administración Bush sobre Iraq, pero momentos antes de hacerlo sus asesores se dieron cuenta de que el atril estaba situado justo delante de una copia al natural del *Guernica* de Picasso. Ante la sorpresa general se decidió taparlo con una cortina azul pálido; quizá se pensó que hablar de guerra teniendo como telón de fondo el mayor icono de nuestro siglo contra los desastres de la guerra era una terrible ironía. Schama comenta esta última historia con palabras certeras:

> Fue, supongo, el último cumplido hecho de manera indirecta al poder del arte. Puedes ser el país más poderoso del mundo; la agencia periodística con mayores recursos; puedes lanzar ejércitos contra dictadores; deshacerte de ellos; y puedes abarcar a todo ser viviente. Pero ¡que no tengas que vértelas con una obra de arte! En cualquier caso, no con esta.

HISTORIA GLOBAL, ACONTECIMIENTO, TIEMPO AXIAL. ARMSTRONG

En el año 2000, en la ciudad de Oslo, como si advirtieran lo que iba a suceder el día de mañana, los participantes en la XIX edición del Congreso Internacional de Ciencias Históricas conceden una especial atención a las perspectivas de la historia global. Una fina alusión, pues en 1928, en la sexta edición, tomó la palabra Marc Bloch para proponer una historia comparada de las sociedades europeas. Y ahora, setenta años después, muchos están de acuerdo en que su legado, la Escuela de los Annales fundada por él, languidece al promover una historia donde el acontecimiento no es apreciado por sí mismo, no provoca sorpresa, ni asombro, ni siquiera horror. (François Dosse, como si tal cosa, lo dice en varias ocasiones en *La historia en migajas*).

¿La solución? Aquí está: la historia pasa por la rehabilitación del acontecimiento, aunque, eso sí, vinculado al mundo vital en el que tiene lugar: debe percibir los indicios más ínfimos, ahondar en las risas y en los llantos, imaginar los intersticios de una acción determinada, comprender las ilusiones y los desvelos, captar los secretos de la sociedad sin embrollarse en las intrigas ni perderse en los laberintos de la conspiración; en definitiva, perfeccionar el viejo oficio para evitar su disolución o la pérdida de su identidad.

¡Honor a la historia, que sabe servir a la idea de que lo que hay que cambiar es el mundo, no el pasado!, afirmó Moses Finley. ¿Cómo hacerlo en 2001 si el debate se concentra en la valoración de un acontecimiento puntual, el 11 de septiembre de 2001 en Nueva York? Pensando quizá que hemos entrado en una nueva era axial, inicio de la segunda Gran Transformación. Y si es segunda es que hubo una primera. De nuevo el pasado ilumina el camino para entender el presente que lleva al futuro.

Hay vida después de Karl Jaspers. Considérenlo un regalo. Estamos tan lejos de vivir conforme a nuestra época que casi no la oímos, pero eso no impide que algún historiador quiera entenderla.

La gran transformación es el título elegido en 2006 por Karen Armstrong para escribir sobre el origen de las tradiciones religiosas del mundo actual a partir de Buda, Sócrates, Confucio o Jeremías. Argumento oportuno por lo que respecta a su significado, aunque hubiera podido escribir un libro anodino en línea con los que aún creen (cada vez menos) que la historia está en construcción. Armstrong lo evita con un relato profundo, de una penetración psicóloga deslumbradora, sin precedentes y sin continuación. Un amplio panorama posmoderno de los primeros pasos de la vida espiritual y religiosa de la humanidad y a la vez una teoría sobre los peligros que nos amenazan. Parte de la tesis del filósofo alemán Karl Jaspers sobre la existencia de una época axial en la historia en el siglo VII a. C., cuando las grandes doctrinas religiosas se definen y se expresan en su enorme complejidad. Acepta esta tesis con los clásicos reparos actuales referidos a la cronología del fenómeno religioso y a las raíces en las que se sustenta. Eso le conduce a comenzar el relato con el primer pueblo en busca de una espiritualidad de la era axial: los pastores arios de las estepas del sur de Rusia hacia el año 1600 a. C. Esos pastores arios, a los que Georges Dumézil identificó con los indoeuropeos, crearon un panteón en avéstico y más tarde en sánscrito que con el paso de los años fue comentado por el visionario reformador Zoroastro, que dio forma y contenido religioso a lo que era una enredada cosmología de seres brillantes e inmortales. A partir de aquí la época axial construye un universo religioso para ubicar a un Dios único, en el caso de los pastores de Israel asentados en Canaán, o de unos dioses en busca de liderazgo, en el caso de los guerreros griegos en busca de la hegemonía en la región, perdida desde la desaparición de la sociedad micénica (la que dio lugar a la guerra de Troya). Aquí radica la tesis central del libro: «La revolución espiritual de la era axial ocurrió con un telón de fondo de revueltas, migraciones y conquistas. A menudo, incluso, sucedió entre dos aventuras de estilo imperial». Este ligero cambio de perspectiva de la historia resulta atractivo, y para algunos hasta polémico: el primer plano lo ocupan los procedimientos de transformación de las religiones, y detrás de ese fenómeno, el verdaderamente importante, aparece de forma amorfa, con más pena que gloria, el entramado de guerras, conflictos y ambiciones humanas cuya huella en la actualidad es simplemente literaria o acaso, a lo más, arqueológica. La historia se sitúa, por tanto, lejos de lo sublunar, lejos de la intriga política y, de ese modo, desmintiendo a Aristóteles, la autora la teje en el plano celeste, donde los *arcana* marcan la pauta y las lecturas esotéricas del mundo, el ritmo.

El libro avanza sobre ese ritmo en diez capítulos que revelan desde la génesis de las religiones sujetas al *ethos axial* (la expresión es de la autora) a sus diferentes revelaciones, modificaciones, alteraciones, puntos de partida, rectificaciones y reformas: Kenosis, conocimiento, sufrimiento, empatía, preocupación por todos, etc., son los títulos de esos capítulos, donde van apareciendo las grandes figuras de la vida religiosa de todos los tiempos, Buda, Confucio, Jeremías, Lao Tse, que con una elocuente unanimidad «ampliaron enormemente las fronteras de la conciencia humana y descubrieron una dimensión trascendental en lo más hondo de su ser». Siglos de esfuerzo en medio de la violencia y de la guerra para mantener la tesis central de todos ellos de que la «ética compasiva funcionaba» como norma fundamental de la conducta humana. Esta idea se percibe perfectamente, según la autora, en ese salto hacia delante que se produjo después de la era axial gracias a los grandes reformadores, comenzando por la Escuela del Ying y el Yang, la revolución bhakti, Jesús de Nazaret o Mahoma, que llevaron hasta sus últimas consecuencias las principales reglas de oro del espíritu axial, con Jesús, incluso, a la paradoja de sostener que es preciso «amad a vuestros enemigos», y con Mahoma a una máxima de compasión práctica, «crear una sociedad justa y decente en la cual los pobres y los vulnerables fuesen tratados con respeto».

Un breve comentario acerca de la propuesta de Karen Armstrong. Su posicionamiento es nítido: «Necesitamos redescubrir el *ethos* axial». En tiempos de crisis espiritual y social, en medio de la aldea global, es urgente el reencuentro con los valores que los profetas, místicos, filósofos y poetas de la era axial elaboraron para una mejor comprensión de los seres humanos, pero adaptando esos valores a nuestra época, como ya hicieron con la suya el judaísmo, el cristianismo y el islam. El objeto es difícil, pero a la vez bastante simple: recuperar el primer catalizador del cambio religioso de la época axial, que era un rechazo del principio a la agresividad que los sabios contemplaban en su entorno. Un análisis del mundo interior nos llevaría a evitar esa terrible inclinación al odio hacia los otros. Por ese motivo, para solventar el Mal de nuestra época la autora propone un programa de acción sustentado en cuatro pilares de la verdadera sabiduría: 1. En lugar de deshacernos de las doctrinas religiosas deberíamos buscar su núcleo espiritual. 2. El debate teológico debería conducir a los participantes al asombro y dejarles sin habla (entrar así en la cultura del silencio). 3. El fomento de la compasión como principal valor religioso. 4. Una asunción del dolor propio como camino de empatía con las guerras, desastres naturales, hambrunas, pobreza, enfermedades. En definitiva, reinventar los valores religiosos de la época axial e «ir en busca del corazón perdido, del espíritu de compasión que se halla en el núcleo de todas nuestras tradiciones».

Bellas palabras, hermosos mensajes, brillante relato, excelente erudición forman un continuo en este libro de lectura imprescindible para todos aquellos que deseen comprender, al cabo, por qué motivos el retorno a las grandes ideas religiosas ha convertido nuestro mundo en una reelaboración de la época axial. El anhelo de una paz mundial en medio de un mundo en guerra, los programas internacionales sobre diálogo entre civilizaciones, el fomento de la colaboración desinteresada en ayuda de países en desarrollo muestra que en efecto los ideales de una concordia universal están tan presentes como los de una sistemática destrucción del género humano. Pero no basta con buenas intenciones, ni siquiera con la invocación a los viejos líderes del sentimiento religioso, de Buda a Confucio, de Cristo a Mahoma: es necesario también entender cuál es el papel de lo sublunar en la historia, de las intrigas, las ambiciones personales, las coartadas morales.

El mundo real es el mundo de la guerra, y no ese mundo creado tras las fachadas placenteras y pacíficas que presentan ante los demás quienes han prosperado, en donde a menudo, mediante las nociones de corrección política que saturan el espacio público, se habla de la mirada interior, del silencio, del camino de perfección, del yoga, del anegamiento místico y otra sutilezas «axiales» sin tener en cuenta (o quizá sí) que la sociedad actual se está volviendo cada vez más competitiva en la vida política, empresarial, académica o laboral, fomentando la noción de culpa en quienes fracasan ante el tremendo envite del cambio social, de la emigración, del aprendizaje de una cultura-otra, de la creación *ex novo* de unas raíces, del sueño de querer ser diferente. Para todo esto no valen los ideales axiales, es necesario inventar un imaginario a la altura de nuestro desarrollo tecnológico y mediático. Sólo saldremos de estos tiempos peligrosos con audacia e imaginación, llamando a las cosas por su verdadero nombre, y a esa tarea deberían dedicarse los recursos necesarios, pues en caso contrario el colapso está asegurado.

UN IMPERIO IRRESISTIBLE. TODD Y DE GRAZIA FRENTE A FRENTE

Tras el atentado de las Torres Gemelas, el Imperio americano entra en un nuevo escenario a empujones de sus partidarios y de sus opositores. No hay modo de consensuar las ideas. Por un lado, Emmanuel Todd escribe *Après l'empire* (2002), donde describe la imagen desolada del declive de la clase media en Estados Unidos, soporte de una idea del mundo, según la frondosa tradición fílmica que va desde los clásicos en blanco y negro hasta las superproducciones en panavisión; por otro, Victoria de Grazia, con *El imperio irresistible* (2006), insiste en el porvenir de un país garante de la economía de mercado y lo que eso significa al margen de las opiniones de los numerosos charlatanes que acuden a las tertulias en abierto de las cadenas de televisión, de la CNN a la Fox: significa una forma de afrontar la vida mediante la defensa del placer material de las clases medias.

En 2006, el mundo se sorprendió al descubrir, a esas alturas de la civilización consumista y el turismo *low cost*, que necesitaba sostener la sinergia que lleva a transformar cualitativamente los oficios y, con ellos, el sostenimiento de la llamada revolución silenciosa, como la que impone el movimiento *slow food* internacional, que tiene como referente el momento en que los cocineros de palacio, en 1789, se reciclaron ante los nuevos clientes de las hostelerías dando paso a la gastronomía moderna para alimentar y entretener a una clientela burguesa capaz de pagar por comer «bien». Así hasta hoy, entre la cacofonía imperante de quienes rechazan el arte de la buena mesa en nombre de no se sabe qué valor nutricional. El mundo nunca se deja llevar por lo que la cantinela decadentista quiere que haga. Cada gesto, cada decisión forcejea con la intención de encajar la historia en un molde ideológico previo.

Conclusión: mientras historiadores como Emmanuel Todd se inquietan con las grandes tragedias de la humanidad del siglo XXI y Mike Savage habla de la eliminación de la clase media, De Grazia abre, consciente de su reto, un camino nuevo al consumo tras valorar como positiva la guerra contra la comida rápida y las cadenas alimenticias basadas en productos de dudosa calidad. En medio de la incertidumbre, se percibe que el dominio de una marca no es un efecto imperialista, es unificar los gustos, como sucede con Coca-Cola, que continúa siendo la marca más valiosa a nivel mundial al ser la expresión de la forma popular de una civilización capaz de enlazar al consumidor del medio oeste estadounidense con la China rural.

He aquí el triunfo de la experiencia individual sobre las cadenas de propaganda política. Aún es posible la democracia si cada persona es capaz de tomar decisiones por sí misma, sin estar sujeta a las normas de un colectivo, partido, sindicato o club. Y el mundo que atiende se ve como algo accidental, ambivalente, no planificado, pues así es la experiencia de los seres humanos corrientes, incluso en situaciones extremas. No es el mundo que aparece en las proclamas de los partidos, ni en las series de televisión que adocenan a millones de personas al mostrar una realidad que no es el mundo de alguien concreto, indivisible, normal. Junto a los héroes del celuloide y los comentaristas de la televisión, los políticos y los famosos, hay millones de personas normales que simplemente desean vivir de los recursos que les da su trabajo. Y sólo se preguntan: ¿cuánto tiempo durará el imperio del mercado? ¿Dejará de existir antes de que sus hijos engendren a sus hijos?

La agonía de la actual civilización está compuesta de cansancio, pero también de la conciencia de un pasado que no se desmiente porque forma parte del imaginario colectivo que da vida a las novelas, a las películas, a las series de televisión que, como nuevos mosaicos de oro, iluminan un mundo al que se invita a ver, pero no a saborear. No hay una explicación convincente salvo la idea de que todo lo actual es *cualitativamente* inferior a las épocas precedentes de la gran cultura occidental. En este punto la idea de crisis se sustituye por el miedo al evento fatal derivado de la violencia nihilista. El historiador sonríe al comprobar una vez más que un comentario mordaz sobre los defectos capitales de la civilización occidental —codicia, hipocresía, envidia, mentira— es un pretexto para estimular la batalla cultural.

18

UN DRAMA MODERNO (2008-2016)

> Nadie puede predecir el futuro, pero la imaginación puede iluminar su relación con la historia y con la condición actual del mundo.
>
> LIBBY ROBIN, «Histories for Changing Times», *Australian Historical Studies*, 44(3), (2003)

DE THOMAS PIKETTY A TELMO PIEVANI

Cuando en agosto de 2013 Thomas Piketty publicó *El capital en el siglo XXI*, los argumentos *woke* se escuchaban por todas partes con su clásica mixtura de aprensión por la modernidad e interés por las civilizaciones desaparecidas. La cancelación de las formas de vida y de las concepciones estéticas ligadas al espíritu del capitalismo era el objetivo de los círculos de intelectuales poco dispuestos a seguir tragándose las lisonjas sobre la hegemonía de la raza blanca. La literatura y el arte de los años que siguen a la crisis financiera global de 2008 son expresiones de una sensibilidad que conmovió al mundo y allanó el camino al esnobismo del «buen rollo» en el que la verdad acabó siendo simple posverdad. La crisis política y social se asume como diversión, riéndose de ella. Las estructuras del saber humanista retroceden ante los desenfadados programas televisivos que llaman cultura a pasarlo en grande el sábado noche.

Libby Robin, Paul Warde y Sverker Sörlin tienen razón cuando al publicar *The Environment* (2018) demuestran que la codicia de las grandes empresas industriales es el paradigma de un presente donde se descuida el análisis serio de las condiciones medioambientales en un mundo cada vez más amenazado. Si sustituimos «condiciones ambientales» por «batalla cultural», la actitud de la actual civilización occidental que se divierte contemplándose a sí misma en unas vacaciones interminables queda reflejada tal como hizo Tony Judt tras leer *The Deserted Village* de Oliver Goldsmith: «Algo va mal cuando la riqueza se acumula y los individuos decaen».

Durante una década se ha tratado de recalcar el deterioro ecológico por el cambio climático, dejando de lado que también la marginación del saber humanístico es responsable del agotamiento de nuestro mundo. El colapso de Occidente es una tragedia de muchos silencios. Asistimos al naufragio de la clase política, que ha hecho realidad la terrible conclusión a la que llegó Judt: «Sabemos lo que cuestan las cosas, pero no tenemos ni idea de lo que valen». En el plano de la cultura, el colapso de Occidente se asienta en la falta de precisión del concepto mismo de evolución. Esta idea inspira los ejemplares trabajos de Telmo Pievani. Para apreciarlos basten unas cuantas observaciones:

> La evolución no es una necesidad, es una contingencia. Es un dominio de posibilidades, no el dominio de algo ya escrito desde el principio. La evolución es un fluido, es un proceso de cambio. Hoy en día muchos nichos ecológicos son nichos antrópicos, somos una gran parte del proceso evolutivo hoy, y podemos cambiar las cosas.

Son unas observaciones de rabiosa actualidad, sin duda.

Desde *La flecha del tiempo* de Stephen Jay Gould, en las reuniones científicas, o en las broncas parlamentarias, o en los artículos de opinión de la prensa, muchos ciudadanos son invitados a emitir un juicio sobre el agotamiento de los recursos naturales. Y lo hacen bajo el efecto emocional de ver paisajes desolados, sociedades sin agua y sin alimentos básicos, señores de la guerra insensibles, madres incapaces de ofrecer alimentos a hijos famélicos, y todo ello en medio de un torbellino de miseria saliendo de las entrañas de una tierra baldía, sin poetas para contarlo, sino sólo imágenes cinematográficas de lugares del mundo tipo Ciudad Juárez, bajo el imperio de los cárteles de la droga, cuya conducta, asentada en imágenes *snuff*, queda reflejada en películas como *El consejero* de Ridley Scott o *Sicario* de Denis Villeneuve. Porque lo que no abona la visión catastrofista del próximo futuro carece de valor informativo. Y, sin embargo, la idea de fatalidad pierde la carta de naturaleza concedida con facilidad en las redes sociales: hay una heroína, silenciosa, que lleva años advirtiendo de la necesidad de hacer historia con esos datos, Patricia Crone, con su propuesta de investigar los cárteles que dominaron la ruta del incienso en la península arábiga a finales del siglo VI desde el enclave de La Meca.

Niall Ferguson, en *Coloso*, llega a la conclusión de que

> las sociedades humanas no sólo dependen del agua, el ganado y la cosecha, sino también de las máquinas que han aumentado la productividad; por desgracia, sabemos que hay un suministro limitado de los combustibles necesarios para que esas máquinas funcionen; y también que contaminan la atmósfera de la Tierra, alterando el clima, ya que la tecnología ha elevado el nivel de la destrucción deliberada.

En el debate sobre el capital apropiado para el siglo XXI, no se ha tenido en cuenta el peso de la tecnología en el deterioro medioambiental. Esa posición la explica Telmo Pievani:

> Nuestra mente, cuando piensa en la evolución y la naturaleza, suele pensar de forma totalmente engañosa que la naturaleza es algo estático o ya establecido. Cuando tienes que pensar en algo seguro, tienes que pensar en algo natural. Pero filosófica y científicamente hablando eso está mal. Y ese es mi punto de vista. Y por eso también escribí libros sobre contingencia e imperfección, porque la evolución no tiene nada que ver con la optimización de la perfección, sino que es un intercambio continuo entre diferentes presiones entre diferentes sectores. Entonces, la evolución es un campo abierto y el futuro está abierto.

Se trata de ultimar la idea de qué hacer en las próximas décadas para conservar el planeta en condiciones saludables. Dos modos de afrontarlo disimiles entre sí, pero complementarios. De hecho, uno parte de la convicción de que las decisiones económicas afectan al medioambiente; el otro observa las formas económicas como parte del hecho evolutivo.

La necesidad de confrontar a Piketty y Pievani es, en parte, una función de la incertidumbre actual creada por el creciente desorden mundial. En suma, qué es antes, la concepción capitalista de la economía capaz de degradar el planeta o la concepción errónea del método científico que conduce a pensar certezas allí donde sólo hay preguntas. Porque, afirma Pievani, la pandemia de la COVID-19 fue un ejemplo del peso de la ignorancia en la vida. No sabíamos absolutamente nada acerca de los nuevos microbios, y las primeras semanas fueron de incertidumbre, y se descubrieron muchas cosas de una manera completamente fortuita. Las ideas nuevas han conducido a métodos de análisis igualmente nuevos y a resultados sensacionales que impresionan a quien los tiene en cuenta en sus trabajos. ¿Una política económica a la altura de una civilización que se pregunte de una vez por todas quién está detrás de las decisiones? Se trata de algo tan simple como eso. Simple, sí, pero endemoniadamente difícil de seguir en la disciplina orientada a hacer historia.

Veamos algunos detalles.

Con *El capital en el siglo XXI*, Piketty demuestra que es un hombre de nuestro tiempo, que tiende hacia un futuro que, empero, no sabe bien si llegará. Por eso el libro está lleno de contradicciones. En cada uno de los dieciséis capítulos muestra un descubrimiento. La novedad de sus puntos de vista no evita leerlo como un tratado de economía, pero alivia el modo de presentar los argumentos ampliando el territorio de lo que se necesita saber sobre el pasado y el futuro del capital. La mirada se desliza sobre el mundo de la renta, el patrimonio o las herencias, llevando al lector más allá de la frontera en la que habían dejado esos temas los clásicos de la economía, desde Malthus a Kuznets pasando por Ricardo y Marx.

Osadía, provocación, responsabilidad, no sé qué palabra elegir para un trabajo que adopta un tono pesimista al augurar para las próximas décadas un incremento de las desigualdades económicas. Pero esta tesis debe debatirse, no desacreditarse simplemente con un ajuste de las cifras. ¡En el fondo lo que dice es verdad! Una incómoda verdad, sin duda, pero no inexorable, aún se está a tiempo de cambiar el curso de la concepción económica que castiga a las rentas del trabajo y mantiene las rentas del capital. Pero ¿quién es este economista francés de poco más de cuarenta años que ha provocado una tormenta internacional tras la traducción estadounidense de su libro en 2014 por la Harvard University Press? Una tormenta que, en opinión del premio Nobel Paul Krugman, no ha hecho más que empezar.

A Piketty hay que verlo en la cima de un edificio cultural cuya construcción se ha llevado a cabo en París durante las últimas cinco décadas. Él comenzó su aportación un día de otoño de 1989 cuando acudió a la universidad impresionado por la sucesión de acontecimientos que estaban marcando la historia de Europa tras la caída del muro de Berlín meses atrás y se negó a sentir nostalgia de la Guerra Fría o del modelo soviético. Mucho antes de que los politólogos convirtieran la creación del euro en su tema predilecto, este estudiante de Económicas se conjuró para tumbar los modelos explicativos de su disciplina académica y conseguir unir el estudio de la economía con el de la historia. Porque, para él, ambas se necesitan para entender el ritmo de las guerras, revoluciones y contrarrevoluciones, humillaciones nacionales, intrigas y, por qué no decirlo, proyectos ambiciosos como el que terminó por abrir la Unión Europea a los países de la esfera comunista. Y eso es así porque la economía y la historia no sólo hacen girar la existencia humana, sino que la alertan de sus peligros. Al mismo tiempo, su aprendizaje le permitió afrontar una investigación sobre los *hauts revenus* en Francia durante el siglo XX, completada con un trabajo de equipo en la École des Hautes Études, donde es director de estudios.

Escribir una visión de conjunto sobre el capital no es lo mismo que discurrir desde una cátedra; un libro actual exige sobre todo estar bien escrito. Piketty conoce esta premisa y por eso se dispuso a hacer una historia narrativa de la economía desde finales del siglo XVIII hasta un próximo mañana cuyo protagonista fuera el capital, su argumento, la renta y el patrimonio, y su objetivo, la desigualdad. Así, ha conseguido iluminar el muro sobre el que se ha estrellado la sociedad cada vez que ha buscado escapar del peso del dinero, uniendo el análisis de la economía a las aspiraciones de la sociedad y al debate político. Jamás se podrá valorar lo suficiente ese esfuerzo: una de las innovaciones más ambiciosas a las que un economista se enfrenta consiste en integrar en un trabajo sobre la evolución de la renta una reflexión sobre la moral social que la permite, al tiempo que emite un pronóstico sobre la naturaleza del capital en las próximas décadas.

Hay otro aspecto también altamente innovador: en este libro se reclama la autoridad de la literatura para visualizar el ritmo de la economía, la renta, las herencias, los beneficios; y se hace citando a unos novelistas que tienen presente la jerarquía de los patrimonios incluso cuando narran una acción sentimental o describen una situación doméstica. Jane Austen y Balzac ofrecen datos puntuales sobre el reparto de la riqueza y la renta patrimonial en Inglaterra y Francia entre 1790-1830; Hugo y Zola, por su parte, analizan el ritmo de la economía de finales del siglo XIX al describir a las víctimas de la desigualdad social en sus novelas *Los miserables* y *Germinal.*

El libro de Piketty no juzga, sólo sondea los problemas suscitados por el capital a través de dos principios de método complementarios: primero, la historia del reparto de riqueza es en toda circunstancia un hecho político; segundo, la dinámica del reparto de riqueza es un proceso creador de desigualdades. He aquí en síntesis su lectura del proceso económico puesto en marcha a finales del siglo XVIII; y una vez presentada se dedica a razonarla. Aquí aparece el espíritu del profesor, el recurso a las estadísticas y las fórmulas para construir un argumento a base de analizar los conflictos salariales, las relaciones entre capital y patrimonio, el valor del trabajo y el sentido de la renta nacional; unos temas que inciden en la sociedad en forma de angustiosas preguntas para las que pocas veces ha habido respuestas convincentes: qué capital se debe tener para obtener una renta que permita vivir confortablemente y si esa renta debe obtenerse del disfrute de un patrimonio o de un salario; o qué nivel de producción es necesario para asegurar unos ingresos decentes para todo el mundo.

Mientras analiza las respuestas históricas a estas preguntas, Piketty da entrada a nuevas situaciones. Es el ritmo de la historia que no cesa. La diversificación de los modos de vida surgidos del crecimiento económico basado en la producción industrial y el colonialismo revela el tono social de la modernidad: no rechaza la tesis de Ricardo sobre la inflación, al contrario, la reivindica para señalar que proporcionó a los asalariados los medios para obtener un patrimonio inmobiliario y, simultáneamente, el orgullo de haberlo hecho a través del trabajo, no de la herencia o de la renta. Este sueño por alcanzar un privilegio de la alta sociedad nutrió la ilusión de una clase media urbana que durante las décadas centrales del siglo XIX se defendió con hechos contra la poética de Balzac. Se trata del caso Goriot, protagonista de la novela que lleva su nombre; un individuo de clase media que acumula una fortuna por medios vergonzosos, como quedarse una fábrica de fideos cuando su dueño fue llevado a prisión en los días de julio de 1789 o traficar con pastas durante las hambrunas en los lúgubres meses del Terror. Su vida es un excelente ejemplo de que el sistema permitía acumular un capital con prácticas inmorales pero legales. De este modo un creciente número de individuos de clase media se jactaron de entregar parte de sus beneficios para sostener la deuda pública, reserva de dinero que, al cabo, se convirtió, para escándalo de Marx y los suyos, en el instrumento de acumulación del capital privado. Pero una vez que se empieza a hablar de deuda pública y de capital privado, o a tomarse en serio el principio de redistribución, se revela el trasfondo de algunas decisiones históricas. Por ejemplo, Piketty está completamente seguro de que «la exacerbada concurrencia entre las potencias europeas por los activos coloniales contribuyó al clima amenazante previo a la declaración de guerra del verano de 1914».

Uno de los problemas del pensamiento económico actual es el efecto social y político de las diversas maneras de organizar la producción y la distribución de la renta nacional. Se puede defender la idea de un *Sonderweg*, una senda especial *Made in Germany*, diciendo que fue la única capaz de resistir con acierto a la crisis financiera mundial de 2007-2012. Al fin y al cabo, lo que importa de una nación no es la verdad teórica, sino más bien la eficacia de sus políticas de cara al ciudadano: bajo nivel de desempleo y pocos recortes salariales. Ahora bien, Piketty no acepta esta senda si como efecto inmediato provoca un aumento de las desigualdades entre países ricos y pobres y, en el caso de Europa, entre regiones altamente desarrolladas y otras en el umbral del subdesarrollo. Por eso piensa que es mejor oponerse a estas políticas aun al precio de proponer una visión pesimista de una sociedad corrompida por el dinero. Algo hay que hacer contra el proceder de Vautrin, el personaje de Balzac, que rechaza el trabajo y busca el «pelotazo» en un matrimonio con una rica heredera; esa actitud manifiesta que «el trabajo y los estudios no consiguen obtener los mismos beneficios que las herencias y las rentas del patrimonio».

La crisis financiera de 2008 ha provocado una reacción inesperada en el proceso de regulación del capital en el siglo XXI: el retorno del Estado cultural. De hecho, se ha llegado demasiado fácilmente a la conclusión de que es la única garantía de una sociedad altamente vulnerable. Pero no es tan sencillo. Porque para que un sistema sea viable debe revisar a fondo algunos valores actuales. Una sociedad nivelada que no se ve con una falta de dinamismo, sino como el logro de un derecho a la igualdad, el sostenimiento de un Estado contra la voluntad de sus ciudadanos molestos por las directrices de un Gobierno, la apuesta por un modelo sostenible que no valora el elevado gasto exigido por el tesoro público o la persistencia de un sistema educativo preso de intrigantes sin escrúpulos ni talento. Esos valores nutren el populismo: mantenerlos como norma de un proceso histórico debido al peso del relativismo de los pragmáticos conducirá a los últimos días de la civilización europea. Enfrentarse a ellos, resolverlos con imaginación, es la única vía de salvación. Ese es el mensaje de Piketty, cuyo libro termina con una interesante coda: «Los ciudadanos deben interesarse seriamente por el dinero, *à sa mesure*». Deben hacer las cuentas, no dejar que otros las hagan.

Y por su parte Telmo Pievani avisa de algo que reaviva el sentido del azar en la historia cuando afirma: «Toda una parte de nuestra cultura ha descuidado el efecto de la serendipia». No quiero decir que haya olvidado el valor de una casualidad afortunada, pero no se ha tenido presente que el mundo necesita tener presente que todo descubrimiento consiste en ver aquello que todos han visto y en pensar en aquello que ninguno ha pensado, según afirmó en 1937 el físico húngaro Albert Szent-Györgi, premio Nobel por haber descubierto el valor de la vitamina C. Y en esa línea, en el año clave de 1953, que ya tuvimos la ocasión de ver, tres ingeniosos científicos, Francis Crick, James Watson y Maurice Wilkins anunciaron el descubrimiento de la estructura del ADN con el grandioso *understatement* final del mecanismo de la duplicación.

En la escala de la ciencia actual, Pievani ha obrado a favor de la dinámica racional del descubrimiento al notar que la serendipia es un proceso de análisis, no una aparición milagrosa. Esta observación sobre el futuro de la ciencia no sólo ha de tener consecuencias en el sostenimiento de la formación como objetivo principal de nuestra sociedad. Es portadora de una crítica valiosísima sobre las ideologías actuales que niegan la complejidad del ser humano. ¿Debe sorprendernos que con su análisis de la serendipia Pievani haya podido abrir la puerta a nuevos horizontes cognitivos? Baste aceptar lo que dice como conclusión de su trabajo:

> Al final de este viaje fortuito, podemos decirlo con pleno conocimiento de causa: si sabemos cultivar la serendipia, las ocasiones fortuitas seguirán sucediendo a las mentes preparadas y las nuevas respuestas siempre generarán nuevas preguntas. Así que, como sugirió Heráclito, si queremos continuar la aventura del conocimiento, esperemos lo inesperado.

POÉTICA DE LA REBELIÓN

Tras la crisis financiera de 2008 ha vuelto la poética de la rebelión como el espectro de la visión mesiánica del futuro, propia, decía Ortega y Gasset, de las épocas Kali, es decir, épocas caracterizadas por el deterioro moral de las clases dirigentes. Sin embargo, frente a esta idea pesimista de una época que absorbe y anula a las minorías, detecto cierta emoción por los motivos ocultos que conducen a sublimar la rebelión social, próxima a la que sintieron los seguidores de Savonarola en Florencia en los tiempos de Leonardo, los anabaptistas de Jan van Leiden en Münster en tiempos de Lutero, los niveladores de John Lilburne en tiempos de Cromwell y los movimientos Podemos en España, M5S en Italia o Syriza en Grecia hace una década: una emoción fomentada no por la subversión del orden, sino por el recurso a la protesta ante sucesos como el de que Goldman Sachs evaporara con su quiebra millones de dólares de honrados impuestos de los ciudadanos. Una emoción, por tanto, de carácter dionisiaco en la que los días de sufrimiento se conciben como indicios del final violento de una época, y, por ello, no política, aunque se presente bajo su capucha. Lo trágico del asunto reside en que, mientras los jóvenes descontentos con la política fiscal estimulaban la rebelión, se acrecentaban los tributos con el pretexto de sostener el Estado del bienestar. Eso produce el encuentro entre rebelión y predicción de futuro, clave en el diagnóstico de estos años: un encuentro declaradamente marxista, alineado con el principio esperanza del filósofo y compositor Ernst Bloch, al comprobar que los desafíos se transforman en dogmas de los grupos de presión.

La poética de la rebelión que aparece en la Primavera Árabe de Egipto o Túnez o en el otoño euromediterráneo de Grecia, Italia o España interviene en problemas concretos del presente, aunque se proponga como la fase inicial de un proceso revolucionario. Por eso el análisis de esa poética, tan perturbadora inicialmente, está lleno de insatisfacción y de desacuerdos. ¡Por fin un acontecimiento actual con el que se puede discutir al modo de Yuri Slezkine con el *putsch* bolchevique de octubre de 1917! Pero, a mitad de esta travesía, me doy cuenta de que es difícil debatir con la postura que vela armas para la conversión de la verdad en una mercancía preparada por un programa informático.

El proceso *top-down* de la programación de la poética de la rebelión está contaminado de populismo nacionalista, el mismo que advirtió Kant en 1798 como «una expresión cargada de peligros», sobre todo por el engaño que inflige a sus partidarios. Está claro que la rebelión actual tiende (casi siempre sin saberlo) a servir a un tercero que, al final, consigue reducirla a un tanto por ciento de los intereses de un ajuste en las redes del dinero. De hecho, basta con tomar distancia de ellas, con asumir una necesaria cuarentena sobre las doctrinas subyacentes en estas rebeliones, para darnos cuenta de que el clima en el que se sostienen ya había sido creado previamente como un sueño de libertad devenido una pesadilla al ser cuestionados los principios de la democracia representativa por parte de unos líderes creados en los laboratorios de ideas. La quimera de una espiritualidad política como fundamento de la rebelión termina por desaparecer ante la realidad de la implacable impostura que lleva a situar en el poder a los sobrevenidos, en especial a las nuevas *demimonde,* gracias a tramas urdidas por refinados algoritmos informáticos que convierten la acción política en una mercancía que se compra con dinero. En cada ciudad, de El Cairo a Barcelona, pasando por Atenas o Túnez, en cada uno de sus barrios, voces sin cuerpo trasmiten mensajes desde *smartphones* de última generación y elevado coste empuñados por los manifestantes. En cualquier caso, esas masas ardientes de celo ideológico convencidas de la pureza de sus intenciones ¿no tienen por ventura el mismo rostro fresco y remoto de la muchachada del Komsomol que una vez airearon ingenuos activistas tipo John Reed? Así de extrañas han sido (y son) las agitaciones sociales en la década de 2010. Quizá sean los momentos colectivos por excelencia de nuestro tiempo; quizá anide entre los antisistema el viejo anhelo de la revolución mundial. Y el hecho de que la inmadurez forme parte del diseño no es razón para no situarlos en la historia de las ideas que una vez sintieron el anhelo de arrastrar a una sociedad, de guiarla hasta sus últimas consecuencias. Al percibir las enormes reservas de energía del pueblo en una ininterrumpida sucesión de manifestaciones masivas, me he preguntado, como hizo Giovanni Pico della Mirandola ante los *piagnoni* florentinos, ¿qué margen se le ha dado a la voluntad iluminada y clara del individuo? Una posible respuesta es esta: las grandes decisiones sobre el futuro deberán descansar sobre cosas pequeñas del pasado. En mi opinión, el ser humano sólo se encuentra enteramente consigo mismo ante la historia cuando juega a un juego que requiere creatividad. Tener creatividad o no tenerla: he aquí el problema a resolver en los próximos años.

Demasiado difícil.

REGRESO A OTTO PÄCHT PARA ENTENDER A VERMEER

Las acuciantes peticiones de alejarse de los valores del pasado para abrirse al principio esperanza del futuro se reanudan al poco tiempo en forma de debate sobre si la transgresión lleva consigo necesariamente la fragmentación. En resumidas cuentas, tener o no tener como punto de referencia un canon que procede de la historia. El lugar donde mejor se define ese canon es el arte como razón de ser de la belleza. Por eso en los momentos críticos aparecen libros que explican la función del arte en la historia mejorando los métodos de análisis de las obras de arte.

En ese contexto es útil seguir la recuperación del seminario impartido por el maestro Otto Pächt cuando regresó a Viena tras una larga estancia en Londres, convertido hoy en una cita obligada sobre la percepción y comprensión de las obras de arte. Porque delinea un método de estudio que va más allá de la iconología y de la sociología para vincular el arte al mundo vital de sus creadores. Definir el canon que procede de la historia quiere decir definir el mundo en el que vivimos; vale decir, superar la fragmentación sin recurrir para su redención a un fin trascendental, a esa «flecha sin blanco» de la que habla Manuel Cruz en sus reflexiones sobre la política-espectáculo.

El campo de percepción crea una naturaleza artificial que se impone a la naturaleza. Este es el argumento del libro de Laura J. Snyder *El ojo del observador* (2017) sobre la sociedad holandesa del siglo XVII y extensivamente sobre el efecto del capital en la cultura del Barroco. Porque en aquel siglo se hizo evidente para los holandeses que el capital fija las emociones de la sociedad, y las orienta a senderos afines a los deseos de ser diferentes al resto del mundo. Y llegan a la conclusión: todo lo que se hace contra el capital está condenado al fracaso, incluso las guerras que se soportaron tras la invasión de las tropas de Luis XIV. Eso es así porque el campo de observación de esos años descansa en las razones del capital, donde lo moderno consistía en «modelar el ojo como otro instrumento más» con el fin de «ver el mundo como lo ve una lente», el único modo aceptable de que «el mundo tuviera sentido».

Snyder se enfrenta a este argumento mediante un esquema clásico, el de las vidas paralelas, que viene de Plutarco: en su caso, sigue paso a paso las vidas del pintor Vermeer y el naturalista Leeuwenhoek dando lugar a toda una lección de historia narrativa. Su atractivo consiste en descifrar minuciosamente «cómo ambos desempeñaron papeles clave en el cambio trascendental de la idea de ver que se produjo en ese tiempo y en ese lugar». Una narración centrada en la ciudad de Delft, donde a pocos metros de distancia, y en la misma semana de 1632, nacen el pintor y el naturalista, viviendo y trabajando toda su vida a unos pocos metros de distancia. Incluso puede ser que *El geógrafo* que pintó Vermeer en 1669 fuera el propio Leeuwenhoek, pues ambos se movían en círculos próximos dedicados a la exigencia de verificación experimental, y no es casual tampoco que fuese el albacea de Vermeer cuando falleció súbitamente en 1675 a los cuarenta y tres años. Las vidas de ambos nos enseñan el efecto de la revolución científica de Francis Bacon en el acto creador: Vermeer construye su carrera en torno a la óptica señalando que los instrumentos ópticos permiten ver el mundo con una nueva y emocionante luz; mientras, Leeuwenhoek pone las cosas en su sitio al descubrir la vida microscópica. Lo que Galileo había logrado con el telescopio al descubrir las lunas de Júpiter, él lo hace al aislar las pequeñas criaturas que por primera vez veía en el microscopio.

CONTROVERSIAS PARA CUARTEAR EL MUNDO

La actual sociedad occidental, abrumada de preocupaciones, se torna frívola, apática, reducida a una especie de coro afligido ante el peso de los tributos y constreñida a buscar la tranquilidad en una cantidad ridícula de gasto público compartido con el que se sostienen la salud, la educación, las redes de transporte, la limpieza de las ciudades. La vida se convierte en una escapada de fin de semana, mientras los *potentiores* de siempre deciden el futuro en algún paraje de lujo.

En el verano de 2017, tres líderes, Trump, Macron y Putin, asumieron la sucesión de acontecimientos que calificamos de históricos para diseñar el nuevo comienzo. De ilusiones así está a menudo tejida la historia.

Estados Unidos, Francia y Rusia se dispusieron a sopesar el dominio alcanzado por la revolución digital. Su primer objetivo es el mercado mundial, ahora que la China de Xi Jinping ha construido la nueva Ruta de la Seda para controlar Asia Central, como un nostálgico gran juego. Se cierra el ciclo iniciado con la caída del muro de Berlín en 1989 y la disolución de la Unión Soviética años después, hechos que llevaron a Francis Fukuyama a hablar del fin de la historia. En estos días estivales, en cambio, se percibe, según Bruno Tertrais, la revancha de la historia, vale decir, el esfuerzo por diseñar soluciones a viejos problemas «a partir de las buenas lecciones del pasado». En esa encrucijada, Occidente tiene una oportunidad, no parece tan cerca el fin. Sus líderes más sensatos han asumido la necesidad de renunciar a la historia como la autoconciencia crítica de la que hablaba Hegel, o como la exaltación de los valores nacionales en el decir de Herder, o como la lucha por el control de las fuerzas productivas según Marx. En vez de esos paradigmas, parecen decidir llevar la historia al taller para su reparación y que de ese modo pueda afrontar con total garantía la complejidad de las relaciones humanas. Si el paso de la Ilustración al Romanticismo exigió una historia sin hipótesis, como dijo Friedrich Schlegel, el paso de la sociedad líquida a la actual sociedad de los horizontes abiertos reclama una historia capaz de atemperar los excesos de la memoria. Entre la toma de posesión de Trump y la de Macron se insinuaron los primeros efectos de esa renovación que afectó a la política internacional: reprobación pública de los déspotas Erdogán o Kim Jong-un; aislamiento de Qatar, acusado de alentar el terrorismo; toque de atención a los rebeldes Maduro o Sánchez porque su manera de gobernar no se ajusta a los acuerdos internacionales; aviso a los revisionistas Viktor Orbán o Zlatko Hasanbegović y a los «padrinos»

Nursultán Nazarbáyev o Ilham Alíyev. En los próximos años la política exigirá la renovación de la lectura de la historia, el único modo de poner fin a las mentiras dichas en su nombre en países de inclinación autoritaria.

Gracias a su experiencia mundana y académica, David McCullough analiza el espíritu de Estados Unidos en un bello libro donde se pregunta «quiénes somos y qué representamos», al cabo, el gesto de un reputado historiador que quiere ofrecer una respuesta crítica (y bien documentada) a la decisión de Trump de sostener su Gobierno en una política de consumo y bajo coste que se apoya en la cultura retro de William Lind y en el supremacismo blanco de Steve Bannon. Con esas ideas, Estados Unidos puede ceder el estilo de vida forjado por Jefferson desde Monticello, cuando se le encargó con el apoyo de su adversario John Adams la redacción de una Constitución que diera sentido a la independencia de la Corona británica. Recurrir al ideal de la independencia a través de una política de hipermercado de extrarradio es una desmesura que conlleva serios problemas a los países que lo proponen en la actualidad. La estolidez tiene un precio muy elevado en la historia. El Brexit es un ejemplo de ello, pues puede convertir a la antaño poderosa Inglaterra en una suerte de monarquía «del golfo» sostenida por el capital financiero, pero con fondos que no son propios. Y todo ello gracias a la artera manipulación de Nigel Farage y Boris Johnson, que forzaron un referéndum. Otros casos son aún más lamentables, ya que los discursos populistas sobre la nación responden a la seducción regresiva del trumpismo.

La revancha de la historia, en Francia, es una respuesta al *délitement* de la Unión Europea provocado por el fracaso socialdemócrata, en su caso de François Hollande. El país sintió vértigo durante el *gran débat* televisivo sobre las elecciones presidenciales, donde dos posturas opuestas pero cercanas (Le Pen y Mélenchon) sostenían el futuro en el pasado, con sus lacras, torpezas y omisiones. La subversión del tiempo histórico hizo exclamar a un abatido Fillon que era necesario «renouer les fils de l'Histoire» mientras dio alas a Macron, que se alzó como un Júpiter tronante para mostrar a los franceses que hay un camino —el que él propone *en marche*—, donde los valores de *liberté, egalité, fraternité* inherentes a la Revolución de 1789 ofrecen una oportunidad moral al mercado mundial. Apuesta por la diplomacia para conducir a Alemania a una postura a favor de la consolidación de la Unión Europea en el nuevo milenio. En esta política hay que contar con Rusia y con Putin: una Rusia gótica, escribió Dina Khapaeva en *Libération*, más próxima a los Románov que a los bolcheviques a la hora de explicar *su* historia, que es tanto como orientar su futuro valorando su pasado. Entender «la nueva Rusia» exige la pericia de Anatole Leroy-Beaulieu o la de Peter Pomerantsev, que llega a decir que allí «nada es verdad y todo es posible». Sin duda porque personajes como Vladimir Medinski demuestran el tono que llega a tener el uso de la historia, ya que impulsa un modelo donde se aúnan los ideales de Pedro el Grande, Nicolás I y la KGB, un modelo que debe gestionar Olga Vasilyeva en su calidad de ministra de Educación.

La historia se puso interesante en el verano de 2017. Experimenta con el arbitraje. No perdamos de vista esta solución. Traerá sorpresas.

CONVULSIÓN. FERGUSON REGRESA A LA SIENA DE LORENZETTI

En 2019 el libro de Jared Diamond *Upheaval!*, digamos «convulsión» o *Crisis,* abre el juego, y pintan bastos. El análisis medioambiental parece despertarse de un largo invierno, levanta un manto de letargo, las observaciones sobre una situación terminal salen lentamente con este ensayo al aire libre. Y muy pronto se ponen en marcha con buen pie, llenas de valor, al ataque:

> Es un estudio exploratorio, comparado y narrativo de la *convulsión* y de la implementación de cambios selectivos, desarrollado a lo largo de muchas décadas en siete países modernos de cuya realidad tengo una experiencia personal considerable, enfocado desde la perspectiva de los cambios selectivos que llevan a cabo las crisis personales. Estos países son Finlandia, Japón, Chile, Indonesia, Alemania, Australia y Estados Unidos.

El planteamiento es claro, las intenciones también: al igual que los individuos, las naciones pasan por momentos de convulsión, una suerte de torbellino donde convergen corrientes distintas, cada una de ellas movida por impulsos heterogéneos y ninguna de las cuales se puede descuidar en la búsqueda de la verdad, porque sería absurdo pensar que se puede reducir de manera efectiva el resultado de una vida humana, o de la historia de un país, a un suceso clave. Cada elemento de un problema se relaciona con una genealogía de problemas que hunde sus raíces en la historia; cada cambio de un elemento implica el análisis de todo el problema. Se revela así lo que es un estado de convulsión. En cada uno de los siete países analizados, Diamond encuentra un *turning point*, a veces por un acontecimiento externo (una guerra, un bloqueo), otras por uno interno (golpe de Estado, toma de conciencia generacional), pero siempre sucede en *naciones en crisis*. Hay indicadores que lo alertan antes de que se produzca. Pero una vez ocurrido nada se puede hacer, salvo un buen diagnóstico y, por supuesto, tratar de resolverlo. Esto es lo más difícil de todo, puesto que exige profundizar en la memoria de lo sucedido mediante la realización de una autoevaluación honesta, que acerque el estudio de las naciones a la terapia de los individuos.

En este libro se expone una visión del mundo como un sistema orgánico de entendimiento de los desaciertos propios desligados de la habitual (y errónea) queja de que nuestros males son responsabilidad de los otros, de quienes nos roban, oprimen, encarcelan o impiden nuestra identidad. A partir de una serie de *experiencias personales*, se construye un libro de buena historia convertido en un manual de autoayuda e impulsado por la convicción (como si fuese un eco de las lecciones de historia universal de Hegel) de que «la actual década de 2010 es la que de verdad presenta mayores razones para la preocupación». Cada ejemplo se relaciona con los demás, porque las interrelaciones crean una comunidad de emociones compartidas. Es el complemento perfecto de la tesis de *Colapso*: ante las dificultades unos países se hunden, otros se desarrollan. Y aquí se citan los momentos cruciales de los que, de los siete países analizados, unos salen airosos y otros confundidos tras pasar por un estado de convulsión: guerra con Rusia para una Finlandia que sale airosa (hoy es uno de los países más ricos del mundo con una renta per cápita comparable a Alemania o Suecia); presencia de las cañoneras estadounidenses del comodoro Perry en la Bahía de Edo (hoy de Tokio) el 8 de julio de 1853 para un Japón que afronta el desafío mediante la reforma Meiji quince años después; golpe de Estado militar el 11 de septiembre de 1973 para un Chile que surge confundido y secuestrado durante el Gobierno del general Pinochet; asalto al poder de los generales musulmanes en Indonesia con Suharto a la cabeza en sustitución de Sukarno en 1965, «el año en que vivimos peligrosamente», con el déficit de un obligado silencio sobre lo sucedido, aunque fuera el camino para alcanzar un profundo sentido de la identidad nacional; revolución generacional en 1968 como fundamento de la reunificación de 1990 para una Alemania convencida de un futuro prometedor para Europa; toma de conciencia nacional tras las dos guerras mundiales para una Australia que deja de ser un apéndice de la civilización británica para convertirse en un país basado en un *melting-pot* con la mirada puesta en Asia; preocupación por el futuro para un Estados Unidos confundido que se aleja de los ideales fundacionales.

Breve: el libro de Diamond es una investigación histórica de dos realidades, una traumática, la que crea una conciencia ante la convulsión, y otra esperanzada, la que crea soluciones para superar un latente estado de crisis. La historia como terapia, siempre y cuando se lea con cuidado y se haga con solvencia. Frente a las salidas airosas de los países aquí citados, vemos que, en otros, una convulsión los enreda en medias verdades que en el fondo son una Gran Mentira sobre la cual se pretende construir un futuro, donde sólo habrá cenizas, porque si uno no reconoce su parte de responsabilidad en los acontecimientos nunca saldrá del estado de crisis, al contrario, la convertirá en un hábito social. Pero ¿para decir esto es necesario un libro así? Diamond responde: «Sí, porque el conocimiento de los cambios que han funcionado antes, y de los que no lo hicieron, puede servirnos de ayuda».

Y fija un decálogo: 1. Punto de inflexión como desafío: ver las crisis como un desafío y no como una desgracia significa salir airoso en lugar de perderse en el desánimo. 2. Cambio selectivo consciente: saber cambiar las cosas debidamente seleccionando los elementos del pasado que hay que mantener y los que hay que abandonar. 3. Aceptación de la responsabilidad: no simplemente reconocer que existe un problema, sino ajustar la parte de responsabilidad que uno mismo tiene en él. 4. Autoevaluación honesta: determinar qué cosas de uno mismo funcionan bien y cuáles no. 5. Naciones en crisis: momento especial por el que pasa una comunidad nacional provocado por hechos externos o internos. 6 Estado de convulsión: un desafío de la historia que no puede resolverse con los métodos de gestión habituales. 7. Rendimiento de los estudiantes: índice sobre la capacidad de comprensión en matemáticas y ciencias, y de espíritu crítico en historia. 8. Análisis desde la experiencia: situar el conocimiento que se adquiere por la experiencia como un valor añadido al estudio. Una apuesta a favor de integrar a los sabios que han superado la edad laboral en la toma de decisiones. 9. Valor de la complejidad: ante la infinita complejidad de la vida, la de resumir y establecer prioridades para plantear un marco útil debe ser la labor del estudioso. 10. Paciencia ante los fracasos nacionales. Los problemas nacionales no admiten soluciones rápidas, ni ofrecen ninguna garantía de éxito al primer intento de resolución. Por tanto, la paciencia es un atributo de la tolerancia, ambas necesarias ante los fracasos y situaciones frustrantes.

En realidad, Diamond lo ha entendido todo en la recuperación de un mundo a la deriva. El cierre de la cultura de base humanista; los problemas de dinero; los constantes conflictos regionales que tapan ambiciones desmedidas de las nuevas clases sociales; la creciente represión contra el individuo (miedo al humanismo), todo eso es infranqueable de cara. Por tanto, hay que emboscarse, sugiere Félix Riera con un lejano eco a Ernst Jünger.

Niall Ferguson en *La plaza y la torre* (2018) regresa a la Siena del genial pintor Ambrogio Lorenzetti. Es más necesario que nunca situar el valor exacto de la alegoría del buen y el mal gobierno a la hora de dirimir el conflicto entre las redes y las jerarquías por el control mundial. Lo hace convencido de que la mayor parte de las cosas que se dicen sobre las redes son disparates que favorecen una cada vez más deleznable industria cinematográfica de catástrofes vinculadas al perverso uso de los materiales informáticos, y que llenan las pantallas de misiones imposibles, agentes 007 y muchachos con afán de redención. Comparto la tesis central de que el verdadero conflicto mundial reside en quienes finalmente controlan las redes y con qué jerarquías cuentan para hacerlo. Su excepcional análisis da como resultado un libro magistral, imprescindible, lleno de entusiasmo por el poder cauterizador de la historia ante el avance de la majadería en forma de musculosos cuerpos sin riego cerebral. Cierto que tienta al lector con un guiño para que sepa finalmente quiénes eran los Illuminati y quiénes forman parte de esas redes de influencia que con nombres sonoros marcan las conversaciones de los viernes por la noche en buenos restaurantes. Parece querer iluminar los secretos, como si Walter Benjamin estuviera en la antecámara de sus preocupaciones, y así forja una poderosa trama donde aparecen caballeros de la Tabla Redonda, nuevos flautistas de Hamelin, señores de la jungla digital, merodeadores de las torres que vigilan el destino de Ciberia que está tejiendo la nueva «cognoesfera». Mucho material para evitarlo: mucho material para pensar. Porque al fin y al cabo todo eso que ocurre en ese futuro inmediato en el que nos adentramos sucedió una vez, en Siena, en pleno siglo XIV, demostrando así que «la dicotomía entre red y jerarquía viene de antiguo». Y es que tal vez el futuro no es lo que se espera en esa utopía libertaria de ciudadanos libres que proclaman los magos actuales tipo Mark Zuckerberg o Evan Williams.

Va a nacer la inteligencia artificial.

LA IA VA DE CAMINO. PRECISIONES DE MARCUS DU SAUTOY

En la primavera de 2019, Marcus du Sautoy publica *Programados para crear*. El lector asiente confundido, sacude a veces la cabeza, sin hacer nada —nada de lo cual pudiera derivarse que pone en duda el futuro de la inteligencia artificial— y trata de comprender. Al mismo tiempo, sin embargo, no da señales de credulidad, como cuando lee unos capítulos de Proust sobre el tiempo perdido. ¿Y eso por qué?

Tras haber alcanzado fama mundial con su libro *La música de los números primos*, Marcus du Sautoy nos regala ahora un nuevo libro sobre la programación de los ordenadores, por supuesto vinculada a la inteligencia artificial. Parte de la impresión que le suscita un momento concreto de la vida de Ada Byron, de casada Lovelace, cuando «se quedó arrobada viendo cómo la máquina de Charles Babbage producía números según hacía girar la manivela». Porque, a pesar de los muchos años que han pasado desde ese momento, el autor entiende que, en esa expectante curiosidad de Ada se puede ver «la primera incursión en el mundo de la creación de programas informáticos». Es muy interesante esta apuesta de análisis del sentido de los programas informáticos y de la inteligencia artificial llevada a cabo por un matemático de robusta formación académica, de cincuenta y cinco años (nacido en Londres en 1965), con una consolidada cátedra en Oxford y un largo currículo que le lleva del Collège de France a la Universidad de Camberra. Porque a fin de cuentas de lo que se trata es de definir la creatividad, esa habilidad humana para imaginar, innovar y crear obras de arte (plásticas, literarias o ensayísticas): habilidad humana que hoy se dobla en una habilidad que hemos querido que también tengan las máquinas mediante ese recurso revolucionario, a la vez que peligroso, el aprendizaje automático, de modo que «los algoritmos recorran el paisaje digital y aprendan como lo hace un niño».

El desafío está claro para Marcus du Sautoy, pero no se amedrenta ante él por un principio básico de su manera de pensar y de su argumento: «Si queremos entender cómo funcionan los algoritmos que controlan la vida moderna, necesitamos comprender las reglas matemáticas que los sustentan». Y como se trata no sólo de un elogio a las matemáticas como la forma suprema del saber (con permiso de la música, aunque, claro está, la música en último término es pura matemática), no duda en convertir este libro en una exploración pitagórica sobre lo que realmente distingue al ser humano de la máquina, en el bien entendido —como escribe sin ambages— de que «estoy muy pendiente del posible éxito de la nueva inteligencia artificial en el mundo de los museos y galerías de arte, de las salas de conciertos y las editoriales». Y lo reconoce nada más comenzar para fijar las reglas de *su* juego, que, como admirador de Fibonacci (en realidad se llamaba Leonardo de Pisa), esconde en los números de sus dieciséis capítulos, que componen el libro estructurado como un tríptico que da 7+4+5, y cuya disimetría indica los planes de un juego al que invita al lector.

En la primera hoja de este tríptico (capítulos 1 al 7), Marcus du Sautoy se pasea por el amplio territorio de la creatividad deteniéndose en el fascinante mundo del juego del go, el único capaz de desafiar al algoritmo, de vencer con una estrategia que no se basa en la destrucción de las fichas del contrario (eso es lo que hace el ajedrez), sino en rodear al oponente, evitando que este te rodee. Una metáfora absoluta de nuestro tiempo, donde las relaciones internacionales se han convertido en un modo de jugar al go para tener el control del mundo. Para ese menester se necesita más que nunca a los algoritmos, ya que son ellos en último término los que definen el secreto de la vida moderna; ellos se han convertido «en las divisas de nuestra era porque son el alimento perfecto para los ordenadores», basta con pensar en ese algoritmo que hoy ayuda «a millones de personas a navegar por internet cada día».

En la segunda hoja (capítulo 8, 9, 10 y 11), sitúa los objetivos de este juego donde el ser humano lucha contra el algoritmo (a veces incluso también a la inversa) y se pregunta por qué motivos el financiero mexicano David Martínez pagó ciento cuarenta millones de dólares por un cuadro de Jackson Pollock conocido como *Number 5, 1948* (yo hubiera hecho lo mismo de tener esa suma, y hoy podría explicarlo en paralelo a la explicación que ofrece Marcus du Sautoy sobre ese gesto que puede sorprender aún a algunos). Por fortuna ese ejercicio que aquí se llama «aprender de los maestros» es la única razón para esperar un futuro prometedor donde los falsos Pollock sean fácilmente detectables, con o sin máquinas que nos ayuden, que lo *falso* en su total dimensión sea fácil de detectar, sumando lo que se dice con la emoción de cómo se dice: el impostor es frío porque no ha sufrido el acto creativo. Los maestros enseñan esa verdad con su testimonio: de ahí que los ciento cuarenta millones por un Pollock me parezcan calderilla, pues lo que está en juego es saber situarse por encima del algoritmo cuando este ya sea hegemónico en todos los procesos de gestión social, política y cultural. Es imposible «programar» esa disidencia interior que el ser humano tiene como tesoro espiritual. Claro que se puede intentar resucitar a Rembrandt, pero eso sería «copiarlo». Eso nos lleva al territorio del sueño creativo y la pregunta que se volvió de culto años atrás: *¿Sueñan los androides con ovejas eléctricas?*, título de una famosa novela y argumento para el guion de una de las películas más celebradas de la ciencia ficción, *Blade Runner*. ¿Sueñan los algoritmos? Y sobre todo, ¿sueñan los algoritmos creados por el aprendizaje automático que propone la inteligencia artificial? Estamos en el límite extremo donde el algoritmo se convierte en arte. Por ejemplo, para

Marcus du Sautoy, el arte de las matemáticas, como «la ciencia de detectar y explicar patrones». Desde los babilonios, miles de años atrás, se hacen ecuaciones a veces crípticas para desvelar el sentido del mundo. Como por ejemplo $X^2 + 7x - 60 = 0$. Desafíos y sistemas de demostración, aquí está el «telescopio del matemático» que observa la frontera exterior, allí donde la máquina no llegará: «La buena música es escasa y el número de piezas es insuficiente para que las máquinas aprendan a imitarla».

Y, por fin, la tercera hoja de este tríptico (capítulos del 12 al 16), el paseo se adentra en los espacios secretos, en esos donde se pierde la noción de tiempo y espacio: «Algunos llaman a esto *being in the zone* (estar en la zona), aunque más recientemente se le ha venido a llamar *flow*, fluidez, gracias a las investigaciones del psicólogo húngaro Mihály Csíkszentmihályi». Por fin el libro llega a su punto neurálgico y, como las novelas medievales, lo hace en el último tercio (página 271 de la edición española): «La fluidez alcanza cuando se llega al punto de encuentro entre una maestría extrema y un gran reto». Entrar en las profundidades de los actos creativos, ese lugar-momento en que todo es posible, cuando lo profundo sale a la superficie y lo que está en la superficie se hace profundo. Al no poder encontrar explicaciones sobre este sorprendente gesto humano (de momento, sólo humano y quizá demasiado humano) la sociedad se ha visto obligada a moverse por los laberintos de pasillos interminables, buscando una salida que diera sentido a la búsqueda, a la *quête*. Ahora se nos quiere decir que el algoritmo es el Grial del siglo XXI. Antes de decidirlo, leamos el libro de Marcus du Sautoy. *Programados para crear* es una experiencia mística; incluso más: una perfecta inmersión pitagórica.

REVOLUCIÓN DIGITAL

¿Revolución digital? ¿Es tan revolucionaria?

Llevamos más de cuarenta años viviendo con la revolución digital y con sus resultados en el campo económico, social, cultural y político. Generaciones enteras han nacido en su seno, *generaciones t*, por su constante uso de lo táctil, desde sacar dinero en un cajero automático hasta jugar en una tableta. Los que somos migrantes de lo analógico hemos adaptado nuestras costumbres al imperio digital, convencidos de que se trata de un punto sin retorno en el curso de la historia.

Desde sus primeros pasos, en 1987, cuando Pierre Lévy habló de la *machine univers* como una mutación de la ciencia, ha surgido una era cargada de extraños presagios del dominio de las máquinas (los «robots», los llamó el checo Karel Čapek, autor de la divertida novela *La guerra de las salamandras*), presagios que servían de argumento a películas como *2001: Una odisea del espacio*, donde el superordenador Heuristically Programmed Algorithmic Computer (HAL) asumía la responsabilidad de interpretar los objetivos de la misión y los anteponía a la vida humana, o como *Alien, el octavo pasajero,* donde el superordenador «madre» interrumpía un viaje comercial de regreso a la Tierra para explorar un planeta perdido donde habitaba un «extraño» que despertaba el terror de la tripulación (y del espectador) ante un universo ilimitado y misterioso; en otros casos los ordenadores asaltaban los últimos reductos del ser humano, como el Deep Blue de IBM, que derrotó a un campeón de ajedrez, haciendo pública la idea de la inteligencia artificial como la herramienta del futuro, incluso como almacén de la memoria de una humanidad con fecha de caducidad, como planteó en 2001 Steven Spielberg en el film *AI*, donde un niño, en realidad un robot, sobrevive a una catástrofe para enseñar el camino que conduce a recuperar los valores que con tanto esfuerzo han logrado sintetizar los seres humanos desde que la historia empezara en Sumer. Aquí está el desafío de los ordenadores que nacen al adoptar digitalmente los grandes hallazgos de las matemáticas de los últimos cien años. Hoy resulta una ingenuidad considerar que los ordenadores son un elemento complementario del saber, como demuestra la comunidad de los expertos en informática, los agentes de venta y los directivos de marketing, pues en todos esos casos, cuando introducen los criterios informáticos para orientar sus actividades, son conscientes de que se disponen a sustituir la percepción natural de los hechos por la percepción que ofrecen los algoritmos.

El desafío de los ordenadores acaba de empezar y ya está generando una fuerte preocupación por la falta de «distancia emancipadora», dice Jürgen Habermas, ante los productos relacionados con el desarrollo de los algoritmos. Tres casos concretos lo avalan.

Primero: internet. De ser una red de intercambio de experiencias se ha convertido en un entramado de centros proveedores de información en inmensas bases de datos, como puso de relieve tempranamente Marvin Weinberger al fusionar Databasics Business con Telebase Systems, punto de partida del modelo empresarial para definir la información que debía transmitirse por vía digital.

Segundo: *big data*. De ser una base de datos se ha convertido en una herramienta del conocimiento. Aquí estriba una de las razones que inducen a pensar que el siglo XXI debe afrontar una seria crisis en los modos de pensar debido a la sobrecarga de información que se solventa con el recurso a un software capaz de leer mecánicamente miles de documentos, de clasificarlos en escenarios temáticos y de extraer conclusiones de carácter estadístico sobre la conducta social que llenan de pruebas las afirmaciones, pero que a menudo las despueblan de análisis crítico. La creación de programas, como Zotero, que permite a los usuarios elaborar bibliografías, hace de este instrumento del conocimiento un territorio sospechoso, pues a menudo se acumulan libros y artículos que no han sido siquiera ojeados. Otras recopilaciones como Paper Machines ofrece recopilaciones de textos en síntesis apretadas con fines estrictamente cuantitativos como saber cuántos viajes se realizaron por el Atlántico en el siglo XVII y cuántas personas se transportaron de Europa a América, y viceversa. Que estos datos ayuden a entender mejor el mundo de aquella época es algo que está por ver.

Tercero: aprendizaje automático de la inteligencia artificial. De ser la utopía de afanosos programadores ha devenido una realidad empresarial abriendo la puerta a que el algoritmo aprenda por sí mismo en tiempo real con el uso de sus propios errores. Así, sabemos que cuando enviamos al *spam* un mensaje no deseado suministramos una valiosa información sobre nuestra manera de proceder, nuestros gustos o nuestras opciones políticas, o cuando elegimos una película en una plataforma revelamos nuestra forma de vida.

Esta encrucijada donde el algoritmo litiga con la cultura humanista (la realidad digital frente a la realidad humana) reclama un arbitraje sobre el uso de los datos por parte de las empresas, lo que exige una voluntad política para considerar los datos como una de las riquezas de mayor potencialidad en el futuro, y por supuesto también una conciencia del papel que deben desempeñar las máquinas en el futuro de la humanidad. Para muchos de nosotros, el peligro inmediato lo hemos detectado en el hecho de que algunas empresas informáticas suministran servicios para tener controladas cada una de nuestras decisiones, sea la compra de un objeto, el destino de un viaje o la orientación del voto en unas elecciones. El patrón creado por los algoritmos convierte al ser humano en un miembro más de un coro incapaz de razonar.

El mundo según el imperio del algoritmo: un juego de múltiples posibilidades. La elección humana no como un fenómeno surgido del espíritu crítico, sino como fundamento de una manipulación informática. En esto estriba la semejanza (semejanza curiosa a la vez que inesperada) entre las distopías tipo *Terminator* y el populismo de los modernos déspotas (y no sólo Trump o Erdogán). Al igual que las máquinas que limitan el papel de los sujetos de carbono, el algoritmo que incide sobre la conducta social no es más que una inmensa máquina informática, un ejército digital en el cual las virtudes humanísticas (creatividad, espíritu crítico, disidencia) ya no sirven para nada. Las decisiones tomadas por el algoritmo son necias, a pesar de ser una fuente de inmensos beneficios para quienes las controlan, sean empresas de datos o sean políticos sin escrúpulos morales: la lógica binaria de sus argumentos, basada en patrones matemáticos, carece de la prudencia y el arte del ingenio que es capaz de transformar el mundo. En las programaciones actuales, veladas por el manto del misterio de un lenguaje esotérico, la necedad se convierte en la metáfora absoluta de un mundo a la deriva. Pero el algoritmo intimida tanto como satura la codicia de los servidores del capital.

Una era definida por el desarrollo de cursos tipo *big think*, esos en los que internet programa actividades transversales con gente de todo el mundo, puede ser un momento oportuno para hacerse la pregunta que determinará el curso de la historia de las próximas décadas: ¿pueden pensar las máquinas? Y si lo hacen, ¿en qué lugar de su sistema de valores sitúan a los seres humanos de la especie *Homo sapiens*, la única de momento existente en la Tierra? Y eso nos conduce a tener presente la posibilidad de que en algún momento un algoritmo consiga destruir el espacio que separa al ser humano del robot, y pueda pasar por humano lo que es una respuesta automática. Hay que establecer complejidades paradójicas antes de que sea demasiado tarde, vencer a las máquinas allí donde ellas muestran su auténtico talón de Aquiles, en lugar de luchar en ese territorio donde los troyanos siempre ganan porque tienen la doble información, la suya y la del oponente humano, que se afana por evitar relatos fáciles de asimilar, convertidos en meros datos para dar sentido al algoritmo que determina su función y su importancia social y cultural.

El desafío del algoritmo a la cultura humanística es el gran acontecimiento de nuestro tiempo; se puede seguir evitándolo, sosteniendo ese tiempo retenido de la vida académica llena de individuos fáciles de ser sustituidos por ordenadores porque lo harían mejor. No hay que tener miedo a las máquinas, cuyos algoritmos piensan en una nueva era donde alcancen su plena hegemonía, porque probablemente no estén nunca a la altura de la creatividad transformadora, es decir, de esa manera de ser tan humana que permite desarrollar ideas que cambian las reglas del juego. Pero, entonces, la pregunta de verdad de nuestra época, la época que nace con el coronavirus, es esta: ¿quién teme la creatividad transformadora? ¿Acaso los directivos y los políticos que han sido seleccionados ya por un algoritmo? Aquí reside la cuestión a la que debemos dar una respuesta que las máquinas son incapaces de encontrar, habiendo creado en su entorno un bucle informático capaz de destruir todo porque carecen de la creatividad transformadora forjada por el humanismo, la única que tiene las respuestas a las grandes preguntas. Porque si es terrible dejar que un algoritmo decida por el ser humano el modelo de gobernanza, es del todo insoportable descubrir que hemos llegado al punto donde no hay respuestas a las interminables preguntas del ser humano. No hay que sentirse culpable por ello; sólo hay que actuar. Y hacerlo ya.

¿Y SI EL FUTURO FUESE EL ORIGEN? GREENBLATT Y EL PARAÍSO

Imaginemos en detalle la vida cotidiana del mañana. Cuidarse todo el día, del amanecer al anochecer, cuando hace calor o cuando hace frío; dedicar sólo unos días a la semana al trabajo que permite la manutención de un individuo o de su familia, si es que esta sigue siendo necesaria. Otra observación: reconsiderar si es bueno o no que el ser humano esté solo con las máquinas, receloso de entrar en contacto con el resto de los seres vivos. Vuelve a tratarse el apotegma del Génesis sobre la creación de la mujer, el efecto en el jardín del Edén y sus figuras emblemáticas: serpiente, manzana, árbol del bien y del mal, ramas de higuera. ¿Qué razón hay para que el origen de la humanidad se haya explicado como un cuento?

Aquí veo la clave de la suspensión de la realidad histórica en la actividad política, donde prima sobre todo el ansia de regresar a un lugar idílico, el miedo al futuro y el ardor por sublimar el desarrollo. Un cuento puede dar una apariencia de dignidad a las peores acciones. Se sabe desde que Charles Perrault publicara en 1697 los *Cuentos de la madre Oca* para que la sociedad de Versalles pudiera oír las voces de los simples e iletrados, pero el serio Stephen Greenblatt se atreve a ir más lejos, a interesarse por los orígenes de ese procedimiento en su libro *Ascenso y caída de Adán y Eva* (2018).

Greenblatt se preocupa por los motivos de la humanidad, que «no puede vivir sin cuentos», llegando a la conclusión de que «el término *engaño* es la descripción maravillosamente inadecuada de los motivos o del contenido de los cuentos, incluso de los más fantásticos»; y por eso necesita saber por qué se explicó el origen de la humanidad mediante un cuento «cuya duración tan larga se ha extendido por tantas latitudes y ha sido tan persistente, tan machaconamente real»; además de crear un conflicto de interpretaciones sobre la falsa lógica del pecado original, según la vieja definición de san Agustín que hace mella en Paul Ricœur cuando en *Introducción a la simbólica del mal* anota que «el mal es una involuntariedad que late en el fondo de lo voluntario».

En la versión de Milton, *El paraíso perdido*, se ve a un Adán ligeramente titubeante ante la invitación de comer la manzana que se le ofrece como una prueba de amor, por lo que recibe una reprimenda de Eva. Adán no lo soporta y se pone a comer inmediatamente el fruto del árbol prohibido, consciente de las consecuencias de un gesto así. A los lectores de la Biblia les gusta detenerse en ese instante. Cuando luego aparece Dios para juzgar lo sucedido, protesta por la injusticia de un destino que le empuja a una existencia que nunca pidió, ya que, desde ese momento, obtendrá el pan con el sudor de su frente. El arcángel Miguel llega para acompañarlos a salir del paraíso. Todo pecado lleva aparejado su penitencia. Se puede entender ingenuamente así el relato del Génesis, pero las cosas, como es de suponer, son más complicadas y profundas.

En cualquier caso, en 2018, Greenblatt utiliza el relato del mito del origen para advertir de la marcha al país de Nunca Jamás a la que algunos políticos actuales quieren conducir a la humanidad. En sus arengas, consignas de acción y proclamas se recuerdan las razones de los incrédulos, los escépticos, para conservar la convicción de que la única verdad es la que el cuento dice. Debemos hacer un esfuerzo para entender a los que sostienen esos cuentos como principio de acción política, porque quizá algunos de ellos serpentean entre desfiladeros de dudas sin saber hasta qué punto son víctimas y hasta qué punto opresores, sumidos en la frialdad de las mazmorras por la suprema hostilidad de la indiferencia social, y otros se dejan llevar por una angustia simbólica tan intensa que prefieren la destrucción a la armonía social. ¿Cómo si no insistir en fábulas que se recrean infinidad de veces para cerciorarse de que son la única verdad asumible? Aquí es evidente la influencia de lo que siempre se ha dicho que fue el mundo de Adán y Eva. En suma, el hecho de que el origen está al final del recorrido.

¿PARA QUÉ TANTAS RODAJAS? TESTAMENTO DE JACQUES LE GOFF

El reto del historiador, afirmó Jacques Le Goff en 2013 mientras sentía a su alrededor los efectos cotidianos de la mundialización, es la concepción implacable de las periodizaciones, continuidades, rupturas, manera de pensar la memoria y la historia... Lo que necesita el mundo actual es una osada mezcla de larga duración y acontecimiento puntual, y de ese modo solventar de una vez el valor de una Edad Media larga o la centralidad del Renacimiento como elemento cultural a debate, para saber si es buena su permanencia como un sistema de valores que ayuden a guiar al futuro o, por el contrario, deberá procederse a su cancelación.

Le Goff encontró en un breve ensayo, una suerte de testamento intelectual de uno de los mayores medievalistas de nuestro tiempo, el punto de vista perfecto sobre la valoración de la mundialización de la historia: la realidad se percibe en las estructuras profundas, la representación política en el curso de los acontecimientos, que pueden ser ceremoniales o culturales. En el equilibrio entre realidad y representación se logra *maîtriser* el largo pasado y a la vez advertir la dificultad de prever con exactitud el futuro. Porque, al organizar el orden del tiempo, por decirlo al modo de Krzysztof Pomian, resulta difícil forjar una periodización, y por eso se pregunta: ¿es verdaderamente necesario cortar la historia en rodajas? En ese punto comienzan los problemas: los siglos son apreciaciones muy personales de los estudiosos; así, el siglo XVIII comienza en 1815 y el siglo XX en 1914 (si es así, el siglo XXI comienza en 2021). Formas útiles pero confusas, por tanto. Otras propuestas han generado mucho ruido. Por ejemplo, hablar de Antigüedad tardía para el periodo comprendido entre los siglos III y VII o hablar de Renacimiento para los siglos XV y XVI. Forman fraternidades ideológicas entre grupos de afinidad, pero también propuestas de carácter estratégico para momentos de crisis. Cuando por fin se arremete contra una edad oscura y se la denomina Edad Media (se han gastado décadas en legitimarlo) salen medievalistas del talento del propio Le Goff y lo desmienten, aunque de inmediato un coro vocinglero de las universidades británicas surge para negar la negación. Es, a los ojos del maestro que analiza con la distancia de su oceánico saber, el mayor error de todos. Y luego llega el final. Lo inesperado de este libro de Le Goff es que su autor concluye que la periodización es un campo importante de la investigación y de la reflexión para los historiadores contemporáneos. Gracias a ella se ilumina la manera en que se organiza y desarrolla la humanidad en la duración y en el tiempo. Así pues, ¿es verdaderamente necesario cortar la historia en rebanadas? Pues sí, es necesario para una buena disposición del orden y la duración del tiempo.

19

LA GLOBALIZACIÓN EN ENTREDICHO (2016-2019)

> Rosa agita el envase para que la gota de leche condensada caiga de una vez, para poder regresar a su habitación y seguir viendo la décima temporada de *Survivor*, el quinto o sexto episodio.
>
> INGER-MARIA MAHLKE, *Archipiélago* (2018)

TIMOTHY BROOK CONTRA SERGE GRUZINSKI

Vayamos a los años previos al reconocimiento por la OMS en marzo de 2020 de que la COVID-19 era una pandemia y detengámonos en un terreno fértil para la batalla cultural, el de la historia global, el de su razón de ser más allá de recrear la historia de las civilizaciones planteada por Fernand Braudel en su libro *Las civilizaciones actuales*.

La situación es patente en la postura de dos grandes dualistas, los reputados historiadores Serge Gruzinski y Timothy Brook, sobre las posibilidades de realizar la historia del mundo. Uno apoyado en el premio otorgado en 2015 por el Comité Internacional de Ciencias Históricas en reconocimiento a sus estudios poscoloniales; el otro convencido de que desde el promontorio de la experiencia se logra cambiar el estudio de la historia. Ya vemos: un objetivo común, dos competencias, pues mientras Gruzinski se pregunta para qué sirve la historia, ahora que se transita de lo local a lo global y la gente por lo general prefiere la ficción para aproximarse al pasado, sea la Edad Media con *Juego de tronos*, sean las campañas militares de Bonaparte con el *Napoleón* de Ridley Scott; Brook se fija en Europa y China como polos del campo magnético de interconexiones que se deben estudiar para que el pasado logre aclarar el futuro.

Dos modos de acceder a la historia del mundo cuidadosamente separados; en apariencia, claro, porque cualquier lector percibe que, en las preocupaciones sobre las tensiones actuales, Gruzinski no está solo; también está junto a él Brook, cuyo último libro es un estudio acerca del precio del colapso que tiene como referente a la Pequeña Edad de Hielo en China al final de la dinastía Ming. De ese modo, las escenas sin historia que atraen a uno tienen el mismo objetivo que el *trompe-l'œil* presente en los cuadros de Vermeer que son el material de estudio del otro. Lo mismo ocurre a la hora de definir la superabundancia de pasados que Gruzinski considera la mejor prueba de que no existe la amnesia sobre el pasado de la que se suele hablar, y el esfuerzo de Brook de ir más allá de la superficie de un cuadro para «estudiar detenidamente los objetos como signos de una época y el lugar en que se pintó cada cuadro». La mejor historia mundial comienza con la mejor historia local.

Según este modelo de hacer historia forjado hoy en el gabinete del historiador —¡y qué mejor gabinete que el de Gruzinksi y Brook, dos magníficos representantes hoy de este oficio!— puede verse que, por una parte, existen los ámbitos respectivos asignados a la escritura del pasado, con unos límites marcados en el terreno de la ilusión de la transparencia, la que lleva a convertir una novela, una ópera o una película en un relato histórico. Cuidado con quien no reconozca la advertencia de Mefistófeles a Fausto cuando este se convierte en aprendiz de brujo: «Tú mismo has creado ese juego de fantasmagoría». Por otra parte, relacionado con los marcos propios de la historia, Brook afirma que la circunstancia que explica el siglo XVII, por encima de cualquier otra, es el enfriamiento global.

El relato del pasado es más complejo de lo que las ficciones suponen en sus ingeniosas inventivas. De momento, observemos que el trabajo de Gruzinski y Brook, incluso en los principios tan fecundos como el de preparar a los jóvenes para ser ciudadanos libres y críticos, se desarrolla al hilo de la aproximación innovadora de los ciclos culturales forjadores del mundo actual. En este momento que precede a la llegada de la pandemia de la COVID-19, ambos autores advierten la necesidad de encontrar explicaciones al hecho medioambiental de que un frío invernal significa algo más que patinar sobre el hielo: significa épocas de cultivo más cortas y tierras más húmedas, aumento del precio del grano y aparición de enfermedades.

Esta propuesta es una historia extrema, porque induce a pensar en el desarrollo diferencial de los dos modelos de civilización estudiados, el europeo y el chino, uno orientado a la revolución industrial para terminar hoy dudando de dicho modelo e incapaz de asumir los desafíos actuales;

el otro replegado en sus valores ancestrales, que, tras superar una revolución cultural que no iba a ninguna parte (la de Mao), se siente seguro para afrontar los desafíos de la globalización, siguiendo el consejo de Confucio: «Yo soy, sencillamente, uno que ama el pasado y que es diligente investigándolo».

Sin rodeos: Gruzinski plantea volver a conectar para alcanzar un relato polifónico de principio a fin; Brook articula testimonios diversos en busca de una explicación global de un hecho, por ejemplo, situar al gobernador de Manila Sebastián Corcuera, al autor del *Tratado sobre cosas superfluas* Wen Zhenheng y al pintor Johannes Vermeer como protagonistas de una interconexión cultural. Éxito popular asegurado.

TIEMPO DE ESPERA. DINASTÍAS PARA VER EL MUNDO

Por tanto, se puede situar a mediados del verano de 2019 la brusca sacudida que fracturó la seguridad en el mundo occidental, cuando el virus de la COVID-19 se propaga silenciosamente en el mercado de mayoristas de pescado de Huanan, en la ciudad de Wuhan, China.

Simon Sebag Montefiore, al finalizar *El mundo*, un libro de mil cuatrocientas páginas publicado el año 2023, escribe: «Puede haber un exceso de historia. Quizá resulte una reflexión rara en boca de un historiador que está concluyendo una historia universal en una época de pandemia y de guerra en Europa. Pero la historia importa: deseamos saber cómo hemos llegado a ser quienes ahora somos». Tal era su estado de ánimo, fingiendo que las noticias sobre la COVID-19 le llegaban por sorpresa al estar absorto sin tregua en su trabajo. Como es natural, él se mostraba preocupado, pero seguía trabajando. Los noticieros se llenaban de casos; él no oía nada. Y, si le buscaba para que opinara sobre lo que estaba pasando, respondía brevemente sin enfadarse; y reanudaba la historia de las dinastías.

Un hecho resulta innegable. En el verano de 2019 una tenaza invisible apretaba el instante en el que un historiador decidía afrontar la globalización como materia de estudio y le obligaba a una ofrenda indeseada, bien a favor de los grupos sociales crispados en un egoísmo *new age*, bien, lo que viene a ser lo mismo, aunque en el otro extremo del espectro político, a favor de lecturas supremacistas alentadas por la ansiedad de unas élites nacionalistas preocupadas por su propio estatus. Pero ¿qué podía hacer si el horizonte de expectativas se reducía a perezosos comentarios sobre la política internacional? ¿Qué porvenir se preveía si, como resultaba cada vez más evidente, el deseo de cambiar de historia se limitaba a las fantasías y a las nonadas de la narrativa de consumo? Sin nombrarlo, ese deseo de imponer una historia mundial sobre la ficción respondía a la sensación de que no quedaba mucho tiempo. Sin duda, algo estaba a punto de suceder que lo iba a cambiar todo. La escritura de la historia global también. Muchos historiadores en esos meses no podían quitarse de la cabeza una idea como esa. El recuerdo de viejos colegas escribiendo en la fase terminal de la vida como Sima Qian.

Les reafirma el convencimiento de que era inminente una enfermedad (sin saber de qué tipo llegaría a ser) y que el mundo estaba irritado ante una sociedad allanada, sin imaginación, sumisa al poder burocratizado. ¿Por qué? Porque ya no había manera de dictar, las clases de historia eran una lectura de fichas con el único fin de apoyar la promoción de los pillastres habituales, los que no respiran desde el espíritu, sino desde las hojas de la Administración. ¿O tal vez porque no es posible entender problemas que habitan entre nosotros? ¿Cómo cuáles?

El mestizaje, por ejemplo, deduzco; y es una iluminación. Veamos el caso del Inca Garcilaso, apoyándonos en las buenas investigaciones de Gabriella Airaldi y Carmen Bernand. Hay que leerlas para entender la defensa de la diversidad en forma de una lectura de los valores indígenas ante la globalización iniciada en el siglo XVI por el Imperio de los Habsburgo españoles; hay que conocer la voz que viene desde el espíritu y la dignidad del hombre, idea humanística que tuvo en Pico della Mirandola a su intérprete, y hay que seguir su huella en las descripciones de *La Florida* o de los *Comentarios* de los reyes Incas. El Inca Garcilaso como contrapunto al mirar el mundo desde esa parte que ha sido conquistada, colonizada, y que es preciso retener en la memoria si se quiere ajustar la visión de los vencidos, de la que habla en nuestros días Miguel León Portilla en línea con el clásico estudio sobre los quechuas de Nathan Wachtel. Al fin y al cabo, el suyo es un testimonio de la necesidad que, a finales del siglo XVI, se tuvo de paliar esa perniciosa pulsión por la desmesura que Giuseppe Marcocci desbroza en *Indios, chinos, falsarios*, la historia de unos personajes del siglo XVI que, o bien falsificaron los hechos para acomodar lo que veían a lo que la gente quería saber, o bien eran unos impostores que se aprovechaban de la ignorancia dominante para medrar en una sociedad excesivamente complaciente con la cultura del *otro* (¡qué actual suena todo esto!). Su trabajo deja una frase que hace pensar: «Al tiempo que los vastos horizontes de un mundo globalizado se reflejaban en las obras de arte, continuaba difundiéndose el conocimiento del mundo en su globalidad, lo que estimulaba la redacción de nuevos relatos».

LO GLOBAL A EXAMEN. CON FRANKOPAN ENTRE OTROS MUCHOS

Llega el momento de examinar el valor de lo global en la historia. Esta arriesgada operación intelectual exige tres compromisos por parte del historiador que la lleve a cabo: en primer lugar, un campo de definición de los conceptos utilizados, por ejemplo el de guerra civil o el reciente de dictadura electiva; en segundo término, una voluntad de atender al lector cansado de la corrección política que exige el derecho de contar con una buena historia para orientarse en la confusa madeja de interpretaciones del pasado; y, terceramente, una conciencia del peligro que aguarda a la sociedad abierta ante la demolición de la historia en favor de un relato de ficción basado en hechos reales, que deviene falso.

Primero, la correcta lectura de los testimonios. Para muchos de nosotros, la historia está basada en los postulados de testigos sobre la acción justa: es una fusión de miles de particularidades en un objetivo común. Hay que saber escuchar para situar lo ajeno en el mismo plano que lo propio, un gesto del espíritu que debe enseñarse, de lo que se hace como reconocimiento de lo que queremos que sea el *porvenir*. ¿Para qué sirve la historia hoy? Preguntamos. Una respuesta podría ser: sirve para aprender a escuchar lo que tenemos delante y no errar en el diagnóstico, como le ocurrió al sobrino de Rameau al confesar a su interlocutor, el filósofo de la Ilustración francesa y editor de la *Encyclopédie* Denis Diderot, que «dado que se esperaba de mí que actuara como idiota, me convertí en un idiota». Eso sucedió en el siglo XVIII, después de que el mundo saliera de la guerra de los Siete Años y antes de que entrara en el torrente revolucionario que va de la Declaración de la Independencia estadounidense en Filadelfia el 4 de julio de 1776 a las protestas en las calles de París el 14 de julio de 1789. Y ahora, ¿qué es ser un idiota? Quedar impertérrito ante la ópera bufa de la actual gobernanza mundial que sostiene a líderes «carismáticos» en las periferias del sistema mundial como ejemplos de una malversación de los recursos en proyectos banales mientras la sociedad carece de lo más elemental de la vida. Resulta significativo afirmar que actos como el Brexit inglés de 2016 o el proceso catalán de 2017 son la sal de la concepción democrática y progresista de la vida civil cuando en realidad son proyectos con aura conservadora hechos en nombre de una nación supuestamente dañada.

Segundo, la voluntad de atender el derecho del lector de contar con una historia mundial libre de ideologías sólo puede hacerse con un espíritu abierto, crítico y juicioso en relación no sólo con el pasado, sino con el futuro, como hace Peter Frankopan en *El corazón del mundo*. Un relato de los horizontes abiertos que sitúan a Shanghái, Singapur o Kuala Lumpur como centros del negocio mundial, sin que, en el otro polo de esta interconexión mundial, las ciudades de la Unión Europea, se esté dispuesto a responder a ese desafío al estar sujetas a lo que Renée Gregsi denomina *affligeant mediocrité*. «Mientras en Occidente nos preguntamos de dónde vendrá la siguiente amenaza, cómo lidiar con el extremismo religioso o cómo negociar con Estados decididos a despreciar el derecho internacional, a lo largo y ancho de la columna vertebral de Asia se tejen en silencio redes y conexiones», escribe Frankopan en el intento de drenar los miasmas acumulados en los pantanos de la política europea.

Otro libro reciente, *En guerra con el pasado*, de Paolo Mieli, me lleva a afrontar el tercer compromiso: la toma de conciencia del peligro de demoler la historia mediante la aceptación de lo falso. Mieli profundiza en los hechos que se hacen realidad social pese a ser en parte mentira, en parte verdad manipulada. De ahí que la historia retroceda en una época donde paradójicamente todos usan el pasado en las discusiones cotidianas. Así, la demolición del saber histórico por un lado, la consolidación de la falsedad por otro. Dado que el deseo por saber lo que ocurrió realmente, en qué orden y con qué resultados es bueno para la salud democrática, es normal que la mediocridad lo evite, lo cuadre, lo descarríe para agotarlo o lo frene. Tiene varios medios para conseguirlo: la represión, la promoción de los falsificadores o la exaltación de los impostores. Emplear todos los medios a la vez, como en nuestro país, que es simultáneamente descreído y conformista, criticón y convencional, es evidentemente el camino hacia la destrucción de la sociedad abierta. Cuanta más falsedad hay en los relatos sobre el pasado, más confusión se genera y menos libre se es. Hablemos pues de la falsificación de la historia como hace Mieli, reivindiquemos citar de forma correcta lo sucedido, y de ese modo sabremos, por ejemplo, que, al aceptar ser coronado emperador en la navidad del año 800, Carlomagno no miraba al futuro, sino al pasado de la vieja Roma. ¿Cuántos gobernantes hoy proponen avanzar construyendo sobre un pasado que para colmo es falso? Muchos, y no los tenemos lejos. Parece increíble, pero los buenos libros de historia enseñan a entender las cosas que permanecen en la zona oscura. Leerlos se me antoja la manera de que la sociedad logre evitar lo que está por suceder: el rapto del futuro al quedar huérfanos de información del verdadero pasado.

FALSIFICAR EL PASADO. MIELI ENTRA EN GUERRA CON EL PASADO

En marzo de 2019 queda poco del *charme* de esa mezcla volátil de utopía y experimento que había sido el argumento principal de *La ideología alemana*, el texto de Marx que tantas consignas procuró a la generación que llegó a la universidad antes e inmediatamente después de 1968. Entre los jóvenes que acudieron por entonces a la Sapienza de Roma estaba el milanés Paolo Mieli, hijo del periodista Renato Mieli, director de *L'Unità*, e íntimo colaborador de Palmiro Togliatti. Acudió a la Facultad de Derecho para escuchar las lecciones de Renzo de Felice, el mayor experto en fascismo de los muchos que ha habido. En los círculos en los que comenzó a moverse, sus afines hablaban tumultuosamente de Potere Operaio y de Lotta Continua para fijar las sendas de la revolución. Sin embargo, el estudio de la historia del *Risorgimento* con Rosario Romeo le ofreció al joven Mieli, ya entonces excelente escritor, el tono del hombre de mundo de la segunda mitad del siglo xx, análogo a la *sprezzatura* de la que hablaba Castiglione en el Renacimiento o la discreción que proponía Gracián: un tono intelectual que se advierte en los primeros artículos periodísticos en *L'Expresso* y *La Repubblica*, como luego en *La Stampa* y *El Corriere della Sera*. El secreto de su éxito se debe al recurso a la historia en el análisis de la política contemporánea, de Italia, por supuesto, pero también del resto del mundo. Estamos ante una mirada lúcida sobre la sucesión de acontecimientos anómalos que ha conducido a la sociedad europea a vincularse con la barbarie. Un proceso oscuro que en parte obedece a la llegada a la esfera pública de revolucionarios de seminario o de nacionalistas imbuidos de populismo supremacista; todos ellos «incendiarios» que, según Mieli, «buscan en la maleza brasas latentes para encender nuevos conflictos, en los que ellos son los protagonistas y los mayores beneficiados, sin percatarse de que serán irremediablemente calcinados por las llamas que han provocado». Escribir así exige una conciencia social que sepa descubrir el perfil de la multitud que busca la exaltación pública para diluir la humillación privada sin importarle el daño que puede llegar a causar.

Ahora tenemos ocasión de leer esos textos en el excelente libro *En guerra con el pasado*, donde se consuma la gran tradición intelectual europea de quien sigue de cerca todo lo que narra, acontecimientos, personajes, ideas, como si fuese un testigo que redacta un informe sobre lo que acaba de presenciar. El libro se articula en cuatro partes que definen el estado de guerra al que torpemente se ha llegado: 1. Con la historia que nos han trasmitido. 2. Con las religiones armadas. 3. Con los mitos de la guerra. 4. Con los grandes protagonistas.

Esa es la estructura que tiene como fin «devolver el pasado a quienes sólo lo abordan para estudiarlo». Quien conoce de verdad el mundo por haberlo estudiado y por haberlo vivido sabe cuándo y en qué momento actuar, porque es capaz de analizar los caracteres de los protagonistas de la historia, valorar sus razonamientos y ajustar sus objetivos; por el contrario, quien desconoce la historia veraz y se ha formado una imagen del pasado con sus propias ideas, sin contrastarlas con las de los expertos, yerra inevitablemente de momento y de lugar y se cierra todas las puertas al futuro porque sencillamente desconoce el pasado. Tener en cuenta esto significa que, a juicio de Mieli, «declarar la guerra al pasado es lo más estúpido que hay», sea a la hora de quitar una estatua, cambiar el nombre de una calle o plantearse como un objetivo de Gobierno la exhumación del cadáver de un personaje de otra época, lejana o reciente. Esa forma de beligerancia con el pasado sólo tiene un verdadero propósito, escribe Mieli: «Fragmentar la historia, simplificarla, desmontar su complejidad con el fin de adaptar los acontecimientos de épocas remotas a las categorías y necesidades del presente». Hay que dejar las simplezas a un lado, debemos «hacer las paces con el pasado, lo que nos llevará a reconocer los errores de todas las partes». Insistiendo en que las verdades analizadas por la buena historia se conviertan en normas de convivencia. Por ejemplo, negar que Carlomagno sea el padre de Europa no es sólo mostrar respeto por la alta autoridad del medievalista Jacques Le Goff, es un gesto de madurez de una civilización que necesita conocer su pasado para afrontar su futuro. Ahora que con la llegada de la nueva campaña electoral vamos a escuchar auténticas *bêtises* sobre el pasado, la lectura de Mieli será un saludable contrapunto.

EL ORDEN EN EL MUNDO Y LA HISTORIA MUNDIAL. KAPLAN SE POSICIONA

Estamos en el verano de 2019. En algún lugar se levanta el acta de que la cultura del siglo XX ha alcanzado ese punto en el que, en medio de una espesa agonía, proclama su deseo de poner punto final a ese largo y batallado esfuerzo por cambiar de historia: crisis mundial aguda.

De inmediato queda atenuada según el ritual moderno que consiste en situar la necesidad por delante del azar. La historia debe continuar desde las perspectivas abiertas por la tecnología digital. El recurso es de tercera: insistir en el consumo de objetos, teléfonos móviles, juegos de consolas, automóviles de alta gama: el lujo vuelve a llamar a las puertas del capitalismo como un eco del viejo Sombart en sus estudios de cien años atrás. El suave tiempo estival hace el resto. Y con atardeceres largos, sin prisa. ¿Qué hacer?

Ha ocurrido otras veces en el pasado. La crisis de un sistema mundial viene acompañada de una pregunta sobre el futuro. Ocurrió a finales del siglo XIII, concretamente en 1295, cuando el mercader veneciano Marco Polo regresó del viaje por Asia Central y China, comenzado veinticuatro años antes, junto a su padre y su tío. Descubrió en ese momento que la Europa del crecimiento agrícola y del comercio de los horizontes abiertos daba síntomas de cansancio, que la guerra fría entre Génova y Venecia por el control de las materias primas, alumbre (el petróleo de la Edad Media), seda, algodón, especias, oro y sal se convertía en una guerra abierta a dilucidar, como había ocurrido tantas veces en el Mediterráneo, en una batalla naval. He recordado esta estampa del siglo XIII europeo al leer el ensayo de Robert D. Kaplan sobre la ruta de la seda impulsada por China con acotaciones sobre la estrategia estadounidense y el intencionado título de *El retorno del mundo de Marco Polo*.

Europa se deshilacha y Eurasia se cohesiona. Es la frase inicial, en la que veo una coda al ruido (y la furia) de las sensaciones del verano de 2019. En tiempos de buena salud política, nos persuadimos de que existe un control de las emociones humanas y es imposible retroceder a un pasado ya probado como letal para la sociedad. Pero hoy la salud política no es buena. De unos años acá se imponen relatos populistas y/o nacionalistas que alteran la armonía y que en parte obedecen, según Kaplan, a que «la redención moral emprendida tras la Segunda Guerra Mundial ha conducido a un infierno económico y político de difícil salida». La tensión entre el Estado del bienestar y la globalización ha calentado la situación, que ha dejado de ser líquida para convertirse en vaporosa; el devenir está condicionado por una provinciana cultura política incapaz de dar una repuesta imaginativa ante los retos de un mundo donde son cada vez más intensas las interacciones cosmopolitas. De seguir la gobernanza mediante mentiras, posverdades o *fake news*, nos situaremos en un escenario proclive a la catástrofe moral.

En este punto salen al paso las palabras de Stefan Zweig en la conferencia inaugural del Congreso sobre Europa, celebrado en Roma en 1932, sobre la necesidad de la «desintoxicación moral de Europa»: palabras tan actuales que han merecido una edición de bolsillo a cargo del politólogo Jacques Le Rider. Resulta que Zweig tenía toda la razón. Los europeos de entonces se perdieron en las vastas telarañas de unas reclamaciones sin fundamento real, responsables de lo que Javier Rodrigo y David Alegre han llamado comunidades rotas por las guerras civiles; resultado de un proceder irresponsable donde los agresores se presentaron a la sociedad como víctimas de injusticias históricas que sólo estaban en sus mentes delirantes. Hoy regresamos a la misma situación: si en el pasado fue estimulada por demagogos sin escrúpulos, hoy se hace por medio de las redes sociales, verdaderas charcas de enfermiza verbosidad. Pero en ambos casos los conflictos locales (ayer la guerra civil española, hoy las guerras civiles en el África subsahariana) devienen los laboratorios de *la guerra futura*, ya que, según Lawrence Freedman, «hay acontecimientos fortuitos que cogen al mundo desprevenido y le empujan al abismo».

Llegados a este punto se entiende el mensaje lanzado por Hubert Védrine: hay que «salvar Europa» de la crisis de confianza en la que se han instalado sus ciudadanos. Al expresar este deseo, busca las complicidades necesarias para afrontar un futuro libre de los tres pozos de ambición que la tienen atrapada en este momento: los populismos nacionalistas, los fondos de inversión surgidos del desmantelamiento de la economía de los hidrocarburos y el imperialismo en sus diversas formas. ¿Y por qué no puede suceder así? Existe la opinión bastante extendida, y que ha hecho suya François Reynaert, de que la Unión Europea no es un accidente, es el retorno al curso natural de la historia de un territorio que lucha contra las lacras del pasado pensando en ellas de forma crítica, sin ocultarlas, pero con el ánimo de no dejarse confundir por la tormentosa sombra de los deseos sin fundamento. Veo en este *Voyage en Europe* algo más que un relato amable que nos reconforta al irnos a dormir, veo el impulso que nos llevará a entender el pasado para pensar el futuro. Si lo hacemos así estaremos a las puertas de descifrar el mensaje que, en 1794, William Blake dejó escrito en *Europa, una profecía*: «El peligro de los europeos es la destrucción de la armonía trazada por un compás de puntos hecho de rayos de luz».

MUROS SÍ, MUROS NO. NOTAS SOBRE EL BREXIT

El mismo momento, verano de 2019. La controversia sobre la crisis permanente de la civilización occidental me parece carente de interés. Mucho más aún los miles de páginas sobre la desgraciada aventura del Brexit. Según Fintan O'Toole en *Un fracaso heroico*, los impostores llenaron las páginas de los periódicos de un *como si*: «Actuar como si la revolución incruenta hubiese sido realidad sangrienta; lo que, en una deliciosa ironía, significaba imaginarse la revolución inglesa *como si* fuese la revolución francesa». ¿Realidad o propaganda? La cuestión no tiene mucho sentido, salvo para sus actores. Falsificación, eso es seguro. En cualquier caso, ver cómo se alimenta una ansiedad, pasar de una opresión imaginaria a una violencia imaginaria, mostrar el poder judicial como un grupo subversivo, considerar al adversario de una idea política como un enemigo del pueblo o un saboteador, o apostar por la retórica *völkish* indicando que los cosmopolitas sin raíces no merecen la ciudadanía (una idea de la extrema derecha supremacista, pero también una idea estalinista).

¿Quién podía enterrar de manera más grandiosa a la historia que la propia historia?

Sin pausa contra ella, pues.

Para entender lo global en la historia, es decir, las interconexiones culturales, es preciso entender el proceso contrario, el deseo de las civilizaciones de encerrarse en sí mismas por miedo al nomadismo o la migración, en una palabra, el deseo de crear muros. Precisamente *Muros* es el título del libro de David Frye, natural de Tennessee, pero profesor en Connecticut, donde realiza una sobria descripción del proceso que conduce a la creación de fronteras materiales, desde la Muralla China al Muro de Berlín, pasando por el limes romano o las murallas de las ciudades europeas, muchas de las cuales son objeto hoy de visitas turísticas. El proceso de crear muros es una forma de entender la ambigüedad de la vida humana, abierta y a la vez temerosa.

En el ámbito de las ideas, la creación de un muro se efectuará con mayor probabilidad a través de símbolos concretos, historia, nación, lengua, identidad, que sirvan de reactivos. El rodeo a través de los detalles concretos lo hace muy bien el nacionalismo emergente que busca en la historia las lagunas necesarias para introducir la mitología del humillado. Así se hizo durante la campaña del Brexit y, a su línea, en el proceso independentista catalán de septiembre-octubre de 2017: en ambos casos se planteó como una promesa de tiempo y lugar que crea un muro legal, al modo romano del limes, de un sector de la sociedad que se percibe integrada en la causa y está a un lado del muro, el lado bueno, por supuesto, y otro que se percibe ajena a la causa (incluso hostil) y que se sitúa en el otro lado del muro (el lado malo, sin duda). Objetos, gestos, situaciones: desde los lazos con la tradición hasta el modo de leer el pasado que da sentido al futuro. No existe ninguna dificultad a la hora de elaborar un canon, aunque sea falso, construido sobre fábulas surgidas de las historias ilustradas de la segunda mitad del siglo XIX: época patriótica para la clase alta que la recupera para que sus descendientes participen de un mismo estilo de vida. El inventarse una historia en la Edad Media ocupa un lugar importante en la genealogía del Brexit, pero también en los movimientos supremacistas. Tanto si se trata de leer crónicas sobre acontecimientos gloriosos o de configuraciones ideológicas sobre una pretendida esencia nacional, los creadores de un muro legal deben conocer los rituales sociales que pretenden imponer como si fuese la mimesis de lo que una vez existió.

ESPAÑA EN LA PUERTA DE SALIDA. ELLIOTT DEFINE LA SITUACIÓN

En ese escenario portentoso y a la vez trágico al que llamamos España, se reúnen a menudo los hombres y las mujeres para quejarse: no del país que, según opinión unánime, es de los más bellos de la Tierra, sino de las oportunidades perdidas que se les han ido brindando a lo largo de la historia, dando lugar a la idea de ser un verdadero enigma. Hace aproximadamente quince años, en 2009, con una *Nueva historia de España* intenté delimitar los rasgos de ese enigma en el ámbito de su actividad cultural, el arte, la literatura, la música, las costumbres sociales, que intervenían en su exigencia de cambio permanente según un modo de ser contrastado desde la época romana, incluso antes. Sin necesidad de resumir aquel largo relato, puedo indicar su viabilidad en la perspectiva de entender las razones de cambiar el estudio de la historia, por las que abogo en este momento. En 2009 me parecía esclarecedor desarrollar, a partir del procedimiento de la historia narrativa como expresión de la visibilidad del pasado en el nuevo milenio, la imagen de un país que no se ha tomado en serio sus compromisos culturales casi nunca. Lo que mostré fue la realidad de un sistema político que no entendía el esfuerzo de la gente por aportar su idiosincrasia a una escala global.

Ese modo de ser de sus habitantes, del que habló el gran historiador romano Tito Livio para advertirle al emperador Augusto del problema al que se debía enfrentar, atraviesa los siglos con su inclinación a destruir lo que construye. Asoma así inesperado, discretamente, desde una época antigua, el rasgo privativo de un país capaz de estropear sus mejores logros debido a la torpeza, trufada de vanidad, de sus dirigentes. España, una tierra olvidada por el sentido común. Y los que dudaron del diagnóstico tienen la oportunidad de acudir a *Una historia de España*, de Arturo Pérez-Reverte, un libro donde se sale al encuentro del país no como un espectador detrás de la barrera, sino en la misma arena, con la convicción que se tuvo antaño, en 1898, cuando sonó para España la hora europea.

El libro, fruto de una colaboración con el suplemento *XL Semanal*, es una sucesión de estampas (noventa y dos, contando con el epílogo) desde el remoto pasado hasta la rabiosa actualidad que permiten descubrir que siempre ha sido igual en este país: una clase política corrupta y malversadora de bienes públicos, unos religiosos tajantes que queman al que les discute, un Gobierno incapaz que recurre a la guerra civil para seguir medrando, un apego a exterminar al oponente, no a convencerlo. Aun así, a lo largo de una historia desgraciada pero fascinante, los españoles han expresado su indignación con humor, gracias a una lengua robusta, visual, como quería Juan de Valdés o el propio Nebrija, de la que este libro es una buena muestra (no en vano su autor es académico de la española); pero también gracias a una tradición literaria enfrentada al desatino de los poderosos con ironía, incluso sarcasmo, desde Rojas o Cervantes hasta Larra o Ganivet. La persistencia de situaciones fácilmente reconocibles es una constante en el libro, desde la descripción de los godos hasta el franquismo, el argumento olvidado de la actual enseñanza. Baste leer el párrafo de cómo se liquidó el Imperio romano en España para darnos cuenta del estilo:

> Imagínense a la clase política de entonces, más o menos como ahora la chusma dirigente española, con el Imperio-Estado hecho una piltrafa, la corrupción, la mangancia y la vagancia, los senadores Anasagastis y los diputados Rufianes, la peña indignada cuando todavía no se habían puesto de moda las maneras políticamente correctas y todo se arreglaba degollando.

Las estampas se suceden sin parar, hay que leerlo de un tirón para luego volver sobre sus fragmentos magistrales, que son muchos, por cierto. Desde el consejo que Leovigildo le da a su hijo («Mira, chaval, este es un país con un alto porcentaje de hijos de puta por metro cuadrado, y su naturaleza se llama guerra civil») hasta la definición de lo que fue Al-Andalus («Ese cuento chino de un país tolerante y feliz, lleno de poetas y gente culta, donde se bebía vino, había tolerancia religiosa y las señoras eran más libres que en otras partes no se lo traga ni el idiota que lo inventó»):

encontraremos aquí decenas de comentarios intempestivos sobre los episodios más relevantes de nuestra historia, sin la épica de Galdós pero con un fuerte realismo narrativo. Este libro es Pérez-Reverte en estado puro. La severidad de su mirada le sale natural, como si formase con él una misma sustancia, según podemos apreciar en el modo de concluir una de esas estampas diciendo «de lo que hablaremos en el capítulo siguiente de nuestra siempre apasionante, lamentable y muy hispana historia».

El recurso del humor, elemento clave de la catarsis de una sociedad aprisionada en la ignorancia de su historia, no sólo afecta al estilo, que se salpica de hijos de puta, irse al carajo y otras expresiones del argot coloquial con el que a menudo despachamos lo insufrible, también afecta al contenido de su información. Por ejemplo, al describir a Fernando VII dice: «Era cobarde, vil, cínico, hipócrita, rijoso, bajuno, abyecto, desleal, embustero, rencoroso y vengativo; resumiendo, era un hijo de puta con ático, piscina y garaje». Del mismo modo le veo implicado, e íntegro, en el terreno de las esperanzas, cuando sospecha que España no tiene solución porque «el país ha perdido el control de la educación escolar y la cultura».

A partir de algunas publicaciones recientes el lector se podrá posicionar sobre el momento de la historia. Todas ellas son fruto de largas reflexiones sobre el sentido de la vida, ahora que parece vaporoso, al menos sin esa seguridad que una vez se tuvo en este país llamado aún España, cuando se debatían las cuestiones relativas a su porvenir en los ya lejanos setenta. Para los numerosos autores que reúne la *Nueva historia de la España contemporánea*, los conocimientos del pasado reciente están tan establecidos que al interpretar la identidad cultural de nuestro país se llega a la conclusión de que es ajena al «estereotipo de excepcionalismo [*sic*] y fracaso que durante tanto tiempo había dominado la historia de España». Es una idea tan optimista que por eso causa perplejidad leer a continuación que «hoy, el clima se ha ennegrecido con nubarrones que impiden mantener ese optimismo», al encontramos ante una «España menos esperanzada que se inserta en una Europa y un mundo también más lúgubre». Según este argumento se ha desmoronado el orden cultural surgido tras la recuperación de la democracia en 1978-1979, dando lugar a una comunidad a la deriva desde fecha reciente —desde la crisis económica de 2007-2008— enfrentada a una forma de hacer historia que no responde a sus necesidades.

España, entre la rabia y la idea tiene conciencia de esta situación, y da lugar a un ensayo angustiado, «como quien medita en el rincón más triste de la historia, como quien espera el alba», escribe García de Cortázar al final del prólogo. Desde luego, es un ensayo poscatástrofe, pero la catástrofe no es la crisis económica, sino la «debilidad del sentimiento nacional». En línea con Ortega, «la nación es un principio», una norma intelectual que no se entiende ya por «una dejación de responsabilidades de los gobernantes». Por eso, «los españoles carecen de una idea de nación que les garantice seguridad en estos momentos de peligro, que permita salir al paso de la ofensiva separatista desde una posición de superioridad intelectual, mayor eficacia política y mejores recursos de veracidad histórica». Frase contundente con la que se legitima que el repaso a la reciente historia cultural española no es un gesto de nostalgia. Claro que ese magnífico repaso se detiene en el legado cultural que llevó a la transición. Después, un denso silencio sobre lo que se ha escrito en los últimos cuarenta años, como si eso no contara para el diagnóstico. Opción que entra en conflicto con el epílogo, «Desde esta España», donde el ahora aflora para señalar que en España ya no se cumplen los requisitos forjadores de la Constitución de 1978.

Si los dos libros anteriores son conscientes sólo en parte de las razones del quebranto actual, *Una lección olvidada* es plenamente consciente. Pero ¿cómo escribir sobre eso? Guillermo Altares se eleva magistralmente a la cima de un relato integrador, crítico y esperanzado, ameno y altamente erudito, para vencer el efecto traumático de los cambios generacionales en la completa convicción de que los maestros del mañana están entre nosotros, no en los nombres solemnes de las enciclopedias al uso. Comienza su excelente relato con un párrafo deliberadamente combativo: «El pasado en Europa siempre ha sido mucho más imprevisible que su presente y, desde luego, que su futuro». ¿Por qué? Sencillo de explicar: «El pasado cambia porque se producen nuevos descubrimientos o porque se transforma la perspectiva y los historiadores buscan nuevos ángulos, investigan terrenos que habían ignorado, pasan de relatar hazañas de los reyes a estudiar la vida privada de la sociedad». He aquí un relato escrito impecablemente que elabora con meticulosidad todo aquello que se espera de un viaje al pasado europeo. En este bello libro, Altares expresa un profundo anhelo de europeidad como ciudadano, periodista y testigo de la historia. Porque en muchas ocasiones se sitúa tras la opinión del experto al que visita (o al que lee), del que saca lo mejor que tiene para continuar *su viaje* a esa parte del mundo donde la vida es agradable. Lo hace con sentido del humor y de la oportunidad, creando una fuerte complicidad con el lector.

Esto a su vez reveló una increíble posibilidad de que la historia volviese a estar presente en el debate político al ver cómo un maestro se lamentaba de lo fácil que resulta desestabilizar una nación a base de tópicos. Es lo que hizo sir John Elliott en *Catalanes y escoceses*; se ha avivado mi fe en el derecho de la historia a estar presente en el debate político. El objetivo de este libro es el de explicar «la historia de dos autoproclamadas naciones que, al menos en el momento en que se escriben estas páginas, no poseen Estado propio»; pero que aspiran a tenerlo con la convicción de que «el nacionalismo y el separatismo son dos caras de la misma moneda». Recurre para ello a la historia comparada. Es un método que interesa a Elliott desde hace algún tiempo; al menos desde el 10 de mayo de 1991, cuando dictó en calidad de *regius profesor* la lección inaugural de la Universidad de Oxford con el título «Historia nacional, historia comparada». ¿Acaso el reputado maestro cuestiona ahí la historia nacional, cimiento de la *british identity?* Una cosa quedó clara en su exposición: la historia de Inglaterra es más que insular, pues tiene ligámenes con el continente desde la temprana Edad Media. Conclusión que parece de sentido común, tal como lo concibió el conde de Shaftesbury, aunque la manera de alcanzarla recuerda a la escuela francesa, a Marc Bloch, que en Oslo, en 1928, lanzó el gran reto del historiador: hacer una historia comparada de las sociedades europeas. Fue un momento muy positivo ver a Elliott en 1991 pensando en una Europa comprometida con el futuro tras la caída del muro de Berlín dos años antes.

La audacia de un acto académico aparece en *Catalanes y escoces*, donde se denuncia la historia viciada por la práctica del nacionalismo y el halo supremacista («mi pueblo es superior al tuyo»), donde se prima la identidad sobre la armonía social. Elliott incluye en este libro los tres momentos claves en el devenir de estos dos pueblos.

Primer momento, la unión dinástica de finales del siglo XV, que convierte la política de Estado en fundamento de la realidad, «aunque en 1479 el Consejo de Castilla decidiese no hacer de rey y reina de España su título oficial por razones que todavía siguen sin explicación».

Segundo momento, la discordia resultante del hecho de que la Administración estuviera en manos de leguleyos locales con más ambición que espíritu de servicio. Las rebeliones del siglo XVII son su inevitable corolario, aunque en el caso catalán en 1640 dieran paso a la República de Pau Claris, «que duró exactamente una semana», y a los *miquelets*, fuerzas de resistencia, y en 1688 a la «revuelta de las *barretines*, no secundada por la Cataluña urbana».

Tercer momento: las «uniones por incorporación», como fue la Nueva Planta de 1707-1716, someten tanto la letra original de la leyes como su apasionada negación por los austracistas a una realidad llamada «España, o la nación española, como sería denominada». Al fin y al cabo, lo que se postula a partir de entonces es una especie de «patriotismo dual» que en el caso catalán permite intervenir en la guerra contra Napoleón y en la redacción de la Constitución de Cádiz. El resto del capítulo es un análisis comparativo del proceso de industrialización y sus consecuencias.

Elliott dedica el capítulo quinto a la demanda de autogobierno (1860-1975), sabiendo que «el sentimiento de agravio puede convertirse fácilmente en algo obsesivo». Que este sentimiento se ligue, como hizo Prim, al federalismo ibérico o al *hacer país*, como planteó Pujol, no le resta al desenlace un ápice de su tensión dramática en el día de hoy; más bien la aumenta, la diversifica en cada una de las opciones políticas que defienden el hecho de sentirse diferentes. Nación *oblige*. No revelo el final del libro; simplemente llamo la atención sobre el giro que Elliott da a la historia de ambos países y me detengo en el epílogo, que entiendo como una iluminación. Elige la máxima de Thomas Jefferson «los Gobiernos establecidos desde hace tiempo no deberían ser cambiados por causas ligeras y transitorias» para hacer una seria advertencia: «Aquellos que proponen la independencia en el siglo XXI harían bien en grabar esta máxima en sus mentes al contemplar el camino que tienen por delante». Es una conclusión consciente del derecho de la historia a intervenir en política. Por eso añade:

> Los retos planteados por la globalización, la crisis económica, el dominio de las corporaciones y organizaciones supranacionales y la generalizada desigualdad social han creado un ambiente muy propicio para el populismo nacionalista y para los políticos que han sabido cómo explotarlo.

El drama actual es que un sentimiento en principio amable se haya convertido en la negación del futuro, porque la capacidad que tienen catalanes y escoceses de verse como quieren verse y no como son en realidad ha llegado a crear una sociedad de linderos confusos donde el consumo de los objetos de la más rabiosa modernidad no logra disfrazar el imperio de las ideas del pasado sobre los ideales del futuro.

Lo que *Catalanes y escoceses* mostró fue la realidad de un sistema cultural que no entendía la historia. Yo mismo lo dejé meridianamente claro en *Informe sobre Cataluña*, convencido de que cuando el vecino, el amigo, el pariente se equivoca de camino parece razonable tratar de hacerle ver la fuente de su aflicción. A veces parece una pasión inútil, otras, unos modales propios de otra época, como llevar sombrero o debatir sin gritar. A pesar de todo la obsesión de los partidarios de la independencia, nunca asumieron que la Constitución del 78 pudiese realmente haber interiorizado, como consecuencia de haber logrado una transición pacífica de un régimen autoritario a uno democrático, la idea de que una España democrática es un proyecto de unión basado en la diversidad y que, por tanto, estaba dispuesto a tomarse en serio los hechos diferenciales. Pero también mostró algo más sorprendente: la desconexión mental de los políticos catalanes de la compleja realidad de la Unión Europea. Nunca vieron que el conflicto territorial era (política y, en parte, legalmente) no una cuestión española, sino una cuestión europea. Esto a su vez reveló una increíble complacencia con la estrategia de la Rusia de Putin respecto al porvenir de Europa. Los partidarios de la independencia han optado por la tarea fácil de desestabilizar una nación (España) y no se han detenido a pensar en lo difícil que va a ser volver a estabilizarla.

EL BUSCADOR DEL FUTURO

Regresemos al punto de partida de Libby Robin en 2013: «El futuro no está predestinado; más bien al contrario, es algo que "creamos"». Así las cosas, tenemos que comprometer toda la creatividad posible en la realización de ese futuro, esto es, ciencia, economía, historia e imaginación humana. Nadie puede predecir el futuro, pero la imaginación puede iluminar su relación con la historia y con la condición actual del mundo.

Imaginemos, por tanto, con la vista puesta en el horizonte de 2030 —o 2050, si me apuran, que sería más acertado, porque en ese futuro ya se habrán hecho visibles los logros de la civilización que ahora necesita de un mapa mental para alcanzarlos—, un mapa del tesoro de la vida cuyo porvenir a veces se niega. Entre el pasado y el futuro, las líneas de ese mapa nos llevarán a dejar a un lado las imágenes pletóricas del consumismo codicioso del capitalismo maduro con la misma fuerza que la negación de los valores humanísticos por los partidarios de insistir en el modelo bolchevique de organización social como norma de liberación, cuando en realidad es de cautiverio. El conocimiento del deseo de encontrar un camino nuevo para el estudio de la historia en estos últimos ciento cincuenta años, desde 1871 hasta 2021, es la vía de acceso a un mundo alternativo en el que volvamos a querer vivir lejos de los profetas del cambio climático o del colapso como puerta de entrada a otra época. Y así parecía ser, cuando de repente llegó la pandemia de la COVID-19.

¿Qué actitud adoptar? Muchos tomaron la suya, yo me propuse hacer historia de la pandemia.

20

ENTRE LO POSIBLE Y LO IMPOSIBLE (2020-2021)

> En vez de discutir sobre cuál ha de ser el límite del aumento de la temperatura global, habría que ir a la raíz del problema: el fin de la era de los combustibles fósiles no llegará educando a los ciudadanos, sino transformando las infraestructuras, la movilidad y la industria.
>
> JULI ZEH, *Sobre humanos* (2021)

HARARI Y RATZINGER ANTE LA PUERTA GIRATORIA DEL FUTURO

El mes de marzo de 2020 la pandemia de la COVID-19 cayó como una losa sobre el mundo. Sin apenas darse cuenta, la humanidad empujaba la puerta giratoria que da al futuro.

No hay que impacientarse por seguir los argumentos. Estaría bien que supiéramos apreciar el curso de los acontecimientos antes de emitir un juicio sobre la pandemia. ¡Menuda primavera fue aquella! Además, a diario aumentan las preguntas de qué sucedió y por qué sucedió. Como si la historia actual rodara con la misma presteza que la historia de los últimos ciento cincuenta años. Los historiadores sabemos lo mismo que la gente que busca informarse en los periódicos, los telediarios o las redes sociales; sólo tenemos la ventaja de contar con un viejo método de observación de la realidad material y de la realidad imaginaria. Y aun así nos sentimos totalmente desbordados por el curso de los acontecimientos.

En la memoria social queda como un hito el día que las autoridades decidieron el confinamiento a escala global para evitar la propagación del virus. Una creencia respetable, cuya viabilidad dependía de fomentar en los medios de comunicación la concepción cultural de que la salud prima sobre la economía y la geopolítica. Un desafío a decenas de años diciendo lo contrario para los que llevaban la más recluida de las existencias nunca vista. La levedad de los años precedentes reventó como un globo al que se le acerca una aguja. Pero nadie se atrevía a tomarse en serio lo que sucedía; a lo más se aceptaba con resignación.

El confinamiento hizo real el deseo del poeta Píndaro expresado en sus *Elegías*: «Agota toda la extensión de lo posible», pues de ese modo se abrió el debate de si en esos meses se había llegado al final de una era, según la secuencia iniciada por Friedrich Nietzsche en 1871 y que hoy en día sostienen valedores del poshumanismo como Francesca Ferrando; o, por el contrario, se había facilitado la toma de conciencia de fomentar un nuevo humanismo a la altura del que tuvo lugar en el siglo XII con Abelardo, en el siglo XVI con Erasmo o en el siglo XVIII con Leclerc, conde de Buffon, y que hoy sostienen pensadores como Byung-Chul Han al hablar de la sociedad del cansancio.

Desafío a la sociedad del capitalismo maduro, la pandemia de la COVID-19 resultó especialmente rara. Fue como una sala de juegos en la que los grandes apostadores pusieron sobre la mesa sumas imposibles para que la historia continuara con su labor de ser el faro en la navegación hacia el incierto horizonte de 2050; mientras la gente corriente gastaba sus ahorros en las propuestas de la inteligencia artificial.

Lo posible y lo imposible, así pues.

Dos acreditados pensadores explican lo que estuvo en juego durante el confinamiento. El historiador Yuval Noah Harari y el teólogo Joseph Ratzinger, elegido papa con el nombre de Benedicto XVI.

Veamos la obra del primero, escrita a toda prisa justo después de la obra del segundo.

Sapiens. De animales a dioses (2014), *Homo Deus* (2015) y *21 lecciones para el siglo XXI* (2018) es una trilogía muy seria, como las otras obras que Harari había escrito en su juventud en calidad de medievalista sobre el arte de la guerra y de la caballería (*Renaissance Military Memoirs* y *Special Operations in the Age of Chivalry*) pero de naturaleza distinta. Barack Obama tenía razón cuando vio en ellas un lenguaje de futuro, un adiós al siglo XX por concentración dramática. No el futuro después de la pandemia, sino algo que hoy nos da de lleno en el corazón, fulgurando sobre el fondo de la inteligencia artificial. Harari, en *La última experiencia* (2008), un libro sobre la guerra del siglo XVI, afirmó que el ser humano estaba amenazado por un complot militar, y hoy, al volver sobre el argumento de una posible guerra futura, sostiene que «ante el hecho de que se está en un mundo global, se necesita una historia del mundo, no de un país o religión en particular, sino una historia de la humanidad en general».

¿Una historia de la humanidad? Al menos un análisis de la fragilidad de los sentimientos, de las oscilaciones constantes de un lado al otro, de las traiciones, de la variabilidad salvaje de opiniones. Harari veía al *Homo sapiens* trastornar, con sus sanguinarias acciones de guerra contra la armonía digital, la confianza en el *ahora*, una civilización luminosa pese a los complejos niveles de poder y de exhibición, y a la política y sus protocolos minuciosos en el campo de la diplomacia y de la república internacional del dinero. Un punto de vista que se debe a haber pasado de las aulas universitarias a los salones donde se toman decisiones de verdad, y donde puede hacerse la siguiente afirmación sin caer en el ridículo: «En un mundo inundado de informaciones irrelevantes, la claridad es el poder».

Cuando un historiador llega a esta conclusión, toma conciencia de que cuanto más se habla de un asunto menos conocimiento se tiene de él, cuanto más se altera por el *porvenir*, más alejado está de encontrar la claridad que conduce a la verdad. Investigar el *ahora* es un privilegio mayor que investigar el pasado, por eso no se puede hacer desde la precariedad. Todo lo que va a suceder afectará a millones de personas apresadas en sus conflictos cotidianos, llevar a los niños al colegio, mantener el puesto de trabajo, cuidar a los mayores, buscar ratos de ocio o discutir con los afines sobre temas extraídos de los medios de comunicación. ¡Qué difícil es saber lo que realmente pasa *ahora*! Sin embargo, este es el objetivo de las *21 lecciones para el siglo XXI*.

Hay que entender a Harari: al estar todo implicado en la sociedad global ha surgido una espiritualidad compartida, pero la miseria aleja a la humanidad de este bello logro. Las preguntas habituales no tienen respuestas convincentes. ¿Qué significa el triunfo de Trump a través de su manejo de las redes sociales? ¿Qué papel desempeña Putin en el germen de las mentiras que han contaminado Europa? Se dicen muchas cosas, se especula, pero hay poca claridad. El poder no ha tomado una decisión al respecto. Mientras esperamos que lo haga, las masas se entretienen con el desafío digital promovido por las redes, que está cuestionando las categorías que todos creíamos intocables, trabajo, libertad, igualdad, incluso fraternidad. Y usted, lector, ¿qué? ¿Cuál es su espacio de entretenimiento? ¿Acaso la política? Todo eso de la sostenibilidad, la identidad nacional, la religión, la inmigración, ¿le preocupa más eso que el trabajo que va a dejar de tener o que no tendrán nunca sus hijos? A las masas se les lleva a la cultura del miedo. La realidad del ahora es el terrorismo, la guerra, las bombas inteligentes.

Historia del ahora. Todo lo que ocurre a nuestro alrededor es pura fantasía: ignorancia, ciencia ficción; un simulacro. No hay que decir que «el futuro no es lo que se ve en las películas», pero tampoco lo que dicen los arrogantes personajillos que marcan las pasiones de las masas. Ante la entrada de la verdad se amontonan los guardianes de la mentira; los centros del saber, universidades, escuelas, academias, se hallan dominados por filibusteros con ganas de medrar y engañarse para engañar. Se falsifican las vidas profesionales con descaro. ¡Qué más da! La música tiende al rap, destinado a una clientela apasionada del punto de vista como modelo de conducta social. Todo es opinable, se dice. Cierto que hay resiliencia. Mucha gente cree en la educación, en el sentir el arte o la música, en saber que «la vida no es un relato», la gente que apuesta por la reflexión, pero eso está contaminado por los nuevos brujos. Todo lo que sucede ahora es un poco... demasiado.

Esta voz suprema del poshumanismo es, lo acabo de decir, del corto periodo de tiempo 2014-2018. El movimiento intelectual al que se le adscribe tan a menudo no gustaba mucho a Harari y a sus amigos: hay intentos de atenuarlo con expresiones menos trágicas, sin éxito de momento; en realidad, la trilogía *Sapiens* tiene una idea sobre el modo de escribir historia por efecto de la revolución digital llena de contradicciones, melancólica pero orgullosa de sí misma. Constituye la esencia de las aporías de una vieja concepción arriada en un mundo que busca experiencias nuevas que no alteren demasiado las vivencias de la mística oriental a la que someten su alimentación, su vida diaria, su descanso o su felicidad.

Harari afronta en *Homo Deus* el efecto de la Ilustración en el siglo XXI. Es una ofrenda de gratitud hacia ese giro de la historia que convirtió al ser humano en dueño del destino. Movilidad, realidad transitoria, flujo discontinuo de los acontecimientos, ya que, escribe, «la única y mayor constante de la historia es que todo cambia». Después de conquistar el mundo, nuestra especie se enfrenta al problema de su inmortalidad sin recurrir a los mitos o al hecho religioso; se apoya en la ciencia. Es la gran diferencia entre la Edad de Piedra en la que comenzó todo hace setenta mil años y la Edad del Silicio en la que ahora estamos comprometidos. Evolución, sin duda, ese es el punto de partida, en un apartado con una pregunta oportuna aún hoy: ¿quién teme a Darwin? Lo temen aquellos que todavía no saben renunciar a la idea de que su alma inmortal es personal, ya que «la única esencia humana es nuestro ADN, y la molécula de ADN es el vehículo de la mutación». Son palabras para pensar en términos no del individuo señor del universo, sino de la especie que aspira a perpetuarse, aunque lejos de la Tierra.

Harari, al igual que Doniazada, la hermana pequeña de Sherezade, cuenta un relato para adentrarnos en el mundo del mañana. Y consigue, igual que ella, que el alma se prepare para aceptar las preguntas que obligan a cambiar los intereses de proximidad por una visión donde es posible preguntarse: ¿qué es más valioso, la inteligencia o la conciencia? Pregunta clave del futuro inmediato donde los algoritmos, que son no conscientes pero sí inteligentes, comienzan a conocer al ser humano mejor que él mismo. ¿Para cuándo les dejaremos que tomen las decisiones que hoy generan crispación social, crisis de refugiados, calentamiento global, desigualdad social o triunfo de la impostura? El mañana tiene la respuesta. Estoy deseando que llegue, porque entonces cambiaremos el rumbo de la especie. La necesidad de la historia, como la ve Harari, está compuesta de resignación, de que «en el futuro serán los algoritmos los que decidirán qué somos y qué deberíamos saber sobre nosotros mismos», pero también de la conciencia superior de una civilización, la nuestra, que no puede desanimarse porque aún hay tiempo para que «podamos investigar quiénes somos de verdad». Por ese motivo busca *eso* que permita alejarnos de la angustiosa idea de que todo está ya perdido.

¿*Eso*, qué?

Eso es el amor, sugiere Joseph Ratzinger en la encíclica *Deus caritas est* del 25 de diciembre de 2005. De repente, una iluminación: uno sabe ya en qué apoyarse para renovar el humanismo de Abelardo, Erasmo o el conde de Buffon. En el fondo, sólo hay dos pasiones dominantes: el amor y el odio, que equivalen al poder o la revancha. Así están las cosas. Un debate envenenado.

¿La resignación actual se desvanece ante el hecho de que el amor es el camino para compartir el dolor y la miseria que avanza como el desierto por la falta de agua? Sí. Para conseguirlo hay que recorrer la línea de la resignación comenzada, según Ratzinger, en 1885 en *Más allá del bien y del mal*, por cuanto

> el filósofo alemán (Nietzsche) expresó una opinión altamente difundida: la Iglesia, con sus preceptos y prohibiciones, ¿no convierte acaso en amargo lo más hermoso de la vida? ¿No pone quizá carteles de prohibido allí precisamente donde la alegría, concedida a nosotros por el Creador, nos ofrece una felicidad que nos hace pregustar algo de lo divino?

Hoy comprendemos muy bien esta recuperación del humanismo, ya que sabemos —escribe Ratzinger— que «el eros ebrio e indisciplinado no es elevación, éxtasis hacia lo divino, sino caída, degradación del hombre». Resulta obvio que el eros exige «disciplina y purificación para dar al ser humano no el placer de un instante, sino un modo de hacerle pregustar en cierta manera lo más alto de su existencia, esa felicidad a la que tiende todo nuestro ser».

Desde los tiempos —años treinta del siglo XII— de la correspondencia entre Eloísa y Abelardo hablando de la *anima mundi* hasta los tiempos en los que escribe Ratzinger, ha sido necesario estudiar las palabras usadas en la conversación. ¿Todo es amor? La pregunta genera preocupación en nuestra época, donde el autismo emocional es un tic social en aumento. En cualquier caso, el resultado final es el mismo de siempre: se supone que debemos desesperarnos por la polisemia de la palabra amor, y en verdad es así, nos desesperamos. ¿Dónde están las pruebas?

Se obtienen en la lectura de los humanistas, cuyos textos constituyen un enorme salto en cuanto a la conciencia del amor. Lorenzo Valla en el siglo XV y Montaigne en el siglo XVI lo entienden como la unión de alma y cuerpo a través del espíritu. El amor es básicamente un puente entre seres distintos, incluso cuando se trata de una breve aventura. Ratzinger plantea esta cuestión recordando una famosa anécdota sobre el dualismo antropológico: el sacerdote epicúreo Pierre Gassendi, bromeando, se dirigió a René Descartes con el saludo: «¡Oh, Alma!»; a lo que Descartes, con su proverbial agudeza, replicó: «¡Oh, Cuerpo!». En este encuentro de dos seres de luz (ambos muy buenos en lo suyo) el gesto de comunicarse es tan sobrio y elegante que casi puede disculparse de no profundizar en su contenido. Aquí reside la *totalidad* de la persona humana, que se resiste a ceder ante espiritualismos o ante materialismos unilaterales.

Un presupuesto antropológico propio del cristianismo primitivo, olvidado a menudo pese al esfuerzo de Peter Brown de explicarlo en *Por el ojo de una aguja* (2012) como un elemento más de la sabiduría del sentido común atenta al discurso sobre la riqueza. El rechazo del amor platónico, aunque el punto de partida sea fenomenológico, se aprecia en el análisis histórico y bíblico al fijar la relación entre eros y *agápê*. Tras señalar la preferencia por el Evangelio de san Juan para esta misión, Brown reconoce que el hecho de sumar a la palabra eros la palabra *agápê* para hablar del amor es el modo que tuvo el cristianismo en sus inicios de unir amor humano y amor divino, lo corporal y lo espiritual. Se trata de recuperar el viejo llamamiento de Amiano Marcelino a los ricos para que regresen a la *sobria vetustas*, la sobria tradición, en la línea que le acerca a lo dicho por el historiador en *Res gestae* tras la derrota del ejército romano a manos de los visigodos en la batalla de Adrianópolis en 378:

> Roma se recuperó gracias a que la molicie de la vida licenciosa aún no había mancillado nuestra sobria tradición, que aún no se veía inmersa en banquetes de manjares exóticos y lujos excesivos. Todo lo contrario, ya que luchando unidos nobles y pueblo bajo, con ese esfuerzo unánime, se lanzaron dispuestos a morir con nobleza por el Estado como quien se apresura a llegar a un puerto plácido y tranquilo.

Lo que otorga valor histórico a la postura de Ratzinger tras la pandemia de la COVID-19 es que, como había sucedido con Amiano Marcelino tras el desastre de Adrianópolis, no es un viaje nostálgico a un mundo inexistente ya, sino una lectura crítica del presente. En ambos casos los responsables de la situación creada son los ricos de última hora, los emperadores cristianos que siguieron a Constantino el Grande o los magnates de la cultura pop enriquecidos por la industria digital, ya que en ambos casos el éxito basado en la codicia da paso a la decadencia del Imperio romano o al envilecimiento social del capitalismo tardío. Las dádivas imperiales del siglo v son las subvenciones del Estado cultural de nuestros días. En ambos casos, la sociedad queda a merced de unos grupos sociales que deliran en sus creencias.

Este razonamiento de la situación creada en 2020 por la COVID-19 no es el desahogo de un pastor de la Iglesia. Es históricamente veraz. Punto de partida, con Nietzsche, del antagonismo alma y cuerpo, es decir, eros y *agápê*, que se sostuvo durante ciento cincuenta años, cree Ratzinger con algo de razón, por la vanidad intelectual que rodea al nihilismo.

> A este propósito nos encontramos con dos palabras clave: eros, término para el amor mundano, y *agápê*, para denominar el amor fundado en la fe y plasmado por ella. Con frecuencia, ambas palabras se contraponen, una sería el amor ascendente y la otra el amor descendente. [...] A menudo, en el debate filosófico y teológico, estas distinciones se han radicalizado hasta el punto de contraponerse entre sí: lo típicamente cristiano sería el amor descendente, oblativo, el *agápê* precisamente; la cultura no cristiana, por el contrario, sobre todo la griega, se caracterizaría por el amor ascendente, vehe-

> mente y posesivo, es decir, el eros. Si se llevara al extremo este antagonismo, la esencia del cristianismo quedaría desvinculada de las relaciones vitales fundamentales de la existencia humana y constituiría un mundo del todo singular, que tal vez podría considerarse admirable, pero netamente apartado del conjunto de la vida humana. Por el contrario, el cristianismo no se asienta en la contraposición de lo griego y lo bíblico, sino que halla la síntesis entre ambos mundos, como consecuencia de la encarnación. Así, el *logos* griego se funde con el *dabar* bíblico, la razón con la fe, la filosofía con la teología, Atenas con Jerusalén. Algo análogo ocurre con estos dos tipos de amor.

Con estas observaciones histórico-teológicas, Ratzinger da a entender que se toma en serio el efecto del amor en la vida social, pero no como un cursi elogio a la ternura. Así escribe: «Eros y *agápê* (amor ascendente y amor descendente) no llegan a separarse del todo; cuanto más encuentran ambos —aunque en diversa medida— la justa unidad en la única realidad del amor, tanto mejor se realiza la verdadera esencia del amor». Como era de esperar, el final del argumento no puede ser más previsible: «El amor humano que empieza siendo apasionado eros puede convertirse con el tiempo en *agápê*, siempre que se dé en determinadas condiciones de entrega y purificación; y así, el momento *agápê* se inserta en el eros inicial; en caso contrario, se desvirtúa y pierde también su propia naturaleza». Por otra parte, insiste en que

> el hombre no puede vivir sólo del amor oblativo, descendente; no puede dar siempre y de modo unívoco; también debe recibir. Quien quiere dar amor, debe a su vez recibirlo como don. Por eso ambos amores son complementarios: el eros se eleva y perfecciona con el *agápê*, a la vez que se da en sentido contrario: el *agápê* más elevado necesita del eros humano.

Si se hubiese mantenido en la crítica su encíclica no hubiera sido un manifiesto en busca de la armonía; hubiera sido un panfleto.

CONCIENCIA DE LA COVID-19

Aquí tenemos al gran personaje en escena: la pandemia de la COVID-19. Despliega al máximo posible el drama que llenó de miedo a un mundo perplejo ante los comunicados de la OMS. El virus atemorizaba a la vez que advertía de que con él se llegaba al fin de la era de los combustibles fósiles. Según con quién hablaras en esos meses, los mensajes sobre el efecto de la COVID-19 eran una ampliación del alcance emocional al mundo entero o un ejercicio descomunal de cinismo político. En cualquier caso, un indicador del binomio trágico de nuestro tiempo entre reconocimiento público y sospecha privada. Las noticias captaban nuestro interés, pese a que estaban claramente manipuladas. Por supuesto, al seguirlas al pie de la letra, se esperaba alcanzar un conocimiento más preciso del mal en la historia. Pero eso no ocurría y, mientras se esperaba un final feliz de aquel atropello a la vida humana, se aceptó resignadamente el callejón intelectual al que nos había llevado.

François Fejtö habla sobre el mal en la historia como colofón de una vida dedicada al estudio de la historia de la Europa del Este desde que salió de su país de origen, Hungría, en busca de nuevos horizontes; y se trata efectivamente de una visión aterradora del futuro de la humanidad, que acepta el diablo que lleva dentro, con la increíble marcha hacia la muerte del hombre una vez ha conseguido hacerlo, con ayuda de Nietzsche, de Dios.

¿Desastre o catástrofe? Pronunciar la palabra COVID-19, tan repetida en aquellos días que se ha oscurecido su efecto, sumergía en la desesperación. La pandemia hizo estragos en el escenario del poder universal. Sensación fúnebre en el ambiente, contagio por el aire (uso de la mascarilla), efecto de fin del mundo, se capta de vez en cuando una palabra de queja cuando se envía a morir a alguien próximo al final de un pasillo de un hospital incapaz de curar. Pero se trata de una espesa trama, la capa de resignación de la que es capaz el ser humano en momentos límite. La vida social no se detiene un solo instante al llegar por fin la vacuna (las farmacéuticas litigan sobre la que resulta más eficaz, sin efectos secundarios). Fetjö tiene razón al poner al hombre ante su contingencia y responsabilidad, y así hacer frente a la tragedia humana con lucidez y esperanza. Teología e historia mezclada por su mayor representante en el siglo XX.

La COVID-19 demolió la confianza del ser humano, por eso fue un agente destructor del alma y del cuerpo. A su alrededor crecía la convulsión y la traición. Los contagiados, encerrados en su casa y solos, sin embargo, olvidaban la torpeza, unida a la negligencia, de los gobernantes (que mejoraron su posición social a medida que la pandemia avanzaba). Pero lo que da vigor a la sociedad (o más bien un halo de esperanza) es, en el caso de los contagiados que sobreviven, el espanto pasado. Sin deseo de venganza. La propaganda ayudó a ocultar la miseria. Al cabo de una serie de malentendidos sobre contagio y curación, durante los cuales se reclama que el historiador se pronuncie sobre cómo se salió de otras situaciones parecidas, la COVID-19 se convierte en una simple gripe y deja de ser necesario seguir sus efectos, el olvido lo sumerge todo.

La COVID-19 cambió la historia. La relación debe ser verificada. Se trata de un reclamo en tiempos de desesperación, la necesidad de encontrar referencias en el pasado ante el inquietante panorama del futuro, la pandemia no se detiene, todos saben que volverá a ocurrir, aunque no saben cuándo exactamente. En la investigación que hice en ese momento y en el libro que la siguió con el título *El día después de las grandes epidemias*, quise destacar que, ante la presencia de la COVID-19 en nuestras vidas, no desprovista de ironía en relación con el orgulloso proceder de nuestro mundo, la opinión de los clásicos se vio como el gran consuelo de una actitud muy progresista ante la vida. Un espíritu de análisis promovido por su más insigne representante: Tucídides.

En *Guerra del Peloponeso* (II, 53, 3), afirmó que durante la epidemia de Atenas de los tiempos de Pericles (429 a. C.) ningún ciudadano estuvo dispuesto a dedicarse al ideal griego de saber las causas de un acontecimiento; al contrario, se dejó sumir en la tristeza, la desidia y, finalmente, en la resignación. Vamos, lo mismo que sucedió durante la primavera-verano de 2020 de Australia a Alaska, de Finlandia a Chile. Nos aferremos así a lo conocido. Mismas circunstancias, idénticas soluciones. La repetición es el fenómeno histórico por excelencia. Al cabo de una serie de malentendidos, durante los cuales la pandemia de la COVID-19 se presentaba por golpes puntuales y respuestas agónicas por parte de una población poco preparada para entender el acontecimiento, la vacuna llegó y con ella cierta relajación sobre el peligro. La gente dejó de estar confinada, los intercambios regresaron y los viajes también. Vuelta a la normalidad, se dijo.

Describir las epidemias en la historia ayudó en el camino hacia la normalidad. Historia *magistra vitae*, el dicho de Cicerón caló a fondo. La lección de la COVID-19 es un toque de atención, una señal del poder de la naturaleza. Los aprendices de brujo tienen buenos tiempos por delante. Arnold Toynbee hizo hincapié en una idea que ahora parece necesaria: la historia es un equilibrio entre el desafío y la respuesta, cuanto mayor es el desafío más juiciosa debe ser la respuesta.

Los cinco momentos de la historia que comentaré a continuación significaron otros tantos momentos en los que al desafío provocado por una epidemia siguió la respuesta que abrió un futuro prometedor.

Primer momento: primavera de 542.

Esta epidemia es la más llamativa al ser la menos comentada pese a que el historiador Procopio tuvo conciencia de ella; inmediatamente la vinculó al cambio climático visible en su tiempo por el abandono de superficies de cultivo y el desarrollo de los bosques que convirtieron la geografía europea en un paraje parecido al actual de África central. Sin razón aparente, durante la Pascua, un brote de peste bubónica alcanzó la populosa ciudad de Constantinopla, que vivía sus días más gloriosos de la mano del emperador Justiniano y de su esposa Teodora, a los que vemos representados en los mosaicos de la basílica de San Vital en Rávena. Escenas desgarradoras. Los médicos encontraron la razón de la plaga en el interior de las hinchazones de los cadáveres, pero no lograron aislar la causa. Se moría por doquier, sin distinción de edad, de sexo, de dieta, de clase social. A los supervivientes les quedaba la tarea de contabilizar las víctimas, las medidas para enfrentarse a la enorme cantidad de cadáveres o sencillamente la descripción del temor al contagio. En pocos años, la peste alcanzó las islas británicas e Irlanda. Se convirtió en una pandemia. Fin de una época. Desaparecieron muchas plantas y un buen número de animales. Algo había que hacer a parte de resolver el abastecimiento de provisiones, sobre todo alimenticias, a una población acostumbrada al privilegio de vivir en un emporio de toda suerte de mercancías. Había dinero, pero nada que comprar. La Administración del Estado se redujo al mínimo. Al final se produjo el estancamiento administrativo y militar, lo que supuso el fin del sueño de reconstruir la unidad del *Mare Nostrum* y de mantener abiertos los conflictos del Imperio, con los vándalos en el norte de África, los ostrogodos en el Adriático o los persas sasánidas en Siria.

Pero la sociedad reaccionó. Se cambió la geopolítica para adaptarla al mundo que surgió tras la epidemia. Los longobardos en Italia, los francos en Francia y los ávaros en el Danubio entraron en el escenario de la historia para quedarse: el resultado más llamativo fue la formación del Imperio carolingio, un esbozo de Europa; por su parte, los bereberes en el norte de África y los árabes en la frontera suroriental del Imperio romano prepararon el terreno para asumir el mensaje del islam. El Imperio bizantino se organizó para durar varios siglos más. Por tanto, ante la pregunta: ¿fue un desastre esa epidemia?, cabe responder sí y no. Los que entendieron la importancia del desafío acertaron en la respuesta y crearon civilizaciones nuevas; los que buscaron excusas para seguir con sus conflictos internos desaparecieron de la historia.

Segundo momento: 1347-1350.

La peste negra es la epidemia más famosa, quizá porque sirvió de argumento a la crónica del historiador florentino Giovanni Villani y de motivo literario para Boccaccio. Fue un efecto no deseado de la primera globalización, que unió Europa y China en la época de Marco Polo, la que forjó la Ruta de la Seda por donde se trasmitió una bacteria mortal, la *Pasteurella pestis*, en el estómago de la pulga *Xenopsylla*, un bicho que mide menos de un milímetro y que anida en el pelaje de las ratas negras. Las bacterias, las pulgas y las ratas habían salido de su hábitat original, probablemente Asia Central, en el asedio al que los tártaros sometieron a la factoría genovesa de Caffa, en el mar Negro, donde lanzaron cadáveres infectados por encima de las murallas. A partir de ahí se propagó primero por el ecúmene Mediterráneo y luego por todas las ciudades de Europa, donde los sistemas de alcantarillado y la eliminación de residuos eran el hábitat ideal para el desarrollo de la mortífera bacteria. Se convirtió, por tanto, en una pandemia.

El momento álgido fue el verano de 1348, cuando a la epidemia de peste bubónica se sumó otra de peste pulmonar. Una creó la escenografía de la muerte, bubones en el cuello del tamaño de una lenteja terminaban por reventar creando grandes manchas de sangre («la muerte roja», se la llamó); la otra, el contagio por vía oral: un poco de saliva del infectado era suficiente para contagiar a un barrio y luego a una ciudad. No se encontró remedio. Se combatió con el fuego y muestras de desesperación. Algunos contagiados caían en un coma profundo, postrados en un jergón hasta morir, otros sufrían delirios formando hileras de flagelantes que recorrían los caminos de aldea en aldea, había quienes se precipitaban de los tejados en medio de atroces gritos, y los no contagiados permanecían en sus casas con insomnio. Más de la mitad de la población europea desapareció en menos de tres años, dejando hondas secuelas psicológicas ante el hecho de ver, oler y sentir los cadáveres que se amontonaban en la calle. Se forjó un arte dedicado a entender los efectos de la epidemia en la vida social, surgió la danza de la muerte y una nueva moral basada en la devoción privada.

Pero la sociedad reaccionó. Se organizó de una forma diferente a la que había existido hasta entonces; se instauró una política más eficaz sobre la higiene pública y el urbanismo; se reflexionó sobre las líneas maestras de la gobernanza, se limitaron los populismos que agravaban el problema con las luchas campesinas en el centro de Francia o los lolardos en la campiña inglesa; se frenó la huelga de los cardadores de lana florentinos, los llamados *Ciompi*, se difundió el humanismo, que primaba la lectura del libro de la naturaleza. En suma, se crearon las condiciones para el Renacimiento.

Tercer momento: epidemias en Mesoamérica entre 1492-1520.

Los exploradores y conquistadores trajeron de América la sífilis, pero llevaron allá un buen número de enfermedades infecciosas que acabaron con la mitad de la población indígena. La serie comenzó con las epidemias por vía respiratoria, gripe en 1493, sarampión en 1500 y viruela entre 1519; luego las que se propagaban por la vía digestiva, diarreas o la fiebre tifoidea y, finalmente, las que lo hacían por las picaduras de mosquito, como el tifus. Entre los intervalos de las grandes epidemias se desarrolla una sucesión de acontecimientos que definen en un caso la épica de los exploradores y, en el otro, la épica de los pueblos resistentes a la colonización. Son los historiadores de Indias López de Gómara o Bernal Díaz quienes informan de lo que muchos europeos empezaban a sospechar, la banalidad con la que se enfrentaban al viaje por el Atlántico. Hoy se acusa a los conquistadores de llevar a cabo un genocidio consciente de los pueblos que sometieron con la espada y la Biblia. Algunos historiadores niegan la acusación, pero este debate señala el fin de la lectura heroica de la llegada de los europeos a América. Se demuestra que su responsabilidad es limitada, pues desconocían los efectos desastrosos de las epidemias que llevaban consigo en una población no preparada para las nuevas infecciones, pero la forma de abordar el problema demuestra simplemente un exceso de ego, que pronto se desborda para convertirse en la clásica altanería del dominador y el fraude en los informes transmitidos a la corte. Durante un tiempo, se planteó el problema a la defensiva, ignorando su implicación, como si su cultura no hubiera surgido de la pandemia de la peste negra años atrás. Luego se desvió el asunto a una cuestión doctrinal, el debate sobre la dignidad del hombre, que afectaba a la manera de tratar a los indígenas y dio lugar a la escuela de Salamanca y a grandes autores como el padre Vitoria, pero nunca se pensó resolver las epidemias en su raíz. Hay dudas de si utilizaron algunos patógenos como una incipiente y rudimentaria guerra biológica, como hicieron ingleses y holandeses en la costa de la actual Massachusetts cuando infectaron a los nativos con mantas contaminadas del virus de la viruela.

Pero la sociedad reaccionó: se crearon nuevas matrices urbanísticas en el desarrollo de las ciudades virreinales, se asentó una lengua común para comunicar mejor las decisiones del poder referentes al contagio y se ajustaron las acciones de los conquistadores a la ley a través del derecho de gentes.

Cuarto momento: 1618-1648.

Las epidemias durante la guerra de los Treinta Años. Geoffrey Parker narra la conjunción de tres desastres en el siglo XVII, la Pequeña Edad del Hielo, la guerra de religión y una sucesión de epidemias de tifus, viruela, paludismo y peste. El foco más activo estuvo en la región de Lombardía, en especial en la capital, por eso se conoció como peste de Milán, que se llevó consigo cerca de un millón de personas. El movimiento de tropas favoreció el contagio, pues un día estaban en Alemania y al siguiente en los Países Bajos. Los otomanos que recorrieron el valle del Danubio no sólo sembraron la muerte con sus armas, sino al propagar la peste hasta alcanzar el grado de epidemia en Austria y Hungría.

Pero la sociedad reaccionó. Lo primero fue encontrar una vía para superar la discordia entre pueblos, y esa vía fue la diplomacia. Durante las reuniones que tuvieron lugar en Westfalia se creó la doctrina que fundamentó el Estado nación con poderes absolutos sobre sanidad pública y movimiento de personas y mercancías. Por su parte Leibniz y otros escritores organizaron una república internacional de las letras para la trasmisión de ideas y conocimientos más allá de los credos religiosos. La conciencia crítica surgida como respuesta a la epidemia aparece trasplantada a los ilustrados del siglo XVIII y convertida en un ansia de saber la diversidad del mundo animal, el visible y el invisible, con Buffon y otros miembros de la *Enciclopedia*. El compromiso político de alcanzarlo creó un horizonte de expectativas para superar la superstición dentro del espíritu de las leyes.

Quinto momento: 1918-1920.

La mal llamada «gripe española» fue una epidemia precedida de dos brotes anteriores en el siglo XIX, donde se generalizó con el nombre de *influenza*.

En *El jinete pálido*, Laura Spinney se preguntó por las razones de que a comienzos del siglo XX surgiera la epidemia de gripe más grande de la historia, pues dejó casi cuarenta millones de fallecidos. Existe la opinión de que los primeros casos se detectaron en la base militar de Fort Riley en marzo de 1918, aunque otros creen que se dieron antes, en China, en el otoño de 1917. El caso es que llegó a España en la primavera de 1918, donde la prensa se hizo eco de inmediato de la epidemia con tal riqueza de titulares que pronto comenzó a llamarse «gripe española». De este modo, y sin ser el epicentro, España se convirtió en uno de los países con más afectados, unos ocho millones, con cerca de trescientos mil fallecidos a causa de una neumonía bacteriana secundaria en una época sin antibióticos para combatirla, aunque también hubo muertes bastante rápidas por edemas pulmonares. Se supo que se estaba ante un virus A del subtipo H1N1, que afectaba sobre todo a jóvenes entre veinte y cuarenta años.

Pero la sociedad reaccionó. Primero tomó conciencia del peligro y se puso a investigar en los laboratorios; se crearon institutos específicos para aislar bacterias y virus con una tecnología cada vez más sofisticada y un método científico responsable. A pesar del malestar de la cultura que se generalizó en los años veinte y de los problemas financieros que culminaron en el crac de la Bolsa de Nueva York, se emplearon grandes recursos en la investigación médica. Los laboratorios crearon vacunas y antibióticos con los que luchar contra el mal invisible creador de las epidemias, aunque no lograron evitar el mal visible que se estaba gestando con los totalitarismos.

En suma, si nos atenemos al ejemplo de estos cinco momentos en que una epidemia retó al mundo con el nivel de angustia que se volvió a tener con la COVID-19, nos damos cuenta de que para salir adelante la sociedad primero asumió de forma responsable el desafío e inmediatamente después elaboró una respuesta a la altura de ese desafío. Se acertó cuando la respuesta abría paso a un periodo prometedor —tras la peste negra llegó el Renacimiento—, se erró cuando la respuesta fue pusilánime, partidista, torpe, sin generosidad. ¿Qué sucedió en 2021? El desafío fue enorme, la respuesta quiso ser más inteligente y creativa de lo que se había hecho hasta entonces, en la lucha de los fundamentos que han posibilitado la presencia de este mal en nuestra sociedad. Pero no fue suficiente.

A GRITOS SOBRE EL CAMBIO CLIMÁTICO

El cambio climático: tenemos aquí esta función central en la batalla cultural de los últimos años. Sea cual sea la postura a la que uno quiera sumarse, científica o sociológica, esta verdad es reconocible e imposible de pasar por alto.

Philipp Blom, en *El motín de la naturaleza* (un buen estudio de la fluctuación climática tomada en serio), considera que aquí y ahora lo más adecuado es investigar a fondo el cosmos antes de insistir en el efecto humano en la innegable transformación del clima de nuestros días. Hubo antaño una Pequeña Edad de Hielo, dice Bernd Brunner en *Cuando los inviernos eran inviernos. Historia de una estación*: prueba de que la llegada de un invierno a la altura de su nombre es un acontecimiento que acaeció en 1565, cuando se produjeron las condiciones medioambientales para que Pieter Brueghel el Viejo pintara el *Regreso de los cazadores*, con esa famosa aldea cubierta de nieve cuyos habitantes patinan en dos lagos congelados. El paisaje responde a un brusco cambio climático provocado por la interacción entre la atmósfera y los océanos de la que todavía se sabe bien poco.

Ambos libros proponen reflexiones en el sentido de cómo el clima afecta a la vida y constituye un medidor del curso de los acontecimientos. Los rasgos del siglo XVII, una civilización invernal que ve helarse el Támesis o que encierra a los seres humanos en hogares bien calentados para defenderse de los inviernos crudos debido a la disminución de las manchas solares. Buenos relatos, aunque a veces un poco inclinados al melodrama, como cuando Brunner interrumpe la narración para señalar, en una especie de moralizante contrapunto, que «los inviernos extremadamente fríos de la década de 1690 supusieron la muerte de millones de personas en toda Europa por falta de alimentos». Luego llegan las observaciones de contraste, a inviernos crudos, veranos tórridos, o la llegada del invierno a zonas templadas como Florida, donde murieron todos los limoneros. Impresiones, estampas, anécdotas que alegran la lectura. En todo caso son dos buenos libros que enseñan a respetar los flujos de la naturaleza, a entender que no hay ataque contra ella que no tenga una respuesta demoledora y que, en definitiva, el hombre no es el propietario del mundo, sino sólo un inquilino que está de paso, pero con malas artes en la conservación de lo que tiene alquilado.

Dos buenos textos que ahondan en las respuestas de la naturaleza y que, en el caso de Blom, sorprende gratamente por la recuperación de autores que habían sido marginados por las narrativas dominantes, como Karl Polanyi, a quien cita con aprecio al indicar que en 1944 este gran sabio tan denostado en nuestro mundo académico (por ignorancia, claro) afirmó que «la sociedad terminaría siendo un apéndice del mercado», una realidad que al impregnarse de la ética calvinista indica que la riqueza es sinónimo de virtud y la pobreza sinónimo de vicio.

Hoy se tiende a decir que el cambio climático está determinado por la acción humana, por el hostigamiento de la industria a la naturaleza. Pero el argumento es cuestionado y aparece como expresión de un elemento más de la batalla cultural de nuestro tiempo. Se apoyan en una naturaleza dañada fingiendo saber que conocen con precisión las razones por las que desde 1310 en adelante, y durante cinco siglos y medio, el clima se volvió menos previsible, más frío y a veces tormentoso.

Renunciar a entender el cambio climático sería, pues, renunciar a todo lo que ha sido hasta ahora una responsable conciencia ecológica. ¿Dejar en manos de publicistas el porvenir de la Tierra? Pero entonces de quién sería la responsabilidad.

Era inevitable que Brian Fagan (como Emmanuel Le Roy Ladurie) fuera llamado a capítulo para explicar las razones de la llegada del invierno, para luego hacerlo desaparecer por la insistencia en quemar residuos fósiles. Eso permite eludir la verdadera cuestión. ¿Qué es el cambio climático y por qué se produce? ¿Y cuál es nuestra actitud ante él? O bien ¿qué tipo de estudio se requiere que ya no sea un instrumento del conflicto entre multinacionales?

MIRARSE AL ESPEJO. DAVID RIEFF EN EL ESCENARIO

Mientras tanto, pasada la primavera de 2021, empezamos a entender el imperativo de nuestro tiempo: el yo mirándose al espejo para preguntar (un poco excesivamente, es verdad) por qué se mantiene la insoportable levedad de la existencia al margen de cualquier autoridad con capacidad prescriptiva; por qué se daña la naturaleza sin escrúpulos; por qué Dios permanece más oculto hoy que en tiempos de Isaías; por qué la tradición se ha convertido en publicidad o por qué no hay ya criterio moral, pues la democracia ha demostrado su debilidad ante los impostores. No se nos permite olvidar; pero tampoco avanzar en el estudio de la fisonomía, a pesar de que sabemos que en un futuro muy próximo se utilizará como elemento identificativo. ¿Cómo avanzar sin atender la diferencia entre rostro y máscara? Llevamos años tomando conciencia de este hecho a través de los retratos de Picasso o de las fotografías de Cindy Sherman; o de aceptar con resignación que existen mujeres a las que se les obliga a permanecer en el anonimato, sin mostrar la cara, por consideración a costumbres locales. No es casual que al hilo de esta preocupación haya aparecido el libro *Faces. Une histoire du visage*, con su proclama de que en el rostro se refleja la tristeza de la sociedad actual por el arrollador ascenso de la vanidad, la usura y la codicia.

La humanidad ha apostado por quitarse por fin la *mascarilla* y mostrar el rostro verdadero, aunque no ha conseguido reflexionar sobre lo que hay detrás de la cosmética, la cirugía plástica o las ideologías que proceden del cine para adolescentes, donde las guerras interestelares o los juegos de tronos modelan rostros descaradamente falsos. Los diseños de Rodin, tan vistos este año de aniversario, coinciden con el escatológico cambio de humor *fin de siècle* (el siglo XIX, se entiende), que resurge hoy por la necesidad de entender un mundo en guerra, aunque ahora el campo de batalla no esté en Francia, sino en Siria y Crimea. Eso nos lleva al largo esfuerzo pictórico de más de cinco siglos por definir el retrato. Un rostro, sea la Gioconda de Leonardo o la Jane Seymour de Hiroshi Sugimoto, es la explicación de un momento de la historia. La narración personal hecha imagen, con Rafael, Rembrandt o Lucien Freud, es una línea de luz para el caminante que avanza hacia el futuro a ciegas, y cuya perplejidad se describe mediante el contraste entre los restos de un pasado que la memoria insiste en retener y la esperanza de un futuro forjado en el terapéutico olvido.

Este contraste de tonos épicos ha hecho de David Rieff no sólo el escritor de referencia sobre el peligro de la memoria como coartada de políticos populistas, sino el adalid de la denuncia de las ideologías actuales de corte nacionalista. Una actitud perfectamente confirmada en su *Elogio del olvido* (2016), que completa su anterior *Contra la memoria* (2011), donde se lleva a cabo una severa denuncia de la mistificación del pasado por medio de un profuso legado de recuerdos o simplemente de una tradición inventada.

Mirar a la cara exige sustraerse de los relatos testimoniales que los *mass media* ajustan a la narrativa del poder, donde se impone «la fácil paz de la opinión aceptada», como dijo Tony Judt en su testamento intelectual. La emancipación de la sociedad no puede basarse en una falsificación del pasado, sino en el hecho de que el individuo sea capaz de mostrar su humanidad en su completa creatividad, sin mistificaciones al servicio de doctrinas lesivas para el orden natural.

La obra de Jorge Molder está animada por el fuego de este anhelo (basta ver su fotografía *Points of No Return* de 1995). Lo que dice el espejo del hombre que se mira en él puede entenderse como una serie de relatos paralelos al modo de la física cuántica, relatos que conforman las mentiras que rodean la verdad y a veces la anulan. Relatos de justificación; coartadas de lo políticamente correcto; relatos que alivian la conciencia, pero conducen a la destrucción de la historia al ser mistificaciones de la memoria.

Hay que aliviar al sufriente, pero hacerlo desde la verdad. Porque si el sufrimiento sólo sirve para sostener el relato televisivo, la historia se convertirá en una teodicea de la desgracia, que dijo Max Weber, basada en un relato travestido, sospechosamente manipulado. No consiste en reivindicar el gesto rebelde del artista creador de universos alternativos —como en la época de las vanguardias—, sino en fortalecer el espíritu crítico para que la verdad no sea una ilusión mediática. En esa actitud se desvanece la impostura de la era del consumo de imágenes televisivas o de papel sepia. No es la necesidad lo que hace imperioso la recuperación de la persona, sino el incremento de intensidad de la conciencia ante una deriva peligrosa si es definitivamente asumida como norma social. Desde la impostura crecen las deformaciones del pasado, el revisionismo y la falsificación. Es una especie de regreso de mitologías sobre la celebridad, que Hans Belting persigue desde los gestos de crisis personal de los años setenta a los *Cyberfaces*, pasando por los iconos pop como Mao o el Che. El hecho de que la historia ha sido, y sigue siendo, un castigo no justifica que debamos evitarla. El límite del olvido es la historia bien hecha.

CREPÚSCULO DE ENTONCES Y DE AHORA. NIXEY LLEVA UN MENSAJE

A muchos líderes de opinión el crepúsculo del Imperio romano acaba por parecerles una página de la actualidad POSCOVID-19. El reclamo cada día más frecuente a esa referencia del pasado se hizo un sobreentendido del que difícilmente se libera la sociedad. Tal hecho no debe asombrar, ya que no es la primera vez que ha ocurrido. Baste recordar que en la década de 1920 el reputado Mijaíl Rostóvtsev habló de la «sovietización» de la política romana en el siglo IV para explicar la decadencia y caída del Imperio en una línea que le acercaba al clásico Edward Gibbon, pero con argumentos nuevos que le llevaron a decir con enorme compromiso que «la evolución del mundo antiguo es para nosotros una lección y una advertencia».

Esta interpelación a mirar el crepúsculo del Imperio romano como espejo de nuestras actuales desilusiones la ha recuperado Catherine Nixey en su exitoso libro *La edad de la penumbra*, cuyo subtítulo, *Cómo el cristianismo destruyó el mundo clásico*, reclama la tradición de la *invectiva inventiva* (el derecho a polemizar) como el espectro de los panfletos sobre los enemigos externos y los enemigos internos de Roma de los que hablaba el gran maestro Santo Mazzarino a los historiadores de mi generación.

La emoción suscitada en el lector por *La edad de la penumbra* es una emoción de carácter historiográfico que conecta con los debates del siglo IV de nuestra era, que enfrentaron a mentes prodigiosas como el apologeta Jerónimo y el historiador Aurelio Víctor sobre los polizontes infiltrados en el Imperio romano en tiempos de Constantino el Grande, provocando la *ruina* del Estado y, por tanto, la *decadencia* del Imperio. Estamos ante un libro valiente, producto de una inteligencia aguda, que se lanza a interpretar una época con el ansia de interrogación propia de una generación a la que no le convencen las lecturas líquidas sobre el sentido de la Antigüedad tardía, y que busca en su trabajo una reflexión general sobre la vida capaz de poner lo particular en relación con lo universal, de contener el futuro en la representación del pasado. Salgo al encuentro de este libro con la esperanza de que renueve un argumento que hunde sus raíces en el siglo XVIII, en la monumental *Decadencia y caída del Imperio romano* de Edward Gibbon. ¡Por fin un libro para discutir! Pero, en mitad de la lectura, me doy cuenta de que hablamos idiomas diferentes. Es difícil discutir con los hijos.

Los métodos usados por Nixey para suscitar la emoción del lector son los de este final de la década de 2010. Un prólogo, un inicio en Palmira hacia el 385 d. C., cuando una manada llegó del desierto (¡qué tremenda imagen y de cuánta actualidad hoy!), luego de inmediato una introducción, un final, en Atenas, año 532 d. C., cuando los filósofos abandonan la Academia convencidos de que ha acabado la era de la filosofía. Son ciento cincuenta y siete años, la historia de un cambio en el sistema de valores de la civilización grecorromana, pero también la historia de la ruina del mundo clásico y del triunfo de la cristiandad, donde el lector encontrará una innovadora mirada sobre la Antigüedad tardía, donde Peter Brown deja de ser considerado la figura central en la interpretación para convertirse en un *outsider* al que se respeta por sus rigurosos análisis de la santidad y el sentido de la riqueza, pero no por su concepción del proceso histórico.

En dieciséis capítulos, Nixey crea un clima favorable para situar la tesis central del libro: la civilización clásica fue destruida sin piedad por el cristianismo. El lector se encuentra en las llanuras del relato donde hoy gusta situarse la buena historia: las de la narración objetiva de detalles, constituida por hechos, personas, situaciones, debates, de los cuales extrae una filosofía de la vida, como cuando cuestiona el número y la intensidad de los mártires cristianos, construida «sobre una imagen muy potente pero incierta»; imagen de un dramatismo proclive a las novelas y el cine (nadie olvida, tampoco lo hace Nixey, el péplum *Quo Vadis* con Ustinov de Nerón) que difunde la tesis de una Iglesia perseguida tan perdurable en el imaginario colectivo como falsa desde un punto de vista histórico, se dice aquí adoptando la tesis de la reputada estudiosa Candida Moss, que provocó gran revuelo sobre «la invención del martirologio». La vena del filosofar al modo clásico, como buena seguidora de Séneca o Marco Aurelio, estoicismo cosmopolita como punto de referencia, sigue brotando en esta lectura del origen de la *Darkening Age*, pero la vastedad del argumento es tal que se permite afrontar todos los planos de una realidad crítica: desde la sensación de que hacer un sacrificio a los dioses del Olimpo es el preámbulo a ser ajusticiado hasta la descripción de cómo desapareció «el edificio más glorioso del mundo», el templo de Serapis, en 392 d. C., «cuando un obispo, con el apoyo de una banda de cristianos fanáticos, lo redujo a escombros». Y así en cada caso, de forma decidida, siempre en busca de razones para culminar su plan de demostrar cómo el triunfo del cristianismo se hizo a costa de la destrucción de la civilización clásica, a base de imágenes y sensaciones y de ese sabor de vida que se pierde a medida que el dogma va ganando terreno sobre el mito.

Y, sin embargo, se podría decir que no cubre todo el espectro de lo que plantea: la civilización romana no es sólo su refinada literatura y su arte, es también su forma de vida basada en la esclavitud, la violencia sobre el vencido o los juegos a muerte de los gladiadores como diversión social; no es sólo la tolerancia religiosa, también es el sometimiento a un despotismo ajeno al derecho (a pesar del derecho romano), no sólo una cultura del *carpe diem* horaciano, con resonancias pop en nuestros días, sino una cultura coercitiva de la movilidad social, del desarrollo tecnológico, de la integración de los migrantes, a quienes se calificaba de «bárbaros» porque no hablaban latín. Y sobre todo fue una cultura confiada en sí misma que genera posverdades, vale decir mentiras, para sostener una causa. No hay nada peor —en aquel tiempo como en el nuestro— que esos personajes taimados que esconden la maldad en un rictus de superioridad moral; fueron aquellos que celebraban sus éxitos como victorias de la historia, como hoy tratan de convencernos, sin demasiado éxito, de que una idea vale más que los millones de desplazados (o muertos) que genera, o que una mayoría parlamentaria está por encima de la ley.

DE LA GUERRA A LA GUERRA. UCRANIA EN EL HORIZONTE

Se alza el telón: 24 de febrero de 2022. Las tinieblas luchan contra la luz. Retorno de los jinetes de Gog y Magog al escenario de la historia. Más simple, escribe Karl Schlögel en *Ucrania, encrucijada de culturas*:

> La niebla se ha disipado. Treinta años después de 1989 no hemos entrado en un largo periodo de paz, sino en un nuevo periodo de preguerras. La guerra que comenzó en la primavera de 2014 con la ocupación de Crimea por parte de Rusia ha llegado abierta y definitivamente a Europa central. Un ejército de ciento cincuenta mil hombres provenientes de los cuatro puntos cardinales cruzó la frontera de Ucrania el 24 de febrero con la esperanza de someter y ocupar el país en una acción relámpago.

Putin, Zelenski, Biden: son los nombres que aparecen detrás de la intriga que ha hecho regresar la guerra al centro de Europa. Lo mismo en cuanto a la referencia de Olena Zelenska: se trata de instaurar el arte del *soft power* arrancando la hegemonía a los hábitos diplomáticos para imponer una herramienta basada en las relaciones personales entre las parejas de los líderes políticos, que obtiene su fuerza en los viejos cultos femeninos que han durado milenios como formas simbólicas de lo que J. J. Bachofen llamó el derecho maternal. El dualismo original debe ser asumido y utilizado para una nueva alianza masculino/femenino que todo el mundo de los hombres teme. Como una mutación radical del avejentado desempeño de las primeras damas, las elegidas para esta tarea, comenzando por Olena Zelenska en Ucrania y terminando por Begoña Gómez en España, viven en la morada de los encuentros culturales, y los líderes en su morada de los artificiosos acuerdos internacionales.

Zelenska ejerce de reina de la tierra negra, de la *chernozem*, una función mágica con la que se adentra en las raíces de los mitos eslavos; pero ¿podría hacer otra cosa? No. Posa para *Vogue* con fotografía de Annie Leibovitz no para acercar la guerra al hecho romántico, sino a la realidad simbólica de los viejos cuentos de hadas, queriendo transmitir su solidaridad a las madres ucranianas que van a perder a sus hijos en el campo de batalla. Está en lucha contra Putin, que tiene otros proyectos para esa tierra negra, que vuelva a ser parte de Rusia como lo fue en tiempos de Vladimir Sviatoslávich, hacia el año mil. Por eso Zelenska toma la decisión de permanecer escondida, caverna o búnker, qué más da, educando *online* a su hijo, hasta que opta por aparecer en público, precisamente el Día de la Madre. Efecto publicitario inmediato. Es lo que hay en nuestro mundo. La guerra también va de eso.

Ahí tenemos, pues, a la madre de Ucrania, en todo su quejumbroso esplendor, una especie de Virgen en su icono, soberana subterránea que emerge del subsuelo para abrazarse a Jill Biden, que la espera en una escuela. Guerra sí, pero guerra de los símbolos. Está dispuesta a todo para recuperar el honor de una patria herida, incluso a ejercer de Isis del mayor sacrificio que el siglo ha visto, el de un pueblo que se levanta contra la opresión del tirano. Todo parece indicar que, en algún momento de su vida, Olena Zelenska ha leído en *Los discípulos de Sais*, de Novalis: «Para defender la naturaleza hay que recrear en uno mismo la naturaleza en su desarrollo completo».

La guerra de Ucrania suscita la cuestión del rapto de Europa como el espectro de una historia por construir, señala Karl Schlögel. El interés que despiertan sus argumentos es un interés de tono geopolítico que obliga a echar «una ojeada al mapa para cerciorarnos del peligro de mantener los viejos clichés occidentales sobre el papel de Rusia en el mundo». Al leerle, hallo por fin algo cierto sobre Ucrania, «una *terra incognita* que a lo sumo nos proporciona un motivo de inquietud», con la esperanza de que se nos razone el futuro que nos espera, pero la sombra de la política de Vladimir Putin lo evita, pues, como es notorio, lo que quiere este líder es intervenir en los problemas de hoy, los energéticos, aunque refiriéndolos a los hechos anteriores, a los mitos del pasado, al binomio guerra y paz, tan ruso, como Tolstói dejó claro.

Todo ocurre en el interior de una *situation room*, sala de crisis, vale decir, un centro de control que recopila en tiempo real los datos con los que afrontar el problema de la «desestabilización» provocada en Occidente por la estrategia del Kremlin; sea anexionarse Crimea, sea estimular con mentiras la tensión territorial en Europa del sur o en América Latina. Mi lectura está llena de preguntas. ¡Por fin un libro con el que aprendo! Han pasado diez páginas desde la brillante introducción «La Ucrania europea» y una pregunta sale al paso como explicación de la guerra: ¿adiós a Rusia? Pero lo sorprendente es que la respuesta se integra en la descripción del archipiélago de ocho ciudades ucranianas para conseguir que el lector «se tome en serio Ucrania como sujeto histórico con un idioma, una cultura y una historia propios». Y al hacerlo asume el gran relato de que estamos ante «un laboratorio de paisajes fronterizos, ante una Europa en miniatura». Y entonces el lector se zambulle en la historia, la que comenzó con el Maidán, la sublevación popular entretejida de interrogantes ante nuestra conciencia política de occidentales: «¿Por qué la generación que sigue recordando lo ocurrido en mayo de 1968 en París ha permanecido mayoritariamente en silencio ante lo ocurrido en Kiev en noviembre de 2013?». Durante unos años nos hemos acostumbrado a considerar la «Revolución de la Dignidad no como el acontecimiento clave de la reciente historia europea, sino como la manifestación de un fascismo en el centro de Kiev».

Para salir al paso de estas borrosas cuestiones, Schlögel se adentra en las explanadas donde la historia respira bien: las de la narración objetiva, constituida por hechos, personas y cosas, de las cuales se puede extraer una idea de Ucrania en la visita que nos invita a hacer a Kiev, Odesa, Járkov, Dnipropetrovsk, Donetsk, Czernowitz, Lvov y por supuesto Babi Yar, entendido como «un lugar europeo de la memoria». Al terminar, emerge de nuevo la vena del estratega que quiere explicar la conmoción del 24 de febrero de 2022, cuando «la realidad histórica que es Ucrania llegó por fin a los espacios de la toma de decisiones de la política». Entonces vemos que «estamos ante un perdedor desesperado [no otro que Putin] cuyo triunfo sólo consiste en mostrar que posee el poder para arrastrar a todos, incluido su propio pueblo, al abismo». Pero también nos hemos hecho fuertes ante «la insolencia y la desvergüenza de las mentiras que destila el portavoz de prensa ruso», quizá porque el modelo de la guerrilla urbana es el recurso utilizado en muchos lugares para tapar la corrupción.

Se trata, pues, de una guerra del futuro con formas del pasado, en la cual se muestran los rasgos de las próximas décadas resumidos por el historiador Lawrence Freedman en su documentado libro *La guerra futura* (2019): «Hay decisiones que aún no se han tomado, relativas a desafíos que no comprendemos bien, habrá acontecimientos fortuitos que cogerán a todo el mundo desprevenido y cuya evolución aún no ha sido adecuadamente evaluada». Esta es la razón de que sea tan difícil aventurar cualquier predicción.

Con la guerra de Ucrania estamos mucho más allá de los siglos, en la fabulosa historia del futuro de la guerra. Es la misma sensación que tuvieron Sima Qian al contemplar la evolución de la historia de China antes de la llegada de la dinastía Han, Polibio al seguir de cerca las intenciones de Publio Cornelio Escipión el Africano en su lucha con los cartagineses, Maquiavelo al glosar las décadas a Tito Livio como palanca para entender el porvenir de la Europa de Estados nacionales enfrentados, Gibbon al enlazar como en una cascada las fatalidades que llevaron a la decadencia y caída del Imperio romano o, *last but not least*, Gumilev al seguir los pasos del Preste Juan como metáfora de un imperio mundial.

HITOS PARA EL FUTURO, *MA NON TROPPO*

La guerra de Ucrania ha robado el futuro soñado por el mundo del entretenimiento internacional al situarse delante de un ritual muchas veces visto y que se considera un resto del pasado. Peter Drucker, que escribió un libro titulado *Landmarks for Tomorrow*, «hitos para el futuro», no ha logrado conseguir su propósito de ver la desaparición de los Estados soberanos absolutos y a la vez la construcción de un horizonte de expectativas apoyado en el influjo intelectual más que en la fuerza de las armas: el *Erwartungshorizont*, se decía antaño utilizando el concepto alemán de resonancias musicales, pues recordaba a la obra con la que Schönberg quiso cambiar la historia de la música. Deseos intelectuales realizados sin imaginarse que sus ideas se volverían contra ellos mismos, luego llegó una política asentada en la insoportable levedad del ser que le dio fama a Milan Kundera. Hoy estamos lejos de todo eso, en la confusión creada por la multiplicidad y la incertidumbre. Es la historia, una vez libre de sus experimentaciones de laboratorio de corta duración, quien guía al futuro a través del fuego de una guerra asentada en la torre del orgullo como fundamento de una ecología de las instituciones. Y se lleva a cabo con el convencimiento de que la mayor parte de las cosas anunciadas en las redes son puros disparates que favorecen una cada vez más deleznable industria del ocio y que llenan las pantallas de misiones imposibles, agentes 007 y muchachos con afán de redención que vigilan el destino de Ciberia tejiendo la nueva cognoesfera y con una libido que no es capaz de frenar el movimiento de la riqueza. Para el futuro (para ese futuro, en todo caso, que parece no tener en cuenta las lecciones de la historia), la utopía de *citizens* libres que proclaman los magos actuales Mark Zuckerberg o Evan Williams debe frenar los impulsos destructivos de la mentira o al menos denunciarlos. Si no, será un drama. Se habla mucho de las redes sociales, pero no lo suficiente de las supercherías que anidan en ellas. En eso estamos.

Se ha producido, pues, un rapto del pasado, pero esta vez para pasar de una prisión no aparente (los dominios de la propaganda) a un templo (el de la desvergüenza). El raptor no es el ideólogo de antaño, sino el político de hogaño. Ese cambio aparece como un mal en el mundo profesional adornado con todas las ideas a favor de discernir, como hace Margaret MacMillan, entre el uso y el abuso de la historia. Por el contrario, el mundo de las redes sociales no se limita a tal o cual aspecto de la realidad del pasado, sino que es una lectura completa, absoluta, definitiva, del pasado en beneficio de un futuro que ya ha logrado por fin cambiar la historia. En este sentido, la batalla cultural se ha convertido en un instrumento del poder de las redes sociales, donde aparecen sin distinción, desordenadamente, todos los personajes y acontecimientos.

A propósito de acontecimientos, cabe señalar, de pasada, que el uso indiscriminado del pasado ha hecho valorar la historia en el trayecto de una era a otra, como si la gobernanza fuera la única vía de acceso a la verdad. Guiados por la tesis de que todo debe adaptarse a los deseos del Príncipe, el futuro avanza en el misterio a través de la sombría noche de que todo es materia opinable. La experiencia de la historia podría ser el desafío del siglo XXI aún no advertido (Albert Camus: «Hay una voluntad de vivir sin rechazar nada de la vida, y es esta la virtud que más admiro en este mundo»).

Que la tolerancia en el futuro suavice la tensión que en el pasado ha llevado a querer resolver la batalla cultural por medio de la guerra. La globalización perpetúa la suya, basada en el capital móvil como una apropiación biológica ante los desafíos de la era digital. Y se resiste a aceptar la lógica del simulacro a fuerza de negarlo. Sin embargo, el círculo vicioso del crecimiento se ha trocado en el círculo vicioso de la ruina económica de los vulnerables. Algo que rechaza lo que queda de doctrina socialdemócrata y que el liberalismo acepta, menos engañado acerca de los poderes mágicos del Estado. El reino de las subvenciones estatales para paliar la polarización social a la que nos dirigimos es reconocible desde John Maynard Keynes hasta Paul R. Krugman, basta con ser paciente y discreto en las decisiones estratégicas, no dejarse llevar por la venganza de la historia, de la que habla Bruno Tertrais. Este conocimiento, al fin y al cabo, es la confianza en el ser humano, es decir, el amor al prójimo.

Escuchemos de nuevo a Joseph Ratzinger en *Sal Terrae:* «¿Por qué, señor, callaste? ¿Por qué toleraste todo esto? Es un grito dirigido a Dios y, por tanto, un acto de esperanza, de confianza y de resistencia contra el abismo y su oscuridad». La recuperación del humanismo calma las ambiciones y hace temblar a los malos (para sosiego de las almas puras que aún existen en el mundo), pero no va más allá, al menos de momento. Quien la haga suya como razón de vida será capaz de vencer a los enemigos de la verdad (aquí el humanista logra inquietar a mucha gente que se sostiene en la mentira). El gran exorcismo tiene lugar en público, y se puede soñar con que cambiar de historia conduce a liberarse de las lacras de un pasado tras haberlo estudiado en toda su significación, y de ese modo se puede llegar a entender que precisamente los últimos ciento cincuenta años de historia hayan sido los de mayor creación, hasta llegar incluso a pensar en situar encima del arcoíris a los de mayor descomposición, con los totalitarismos forjados en los años veinte y que aún laten en los intersticios de las miserias políticas.

O sea, que el humanismo sobrevivió en la sombra, como había hecho en otras ocasiones. Lo hizo con Agustín de Hipona a comienzos del siglo v en medio de la cascada de cambios provocada por la llegada de los pueblos bárbaros y la transformación del cristianismo en una Iglesia insensible al mensaje evangélico; lo hizo con Pedro Abelardo a comienzos del siglo xii cuando con el *Sic et Non* enseñó que la verdad era una cualidad humana y no un registro de beatos encerrados en los muros de los monasterios; lo hizo Pico della Mirandola a finales del siglo xv al sostener la dignidad humana frente a la palabrería de los hipócritas llorones que se arremolinaban en torno a Savonarola; lo hizo lord Shaftesbury en el siglo xviii para frenar con sentido común la inclinación al mal evocada en *El rey Lear* de Shakespeare; lo hizo François Fejtö a comienzos del siglo xx para afrontar la posibilidad de un apocalipsis en puertas.

El humanismo retorna. Lo atraviesa todo (incluso la muerte). El ser humano está limitado a unos pocos años, sus obras quedan, sobre todo aquellas que se escriben para entender el curso de la historia.

El capitalismo global dedica sus fuerzas a combatir la historia. Aterroriza a las instituciones que se resisten a dejar de usarla, las amenaza con desviar los recursos si no consiguen extirpar esa forma de acceso a la realidad, y declara que a partir de ese momento los lazos con el pasado quedarán por siempre ligados a lo que digan de él las creaciones literarias o fílmicas. Un gesto arrogante, porque ha decidido que el dinero sea el origen del mundo: elemento clave en este mundo oscuro al que nos dirigimos. Es evidente que muchas novelas y series televisivas observan detenidamente los contextos sociopolíticos de sus tramas, tanto que a veces da la sensación de ser un guion para el que se ha investigado en exceso, tratando a lectores y espectadores más que adultos, como expertos. En eso, estos productos comerciales tienen algo que se acerca a la responsabilidad de una obra bien acabada, y buena parte de ellos cumplen su cometido. Sin embargo, deseo hacerles una recomendación: conviene atender el sentido de un buen relato con las nuevas directrices de la historia. ¡Ah!, y una advertencia: al describir los hechos y los personajes deben tener presente que la memoria no es la historia.

NOTAS FINALES

La premisa de este libro es tremenda. La persistencia de una batalla cultural desde 1871 hasta 2021 plantea un dilema no resuelto en la historia del largo siglo XX: ¿cambio o continuidad? Asoma inesperado, discretamente, el argumento esgrimido en 1875 por el historiador de la Antigüedad Numa Denis Fustel de Coulange, acuciado por la derrota de su país en Sedán, al afirmar con todo el peso de su innegable autoridad moral: las invasiones bárbaras del siglo V, con el paso de un Rin helado el 31 de diciembre del año 406 por parte de vándalos, suevos y alanos, son un mero episodio, lo importante es que la historia continuó hasta el extremo que las instituciones merovingias en Francia son un legado más del mundo romano. Esa continuidad la advirtieron también en el campo de la economía dos insignes historiadores afectados por la Primera Guerra Mundial, el belga Henri Pirenne y el austriaco Alfons Dopsch, cuyos libros fueron guía de generaciones de historiadores; mientras que Mijaíl Rostóvtsev insistía en la línea de que la llegada de los pueblos bárbaros fue una ruptura y, por tanto, un cambio de era. A partir de este punto, el debate fluye con el didactismo moral del relato del paso de la Antigüedad a la Edad Media. Pero durante los sesenta y setenta se impuso una ambientación fascinante por parte de Peter Brown basada en el éxito del concepto Antigüedad tardía para sostener la tesis de la continuidad no sólo de las instituciones, sino también de los estilos de vida romanos en el marco de una civilización cristiana.

Todo el mundo quiere saber si tras la batalla cultural del largo siglo XX, vale decir, pasado 2021, estamos en trance de una ruptura o de una continuidad: representa el tipo de argumento por la que se está dispuesto a acudir a una conferencia. El artificioso período actual es amenazador, los programas de televisión insoportables, los Gobiernos confundidos y los periódicos sometidos a normas poco transparentes. ¿Y entonces qué decir? ¿Ruptura o continuidad?

Me detengo aquí. La batalla cultural prosigue.

EPÍLOGO

> Luego regresó poco a poco, hombre roto y triste, a las dependencias situadas detrás de la barra, y cerró suavemente la puerta a su espalda.
>
> LÁSZLÓ KRASZNAHORKAI, *Ha llegado Isaías* (1998)

En cuanto al problema de los efectos futuros de la batalla cultural del largo siglo XX, sólo me aventuraré a hacer unas pocas observaciones de carácter general. Pues en mi calidad de historiador he aprendido a ordenar los hechos que se me ofrecen a la observación y a analizarlos conforme a la lógica de una disciplina que permite establecer conclusiones generales basadas en análisis concretos. En el campo de las ideas, el estudio de una batalla cultural posibilita la previsibilidad de los cambios históricos si logramos extraer los hechos de su envoltura imaginaria, ideológica en parte, simbólica en el resto. La batalla cultural es una forma de conocimiento. Si los individuos no debatiesen a fondo para alcanzar la verdad, no tomarían conciencia de su verdadero papel en la sociedad. Es la batalla cultural, presentada con múltiples caras e infinitas formas expresivas en el arte, la literatura, la música o el pensamiento, la que permite comprender que dos posturas ante un mismo acontecimiento son algo real en el mundo y no sólo un detalle secundario dentro de su propio sentido de la existencia. Es la batalla cultural la que permite sentir la complejidad de la vida social. Desde la escisión en 1871 de la historia mundial, todos los objetivos de análisis del pasado se han orientado a entender un mundo nuevo necesitado de un cambio profundo que ha tardado en producirse. Cada esfuerzo es una lección universal que adoptaba la forma de batalla cultural en busca de una sociedad más justa, más sostenible. Esta es una actitud intelectual especialmente útil para duelistas de talento, cuyo modelo he encontrado en el debate entre Burckhardt y Michelet acerca del Renacimiento como una época clave en la historia de un mundo dominado por una luz grisácea. Antes de ellos no se tenía claro lo que significó esa época. Su tejido moral se llenó de encuentros, disposiciones, combinaciones y grandes nombres en la vida artística y literaria. Leonardo, Miguel Ángel, Pico della Mirandola, Rabelais, Montaigne quizá constituyen ese encuentro en la cumbre; es la razón de una pléyade que hizo cambiar de sentido la vida humana. Es por mediación de ellos como se pudo cambiar el curso de la historia.

Dicho en términos sencillos: *La cultura del Renacimiento en Italia* es la deslumbrante dramatización de la batalla cultural del largo siglo XX, el inicio de un problema momentáneamente resuelto en la obra testamento de Jacques Le Goff *¿Realmente es necesario cortar la historia en rebanadas?*, donde se mezcla el juicio y el sentimiento subjetivos, tanto en el lector como en el historiador. Y el rigor de una vida dedicada al estudio junto a otras obligaciones. Está el dolor advertido por la falta de estilo en los debates intelectuales.

La compleja estructura de la batalla cultural de nuestro tiempo ha permitido rastrear numerosos ejemplos —cada lector preferirá el suyo—, pero hay uno en concreto, hundido en lo más profundo de todos los relatos que han afrontado el problema, que me parece particularmente revelador de este libro, porque pone de manifiesto la unidad subyacente del hecho cultural en la aparente diversidad de formas expresivas. Cuando Nietzsche decide romper con su admirado Wagner tras escuchar el *Parsifal*. ¡Y pensar que había creído que era el héroe que iba a llevar al mundo a la sublime meta de su realización moral! Aquí la insatisfacción de Nietzsche no es sobrenatural, es terrenal, es la de cada uno de nosotros cada vez que creemos estar a las puertas de la verdad de la vida. Al mostrar al mundo su desengaño, él perdió la razón. Es el peligro de la batalla cultural que, durante ciento cincuenta años, desde 1871 a 2021, nos ha situado como dioses a la hora de resolver el enigma de la historia. Para no extraviarse en un laberinto de ideas contrapuestas, aunque no inconciliables como a veces se cree, la batalla cultural ha empleado, y emplea, un elenco de figuras y propuestas cargadas de matices, donde es tan necesario lo verdadero como lo falso.

¿Por qué nos interesa tanto debatir las cosas? Porque en la década de 1870 supimos que todo era humano, demasiado humano. Nos conmueve la pérdida de lo sagrado, pero también nos alivia al sentirnos de nuevo dueños de un destino que toma distancia de la providencia. Hemos dejado a Dios en paz a la hora de decidir el curso de los acontecimientos. Siglo terrible, el nuestro, marcado por una ausencia que se esconde, sin ser advertida, en el espacio del silencio.

Visto desde mi hoy actual, a finales de la primavera de 2024, cuando entrego el texto al editor bajo el impacto de la noticia de la muerte de Françoise Hardy, cuya voz me acompañó tantos buenos ratos en mi adolescencia en París y otros lugares, debo reconocer que la batalla cultural que ha marcado el siglo XX aún no se ha resuelto: es verdad que durante ciento cincuenta años ha sido el centro de atención de miles de hombres y mujeres que expresaron serias dudas acerca de la eficacia de las narrativas precedentes. ¿Por qué siempre la batalla cultural para discernir la verdad? ¿Por qué cualquier intento de revelar un fragmento de esta búsqueda se convierte en una narración? ¿Por qué esta necesidad de expresar un sentimiento interior? En la actual *sala de situación* en la que me encuentro, como otros miles con los mismos agobios, me pregunto ¿qué falta para recorrer el camino trazado por la batalla cultural del siglo XX hasta sus últimas consecuencias? Para Rimbaud, en 1871, la pregunta era: «¿Cómo vivir, oh corazón robado?». Una pregunta que ha unido a sus lectores durante siglo y medio. ¿No parece ella resolver la escisión actual, la de 2021-2024 que se manifiesta como una fase de retorno negativo de la que se habla en los viajes espaciales? No es tan sentimental como era en 1871, pero tampoco tan cerebral como a veces se cree bajo la impresionante incertidumbre de lo cuántico. Bajo la influencia de la batalla cultural vivida y por fidelidad a lo conseguido por ella, se piensa aun con el corazón robado por alguien a quien amas de verdad, aunque esté ausente. Es un procedimiento narrativo para aceptar que ya no es posible regresar atrás, a ese mundo descrito aquí como un escenario lleno de imágenes y personajes.

He observado atentamente el proceso, aunque al comienzo no sabía con exactitud adónde me llevaba el trabajo si debido a que esperaba una respuesta diferente a la que he obtenido o a que las secuencias analizadas a través de testimonios veraces y comprometidos me desconcertó por unos instantes; sea como fuere, me he dedicado a observar al ser humano de nuestro tiempo, incluso a mí mismo cuando he estado involucrado en la materia que estudiaba, y lo he ido perfilando a través del humo que subía en espiral ante mis ojos y, luego, sin quitarle la vista de encima (sin olvidar el espejo donde yo mismo me miraba en mi pasado), he reunido datos, pruebas, como quien realiza un informe completo de la situación actual.

Lamentablemente, la imagen del mundo que nos queda no aparece con la claridad que había deseado al comenzar el trabajo. Sólo conocer la abundante información acumulada en los últimos tiempos sobre lo que somos y dejamos de ser me lleva a considerar una humanidad en la sala de espera de un aeropuerto con los vuelos suspendidos a causa de la niebla, donde las personas devienen mendigos de una esperanza que tarda en llegar en forma de indicación de la puerta de salida; los más ancianos, los que son conscientes de que *su* futuro está más cerca del otro lado, sea ese lugar lo que sea, constatan la necesidad de saber con premura hacia dónde conduce cambiar la conciencia.

La frase habitual de que todo se ha envilecido forma parte de la mirada hacia el vacío percibido en un mañana donde la inteligencia artificial indique la forma de vida que debemos asumir. También se podría pensar que la nueva era no responde claramente en el sentido de que todo se ha perdido y que un mundo sin valores se abre ante nosotros, porque, en este caso, oímos en muchos lugares —al menos de boca de los profetas de la alta tecnología— que no se puede hacer un dictamen negativo del ser humano. Es decir, de su capacidad de ser él mismo tras la fuerte mutación en el sistema de valores que hemos advertido en el mundo tras la pandemia de la COVID-19. El pasado enseña que en otros momentos similares el hecho de cambiar de valores no significó la ruina del alma, otorgándole énfasis a este término; se reconoce que cambiar de valores fue antaño, y lo es hoy, la condición obligada para darle alguna posibilidad a la flecha del tiempo, pues desde el principio de la decisión de hacerlo, en 1870, con Nietzsche tratando de saber si el sonido del futuro era la música de Wagner, todo ha ido a una alta velocidad de cruce, al ritmo marcado por cada situación, a veces de tonos pancromáticos, otras mediante el jazz, sin olvidar que en la parte más nuclear del proceso se asumió el rock and roll, con la intención de retroceder a la melodía romántica, pero también de no caer en el rap y todo eso: simplemente un grupo humano, llamado el de los intelectuales por Zola cuando denunció desde las páginas de un periódico el antisemitismo de los sinuosos guardianes del centeno, como si cada uno de ellos tuviera que luchar por ajustar un aparato conceptual a la altura de los grandes desafíos de la tecnología, de los aviones a la penicilina, como si una batalla cultural en extremo compleja se librara en el interior de cada individuo: muy dentro de sí, en las entrañas que luchan contra el peso de la tradición que ayuda a soportar la celeridad de las constantes metamorfosis de la vida, siendo capaces de arrancar ideas, imágenes, reflexiones, innovaciones de una masa ingente de referencias depositadas en las bibliotecas, llevarlas al campo del debate, sacarlas del silencio para obligarlas a marcar el sentido de la vida a través de lecturas ingeniosas, a veces magníficas, de los textos clásicos de unas *culturas otras* convertidas en referentes obligados para generaciones de estudiantes que las tuvieron que situar junto al único ruido existencial que reconocían, cada uno el de su época, convertido en rumores insistentes de que era el último grito de una civilización. Pero luego se volvía a empezar una y otra vez, con insistencia, propuso Maurice Ravel en un conocido bolero: insistencia que atraviesa los diversos tiempos en su inmóvil atracción porque al fin y al cabo expresa con nostalgia el hecho de que, de tanto empezar de nuevo, el mundo caminaba inexorablemente a cambiar de valores, exigencia del guion trazado por la fenomenología, y entonces se habló, en efecto, del método para llevarlo a cabo, y se pudo determinar sin género de duda por el matiz diferente que adoptó la mirada del historiador que, con Marc Bloch, en Oslo en 1928, invitaba a conectar de manera manifiesta el estudio del pasado lejos del positivismo; y así se hizo realidad el deseo de que el futuro pasaba por hacer historia y que la mente humana no podía quedar parada en una sola duración, lo cual significaba que el oficio de historiador garantizaba la iluminación para entrar en las sendas de ese bosque nunca transitado, teniendo en cuenta la fuerza titánica con la que la tecnología y las masas empujaban al cuerpo social a desligarse del mundo de ayer, que quedó en una hermosa nostalgia y en el material para miles de programas de Netflix.

¿Y qué más? Bueno, al final, discernir la vida en medio de una batalla cultural se ha hecho dentro de un lamento sobre los daños causados a la Tierra, el único hogar que reconoce el ser humano, al tiempo que la mirada hacia nuestros lugares de antaño se ha teñido de tristeza al comprobar con nuestros propios ojos que de aquel mundo ya apenas queda nada en medio de un charco espeso. Sin embargo, el lamento se ha vuelto polémica al ceñirlo a una crítica ecologista por los males de la civilización de nuestros padres, se comenta a menudo, porque ha arruinado todo cuanto era bello, y puesto que ha dejado de ser bello, es totalmente obligado conservar el patrimonio que queda, evitando así que la codicia destructiva lleve la ruina hasta el final anunciado, para sus acólitos ruidosamente victoriosos, o, para ser exactos, a hipotecar el futuro convirtiéndolo en una tierra baldía o, de manera más discreta, en un mundo sin alma, siguiendo el ejemplo de los malvados que atacan a traición porque para su triunfo completo y definitivo han de conseguir que desaparezca el espíritu de rebeldía contra la necedad, esto es, la imposición de un mundo carente de todo lo noble, bello y magnífico. En todo caso sigo viendo, a lo lejos, *la plus belle des fleurs de son jardin*.

NOTA BIBLIOGRÁFICA

Anoto a continuación los libros cuyos autores me han acompañado en la elaboración de cada uno de los capítulos precedentes, algunos de los cuales me hicieron pensar seriamente en la necesidad de escribir una obra como la que el lector tiene ahora en sus manos. Una observación que no debe resultar marginal. En la cita de estos libros se verá el esfuerzo internacional en los últimos treinta años por mejorar el estudio del largo siglo XX, de modo que la mayor parte de esta nota bibliográfica está formada por libros recientes que se pueden encontrar con facilidad en las librerías.

Introducción

Comencé a considerar la posibilidad de un libro dedicado a la batalla cultural del largo siglo XX (1871-2021) mientras leía en el verano de 2012 las conversaciones que había mantenido el malogrado historiador Tony Judt con Timothy Snyder en el invierno, primavera y verano de 2009, origen del libro *Pensar el siglo XX* (Madrid, Taurus, 2012), que completaba los clásicos *Pasado imperfecto. Los intelectuales franceses 1944-1956* (Madrid, Taurus, 2007), *Sobre el olvidado siglo XX* (Madrid, Taurus, 2008) y *El refugio de la memoria* (Madrid, Taurus, 2011). El primer esbozo de mi trabajo lo encuentro, sin embargo, en las notas preparatorias a la conferencia que impartí en las Jornadas del Colegio de México organizadas por Guillermo Zermeño Padilla en el otoño de 2011 con motivo del septuagésimo aniversario del Centro de Estudios Históricos bajo el epígrafe *Historia, fin de siglo* (México, El Colegio de México, 2016); en la conferencia de apertura que dicté a las VII Jornadas Internacionales de Teoría y Filosofía de la Historia en Viña del Mar, Chile, en agosto de 2015, bajo el título *La verdad de la historia* (Santiago, Ril Editores, 2017);

en los materiales empleados en el curso «Historia e historiadores en el mundo de hoy: acontecimiento, memoria, imagen y emoción» impartido en agosto de 2013 en la Pontificia Universidad Javeriana de Bogotá a iniciativa del profesor German R. Mejía, con una nutrida y brillante participación de estudiantes y profesores. Todo ello me permitió acceder a campos del saber que había dejado de lado con cierta negligencia y que ahora encontraba con la ayuda de testimonios como el de Jacques Lafaye, *De la historia bíblica a la historia crítica. El tránsito de la conciencia occidental* (México, FCE, 2013). La idea clave se basaba en realizar una narración de la batalla cultural a base de insuflar vida a una historia que resultaba preciso atender en conjunto y en la larga duración. Este método me exigía tomar distancia de algunos hábitos que se suelen adoptar en esta clase de trabajos, como el de ver los combates culturales como una crónica intelectual al modo de Peter Watson, *Historia intelectual del siglo XX* (Barcelona, Crítica, 2002); o de George G. Iggers, *La historiografía del siglo XX: desde la objetividad científica al desafío posmoderno* (México, FCE, 2014). Mi actitud afecta al modo de seguir de cerca el hecho mismo de que se trata de debates de ideas formulados por medio de palabras. Cuando los vemos así, está claro que el análisis se acerca al estudio de la estrategia en la línea de John Lewis Gaddis, *Grandes estrategias* (Barcelona, Taurus, 2018). Una lectura de larga duración de la batalla cultural adosa este trabajo a lo hecho por Paul Vallely en *Philanthropy from Aristotle to Zuckerberg* (Londres, Bloomsbury, 2020) que a lo que propone, digamos, Peter Burke en *¿Qué es la historia cultural?* (Barcelona, Paidós, 2004). Al seguir de cerca cada uno de los veinte momentos que sustentan la estructura narrativa de este libro espero que el lector se acerque al modo del autor de entender la vida cultural como una batalla, fijándose detenidamente en los detalles de cada polémica como signos de una época y del lugar en que esta surgió. En la mayoría de los casos la cronología es fundamental para seguir la naturaleza y la razón de la batalla cultural. Mi tarea ha consistido por tanto no sólo en desentrañar su significado, ahondando en el amplio territorio del estudio de la metáfora, sino también en abrir la experiencia a un campo de la historia que en definitiva es la nuestra, la de ayer y la de mañana. Me ha orientado el maestro y amigo Giuseppe Galasso, *Storiografia e storici europei del novecento* (Roma, Salerno, 2016), en situar a los personajes en el centro de un debate de ideas, dando pie a que jóvenes historiadores como Jo Guldi y David Armitage se planteen un *Manifiesto por la historia* (Madrid, Alianza, 2014) con la intención de ajustar un hecho inquietante y peligroso, el fantasma que recorre nuestra época, el fantasma del corto plazo, como síntoma de la perplejidad respecto al mundo. Véase Margaret MacMillan, *Juegos peligrosos. Usos y abusos de la historia* (Barcelona, Ariel, 2010); Roger Chartier, *Au bord de la falaise. L'histoire entre certitudes et inquiétude* (París, Albin Michel, 2009); y François Hartog, *Croire en l'histoire* (París, Flammarion, 2013). Una línea de trabajo que desemboca en la pregunta sobre qué piensan hoy los historiadores, cuya respuesta se halla en una obra colectiva: *À quoi pensent les historiens. Faire de l'histoire au XXIe siècle* (Christophe Granger, ed., París, Éditions Autrement, 2013). He articulado esta historia de larga duración en veinte momentos para responder así al reto del maestro y amigo Jacques Le Goff que se había preguntado en su último libro, *Faut-il vraiment découper l'histoire en tranches* (París, Seuil, 2014). De ese modo he decidido abrir el melón de nuestra época en veinte rodajas para así comprender y dar a entender cómo grandes personajes quedaron sin darse cuenta en exceso atrapados por las palabras.

1. El vuelco (1871-1887)

Este capítulo me permitía afrontar la atractiva idea de que hacia 1871 se produjo un vuelco en la cultura europea que dio paso a una nueva era en los combates culturales. Que además eso fuera el resultado de que unos pocos filósofos e historiadores decidieran encontrar una idea de autenticidad en un mundo inauténtico me llenaba del mismo estímulo que sentí en 1966 al leer el libro de Eugen Fink *Nietzsche* (Madrid, Alianza, 1966) en la traducción de Andrés Sánchez Pascual. Claro que para ello debía considerar la tesis de Allan Megill, *Prophets of Extremity: Nietzsche, Heidegger, Foucault, Derrida* (Berkeley, University of California Press, 1985), que veía a Nietzsche como precursor de los posmodernos partidarios de la deconstrucción. Aunque también me sirvieron de mucho las observaciones de Iris Almenara en la revista Digital del CSMV de abril de 2019 relacionadas con el libro de Giorgio Colli y Mazzino Montinari, *Nietzsche contra Wagner* (Madrid, Siruela, 1970). Había, por tanto, una poética sobre el acontecimiento modernista que seguí en Paul de Man, *Allegories of Reading: Figural Language in Rousseau, Nietzsche, Rilke, and Proust* (New Haven, Yale University Press, 1979). El marco histórico de este capítulo lo deduje tras leer a Richard J. Evans, *La lucha por el poder. Europa 1815-1914* (Barcelona, Crítica, 2017), y a Simon Schama, *Auge y caída del Imperio británico* (Barcelona, Crítica, 2002). Para el marco cultural me basé en Jacques Dugast, *La vida cultural en Europa entre los siglos XIX y XX* (Barcelona, Paidós, 2004); y en John W. Burrow, *La crisis de la razón. El pensamiento europeo, 1848-1914* (Barcelona, Crítica, 2000). Sobre la Comuna, lo mejor es John Merriman, *Masacre. Vida y muerte en la Comuna de París de 1871* (Madrid, Siglo XXI, 2017); Louise Michel, *La Commune*, nueva edición fijada por Éric Fournier y Claude Rétat (París, La Découverte, 2016); y Eric Hazan, *La dynamique de la révolte* (París, La Fabrique, 2015). Para seguir el efecto de la Tercera República en la sociedad francesa resulta necesario Eugen Weber, *De campesinos a franceses. La modernización del mundo rural 1870-1914* (Barcelona, Taurus, 2023). En relación con la política de Bismarck sobre la cultura, Marc Fumaroli, *El Estado cultural (ensayo sobre una religión moderna)* (Barcelona, Acantilado, 2007).

2. Momentos singulares (1888-1906)

Desde siempre me he sentido inspirado por el libro de Stefan Zweig *El mundo de ayer: memorias de un europeo* (Barcelona, Acantilado, 2002) y más de una vez lo he comparado con el *Diario* del conde Harry Kessler, cuya edición española recomiendo consultar: Conde Harry Kessler, *Diario (1893-1937)* (J. E. Ruiz-Domènec, ed., Barcelona, Librosdevanguardia, 2015). La obra clásica sobre estos momentos singulares es la de Barbara W. Tuchman, *La torre del orgullo: una semblanza del mundo antes de la Primera Guerra Mundial* (Barcelona, Península, 1962), que cuenta con una réplica moderna en Margaret MacMillan, *1914. De la paz a la guerra* (Madrid, Turner, 2013). En ambas obras se destaca el interés por el análisis del narcicismo de las pequeñas diferencias creadas por el nacionalismo fin de siglo. Es muy útil consultar la *Introducción a la historia contemporánea* de Geoffrey Barraclough (Madrid, Gredos, 1993); al igual que *Años de vértigo: cultura y cambio en Occidente 1900-1914* de Philipp Blom (Barcelona, Anagrama, 2014); y *Der Weg in die Katastrophe: Der Zerfall des alten Europa, 1900-1914* de Jürgen Angelow (Berlín, Be.bra, 2010). Sobre la cultura fin de siglo en Viena véase Carl E. Schorske, *Fin de siglo en Viena. Política y cultura* (Barcelona, Gili, 1981); y sobre la de París, Eugen Weber, *Francia, fin de siglo* (Barcelona, Debate, 1989). Sobre la figura del káiser sigue siendo de interés M. L. G. Balfour, *El káiser Guillermo II* (Madrid, Ediciones Cid, 1968). En referencia al ambiente intelectual es útil Michel Winock, *El siglo de los intelectuales* (Barcelona, Edhasa, 2010). Sobre el modernismo, mi consejo es recurrir a Leon Surette, *The Birth of Modernism* (Montreal, McGill-Queen's University Press, 1993).

3. Trama cambiante (1907-1916)

Las dos obras que responden a la sensibilidad de esa trama cambiante son la de Lucien Febvre, *Philippe II et la Franche-Comté: Étude d'histoire politique, religieuse et sociale* (París, 1912); y la de Henry Adams, *Mont Saint-Michel y Chartres* (Barcelona, Arpa, 2016, con prólogo de J. E. Ruiz-Domènec). Siempre las he tenido presentes y más que nunca desde que organicé los materiales de este capítulo sobre la base de volver a leer el libro de Lynn White Jr., *Dynamo and Virgin Reconsidered: Essays in the Dynamism of Western Culture* (Cambridge, Cambridge University Press, 1960). Una forma de abordar el mundo limitada a los oasis académicos anteriores a la Primera Guerra Mundial. De modo que hay que ser cauto cuando se considera a los profetas del futuro en este ambiente. El modo de llegar a la Gran Guerra, o Primera Guerra Mundial, tiene una lectura clásica en la obra de Barbara B. Tuchman, *Los cañones de agosto: treinta y un días de 1914 que cambiaron la faz del mundo* (Barcelona, Península, 2007), que puede completarse con Pierre Renouvin, *La crisis europea y la Primera Guerra Mundial* (Madrid, Akal, 1989). Me ha sido de utilidad Michael S. Neiberg, *La Gran Guerra. Una historia global* (Barcelona, Paidós, 2006); y John H. Morrow Jr., *La Gran Guerra* (Barcelona, Edhasa, 2005). Sobre la vanguardia artística, véase Juan José Sebreli, *Las aventuras de la vanguardia. El arte moderno contra la modernidad* (Buenos Aires, Sudamericana, 2002); y Roger Shattuck, *La época de los banquetes. Historia de la bohemia y las vanguardias en el París de la Belle Époque* (Madrid, Machado Libros, 2019). Una buena introducción al modo de aproximarse a la poética de un momento sin recurrir al fetichismo documental se encuentra en Arthur Marwick, *The Nature of History* (Londres, Macmillan, 1989). Naturalmente, aquí todo reside en saber el efecto emocional que tuvieron las grandes batallas en el frente occidental, comenzando por la del Somme en julio de 1916. Al respecto, John Keegan, *Anatomie de la bataille* (París, Perrin, 2013), aunque yo siempre he analizado este momento desde Marc Bloch, *Réflexions d'un historien sur les fausses nouvelles de la guerre* (1921) (París, Allia, 2007).

4. La pista verdadera (1917)

Se han escrito muchos libros sobre la llamada «Revolución rusa»: libros que aportan múltiples miradas sobre los controvertidos acontecimientos ocurridos en Petrogrado y Moscú durante 1917. Un caudal informativo que se completa con los testimonios directos de Trotski, Buchanan o

Kérenski, sin olvidar las crónicas de los corresponsales de la prensa internacional, entre las que cabe destacar las que enviaba a España Sofía Casanova, esposa del filósofo polaco Wincenty Lutoslawski. Se puede consultar Sean McMeekin, *Nueva historia de la Revolución rusa* (Barcelona, Penguin Random House, 2017); Orlando Figes, *La Revolución rusa: la tragedia de un pueblo* (Barcelona, Edhasa, 2001). José M. Faraldo, *La Revolución rusa: historia y memoria* (Madrid, Alianza, 2017); John Reed, *Diez días que sacudieron el mundo*, ilustrado por Fernando Vicente (Madrid, Capitán Swing, 2017); Julián Casanova, *La venganza de los siervos. Rusia 1917* (Barcelona, Crítica, 2006); León Trotski, *Historia de la Revolución rusa* (Madrid, Capitán Swing, 2017); 1423. André Gide, *Regreso de la URSS* (Madrid, Alianza, 2017); Sheila Fitzpatrick, *El equipo de Stalin* (Barcelona, Crítica, 2016); Monika Zgustová, *Vestidas para un baile en la nieve* (Barcelona, Galaxia Gutenberg, 2017); Hélène Carrère d'Encause, *Seis años que cambiaron el mundo (1985-1991)* (Barcelona, Ariel, 2016).

5. Remendar los desastres (1918-1922)
Para organizar el capítulo me he guiado por la obra de Harry Kessler, *Walther Rathenau* (París, 1933, con prólogo de Gabriel Marcel) y la de D. C. Somerwell, *Between the Wars* (Londres, Routledge Revivals, 2019). Para el marco político he seguido a Gabriel Kolko, *El siglo de las guerras. Política, conflictos y sociedad desde 1914* (Barcelona, Paidós, 2005). Me ha ayudado mucho a la hora de entender el paisaje tras la Gran Guerra Richard Vinen, *Europa en fragmentos. Historia del viejo continente en el siglo XX* (Barcelona, Península, 2002). Resulta impresionante el testimonio gráfico presentado por Henry La Farge y J. A. Goris, *L'Europe Blessée, inventaire photographique des monuments détruits* (Ámsterdam, Van Ditmar, 1947). Una reflexión sobre el origen de esta herida intelectual y sus efectos ulteriores, en Tzvetan Todorov, *Memoria del mal, tentación del bien. Indagación sobre el siglo XX* (Barcelona, Península, 2000).

6. El alma de las masas (1923-1932)
Me remito al modélico libro de Zara Steiner, *The Lights that Failed: European International History 1919-1933*, primer volumen de la *Oxford History of Modern Europe* (Oxford, Oxford University Press, 2007). La voz de la década puede seguirse en la novela de Evelyn Waugh, *Cuerpos viles* (Barcelona, Anagrama, 1990) y en el trabajo de Eric Hobsbawm, *Un tiempo de rupturas* (Barcelona, Crítica, 2013), que tiene mucho de

autobiográfico, pues el insigne historiador se había educado en Viena en estos años, donde abrazó el comunismo, que nunca abandonaría, y desde esa perspectiva enjuició el cambio de los años veinte. Si nos atenemos a lo sucedido en París, hay que recurrir a un libro guía que resulta imprescindible pese al absurdo título que recibió: William Wiser, *The Crazy Years: Paris in the Twenties* (Londres, Thames & Hudson, 1983). La actualización de ese escenario no está a la altura: Ruben Ygua, *Los locos años veinte: 1923-1927* (Versión Kindle, 2016). Sobre Hannah Arendt, *La condición humana* (Barcelona, Paidós, 1974) depura en parte las conclusiones a las que llegó en *Eichmann en Jerusalén* respecto a la idea de la banalidad del mal en la que reposa su reflexión sobre la actitud de los *Ostjuden* en la tragedia de los campos de exterminio. Un debate sólo a la altura del provocado por Julian Benda en *La traición de los intelectuales* (Barcelona, Galaxia Gutenberg, 2008). Para el surrealismo es útil seguir las investigaciones de Georges Sebag bajo el epígrafe «philosophie et surréalisme»: *Paris-Barcelone-Paris. Le boomerang surréaliste* (París, Gran Palais, 2011).

7. Algo arde entre disputas (1933-1939)

Tenía que ver el modo como se planteó la salida del argumento de Freud que tanto influía en escritores de la época como Arthur Koestler o Manès Sperber, y el camino lógico era ver el conflicto entre Husserl y Heidegger, la herencia de la fenomenología y la doctrina del ser en el tiempo. Me interesé por los trabajos de Gerald N. Izenberg, *The Existentialist Critique of Freud. The Crisis of Autonomy* (Princeton, Princeton University Press, 1976); Michel Haar, *The song of the Earth. Heidegger and the Grounds of the History of Being* (Bloomington, Indiana University Press, 1987); y Charles Taylor, *Sources of the Self: The Making of Modern Identity* (Cambridge, Cambridge University Press, 1989). Y me ayudó mucho Pierre-Maxime Schuhl, *L'immaginazione e il meraviglioso* (Roma, Bulzoni, 1974). El marco político lo adopto de Zara Steiner, *The Triumph of the Dark: European International History 1933-1939* (*Oxford History of Modern Europe*) (Oxford, Oxford University Press, 2013), porque comparto con ella el punto de partida de que con Hitler y con sus intenciones debe empezar aquel que quiera estudiar la historia internacional de Europa a partir de 1933. Y lo completo con Mark Mazower, *La Europa negra* (Valencia, Barlin Libros, 2017). Una visión sobre el origen y desarrollo del nazismo en Alemania, en Richard J. Evans, *El Tercer Reich. En la historia y la memoria* (Barcelona, Pasado & Presente, 2015), y Karl

Dietrich Bracher, *La dictadura alemana: génesis, estructura y consecuencias del nacionalsocialismo* (Madrid, Alianza, 1974). Sobre la vida social en el Tercer Reich, me gusta Fabrice d'Almeida, *El pecado de los dioses. La alta sociedad y el nazismo* (Madrid, Taurus, 2006); pero no descarto a Ian Kershaw, *El mito de Hitler. Imagen y realidad en el Tercer Reich* (Barcelona, Paidós, 2003). Sobre la imagen y el espíritu bolchevique, Bertrand Russell, *Viaje a la revolución: práctica y teoría del bolchevismo y otros escritos* (Barcelona, Ariel, 2017).

8. Una verdad incómoda (1940-1947)
La narración del sufrimiento y del autoengaño de un mundo capaz de llegar a la situación más extrema posible me llevó a profundizar en el tono mordaz de Elsa Morante, *La historia* (Barcelona, Lumen, 2018): una novela sobre un suceso ocurrido en enero de 1941, y que estimo surgida del mismo impulso que llevó a Karl R. Popper a escribir *La sociedad abierta y sus enemigos* (Barcelona, Paidós, 2006). Entiendo aquí que el conflicto sobre la sociedad abierta es una verdad incómoda. Así lo analiza Marc Ferro, *The Use and Abuse of History: Or How the Past Its Taught* (Londres, Routledge, 1984). Para crear el contexto del conflicto vuelvo a I. Deutscher, *The Great Context. Russia and the West* (Londres, 1960). El marco político lo traza Mark Mazower, *El Imperio de Hitler* (Barcelona, Crítica, 2008); que amplía el argumento de Richard J. Evans, *El Tercer Reich en el poder* (Barcelona, Península, 2007). Sobre el trasfondo cultural de la Segunda Guerra Mundial, véase Ian Kershaw, *Decisiones trascendentales: de Dunquerque a Pearl Harbor (1940-1941). El año que cambió la historia* (Barcelona, Planeta, 2023), que replantea el argumento de Paul Kennedy, *Ingenieros de la victoria: los hombres que cambiaron el destino de la Segunda Guerra Mundial* (Barcelona, Debate, 2014). Una buena descripción se encuentra en Antony Beevor, *La Segunda Guerra Mundial* (Barcelona, Pasado & Presente, 2012). El debate sobre el Holocausto puede seguirse en Saul Friedländer, *El Tercer Reich y los judíos: los años de la persecución, 1933-1939* (Barcelona, Galaxia Gutenberg, 2009); Gerald Reitlinger, *La solución final* (Barcelona, Grijalbo, 1973); Arno Mayer, *La solution finale dans l'histoire* (París, Éditions la Découverte, 1990, con un prólogo de Pierre Vidal-Naquet); y Eugen Kogon, *El Estado de la SS. El sistema de los campos de concentración alemanes* (Barcelona, Alba, 2005). Me ha gustado Guillermo Altares, *Los silencios de la libertad. Cómo Europa perdió y ganó su democracia* (Barcelona, Tusquets, 2023). Es este punto de vista el que permite situar el clásico libro de E. H. Carr,

The Soviet Impact in the Western World (Londres, 1946) como lo que en realidad fue el faro de la vieja generación, los nacidos en la década de 1890, que marca la línea del estudio de H. J. Laski, *Reflections on the Revolution of our Time* (Londres, 1943); de la antropóloga Ruth Benedict, *El crisantemo y la espada. Patrones de la vida japonesa* (1946) (Madrid, Alianza, 1974), cuya vida sitúa Charles King en *Escuela de rebeldes* (Barcelona, Taurus, 2019). Este interés por profundizar más allá del discurso superficial, por desmontar mistificaciones, por encontrar una explicación plausible a lo sucedido la veo en Gwynne Dyer, *Guerra* (Barcelona, Belacqua, 2007); Ian Buruma, *Año Cero. Historia de 1945* (Barcelona, Pasado & Presente, 2014); y Keith Lowe, *Continente salvaje: Europa después de la Segunda Guerra Mundial* (Barcelona, Galaxia Gutenberg, 2015).

9. Este o aquel mundo (1948-1952)

Era difícil abordar este momento, pues martilleaba en mí el argumento de Joseph C. Goulden, *The best years: 1945-1950* (Nueva York, Atheneum, 1976). Por eso opté por centrar el argumento a través del marco político de la división del mundo en 1948 que encontré en el clásico libro de Wilfried Loth, *The Division of the World, 1941-1955* (New Haven, Yale University Press, 2008). Sobre la Guerra Fría lo mejor es seguir el debate entre John Lewis Gaddis, *The Long Peace: Inquiries into the History of the Cold War* (Oxford, Oxford University Press, 1987) y Odd Arne Westad, *La Guerra Fría. Una historia mundial* (Barcelona, Galaxia Gutenberg, 2017). Otra vía de acceso a la división del mundo es seguir los pasos del sociólogo francés Raymond Aron, que proponía pasar de la historia a la ética política en *El opio de los intelectuales* (Barcelona, Página Indómita, 2018), y cuyas razones aparecen en Raymond Aron, *Memorias. Medio siglo de reflexión política* (Barcelona, RBA, 1983) al hablar del debate con Merleau-Ponty tras la publicación de *Humanismo y terror* en 1947. Cuando plantea la «idolatría de la historia» está claro que, en esta división del mundo, las palabras iban a resultar claves. Así, el profesor de la Escuela de Frankfurt Theodor W. Adorno lo advierte a propósito de la jerga: *La ideología como lenguaje* (Madrid, Taurus, 1982); un argumento que se liga con lo que Fredric Jameson llama *The Prison-house of Language* (Princeton, Harvard University Press, 1972). Eso conduce a entrar en la zona gris, donde el testimonio personal construye el relato, como hace Raymond Klibansky en *El filósofo y la memoria del siglo* (Barcelona, Península, 1998). Lo interesante de todo eso es preguntar por qué: Karl Polanyi, *La gran transformación. Los orígenes políticos y económi-*

cos de nuestro tiempo (México, FCE, 2003) propone una respuesta. Por supuesto, entre 1948-1952, el problema fue que cuando una parte contaba su verdad buscaba la forma de minimizar la verdad de la otra parte. La tensión se puede seguir en Robert Gellately, *La maldición de Stalin* (Barcelona, Pasado & Presente, 2013), y conduce a unos efectos duraderos en el tortuoso antagonismo entre partidarios del psicoanálisis y partidarios del realismo socialista a la hora de hablar de las mentalidades de una época: a este respecto, véase Christopher Lasch, *The Freudian Left and the Theory of Cultural Revolution* (Londres, University College London, 1982).

10. ¡Adiós, pasado, hola, futuro! (1953-1956)
Valoré el argumento de Jean-Paul Sartre, *El fantasma de Stalin* (Buenos Aires, Rueda, 1958), mediante una comparación con los estudios de Robert C. Tucker, *Stalin as Revolucionary. A Study in History and Personality* (Nueva York, Norton, 1973), y lo relacioné con el marco político creado tras su muerte en marzo de 1953, para el que seguí a Marc Trachtenberg, *A Constructed Peace: The Making of the European Settlement, 1945-1963* (Princeton, Princeton University Press, 1999). Luego me centré en los argumentos expuestos por Leopoldo Zea Aguilar, *América como conciencia* (México, Cuadernos Americanos, 1953), con el fin de aquilatar la tesis de Serge Guilbaut, *De cómo Nueva York robó la idea del arte moderno* (Barcelona, Grijalbo, 1983), y lo completé con Robert A. Caro, *The Power Broker. Robert Moses and the Fall of New York* (Nueva York, Knopf, 1974). Luego me centré en los argumentos de Jeanne Laurent, *La République et les Beaux Arts* (París, Juilliard, 1955) para situar los combates culturales en su contexto francés, desde donde se comienza a cuestionar la lectura marxista del pasado, como señala Paul Q. Hirts, *Marxism and the Writing of History* (Londres, Routledge, 1985), con el desarrollo de una historiografía calificada de *nouvelle histoire* sobre la que trabajó Philippe Carrard, *Poetics of the New History. French Historical Discourse from Braudel to Chartier* (Baltimore, The Johns Hopkins University Press, 1992).

11. Esa sensación del azar (1957-1962)
Opté por afrontar este capítulo desde la perspectiva abierta por Reinhart Koselleck, *Futuro pasado. Para una semántica de los tiempos históricos* (Barcelona, Paidós, 1993), donde analiza el azar como residuo de motivación en la historiografía, identificado en 1956 en el discurso secreto de Jrus-

chov, donde distinguió el leninismo del estalinismo, y que razonó Isaiah Berlin, *Lo inevitable en la historia* (Buenos Aires, Nueva Visión, 1957); y más allá sirvió para que Geoffrey Barraclough escribiera, también en 1957, una obra para la editorial Basil Blackwell inmediatamente traducida al español: *La historia desde el mundo actual* (Madrid, Revista de Occidente, 1959) en el total convencimiento de que «las presentes condiciones del mundo han hecho necesario un nuevo comienzo». En Occidente se apostó por ir más allá de las circunstancias preguntándose por el territorio explorado por Freud en la Belle Époque de la mano de Norman O. Brown, *Life against Death. The Psychoanalytical Meaning of History* (Middletown, Wesleyan University Press, 1959); un libro que marcó la novela estadounidense —baste pensar en Thomas Pynchon y sus ideas de entropía— y que daba entrada a una idea gnóstica del futuro de la mano del célebre filósofo de la historia Karl Jaspers, *The Atom Bomb and the Future of Man* (Chicago, University of Chicago Press 1963). Entretanto, en el campo de la política se abrió la nueva frontera. Primero se expresó en la campaña presidencial para frenar a Nixon y luego en la *intelligentsia* liberal radical, donde acabó recalando mayormente. Atendí este proceso porque había leído a W. J. Rorabaugh, *Kennedy y el sueño de los sesenta* (Barcelona, Paidós, 2002) y a Christopher Lasch, *La rebelión de las élites y la traición a la democracia* (Barcelona, Paidós, 1996) y así aprendí a situar obras como la de Betty Friedan, *La mística de la feminidad* (Madrid, Cátedra, 2017), o la de William Golding, *El señor de las moscas* (Madrid, Alianza, 1972), que se consideraron en cierto modo alegorías de los años finales de la década de 1950. Y así ahora he podido abordar una densa bibliografía sobre los inicios de los años sesenta en la línea de Michael Beschloss, *The Crisis Years. Kennedy and Khrushchev, 1960-1963* (Nueva York, Burlingame Books, 1991). O de la biografía de Robert Dallek, *J. F. Kennedy. Una vida inacabada* (Barcelona, Península, 2003).

12. Apocalípticos e integrados (1963-1967)

La conciencia social de los años centrales de los sesenta fue la de vivir una transición, desde los momentos en que los estudiantes aún se levantaban al pasar delante de ellos los profesores hasta la invasión de las aulas por parte de una actitud de protesta generalizada y sublevación social a través de los combates culturales. Eso tuvo efectos en la bibliografía. Véase Richard Hoggart, *The Uses of Literacy: Aspects of Working-class Life with Special References to Publications and Entertainments* (Londres,

Charro & Windus, 2021, original de 1957): donde se plantea la deriva, *drift*, que provocaba en el estudio la *pulp fiction* publicada en revistas y periódicos populares. Toda una generación quedó embelesada con la lectura de Herbert Marcuse, *El hombre unidimensional. Ensayo sobre la ideología de la sociedad industrial avanzada* (Barcelona, Ariel, 1965), traducido por Antonio Elorza —y lo sigue estando, pues en 2009 el libro alcanza la novena reedición—, un texto donde se exponen los caminos que habían llevado al capitalismo estadounidense a crear una «sociedad cerrada». Era la forma de expresar una rebelión a través de las palabras, lo que llevó al semiótico asentado en Bolonia Umberto Eco a escribir el libro guía de esos años: *Apocalípticos e integrados ante la cultura de masas* (Barcelona, Lumen, 1965). El cambio de estilo retórico había llegado al ensayo como un sesgo más de la situación creada por lo que los trotskistas llamaban «revolución inacabada» (lo hizo Isaac Deutscher al debatir en 1966 sobre «la revolución cultural china», un autor que entre otros textos alumbró un volumen de referencia: *Herejes y renegados* (Barcelona, Ariel, 1970). Aunque el efecto mayor vino de lo que Richard Rorty llamó «giro lingüístico»: *The Linguistic Turn: Essays in Philosophical Method* (Chicago, University of Chicago Press, 1992). También afectó al revisionismo, que tuvo en Perry Anderson uno de sus mentores desde las páginas de la *New Left Review* y de los escritos que dieron lugar a su libro *La cultura represiva. Elementos de la cultura nacional británica* (Barcelona, Anagrama, 1977). Al final, también en el seno del comunismo se produjo el choque entre integrados fieles a la doctrina Breznev y apocalípticos que buscaban renovar el pensamiento de Marx desde los márgenes, como Karl Korsch.

13. Hablar de posmodernidad. (1968-1976)

Tal vez el debate iniciado por Jean-François Lyotard, *La condición posmoderna. Informe sobre el saber* (Madrid, Cátedra, 1987), sobre la crisis de los relatos globales se hubiera ajustado mejor a la realidad de haber situado el problema en lo que sucedía en el Este y no sólo en el Oeste en el crucial año de 1968; y hubiera sido más cauto a la hora de publicar un segundo volumen: *La posmodernidad (explicada a los niños)* (Barcelona, Gedisa, 1987). Pero es que, aun en estos intentos de hallar la modernidad en lo posmoderno, quedan restos del hermetismo de la Guerra Fría. Un aspecto que se puede seguir en Albrecht Wellmer, *The Persistence of Modernity* (Londres, Polity Press, 1991); y David Harvey, *The Condition of Postmodernity: An Inquiry into the Origins of Cultural Change* (Oxford,

Blackwell, 1989). Sobre el acontecimiento conocido como Mayo del 68 hay una bibliografía abundante y polémica: Ludivine Bantigny, *1968. De grands soirs en petits matins* (París, Seuil, 1968); Richard Vinen, *1968. El año en que pudo cambiar el mundo* (Barcelona, Crítica, 2018); Ramón González Férriz, *1968. El nacimiento de un mundo nuevo* (Barcelona, Debate, 2018); Michèle Bernstein, *Todos los caballos del rey* (Barcelona, Anagrama, 2018); Alexandre Franc y Arnaud Bureau, *Mayo del 68. Historia de una primavera* (Madrid, Capitán Swing, 2018); Michael Seidman, *La revolución imaginada* (Madrid, Alianza, 2018); Nicolas Daum, *Mayo del 68: la palabra anónima* (Madrid, Acuarela & Machado, 2018); Raoul Vaneigem, *Tratado del saber vivir para uso de las jóvenes generaciones* (Barcelona, Anagrama, 2018); Patricia Badenes Salazar, *Fronteras de papel. El mayo francés en la España del 68* (Madrid, Cátedra, 2018); Pauline Dreyfus, *El banquete de las barricadas* (Barcelona, Anagrama, 2018). La efervescencia de ese año hizo escribir a Henri Lefebvre *La fin de l'histoire: arguments* (París, Éditions de Minuit, 1970), que se puede perfilar ante Thomas S. Kuhn, *La estructura de las revoluciones científicas* (México, FCE, 1990, original de 1970). No ocurre lo mismo con lo sucedido ese mismo año en Praga y en Varsovia. Para situarlo hay que recurrir a obras generales, por ejemplo, a Tony Judt, *Postguerra. Una historia de Europa después de 1945* (Madrid, Taurus, 2008), tan elogiada por Ian Kershaw; o a la muy original de Philip Longworth, *The Making of Eastern Europe* (Londres, Macmillan, 1992), tan cercana a la *Antipolítica* de György Konrád.

14. El círculo se estrecha (1977-1984)

Este capítulo tiene como telón de fondo la «comedia» de Hans Magnus Enzensberger *El hundimiento del Titanic* (Barcelona, Anagrama, 1986, el original alemán es de 1978): al fin y al cabo, la elegía de un viejo militante comunista que ha perdido las ilusiones y sucumbe al naufragio. Esta recién descubierta realidad obligó a una revisión de la lectura del pasado como la realizada por Alice A. Jardine, *Gynesis: Configurations of Woman and Modernity* (Cornell, Cornell University Press, 1985), un libro escrito en París entre 1979-1982 en medio de los combates culturales para definir el papel de las mujeres en la historia. O, por lo mismo, a una construcción narrativa del pensamiento político europeo desde finales de la Edad Media hasta los inicios de la Edad Moderna, como hizo ejemplarmente Quentin Skinner, *Foundations of Modern Political Thought* (Cambridge, Cambridge University Press, 1978); y en mayor medida la historia nacional con Norman Davies, *God's Playground: A History of*

Poland (Oxford, Clarendon Press, 1981). Y ahí volvió a empezar todo de nuevo mediante el desarrollo de grandes narrativas tendentes a la deconstrucción de hechos y significados, como anota George G. Iggers en *La historiografía del siglo XX: desde la objetividad científica al desafío posmoderno* (México, FCE, 2014). En ese contexto hay que situar el giro cultural, el deslizamiento al estudio de las emociones y todo ese *swinging made in Paris* sobre el olor y sus efectos: Alain Corbin, *El perfume o el miasma. El olfato y el imaginario social, siglos XVIII y XIX* (México, FCE, 1987), que resume Roger Chartier en *Escribir las prácticas: discurso, práctica, representación* (Valencia, Fundación Cañada Blanch, 1998) y del que recela Carlo Ginzburg, *Ojazos de madera. Nueve reflexiones sobre la distancia* (Barcelona, Península, 2000), pues «la pertenencia cultural no es un criterio de relevancia».

15. Disenso y desplome (1985-1991)
Decidí abordar este capítulo, que se me antojó decisivo por su especial implicación personal, al modo de un pluralista tras la lectura que hice de Michael Ignatieff, *Isaiah Berlin. Su vida* (Madrid, Taurus, 1998). Era una forma de abordar el argumento de Jeremy Rifkin sobre la disolución de la civilización mundial: *Entropy: A New World View* (Londres, Bantam Books, 1981). Tuve la fortuna de que por entonces me llegara el libro de François Dosse, *L'histoire en miettes*, de 1987, en la versión española: *La historia en migajas. De Annales a la «nueva historia»* (Ciudad de México, Universidad Iberoamericana, 2012), que cuenta con una presentación de Alfonso Mendiola sumamente oportuna. La lección que he obtenido ha sido entender que en un combate cultural todas las partes tienen un coste real e inevitable. Poner fin a la Guerra Fría con el desplome de una parte significaba aumentar el disenso en la otra. Eso está claro, pero se habla poco de ello, si exceptuamos a Lutz Niethammer, *Posthistoire: Ist die Geschichte zu Ende?* (Berlín, Rowohlt Verlag, 1989). Quizá porque su libro fue eclipsado por la fiesta hegeliana a partir de Alexandre Kojève propuesta por Francis Fukuyama, *El fin de la historia y el último hombre* (Barcelona, Planeta, 1992). En el mundo de la alta estrategia de esos años, las decisiones están plagadas de misterios que crean la sensación de una trama oculta en la línea planteada por Bob Woodward, *Las guerras secretas de la CIA, 1981-1987* (Barcelona, Ediciones B, 1987). Y por Jonathan Haslam, *Vecinos cercanos y distantes. Nueva historia del espionaje soviético* (Barcelona, Ariel, 2018); José M. Faraldo, *Las redes del terror. Las policías secretas comunistas y su legado* (Barcelona, Galaxia Gutenberg, 2018);

Enrique Bocanegra, *Un espía en la trinchera. Kim Philby en la Guerra Civil española* (Barcelona, Tusquets, 2018). Al fin y al cabo, el debate se centraba en varias cuestiones ligadas entre sí, y que pueden seguirse en Serge Gruzinski, *¿Para qué sirve la historia?* (Madrid, Alianza, 2018); David Armitage, *Las guerras civiles. Una historia en ideas* (Madrid, Alianza, 2018); Karl Schlögel, *Terror y utopía. Moscú en 1937* (Barcelona, Acantilado, 2014); Gabriella Airaldi, *Inca Garcilaso, con la espada y con la pluma. Una biografía* (Barcelona, Pensódromo 21, 2018). Fue también durante aquellos años cuando se debatió en público los pensamiento cautivos en relación al colapso de la Unión Soviética, a la vez que se planteaba la postura de Leszek Kolakowski sobre *Las principales corrientes del marxismo*. Un tema que se reactiva con cada nuevo libro sobre el argumento: el de Andrei S. Grachev, *Final Days: The Inside Story of the Collapse of the Soviet Union* (Boulder, Westview, 1995) fue radical al destripar la credibilidad política del bolchevismo, mientras el de Vladislav Zubok, *Un imperio fallido: la Unión Soviética durante la Guerra Fría* (Barcelona, Crítica, 2008) buscaba ahondar en el leninismo. Al respecto, síntesis en Karl Schlögel, *El siglo soviético. Arqueología de un mundo perdido* (Barcelona, Galaxia Gutenberg, 2021).

16. Mundos anfibios (1992-2000)

Lo que hacía de Occidente un lugar mejor eran sus formas de gobierno y con ello una cultura crítica hacia los sectores que pretendían romper el equilibrio alcanzado entre libertad y sostenibilidad. Se estaba llegando a un extremo teórico en el debate sobre la salida del estructuralismo definido por Derek Attridge, Geoff Bennington y Robert Young, *Poststructuralism and the Question of History* (Cambridge, Cambridge University Press, 1987). El marco general lo analiza Constantine Pleshakov, *There Is no Freedom Without Bread: 1989 and the Civil War That Brought Down Communism* (Nueva York, Farrar, Straus and Giroux, 2009). Esa línea de trabajo llevaba a revisar de nuevo el papel del arte en el estudio de la historia. Peter Burke, *Visto y no visto. El uso de la imagen como testimonio histórico* (Barcelona, Critica, 2001).

17. Cada cual a su manera (2001-2007)

Dos editoriales se han responsabilizado de publicar en español la obra de estos dos insignes historiadores. La editorial Crítica de Barcelona, que forma parte del Grupo Planeta, ha publicado a Hobsbawm: *Sobre la Historia* (1997), *La era de la revolución* (1997), *La era del capital* (1998),

La era del imperio (1998), *Historia del siglo XX* (1998), *Entrevista sobre el siglo XXI* (2000), *Años interesantes* (2003), *Guerra y paz en el siglo XXI* (2007), *Cómo cambiar el mundo* (2011), *Gente poco corriente* (2013), *Un tiempo de rupturas* (2013). Por su parte, la editorial Taurus ha publicado a Judt: *Postguerra* (2006), *Pasado imperfecto* (2007), *Sobre el olvidado siglo XX* (2008), *Algo va mal* (2010), *El refugio de la memoria* (2011), *Pensar el siglo XX* (2012), *¿Una gran ilusión?* (2013), *El peso de la responsabilidad* (2014) y *Cuando los hechos cambian* (2015). Uno de los efectos más interesantes de este doble planteamiento, que además de ideológico era generacional, es el descubrimiento de que al filo del nuevo milenio había una narración subterránea del presente basada en las analogías con el pasado, lo que obligó a muchos historiadores a dar los saltos necesarios en la comparativa entre épocas en apariencia lejanas. En esa línea trabajó Simon Baker, *Roma. Auge y caída de un imperio* (Barcelona, Ariel, 2007); Adrian Goldsworthy, *César* (Madrid, La Esfera de los Libros, 2007); o Lucien Jerphagnon, *Historia de la Roma antigua* (Barcelona, Edhasa, 2007). Y en términos más universalistas, la síntesis interpretativa propuesta por Karen Armstrong, *La gran transformación* (Barcelona, Paidós, 2007).

18. Un drama moderno (2008-2016)
El tono altamente improbable del porvenir es un drama moderno que nos ha enseñado a calibrar Nassim Nicholas Taleb, *El cisne negro. El impacto de lo altamente improbable* (Barcelona, Paidós, 2008); un libro que me gusta enfrentar con el de Jared Diamond, *Crisis. Cómo reaccionan los países en los momentos decisivos* (Barcelona, Debate, 2019) y con el de Guillermo Zermeño Padilla, ed., *Historia fin de siglo* (México, Colegio de México, 2016). De todos modos, existe una banalidad interpretativa referente a las relaciones entre la memoria y la historia que dio dos libros complementarios de David Rieff, ambos excelentes: *Contra la memoria* (Barcelona, Debate, 2012); y *Elogio del olvido* (Barcelona, Debate, 2017). El crac financiero 2007-2008 dio paso a una crisis de valores como la confianza, la fiabilidad de un sistema mundial, la asunción de que el futuro mantendrá los compromisos pasados o, más sencillamente, la sensibilidad, como anota Anne Vincent-Buffault, *L'Éclipse de la sensibilité* (Lyon, Parangon, 2009). Este desafío condujo a pensar la actualidad con Giacomo Marramao, *La pasión del presente* (Barcelona, Gedisa, 2011), a la que vez que se instalaba el deseo de una historia global con el superventas de Peter Frankopan, *El corazón del mundo. Una nueva historia universal* (Barcelona, Crítica, 2016). A esto Niall Ferguson añadió la idea

del poder global en *La plaza y la torre. Redes, jerarquías y la lucha por el poder global* (Barcelona, Debate, 2018), mientras que Paolo Mieli planteaba el argumento de la falsificación: *En guerra con el pasado. La falsificación de la historia* (Barcelona, RBA, 2012) y Bruno Tertrais el del desquite: *La revancha de la historia. De cómo el pasado cambia el mundo* (Barcelona, RBA, 2018). Por su parte, David McCullough se plantea objetivos muy diferentes: *The American Spirit, Who We Are and What We Stand For* (Nueva York, Simon & Schuster, 2017), que de algún modo inciden en los mismos que desde Europa impulsa Emmanuel Macron, *Revolución* (Paris, XO Editions, 2017), tal como lo definen Bruno Tertrais y Jean Guisnel, *Le Président et la Bombe. Jupiter à l'Élysée* (París, Odile Jacob, 2016); mientras Peter Pomerantsev, *La nueva Rusia. Nada es verdad y todo es posible en la era de Putin* (Barcelona, RBA, 2017) dedica sus observaciones a aliviar la imagen que se tenía de la Rusia poscomunista. Estaba claro que la banalidad socialdemócrata estaba llegando a su fin, que no era ninguno, como alerta desde la fidelidad al partido Manuel Cruz, *La flecha (sin blanco) de la historia* (Barcelona, Anagrama, 2017). En todo caso no infravaloremos el impacto en la década de 2010, que se adentra en el estudio de la obra de arte como síntoma de la situación mundial con la recuperación de Otto Pächt, *Questions de méthode en histoire de l'art*, con introducción de Delphine Galloy (París, Éditions Macula, 2017); que dio obras como Hans Belting, *Faces. Une histoire du visage* (París, Gallimard, 2017); Laura J. Snyder, *El ojo del observador. Johannes Vermeer, Antoni van Leeuwenhoek y la reinvención de la mirada* (Barcelona, Acantilado, 2017); Stephen Greenblatt, *El giro. De cómo un manuscrito contribuyó a crear el mundo moderno* (Barcelona, Crítica, 2016) y *Ascenso y caída de Adán y Eva* (Barcelona, Crítica, 2018). Por otra parte, la emergencia de la inteligencia artificial estaba clara mucho antes de que empezara a publicitarse en programas de ordenador. Véase Marcus du Sautoy, *Programados para crear. Cómo está aprendiendo a escribir, pintar y pensar la inteligencia artificial* (Barcelona, Acantilado, 2020) y José María Lassalle, *Inteligencia artificial* (Barcelona, Arpa, 2024).

19. La globalización en entredicho (2016-2018)

Mientras redactaba este capítulo me asaltó el libro de Madeleine Albright, *Fascismo. Una advertencia* (Barcelona, Paidós, 2018), porque marcó la línea a la hora de interpretar una actitud del poder oculta entre palabras y cuyas conclusiones suscribo: «Un fascista es aquella persona que dice hablar en nombre de una nación o de un grupo específico, que no se preocupa en absoluto de los derechos de los demás y que está dispuesto a servirse de la violencia y de los medios que sean precisos para conseguir metas que se haya propuesto». Aquí aparece el calificativo «en entredicho», con el que he querido afrontar este momento terminal. Si nos limitamos a la práctica de mirarlo desde la historia y a los programas sociales más que a la alta teoría que nos llevaría a la filosofía de la incertidumbre, se puede ver en Jared Diamond, *El mundo hasta ayer* (Barcelona, Debate, 2013), y lo que en parte es su réplica: Yuval Noah Harari, *21 lliçons per al segle XXI* (Barcelona, Edicions 62, 2018). En ese momento, la mayoría de la gente se pregunta por el cambio climático sin atender demasiado a unos de los hechos científicos más notables de estos años: la revolución de la paleoclimatología. Al respecto la referencia sigue siendo Brian Fagan, *La pequeña Edad de Hielo* (Barcelona, Gedisa, 2009), que le llevó a seguir sus huellas en la larga duración en el bello libro: *A Little History of Archaeology* (New Haven, Yale University Press, 2018). Además conviene leer: Philipp Blom, *El motín de la naturaleza* (Barcelona, Anagrama, 2019); Bernd Brunner, *Cuando los inviernos eran inviernos. Historia de una estación* (Barcelona, Acantilado, 2020). De hecho, el efecto del cambio climático en el siglo XVII ha hecho posible una de las más inteligentes miradas sobre esa época: Timothy Brook, *El sombrero de Vermeer. Los albores del mundo globalizado en el siglo* XVII (Barcelona, Tusquets, 2019); que puede completarse con Giuseppe Marcocci, *Indios, chinos, falsarios. Las historias del mundo del Renacimiento* (Madrid, Alianza Editorial, 2019); David Frye, *Muros. La civilización a través de sus fronteras* (Madrid, Turner, 2019). Así, la idea de que el futuro alumbre una vida decente exige una relectura de la naturaleza al modo que hace, ejemplarmente, Telmo Pievani, *Imperfection. A Natural History* (Cambridge, The MIT Press, 2021).

20. ENTRE LO POSIBLE Y LO IMPOSIBLE (2020-2021)
La situación crítica actual se puede seguir en François Fejtö, *Dieu, l'homme et son diable: méditation sur le mal et le cours de l'histoire* (París, Buchet, 2005); Philippe Kourilsky, *Du bon usage du principe de précaution: réflexion et modes d'action* (París, Odile Jacob, 2002). La plaga de Justiniano la estudia R. Pollitzer, *La peste* (Ginebra, OMS, 1954). Sobre la peste negra, Philip Ziegler, *The Black Death* (Horizont, 2005). Ole J. Benedictow, *La peste negra. Historia completa* (Madrid, Akal, 2011). Para la peste del siglo XVII, Carlo Cipolla, *Fighting the Plague in Seventeenth-century Italy* (Wisconsin, University of Wisconsin Press, 1981) y Geoffrey Parker, *El siglo maldito* (Barcelona, Planeta, 2017). La gripe española, en

Laura Spinney, *El jinete pálido. 1918: la gripe que cambió el mundo* (Barcelona, Crítica, 2018). La idea de que la geopolítica hacia 2020 trata de cambiar las redes del mundo no resulta un planteamiento muy novedoso, como se puede ver en la reedición del libro de Stefan Zweig, *Appels aux Européennes* (París, Bartillat, 2019); pero resulta atractivo con Guillermo Altares, *Una lección olvidada. Viaje por la historia de Europa* (Barcelona, Tusquets, 2018); Robert D. Kaplan, *El retorno del mundo de Marco Polo* (Barcelona, RBA, 2019); Lawrence Freedman, *La guerra futura* (Barcelona, Crítica, 2019); Hubert Védrine, *Sauver l'Europe* (París, Liliana Levi, 2016); y François Reynaert, *Voyage en Europe. De Charlemagne à nos jours* (París, Fayard, 2019). En todos estos interesantes relatos se elide el fenómeno de la casualidad afortunada que, sin embargo, deberá estar presente en los debates futuros, véase Telmo Pievani, *Serendipità. L'inattesso nella scienza* (Milán, Raffaelo Cortina Editore, 2021).

EPILOGO

La comparación de tres libros recientes da sentido al debate de qué puede hacer la historia en la batalla cultural destinada a fijar la agenda 2030: José Enrique Ruiz-Domènec, *El sueño de Ulises* (Barcelona, Taurus, 2022); Maurizio Molinari, *Mediterraneo conteso* (Milán, Rissoli, 2023). Élie Cohen y Richard Robert, *La valse européenne. Les trois temps de la crise* (París, Fayard, 2021). Y otros tres libros son imprescindible para responder a lo que Philippe Nemo llamó *Qu'est-ce que l'Occident* (París, PUF, 2004), ahora que se ha visto que el resto del mundo ha sabido responder: Franco Cardini, *La deriva dell' Occidente* (Bari, Laterza, 2023); Naoíse Mac Sweeney, *Occidente. Una nueva historia de una vieja idea* (Barcelona, Paidós, 2024); y Emmanuel Todd, *La défaite de l'Occident* (París, Gallimard, 2024).

ÍNDICE ALFABÉTICO

Este libro
se terminó de imprimir en
Castellar del Vallès, Barcelona,
en el mes de marzo de 2025